서정시에 관하여

나남
nanam

한국연구재단 학술명저번역총서
서양편 274

서정시에 관하여

2010년 3월 25일 발행
2010년 3월 25일 1쇄

지은이_ 리디야 긴즈부르크
옮긴이_ 최종술 · 이지연
발행자_ 趙相浩
발행처_ (주) 나남
주소_ 413-756 경기도 파주시 교하읍
출판도시 518-4
전화_ (031) 955-4600 (代)
FAX_ (031) 955-4555
등록_ 제 1-71호(79.5.12)
홈페이지_ http://www.nanam.net
전자우편_ post@nanam.net
인쇄인_ 유성근 (삼화인쇄주식회사)

ISBN 978-89-300-8431-4
ISBN 978-89-300-8215-0 (세트)
책값은 뒤표지에 있습니다.

'한국연구재단 학술명저번역총서'는 우리 시대 기초학문의 부흥을 위해
한국연구재단과 (주)나남이 공동으로 펼치는 서양명저 번역간행사업입니다.

서정시에 관하여

리디야 긴즈부르크 지음 | 최종술 · 이지연 옮김

나남
nanam

'옮긴이 머리말'을 **대신하여***

말의 변용(變容)

리디야 긴즈부르크(Л. Гинзбург, 1902~1990)[1]는 문학 연구가이자 에세이 작가, 소설가이며, 띄냐노프(Ю. Тынянов), 슈끌롭스끼(В. Шкловский), 에이헨바움(Б. Эйхенбаум), 야콥슨(Р. Якобсон) 등으로 대표되는 형식주의 학파 오뽀야즈(опояз)의 '제 2세대'(второе поколение)에 속한다.

그는 1980년대 어느 날 자신이 1922년에 입학한 예술사 연구소(Институт Истории Искусства)에서의 학업을 회상하며 다음과 같이 말한다. "그 후 에이헨바움은 오뽀야즈 사람들이 스스로를 전문가(специфист)라고 불러야 하며, 형식주의자라는 말은 많은 오해의 소지가 있다고 주장했다. 형식주의는 형식과 내용의 분리, 심지어는 양자의 대립을 전제로 하는바, 이러한 개념은 오뽀야즈와는 거리가 먼 것으로 오히려 속류 사회학주의(социологизм)의 속성이었다."

1926년 그는 예술사 연구소를 졸업했다. 1927년 그의 수첩(그는 학

* 옮긴이 머리말을 대신한 이 글의 필자인 꾸슈네르(А. Кушнер)는 러시아 시 전통과 시어 혁신의 변증법을 바탕으로 하는 다분히 인문학적 경향이 강한 작품을 지금까지도 꾸준히 발표하고 있는 시인이자 문학가다. 그는 긴즈부르크의 모든 원고에 대한 권리를 가진 상속자이기도 하다. 이 글은 필자의 동의를 얻어 번역되었다.

1) 이 책에서 러시아어 고유명사의 표기는 가급적 원어 발음에 충실하도록 하였다.

문적 연구에 병행하여 평생 동안 수첩에 기록을 계속해 갔다) 에는[2] 다음과 같은 글이 적혀 있다. “보랴(부흐슈따프 Бухштав) 가 자신이 들은 띄냐노프의 말을 ‘몰래’ 나에게 해 주었다. 띄냐노프는 우리들(그의 제자들, 즉, 젊은 세대) 에 대해서 이런 말을 했다. ‘어찌하겠는가, 그들이 식탁에 다가왔을 때 식사는 이미 끝나버린 것을…’”

이 시기 형식주의자들에 대한 공식적인 쏘비에뜨 학문의 탄압이 더 가혹하고 위협적인 것이 되었다는 사실 때문만은 아니었다. 오뽀야즈의 사상적 발전의 내적 논리는 ‘문학적 층위와 그 외의 역사적인 층위들 간의 관계’에 대한 연구가 불가피함을 보여주었던바, 이는 이미 1928년 띄냐노프와 야콥슨이 함께 쓴 오뽀야즈 활동의 진화를 다루는 논고 “문학어 연구의 제 문제”(Проблемы изучения литературного языка) 에서 이야기되고 있었다. 긴즈부르크의 말처럼 “이것은 기법의 낙후(자동화) 와 갱신의 규범에 의해 지배되는 내재적 진화라는 오뽀야즈 초기 이론을 거부하는 것이었다”.

문학작품의 특성에 관한, 그것의 구조에 관한 대화는 이제 이웃한 다른 층위, 특히 역사적 층위와 결합되고 관계를 맺게 되었다.

화려하게 자신의 문학연구가로서의 길을 시작했던 긴즈부르크는 {“문학가 뱌젬스끼”(Вяземский-литератор, 1926), “베네딕또프의 창작사로부터(벨린스끼와 베네딕또프)”〔Из литературной истории Бенедиктова (Белинский и Бенедиктов), 1927〕, “철학적 서정시의 경험(베네비띠노프)”〔Опыт философской лирики (Беневитинов), 1929〕, “뿌슈낀과 베네딕또프”(Пушкин и Бенедиктов, 1936), “뿌슈낀 문학에 있어 리얼리즘 문제의 정초를 위하여”(К постановке проблемы реализма в пушки-

2) 긴즈부르크는 띄냐노프를 따라 평생 작가수첩을 기록했다. 그의 작가수첩은 일상에 대한 기록일 뿐 아니라 그의 긴 생애 동안 그가 만난 많은 작가들과 문학연구가, 특히 그의 문학적 스승이라 할 수 있을 형식주의자들에 대한 인상과 때로는 그들의 말, 그들과의 대화를 직접 기록해 놓은 생생한 자료가 된다.

нской литературе, 1936)} 그러나 그 후 한참 동안 문학활동의 장으로부터 배제되었다. 레르몬또프(М. Лермонтов, 1940) 와 게르쩬(А. Герцен, 1957) 에 대한 자신의 저술에 대해서 그는 불만족스러워했다. 단행본 형식의 저술이 낯선 것이었기 때문만은 아니었다. 이것은 또한 공식문학비평에 의해 장려되었던 그러한 단행본 장르는 결국 이데올로기적 요구에 굴복할 수밖에 없었으며, 따라서 그가 지적하고 있듯 강요와 속박의 징후들을 분명하게 지니고 있는 것이기 때문이기도 했다.

《서정시에 관하여》(О лирике, 1964년에 초판 발행) 가 창조된 것은 이미 다른 시대에 이르러서였다. 이것은 사실 그가 자유롭게 쓸 수 있었던 첫 번째 책이었다. 물론 당시에도 출판사에서는 만델슈땀(О. Мандельштам) 에 관한 장을 책에 포함시키지 않았다. 그것은 이 책이 재판될 때에서야(1974) 비로소 포함될 수 있었다.

나는 이 책 《서정시에 관하여》가 자세한 서언을 필요로 한다고 생각하지는 않는다. 작가 스스로 이 책의 구조적 원칙이나 기본적인 입장 혹은 목표에 대해 "서문"을 통해 자세히 밝히고 있다. 따라서 나는 그것으로부터 자유로울 수 있다.

오히려 나는 이 책 속에서 리디야 긴즈부르크가 변함없이 자신의 스승들의 사상을 충실히 따름을 지적하고 싶다. 그는 서정시의 특수성을 역사적 동기와 훌륭하게 결합하였다. 그는 이렇게 말한다. "역사적 보편성, 필연성은 개인의 반응이 지니는 우연성에 대립되며, 바로 그것이 우리로 하여금 그와 유사한 행보를 미적 체험과 문학적 분석의 대상인 작품 자체로 투사하게 만든다."

언어가 그 자체로 자족적인 힘이며 시가 그 고유의 목적에 다가가도록 하는 추동력이라는 견해는 과거 한때 가장 전위적인 학문적 사상의 기반이 된 가설이었지만, 이제 이미 '모두가 말하는' 상식과 같은 것이 되었다. 이러한 견해가 지나치게 보편화된 최근의 상황에서 이 책 《서정시에 관하여》는 이러한 사상의 잘못된 부분을 바로잡아 줄 수 있는 훌륭한 본보기가 된다.

저자는 시가 과연 언어의 성장과 변용에 있어 어떠한 도구가 되는지 그 누구보다 잘 알고 있으며, 또한 그럼에도 불구하고 이러한 문제에 대해 숙고의 과정을 거친 정확한 답을 제시하고자 했다. 그가 말하고 있듯이, "새로움에 대한 요구가 생기는 것은 서정시가 다른 모든 예술 장르들과 마찬가지로 인식의 특수한 한 유형이기 때문이며, 따라서 알려진 것과 미지의 것 사이의 상호관계가 되기 때문이다". 이처럼 그에게서 서정시는 모든 역사적 관계들과의 사이에서 인간의 의식이 존재하고 형성되어 가는 보편적 맥락 속에 포함된다.

사실 그것이 아니라면, 예를 들어 시간이 갈수록 시를 잠식해 들어가는 퇴행의 징후들을 다른 어떤 방법으로 설명할 수 있겠는가? 또한 뿌슈낀(А. Пушкин)과 바라띈스끼(Е. Баратынский), 뜌체프(Ф. Тютчев)의 훌륭한 문학적 성과가 출현한 이후 등장하는 가령 나드손(Надсон)[3]이나 프루크(Фруг)[4] 같은 현상은 어떻게 설명할 것인가? 설마 언어가 스스로 이러한 몰락에 관심을 가져서 그것을 시에 강요했겠는가?

퇴행이나 회귀는 역사적 진행 과정의 특징이며, 이러한 역사가 바로 때로 시의 길 위에 나타나 함정과 막다른 골목들을 만들어 놓는다. 그

3) 나드손(С. Я. Надсон, 1862~1887)은 당시 '시민의 비애'(гражданская скорбь)를 표현한 시인들의 하나로 20대의 나이에 폐결핵으로 죽었다. 그의 시는 때로 네끄라쏘프와 시민시 전통의 아류와도 같이 지나치게 감상적이며 정형화된, 진부한 표현, 회화적 형상의 빈곤, 수식어의 조야함, 지나치게 잉여적인 단어들 등으로 인해 비난받지만, 또 다른 한편으로는 상징주의의 인상주의적 스타일을 예고한 것으로 평가되기도 한다.

4) 프루크(С. Г. Фруг, 1860~1916)는 오데사 출신의 러시아 유태인 시인이다. 그는 성서적 내용이나 유대인들 사이에 전해오는 이야기 등을 소재로 한 많은 시를 남겼다. 그의 시들은 1880년대에 많은 인기를 누렸다. 그 역시 나드손 등과 마찬가지로 낭만주의적 모티프를 시민주의적 사상과 결합했으며, 이러한 관점에서 그는 자주 아쁘흐띤(А. Н. Апухтин)이나 나드손의 후계자로 간주된다.

리고 저자는 자신의 책을 통해 이러한 막다른 골목들 중 하나의 예를 고찰한다. 1830년대 후반 이 세대의 모든 시인들과 독자들은 뿌슈낀의 후기 시와 진정한 사상의 시를 썼던 시인 바라뗀스끼를 지나쳐 버렸다. 그러고는 새로운 철학적 사상을 시 속에 표현해야 한다는 자신들의 바람을 구현하는 시인으로 인정한 것이 바로 베네딕또프(B. Бенедиктов)였다. 그의 시는 과거의 시학으로부터 가져온 '거칠고 진부한 관용구들'로 넘쳐났고, 그의 작가 형상이 지니는 웅대함은 희극적이었으며, 뻬떼르부르크 관리들의 무도회와 같은 일상의 공간 속에서는 우주론이 펼쳐지고 있었다.

이 외에도 많은 것에 대해 이야기할 수 있다. 가령 이 책에서 그토록 상세히 다루어지는 장르 위계의 붕괴를 예로 들 수 있다. 바로 그것이 (1820~1830년대에) '주제의 선택이나 시의 구상이 그 자체로 중요한 창조적 행위'가 되도록 하였다. 오늘날에도 여전히 많은 시작하는 시인들은 시를 쓰고 싶다고 푸념하지만, 실제로 그들은 무엇에 대해서 쓸지 알지 못하며, 또한 엄격한 장르 규범이 존재하던 때, 가령 19세기의 처음 10년 동안이라면 그들이 시를 쓰는 것이 훨씬 더 쉬울 것이라는 사실을 의심하지 않는다.

또한 20세기 초반의 시파들에 대해서도 이야기해 볼 수도 있을 것이다. 그러한 시파들 역시 무능한 시인들이 직접 창조하지 않은 시적 체계(상징주의, 미래주의 등과 같은)에 의지할 수 있는 가능성을, 언어의 생동하는 힘과 싸우지 않고도, 독자적인 움직임 없이도 이러한 조류에 편승할 수 있는 가능성을 제시했다.

아니면 저자가 리얼리즘이나 낭만주의 등과 같은 일반적인 개념을 서정시에 적용하는 데 있어서 얼마나 조심스러운 태도를 취하는지 지적할 수도 있을 것이다. 나는 언제나 이러한 광범위한 개념들을 좋아하는 사람들에게 묻고 싶어진다. 예를 들어 우리의 서정시 중 가장 뛰어난 작품이라 할 수 있는 바라뗀스끼의 〈가을〉(Осень) 같은 작품은 과연 어떤 사조의 이름 아래에서 쓰인 것인가? 이것은 리얼리즘인가 낭만주의인가, 아니면 고전주의인가? 이러한 시를 관례화된 단어, 조건적인 유파의 명칭이라는 레테르로 덮어 버리려는 시도는 결코 성공할 수 없다. 레테르는 견뎌내지 못한다. 시는 레테르의 여기저기를 뚫고 나오려 하며, 결국에는 길들여지지 않은 말처럼 그것을 스스로로부터 내팽개쳐 떼어 버린다. "현실의 시"(Поэзия действительности) 장에서 뿌슈낀의 리얼리즘적인 방법론에 대해 이야기하면서 긴즈부르크는 '기계적으로 산문의 특성들을 서정시로 옮겨 놓으려는 시도는 성립될 수 없음'을 상기한다. 더 나아가 우리는 오늘날의 비평이 이미, 그리고 전혀 아무에게도 알려져 있지 않은 기준에 의거한 채로, 한 시인을 리얼리스트로, 다른 시인을 아방가르디스트로, 또 다른 시인을 포스트모더니스트로 그리고 심지어는 포스트 - 포스트모더니스트로 분류하려는 지향이 성공할 수 없음을 지적해야 한다.

뿌슈낀의 언어 사용이 보여주는 새로움을 고찰하면서 저자는 시어가 된 단어는 그 어느 때도 결코 '평범한' 것일 수 없음을 보여준다. 뿌슈낀 서정시에서의 '일상적인 언어를 시어로 변화시키는 미적인 기적'에 대해 이야기하는 것이다. "그것의 빛나는 말발굽 아래에서 영원히 녹지 않는 얼음은 날카롭게 울리며 갈라진다 … (И звонко под его блистающим копытом Звенит промерзлый лед и трескается лед …)."[5] '말발굽'(копыто) 이라는 단어는 우화에서 사용되는 어휘로서 '저급한' 언어다. 이것이 여기서는 '빛나는'(блистательное) 이라는 수식어와 결

5) 꾸슈네르는 여기서 뿌슈낀(А. С. Пушкин)의 시 〈가을〉(Осень)의 일부를 인용한다. 그는 이 시를 인용하면서 "И звонко под его блистающим копытом Звенит промерзлый лед и трескается лед"이라고 쓰고 있지만 원래 뿌슈낀의 시에서는 лед가 아닌 дол(골짜기라는 뜻)이다(И звонко под его блистающим копытом Звенит промерзлый дол и трескается лед). 이는 필자의 착오로 보인다.

합하여 이를 통해 뿌슈낀의 시 속에서는 앞서 말한 변화의 기적이 일어나게 된다.

"뿌슈낀과 같이 사물이 자신의 아름다움 속에서 완전히 그 모습을 드러내도록 할 수 있는 시인이 또 있을까?" 자신이 묘사하는 대상을 향한 예술가의 사랑에 대한 이러한 생각은 이 책에서 가장 중심이 되는 것 중 하나다. 이것은 특히 뿌슈낀의 작품에서처럼 작품의 언어 질료가 좀처럼 쉽게 그 의미를 확실히 드러내지 않는 곳에서 더 강한 울림을 갖게 된다. 레르몬또프의 〈감사〉(благодарность) 같은 경우를 상기해 보자. 좀더 깊이 생각해 본다면 그 속에는 '열정의 은밀한 고통'과 '눈물', '키스의 독기', '적들'과 '친구들'뿐 아니라, '주인공에게 가장 중요한 가치에 대한' 이야기가 존재함을 알게 된다. 이 시가 비극적인 것이 되는 이유다. 결국 이러한 그 어떤 것보다 단호한 삶에 대한 거부 뒤에서 가치의 세계가, 설사 실현된 가치는 아니더라도 적어도 예견될 수 있는 가치의 세계가 빛나게 되는 것이다.

또한 이 책에서는 삶에 대한 무조건적인 긍정이, 악에 대립하는 인간의 진가가, 블로끄(А. Блок)가 시인의 '숨겨진 동력'(сокрытый двигатель)이라 칭한 것, 즉, '자유의 승리'(торжество свободы)가 이야기 된다.

우리는 또한 이 책에서 다각적으로 고찰되는 시인이라는 한 인간이 개인화되는 과정 속에서 나타나는 시적 의식의 개인화 과정을 따라가 볼 수도 있다. 특히 이러한 주제는 20세기 초반 시인들의 작품과의 관계 속에서, 즉 물리적 세계를 영혼의 삶과 결합한 안넨스끼(Ин. Анненский)나, 그러한 결합의 과정 속에 '의미가 … 인간이 보편적 삶 속의 일부이며, 그러한 보편적 삶 역시 가치를 지닌다는 생각이 존재하기에' 그것이 그 어떤 고통이나 괴로움을 수반하지 않게 되는 빠스떼르나끄(Б. Пастернак)의 작품 속에서 매우 흥미롭게 조망된다.

시란 얼마나 자주 우리에게 영향력을 미치는가, 심지어 시의 의미를 우리가 완전히 이해하지 못하는 경우에조차! 뿐만 아니라 때로 이러한 이해 불가함과 은밀함, 수수께끼, 그리고 그 어떤 이해되지 않는 앙금들과 같은 요소들은 가장 강하고 놀라운 인상들 중 하나가 아니던가! 그러나 이러한 요소들은 우리가 작가를 신뢰하고, '우리가 희롱당하지' 않으며, 우리를 기만하지 않는다고 확신할 수 있을 때, 또한 이러한 수수께끼들이 궁극적으로는 진정한 의미를 드러내게 될 것이며, 단지 우리가 아직 거기에 이르지 못했을 뿐이라고 믿을 수 있을 때 비로소 유효한 것이 될 수 있다. 이러한 진정한 의미를 긴즈부르크는 만델슈땀에 대한 분석 속에서 밝혀내고 있는 것이다〔"연상의 시학"(Поэтика ассоциаций)〕.

미숙한 독자와 능력 없는 시인은 모든 것이 이미 다 이야기된 것이며, 모든 것이 이미 과거에 다 있었던 것이고 따라서 새로운 것은 아무것도 없다고 불평한다. 이것은 전혀 옳지 않다. 이는 마치 어떤 숙련된 문학가가 확신하는 슈제뜨의 영원한 반복과 영원한 순환, 동일한 신화의 귀환과도 같다.

리디야 긴즈부르크의 책은 서정시에서 전통이 지니는 어마어마한 역할과, 동시에 그것을 변형시키는 힘에 대해서 말한다. "서정시에서의 탈규범화란 곧 그것이 지금껏 알지 못했던 인간 경험의 새로운 영역을 자기화하는 것이다. 새로운 삶의 경험은 있는 힘껏 시적 관습과 형식이라는 관성을 통과하여 새로운 상징으로 뚫고 들어간다. 서정시 속에서 시대를 관류하며 계속해서 이야기되는 내용은 결코 아직 이야기된 적 없는 내용과 교차한다"(그렇지 않다면, 그것은 아류이거나 고작 이미 존재하는 하나의 낡은 기법 위에 앉은 하루살이 나방과 같은 이들일 경우다).

이러한 두 요소의 존재야말로 새로운 시인의 탄생을 위한 필수 조건이라 할 것이다. 그리고 바로 이 속에 서정시의 의미와 또 그것이 우리에게 말해주는 행복이 내재한다.

알렉싼드르 꾸슈네르(Александр Кушнер)

서정시에 관하여

차례

서론

나는 이 책에서 "일반적으로 서정시란 무엇인가"라는 질문에 답하고자 하지 않는다. 이러한 질문은 순수이론이나 역사시학의 견지에서, 오직 여러 세기에 걸친 자료의 비교를 바탕으로 하여서만 해명될 수 있다. 이 책의 과제는 다른 것이다. 나는 이 책을 통해 오늘날의 우리 문학이 당면한 일련의 문제를 역사적 조망 속에서 살펴보고자 한다. 한 세기에 걸친(19세기 초부터 1910년대까지) 러시아 서정시의 역사에서 다름 아닌 서정시가 독자의 관심을 끌며 러시아 문학의 전개 과정에서 결정적인 의의를 지녔던 중요한 변화의 시기에 주목하려는 것이다.

이 책의 각 장은 지배적인 어떤 문제 혹은 일단의 문제를 담고 있으며, 따라서 이 책에서는 뿌슈낀,[1] 레르몬또프,[2] 바라띈스끼,[3] 뜌체프,[4]

---

1) 시인 뿌슈낀(1799~1837)의 창작 세계는 18~19세기 초의 합리주의 시학(고전주의와 전(前) 낭만주의)으로부터 '바이런적 낭만주의'를 거쳐 리얼리즘 시학의 형성에 이르기까지, 19세기 초에서 1830년대에 이르는 시기의 러시아 서정시사상의 주요 흐름과 변화를 주도한다. 저자는 주제와 문체, 그리고 장르 사이의 엄격한 일치를 요구하는 합리주의적 시학의 규범과 뿌슈낀의 초기 서정시 사이의 관계, 그리고 후기 시의 시적 리얼리즘, 곧 '현실의 시'의 시인으로서 뿌슈낀에 주목한다.

2) 레르몬또프(1814~1841)는 뿌슈낀 문학 전통의 계승자로 러시아 문단에 등장했다. 그는 자신의 서정시에서 뿌슈낀 서정시의 많은 예술적 원칙을 계승하며

블로끄[5]와 기타 시인들의 서정시를, 모노그래피적 연구를 표방하기 보다는, 각각의 특정한 이론적 국면에 초점을 맞추어 고찰하고자 한다.

1830년대 러시아의 사회적 의식에 자리한 내적 모순을 가장 첨예하게 표현한 시인이 된다. 레르몬또프는 자신의 서정시에서 존재의 의미에 대한 철학적 성찰에서 기인하는 자아의 자유 실현을 향한 강한 행동 의지와 세계 질서의 근원적 부정성 사이에서 고뇌하는 비극적인 반항인의 형상을 구현했다. 그의 서정시는 러시아 낭만주의의 정점이자 종결로서의 문학사적 의의를 지닌다. 긴즈부르크는 '낭만주의 문학의 이념적 지향과 서정시의 이론적 문제로서의 서정적 주인공의 관계'를 레르몬또프 시 속의 인간의 형상과 관련하여 조명한다.

3) 시인 바라뜬스끼(1800~1844)는 복잡하고 역동적인 인간 감정의 흐름에 대한 냉정한 관찰을 삶에 대한 깊은 철학적 성찰과 결합함으로써 19세기 초 러시아 비가의 상투성을 극복하는 방향성 중 하나를 제시한 것으로 평가된다. 고독, 비애, 존재의 허무, 인류와 예술의 파멸에 대한 예감 등 염세적 모티프가 그의 시를 주도한다.

4) 외교관 신분으로 생의 많은 부분을 외국에서 보낸 시인 뜌체프(1803~1873)의 서정시가 지닌 고유한 면모는 1830년을 전후한 시기에 쓰인 시에서 드러난다고 평가된다. 그의 시에는 열정적이고 긴장된 사색과 삶의 비극성에 관한 날카로운 느낌이 함께 결합되어 흐른다. 저자가 주목하는 바와 같이, 뜌체프는 바라뜬스끼와 더불어 19세기 러시아 철학적 서정시를 대표하는 시인이다. 또한 그는 1850~1860년대에 쓴 사랑시편들(〈데니씨예바 연작〉)을 통해 러시아 서정시사상 사랑에 관한 가장 아름다운 시를 쓴 시인 중 한 명으로 평가되기도 한다. 뜌체프의 시는 동시대의 문단에서 그의 시가 지닌 가치에 상응하는 주목을 받지 못했고, 오히려 이후 19세기 말~20세기 초 러시아 상징주의자들에 의해 그 가치를 재조명받는다.

5) 러시아 상징주의의 가장 뛰어난 시인 중 한 명인 블로끄(1880~1921)는 자신의 서정시에서 19세기 러시아 시의 모든 전통과 동시대 시의 영향을 '서정적 삼부작'(лирическая трилогия)의 고유한 시적 문맥 속에 수용한다. 그는 19세기적인 전원시풍의 고요한 서정 시인으로부터 출발하여 동시대의 개인적·사회적 삶의 열정적인 소용돌이의 모순적인 체험이 야기하는 비극적 정신의 균열의 표현자가 되었고, 나아가 말년의 서사시 〈열둘〉(Двенадцать) 속에서 최초의 '쏘비에뜨 시인'이 되었다. 블로끄는 '세계들 사이의 상응'에 관한 상징주의자적인 신비주의적 세계 지각을 기반으로 그의 시를 역사적 시대의 삶의 체험과 역사의 섭리에 관한 초경험적 감각의 통일 속에서 살아가는 인간 운명에 관한 서사로 만들었다.

1장("조화로운 정확성의 시파(詩派)[6)]")에서의 논의는 시인 뿌슈낀을 길러낸 19세기 초 러시아 시파의 창작방법에 관한 것이다. 시인이 시어에 대해 지닌 극도의 책임성이 이 시파의 변별적 특징을 이루며, 이때 이러한 책임성은 시어가 지닌 의미상의 가장 미세한 뉘앙스마저도 인식하고 고려하도록 만든다. 1장은 뒤이은 시기의 러시아 서정시 속에서의 탐색과 발견, 성취와 실패를 이해하기 위한 출발점이 된다.

나는 이어 ("사상의 시"의 장에서) 1820~1830년대 러시아 낭만주의 서정시의 자료를 토대로 시적 사색의 특수성과 그 표현 방식에 관한 질문을 제기했다. 이러한 견지에서 우리에게 교훈을 주는 것은 비단 위대한 성취(바라띈스끼, 뜌체프)뿐이 아니었다. 실패 역시 가르침을 줄 수 있다. 이를 테면, 새로운 철학적 서정시를 창조하고자 한 류보무드릐(любомудры)[7)] 시인들의 시도가 그러하다.

---

6) 1800년대 초반 러시아 시의 흐름을 긴즈부르크는 '조화로운 정확성'의 시파로 명명하면서 이 시기 시인들의 이중적 흐름을 감지해낸다. 즉, 그들은 고전주의에서 정립된 시적 규범을 계승하며 동시에 당시 귀족계급의 새롭고 자유로운 세계관을 반영하는 새로운 취향을 고전주의적 규범에 결합한다. 이를 통해 이 시기 시인들은 고전주의의 규범에 기반하며 동시에 그것을 넘어서는 앞으로의 러시아 서정시 전통을 정립해 갈 수 있었다.

7) '류보무드릐'는 '지혜를 사랑하는 자들'이라는 뜻이다. 1823년 모스끄바에서 결성되어 1825년까지 존재했던 '지혜를 사랑하는 자들의 모임'(Общество любомудрия)에 참여했던 일군의 문학가와 철학자, 즉 오도옙스끼(В. Ф. Одоевский), 베네비띠노프(Д. В. Веневитинов), 끼레옙스끼(И. В. Киреевский), 로좔린(Н. М. Рожалин), 꼬셸레프(А. И. Кошелев), 셰븨료프(С. П. Шевырев), 띠또프(В. П. Титов), 멜구노프(Н. А. Мельгунов) 등을 지칭한다. 이들은 스피노자, 칸트, 피히테 등의 철학자들의 저작과 셸링을 중심으로 한 독일 자연철학을 탐구했다. 특히, '류보무드릐'의 세계관과 철학적 원칙, 그리고 시 창작에 지대한 영향을 끼친 존재는 셸링이었다. 때문에 '류보무드릐'를 '러시아의 셸링주의자들'이라 지칭하기도 한다. 러시아 셸링주의자 시인들은 초기 셸링의 존재와 사유법칙의 동일성 테제에 기초하여 존재와 인식의 동일성을 주창했다. 셸링주의자들에 따르면, 시인은 보편적 개성의 구현이며, 계몽의 정점인 철인(哲人)이다. 이에 상응하여 시는 세계인식의 최상의 형식이 된다. '류보무드릐'의 시는 1820년대 후반부터 러시아 서정시와 사회적 의

이 책에서 제기되는 기본적인 문제들 중의 하나는 한 시대의 사회적 의식이 지닌 특징들을 일반화하는 '작가의 의식이 서정시에서 어떻게 구현되는가'이다. 우리는 흔히 서정시에서 시인의 자아를 표현하는 다양한 형식을 서정적 주인공이라는 범주로 통합하곤 하지만, 사실 서정적 주인공은 여러 가능성 중의 하나일 뿐이며, 따라서 서정적 주인공의 범주가 다른 부분을 가려서는 안 된다. 이 문제에 할애된 장의 중심에는 반항인의 이념을 가장 강렬하게 표현한 19세기 러시아 시인인 레르몬또프의 서정시가 자리한다.

작가의 개성의 구현과 관련된 제 문제는 뿌슈낀의 서정시와 관련해서도 제기된다("현실의 시"의 장). 그러나 이 장의 기본 주제는 서정시에서의 리얼리즘적 사고의 특수성이다(후기 뿌슈낀). 그야말로 특수성이다.[8] 왜냐하면 산문에 있어서의 리얼리즘의 여러 특질을 서정시에 기계적으로 적용하는 것은 근거 없는 것이기 때문이다.

내가 여기에서 미리 언급한 이 모든 주제 외에 이 책에서 다루어지는 또 하나의 주제는 과거의 유산으로서의 전통과 새로운 것의 확립 사이에서 일어나는 상호작용, 미적 행위의 영원한 생명력을 가능하게 하는 영원한 상호작용이다. 이 주제는 책 전체를 관류하지만, 나는 특히 블로끄의 서정시를 통해 이 주제를 자세히 다루었다. 이는 또한 1910년대에 성숙한 작품 세계를 보여준 시인들의 작품에 관한 논의에 있어서도 본질적이다. 20세기 서정시는 애초부터 시 속에 내재한 몇몇 고유한 자질(다의성, 연상 가능성)을 극대화했다. 나는 이 책의 마지막 두 장("물리적

식의 일반적인 경향을 형성했던 내면적인 철학적 성찰을 향한 지향의 기원으로서의 의의를 지닌다. 셸링주의자들의 시적 경험은 후기 바라띈스끼, 뜌체프, 레르몬또프 등에게 깊은 영향을 끼쳤다. 긴즈부르크는 "사상의 시"의 장에서 '류보무드리'의 철학적 서정시의 특징과 한계를 낭만주의적 자아의 철학을 시적으로 표현할 것에 대한 시대적 요구와 시적 사색의 특수성과 관련하여 비판적으로 고찰한다.

8) 이 책에서 강조는 원저자 긴즈부르크의 것이다. 이외의 경우는 따로 표기하도록 한다.

세계", "연상의 시학")에서 이 현상에 대한 분석을 보여주려 한다.

'서정시는 특정한 개인이 지닌 느낌의 직접적인 표현이다'라는 과거의 통념은 이미 용납될 수 없다. (만약 말해지는 바가 실제로 한 개인에 관한 것이라면) 그와 같은 직접적인 표현은 흥미로운 것이 아닐뿐더러, 불가능하다. 예술은 한 사람의 경험이지만, 동시에 그것은 많은 사람들이 자신을 발견하고 이해하는 장이 되어야 하기 때문이다.

'직접적인 표현'이라는 개념과 더불어 서정시에 대한 완전히 상이한 여러 정의 또한 오래전부터 존재해 왔다. 이 정의들은 다양하고 서로 모순되는 것이었지만, 그럼에도 불구하고 대체로 서정시의 체계 속에서 주체, 곧 작가의 개성이 지닌 독특한 지위를 인정하는 것으로부터 출발했다. 그러나 이것은 결코 영혼의 직접적 토로로서의 서정시 이론과 동일시될 수 없다.

작가가 자신의 작품 구조 속에 삽입되는 방식과 정도는 다양하다. 학술적인 글의 저자는 텍스트 뒤에 남는다. 예술적 산문이나 서사시에는 작품의 구조 속에 은닉된 작가의 형상이 무엇보다도 전형적이다(화자는 작가와 대등한 존재가 아니다). 독자는 작가의 평가와 태도를 부단히, 그러나 이차적 현실에 의해 매개된 형식 속에서 지각한다. 작가가 서정적 산문이나 철학적 산문, 그리고 운문 서사시에서 공개적으로 개입된다면 그것은 서정적 일탈이 된다. 물론 중간적인 형식들도 존재하지만, 나는 여기에서 전형적인 형식에 관해 이야기한다.

서정시에서 인간은 작가이자 동시에 묘사의 대상이며, 뿐만 아니라 작품의 실제 구성요소로서 미적 구조에 속해 있는 묘사의 주체로서도 존재한다.[9] 바로 이 점에 서정시의 특수성이 있다. 이때 서정적 나의 이름으로 이루어지는 직접적인 발화가 필수적이라 말하기는 어렵다. 작가의 독백은 극단적인 서정적 형식일 뿐이다. 독백적 유형으로부터

9) 이 부분에서 '작가'로서의 인간이 실제작가이며 '묘사의 대상'으로서의 인간이 작품 속의 등장인물이라면, '미적 구조의 한 요소이며 동시에 묘사의 주체'는 곧 서정적 자아, 혹은 서정적 마스크로서의 시적 화자의 형상을 지칭한다.

의 다양한 정도의 일탈, 서정적 주인공의 가면으로부터 서정적 자아가 투영되도록 유표화 하는 다양한 종류의 '객관적인' 슈제뜨(сюжет),[10] 인물들, 사물들에 이르기까지 작가의 의식을 대상화하고 그것을 서사적으로 유표화 하는 다양한 수단이 서정시에 존재한다.

서정시에서 주체는 능동적이다. 그러나 서정시의 주체가 꼭 개인적이지는 않다. 예를 들어 고전주의 장르 체계의 추상적이고 표준화된 작가의 형상[11]은 바로 이에 대한 증거가 된다. 미학사상에서는 서정시란 다양한 종류의 삶의 경험이 한 개인에 의해 시적으로 변형된 것이라는 이해가 자주 피력되곤 했다. 삶의 경험의 시적 변형 과정에서 개인은 (서사문학 작가와 달리) 고유의 사상과 감정을 지닌 채로 자신의 눈앞에 펼쳐지는 일에 대한 자신의 태도를 표명하며 실재하고, 자신의 존재가 감지되도록 한다. 서사시(эпос)와 경계를 이루는 형식들〔영웅노래(героические песни), 로망스(романс), 발라드(баллада)〕에 대한 헤겔의 해석은 '서정적 주관성'에 대한 그의 이해를 드러내준다. "이 장르들에서 전체 형식은, 한편으로, 서사적이다 … 다른 한편으로, 기본적인 어조는 전적으로 서정적인 것으로 남아 있다. 왜냐하면 본질적인 것은 실제 사건들에 대한 탈(脫)주체적인 묘사와 서술이 아니라, 반대로, 주체의 이해와 수용 태도이기 때문이다 …"[12]

서정시에서 자아가 독특한 상태에 처해 있음은 (물론 그것을 다양한

---

10) 러시아 문예학 용어인 슈제뜨은 일반적으로 문학 작품 속 사건들의 전개 과정을 의미하며, 그에 상응하는 개념인 파불라(фабула)는 사건들의 논리적, 인과적, 시간적 연쇄를 의미하는 개념이다. 때때로 개념의 의미들이 서로 치환되거나 동일시되기도 하나, 일반적으로 플롯과 스토리에 상응하는 개념으로 이해할 수 있다.

11) 고전주의 시학의 기초가 되는 엄격한 장르적 위계질서는 주제와 문체뿐 아니라 작가의 형상까지 미리 결정했다. 고전주의 시대의 작가들에게 장르의 규범 준수는 미리 결정된 작가의 형상을 따르는 것을 의미했다.

12) (원주) 헤겔, 《미학강의. 3책》, 《저작집》, 14권(Гегель, Лекции по эстетике, кн. III, Сочинения, т. XIV, М., 1958), 294쪽.

방식으로 이해하곤 하지만) 보편적으로 받아들여지는 사실이다. 그러나 서정시에는 그 나름의 역설이 존재한다. 즉, 서정시는 가장 주관적인 문학의 종류 중 하나이지만, 그럼에도 다른 그 어떤 것만큼이나 보편적인 것을, 보편적인 것으로서의 정신적 삶의 묘사를 지향한다. 게다가 서정시에서의 정신적 과정의 묘사가 단편적이라 해도, 인간의 묘사는 어느 정도 종합적이다. 또한 서정시는 심리소설에서 그리고 부분적으로 근대 운문 서사시에서 사용된 것과 같은 개별적인 성격 해석의 방법을 사용하지 않는다. 이 모든 것에 대해서는 앞으로 논의될 것이다. 여기에서는 다만 만약 서정시가 성격을 창조한다면, 그것은 '부분적이고' 개별적이라기보다는, 시대적이고 역사적인 성격, 즉 문화의 큰 움직임이 만들어내는 동시대인의 전형적 형상이라는 점만을 지적하기로 하자.[13)]

서정시는 자신과 자신의 감정에 대한 시인의 말이 결코 아니다. 서정시는 드러난 관점, 사물에 대한 서정적 주체의 태도, 즉, 평가이다. 시어는 자신이 접촉하는 모든 것을 부단히 평가한다. 따라서 시어는 곧 가치평가를 공공연히 드러내는 말이 된다. 고상함과 저급함, 서정성과 산문성 등과 같은, 서정시에 있어 그토록 지속적인 효력을 지닌 미적 범주 역시 평가의 원칙에 침윤되어 있다. (송가, 비가, 풍자시 등의 시 장르를 포함한) 고전적인 장르체계는 환희, 슬픔, 분노 등과 같은 감정적이고 가치평가적인 지향 위에서 생겨났다. 서정시는 본질적으로 의미 있는 것, 고상한 것, 그리고 (때로 모순적이고 아이러니적으로 해석되기도 하는 개념인) 아름다운 것에 관한 이야기다. 그것은 인간의 이상과 삶의 가치의 전시장 같은 것이기도 하다. 또한 서정시는 그로테스크, 폭로, 풍자 등을 통해 반(反)가치들을 드러내는 장이 되기도 하지만, 그러나 이것이 서정시가 지나가는 큰 길은 아니었다.

보다 복잡한 경우는 '악마성'의 주제이다. 악마성의 주제는 때로 서

---

13) (원주) 이 점에 대해서는 나의 책 《심리 산문에 관하여》(Л. Гинзбург, О психологической прозе, Л., 1971)를 보라. 특히 "서론"을 보라.

정시로 하여금 선악의 경계를 초월하게 하거나 혹은 악을 시적 영탄의 대상으로서 선언하고자 하는 시도를 낳곤 했다. 그러나 시적 관심은, 비록 그것이 기묘하게 혼합되어 있긴 하지만, 여전히 선악의 문제에 고착된다. 바이런적 악마주의에 있어 악은 자유를 애호하는 정신이 진정한 선을 배제하는 세계질서에 대해 보이는 비극적인 반응이다. 그러나 바이런(Byron)은 신으로 대표되는 선을 심판하고 루시퍼로 대표되는 악을 찬양하려 한 것은 아니었다. 바이런에게 있어 선은 오히려 불행한 인류에 연민을 느끼는 루시퍼의 편에 있다. 루시퍼에 대적하는 신은 부단히 파괴하기 위하여 부단히 창조하는 폭군이자 광인이다. 후에 보들레르(Baudelaire)는 자신의 〈사탄의 연도(連禱)〉(Les Litanies de Satan), 〈아벨과 카인〉(Abel et Cain)에서 본질상 이 갈등을 반복했다. 테오필 고티에(Théophile Gautier)[14]는 《악의 꽃》(Les fleurs du mal) 서문에서 다소 경향적이지만 나름의 근거를 가지고, 악마적인 삶의 원칙에 대한 보들레르의 묘사가 지닌 도덕성을 강조했다. 로트레아몽(Lautréamont)과 쥘 라포르그(Jules Laforgue), 그리고 다른 '저주받은 시인들'(проклятые поэты)[15]의 시에도 똑같이 선과 악의 거부가 아닌, 흔히 (보들레르에게서와 같이) 날카로운 사회적 동기를 지닌 선악의 혼합이 존재한다. 이후 데카당스는 훨씬 더 '반(反)도덕주의'에 경도되었다. 그러나 데카당스는 결코 악의 구조적 범주로부터, 다시 말해

---

14) 프랑스 시인(1811~1872). 문학에서 예술 이외의 모든 것, 즉 사상이나 정치, 도덕, 철학, 그 밖의 모든 유용성을 배격할 것을 주장한 예술을 위한 예술의 주창자다. 그는 "아무것에도 쓰일 수 없는 것만이 참으로 아름다운 것이다. 유익한 모든 것은 추하다"라고 선언했다. 그의 이론과 실천은 보들레르, 방빌, 플로베르 등에게 큰 영향을 주었다. 특히 그보다 10살 아래인 보들레르는 이 이론의 열렬한 신봉자였다. 보들레르는 그의 유일한 시집 《악의 꽃》을 고티에에게 헌정했다.

15) 베를렌(Paul-Marie Verlaine)이 파르나스의 강단 시파에 대립하여 데카당스 시의 선구가 된, 보들레르 이후 세대의 일군의 프랑스 시인들을 지칭하여 사용한 용어.

윤리적 범주로부터 벗어날 수 없었다. 전통적인 도덕적 가치의 폐허 위에서 바야흐로 — 비록 그것이 때로 과장되고 역설적이었지만 — 서정시와 윤리의 결별이 불가능함을 증명했던 새로운 가치가 자라났다.

서정적인 말의 퇴적된 의미는 서정적 자아가 지닌 제 가치 및 이상과 함께 그의 세계에 대한 일종의 소우주가 된다. 삶의 가치는 이 소우주 속에서 또한 무조건적으로 가치 있는 것으로 체험되는 기호를 얻는다. 그리고 이 가치 동일성은 말이 지닌 시적인 자질의 독특성을 내포한다.

'신들의 언어'가 시적인 자질의 필수적인 요건이 아니며 일상어와 구어, 심지어 비속어도 지극히 시적인 언어일 수 있음은 이미 오래전부터 모두에게 알려져 있다. 데르좌빈(Г. Державин),[16] 뿌슈낀, 네끄라쏘프(Н. Некрасов),[17] 마야꼽스끼(В. Маяковский)[18] 등을 비롯한 많은 시인들이 러시아 서정시에서 이 점을 보여 주었다. 아울러 시행 속에 도입된 (심지어 매우 아름다운 말들을 포함한) 모든 말이, 독특한 발화 구조가 형성되지 않는 경우, 즉, 말을 산문적 분신으로부터 이탈시켜 시적 사색의 무기로 만드는 내적 변형이 이루어지지 않는 경우, 시

---

16) 러시아 고전주의 시대 말기의 대표적 시인(1743~1816). 송가적 요소와 풍자시적 요소, 그리고 비가적 요소가 분리될 수 없이 결합된 그의 시는 장르 규범의 동요와 결부된 러시아 시의 탈(脫)고전주의화 양상을 드러낸다. 데르좌빈의 예술적 방법에는 고전주의에 전형적인 교훈성과 알레고리즘이 구체적인 묘사들 및 풍부한 전기적 모티프들과 결합하며 이는 시학의 과도기적 양상을 구현한다. 데르좌빈의 시에 나타나는 일상 구어의 요소들 역시 이 점과 관련되어 있다.

17) 19세기 중엽 리얼리즘 시대 러시아의 대표 시인(1821~1877). 네끄라쏘프는 러시아 시에서 최초로 비(非)시적인 세태 속에 처한 인간의 모습을 구현한 시인이다. 그의 시에 등장하는 시인은 삶의 자질구레한 근심들의 멍에 아래 놓인 인간이다. 네끄라쏘프는 일상에 대한 시인의 정신적 우월성을 폐기하고, 사회적·정신적 삶의 혼란 속에 동화된 새로운 시적 자아의 형상을 창조했다. 그는 러시아 농민의 구어체를 시어의 근간으로 삼았다.

18) 러시아 미래주의의 대표시인이자 러시아 서정시사에서 쏘비에뜨 시의 시대를 연 시인(1893~1930). 저자는 마야꼽스끼의 시적 산문체의 문제를 저서 마지막 부분에서 다룬다.

와는 이질적인 질료로 남는다는 점 또한 그만큼 명백하다.

말의 변형은 시적 문맥 속에서 이루어진다. 이 문제들에 할애된 우리 시대의 연구들은 미적 통일체로서의 시적 문맥이 지닌 의의와 그에 의해 생성되는 예술어의 (학술어와 단순한 소통 언어에서는 불가능한) 원칙적인 다의성을 계속해서 지적한다. 예술적 문맥의 범위는 매우 다양하다. 때로 그것은 어떤 작품의 경계로부터 멀리 벗어나는 것까지도 포함한다. 문학 사조 전체에도, 그리고 개별적인 시적 체계에도 다양한 유형의 고유한 문맥이 존재한다. 문맥은 말의 해득(解得)의 열쇠이다. 그것은 다른 자질들을 대신하는 특정한 자질들을 부각시키고 그것을 역동적으로 만듦으로써 말을 축소시키고, 동시에 연상의 층들을 쌓아 올림으로써 말을 확장한다.

의미 층위의 공시성, 개념의 (비동등한 명확성의) 혼합은 은유의 기초다. 그러나 시적인 말은 은유도, 나아가 그 어떠한 비유도 지니지 않을 수 있다. 그럼에도 불구하고 문맥의 미적 통일성은 시어에 다층적이고 확장된 의미를 부여하고, 잠재적인 의미 가능성을 실현하여 예기치 않은 자질을 활성화한다. 논리적 분석이나 묘사를 통해 드러낼 수 없는 사물의 고유한 양상에 대한 예술적 인식 작용은 바로 이와 같이 실현된다.

문맥은 구조다. 그런데 시는 시간 속에서 흐른다. 시의 의미들은 축적되고 의미는 점차적으로 밝혀진다. 여기서 문제는 일차적 독서에 있는 것이 아니다. (진정한 시는 결코 일회적 독서를 위한 것이 아니다). 완전한 문맥, 시의 완결된 구조는 움직임의 점진성을 제거하지 않는다. 완결된 시의 구조는 움직임을 정지시키고, 자신의 내부에 움직임의 각 단계를 하나하나 보존해 간다. 그리고 각 단계는 선행하는 단계들의 의미를 새롭게 조명한다. 시의 문맥은 이처럼 종합적인 움직임, 통합된 가변성이다.

비노그라도프(В. В. Виноградов),[19] 라린(Б. А. Ларин),[20] 또마솁스

---

19) 언어학자, 문예학자. 소연방 과학 아카데미 회원(1894~1969). 비노그라도프는 러시아어 문법에 관한 일련의 연구의 저자이자, 또한 《예술적 산문에 관하여》(О художественной прозе, 1930), 《예술 문학의 언어에 관하여》(О яз-

끼,[21] 뜨냐노프[22] 등의 쏘비에뜨 연구자들은 문맥의 문제를 시행 속의 말의 특수성과 관련하여, 즉 산문의 말과의 질적 차이 속에서 고찰한 연구를 1920년대 초반에 발표했다. 뜨냐노프는 《시어의 문제》(Проблема стихотворного языка, 1924)에서 시행의 의미와 리듬 - 통사 열 사이의 관계를 살핀다. 비노그라도프는 시적 문맥 속에 존재하는 어휘 일반을 (어휘소와 구별되는) 상징이라는 용어로 지칭했다. 그는 다음과 같이 쓰고 있다. "… 상징이 지닌 주된 특징은 그 의미가 주어진 '미적 대상'의 전체적 구성에 의해 좌우된다는 점이다."[23]

이것은 상징이란 단어가 적용된 많은 사례 중의 하나다. 상징이라는 용어는 기호 일반, 즉 기의와 연관된 기표의 의미로도(말 자체는 이미 상징이다), 또한 (상징주의자들에게서처럼) 이중적인 층위를 지니고 이것이 아닌 다른 어떤 것, 즉, 고상하거나 심오한 것을 의미하는 말에 기반을

ыке художественной литературы, 1959), 《문체론. 시적 발화의 이론. 시학》(Стилистика. Теория поэтической речи. Поэтика, 1963) 등 19~20세기 러시아 작가들의 언어와 문체, 시학에 관한 연구들의 저자다. 그의 책임 아래 《뿌슈낀 문학어 사전》(Словаря языка Пушкина, Т. 1~4, 1956~1961)이 편찬되었다.

20) 문예학자(1893~1964). 슬라브 방언, 러시아어 어휘사, 우크라이나어, 리투아니아어, 그리고 산스크리트어 등의 분야를 주로 연구했다.

21) 문예학자(1890~1957). 러시아 초기 형식주의 학파의 일원. 시학과 문체학, 서지학 및 뿌슈낀 연구, 프랑스 시 연구 등의 분야를 연구했다.

22) 작가, 문예학자(1894~1943). '오뽀야즈'(ОПОЯЗ) 회원으로 초기 형식주의 학파의 문학사 이론의 기초를 정립했다. 긴즈부르크는 대학시절 뜨냐노프의 제자였으며, 문예학자로서의 방법론을 그의 영향 아래에서 정립했다. 문학사에 관한 뜨냐노프의 이론적 입장은 《서정시에 관하여》의 방법론적 기초로서 자리 잡고 있다.

23) (원주) 비노그라도프, 《안나 아흐마또바의 시에 관하여》(В. Виноградов, О поэзии Анны Ахматовой, Л., 1925), 16쪽. 미국의 현대 연구가인 노드롭 프라이(Northrop Frye)는 이 관점에 가까운 예이다. 그는 '비판적 고찰을 목적으로 분리할 수 있는, 문학 구조의 모든 단위'를 상징으로 이해한다 (Northrop Frye, *Anatomy of Criticism*, Princeton: New Jersey, 1965, 71쪽).

둔, 특수한 시학이나 형상 체계에 적용되어 사용되기도 한다. 비노그라도프에 따르면, 상징이라는 용어는 의미가 자신의 문맥에 의해 항상 결정되는 모든 시어를 의미한다. 이와 같은 해석은 상징성을 다의성, 고양된 연상가능성 등과 더불어 시적 발화의 자질 중의 하나로 만든다. 시어가 지닌 이 모든 자질은 시어가 긴밀하고 흔히 모순적인 의미론적 연관을 지닌 전체 '미적 대상'에 구조적으로 종속되어 있음에 기인한다.

시행의 질서는 예술어의 역동성을 극대화한다(단, 시행 형식이 모든 어휘 결합을 시로 변모시킬 수 있다고 생각하는 것은 금물이다). 서정시에는 극도로 긴장된 시어의 특징이 가장 순수한 형태로 표현된다.

서정적인 말은 시적인 자질의 농축액이다. 그것은 비교할 데 없이 강력한 감화력을 지녀야만 한다. 이 힘은 오랜 시기에 걸쳐 준비되고, 때로 수세기에 걸친 시의 지각 경험에 의해 축적된다. 예술은 전통을 벗어나서 존재할 수 없지만, 서정시에서처럼 전통이 그토록 강력하고 집요하며, 극복되기 어려운 언어 예술은 없다.[24)]

산문에서, 심지어 운문 서사시에서도 파불라의 움직임, 인물들, 상황이 모든 것은 주제를 전개해 나가고 그것을 설명한다. 서정시에서 시적 사색, 즉 복잡한 내적 경험이란, 마치 섬광과도 같이, 그 어떤 실수도 없이 독자와의 접촉을 성립시키는 응집된 시적 표현에 의해 전달되어야 한다. 다른 방식으로는 서정시가 창작과 지각의 양방향적인 사회적 행위로서의 예술이 될 수 없을 것이다. 서정시는 특히 이해력을 지닌 독자를 필요로 한다. 이 문제는 독자가 문화적으로 준비되었는지, 또 지적으로 박식한지 여부의 문제와 혼동되어서는 안 된다. 예를 들어, 구전 농민시 같은 경우는 그 비유 체계를 아주 잘 풀어낼 수 있는,

---

24) (원주) 라린은 논문 "예술적 발화의 종류로서의 서정시에 관하여 (의미론 소고)"〔О лирике как разновидности художественной речи (семантические эюды)〕에서 서정시의 이해에 결정적인 세 국면을 어법의 전통성, 문맥 그리고 새로움에 대한 기대로 제시했다〔선집 《러시아의 말》(Русская речь, Л., 1927), 43, 51쪽〕.

이해력을 지닌 청자를 항상 지녀 왔다.

사물의 시적 변형이 이루어지기 위해서는 연상 작용의 필연성이 요구된다. 베쎌롭스끼(A. Н. Веселовский)[25]는 그의 저서 《역사시학》(Историческая поэтика)에서 시어의 전통성에 의해 조건 지워진 독자들의 연상이 지닌 보편적인 의미에 많은 관심을 할애했다. 그러나 쥐르문스끼(В. М. Жирмунский)[26]는 《역사시학》의 미(未) 출판된 장을 출판하며 쓴 서문에서 베쎌롭스끼가 민담과 중세문학에 근거하여 "시적 '공식들'의 … 역할을 너무 과대평가한다"고 지적했다.[27]

문학 전체에 (심지어 19세기 소설에도) 확산된 전통의 지배 이론은 과장되고 논쟁의 여지가 있는 것이다. 그러나 그것은 시어, 특히 서정시의 언어의 수세기에 걸친 역사에서는 의심할 바 없이 중요하다. "… 시어는 일정한 공식들로 이루어져 있다. 이때 이러한 공식들은 일정시기 동안 형상들이 이루어 내는 일군의 긍정적인 연상과 모순에 따른 연상을 야기했다. 우리는 사물에 대한 일련의 익숙한 관념을 말과 결합하는 것에 익숙해지듯, 바로 이와 같은 정형(整形)적인 사고 행위에 익숙해진다 … 가끔씩 시적 어법의 영역 속으로 도입되는 새로운 표현이 옛 성분 속에서 형성되는 것을 통해 알 수 있듯이, 이미 확립된 언어 형식의 외부에서 생각을 표현하는 것은 불가능하다. 시적 표현은 그것과의 접촉이 우리의 발달과 경험의 정도에 따라, 그리고 형상이 불러일으키는 연상을 풍부하게 하고 결합시키는 재능의 정도에 따라,

---

25) 문학사가. 아카데미 회원(1838~1906). 슬라브와 비잔틴, 서구 문학과 민담에 관한 폭넓은 학식을 토대로 러시아 비교 - 역사 문학연구의 토대를 정립했다.

26) 문예학자. 아카데미 회원(1891~1971). 독일 낭만주의와 은세기 문학의 신비주의적 정향 사이의 깊은 친화성을 밝힌 《독일 낭만주의와 현대의 신비주의》(Немецкий романтизм и современная мистика, 1914)와 시인 블로끄에 관한 정평 있는 연구 《알렉싼드르의 블로끄의 시》(Поэзия А. Блока, 1921)로 학자로서의 명성을 확립했다. 이후 언어학, 방언학, 서구와 러시아 문학사, 문학이론과 시학, 비교문학 등의 분야에서 중요한 저작들을 남겼다.

27) (원주) 〈러시아 문학〉, 1959, 2호(Русская литература, 1959, NO.2), 179쪽.

어떤 경우에는 많고 어떤 경우에는 적은 일련의 특정한 형상을 우리들 속에 일깨우는 신경마디다."[28]

수세기 동안 특별히 시적인 언어라는 것이 존재해 왔다. 종교적 사고와 민중 창작에 뿌리를 두고, 역사적인 발전을 거치며 하나의 시적 체계로부터 다른 시적 체계로 전이되는 고정된 표현들이 시적인 언어에 있어 결정적인 의미를 지녔다.

이 표현들 중 어떤 것들은 상고시대로부터 오늘에 이르기까지 체험된 감정을 전달하는 매개로서의 자신의 역할을 잃지 않고 있다. 모든 체계와 모든 시파, 심지어 가장 '반(反)시적이고' 파괴적인 체계나 시파조차, 그것의 기저를 이루는 전통적으로 시적인 말에 의존한다. 이러한 시적 체계와 시파는 자신의 서정적 본성을 상기시키고 조화롭지 못한 시행을 서정적 표현으로 채우기 위하여, 전통적으로 시적인 말을 마치 일종의 표식(標式)처럼 여기저기에 배치하기도 했다.

전통적인 서정시의 공식화된 표현은 감정적이다. 그러나 만약 서정시가 지닌 효력이 그에 의해 야기되는 감정에 의해 기본적으로 결정된다면, 독창성과 새로움에 대한 요구는 아무 의미도 지니지 못할 것이다. 감정은 무한히 새로워질 수 있다. 새로움에 대한 요구가 생겨나는 것은 바로 서정시 역시 모든 예술처럼 특수한 인식 수단이며, 그러므로 그것은 기지의 것과 미지의 것 사이의 상호관계이기 때문이다. 말의 의미가 변형되고, 말의 자질이 재건되며, 새로운 연상이 생성되고, 현실은 산문적인 발화로서는 도달할 수 없는, 반복될 수 없는 특정한 전환의 국면 속에서 인식된다.

데르좌빈은 시인이 인지 가능한 것과 예기치 않은 것 사이에서 (게다가 독자에게 순간적인 감화력을 행사하며) 균형을 잡아야 한다는 점을 지적하며, 다음과 같이 쓰고 있다. "감정과 표현이 지닌 새로움이나 비

---

28) (원주) 베쎌롭스끼, 《역사시학》(А. Н. Веселовский, Историческая поэтика, Л., 1940), 376쪽.

상함이란 다음과 같은 것이다. 가령 한 시인이 자신의 이전 시어에서는 찾아볼 수 없었던 구절이나, 비유, 감정 혹은 장면을 통해 독자들을 전율시키고 환희에 젖게 한다. 이를 위해 그는 직설적으로, 때로는 비유적으로 자신의 생각을 표현하는데, 이때 그는 그러한 자신의 생각을 기존에 널리 사용되었거나 이미 알려진 광경과의 유비에 의거해서라든지 혹은 그것 자체의 본성을 드러냄으로써, 그것이 새로운 것임에도 불구하고 즉각적으로 분명하게 독자들에게 드러나게 하며 그들의 생각을 사로잡도록 한다."[29]

서정시는 보편타당한 것의 변화를 통해 새로운 것을 확립한다. 바로 그래서 어떤 경로와 수단을 통해 작가의 개성이 전통적인 자료 속에서 발현되고, 어떻게 새롭고 정련되지 못한 자료가 시적인 자질의 대열에 합류하게 되는지, 베쎌롭스끼의 표현을 빌자면, 어떻게 시적 연상의 전도체인 새로운 '신경조직'이 형성 되는가 등의 질문이 이론적으로 첨예한 것이 된다.

베쎌롭스끼는 민담과 연관되고 원시 전통을 지닌 중세문학에 주로 근거하여 자신의 결론들에 도달했다. 제 나름대로 해석된 고대미학의 전형들로 정향된 규범을 의식적으로 계발하기 시작한 것은 르네상스 시기부터였다. 이 긴 과정은 17세기 프랑스 고전주의 속에서 완결되었다. 르네상스와 바로크 시에서는 모순적인 요소의 투쟁이 전개되었다. 전통은 이미 매우 강한 것이었고, 훌륭한 전범을 모방해야 한다는 도그마에 의해 이론적으로 뒷받침되었다. 그러나 전통은 아직 조직되어 있지 못하였으며, 한동안 실제적인 시 창작 행위를 자신에게 완전히 종속시킬 힘이 없었다. 우리는 균일하지 않은 어휘, 예기치 않은 어휘 결합, 때로 비논리적인 표현 등의 특징들을 롱사르(Ronsard)와 플레이아드(la Pléiade)의 시인들,[30] 권터(Günther),[31] 로모노쏘프(M. B. Ло-

---

29) (원주) 데르좌빈, "서정시 혹은 송가에 관한 추론", 《저작》 7권〔Г. Р. Державин, "Рассуждение о лирической поэзии или об оде"(1811), Сочинения, т. VII, СПб., 1872〕, 547쪽.

МОНОСОВ)[32] (특히 독일 바로크와 아직 연관되어 있던 초기 로모노쏘프) 등에게서 접하게 된다.

프랑스 고전주의는 규범에 의한 문학적 사유의 정점이었다. 프랑스 고전주의는 독자가 순간적으로 인지할 수 있는 시적 형식이 지닌 오류 없는 효력을 극대화했다. 고전주의는 자신이 계발한 장르와 문체의 위계를 종교적, 국가적, 윤리적 가치의 정확한 위계질서 위에 구축했다. 이 체계가 해체되어감에 따라, 새로운 사회적 이상이 성장함에 따라, 고전주의의 미적 규범은 생산적인 것이기를 그치고 사멸의 길로 접어든다. 고전주의의 형성과정만큼이나 길고 난해한 고전주의의 해체(탈규범화) 과정이 시작되는 것이다.

유럽의 시문학은 부알로(Nicolas Boileau-Despréaux)[33]가 《시문학 예술》(L'art Poétique)에서 확립한 규범들로부터의 두 세기에 걸친 해방의 과정을 거치며, 이 규범들과의 투쟁 속에서, 부분적인 일탈과 용인 속에서 독특한 미적 효과를 얻곤 했다. 이미 18세기 말부터 논쟁의 대상이 되었던 규범으로부터의 자유로운 일탈은 결국 20세기에 이르러서야 실현되었다.

마치 모든 제약이 원칙적으로 철폐되는 듯 보였고, 시에서 모든 것이 허용되는 듯했다! 그러나 사실상 모든 새로운 형식은 투쟁으로부터 얻어졌다. 왜냐하면 새로운 형식은 저마다 보편적인 시적인 자질의 상실이나 시행의 해체라는 위협을 가했기 때문이다. 오직 20세기에 이르러서야 자유시가 창작되었던 것은 놀라운 일이 아니다. 실로 2운각이나 3운각 뒤

30) 르네상스 시대의 프랑스 시파로 16세기 중엽 프랑스 시에서 휴머니즘의 이데올로기적 원칙들을 실현시켰다. 롱사르(1524~1585)는 이 시파의 주창자이자 지도자였다.

31) 바로크 시대의 독일 시인(1695~1723). 프랑스 시학을 모방한 '제 2 실레즈 시파'의 대표 시인. 로모노쏘프에게 일정한 영향을 끼친 것으로 알려져 있다.

32) 18세기 러시아의 자연과학자이자 문학가(1711~1765). 러시아 시의 음절-강세 작시법의 체계와 고전주의 시학의 근간이 된 삼문체론을 정립했다.

33) 프랑스 시인, 비평가(1636~1711). 고전주의의 합리주의 시학 이론을 정립했다.

의 휴지부의 폐지는 1820년대에도 운율상의 혁명으로 간주되었다.[34]

그럼에도 불구하고 낭만주의는 전범의 모방 이론과 절연했고, 새로움이 의식적인 미적 요구가 되었다. 19세기 말~20세기 초의 시는 낭만주의의 극단적인 발현이었다. 그것이 이 시기의 시가 (특히 상징주의가) 제 나름의 반복되는 시적 표현체계를 창조하는 것을 방해하지는 않았다. 예술에서의 도그마적 사유가 종말을 맞이함에 따라, 또한 순수한 전통과 결별함에 따라, 이제 시적인 자질이란 자명한 어떤 것이 될 수 없었다. 이제부터 시적인 자질은 매번 사회적이고 미학적인 정당화를 요구받게 된다.

합리주의 시학은 시적 의미가 해당 작품의 범위 밖의 미리 주어진 문체 체계 속에서 이미 확정된 말을 사용했다. 반면 낭만주의에 있어 폭넓게 이용되는 전통적인 시어는 이미 규범이 아니라, 새로운 의미결합 속에 들어서는 질료가 된다. 19세기 시의 역사는 시어 사전에 속하지 않는 말을 향해, 또한 미적으로 선결되지 않은 채 끝없이 다양한 현실의 모습을 전달하는 매개가 되는 언어를 향해 더 넓게 열려져가는 과정이 된다. 말이 지닌 시적인 자질은 이제 더 이상 (때로 수세기에 걸친) 관습에 의해 보장되지 않았고, 고착된 문체 체계에 의해 준비된 것이 될 수 없었다. 문맥이 말의 시적인 자질을 낳았다. 시인은 이제 '거친' 말을 순간적으로 내뱉으며, 오류 없이 작동하는 시적 연상들의 새로운 '신경조직'으로 전환시켜야 하는 어려운 과제와 마주하게 되었다. 일상어의 시적 변용은 어김없이 서정시에서의 리얼리즘의 경험을 수반한다(후기 뿌슈낀, 후기 레르몬또프, 네끄라쏘프가 러시아 시에서 이에 해당한다). 숭고, 비극, 우아는 이미 규범적으로 주어지지 않으며, 역사적으로 결정된다. 예술가는 매번 이를 포착하고 확립해야 한다.

이를 위해 말은 무엇보다도 먼저 보편적인 삶의 가치로 충전되어야 한다. 서정시에서 이것은 인간의 형상(작가의 그리고 그와 동일시되는 동

---

34) 러시아 서정시의 고전적인 시행은 대개 4~6운각으로 이루어져 있었다. 보통 4, 5운각 시행의 경우 2운각 다음에, 6운각 시행의 경우 3운각 다음에 휴지부가 있었다.

시대인의 형상)을 통하여 특히 직접적으로 실현된다. 만약 합리주의 시학이 (다양한 양상을 지닌) 이러한 형상을 장르 체계에 귀속시키는 것이라면, 이후의 서정시에서 서정성의 기원이자 척도인 인간의 형상은 전제되는 것이 아니라 오히려 형성된다. 그러나 서정시인은 오직 동시대인의 보편적인 원형이 이미 사회적 의식 속에 존재하고, 이미 독자에 의해 인지된다는 이유 하나만으로도 인간의 형상을 창조할 수 있다. 1830년대 세대에 의해 인지된 레르몬또프의 악마적 주인공과 1860년대 세대에 의해 인지된 네끄라쏘프의 잡계급 출신 지식인은 바로 그러한 예다.

이 서문에서 제기된 질문들에 대한 논의는 앞으로 다시 이루어질 것이다. 나는 이론적으로 가치 있는 사실들을 구체적인 역사적 과정들 속에서 살펴보는 접근 방식을 택한다. 연구자의 관심은 문학 대상의 다양한 지층들 중 그 어디에도 집중될 수 있다. 그러나 의미론적 층위는 역사적 층위다. 실로 우리는 예술 체계의 기호를 연구하며, 무엇보다 먼저 이 기호가 창조자 자신에게 지닌 의의를, 즉 그 속에서 예술가의 활동이 이루어진 문화적·역사적 연관을 이해해야 한다. 그때에야 비로소 역사적 연구는 구조적 연구와 결합될 수 있다.

이를테면, 눈물(слезы), 장미(розы), 유골 항아리(урны), 사이프러스(кипарисы) 등등의 어휘가 바뜌슈꼬프와 그의 동시대인들의 문화적 의식 속에서 지닌 독특한 문체적 의미를 고려하지 않은 채, 다시 말해 이 시행들의 의미를 이해하지 않은 채, 바뜌슈꼬프 시의 구조를 연구할 수 없다. 블로끄의 상징체계가 지닌 역사적 의미를 유념하지 않은 채 그의 시행을 이용해서는 안 된다. 그런데, 실제로 어느 누구도 그렇게 하지 않는다. 가장 닫힌 분석 속에서 역사적 의미는 암시되곤 한다.

유리 띄냐노프는 문학의 이론은 역사적 자료 위에서 작동하는 것임을 결코 잊지 않았던 이론가였다. 그는 이미 자신의 가장 초기 저작들을 통해 문학 작품의 수용이 불가피한 역사성을 지니고 있다는 자신의 가장 본질적인 생각을 개진했다. 그는 논문 "문학적 사실"(литературный факт, 1924)에서 "연구자는 문학작품을 격리시키며 결코 그것을 역사적 투사의 바깥에 놓는 것이 아니라, 단지 낯선 시대의 동시대인이 지닌 조잡하고 불완전한 역사적 도구를 지니고 작품에 접근하는 것 뿐"이라 주장했다. 띄냐노프는 논문 "문학의 진화에 관하여"(О литературной эволюции, 1927)에서 "동시대의 작품들과 동시대의 문학 사이의 연관성은 미리 확립된 암묵적인 사실이기 때문에, 동시대 작품들에 관계하여 이루어지는" 이 추상이 "아주 빈번히 비평에 적용되고 또 성공하고 있다"고 덧붙였다.

즉, 예술에 있어서 탈(脫)역사적인 수용이란 불가능하다. 역사주의는 연구자의 특정한 정향에 의해 밝혀지지도, 인식되지도 않을 수 있으며, 그저 '침묵될 수도' 있다. 항상 역사에 수정을 가하는 것은 바로 독자다. 어떠한 뿌슈낀의 독자라도 혹은 셰익스피어 비극의 관객이라도, 심지어 가장 준비되지 않은 독자라 할지라도, 그리고 역사적인 부분이 아무리 흐릿하게 드러나 있다 하더라도, 자신이 지각하는 것이 다른 사회적 법칙을 따라 살았던 다른 시대에 이루어지는 것이라는 사실을 안다. 그곳의 언어는 다른 것이다. 우리는 미지의 시를 접하고 무엇보다도 먼저 작가와 창작 일시를 알고자 한다. 이것은 지각 과정에 있어 예비적인 것이 되는 역사적 정향성의 확보를 위해 필수적이다. 라린은 이미 언급한 바 있는 논문 "예술적 발화의 종류로서의 서정시에 관하여"에서 텍스트가 속해 있는 전통의 외부에서 텍스트를 지각하는 것이 얼마나 무용한지, "작자불명이며, 창작일시도 기록되어 있지 않고, 전혀 동시대 작품이 아닌 시의 단편(斷片) … "이 얼마나 해석 불가능한지를 보여 주었다.[35]

독자의 역사적 정향이 텍스트의 충만한 이해와 동등한 것은 아직 아니다. 작품은 그것이 야기하는 연상과 그 속에 담긴 시적이고 실제적인 의미에 대한 다양한 해석 속에서 산다. 이것은 긴장된 삶이다. 불완전한 해석은 독자의 지각을 변화시키지만, 독자의 미적 능동성, 예술적 객체가 지닌 특별한 가치를 체험할 가능성을 제거하는 것은 결코 아니다.

35) (원주) 〈러시아의 말〉, 1호(Русская речь, NO. 1, Л., 1927), 52쪽.

게다가 모든 실제적 의미가 필요한 것은 아니다. 세태적 사실, 전기적 동기는 예술의 대열 속에 포함될 수도, 혹은 미학적 관점에서 아무 상관없는 것일 수도 있다. 이때 그것들은 시의 문턱을 넘지 않는다. 그리고 그것들의 의미는 때로 심지어 올바른 인식을 방해한다.

작품의 수용에 있어 역사적 정향성이 지닌 중요성은 물론 가변적이다. 일관된 역사주의는 결국 상이한 시대, 상이한 사회적 그룹과 문학 사조, 마지막으로 상이한 독자들의 작품에 대한 서로 상이한 해석 속에 용해되어 있는 작품 자체의 상실로 이어지는 것이 아닌가? 문예학은 부단히 심리적 사실에 — 예술적 인식에, 정서의 환기에, 연상에 — 관심을 돌리는 듯하다. 예술 작품은 실상 무수한 지각 속에서 존재하고, 따라서 어떤 두 사람도 한 예술 작품에 대해 완전히 일치하는 관념을 지니게 될 수는 없다. 그럼에도 불구하고 문학이론도, 또한 문학사도 주관적인 심리적 반응을 고려하여 그것에 기초할 수 없음은 명백하다. 실험적인 것을 포함한 주관적인 심리적 반응에 대한 연구는 그 자체로 흥미로운 과제일 수는 있으나 그것을 문학 연구와 혼동해서는 안 된다.

역사는 의식과 관계하지만, 무엇보다도 먼저 미적 의식을 포함한 공통의 의식과 관계한다.[36] 공통의 의식은 시어의 (물론 시간과 사회적 환경에 의해 제한된) 다층적인 의미와 연상의 보편성을 추정한다. 역사적 보편성, 곧 필연성은 주관적 반응이 지닌 우연성에 대립한다. 바로 그것이 우리가 연상의 흐름을 미적 체험과 연구 분석의 대상이 되는 작품 자체 내로 투사하도록 허용한다. 우리는 작품의 변덕스러운 운명(연구자가 독자에게 제시하는 최초의 의미, 연구자와 독자의 동시적인 해석에 이르기까지 이후의 작품 해석)을 통해 우리에게 객관적으로 주어진 구조를 그 이론적 합법칙성 속에서 인식하게 될 것이다.

---

36) (원주) 븨고쯔끼(Л. С. Выготский)는 그의 책 《예술의 심리학》에서 '탈(脫) 개인적인'(즉 공통적인) 미적 반응을 연구할 것을 요청했다〔《예술의 심리학》(Психология искусства, М., 1965), 33~35쪽〕.

조화로운 정확성의 시파(詩派)

19세기의 처음 30여 년이 흐르는 동안 러시아 문학 앞에 놓인 과제들의 해결은 — 새로운 시민적 이상들을 표현해야 하는 과제나, 정신적 삶을 드러내 보여야 한다는 과제 등 — 여전히 상당 정도 시의 몫이었다. 그러나 1840년대부터 이 역할은 오랫동안 산문으로 넘어가게 된다.

1810~1830년대 러시아 서정시는 전적으로 전통에 기초한 언어 예술이 어떠한 힘을, 어떠한 높은 완성도를 달성할 수 있는지에 관한 증거가 되지만, 또한 그것은 세계의 새로운 예술적 이해를 위한 규범들로부터의 해방이라는 요구가 얼마나 시급하고 불가피한지도 역시 증거한다. 러시아 서정시에 있어 이 시기는 아주 중요한 이론적 의의를 지닌 모순과 분열, 그리고 논쟁의 시기다. 지속적인 장르적 문맥들을 지닌 의식적으로 전통적인 시학으로부터의 이탈은 주제와 작가의 형상, 그리고 시어의 혁신을 의미했다. 이 모든 변화의 집합체는 인간에 대한 그리고 인간과 현실 사이의 상호관계에 대한 변모된 이해로부터 발원한다. 이 과정은 지극히 민족적인 것이면서, 동시에 합리주의적 세계관으로부터 낭만주의로의 이전이라는 전 세계적 범주의 한 부분을 이룬다. 러시아에서 낭만주의는 리얼리즘적 추구의 시작과 거의 동시적으로 완전한 발전의 단계에 이르렀다. 12월 당원(데까브리스뜨)들의 봉기와 파멸의 해인 1825년은 이삼십 년의 기간을 크게 두 시기로 나누

는 분수령이 되었다.[1)]

러시아에서 1810년대와 1820년대 초반은 귀족 혁명의 준비기였다. 데까브리스뜨 혁명의 분위기는 이미 첫 비밀 조직들이 결성되기 이전에 시대의 정치적 삶뿐 아니라 문화적 삶, 가장 우선적으로 문학의 삶을 결정하고 있었다.[2)] 자유애호의 분위기는 광범위하게 교양 있는 귀족 청년 계층을 사로잡았다. 젊은 문학 활동가들 중 어떤 식으로든 이 분위기에 영향 받지 않은 이를 거명하기 힘들 정도였다.

1810~1820년대 러시아 자유사상가들은 계몽주의자들이었다. 그들은 18세기 러시아 계몽주의자들의 전통, 다른 누구보다도 라디쉐프(A. H. Радищев)[3)]의 전통과, 몽테스키외(Montesquieu), 볼테르(Voltaire), 디드로(Diderot)와 같은 프랑스 계몽주의자들의 전통을 계승했다. 계몽주의자들은 언제나 합리주의자들이었다. 그들은 인간 이성의 강력함과 사회적 삶의 합리적인 재건을, 이념과 견해가 그 자체로 사회의 운명을 좌우할 수 있음을 무조건적으로 믿었다.

---

1) 12월 당원, 즉, '데까브리스뜨'들은 황제의 전제권과 봉건농노제에 반발하여 1825년 12월 14일에 봉기한 귀족혁명의 주체들을 일컫는다. 이 혁명 정신의 지칭어인 '데까브리즘'과 그 참여자들을 일컫는 '데까브리스뜨'라는 용어는 12월을 의미하는 '데까브르'(декабрь)에서 기원한다. '데까브리스뜨 혁명'은 19세기 초 러시아의 사회적 의식에서 일어난 개성의 자유에 대한 자각과 러시아 사회의 민주주의적 개혁에 대한 기대의 산물이었으며, 혁명의 실패는 이어지는 정치적 반동과 함께 1830년대의 암울한 시대 상황을 가져온 요인이 되었다. 19세기 초 러시아 사회의 지적·문화적 분위기를 좌우하던 낭만주의는 데까브리스뜨 혁명을 전후하여 뚜렷한 양상의 차이를 보인다.

2) 데까브리스뜨 운동의 첫 비밀 결사 조직은 1812년 '조국전쟁'(나폴레옹전쟁)에 참전한 진보적 성향의 귀족 청년들이 1816년 결성한 '구원동맹'(Союз спасения)이다. '데까브리스뜨 혁명'은 1789년 프랑스 대혁명 이후 서구 전체에 걸쳐 확산되던 자유주의 운동의 한 결실이었다.

3) 작가, 철학자, 혁명가(1749~1802). 프랑스 계몽주의자들의 저작을 통해 세계관 형성에 큰 영향을 받았다. 러시아의 혁명적 교육학, 윤리학, 미학 이론을 정초했다. '계몽주의적 여행기'인 《뻬떼르부르크로부터 모스끄바로의 여행》(Путешествие из Петербурга в Москву, 1790)의 저자.

이들이 합리주의적 미학을 특징으로 하는 고전주의에 경도된 것은 바로 이러한 점 속에서 이해될 수 있다. 고전주의적 전통과 취향을 동시대의 다른 사조(思潮)와 결합시키는 것이 시대의 예술적 특성을 결정했다. 합리성과 감상성의 혼합, 즉 후기 계몽주의와 감상주의의 혼합은 1800~1810년대 '교양귀족계층'의 세계관과 미적 의식의 특징이었다.[4] 감상적인 인간은 동시에 '자연인'이다. 현실에 대한 그의 반응은 그 모든 감상성에도 불구하고 합리적인 것으로 사고된다. 그는 자신의 자연적인 감정이 자유롭게 발현될 수 있는 가능성을 원한다. 개성의 확립을 위한 이 투쟁 속에는 이성적 원칙에 배치되는 그 어떤 것도 없었다.[5]

이후 1820년을 전후로 한 시기에 서구 낭만주의의 제 요소가, 다른 무엇보다도 우선적으로 바이런적 낭만주의의 요소가 러시아의 문화적 인식 속으로 집요하게 스며들기 시작한다.[6] 그러나 이 새롭고 매우 강

---

4) (원주) 또마셰스끼는 합리주의와 감상성의 이종교배에 기반을 두고 발생한 문학의 문체를 건축과 회화, 그리고 응용예술에서의 암피르(ампир) 양식에 비유했다. 러시아에서 이 유파의 주창자들은 올레닌(А. Н. Оленин)과 그의 집단이었고, 바뜌슈꼬프는 1800년대에 이 집단과 가깝게 지냈다〔바뜌슈꼬프, 《시집. 시인총서》(К. Батюшков, Стихотворения, Библитека поэта, Л., 1936), 28~29쪽을 보라〕; 암피르 양식 - 서구 건축과 장식미술에서 1830년대까지 유행한 고전주의 말기의 양식. 고대 그리스와 로마 제국 및 고대 이집트의 예술에서 엄격한 질서와 강력한 힘의 표현을 찾았다. 기념비적 건축 형태와 군사적인 장식 문양이 특징적이다.

5) (원주) 18세기에 이미 드러나는 계몽주의와 감상주의의 공존과 관계에 관해서는 뜨론스까야, 《계몽주의 시대의 독일 풍자시》(М. Л. Тронская, Немецкая сатира эпохи просвещения, Л., 1962), 66~71쪽을 보라.

6) 바이런의 문학은 이미 19세기 초입에 러시아 문학 속에 수용되기 시작한다. 이때 바이런의 문학이 의미하는 바는 단일하지 않았다. 긴즈부르크는 여기에서 '바이런적 낭만주의의 요소'를 통해 1820년대로부터 비롯되는 러시아의 '본격적 낭만주의'의 토대로서 작용한 바이런적 낭만주의의 요소들을 의미한다. 1820년대 러시아 문화의 토양에 바이런적 낭만주의의 요소가 뿌리내리게 되는 데 있어 주도적인 역할을 한 시인은 뿌슈낀이다. 뿌슈낀은 1810년대 후반

한 인상도 여전히 계몽주의의 토대 위에 퇴적되었다. 철학적 조류로서의 낭만주의적 관념론, 비합리적인 예술 이론, 첨예한 개인주의, 이 모든 것은 데까브리스뜨들의 파국 이후에야 시대적 의미를 지닌 것이 된다. 이와 같은 의미에서 전 세계적 현상으로서의 낭만주의처럼 러시아 낭만주의 역시 혁명 이후의 현상이라 할 수 있다. 러시아에서도 낭만주의는 정치적 실패와 환멸의 산물이었다. 그럼에도 감상주의와 낭만주의 사이에는 분명한 경계가 없다. 이는 직접적 계승 관계로 이어진, 그리고 과도기적 형식을 통해 결합된 역사적 과정의 사슬이었다.

1810~1820년대 러시아 서정시는 시민적 서정시와 내밀(內密)한 서정시의 두 기본적인 경향으로 분화된다. 이때 내밀한 서정시의 주도적인 장르가 비가(悲歌)였다는 점에서 내밀한 서정시는 곧 비가적 서정시를 의미한다. 두 기본적인 흐름은 자주 서로 대립했고, 서로 투쟁했다. 그러나 결국 이 두 경향은 모두 당대의 가장 중요한 사안이었던 자아의 점증하는 자기인식을 표현했다.

오가레프(Н. П. Огарев)[7]는 선집 《19세기 러시아의 비밀문학》(Русская потаенная литература XIX столетия)에 부친 자신의 서문에서 이 시기의 '사조의 전일성'(целость направления)[8]에 관하여 다음과

에 바이런을 접하고, 1820년에 쓴 시 〈한낮의 천체가 불 꺼지고 …〉(Погасло дневное светило …)에서 바이런의 〈차일드 해럴드의 편력〉과의 상호텍스트적 관계 속에서 삶에 대한 깊은 환멸과 고양된 자기 성찰적 자세를 지니고 자유를 향한 길 위에 나선 인간의 형상을 그렸다. 환멸과 냉정한 자기 성찰적 자세, 그리고 자유를 향한 열정적인 지향의 결합으로서 바이런의 낭만주의는 뿌슈낀을 통해 러시아 문화의 토양에 이식되어 레르몬또프를 통해 꽃피운 본격적인 낭만주의의 시대를 열었다.

7) 혁명가, 사회평론가, 시인(1813~1877). 모스끄바 대학 수학 시기에 게르쩬과 더불어 학생 정치조직을 결성하여 활동하다 유형에 처해졌다. 1840년대의 이념 투쟁에서 벨린스끼(В. Г. Белинский)와 게르쩬과 더불어 갓 태동한 혁명적 민주주의 진영을 이끌었다. 1856년 영국으로 망명한 이후 게르쩬의 혁명운동에 동참했다.

8) 여기서 '사조의 전일성'이란 앞서 이야기된 문학의 두 경향과의 관계에서 이해

같이 말하고 있다. "뿌슈낀에게서 그토록 우아하게 발현된 사조의 전일성은 또한 동시대의 지성과 문학에 거대한 영향력을 행사했다. 이러한 영향은 단번에 사람들 사이에서, 그리고 늘 그렇듯이, 특히 젊은이들 사이에서 삶에 있어서의 시민적 자유와 말에 있어서의 형식의 세련됨에 대한 요구를 불러 일으켰다." 이어 오가레프는 뿌슈낀과 릴레예프(К. Рылеев)[9]를 비교하며, 다음과 같이 단언한다. 릴레예프의 시작

될 수 있다. 뿌슈낀에게서의 '사조의 전일성'이란 표현에서 '전일성'(целость)이란 '손상되지 않고 완전히 보존되어 있음'을 뜻하며 이는 문맥 속에서 앞서 언급된 두 사조가 훼손되지 않고 전일적인 전체를 이룸을 의미한다. 이는 특히 여기서 릴레예프와의 비교 속에서 분명히 드러나는 바, 릴레예프의 경우는 당시의 두 경향 중 시민적 서정시를 표방했고, 그의 강한 정향성은 결국 그의 시가 다른 문학적 경향을 배제하는 '사조의 배타성'으로 나아가게 했다. 이러한 이유로 릴레예프가 정치적인 부분에서만 자신의 영향력을 행사할 수 있었던 것과는 달리, 뿌슈낀은 문학의 순수성과 그러한 문학의 순수성의 일부로서의 사회적 몫을 아우르는 작품들을 통해 이후의 문학적 흐름을 이루는 모든 분야에서 자신의 계승자들을 일구어낼 수 있었다. 다소 애매한 용어인 '사조의 전일성'과 '배타성'은 이러한 의미에서 이해되어야 한다. 본문을 통해 지적되었듯이, 이에 대해서는 오가레프가 1861년 런던에서 출판한 《러시아의 비밀문학》에 부친 서문에서 언급하고 있다. 그러나 오가레프는 이 개념을 설명하면서 특히 뿌슈낀에게서의 정치성이 그의 문학적 주인공들의 다양성〔낭만주의적이건(렌스끼), 회의주의적이건(오네긴)〕을 아우르며 보존되고 있음을 지적함으로써 자신이 말하는 '사조의 온전한 보전'이라는 개념 속에 시인의 정치적 입장의 문제가 내포되어 있음을 드러내기도 한다〔오가레프, "서문. 선집 러시아의 비밀문학에 부쳐"(Н. П. Огарев, ""Предисловие", к сборнику Русская потаенная литература", Лондон, 1861). 이 글은 오가레프, 《저작선집》(Н. П. Огарев. Избранное, М., Художественная литература, 1977)에 포함되어 있다〕.

9) 데까브리스뜨 시인(1795~1826). 조국전쟁에 참전하여 러시아 군의 해외 원정에 참가했다. 1823년 데까브리스뜨 북부 동맹에 가입한 이후 가장 급진적이고 민주주의적인 성향을 대변하게 되었다. 1812년 12월 14일 봉기를 주도적으로 조직하였고, 다른 4명의 지도자와 함께 뻬뜨로빠블롭스끄 요새에서 처형되었다. 시인으로서 릴레예프는 시민적·영웅주의적 파토스로 가득 찬 서정시와 역사 서사시, 그리고 전제 농노제에 대한 고발과 정치적 봉기를 선동하는 풍자

활동은 "정치적 활동에 종속되어 있었고, 삶으로부터의 모든 인상들은 단 하나의 가장 강렬한 인상에 종속되어 있었다. 즉, 어떤 화음을 치던 간에, 이들은 단 하나의 음정으로 들렸다. 뿌슈낀에게 있어 사조의 전일성 속에서 표현되었던 것이 릴레예프에게서는 사조의 배타성을 형성할 뿐이었다. 바로 이 점에 그의 영향력의 강렬함과 동시에 그것의 편향성이 있다… 릴레예프는 동시대인들의 정치적 운동 전반에 대해서 더 크다고는 할 수 없더라도 적어도 동등한 영향력을 지녔던 반면, 뿌슈낀은 문학 집단과 문학에서의 사회적 참여에 대해서 비교할 수 없으리만큼 큰, 거의 독점적인 영향력을 지니고 있었다. 뿌슈낀 작품의 다양한 내용은 비단 정치적 선율만을 울리게 하는 것이 아니었다. 그리고 이것이 인간을 위한 시를 이루는 모든 부분에서 그의 계승자들이 생겨나게 한 이유이기도 하다. 그러나 자유애호경향의 전일성은 모두에게서 보존되었다. 심지어 그것은 꼬즐로프(И. И. Козлов)의 〈수도사〉(Чернец)[10] 같은 작품 속에서도 감지되었다."[11]

무력에 의한 체제변혁을 준비했던 사람들과 그것에 동조하고 기다렸던 데까브리즘 주변부의 사람들 사이에 비단 양적인 것에 국한되지 않는 차이가 존재했음은 이해될 수 있다.[12] 그럼에도 '사조의 전일성'은 1810년대 시의 대표자들로부터 군소 시인들〔알렉싼드르 쉬슈꼬프(Александр Шишков), 바씰리 뚜만스끼(Василий Туманский), 바씰리 그리

시를 주로 썼다.

10) 시인, 번역가(1779~1840). 꼬즐로프는 시력저하와 중풍으로 평생에 걸쳐 고생한 시인으로, 데까브리스뜨 운동과 직접적인 관련을 맺을 수 없었다. 오가레프가 여기에서 꼬즐로프의 대표작인 〈수도사〉의 몇몇 시행들 속에서 울리는 자유애호의 모티프들을 지적하는 것은 자유에 대한 지향이 모든 상이한 문학적 경향을 아우르는 시대정신이었음을 강조하기 위해서다.

11) (원주) 오가레프, 《사회 - 정치적, 철학적 저작 선집》 1권(Н. П. Огарев, Избранные социально-политические и философские призведения, т. 1, М., 1952), 431, 436, 438~439쪽.

12) 이는 곧 뿌슈낀과 릴레예프의 정치적 입장 차이를 가리킨다.

고리예프(Василий Григорьев), 쏘모프(O. Сомов) 등]에 이르기까지 다양한 방식으로 데까브리즘 운동과 연관되어 있었던 폭넓은 범위의 시인들을 서로잡고 있었다.

자유애호의 경향을 연상시키는 표현들은 우정서한 속에서, 인간의 가치를 확립한 내밀한 서정시 속에서, 우정과 우정 어린 축연, 그리고 경기병의 용맹성에 바쳐진 시행들 속에서 태동했다. 그것들은 교회와 군주제의 이념적 권력으로부터 해방되는 인간의 의식을 표현한다. 그리고 이 인간은 실질적으로 전제권력을 부정하기를 꺼려하지 않는다.

이미 세기 초에 형성되기 시작한 새로운 개성의 세계이해는 복잡한 것이었다. 그 속에는 이성의 힘에 대한 믿음, 정치적인 자유사상, 계몽주의적 이신론(理神論),[13] 그리고 계몽주의적 회의주의가 결합되어 있었다. 심지어 거기에는 18세기의 에피쿠로스주의[14]적 요소—아름다운 감각적 세계에 대한 즐거운 확신, 향락에 대한 숭배, 그러나 또한 향락의 찰나성과 비견고성 앞에서의, 죽음과 감각적 즐거움의 허망함 앞에서의 완전한 굴복—까지 내포되어 있다. 비가적 멜랑콜리가 이 세계 속으로 집요하게 침투하고(프랑스 고전주의 시에서 18세기 말까지 비가는 의의를 지니지 않았다), 1820년대 초엽에는 이 세계 속으로 영국(바이런적) 낭만주의의 요소들이, 보다 이후에는 독일 낭만주의의 요소들이 침투하기 시작한다.[15]

---

13) 이신론(理神論)은 계몽주의 시대에 널리 확산되었던 합리주의적 신학이다. 이 신론에 따르면, 신은 세계를 창조한 후 세계사의 합법칙적인 사건들 속에 어떠한 개입도 하지 않는다. 이신론은 계시의 종교에 대립되는 자연적인 종교 혹은 이성적인 신앙의 이념과 함께 대두되었다.

14) 에피쿠로스주의는 금욕주의와 더불어 헬레니즘 시대의 가장 영향력 있는 정신적 흐름 중의 하나였다. 에피쿠로스주의는 르네상스 시대로부터 17~18세기에 이르기까지 새롭게 부활되어 확산되었다.

15) 1820년대 초 러시아의 문화적 의식에 있어 바이런적 낭만주의의 의미에 대해서는 앞의 주 6)을 보라. 긴즈부르크가 여기에서 이야기하는 독일 낭만주의의 요소는 '데까브리스뜨 운동'이 좌절된 이후 외적인 정치적 행동으로부터 배제

의식을 분할 가능한 것으로 이해했던 합리주의는 이러한 복합체의 개별적인 요소를 상이한 시 장르에 따라 배분하는 것을 가능하게 했다. 문학에 대한 장르적 이해(이것은 17~18세기 고전주의의 산물이다)는 19세기 초반 몇 십년간 여전히 어느 정도 유효한 듯 보였다. 각각의 장르란 이성에 의해 정립된 이런 저런 삶의 영역의 예술적 표현이었다.[16] 비가는 내적 인간의 세계를 구축했다. 아나크레온 풍의 시[17]는 덧없는 지상의 즐거움에 대한 확신을 표현했다. 우정서한은 비가적이고 아나크레온적인 모티프에 의해 침윤되어 있었으며, 그 속에서 이러한 모티프들은 자유애호의 염원과 볼테르적인 회의적 조소와 엮여 있었다. 풍자와 에피그램은 정치적, 문학적 보수성으로 치부된 비합리적 세계와의 계몽주의적 투쟁에 기여했다. 송가(頌歌), 보다 엄밀히 말해 송가풍의 서정시는 장엄한 시민적 시의 근간을 이루는 것으로 규정되었다. 한 시인이 동시에 환멸로 침윤된 비가와 전투적인 정치적 시를 쓸 수 있었다. 사랑과 자유애호, 이것들은 상이한 영역이고, 이들의 시적 표현은 삶에 대한 상이한 태도를 허용했다.

당한 낭만주의적 의식이 겪는 내면화를 통한 자기인식과 성찰에 대한 지향을 일컫는다. 보다 직접적으로 이것은 '류보무드리'의 철학적 서정시에 대한 관심과 관련된다.

16) (원주) 뿌슈낀은 미완성 논문 "고전주의적 시와 낭만주의적 시에 관하여"(О поэзии классической и романтической, 1825)에서 낭만주의 시는 "고대인들에게는 알려지지 않은, 이전의 형식들을 변모시키거나 다른 형식으로 대체한 시의 종류들"이라고 썼다. 이 생각은 심오한 것이다. 뿌슈낀은 장르는 형식적 자질과 더불어 관점임을 이해했다. 그는 새로운 역사적 성향을 지닌 사람들의 출현과 더불어 새로운 '시의 종류들'이 나타났음을 이해했다.

17) '아나크레온 풍의 시'는 고대 시인 아나크레온의 문체를 이어받은 시를 의미한다. 기본적 모티프는 생에 대한 즐겁고 무사태평한 환희, 사랑의 열정, 술 등이다. 르네상스와 계몽주의 시대의 서구와 러시아의 많은 시인들이 아나크레온의 모티프를 시에 즐겨 도입했을 뿐 아니라, 19세기 초의 러시아 시인들의 시에도, 특히 데르좌빈, 바뜌슈꼬프, 뿌슈낀 등의 시에도 아나크레온적 모티프가 자주 등장한다.

그렇다면 이러한 체계 속에서 문체적 단일성이란 과연 가능했던 것일까? 그렇다. 왜냐하면 장르체계란 다문체성을 의미하는 동시에 말에 대한 합리주의적 관계나 논리적 연관에 대한 요구 등과 같은 어떤 공통의 미학적 전제들의 통일성 역시 함의하는 것이기 때문이다.

러시아 문학은 문체를 정돈하고 순화하는 시기를, 또한 새로운 인간의 점점 복잡해지는 세계를 표현하기에 적합한 유연하고 정확한 언어를 계발하는 시기를 거쳐야 했다. 그리고 이 세계를 아름다운 세계로 표현해야 했다.

오가레프는 이미 인용한 바 있는《러시아의 비밀문학》서문에서 다음과 같이 썼다. "… 시민적 자유에 대한 범서구적인 이해, 민중의 곤궁에 관한 첫 문제제기, 그리고 섬세한 시어와 시 형식의 유례없는 계발이 문학 속에서 결합된다."[18]

정신적 삶을 표현하는데 적합한 '섬세한 언어의 계발'에 많은 노력을 기울인 것은 까람진주의자들이었다. 그들은 문학의 '구교도들'이 지지하는 고전주의의 원칙의 잔해에 맞서 싸웠다.[19] 그러나 동시에 까람진주의자들 자신이 그들이 담당한 역사적 기능에 있어, 1810년대 문학 속에서 그들이 수행해야 했던 역할에 있어 '고전주의자들'이었다. 그들은 체계화와 조직성의 정신, '좋은 취향'의 규범들과 논리적인 질서를

---

18) (원주) 오가레프, 《사회 - 정치적, 철학적 저작 선집》 1권(Н. П. Огарев, Избранные социально - политические и философские призведения, т. 1), 424쪽.

19) 까람진(Н. М. Карамзин, 1766~1826)은 러시아 감상주의를 정착시킨 작가이자 문학 활동가이다. 까람진은 자신의 문학을 통해 고전주의에 대립되는 '감성적인 영혼의 내적 삶'의 문학을 추구했다. 까람진을 통해 러시아 문학에서 '내적 인간'의 표현 시대가 시작되었다. 까람진주의자란 그의 문학적 노선을 따르기 위하여 결성된 '아르자마스'(Арзамас)의 회원들인 주꼽스끼, 바뜌슈꼬프, 뱌젬스끼(П. А. Вяземский) 등을 가리킨다. 뿌슈낀 역시 자신의 작가로서의 삶을 2세대 까람진주의자로서 시작했다. 까람진의 문학은 고전주의의 전통을 옹호하는 의고주의자 쉬슈꼬프와 그를 따른 젊은 문학가들 사이의 격렬한 논쟁 대상이 되었다.

1810년대 문학에 가져왔다. 그들은 이 과제들의 해결을 위해 (물론 약화된 형태로) 고전주의의 정연한 문체적 위계질서를 필요로 했다.[20] (이 모순이 또한 고전주의와 낭만주의에 관한 1810~1820년대의 논쟁이 보여주는 용어상의 혼동을 낳았다.[21]) 실제에 있어 까람진주의자들은 가장 조화로운 문체인 중문체를, 그리고 서정시에서는 '중간적인' 장르들 중 가장 기본적인 장르인 비가를 장려한다.[22]

---

20) (원주) 또마솁스끼는 초기 뿌슈낀을 포함한 아르자마스 회원들이 부알로와 그의 추종자들이 고전주의 이전 시와, 16~17세기 초의 시 창작 방법과 벌인 투쟁을 어떻게 1810년대 러시아의 문학적 관계들로, '까람진주의의 쉬슈꼬프주의와의 투쟁'으로 투사시켰는지를 보여 주었다〔또마솁스끼, "뿌슈낀과 프랑스 문학", 《뿌슈낀과 프랑스》(Б. В. Томашевский. "Пушкин и французская литература", Пушкин и Франция. Л., 1960), 107쪽〕.

21) 1820~1820년대 러시아 문학은 띄냐노프가 규정하듯이 고전주의와 낭만주의의 논쟁의 역사였다. 이때 쉬슈꼬프를 중심으로 하는 '베세다(Беседа) 그룹'은 스스로를 고전주의의 화신으로 간주했으며, 반면 까람진주의자들은 훌륭한 취향을 중시하며 조화로운 규범과 원칙을 강조하는 자신들이 고전주의적이라 여겼다. 문학적인 수구주의자들에게 까람진주의자들은 포악한 낭만주의자로 보일 뿐이었다. 그러나 동시에 18세기의 웅장하고 환희에 찬 송가 장르를 다시금 부활시키려 했던 1820년대 젊은 시인들, 즉, 데까브리스뜨 시인들 역시 그들을 낭만주의자로 간주했다. 이는 서로 극단적으로 대립하는 두 경향의 시인들이 낭만주의자로 분류되는 결과를 가져왔으며, 이와 같은 용어상의 혼동은 이후 19세기 동안의 러시아 문학사 전반에서 발견되는 현상이 된다.

22) 까람진주의자들은 많은 교회슬라브적 어휘를 그것의 웅변적이고 송가적인 뉘앙스의 측면에서가 아닌 단순히 문체적 측면에서 수용했다. 그들에게는 어떠한 어휘가 교회슬라브어로부터 기원하는 상문체인지가 더 이상 중요하지 않게 되었으며 이들은 어휘의 문체적 표현성을 극대화하려 했다. 그뿐만 아니라 까람진주의자들은 다양한 문학 장르의 언어가 될 수 있는, 심지어 구어에서까지 사용될 수 있는 중립적인 문체를 지향했다. 그들이 비가 장르를 선호한 것 역시 비가 장르는 다른 종류의 시보다 전통적인 표현에 얽매이지 않고 다양한 어휘를 수용할 수 있었을 뿐더러 통사적인 차원에서도 살아있는 구어적인 것을 차용할 수 있었기 때문이었다. 그러나 비가 장르가 언어적으로 개방적이며 중립적일 수 있음에도 불구하고 까람진주의자들은 언어적 품위를 떨어뜨리는 구어적인 표현을 비가 속으로 가져온 것은 아니었다. 그들에게 가장 중요한

점차 장르체계는 약화된다. 로모노쏘프는 엄격하게 규정된 몇몇 장르들(서사시, 송가, 비가, 풍자시 등)과 연관된 삼문체(상 · 중 · 하문체)에 관한 학설을 가다듬었다. 논의는 이제 이미 순수한 고전주의의 장르들이 아닌, 선택된 주제의 전제가 되는 특정한 장르적-문체적 체계에 관해 이루어졌다. 문학에서 합리주의적 관념이 지닌 관성은 1810년대뿐만 아니라 1820년대에도 유효했다. 시민적 시의 옹호자들(데까브리스뜨 그룹의 문학가들)이 협소한 서정성에 매몰된 '음울한' 시와 벌인 투쟁은 정치적 투쟁이었고, 그 이면에는 세대의 역사적 운명이 자리하고 있었다.[23] 그러나 이 투쟁 또한 비가와 송가(보다 엄밀히 말하자면, 고상한 시민적 주제나 역사적 주제와 의무인 상문체를 지닌 송가적 유형의 시) 중 무엇이 우월한 장르인지에 관한 논쟁의 형태를 취했다.

19세기의 시작과 더불어 장르의 시학은 본질적으로 확고한 문체의 시학으로 변모된다. 모든 견고함에도 불구하고 문체들은 이제 18세기보다 훨씬 더 세분되고, 다채로우며, 유연한 것이 된다. 비가적 문체와 더불어 내밀한 서정시의 다른 문체들(예를 들면 로망스[24])이 발전하기 시작한다. 1810~1820년대의 시민적 시 속에서 민족-역사적 문체(까

점은 앞서도 지적했듯이 아름다운 표현과 문체였으며 이를 위해 고전주의적인 문체의 엄밀성은 이들에게 이차적인 것이 되었다.

23) 긴즈부르크의 이와 같은 지적은 1820년대 데까브리스뜨 시인들의 시를 고전주의와 낭만주의의 논쟁이나 용어상의 혼란을 떠나 시대와 역사적 배경이라는 당대의 구체적인 사실들을 바탕으로 하여 새롭게 조명하고자 했던 뜨냐노프의 영향을 반영한다.

24) 로망스라는 명칭은 '로만어 식으로'(по-романски)라는 말에서 유래한다. 이 용어는 중세 스페인에서 발생한, 교회 찬송들이 씌어진 라틴어에 반대되는 스페인어로(로만어로) 쓰인 세속적인 노래를 의미했다. 러시아에서 로망스는 처음에 불어로 쓰인 노래를 의미했다. 로망스는 엄격한 장르적 자질을 지니지 않는다. 일반적으로 로망스는 연과 압운과 함께 노래하는 듯한 억양을 지닌 길지 않은 서정시를 의미한다. 음악과 시의 종합적 장르로서의 로망스는 18세기 후반 이래로 즐겨 창작되었으며, 19세기 중엽 이후 쇠퇴해가는 비가 장르를 대체했다.

떼닌(П. А. Катенин)[25]은 이 문체 속에서 러시아 민담의 요소들을 이용한다), '성서적' 문체(성서의 주제와 어휘의 정치적 · 시사적 적용), 동방적 문체 등, 독특한 데까브리스뜨 문체들이 형성되었다. 그네디츠(Н. Гнедич)[26]는 러시아의 '호메로스적' 문체를 가다듬었으며, 이는 민중적이고 민주적인 것으로 받아들여졌다.[27]

이 체계의 핵심은 어휘와 의미론적 연관 등과 같은 작품의 상호연관적인 기본 요소들의 개략적 윤곽이 미리 결정되어 있다는 점이다. 이것은 작가 의식의 유형 자체가 그 가치 체계와 더불어 매번 미리 결정되어 있었고, 결과적으로 작가의 형상까지 미리 결정되어 있었기 때문이다.[28] 여기에서 단어는 일종의 문체를 규정하는 척도가 되었다. 단어는

---

25) 시인, 극장 활동가(1792~1853). 조국전쟁에 참전했으며, 데까브리스뜨 군사 조직을 이끌었다. 민중성과 민족성을 추구한 데까브리스뜨 낭만주의의 한 흐름을 대표한다.

26) 시인, 번역가(1784~1833). 그네디츠는 20여 년에 걸친 작업을 거쳐 1829년 호메로스의 〈일리아드〉를 완역하여 출간했다. 그네디츠가 번역한 〈일리아드〉는 데까브리스뜨들의 시민적 시와 조응하는 것으로 받아들여졌다. 그네디츠의 〈일리아드〉는 원작의 6운각 시행(гекзаметр)을 따른 최초의 번역이다.

27) 데까브리스뜨 시인들에게 시는 정치적 선동의 수단으로서 의의를 지닌 것이었다. 시의 역할은 고상한 애국적 감정을 기르고, 독자로 하여금 시민적 활동을 준비하게 하는 것이었다. 그래서 데까브리스뜨 시인들은 열광적인 파토스가 지닌 감염력에 큰 의의를 부여했다. 그들은 장엄한 시 장르를 선호했고, 특히 송가의 가치를 옹호했다. 데까브리스뜨 시인들은 고전주의적 규범 속의 송가가 아닌 자유에 대한 지향으로 들끓는 시인의 감정을 전달하는 효과적인 문체로서 송가의 장엄한 문체와 시어를 이용했다. 데까브리스뜨 낭만주의의 또 다른 특징은 민중성(민족성)에 대한 요구이다. 데까브리스뜨 시인들은 민족사와 연관된 주제들에 관심을 기울였다. 그들은 민중적인 언어를 위해 살롱의 우아한 언어를, 주꼽스끼가 대표하는 멜랑콜리한 시를 배격했다. 데까브리스뜨 시인들은 민중성의 이념하에 의고적인 교회슬라브어의 장중한 언어와 비문학적 일상 구어를 접맥하였다.

28) (원주) 구꼽스끼(Г. А. Гуковский)는 러시아 감상주의의 전형적인 대표자인 무라비요프(М. Муравьев) 시어의 특징에 대해 서술하며 다음과 같이 적고 있다. "… 이 어휘들이 표현하는 심리영역, 정서영역 자체는 주관적이지만 개

확고한 문체의 문맥 속에서 자신의 표현성과 시적 아우라를 이미 획득하며, 동시에 개별적인 시의 문맥 속으로 들어간다. 말은 관념과 체험의 특정한 흐름을 전달하는 매개체로서 문체에 내재한 이데올로기적 분위기를 담지한다.

이와 같은 어휘 사용을 결정하는 것은 주어진 개인적 문맥이 아니라 이러한 문맥 너머에 존재하는 집적된 시적 어휘들이며, 의미의 은유적 변화나 전이, 혹은 배합이 아니라 문체의 색조였다. 시어는 그것이 지닌 문체적 색조를 통한 삶을 산다. 이때 말이 직설적인 의미에서 혹은 비유적인 의미에서 사용되었는가 하는 문제는 더 이상 중요한 것이 아니다.

문체들은 기꺼이 권위 있는 시인들의 이름에 의해 규정되기도 했다.[29] 게다가 시인들의 시 체계는 때때로 새로운 목적에 상응하여 재(再)의미화 되었다. 데르좌빈은 데까브리스뜨의 자유애호적 송가의 후원자가 되었고, 바뜌슈꼬프는 '음울한' 비가의 후원자가 된다. 주꼽스끼는 새롭고, 때로는 전혀 주꼽스끼적인 것이 아닌 낭만주의적 이상의 표현을 위한 수단들을 제공하게 된다.

고프만(В. А. Гофман)은 1810~1820년대 시민적 시를 근간으로 단어-신호라는 용어를 제안했다.[30] 일련의 자유애호주의와 폭군에 대한 저

인적이지는 않다 … 외적 세계가 아닌 자신의 체험을 전달하고자 하는 무라비요프에게 있어 나 자신은 '인간 보편'으로 지속적으로 기능하며, 다른 나들과 구분되지 않는다"[구꼽스끼, 《18세기 러시아 문학과 사회사상 연구》(Г. А. Гуковский, Очерки по истории русской литературы и общественной мысли XVIII века, Л., 1938), 284쪽]. 연구자는 개인주의적 지향과 낭만주의적 주인공의 형상이 지닌 반복성 사이의 모순이 낭만주의자들에게도 여전히 존재함을 지적했다[구꼽스끼, 《고골의 리얼리즘》(Г. А. Гуковский, Реализм Гоголя, М. Л., 1959), 6쪽 등을 보라].

29) (원주) 19세기 초반 러시아 시의 '개인적' 문체들에 관해서는 비노그라도프의 《뿌슈낀의 문체》(В. В. Виноградов, Стиль Пушкина, М., 1941) 6장을 보라.

30) (원주) 고프만, "릴레예프의 문학 활동"(В. Гофман, "Литературное дело Рылеева"), 릴레예프, 《시 전집. 시인총서》(К. Рылеев, Полное собрание

항의 관념을 독자의 의식 속에 불러일으킨 자유(вольность), 법(закон), 시민(гражданин), 폭군(тиран), 전제권(самовластье), 사슬(цепи), 단검(кинжал) 등의 단어들이 데까브리스뜨 시를 관류했다. 이때 고프만이 이러한 어휘들의 기원을 프랑스 대혁명의 정치적 어휘들 속에서 찾는 것은 타당하다. 문학의 층위에서도 그는, 특히 구꼽스끼는 이를 낭만주의와 연관시켰다. 이때 구꼽스끼에 동의하기는 힘들다. 고착화된 나름의 의미망을 지니는 조건적인 단어들은 마치 개인적인 창조행위의 산물이 아닌 것처럼 시인들을 관류하는 정형화된 시적 표현들로 이루어진 확고한 어휘 체계로부터 생겨난 것이기 때문이다. 이러한 원칙들은 예술적 전범을 의무적으로 모방하고 재현하는 것이 모든 예술의 규범임을 천명한 규범미학적 사상으로부터, 즉 계몽주의의 문체와 더 나아가 프랑스 혁명의 문체의 토대가 된 고전주의 전통으로부터 발원한다.

동일한 지주(支柱)어들이 이데올로기적으로 대립적인 체계에 속할 수 있었다. 이를테면 월계관(лавр), 법(закон), 영예(слава), 검(меч) 등의 어휘가 자유애호 송가에서뿐 아니라, 군주제를 찬양하는 송가에서도 나타날 수 있었다. 송가의 문맥 속에서 이 어휘들은 의미를 달리했지만, 어휘 사용의 원칙은 유사했다.

정형화된 표현의 말들은 시민적 시에만 예외적으로 속한 것이 아니었다. 이것은 확고한 문체들의 일반적인 원칙, 즉 주제와(늘 반복되는 주제도 포함하여) 시적 어휘들 사이의 지속적이고 분리될 수 없는 관련을 전제로 한 문체들의 일반적인 원칙이었다. 1810~1820년대 비가의 문체는 물론 17세기의 고전주의도, 심지어 18세기의 고전주의도 아니다. 그것은 훨씬 더 복잡하고 감성적이며 연상적이다. 그럼에도 불구하고 이 문체의 토대에는 동일한 합리주의적 원칙이 자리한다. 눈물(слезы), 염원

стихотворений, Библиотека поэта. Л., 1934). 1810~1820년대 러시아의 시민적 극작과 시의 정치적 어휘의 문제는 구꼽스끼의 《뿌슈낀과 러시아 낭만주의자들》(Г. А. Гуковский, Пушкин и русские романтики, М., 1965)에서 폭넓게 조명되었다.

(мечты), 사이프러스(кипарисы), 유골 항아리(урны), 젊음(младость), 즐거움(радость). 이 말들은 모두 일종의 문체적 '신호'이기도 하다. 이 어휘들은 상대적으로 (시어가 단일한 의미를 지닐 수 있는 한도 내에서) 단일한 의미를 지닌다. 그리고 이 어휘들은 해당 문맥에 의해서가 아니라, 시인과 독자에게 미리 주어진 문체의 문맥에 의해 일차적으로 결정되는 일련의 선결된 연상 작용을 수반한다.[31)]

비가 사조는 해방되는 자아의 정신적 삶을 열어 보이고 또한 그것을 확립했던 세기 초 서정시의 경향을 가장 일관되게 그리고 가장 완전하게 표현했다. 1810~1820년대 시민적, 정치적 시에 있어 최상의 영역은 서정시가 아니었다. 데까브리스뜨 그룹은 극 장르의 작품들〔〈지혜의 슬픔〉(Горе от ума),[32)] 뀨헬베께르(В. Кюхельбекер)의 〈아르고스인

31) (원주) 나는 논문 "철학적 서정시의 경험"(Опыт философской лирики, 1929)에서 1810~1820년대 비가의 시적인 상투어들(지속적인 상투적 표현들)에 관한 질문을 제기했다〔〈시학〉, 5호(Поэтика, NO. 5, Л.)〕.
비노꾸르(Г. О. Винокур)는 1941년 논문 "뿌슈낀의 시어에 있어서의 18세기의 유산"(Наследство XVIII века в стихотворном языке Пушкина)에서 19세기 초반 러시아 시어들이 지닌 반복적인 표현들을 분류할 것을 제안했다. 비노꾸르는 다음과 같이 적고 있다. "주어진 말이 교회슬라브어적 표현인지 아닌지는 문제가 되지 않는다. 중요한 것은 주어진 말을 그에 상응하는 표현상의 뉘앙스들로 채울 수 있다는 점이다. 이러한 관점으로부터 볼 때, 한편으로, 뺨(ланиты), 이마(чело), 가슴(перси) 등과 같은 말은 교회슬라브어 계열의 말이고, 다른 한편으로, 예를 들어, 장미(розы), 은매화(мирты), 백합(лилеи) 등과 같은 말은 서구어적 표현이고, 또 다른 한편으로, 숲(роща), 시내(ручей), 작은 집(домик) 등과 같은 말은 러시아어의 표현이지만, 이들은 모두 동일한 문체적 자질을 지닌 말이다"〔선집 《뿌슈낀: 러시아 근대문학의 창시자》(Пушкин: родоначальник новй русской литературы, М.:Л., 1941), 502쪽〕.

32) 그리보예도프(А. С. Грибоедов, 1795~1829)의 희곡. 그리보예도프는 데까브리스뜨들과 가까운 친분을 유지했다. 그의 희곡 〈지혜의 슬픔〉은 구상에서부터 내용에 이르기까지 데까브리즘과 연관되어 있다. 희곡의 극적 갈등은 봉건 농노제를 지지하는 반동적 구세대와 진보적 지식인 젊은이 사이의, 즉 두 사회 진영 사이의 갈등을 표현한다. 그리보예도프는 주인공 차쯔끼(Чацкий)의 형상 속에 데까브리스뜨의 혁명적 애국주의를 투영시켰다.

들〉(Аргивяне)[33)]과, 까떼닌의 발라드들과 서사시, 릴레예프의 명상들과 서사시[34)] 같은 서사 혹은 반(半)서사문학적 시도에 대해 가장 큰 의의를 부여했다. 서정시 본래의 의미에서 본다면 사실 이러한 사조의 시인들은 그다지 독창적이지 않았다. 그들은 까람진주의와 투쟁하면서,[35)] 송가적 양식화에, 의고적 실험과 성서적 인유에 의존했다. 후에 뿌슈낀과 레르몬또프, 그리고 네끄라쏘프는 러시아의 시민적 서정시에 완전히 다른 길을 제시했다.

뿌슈낀은 글린까(Ф. Глинка)의 서사시 〈까렐리야〉(Карелия)[36)]에 대한 1830년 논평에서 주꼽스끼와 바뜌슈꼬프에 의해 정립된 시파의 특징인 '조화로운 정확성'에 관해 썼다. '조화로운 정확성'의 시파라는 정의는 러시아 비가 시파에 대한 정의들 중 가장 정확한 것이다. 여기서의 정확성이란 뿌슈낀이 자신의 성숙한 시들에서 대가의 솜씨를 발

---

33) 데까브리스뜨 시인(1797~1846). 뿌슈낀과 짜르스꼬예 쎌로의 리쩨이에서 함께 수학했고, 릴레예프와 함께 1825년 봉기에 참가했다. 뻬뜨로빠블롭스끄 요새에서 10년간 감금되었고 이후 시베리아로 유배되었다. 뀨헬베께르는 초기에 주꼽스끼와 독일낭만주의의 영향을 받았으나, 데까브리스뜨 시인이 되어 '고상한 예술'의 슬로건과 함께 '연약하고 무미건조한' 비가에 반대하고, 데르좌빈과 송가의 전통을 옹호했다. 그는 까람진주의자들의 '인공적이고', 서구화된 '상투어들'에 대항하여 고전작품들에서의 '야만적인', 그러나 '풍부하고 강력한' 슬라브어와 러시아어를 옹호했다. 또한 바이런 서사시의 환멸의 주인공들에 비극의 주인공들을 대립시켰다. 뀨헬베께르는 비극 〈아르고스인들〉 속에서 '폭군'과의 투쟁이라는 정치적 정향성을 드러내고, 고상한 '시민적' 비극의 본보기를 제시했다.

34) 릴레예프는 《명상》(Думы, 1825)과 서사시들에서 러시아의 과거 역사 속에서 시민적 이상들에 부합하는 영웅적인 면모를 찾았다.

35) 시민적 이상과 장중한 파토스의 문학을 추구한 데까브리스뜨들에게 까람진주의자들의 문학은 사적이고 유약한 문학으로서 거부의 대상이 되었다.

36) '조국전쟁'에 참전했으며 초기 데까브리스뜨 조직 결성에 적지 않은 역할을 했던 시인 글린까(1786~1880)는 데까브리스뜨 운동과 관련된 죄목으로 뻬뜨로자봇스끄로 유배된다. 여기에서 그는 서사시 〈까렐리야〉를 집필하고 뿌슈낀에게 헌정한다.

휘하는 대상적 정확성이 아니다. 이것은 어휘적 정확성이며, 각각의 단어를 사용하는 데 있어 요구되는 문체의 적절성이다.

뿌슈낀은 '주꼽스끼와 바쮸슈꼬프에 의해 정립된' 시파에 관해 이야기하며, 이 두 시인들 외에 뱌젬스끼, 바라띈스끼, 델비크(А. А. Дельвиг), 그리고 창작 초기의 자기 자신을 명백히 염두에 두고 있다. 물론, 이 시인들 중 어느 누구도 '조화로운' 규범들 속에 완전히 속하지 않는다. 무엇보다도 우선 복잡하고 다층적인 시인인 주꼽스끼는 이러한 규범들 속으로 편입되지 않는다.[37] 여기에서 이야기되는 것은 개인적인 시세계 전체에 관한 것이 아니다. 논점은 실제 창작이 다양한 방향으로 나아가는 출발점이 된 기반과 경향성에 관한 것이다.

뿌슈낀은 제약과 벌이는 투쟁 속에서 자신을 시험하기를 좋아했다. 그에게 강요된 전통은 흡사 창조하며 극복해야 할 대리석이나 화강암과 같다. 뿌슈낀은 다음과 같이 확신했다. "무엇 때문에 작가는 자기 언어의 규범을 따르면서, 자기 민족의 언어예술에 있어서의 관례는 따르지 않는가? 작가는 문법적 제한에도 불구하고 언어를 자유로이 구사할 수 있어야 하는 것과 마찬가지로, 거북스런 규범에도 불구하고 대상을 자유

37) (원주) 주꼽스끼는 우리의 문학연구에서 다양하게 해석되어 왔다. 베쎌롭스끼는 주꼽스끼에 관한 그의 책에서 그의 창작 세계를 '감성과 마음의 상상력의 시'라 지칭했다. 베쎌롭스끼는 주꼽스끼를 영국과 독일 감상주의와 '질풍노도의' 시와 전적으로 연관 지었고, 주꼽스끼와 낭만주의의 관련성은 비유기적이고 피상적인 성격을 지닌 것이라고 주장했다. 주꼽스끼의 창작 세계를 연구한 보다 이후의 연구자들인 볼뻬(Ц. С. Вольпе)와 구꼽스끼는 이 관점을 논박하며 주꼽스끼를 낭만주의자로 다루었다. 내가 보기에는 베쎌롭스끼의 견해가 보다 설득력이 있다. 서정시인 주꼽스끼는 까람진 시파를 토양으로 하여 성장했고, 위대한 번역가로서의 주꼽스끼는 서구의 전(前) 낭만주의 문학을 러시아 문학에 주로 소개했다. 러시아에서 낭만주의에 관한 열띤 해석과 논쟁이 시작되었던, 낭만주의의 제 문제가 시대적 의의를 지니게 되었던 시기(1820년대 초)에 주꼽스끼는 서정 시인으로서의 자신의 활동을 기본적으로 이미 마무리 지었다. 동시대인들은 1824년에 출판된 세 권으로 이루어진 그의 시 전집을 최종판으로 받아들였다.

로이 다룰 수 있어야 한다."〔〈모스끄바 통보〉(Московский вестник)[38] 출판인에게 보내는 편지, 1828〕. 뿌슈낀은 효과장치들을 거부하면서, 제약을 극복하는 것으로부터 오는 효과와 이러한 승리 속에서 생겨나는 가장된 가벼움을 추구했다. 그러나 아류들에게 있어서의 가벼움은 말 그대로의 가벼움, 즉 공허로부터 기인하는 가벼움이었다.

러시아 비가 시파의 문체는 견고하고 폐쇄적인 문체의 가장 전형적인 본보기다. 세련되지 못하고, 미적으로 조탁되지 않은 일상의 말은 그 안에 포함될 수 없다. 이러한 완벽하게 정비된 체계의 제 요소는 하나의 목적을 향한다. 그것은 바로 섬세한 감수성을 지닌 영혼의 아름다운 세계를 표현하는 것이다. 독자들의 눈앞에는 인간의 내적 가치들을 표현하는 언어적 전범이 부단한 행렬을 이루며 펼쳐진다.

그루지야의 구릉들 위로 한밤의 어둠이 내려앉는다.
　아라그바 강이 내 앞에서 소란스럽다.
나는 우울하고 가볍다, 나의 슬픔은 밝다,
　나의 슬픔은 너로 가득 차 있다,
너로, 너 하나만으로… 나의 우울을
　아무것도 괴롭히지도 방해하지도 않는다,
그리고 가슴은 다시 타오르고 사랑한다,
　사랑하지 않는 법을 모르기에.

На холмах Грузии лежит ночная мгла;
　Шумит Арагва предо мною.
Мне грустно и легко; печаль моя светла;
　Печаль моя полна тобою,
Тобой, одной тобой … Унынья моего
　Ничто не мучит, не тревожит,
И сердце вновь горит и любит - оттого,
　Что не любить оно не может.

이 시에는 (언어본래적인 비유를 제외한) 비유나, 비유적 의미, '시적

38) 뽀고딘(М. П. Погодин)을 공식적인 편집장으로 하여 모스끄바에서 격주로 간행된 문학잡지(1827~1830). 류보무드리의 기관지 성격을 띠었다.

형상'이라 불릴 수 있는 그 어떤 것도 부재한다. 그러나 그렇다고 이것이 시 〈그루지야의 구릉들 위로 …〉가 평범한 언어로 쓰였음을 의미하지는 않는다(보다 이후에, 즉, 1830년대에 이르러 뿌슈낀은 자신의 서정시에 이와 같은 평범한 '일상적인' 말을 폭넓게 수용한다). 이 시는 지극히 단순함에도 불구하고, 뿌슈낀의 표현을 빌자면 여전히 '선택된' 말들로 직조되어 있다. 각각의 시어는 시적 전통의 흔적을 지니고 있으며, 시적 전통에 의해 배양된 의미들을 수반한다.[39]

비가의 시학은 인지의 시학이다. 또한 전통성, 원칙적인 반복성이 비가의 시학이 지닌 가장 강력한 시적 수단들 중의 하나이기도 하다. 예를 들어, 낭만주의적 문체의 경우도 상투어와 진부한 표현으로 포화될 수 있지만, 이것들은 대개 결함으로 간주된다. 물론 원칙적인 근본적 상투어들은 다른 문제이다. 그것들은 오랜 사용에 의해 형성되는 것이라기보다, 주어진 문체의 체계와 함께 태어나는 듯 보이기 때문이다. 러시아 비가 문체의 기저에는 '영원한' 시적 상징들의 모든 가능한 변형이, 또한 러시아 시 문화에 깊이 동화되고 변형된 프랑스의 '가벼운' 시[40]

---

39) 뿌슈낀의 시 〈그루지야의 구릉들 위로 …〉(1829)는 주꼽스끼와 바뜌슈꼬프의 비가 시파에 의해 확립된 문체적 전통의 상속자로서의 시인 뿌슈낀의 면모를 고스란히 구현한다. 저자가 지적하는 바대로, 이 시가 지닌 단순성과 명확성은 시어들의 문체적인 중립성을 의미하는 것이 아니다. 독자의 시선을 끌만한 어떠한 특별한 비유나 시적 형용도 지니지 않은 이 시의 단순하고 명확한 말들은 대상적인 구체성을 구현하는 것이 아니라, 비가 문체에 축적된 시적 의미들을 전달한다. 주도적인 정서적 원칙으로서의 멜랑콜리와 명상적이고 고백적인 어조로 침윤된 이 시는 환멸과 실패한 사랑, 고독 등의 전통적인 비가의 모티프들에 기초하여 축조되어 있다. 이 시의 자연묘사는 서정적 '나'의 감정을 드러내는 다른 부분과 논리적인 연관을 지닌 것이 아니다. 풍경은 구체적인 삶의 상황으로서의 의미를 지니기 보다는 서정적 분위기를 창조하고, 삶에 대한 일반화된 명상의 배경 역할을 한다. 시적 자아의 내면 상태를 전달하는 '우울하다', '가볍다', '밝다'의 형용어들은 전통적으로 비가가 구현하는, 멜랑콜리적인 내적 몰입에 의해 순화된 감정 상태를 전달한다. 이와 같은 조화로운 내적 감각 상태에 상응하여 리듬과 통사 구조, 압운, 음성 상징 등 시의 모든 구조적 단위가 조화를 이루어 낸다.

와 18세기 비가 서정시의 형상 체계가 내재한다. 당시의 협소한 독자층에게 러시아 비가의 정형화된 형식들의 원형이 된 프랑스 시들은[41] 잘 알려져 있었다.

견고한 정형화된 표현들은 러시아 시 속으로 매우 일찍 스며든다. 17~18세기 프랑스의 가벼운 시는 이미 젊은 뜨레디야꼽스끼(В. К. Тредьяковский)에게 이 표현들을 알려 주었다.[42] 그러나 이 예는 마침 또한 시적 문체를 정돈해야 할 필요성이 얼마나 컸는지도 보여준다.

큐피드야, 화살을 버려라:
　　이미 우리 모두는 성하지 않아,
　　　그러나 너의 사랑의
　황금 화살로 인해 입은
　　상처는 달콤하다,
　　　모두가 사랑에 순종한다…
　…잠들게 해 다오
　　　활과 화살을 버리게 해 다오:
　　　　우리 자신이 사랑을 찾는다.
　사랑을 찾으며 우리는 지치지 않았고,
　　사랑의 달콤함을 알았다,
　　　말을 내달려 또 걸어 사랑을 찾아 배회한다.

〈사랑에 이별을 고함〉

---

40) '가벼운' 시는 고전주의의 '고상하고' '무거운' 장르들에 대립되는 시를 일컫는다. 18세기 말~19세기 초에 창작된 가벼운 시는 개인적인 정념과 지상의 삶의 바람들(사랑, 우정, 우아한 에피쿠로스주의)을 노래했다. 가벼운 시는 서정시사적으로 시의 개인화, 내면화를 통하여 낭만주의 시를 예비한 의의를 지닌다. 프랑스 시에서는 파르니, 밀부아, 세니에 등이, 러시아 시에서는 초기 바뜌슈꼬프와 뿌슈낀이 대표적인 시인들이다.

41) 밀부아, 세니에, 라마르틴, 파르니 등 러시아 비가 시파의 형성에 많은 영향을 끼쳤던 프랑스 시인들의 비가를 의미한다.

42) (원주) 뜨레디야꼽스끼의 노래들과 그에 대한 프랑스 시의 영향에 관해서는 쎄르만의 저서 《러시아 고전주의》(И. З. Серман. Русский классицизм. Л., 1973)의 5장을 보라.

Покинь, Купидо, стрелы:
  Уже мы все не целы,
    Но сладко уязвлены
Любовною стрелою
  Твоею золотою,
    Все любви покорены…
…Соизволь опочинуть
    И сайдак свой покинуть:
      Мы любви сами ищем.
  Ту ища, не устали,
    А сласть ее познали,
      Вскачь и пеши к той рыщем.

"Прошение любве"

뜨레디야꼽스끼의 시에는 '달콤한' 시적 관용구와 불안정한 언어의 정제되지 않은 표현이 뒤섞여 있다. 러시아의 비가와 노래시의 형성 과정에서 달콤한 언어의 관용구는 정제되지 않은 언어 질료를 점점 더 확고하게 제거한다.

예를 들어, 아나크레온의 송가 〈사랑〉(Любовь)의 두 번안시를 비교해 보자.[43]

그는 몸을 덥히자 곧
내게 말한다. "내 활줄이
물로 인해 손상되지 않았는지
시험해 보게 해 줘."
그는 활시위를 당겨 내게 상처 입혔다
마치 말벌이 가슴 한가운데를 쏘듯
그리고는 세찬 웃음을 터트리고,
내달렸다. "주인 나리, 슬퍼하지 마—
그가 말했다—내 활은 멀쩡해,
너는 심장이 아플 거야."

깐떼미르. 1730년대

43) (원주) 로모노쏘프가 또한 아나크레온의 이 송가를 1748년에 번역했다.

Он, как скоро лишь нагрелся
"Дай отведать, - говорит мне, -
Не вредилась ли водою
Тетива моего лука."
Натянув же, той язвил мя
Как оса прямо средь сердца,
Потом захохотав сильно,
Вскакал. "Не тужи, хозяин, -
Сказал, - лук мой есть невреден,
Да ты будешь болеть сердцем."

Кантемир. 1730-е годы

그는 몸을 덥히자마자 말했다:
"자, 어디 볼까, 내 활의 어디가 날씨로 인해
망가졌을까?" 그리고는 갑자기
활시위를 당겨 내 심장에 곧바로
화살을 박았다.
그 자신이 펄쩍 뛰어올라 미소를 머금고 중얼거렸다.
"나의 주인이여! 즐거워하렴,
내 활은 아직 망가지지 않았어,
그것이 네 심장을 꿰뚫었어."

리보프. 1794

Он лишь только обогрелся:
"Ну, посмотрим-ка, - сказал,
В чем испортилась в погоду
Тетива моя?" - и лук
Вдруг напряг, стрелой ударил
Прямо в сердце он меня;
Сам, вскочив, с улыбкой молвил:
"Веселись, хозяин мой!
Лук еще мой не испорчен,
Сердце он пронзил твое."

Львов. 1794

달콤한 문체는 원칙적으로 낯선 혼합물을 용인하지 않았다. 비가와 노래시가 특별히 시적인 관용구에 의해 점점 더 완전하게 포화되는 것, 언어를 조화롭게 하는 점진적인 작업은 까람진과 그의 계승자들의 출현을 준비한, 18세기 말의 일련의 시인들〔리보프, 까쁘니스뜨(Капнист), 넬레딘스끼 - 멜레쯔끼(Нелединский-Мелецкий), 무라비요프(Муравьев)〕의 과업이었다. 익숙한 시적인 말은 그것이 지닌 상대적인 단일의 미성과 함께 이후로 비가 시파가 장려한 어휘적 정확성을 촉진했다.

합리주의적 문체에는 단일평면적인 알레고리와 대상으로부터 떠나지 않는 환유, 그리고 대상을 대체하는 것이 아니라 조건적인 관용구로 그것을 감싸는 완곡법이 특징적이다. 또한 자신의 일차적인 의미를 보존하지만 이 의미가 아닌 강렬한 문체적 색조에 의해 살아가는 말도 특징적이다. 이와 더불어 합리주의적 시학은 은유도 폭넓게 활용했다. 이때 언어적 은유의 활용은 필수적이지 않은 반면, 전통적인 은유의 활용은 필수적이다. 전통적인 은유는 결코 언어적이지 않은, 그와 반대로 극히 문어적이고 문학적인 것일 수 있다.

합리주의적 시학에 있어 원칙적인 반복성은 시적 비유의 이런저런 구축 못지않게 중요하다. 익숙함이 은유를 약화시키고, 그럼으로써 형식적으로는 은유적인 구조가 자신의 문체적 기능에 있어 은유적이지 않을 수 있다. 은유의 문체적 기능은 역동성, 비예측성이기 때문이다. 심지어 순수한 고전주의(17세기 프랑스 고전주의)조차 의미의 은유적 변환을 거부하지 않았다. 고전주의는 다만 그것을 엄격한 규범들에 종속시켰을 뿐이다.

1800~1810년대 러시아 시도 또한 은유에 대한 자신의 요구들을 제기했다. 일차적 의미를 비유적 의미와 관련시키는 자질들은 가능한 한 가깝고 또한 말의 관례적인 사용에 기본이 되는 것이어야 했다. 이것이 시적 논리를, 은유의 기초에 놓인 비교를 어렵지 않게 해독할 가능성을 보장했다. 명확한 논리적 연관은 직접적인 의미의 실제 사이에도 존재해야 했다. 시대의 미적 사고는 은유 속에서 직접적인 의미가 비유적 의미에 의해 흡수되어야 함을 요구하면서도, 실제의 부정확성을 엄격히 심판했다. 물론 일차적 의미는 비유적 의미를 뚫고 투과되기를 그치지 않았다(이 이중성의 통일 속에 모든 은유의 본질이 있다). 그러나

그것은 물성이 탈각된 모습으로 보존되었다. 원래의 물리적 표상을 소생시키는 은유의 실현은 가차 없이 억압되었다.[44]

예를 들어, 뱌젬스끼는 까람진주의자들의 규범들을 파괴하고자 하는 자신의 지향에도 불구하고, 몇몇 퓨리턴적인 성벽(性癖)을 끝까지 보존했다. 로모노쏘프에 관한 그의 가장 후기의 언급들을 보자.

"'소용돌이가 물결들을 무릎 꿇린다'(Пучина преклонила волны)라는 구절은 이상하다. 하지만 동시에 대담하고 시적이다."

그러나 같은 곳에서 또 읽는다.

"석양이 진홍색 눈동자로
장미들의 홍조를 짙게 할 때.

Когда заря багряным оком
Румянец умножает роз.

진홍색 눈동자는 어디에도 적합하지 않다. 그것은 완전히 비시적으로 눈의 염증을 의미하며 안과의사에게까지 직접적으로 관계된다."[45]

뱌젬스끼의 《수기》 속에는 동일한 생각 속에서 이루어진 다른 논평도 있다.

"로모노쏘프는 말했다. '노을이 진홍색 손으로!'(Заря багряною рукою!)

이것은 좋다. 오직 12월에 강에서 세탁하는 세탁부를 연상시킬 뿐이다."[46]

---

44) (원주) 특히 쑤마로꼬프와 그의 추종자들이 로모노쏘프와 벌인 논쟁 속에서 표현되었던 형상성에 대한 합리주의적 이해의 문제는 띄냐노프의 논문 "연설 장르로서의 송가"(Ода как ораторский жанр)〔띄냐노프, 《의고주의자들과 혁신주의자들》(Ю. Тынянов, Архаисты и новаторы, Л., 1929)〕에서 그리고 18세기 러시아 문학에 할애된 구꼽스끼의 일련의 연구 속에서 제기되었다.

45) (원주) 뱌젬스끼, 《저작 전집》 8권(П. А. Вяземский, Полное собрание сочинений, т. VIII, СПб., 1883), 43, 46쪽.

장밋빛 손길의 노을(розовоперстая заря)은 바쟴스끼를 당혹스럽게 하지 않았을 것이다. 비록 이 은유의 형성이 보다 복잡한 것이지만, 대신에 그것은 배후에 견고한 전통을 지닌 것이기 때문이다.

진홍색 손과 진홍색 눈동자는 익숙하지 않은 어휘 결합이다. 이 어휘 결합들 속에서 일차적 의미의 모호화는 불충분하다. 이 점이 합리주의적 관점으로 볼 때 항상 우스꽝스럽고 부조리한 은유의 실현을 이끌었다.

1820년에 〈루슬란과 류드밀라〉(Руслан и Людмила)를 둘러싸고 벌어진 잡지 지면상의 논쟁은 시대의 미적 사고에 있어 특징적이다. 아르자마스 회원이자 주꼽스끼와 절친한 사람인 보에이꼬프(А. Ф. Воейков)는 뿌슈낀에 반대하는 입장을 취했다. 그는 문학의 구교도들, 곧 '고전주의자들'의 입장을 취하는 듯 했지만, 본질적으로 그의 입장은 까람진주의자들이 결코 거부하지 않았던, 대상적 - 논리적 관점이었다. 예를 들어, 보에이꼬프는 뿌슈낀의 다음 시행에 반대했다.

> 아침 내내 달콤한 졸음에 빠진 후.
>
> Все утро сладко продремав.[47]

보이에꼬프에 반대하여 뿌슈낀을 옹호하고 나선 알렉쎄이 뻬롭스끼(А. А. Перовский)는 (П. К-в라는 필명으로) 다음과 같이 썼다. "왜 달콤하게 졸면 안 되는가? 사실, 당신은 즉시 추정할 것이다. 만약 달콤하게 졸다(сладко дремать)라는 표현을 허용할 수 있다면, 시게 졸다(кисло дремать)라고도 쓸 수 있지 않겠느냐고 당신은 말할 것이다…"[48] 이처럼 여기에서 뻬롭스끼는 (물론, 논쟁의 목적으로) 말의 문체적 본성을 무시하는 것에 반대한다.

그러나 보에이꼬프의 논쟁을 모든 은유적 의미 전환과의 논쟁으로 간

---

46) (원주) 같은 책, 10권(СПб., 1886), 187쪽.

47) (원주) 〈조국의 아들〉, 1820, 37호(Сын отечества, 1820, NO. 37), 151쪽.

48) (원주) 같은 책, 42호, 84쪽.

주해서는 안 된다. 같은 글에서 보에이꼬프는 이렇게 쓰고 있다. "'야생의 불꽃'(дикий пламень) - 손의 불길(ручный пламень), 상냥한, 공손한 불꽃(ласковый, вежливый пламень) … 등과 같이 우리는 곧 쓰게 될 것이다." 그러나 보에이꼬프는, 언어적 은유인 달콤하게 잠자다(сладко спать)에도 반대하지 않을 것이듯이, 열정의 불길(пламень страсти), 사랑의 불길(любовный пламень) 등의 정형화된 표현에 실로 의심의 여지없이 반대하지 않을 것이다. 그러므로 우리는 또다시 익숙한 어휘 결합과 익숙하지 않은, 시인에 의해 창안되는 어휘 결합의 문제를 앞두게 되었다.

보에이꼬프가 1810년대에 쓴 쁘로따쏘바(Е. А. Протасова)에게 보내는 서한시를 보자.

> 달콤한 시간에 시간, 공간, 죽음은 사라졌다!
> 우리는 지나간 나날의 시련들을 잊었다.
> 심장의 박동이 우리를 반겼다,
> 그리고 눈물은 오직 환희 속에서 말하고 있었다!
> . . . .
> 그리고 저 달은 꽃들을 따라 빠른 걸음으로 내달렸다
> 세월과 세기의 한없는 심연 속으로!
> 그리고 변덕스러운 운명이 내게 길을 지시했다
> 천사들의 세계로부터 인간들의 낮은 세계로…
>
> Пространство, время, смерть исчезли в сладкий час!
> Мы испытания минувшие забыли.
> Биение сердец приветствовало нас,
> И слезы лишь одне в восторге говорили!
> . . . .
> И быстро по цветам сей месяц пробежал
> В неизмеримую пучину лет и веков!
> И своенравный рок стезю мне указал
> Из мира ангелов в мир низкий человеков…

보에이꼬프 또한 그 아류였던 주꼽스끼 시파에 전형적인 이 텍스트는 시종일관 비유적이고 심지어 은유적이기까지 하다. 이 텍스트 속에

는 예를 들어 마지막 4행이 보여주는 바와 같이 상당히 독창적인 은유들도 있다. 그러나 은유들의 어휘는 동족적이다. 은유의 의미는 이런저런 견고한 정형적 표현의 확장이다. 그리고 보에이꼬프는 달은 꽃들 여기저기를 뛰어다니지 않는다거나 말할 수 있는 눈물은 수다 떨 수도 있다[49] 등과 같은 따위의 지적들을 개의치 않는다.

보에이꼬프는 달콤하게 졸다의 어휘 결합에 반대했지만, 그 자신이 인용된 시에서 정형화된 은유적 표현인 달콤한 시간(сладкий час)을 이용한다. 이 표현은 이미 로모노쏘프에게서부터 통용되던 어휘 결합의 유형에 따라 구축된다 : 달콤한 세기(сладкий век), 달콤한 환희(сладкий восторг), 달콤한 축복(сладкое блаженство).[50]

여기에서 모든 형용어는 추상적인 말에 관계되고, 그래서 그 자신이 일차적인 '맛의' 의미를 완전히 흡수하는, 추상적인 가치 평가적 의미를 획득한다. 그러나 〔시적인 언어 속에서 이미 추상화된 잠(сон)과 달리〕 졸음(дремота)은 어떤 구체적인 육체적 상태이다. 이 구체성이 형용어 '달콤한'(сладкий)이 〔달콤하게 졸다(сладко дремать)의 어휘 결합 속에서〕 순수하게 가치평가적인 추상적 개념이 되는 것을 방해한다. 무언가 어떤 물리적 자질들이 어렴풋이 어른거린다. 이로부터 (뻬롭스끼의 패러디적인 논평 속의) 시게 졸다(кисло дремать)라는 표현의 가능성이 생겨난다. 달콤한 시간(сладкий час)에 신 시간(кислый час)을 대치시킬 생각은 어느 누구도 뇌리에 떠올리지 못할 것이다.

그와 같은 규범들이 보에이꼬프에게뿐만 아니라 주꼽스끼에게도 존

---

49) (원주) 부연하자면, 보에이꼬프는 자신의 논문에서 '침묵하는 어둠'(немой мрак)의 표현은 또한 '수다 떠는 어둠(болтающий мрак) … 논쟁하는 어둠(спорящий мрак), 음란한 질문들을 하고, 얼굴을 붉히지 않으며 그것들에 대답하는 어둠(мрак, делающий неблагопристойные вопросы и не краснея на них овечающий) …'이라 말하는 것을 허용한다고 주장했다.

50) (원주) 로모노쏘프의 형용어 달콤한(сладкий)과 황금색의(златой)의 사용에 관해서는 쎄르만의 저서 《로모노쏘프의 시적 문체》(И. З. Серман, Поэтический стиль Ломоносова, М.:Л., 1966), 182~187쪽을 보라.

재했다는 점이 흥미롭다. 1815년에 주꼽스끼는 뱌젬스끼에게 다음과 같이 썼다. "황금빛 염원들 속에서 졸다(дремать в златых мечтах)는 결단코 불가능하네! 황금빛 염원은 단지 염원에 관해 말할 때, 그리고 그것에 추상적인 형상을 부여하기를 원할 때 아름다운 것이네. 하지만 염원에 관해 그것을 소유하는 사람에 대한 관계 속에서 말하게 되자마자, 황금빛은 전혀 부적절 하네. 나의 예로 스스로를 정당화하지 말게. 나는 〈까싼드라〉에서 황금빛 몽상 속에서(в сновидениях златых)[51] 라고 말했네. 이것은 정확히 자네에게 있는 것과 같은 실수네!"[52]

뱌젬스끼의 최종 판본의 시구는 다음과 같다.

> 상념에 잠겨 홀로 눈뜬 채 염원들 속에서 졸다…
>
> Забывшись, наяву один дремать в мечтах…

틀림없이 이전 판본에는 다음과 같았다.

> 상념에 잠겨, 눈뜬 채 황금빛 염원들 속에서 졸다…
>
> Забывшись, наяву дремать в златых мечтах…

뱌젬스끼는 주꼽스끼의 섬세한 지적에 동의했다.

이와 같은 종류의 전통적인 어휘 결합들 속에서 혹은 어떤 (상대적인) 구체성에 적용되는 형용어의 '회화적인' 자질이 부각되거나〔아침노을의 황금빛 손가락(златой перст денницы), 황금빛 파문들(златых зыбей,

---

51) (원주) "황금빛 몽상들 속에서 / 스스로의 축복을 성취하지 못하고 / 아킬레우스와 함께 하는 한 순간에 / 불멸을 원하지 않네"(Благ своих не постигает / В сновидениях златых / И бессмертьяне желает / За один с Пелидом миг).

52) (원주) 주꼽스끼, 《전집》 4권(В. А. Жуковский, Собрание сочинений, т. IV., М.:Л., 1960), 563쪽.

로모노쏘프)〕, 아니면 추상적인 가치 평가적 자질이 (아름다운, 장엄한, 기쁜의 의미로서의 황금빛의) 부각되었다〔황금 세기(златой век), 황금빛 나날(златые дни), 황금빛 봄(весна златая)〕. 보에이꼬프처럼 주꼽스끼도 이 계열들의 혼합을 기피한다. 황금빛의나 달콤한의 형용어의 심리적이거나 육체적인 상태들과의 결합은, 비록 메타포의 부분적인 실현의 징후가 있을 지라도, 형용어 속에서 물리적인 자질을 활성화한다.

방금 인용한 뱌젬스끼에게 보내는 편지에서 주꼽스끼는 그의 시 〈볼가강의 밤〉(Вечер на Волге)에 관해 말하고 있다. 주꼽스끼는 당시에 또한 이 시를 동기로 해서 뱌젬스끼에게 서한시를 보냈다. 이 서한시는 '조화로운 정확성'의 시파의 입장으로부터 이루어진 비판의 본보기다. 서한시에는 게다가 아르자마스의 '아레오파고스'〔뚜르게네프(А. Тургенев), 블루도프(Блудов), 다슈꼬프(Дашков)〕의 견해가 표현되어 있다.

나무들의 나부끼는 그늘이
향기를 풍긴다. 여신은 단언한다
(나는 시인의 울화를 돋우려 그것을 반복하는 것이 아니다)
자네의 나부끼는 그늘이 향기를 풍길 때
보다 못하게 만드는 것이라고!

Благоухает древ
Трепещущая сень. Богиня утверждает
(Я повторяю то поэту не во гнев).
Что худо делает, когда *благоухает*
Твоя трепещущая *сень*!

보다시피 나뭇잎들이 싱그러운 냄새를 풍길 수 있는 것이지, 그늘은 아니다. 즉 여기에서 주꼽스끼는 실제의 부정확성에 대해 항의한다. 문법상의 수정이 이를 바로 뒤따른다.

마지막 계단을 건넌
불타는 하늘 위의 저녁의 천체는
황홀한 시행들 속에서 그것을 건넜다.

안타까운 것은 정확성에 있어 길 위에서 약간 비틀거렸다.
천체는 다시 하늘로 떠오를 수 없는가,
문법적인 규칙들에 맞게 지기 위하여,
하늘에서 그리고 시행들 속에서 모든 것이 명확하도록?

Переступившее ж последнюю ступень
На небе пламенном вечернее светило-
В прекрасней ших стихах ее переступило,
Да жаль, что в точности посбилось на пути;
Нельзя ль ему опять на небеса взойти,
Чтоб с них по правилам грамматики спуститься,
Чтоб было ясно все на небе и в стихах?

부정확한 어휘 사용에 대한 반박이 뒤따른다.

누가 구름 저편에서 너의 종말을 통찰하는가?
여신이 말한다,
비록 준엄할지라도, 정당하게.
통찰하다, 예견하다 — 매한가지다!
우리가 통찰할 수 있는 것은 오직 하나뿐,
아직 이루어지지 않은 것, 이루어질 수 있는 것뿐.
즉 이 단어는 어울릴 수 없다
강의 끝에는! 그것은 오래전부터 있다, 비록 가려져 있을 지라도.
그대는 시들어 빠진 어휘인 분간한다 대신
장엄한 말인 통찰한다를 부적절한 자리에 붙였고
못생긴 신부를 그와 혼인시켰다…

Кто в облачной дали конец тебе прозрит?
Богиня говорит,
И справедливо, хоть и строго:
Прозреть, *предвидеть* - все равно!
Прозреть нам можно то одно,
Что не сбылось еще, чему лишь можно сбыться;
Итак, сие словцо не может пригодиться
К *концу реки*! Он есть давно, хотя и скрыт.
Ты вместо вялого словечка *различит*
Великолепное *прозрит* вклеил не к месту
И безобразную с ним сочетал невесту…

계속해서

거대한 배들이 천천히 나는 중이다
나의 벗이여, 비평의 지시에 의해 자네의 배들이
나는 것이 금지되어 있다네, 도울 방도도 없다네,
배들에게는 온순한 흐름이 허락되어 있네.

Огромные суда в медлительном паренье-
Запрещено, мой друг, и нечем пособить,
Указом критики судам твоим *парить*:
Им предоставлено смиренное *теченье*.

이것은 다층적 은유에 대한 반박이다. 돛들이 거대한 새들의 날개와 유사하기 때문에 배들이 난다. 주꼽스끼의 서한시의 뒤따르는 행들에서도 은유에 관해 이야기된다.

벌떡 일어난 참나무들! 사방으로 가지를 뻗친 참나무들,
혹은 잠깬 참나무들! 똑같은 운율의 어휘들이네.
하지만 보다 낫네! 이 점에 있어 우리의 여신의 취향이 맞네!
나의 벗이여, 벌떡 일어난은 이해는 되지만 명확하지 않네.

Воспрянувших дубрав! - развесистых дубрав,
Или *проснувшихся*! Слова такой же меры.
А лучше! В этом вкус богини нашей прав!
Воспрянувших, мой друг, понятно, да не ясно.

논리적인 관점으로 볼 때 벌떡 일어난 참나무들(воспрянувшие дубравы)과 잠깬 참나무들(проснувшиеся дубравы)이 자연의 은유적인 활물화를 통해 실제를 왜곡하는 정도는 동등하다. 그러나 잠깬 참나무들의 표현은 봄의 깨어남과 연관된 익숙한 모티프의 계열에 편안하게 포함되는 반면, 벌떡 일어난 참나무들은 깨어남과 그리고 동시에 나무들의 외양과 복잡하게 뒤얽힌 연상을 불러일으킨다. 시인이 새롭게 창조하는 언어적 형상은 의미론적으로 안정적이지 않다. 왜냐하면 그것은 문맥으로부터 태어나고 오직 문맥 속에서 의미를 부여받을 수 있기 때문이다. '잠깬 참나무들'이

무엇인지는 주어진 시 바깥에서 그 자체로 이해된다. 그러나 '벌떡 일어난 참나무들'에 관해서는 이미 그렇게 말하는 것이 불가능하다.

유사한 판단들을 우리는 아르자마스 회원들이 주고받는 편지들에서 지속적으로 마주치게 된다. 〈루슬란과 류드밀라〉에 관한 토론에서 이 서사시의 반대자들과 옹호자들은 모두 똑같이 논리, 정확성, 좋은 취향의 척도를 이용한다. 논쟁의 주제는 원칙 자체가 아니라, 그것을 적용하는 데 있어서의 한계와 새로운 시적 경험과 그것을 혼합할 수 있는 가능성이다.

뿌슈낀은 1828년에 이미 《예브게니 오네긴》(Евгений Онегин)에 대한 저널의 비판에 응답하며, 낡고 지엽적인 합리주의를 논박해야 했다. "젊고 생기로운 입술들의 입맞춤(поцелуй молодых и свежих уст)을 대신하는 '젊고 생기로운 입맞춤'(младой и свежий поцелуй)은 매우 단순한 은유다 … '벽난로가 온기로 겨우 숨 쉰다'(теплотою камин чуть дышет) ― 다시 단순한 은유다.

'용맹스런 포장마차'(кибитка удалая) ― 다시 은유 …

만약 격식에 얽매인 우리의 비평가들이 수사적 형상과 비유의 사용을 우리에게 허용하는 것이 가능한지에 대해 의구심을 갖는다면 … 칼데론이나 셰익스피어, 아니면 우리의 데르좌빈이 보여주는 시적 대담함에 관해 무엇을 대체 말할 것인가."

뿌슈낀은 논쟁을 목적으로 한 논리적 비평의 원칙을 악용하거나 무지하게 적용하는 것에 맞서 싸웠다. 그러나 이 원칙들 자체는 그의 미적 의식에 가까웠다. 그 실례가 되는 것이 시 〈나르바의 폭포〉(Нарвский водопад)가 계기가 되어 그가 뱌젬스끼에게 쓴 유명한 서한(1825)이다.

" … 수분의 성난 지배자 …

… *Сердитый* влаги властелин …

… 예를 들어, 번개에 대해 하늘의 불의 지배자(властительница небесного огня)라고 말할 수 있겠는가? 폭포 자체가 수분으로 이루어져 있네. 번개 자체가 불이듯이 말일세."

이에 대해 뱌젬스끼는 다음과 같이 대답한다. "폭포를 수분의 지배자(властелин влаги)로 지칭하며 나는 그것을 의인화하고 그 어원은 망각하네. 그리하여 나는 저 보이지 않는 moteur[53]에 관해, 물의 소동을 일으키는 자에 관해 말하네." 여기에서 뱌젬스끼는 무디어져 지각되지 않게 된 것이 아니라면 모순적인 자질들의 충돌을 기피한 합리주의적 시학의 틀을 벗어나지 않음으로써 자신의 정당성을 증명한다. 그는 여기에서 바로 어휘의 내적 형태의 비지각성을 들어 논쟁한다. 폭포(водопад)는 떨어지는 물이다. 그는 '어원을 망각한다.'

뿌슈낀은 이어 초판상의 다음 연들을 분석한다.

자유의 우레와 같은 기치 아래에서
영원한 악천후와
영원히 솟구치는 불길의 맹아를
존재의 담보물로서 너는 나른다!
. . . .
너처럼, 자유는 갑자기 불타오르고,
너처럼, 투쟁 속에서 자라난다,
태어난 모태를 찢고,
자신 속에서 잠시 손님으로 머문다.

Под грозным знаменем свободы
Несешь залогом бытия
Зародыш вечной непогоды
И вечнобьющего огня!
. . . .
Как ты, внезапно разгорится,
Как ты, растет она в борьбе,
Терзает лоно, где родится,
И погощается в себе.

---

53) (원주) 동력(불어).

뿌슈낀은 다음과 같이 쓰고 있다. "연 전체가 요령부득이네. 폭포 속의 악천우의 맹아 — 모호하네. 영원히 솟구치는 불길 — 삼중의 은유이네 … '너처럼, 갑자기 불타오른다' … 자네는 은유적으로 불의 폭포(огненный водопад)에 관해 말했네, 즉 화염(огонь)처럼 번쩍이는(блистающий) 폭포를 말하네. 그런데 여기에서 이미 이 폭포의 불길 자체를 열정의 열기로 옮겨가고 있네 …"

뱌젬스끼가 대답한다. "이 폭포 전체는 다름 아닌 갑작스런 열정에 의해 들끓어 오른 인간이라는 것을 생각하게나. 이러한 관점으로 볼 때, 모든 부분이 화합하고, 모든 표현이 도처에서 공명하는 une arriere-pensee[54]를 획득하는 것으로 보이네 … 나는 내내 자연 속에 앉아 있었네. 그러나 갑자기 순간적으로 나는 비밀을 알게 되었네." 뱌젬스끼는 폭포가 인간이라는 점을 들어 자신을 변호한다. 뿌슈낀으로서는, 비록 그가 물론 뱌젬스끼의 심리적인 유비를 이해했다 하더라도, 폭포는 어쨌든 폭포다.

1825년 9월 13일자 편지에서 뿌슈낀은 폭포에 관한 서한을 통한 논쟁을 다음과 같은 비난으로 마무리한다. "자네는 자네의 폭포 속에서 물에 대해서보다는 열정적인 인간에 대해 썼다는 것을 인정하고 있네. 몇몇 표현이 지닌 부정확성도 여기에서 연유하네." 뿌슈낀의 견해에 따르면 형상의 상징적 적용이 그것의 대상적-논리적 부정확성을 정당화할 수 없었다. 뿌슈낀은 1810년대의 조건적인 문체들로부터 고양된 은유적 형상성을 향해 나아간 것이 아니라, 자신의 후기 시의 '꾸밈없는' 말을 향해 나아갔다.

조건적인 시적 문체와 현실은 어떻게 관련되어 있었던 것인가? 바로 이것이 조건적인 시적 문체의 이해와 역사적 평가를 위해 가장 본질적인 질문이다. 논의는 무엇보다도 진정한 시에 관한 것이다. 모든 진정한 시는 현실과 관계되고, 현실의 특수한 인식이며 구현이다. 그러

54) (원주) 숨은 동기(불어).

나 이 구현의 방법은 다양하다.

19세기 초에서 1825년경에 이르는 러시아 서정시에서 현실에 뿌리를 둔 모든 경험은 이상적인 일반화로 이끌렸다. 이상적인 일반화는 말의 대상적인 내용을 억압했다. 그래서 자신의 사전적 본성에 있어 구체적인 말들이〔똑같은 단검(кинжалы), 사슬(цепи) 혹은 장미(розы), 눈물(слезы), 별(звезды), 유골 항아리(урны) 등〕 자신의 문체적 기능에 있어 추상적인 말들에 융화되었다.

때때로 구체성을 향한 유기적인 지향과 문체의 강력한 관성 사이에 갈등이 빚어지곤 했다. (특히 이것은 초기 뿌슈낀에 관계된다.) 그러나 구체적인 자료와 그것의 '이상적인' 정화 사이의 갈등은 창작자 개개인의 특성과 연관되어 있을 뿐 아니라, 장르들의 특수성과도 연관되어 있다.

여러 장르는 자신에 고유한 물리성의 정도를 지니고 있다. 추상화의 정도가 가장 심한 장르는 (1820년대에 뿌슈낀과 바라띤스끼에 의해 혁신이 이루어지기 전까지[55]) 비가였다. 왜냐하면 비가 속에 들어간 저마다의 현상은 순수한 가치들과 무조건적인 미의 영역으로 들어갔기 때문이다. 풍자, 우화와 같은 '저급한' 장르들은 그와 반대로 세태적 경험적 말을 상대적으로 폭넓게 이용했다.

이와 같은 관점으로 볼 때, 특별한 이론적 관심을 끄는 것이 중간적

55) 비가는 낭만주의의 세계관을 표현하는 가장 적합한 시적 장르로서 낭만주의의 형성기에 주도적인 장르의 지위를 획득했다. 그러나 상투화된 어휘 목록과 추상적인 수사가 된 비애의 정서, 그리고 아류들의 유행으로 인해 1820년대에 비가는 전면적인 비판과 논쟁의 대상이 된다. 뿌슈낀과 바라띤스끼는 자신들의 창작을 통해 러시아 비가 장르 혁신의 길을 제시했다. 뿌슈낀은 비가의 주제 영역을 확장하고 비가적 정서에 철학적이고 사회정치적인 문제의식을 결합시킴으로써, 비가를 사회진보계층과 주변 사회 사이의 갈등의 표현으로 변모시켰다. 바라띤스끼는 전통적인 연애 비가의 영역에서 창작하면서, 비가적 정서에 심리적 구체성을 부여했다. 비가의 운명과 혁신은 러시아 시가 비개성적인 문체의 시학으로부터 시의 개인화, 구체화를 향해 나아가는 과정의 일환이었다.

장르인 우정서한이다. 서한시는 고전주의적인 정서적 어조의 통일성과 문체의 조화로운 동질성을 원칙적으로 파괴했다. 신화적인 장치들과 여타의 조건적인 시적 자질이 서한시에서 일상적 상황의 몇몇 자질과 결합된다. 우정서한의 희화적인 어조는 서정시의 가능성을 확장하며 세태적인 말에 길을 열어 주었다. 이때 세태적이고 희화적인 요소에도 불구하고 우정서한들은 결코 '희극적인 장르'의 부류에 속하지 않았다는 것이 중요하다. 서정성, 명상, 우울이 그들 속에 자리잡고 있었다.

그러나 우정서한의 물성의 원칙이 지닌 의의를 과장해서는 안 된다. 이것은 데르좌빈의 〈즈반까의 삶〉(Жизнь Званская)에서 드러나는 강력한 경험적 구체성과는 완전히 다른 계열의 현상이다.

> 손님들의 칭찬을 얻기 위해,
> 이런저런 마포(麻布)들, 나사(螺絲)들, 천들,
> 무늬들, 냅킨, 식탁보, 양탄자, 레이스, 편물 등의 모형들을
> 그 속에서 여주인에게 가져온다.
>
> 방목장, 양봉소, 그리고 새장, 연못들 등으로부터
> 버터 속에서, 소스 친 볶음요리 속에서 가지 아래 황금빛을 보는가 하면
> 열매들 속의 진홍빛을, 버섯들의 벨벳 솜털을
> 쥐노래미들로 파문이 이는 은빛을 본다.
>
> В которой к госпоже, для похвалы гостей,
> Приносят разные полотна, сукна, ткани,
> Узоры, образцы салфеток, скатертей,
> Ковров, и кружев, и вязани.
>
> Где с скотен, пчельников и с птичников, прудов
> То в масле, то в сотах зрю злато под ветвями,
> То пурпур в ягодах, то бархат - пух грибов,
> Сребро, трепещуще лещами.

1810년대 우정서한에서 추상화하는 문체의 관성은 (비가보다 적은 정도로) 물성을 억눌렀다. 서한 속으로 침투한 세태적 '사물'의 선별의 폭

은 매우 협소했다. 결국 이것 또한 작가적 형상의 변신이 그 문체적 색채를 결정했던 견고한 신호들이다. 이것은 데니스 다븨도프(Денис Давыдов) 서정시의 경기병의 삶의 특질들이자, 주연의 식탁의 집기들이고, 호라티우스의 러시아 추종자들, 즉 공명심과 사교계의 공허보다 달콤한 고독을 선호하는 게으름쟁이와 현자의 '오두막'(хижина)의 상황이기도 하다.

바뜌슈꼬프의 〈나의 고향〉(Мои пенаты)에는 다양한 시적 전통으로부터 발원하는 다양한 계열의 신호들이 섞여 있다. 뿌슈낀은 바뜌슈꼬프의 〈경험들〉(Опыты)의 여백들에 쓴 자신의 유명한 메모들에서 이 점을 질책한다. "이 유려한 서한시가 지닌 주된 흠은 고대의 신화적인 풍습과 모스끄바 근교 시골 거주자의 풍습의 혼합이 너무나 선명하다는 점이다 … 가문의 신들이 배열된 굴들(норы)과 승방들(келии)이 우리를 희랍의 오두막으로 과도하게 데려간다. 그곳에서 우리는 불만족스럽게도 갈래갈래 찢긴 나사(螺絲)천이 깔린 탁자와 두 현의 발랄라이까를 쥔 채 벽난로 앞에 자리 한 수보로프의 병사를 발견한다."

송가의 문체 속에서, 특히 18세기 송가에서 물성은 의심의 여지없이 보다 강하다. 국가의 삶의 객관적인 사건들에 대해 반응하는 정치적 송가는 반복되고 변주되는 시적 상투어들의 경계 내에 귀가 먼 채 폐쇄되어 있을 수 없었다. 동시대의 정치적, 군사적, 심지어 기술적 경험의 요소들이 송가 속으로 불가피하게 침투했다. 그럼에도 불구하고 이 점이 애초의 어휘 사용 원칙을 폐기하지는 않는다. 송가의 문체에는 그것에 고유한 전통적인 언어적 표현들과 형상들이 지배적이다. 그것들은 다른 모든 언어 질료를 조직하고 연상들에 선로를 깔아 준다. 외부로부터 침투한 요소는 물리적 의미를 잃고 조건적인 비유적 의미를 획득한다. 바로 그래서 장르 체계가 약화되던 시기에 적대적인 듯 보이는 다른 문체들의 비유들과 그것들이 결합될 가능성이 발현되었다.

하지만 송가의 상대적인 물성은 반드시 고려되어야 한다. 이것은 데르좌빈의 송가에만 관련되는 것이 아니다. 예를 들어, 몇몇 물리적 요소가 바뜌슈꼬프의 후기 시로 침투했던 것은 바뜌슈꼬프가 자신의 후기의 기념비적 비가들 속에서 송가의 전통을 어느 정도 활용했다는 점과 연관되어 있다.[56]

사방이 황량하다… 눈 위 어딘가에서 시체가 검게 변하고 있다,
그리고 버려진 장작들의 불길이 연기를 내며 썩어 간다,
　　그리고 죽은 자처럼 차가운
　　도망자가 길 가운데 홀로
　　생각에 잠겨 앉아 있다,
마비된 두 다리에 흐릿한 눈길을 고정한 채 그는 움직임이 없다
〈러시아 병사들의 네만 강 도하 원정〉

Все пусто… Кое-где на снеге труп чернеет,
И брошенных костров огонь, дымяся, тлеет,
　　И хладный, как мертвец,
　　Один среди дороги,
　　Сидит задумчивый беглец,
Недвижим, смутный взор вперив на мертвы ноги.
"Переход русских войск через Неман…"

성숙한 뿌슈낀의 구체성은 새로운 예술 원칙의 발견이다. 그리고 그것은 18세기의 물성과 유사하지 않다. 바뜌슈꼬프에게서 이것은 아직 그렇지 않다. 실로 우리는 로모노쏘프의 초기 송가 〈1742년 즉위에 따른 여제 엘리자베따 뻬뜨로브나의 쌍뜨-뻬떼르부르크 도착에 부쳐〉(На прибытие… императрицы Елисаветы Петровны… в санкт-Петербург, 1742 года по коронации)에서 이미 다음과 같이 읽는다.

이미 바다가 되어 대지가 되어
러시아 군대가 흐른다,

---

56) (원주) 논문 "꼰스딴띤 바뜌슈꼬프의 시"(Поэзия Константина Батюшкова)(바뜌슈꼬프, 《시집. 시인총서》)에서 마꼬고넨꼬(Г. П. Макогоненко)는 새로운, 보다 구체적인 현실 묘사 방법을 숙달하고자 노력했던, 그리고 구상을 이루지 못한 채 파멸한 시인의 비극을 제시했다. 그러나 마꼬고넨꼬는 이때 구체성의 획득에 있어서의 바뜌슈꼬프의 성취를 과장한다.

그리고 자신의 강력한 요새로
숲과 강들 너머로 고트인들을 밀어붙인다!
노호하는 불길의 공격들과
날아가는 포환들의 맹렬한 쉿소리가
연기로 포화된 대기를 찢는다,
그리고 육중한 언덕들을 심장들이 뒤흔든다.
한낮의 빛이 이미 암흑에 잠기고,
도처에 산재한 울부짖는 모습과 소리들.
. . . .
먼지와 뒤섞인 채 피가 솟구치고,
여기에는 머리를 지닌 투구가, 저기에는 시체가 누워 있다,
저기에서 손 달린 검이 부러진 채 나뒹군다,
악의가 잔혹하게 처벌받는다면!

Уже и морем и землею
Российско воинство течет,
И сильной крепостью своею
За лес и реки готфов жмет!
Огня ревущего удары
И свист от ядр летящих ярый
Сгущенный дымом воздух рвут, -
И тяжких гор сердца трясут.
Уже мрачится свет полдневный,
Повсюду вид и слух плачевный.
. . . .
Смесившись с прахом, кровь кипит,
Здесь шлем с главой, там труп лежит,
Там меч с рукой отбит валится,
Коль злоба жестоко казнится!

다음 시행에서 숲과 강들이 지닌 전략적으로 중요한 의미로부터 시작하여, 지극히 실제적인 많은 디테일들이 여기에 있다.

숲과 강들 너머로 고트인들을 밀어붙인다!

За лес и реки готфов жмет!

그러나 시간과 문체의 법칙들은 실제는 추상에 흡수되고, 구체성은 쉽사리 신화와 알레고리와 혼합되는 면모를 보인다.

송가적인 '기념비적' 원칙이 없는 바뜌슈꼬프의 연애 비가들에는 물성도 없다.

그대의 운명을
사랑과 우정의 가장 견고한 꽃들로 장식하기
모든 것을 그대에게 바치고, 그대만을 자랑스러워하기
그대의 나날들의 축복과 사랑스런 눈동자만을.
그대의 감사하는 마음과 행복을 보기
말들 속에서, 미소 속에서, 매 순간의 시선 속에서.
세상, 영광, 흘러간 공허들과 비애 —
모든 것, 모든 것을 힘든 꿈처럼 그대의 발 곁에서 잊기!
그대 없는 삶이란 무엇이란 말인가? 희망 없는, 우정 없는,
사랑 없는 삶이란 무엇이란 말인가, 나의 우상들이 없는 삶이란?
그리고 뮤즈는 그것들 없이 슬퍼하며,
재능의 등불을 끈다.

Украсить жребий твой
Любви и дружества прочнейшими цветами
Всем жертвовать тебе, гордиться лишь тобой,
Блаженством дней твоих и милыми очами;
Признательность твою и счастье находить
В речах, в улыбке, в каждом взоре;
Мир, славу, суеты протекшие и горе -
Все, все у ног твоих, как тяжкий сон, забыть!
Что в жизни без тебя? Что в ней без упованья,
Без дружбы, без любви - без идолов моих?
И муза, сетуя без них,
Светильник гасит дарованья.

바뜌슈꼬프의 비가를 예를 들어 서정적인 것과 아름다운 것이 그토록 견고하게 사물과, 즉 단일한 상황과 결부된 페뜨(А. А. Фет)[57]의 시

57) 네끄라쏘프와 더불어 19세기 중후반의 러시아 시를 대표하는 시인(1820~1892). '시적 리얼리즘'을 추구한 네끄라쏘프와 달리 '예술을 위한 예술'을 주

와 비교할 때, 그의 창작 원칙들은 특히 명백하다.[58)]

불안에 휩싸인 채, 나는 기다린다,
여기 바로 그 길 위에서 기다린다.
이 오솔길로 정원을 지나
그대는 오리라 약속했다.

슬퍼하며 모기가 노래한다,
나뭇잎이 물 흐르듯이 떨어진다…
한밤의 꽃처럼
소리가 열리며 자라난다.

현을 끊어 내듯 쉰 목소리로
전나무로 날아 오른 딱정벌레가
여자친구를 불렀다
여기 뜸부기의 발 곁에서.

숲의 그늘 아래에서
어린 관목들이 고요히 잠잔다…
아, 봄내음이 얼마나 짙은가!
아마, 이것은, 그대!

Жду я, тревогой объят,
Жду тут на самом пути:
Этой тропой через сад
Ты обещалась прийти.

창했다. 네끄라쏘프와 페뜨는 각각 낭만주의적인 삶과 예술의 동일성이 상실된 시대의 시의 운명을 구현한다. 시와 산문, 시인과 인간 사이의 해소될 수 없는 균열에 직면하여 네끄라쏘프가 산문적인 삶을 향해 나아갔다면, 페뜨는 자신의 비극적인 '두 이름성'〔그는 시인 페뜨이자, 세태적인 삶에서는 셴신(Шеншин)으로서 합리적인 삶의 경영에 철저히 골몰했다〕을 창작 원칙으로 끌고 간, 네끄라쏘프와 상반된 길을 걸었다. 사회적 삶의 혼란으로부터 정신과 예술의 조화를 분리시킨 페뜨의 시에는 서정적 주체의 형상이 부재한다.

58) (원주) 페뜨의 구체성에 관해서는 그에 관한 부흐슈따프(Б. Я. Бухштаб)의 연구들, 특히 《페뜨 시 전집》에 실린 논문을 보라〔페뜨, 《시 전집. 시인총서》(А. А. Фет. Полное собрание стихотворений. Библиотека поэта. Л., 1959), 54쪽과 그 이하〕.

Плачась, комар пропоет,
Свалится плавно листок…
Слух, раскрываясь, растет,
Как полуночный цветок.

Словно струну оборвал
Жук, налетевши на ель,
Хрипло подругу позвал
Тут же у ног коростель.

Тихо под сенью лесной
Спят молодые кусты…
Ах, как пахнуло весной!
Это, наверное, ты!

바뜌슈꼬프의 연애시는 완전히 다르다. 그것은 아름다운 표현의 완결된 체계다. 바뜌슈꼬프는 자신의 현실을 지녔다. 이 정형화된 표현들에 의해 일반화된 인간의 정신적 삶의 가치들이 그것이다.

'조화로운 정확성'의 시파와 관련하여 선결성에 관해, 문체적 원칙으로 격상된 반복성에 관해 많이 말해야만 했다. 그러나 물론 큰 예술은 문자 그대로의 의미에서의 반복의 예술일 수 없다. 인지의 미적 효과는 다른 미적 작용을, 말하자면 상반되는 미적 작용을 항상 동반해야 했다.

'조화로운 정확성'의 시파가 창조한 규범은 그것이 파괴될 수 있었다는 점에서도 중요했다. 규범이 견고할수록 그것과 모순을 이루는 변별적 자질이 보다 날카롭게 지각된다. 예를 들어, 삼문체 이론의 규범은 오랜 시기에 걸친 공식적인 삶을 이어 갔고, 약화된 잠재적 형태 속에서 거의 20세기에 이르기까지 생존했다. 즉 문체의 혼합 그리고 고상한 것과 저급한 것의 혼합은 삼문체의 도그마가 이미 오래전에 자신의 힘을 상실했을 때에도, 심지어 그것이 이미 완전히 망각되었을 때조차도, 미적으로 지각되기를 지속했다.

주꼽스끼 - 바뜌슈꼬프 - 초기 뿌슈낀 시파의 언어 체계는 매우 완전하고 견고한 것이어서 수십 년에 이르는 시기의 시가 그것의 표현들과 이 표현들의 극복을 자양분으로 할 수 있었을 정도였다. 그와 반대로 모든 혁신이 고통 없이 받아들여지고 급속히 사멸하는 시기들이 있다.

조화로운 정확성의 분위기 속에서 예술가의 아주 가벼운 접촉에도 전례 없이 민감한 말이 정련되었다. 비가 시파는 강력한 (미적) 작용 수단을 거부했다. 그래서 그것의 미적 비밀을 포착하는 것이 그토록 힘들다.

상냥한 여자친구는 없다, 우아한 릴라는 없다!
　　　모든 것이 고아가 되었다!
울부짖어라, 사랑아 그리고 우정아, 울부짖어라, 음울한 휘멘이여!
　　　행복은 달아났다!

우정이여! 그대는 매 순간 기쁨의 꽃들로
　　　그녀의 삶을 감쌌다.
그대는 통곡과 눈물과 함께 그대의 여신을
　　　대지 속에 뉘였다.

그대는 슬픈 주목(朱木)들을, 사이프러스의 가지들을
　　　유골 항아리 주위에 심어라!
젊음이 고결한 눈물들과 푸른 꽃들을
　　　선물로 가져오도록!

〈꼬꼬슈낀의 아내의 죽음에 부쳐〉

Нет подруги нежной, нет прелестной Лилы!
　　　Все осиротело!
Плачь, любовь и дружба, плачь, Гимен унылый!
　　　Счастье улетело!

Дружба! ты всечасно радости цветами
　　　Жизнь ее дарила;
Ты свою богиню с воплем и слезами
　　　В землю положила.

Ты печальны тисы, кипарисны лозы
　　　Насади вкруг урны!

Пусть приносит юность в дар чистейший слезы
И цветы лазурны!
"На смерть супруги Ф. Ф. Кокошкина"

바뜌슈꼬프의 이 시(1811)는 전통에 의해 축성(祝聖)된 말들의 부단한 사슬을 조화로운 연결 속에서 독자 앞에 펼쳐 놓는다. 바로 이 점에 이 시의 시적 작용력이 놓여 있다.

뱌젬스끼에게 보내는 1817년의 서한시〔〈벗에게〉(К другу)〕는 보다 복잡하게 구축된다.

말해 주게, 젊은 현자여, 지상에서 무엇이 변함없단 말인가?
삶의 지속적인 행복은 어디에 있는가?
우리는 기만적인 환영(幻影)들의 영역을 지나왔네,
우리는 향락의 술잔을 맛보았네.

그러나 쾌활과 주연들의 순간적인 소음은 어디에 있는가?
포도주 속에 빠진 술잔들은?
세속의 빛나는 지성들의 현명함은 어디에?
그대의 팔레른 포도주와 우리의 장미들은 어디에?

그대의 집, 행복의 집은 어디에 있는가?…그것은 재앙의 폭풍우 속에서 사라졌네,
그리고 그 자리엔 쐐기풀이 자라났네.
그러나 나는 그것을 알아보았네. 나는 마음의 공물을 가져왔네
한눈에 선명한 그 잔해 위로.[59)]
. . . .
공중에서 깃털이 이곳저곳 선회하듯,
회오리 속에서 가는 먼지가 날듯,
키 없는 배가 물결을 따라 돌진하며
영원히 정박지를 알지 못하듯,

그렇게 나의 지혜는 의심들 가운데에서 사멸했네.
삶의 모든 매력들이 빛을 잃었네.

---

59) (원주) 화제는 1812년 소실된 뱌젬스끼의 모스끄바 집에 관한 것이다. 집과 아마 쐐기풀도 지극히 현실적이다. 그러나 조건적인 문체의 규범들에 따라 여기에서 현실성은 시적 상징체계의 일반적인 흐름에 의해 흡수된다.

나의 시혼은 비애 속에서 등불을 껐고,
　　밝은 뮤즈들은 자취를 감추었네.

Скажи, мудрец младой, что прочно на земли?
　　Где постоянно жизни счастье?
Мы область призраков обманчивых прошли,
　　Мы пили чашу сладострастья.

Но где минутный шум веселья и пиров?
　　В вине потопленные чаши?
Где мудрость светская сияющих умов?
　　Где твой Фалерн и розы наши?

Где дом твой, счастья дом? … Он в буре бед исчез,
　　И место поросло крапивой.
Но я узнал его: я сердца дань принес
　　На прах его красноречивый.
. . . .
Как в воздухе перо кружится здесь и там,
　　Как в вихре тонкий прах летает,
Как судно без руля стремится по волнам
　　И вечно пристани не знает, -

Так ум мой посреди сомнений погибал.
　　Все жизни прелести затмились:
Мой гений в горести светильник погашал,
　　И музы светлые сокрылись.

통사적 분할과 리듬과 연의 분할의 상호관계가 여기에서 특별한 효력을 지닌다. 어휘가 지닌 전통적 속성에도 불구하고 통사의 도면은 다양하고 복잡하다. 연속적으로 강화되는 의문의 억양이 시행 중간에 갑자기 단절되고, 리듬 - 통사적 분절들의 대칭이 휴지부(перебой)들에 의해 대체된다. 연은 균등한 두 부분으로 분할되는가 하면, 3+1의 도식에 따라 구축되기도 하고, 아니면 통사적으로 다음 연으로 넘겨지기도 한다.

영원히 정박지를 알지 못하듯,

그렇게 나의 지혜는 의심들 가운데에서 사멸했네.

И вечно пристани не знает, -

Так ум мой посреди сомнений погибал…

전통적인 시적 형상들의 시학에서 통사가 특별하고 흔히 결정적인 의의를 지녀야 했음은 명백하다. 이때 미묘한 변별적 뉘앙스를 어휘로부터 추출하는 과제는 바로 리듬 - 통사 구조에 놓여 있었다.[60]

그러나 물론 이 체계에서 통사적 수단들이 전통적인 것 속에서 새로운 것을 발견하는 유일한 수단이었던 것은 아니다. 의미상의 변동들이, 때로 조심스럽게 파괴된 형용어와 그 대상 사이의 균형이 그에 못지않은 의의를 지녔다. 뿌슈낀의 초기 서정시에서 이 의미 변동은 대단한 역동성에 도달한다.

다음은 열일곱 살에 불과한 시인이 쓴 시행들이다.

신들이 그대에게 또한 주었다
황금빛 낮들을, 황금빛 밤들을,
그리고 그대를 향해 있다
괴로운 듯한 처녀들의 주의 깊은 눈동자는.

---

60) (원주) 로만 야콥슨은 논문 "문법의 시와 시의 문법"(Поэзия грамматики и грамматика поэзии)에서 뿌슈낀의 시 〈나는 당신을 사랑했소. 사랑은 아마 아직 … 〉(Я вас любил. Любовь еще быть может…)과 관련하여 "'형상이 없는' 시("безобразная" поэзия)에서는 '문법적 형상'(грамматическая фигура)이 지배소가 되며 비유들을 대체한다"라는 견해를 밝힌 바 있다〔Roman Jakobson, *Questions de poétique*(《시학의 제 문제》), Paris, 1973, 227쪽〕. 바뜌슈꼬프의 통사가 지닌 다양성과 세련됨에 관해서는 또뽀로프(В. Топоров)의 논문 "바뜌슈꼬프의 '샘'(Источник)과 파르니의 '급류'(Le torrent)의 관계"〔"Источник" Батюшкова в связи с "Le torrent" Парин, Труды по знаковым системам(〈기호체계 연구〉) IV, Тарту, 1969〕를 보라.

Богами вам еще даны
Златые дни, златые ночи,
И томных дев устремлены
На вас внимательные очи.

황금빛 낮들(Златые дни)과 황금빛 밤들(златые ночи)의 어휘 결합에서 형용어는 공히 (물리적인 의미가 아니라) 순수하게 가치평가적인 의미를 지니는 듯하다. 곧 '아름다운', '장엄한' 등의 의미로서 '황금의'이다. 그러나 형식적으로 동등한 이 두 표현의 문체적 기능은 상이하다. 황금빛 낮들은 극도로 전통적인 어휘 결합이다. 황금빛 밤들의 표현에 있어서는 단지 단어들 자체만이 (황금의, 밤) 전통적으로 시적인 것일 뿐, 그것들의 결합은 익숙하지 않다. 두 번째 표현은 첫 번째 표현에 대조적이자 유비적이다. 그래서 그것은 첫 번째 표현에 오래전에 소멸된 물리적 의미를 소생시킨다. 황금빛의 맑고 환한 날에 관한 관념이 어렴풋이 대두된다. 두 번째 표현은 가치평가적인 것으로 남는다. 이 두 표현 사이에는 절대적인 정확성의 시적 체계 내에서 날카롭게 지각되는, 불완전한 의미상의 균형이 놓여 있다.

뿌슈낀이 1818년에 쓴 시 〈주꼽스끼에게〉(Жуковскому)를 보자.

그대 앞의 환상적인 암흑 속에서
환영(幻影)들이 연이을 때,
영감의 급속한 한기가
이마의 머리카락들을 곧추 세운다…

Когда сменяются виденья
Перед тобой в волшебной мгле,
И быстрый холод вдохновенья
Власы подъемлет на челе…[61]

61) (원주) 시 〈벗들에게〉(Друзьям)와 마찬가지로 뿌슈낀은 1826년에 이 시를 수정된 판본으로 게재한다. 그러나 여기에 인용되는 시행들은 두 판본 모두에서 동일하다.

한기(холод)도 영감(вдохновенье)도 시의 전체적인 문맥 내에서 1810년대의 문체의 틀 내에 자리한다. 그러나 전통적인 연상 체계에서 영감은 한기가 아닌 열기(жар), 불길(пламя)과 관계했다. '영감의 급속한 한기', 이것은 돌발적인 의미 변화이다. 이 어휘 결합은 이미 어떤 거의 물리적인 구체성으로 침윤되어 있다.

'조화로운 정확성'의 시파의 비범한 시인들은 추종을 불허하는 솜씨로 그것의 규범들을 파괴하곤 했다. 이것이 바로 추종자들과 모방자들이 뛰어 넘을 수 없었던 경계다. 주꼽스끼는 이 솜씨를 최고도로 발휘했다.[62)]

주꼽스끼의 〈슬라뱐까〉(Славянка, 1815)의 몇몇 연을 쁠레뜨뇨프(П. А. Плетнев)의 비가 〈나의 고향에 바침〉(К моей родине, 1820) 중의 일부와 병치시켜 보자. 쁠레뜨뇨프는 의심의 여지 없이 주꼽스끼의 시풍을 따르며 부분적으로 유사한 주제를 전개시킨다.

저곳 탈곡장에서 도리깨들의 화음이 들린다,
저곳에서 목동의 노래와 내달리는 양 떼의 소음이 들린다,
곡물다발들의 무거운 짐을 나르는 마차들의 행렬이
　　　저곳에서 삐걱거리며 힘겨운 걸음을 천천히 옮긴다.

그러나 뜨겁지 않은 태양이 하늘로부터 지고
그 주변에서 석양이 고요히 불탄다,
먼 숲은 불의 휘장을 둘렀고,
　　　구름 없는 동쪽이 푸르다…

…그 속에 제 모습을 드리운 묘지가 빛나고,
나무 화관을 쓴 떼잔디의 언덕,
늙은 버들이 뒤얽힌 뿌리까지
　　　유연한 가지들을 드리우고,

그늘이 무성한 머리를 그 물결들 속에 담근다…

주꼽스끼

---

62) (원주) 주꼽스끼의 시어가 지닌 독창성과 대담성에 관해서는 쎄멘꼬(И. М. Семенко)의 저서 《뿌슈낀 시대의 시인들》(Поэты пушкинской поры, М., 1970)의 "주꼽스끼"(Жуковский) 장을 보라.

Там слышен на току согласный стук цепов;
Там песня пастуха и шум от стад бегущих;
Там медленно, скрыпя, тащится ряд возов,
Тяжелый груз снопов везущих.

Но солнце катится беззнойное с небес;
Окрест него закат спокойно пламенеет;
Завесой огненной подернут дальний лес;
Восток безоблачный синеет …

… То отраженный в них сняет мавзолей;
То холм муравчатый, увенчанный древами;
То ива дряхлая, до свившихся корней
Склонившись гибкими ветвями,

Сенистую главу купает в их струях …

Жуковский

너를 잊으랴, 오, 떼블렉의 시냇물이여,
네 완만한 기슭을 넘실거리며
네 물결로 찌는 더위 속의 양떼를
양쪽의 비탈진 평원으로부터 갑자기 부르고 있을까?
오리나무 숲들이 벨벳의 초원을 따라
제 시원한 그늘을 드리우고,
목동들에게 폭염으로부터의 피난처를 제공하고
달콤한 게으름의 품속에서 그들을 애무하고 있을까?
고향의 시내여, 언제나, 언제나 네가 다시 나를
너의 기슭에서 볼 수 있을까?
재잘거리는 네 소리를 내가 언제 다시 들을까,
완만한 계곡들을 언제 다시 들여다 볼까나?
그리고 언젠가 봄이면 다시 시선을 끌게 될까,
네 양편의 초원에 늘어 선 농부들이
일을 시작하며 서로를 부르고
익숙한 노래를 부르기 시작하는 모습이?

쁠레뜨뇨프

Забуду ли тебя, о Теблежский ручей,
Катящийся в брегах своих пологих
И призывающий к себе струей своей
В жары стада вдруг с двух полей отлогих,

Где чащи ольховы, по бархатным лугам
Прохладные свои раскинув тени,
Дают убежище от зною пастухам
И нежат их на лоне сладкой лени?
Когда, когда опять увидишь ты меня
На берегу своем, ручей родимый?
Когда журчание твое услышу я
И на пологие взгляну долины?
И буду ли когда еще внимать весной,
Как вдоль тебя, работу начиная,
В лугах скликаются косцы между собой,
Знакомую им песню запевая?

Плетнев

쁠레뜨뇨프의 시에는 모든 것이, 풍경시의 조건적인 사물성도, 조화로운 문체도 목전에 있다. 그리고 이 일련의 시행은 시선을 구속하지 않으며 얼마나 매끄럽게 정돈되어 있는가. 반면 주꼽스끼 시의 독자는 내내 긴장에 처해 있다. 유연한 통사 때문이고, 그의 앞에 데르좌빈적인 삐걱거림(скрыпя)이, 어휘들의 모순적인 이종 교배들〔무덥지 않은 태양(беззнойное солнце), 고요하게 타오르는(спокойно пламенеет) 노을〕이, 또한 뒤얽힌 뿌리들(свившиеся корни)과 함께 버들(ива)의 물리적인 형상이 출현하기 때문이다.

비범한 시인들은 인지되는 것을 예기치 않은 것과 결부시키는 능력을 소유했다. 아류들에게는 이 능력이 결핍되어 있었다.

러시아 문학 전체에 있어서와 마찬가지로 러시아 서정시의 운명에 있어서도 분수령은 1825년에 도래했다. 귀족 혁명의 전투적 시는 데까브리스뜨 운동의 궤멸 속에서 그 생존을 마감했다. 그러나 1810~1820년대의 내밀한 서정시의 치유될 수 없는 쇠퇴도 또한 데까브리스뜨 이후 시기에 곧바로 드러났다. 오가레프가 깊은 통찰력을 가지고 썼던 '사조의 전일성'이 파괴되었다. 시민적 동기와 이웃하지 못하게 된 아나크레온적이고 에피쿠로스적인 모티프도 곧 쇠퇴한 것으로 밝혀졌다. 이러한 상황들로부터 벗어나 역사적이고 현실적인 사고의 새로운 정점들을 향해 나아가기 위해서는 뿌슈낀의 힘이 필요했다. '살아남은 자들'은 대부분 그들에게 자양분을 공급했던 분위기의 상실을 그 무엇으로도 상쇄할 수 없었다. 논제는 정치적 이념이나 성향에 관한 것뿐만이 아니다. 우리의 논의는 러시아 귀족 혁명의 사람들이 표방했던 시민적, 도덕적, 미적 가치의 전 복합체에 관한 것이다. 문학적 입장이 보여주는 이런저런 정도의 무정형성이 뱌젬스끼에게서, 델비크에게서 그리고 야즤꼬프(Н. М. Языков)에게서 점차 드러난다. 뿌슈낀을 제외한 예외는 바라띈스끼다. 바로 후기 바라띈스끼는 전체와의 관계들이 비극적으로 단절된 영혼의 고독성을 강렬하게 표현했기 때문이다.

1830년대 중엽에 뿌슈낀은 새로운 시적 체계를 창조한다. 그러나 뿌슈낀의 후기 시는 거의 대부분 지면에 발표되지 않는다. 바라띈스끼와 뜌체프는 주목의 대상이 되지 못한 채 지나간다. 그 대신 문집들과 잡지들은 주꼽스끼, 초기 뿌슈낀, 초기 바라띈스끼를 기계적으로 재생하는 무수한 모방자들로 넘쳐났다. 태동의 토대가 되었던 미학 자체가 동요된 시대의 까람진주의자의 비가 문체를 상상해 보라. 다시 말해 조건적이고 추상적인 시를, 게다가 이미 전체적인 세계관을 토대로 지니지 않은 채 발전 능력을 상실한 시를 상상해 보라. 개개 어휘가 지닌 정확성, 곧 문체적 적합성을 향해 제기된 엄격한 요구들이 점차 약화된다. 문체들은 더 이상 서로에게 침투불가능하지 않다. 동시에 시는 특별히 그것에 고유한 언어로 말해야 한다는 확신은 여전히 동요되지 않았다. 새로운, 중간적인 시적 언어가, 상이한 문체상의 기원을 지닌 견고한 정형적 표현들의 합금이 그렇게 형성된다.

1820년대 말~1830년대의 아류 시의 핵심 자질은 절충주의, 잡식성이다. 이 점에서 특징적인 형상이 안드레이 뽀돌린스끼(Андрей Подолинский)다. 1827년 발표된 그의 서사시 〈디브와 뻬리〉(Див и Пери)는 굉장한 성공을 거두어서 곧 갓 입문한 시인에게 유명세를 안겨 주었다. 뽀돌린스끼의 서사시에는 유려하고 가벼운 시행, 동방의 이국적 요소 그리고 지극히 건전한 이데올로기가 두드러진다. 레르몬또프의

〈악마〉는 검열상의 문제들로 인해 작가의 생전에 빛을 보지 못했을 뿐 아니라, 겨우 1860년이 되어서야 처음으로 작품 전체가 출판되었다. 그 대신 검열은 뽀돌린스끼 서사시의 유포에 결코 반대하지 않았다. 이 작품에서 낙원으로부터 쫓겨난 뻬리가 추락한 천사인 디브를 이렇게 격려한다.

디브야, 희망 속에 기도하렴!
기도를 통해 너는 속죄 받을 수 있을 거야.

Див, надейся и молись!
Грех искупишь ты мoленьем.

대가들의 제자들로서 시파의 젊은 대표자들이었던 뚜만스끼와 떼쁠랴꼬프(В. Г. Тепляков)와 달리, 뽀돌린스끼는 상이하며 드물지 않게 상호배제적인 시적 전통들을 쉽사리 혼합하는 전형적인 아류다.[63] 고전적인 비가도, 동방적인 문체도, 무장 해제된 바이런주의도, 주꼽스끼의 모티프들도, 베네비띠노프(Веневитинов)에 의해 유행하게 된 철학적-시적 주제들의 셸링적인 해석도, 델비크를 본보기로 한 러시아의 노래들도 그의 시에서 만날 수 있다.

이것은 발전된 문체감과 어휘 사용의 정확성에 기반했던 1820년대의 시파의 특징이었던, 다양한 시적 목적에 따른 다양한 문체의 이용과는 원칙적으로 다른 현상이다. 그와 반대로 가장 뒤늦은 모방자들이 보여주는 불협화음은 엄격한 문체의 문화의 상실에 의해, 말이 지닌 어휘적 뉘앙스에 대한 점증하는 무관심에 의해 태동되었다.

아류의 득세는 1830년대 시의 민감한 문제다. 심지어 자신의 잡지 〈독서를 위한 도서관〉(Библиотека для чтения)[64]을 1830년대의 통

---

63) (원주) 꾸쁘레야노바(Е. Н. Купреянова)가 뽀돌린스끼에 관한 논문에서 이 점을 언급한 바 있다〔꼬즐로프, 뽀돌린스끼, 《시집. 시인총서》(И. Козлов, А. Подолинский, Стихотворения, Библиотека поэта, Л., 1936), 146~147쪽〕.

속적 낭만주의의 보루로 변질시켰던 셴꼽스끼(О. Сенковский)[65] 조차 그 속에서 '준비된 시적 장치들'과 체계적인 전쟁을 벌일 필요가 있다고 간주했다. 이를테면 그는 베르네뜨(Е. Бернет)의 시를 평하며 다음과 같이 썼다. "… 그는 러시아 시에서 싫증나고 닳아빠진 감미로움으로 우스꽝스러워진 감정들과 말들을 거의 반복하지 않는다. 그의 영혼은 소생하지(оживает душою) 않고, 젊은 삶으로 숨 쉬지(дышит жизнью молодою) 않으며, 열정으로 들끓지(кипит страстями) 않고, 저 먼 곳의 안개들로(туманами дали) 둘러싸이지 않고, 향락의 애무(неги сладострастия)를 모르는 등등이다. 사실 그의 시에도 또한 정적(тишь)과 영혼을 위한 정적(тиши для души)이 나타나고, 인간(칠라벡) - 세기(벡)(человек-век), 로모노쏘프 - 로쏘프(Ломоносов-Россов), 포이보스에게(페부) - 하늘에게(네부)(Фебу-небу), 뮤즈(무즈) - 연합(소유즈)(муз-союз) 등과 같은 폐기된 압운들처럼, 창밖으로 집어 던져야 할 준비된 시적 장치들이 그의 시를 꿰뚫고 달린다."[66]

이때 '준비된 장치들'의 시에 대한 책임은 주꼽스끼와 바뜌슈꼬프, 심지어 뿌슈낀과 바라뜐스끼의 몫이었다. 데까브리스뜨 이후 시기의 아주 다양하고 서로 적대적인 그룹들은 '무사상의 시파'(школа безмыслия)로서의 1800~1820년대의 비가 시파의 부정이라는 점에 있어서는 정신적인 일체감을 형성했다. 이 선고는 역사적으로 정당하지 못하다. 주꼽스끼와 바뜌슈꼬프의 비가는 인간의 정신적 삶의 새롭고 중요한 측면들을 드러내 주었다. 그러나 이 발견들은 지나온 단계였고, 무수한 모방자들의 음울한 비가는 이미 아무것도 드러낼 수 없었다.

---

64) 1834년에 간행되기 시작한, 광범한 독자층을 대상으로 한 러시아 최초의 대중잡지.

65) 동방학자, 작가, 비평가, 저널리스트(1800~1858). 1830년대 초에 〈독서를 위한 도서관〉에 필진으로 참여하여 이후 편집장을 역임하는 한편, 풍자작가로서도 이름을 떨쳤다. '상업문학'을 옹호하며 통속적 낭만주의의 군소 작가들을 비호했다.

66) (원주) 〈독서를 위한 도서관〉 1937, 23권(Библиотека для чтения, 1937, т. XXIII), 41쪽.

그것은 오직 한결같은 무의미한 한탄으로 염증을 불러일으킬 수 있었을 뿐이다. 사상의 시(поэзия мысли)가 막다른 골목으로부터의 출구가 될 수 있을 것 같았다.

사상의 시

12월 14일은[1] 러시아의 교양 있는 귀족 계층의 계몽주의적 세계관에 돌이킬 수 없는 일격을 가했으며, 이후 개인주의와 '절대'의 추구를 특징으로 하는 데까브리스뜨 이후의 낭만주의로의 길을 열었다. 이때 데까브리스뜨 이후의 낭만주의의 또 하나의 특징은 그것이 또한 뿌슈낀이나 좀더 늦게는 고골의 새로운 사실주의적 시도와 바로 교차한다는 것이다.

개성은 새롭게 낭만주의적인 이해의 대상이 되었으며, 철학을 인간의 정신적 삶의 중심으로 간주하는 새로운 태도가 생겨났고, 역사주의의 경향은 더욱 거세어져 예술에서 역시 '미적인 것'의 영원한 규범은 부정되었다. 결국 이는 새로운 예술적 방법의 탐색으로 이끌었다. 1820년대에서 1830년대 사이의 러시아 서정시에 나타난 새로운 창작방법을 한 마디로 정의한다면 사상의 시[2]라는 개념으로 대표될 수 있다. 데까브리스뜨들 역시 사상의 시를 고수했다. 그러나 그들의 경우는 좀 달랐다. 그들은 여전히 계몽주의적이고 합리주의적인 틀 안에 머물러 있으

1) 12월 14일은 데까브리스뜨 봉기가 일어난 날이다.

2) 이 장의 제목이기도 한 이 용어는 'поэзия мысли'의 번역이다. мысль은 다양한 의미를 지닌다. 그것은 개인의 '생각'을 지칭하는 단어이기도 하며 철학적인 '사색'을 의미할 수도 있다. 여기서는 러시아 시가 서정시를 넘어서 고유한 철학적 사상을 담는 그릇으로 발전해 나아가는 과정을 다룬 장 전체의 내용적 특성을 고려하여 '사상의 시'로 번역했다.

려 했고, 부분적으로는 사색시나 교훈적이고 명상적인 옛 시의 전통을 따르기도 했다. 이제 그들은 시와 철학사상의 관계를, 시적인 사상과 현실과의 관계를 새롭게 정립해야만 했다. 젊은 벨린스끼가 “문학적 상상”(Литературных мечтаниях)이라는 글에서 그토록 긴장감이 도는 어조로 민중과 개인의 정신의 형성이라는 견지에서 문학의 의미를 새롭게 고찰하는 것은 우연이 아니다.

사상의 필요성은 다양한 측면에서 제기되었다. 데까브리스뜨 전통의 낭만주의자들도, 류보무드리도, 젊은 벨린스끼와 그의 친구들도 사상이 필요함에 대한 의견을 개진했다. 심지어 저급한 통속적 낭만주의의 대표자들까지도 예술에 있어서의 심오한 내용에 관한 나름의 해석을 내놓았다. 새로운 세대에 속한 사람들은 그들만의 고유한 새로운 관점에 대한 자주적인 민족적 표현을 원했다. 다양한 그룹은 공통의 추구 대상인 민족적 내용에 대한 이해를 달리했다. 자연히 다양한 의견의 반목 속에서 사상의 시를 특정 경향을 대표하는 강령적인 시로 이해하는 현상이 첨예해졌다. 개별 강령들이 일치하지 않는 가운데 이들이 한결같이 지향한 강령적 속성은 자주 ‘사고의 결핍’이라는 비난의 화살을 서로에게 돌리게 했다. 개성에 관한 낭만주의적 관심이 상이한 사회적 입장과 상이한 견해를 어느 정도 하나로 모으는 역할을 했다. 그리고 사상의 시는 이 첨예한 관심에 어떻게든 부합할 것으로 기대되었다.

서정시의 개인화는 정형화된 형식을 무너뜨렸다. 서정시의 개인화는 (견고한 문체의 문맥을 대신하여) 개인적인 문맥의 의미가 지속적으로 증대되는 선결조건이 되었고, 이는 또한 서정적 상황의 구체화를 가져왔다. 작가적 형상, 주제, 서정적 슈제뜨, 어휘 사용 등, 시 체계를 이루는 연결 고리들의 상호 관계 역시 변화되었다.

서정적 체험이나 사색은 이제 (물론 일반화된) 개성과 관련되어 있다. 그리하여 서정적 주체가 지닌 의의 역시 증대되었다. 장르의 위계에 의해 태동한 비가적인 나는 장르의 위계가 마침내 붕괴되면서 변모한다.

19세기 초 시인은 서정시와 에피그램, 비가와 풍자시 등을 아우르는 광범위한 장르의 시를 창작하였으나, 이제 젊은 시인들은 그와 같은 장르의 다양성을 거부하게 된다. 예를 들어 베네비띠노프의 경우는 여전히 비가를 쓰지만, 그가 쓰는 것은 비가뿐이었다. 비가의 틀은 보존되고 있지만, 시의 장르적인 기능은 사라지게 되었다. 베네비띠노프에게서 발견되는 '서한'(Послание) 같은 제목은 이미 아무런 내용도 드러내주지 못한다. 마찬가지로 예를 들어 〈로좔린에게 보내는 서한〉(Послание к Рожалину)와 같은 작품은 그저 막연하게 명상적인 형식을 띠며 암시나 구체성, 과도한 감정적 톤 등, 우정서한에 전형적인 그 어떤 특성도 지니지 않는다. 게다가 시 속에서 수신인은 단지 시의 헌정 대상이 될 뿐, 시의 슈제뜨로부터도 분리된다.

이렇게 해서 장르체계에 포함되지 않는 서정시의 유형이 생겨나게 된다. 또한 이러한 측면에서 젊은 낭만주의자들이 독일시에 관심을 기울이게 된 것은 중요하다. 프랑스의 서정시는 1820년대에 폭발적인 낭만주의 운동이 일어날 때까지, 아주 오랫동안 장르적 특성들을 보존하고 있었다. 파르니가 비가 장르에 도입한 슈제뜨의 순환구조나 감정에 대한 섬세한 탐구 같은 변형들도 비가 장르 자체를 파괴하지는 않았다. 오히려 반대로 비가가 가장 주도적인 장르가 되도록 했다. 반면 독일시는 아주 일찍부터 장르적인 규범으로부터 해방되었다. 이미 1740년대에 쓴 클로프슈토크(Friedrich Gottlieb Klopstock)[3]의 송가는 프랑

3) 독일 시인(1724~1803). 18세기 초까지 독일문단을 지배한 합리주의적 시풍과 결별하고 고유의 주관주의적이면서도 감상적인 자유로운 서정시를 창작했다. 그는 밀턴 〈실낙원〉의 영향을 받아 창작한 1749년 작 〈구세주〉(Der Messias)의 첫 몇 편의 시를 무운(無韻) 6보격으로 써서 발표했는데, 격정에 넘치는 창작방식이 큰 반향을 불러일으켰으며 17개의 언어로 번역되는 등 성공을 거두었다. 이후 그는 자유롭고 개인적이면서도 감상적인 형식과 애국적 내용을 담은 〈송가〉(Oden)를 창작하였으며 이는 그의 대표작으로 간주된다. 이 작품은 그의 더욱 발전된 자유시 형식과 표현력이 풍부한 언어 구사를 보여준다. 또한 그의 송가들은 애국적인 주제를 선택하고 게르만족 신화에서 파생된 주제들을 발굴함으로써 이후의 낭만주의를 예고했다.

스 고전주의의 송가보다는 고대적인[4] 서정시의 형식을 보여준다. 그것은 그리 길지 않은 분량으로 되어 있는 경우도 많았으며 신성에 대한 통찰로부터 술과 사랑에 대한 찬미에 이르기까지 다양한 주제를 보여주었다. 젊은 괴테는 노래를 바탕으로 하여 새로운 종류의 감성적인 서정시를 썼으며 이후 젊은 실러는 시 장르의 체계를 벗어난 철학시를 창작하기도 했다. 특히 실러의 철학시 형식은 러시아에서 사상의 시가 형성되는 데 있어 중요한 의미를 지니게 되었다.

1820년대 뀨헬베께르는 고상한 시의 이론가이자 또한 실제 그와 같은 시를 창작한 시인으로서 송가 장르로부터 완전히 단절될 수 없었다. 표도르 글린까의 정치적 서정시는 시편(詩篇)을 개작하던 전통으로 거슬러 올라간다. 호먀꼬프와 셰비료프, 뜌체프 등 1820년대의 철학적인 시인들 역시 어느 정도 송가의 어조를 따르기는 하지만, 그들이 창작한 것은 전혀 송가가 아니었다.

장르 체계는 그 나름의 방식으로 인간의 삶, 즉, 인간의 사회적인 삶과 개인적인 삶의 가장 중요한 부분을 감싸 안았다. 그것은 스스로에게 만유를 포함하는 보편성을 허락하고자 했고, 바로 이로 인해 묘사하는 사물의 영역을 제한할 수 있는 권리를 주장할 수 있었다. 시인은 시의 주제를 새롭게 생각해 내는 것이 아니라 그것을 선택한다. 비가 시인은 주제를 창조하는 것이 아니라 그것을 변주하며, 이러한 변주는 거대한 예술작품이 될 수 있다. 쇠락해가는 장르의 위계로부터의 주제의 해방은 19세기와 20세기 서정시의 모든 성취와 많은 실패로의 길을 열었다. 이제 시의 주제는 잘 닦아놓은 길을 통해 그냥 얻어지는 것이 아니라, 철학적 인식으로부터, 사회적 사건들로부터, 삶의 경험으로부터 도래해야 한다. 이때부터 시의 주제를 선택하는 것, 시의 내용을 구상하는 것 자체가 이미 중요한 창조 행위가 된다. 특정 문학파에 속하는 것이 장르에 따른 주제의 선결을 어느 정도 대체할 수 있었다. 시인이 특

---

4) 여기서 고대적 서정시는 그리스, 로마의 서정시를 지칭한다.

정 문학파에 속하지 않는 경우 그는 주제 선택에 있어 더 큰 어려움을 겪었고, 주제를 잃을 더 큰 위험에 처했다.

예술가의 경험이 모든 창조 행위 속에 존재한다는 것은 의심의 여지가 없다. 그러나 그것은 작품 속에서 다양하게 기능한다. 추상적이고 이상적 보편화를 특징으로 하는 고전적 체계 속에서 개인의 경험은 서정시의 영역 밖에 위치하는 미학외적인 요소였다. 그것은 전통적인 주제와 형식에 의해 잠식되었다. 그러나 1820년대부터 서정시에서는 이와는 다른 지향이 눈에 띄기 시작한다. 주제는 일종의 구체성을 띠게 되며 '개인적'이고 일회적인 것이 된다. 그러나 개인적 경험은 보편화될 수 있는 힘과 상징적 의미의 가능성을 지니고 있는 것이어야 했다.[5] 이때 구체성은 대상성과 직접적으로 동일시되어서는 안 된다. 구체성을 띠어야 하는 것은 역사적 개념이나 심리적 정황이었다.

고전적 유형의 서정시는 대개 서정적 나의 사상과 감정을 표현했다. 송가와 비가, 서한시, 심지어 풍자시에 이르기까지 이것은 객관적인 사건과 현상, 대상의 묘사도 내포할 수 있는 일종의 서정적 독백이다. 물론 새로운 서정시에서도 독백은 사라지지 않는다. 그러나 구체성의 증가와 함께 매개된 서정적 슈제뜨의 의미가 더 커지게 된다. 서정적 주체의 형상은 풍경묘사나 사물들, 다른 등장인물들, 에피소드와 대화, 장면들, 그리고 삶의 사적인 영역과 밀착된 사색 속에서 그 윤곽을 드러낸다. 작가는 물론 존재하지만, 사물에 대한 서정적 관계로서 존재한다.

주꼽스끼의 초기 비가 속에서 묘사된 자연의 풍경은 작가가 보고 체험한 것으로서 제시된다.

> 너의 강변을 향해 서두른다… 창공은 고요하고 깨끗하다.
> 태양의 빛 아래 차가운 공기가 불어든다.
> 낙엽은 자신의 마지막 향기를

---

5) (원주) 이를테면 데르좌빈의 강력한 경험적 구체성과 구별되는 새로운 구체성이 지닌 차이가 이 점에 놓여 있다.

가을의 신선함과 결합한다.

나는 숲 아래로 굽이진 오솔길을 따라 걷는다.
걸음을 옮기자 나의 눈에는 새로운 풍경이 보이고
갑자기 나무가 우거진 숲 사이로 내 앞에
마치 연기 속에서처럼 밝은 골짜기가 반짝인다.

Спешу к твоим брегам… свод неба тих и чист;
При свете солнечном прохлада повевает;
Последний запах свой осыпавшийся лист
С осенней свежестью сливает.

Иду под рощею излучистой тропой;
Что шаг, то новая в глазах моих картина;
То вдруг сквозь чащу древ мелькает предо мной,
Как в дыме, светлая долина…

반면 다음은 뜌체프의 풍경묘사이다.

어둑어둑한 한낮이 천천히 숨을 쉰다.
천천히 강물이 흐른다.
불길에 휩싸인 깨끗한 창공에서
천천히 구름이 녹는다.

그리고 이 모든 자연을 졸음은
마치 안개처럼 끌어안는다.
위대한 목신(牧神) 조차도 이제
님프의 동굴 안에서 조용히 잠에 빠져 든다.

Лениво дышит полдень мглистый;
Лениво катится река;
И в тверди пламенной и чистой
Лениво тают облака.

И всю природу, как туман,
Дремота жаркая объемлет;
И сам теперь великий Пан
В пещере нимф покойно дремлет.

주꼽스끼의 시에서 화자는 서정적 나이다. 반면 뜌체프의 시에서 서정적 나의 형상은 은닉되어 있다. 그럼에도 불구하고 뜌체프의 서정적 시점은 보다 개인적이고 보다 특이하다.

루터파 신자인 나는 예배를 사랑한다.
그 의식은 엄격하고 장엄하며 또한 단순하다.
벌거벗은 벽과, 텅 빈 교회건물의
고매한 가르침을 나는 이해할 수 있다.

보이지 않는가? 길을 나서려는 당신에게
마지막으로 신앙이 나타나 당신 앞에 선다.
아직 그것은 문턱을 넘지 않았다.
그러나 그것의 집은 이미 텅 빈 벌거벗은 모습으로 서 있다.

Я лютеран люблю богослуженье,
Обряд их строгий, важный и простой -
Сих голых стен, сей храмины пустой
Понятно мне высокое ученье.

Не видите ль? Собравшися в дорогу,
В последний раз вам вера предстоит:
Еще она не перешла порогу,
Но дом ее уж пуст и гол стоит, …

이 시에서 이야기되는 것은 루터교 예배 의식에 관해서가 아니라, 19세기의 무신론적 의식을 마주한 종교의 운명에 관해서이다. 그러나 여기에서 주제는 루터교라는 구체적인 역사적 개념에 의해 잠식되어 있다. 이어지는 장면은 물리적 현실이다. 붕괴되는 신앙을 상징하는 집은 이미 일회적인 사물을 통해 제시된다.

벌거벗은 벽과, 텅 빈 교회건물의 …

Сих голых стен, сей храмины пустой …

뮤체프의 시에서 이 원칙은 아직 지배적인 것이 되지 못했다(그에게 보다 더 중요한 것은 사상이나 영혼의 상태의 개인적 국면이다). 이 원칙은 성숙한 시기의 뿌슈낀과 후기 레르몬또프, 네끄라쏘프, 그리고 그 나름으로 페뜨의 서정시에서 구성적 의의를 획득하게 되며, 마침내 20세기 러시아 서정시, 특히 상징주의의 붕괴 이후 형성되기 시작한 러시아 서정시에서 구성적 의의를 획득한다.

그러나 이미 1820년대에 러시아 서정시는 지난한 과제를 해결해야 했다. 아직까지 전통의 틀 속에 편입되지 못한 개념에 대한 표현의 발견이 그것이다. 역사적 물리적 구체성의 세계와 낭만주의적 개성의 세계를 표현해 줄 수 있는 확고한 미학적 규범에 의해 규정된 언어, 모든 시대의 시적 사상을 표현해 줄 수 있는 '가장 훌륭한' 언어란 이미 존재하지 않는다.

사상의 시는 새로운 사물에 대해 새로운 언어로 말하기 시작해야 했다. 그러나 이 길 위에서 그들을 기다린 것은 낭만주의적 의식의 모순이 낳는 많은 어려움과 실패였다. 낭만주의적 의식은 개인주의적인 의식인 동시에 초개인적인 가치에 얽매인 의식이다. 역사적 상황에 따라 두 원칙 중 하나가 우위를 점하곤 했다. 낭만주의 예술 역시 그와 같은 모순을 특징으로 한다. 개인적인 것을 표현하고자 하는 지향으로 낭만주의 예술을 규정할 수 있을 것이다. 그러나 '저속한' 현실에 대비되는 절대와 이상을 지향하는 낭만주의는 예술 속에서 '영원한' 주제와 전통적인 표상으로부터 벗어날 수 없다. 낭만주의는 시인이 독창적인 형상을 고안하도록 허용했다. 그것은 의외성으로 가득한 은유의 힘을 다시 해방시켰다. 그러나 동시에 낭만주의의 이상성은 이미 검증된 시적 상징들이 지닌 권위에 의탁하도록 했다. 하지만 진정한 낭만주의 시에서 전통적인 형상은 예술가의 작업의 한계가 아니라, 이후 예상치 못한 발전을 획득하게 되는 초석이다. 전통으로부터 물려받은 언어 질료를 의미론적으로 변형시키는 것이 이 시의 원리이다. 낭만주의적 세계관에서와 마찬가지로 낭만주의적 문체에서도 '영원한 것'과 개인적인 것이 서로 다투었으며, 그 성공은 고르지 못했다.

이와 같은 갈등의 양상을 보여주는 특징적인 광경이 철학적 서정시를 창조하고자 했던 러시아의 낭만주의자들인 류보무드리의 창작세계다. 이들의 실험과 실패의 역사는 지금까지도 여전히 교훈적이다. 그들은 자신들의 이론적 사고를 시적 사고로 변환할 수 없었고, 따라서 바라뜬스끼나 뜌체프, 뿌슈낀과 레르몬또프가 나름의 방식으로 사상의 시의 새로운 창작방법을 찾아냈던 것과는 달리 그것을 찾을 수 없었다.

젊은 교양 귀족 계층 사이에서 정치적 관심사와 계몽주의적 세계관이 지배적이던 시기에 이미 지배적인 경향의 갓길에서 다른 시각 체계가 발전하고 있다. 독일 관념론 철학에 경도된 모스끄바의 젊은이들(블라디미르 오도옙스끼, 베네비띠노프, 이반 끼레옙스끼, 로좌린, 꼬셸료프와 이들에 합류한 셰븨료프, 뽀고딘, 띠또프, 멜구노프 등)의 모임인 '류보무드리의 집단'이 1823년에, 즉 러시아에서 낭만주의에 대한 해석과 논쟁이 활기를 얻기 시작하는 바로 그때 결성된다.

류보무드리는 러시아의 귀족 계급이 조직화된 정치투쟁을 거부하는 분위기 속에서 발전할 운명에 처했던 낭만주의적 이상주의의 초기 대표자들이었다. 데까브리스뜨 봉기 이후의 시대 상황은 류보무드리의 활동에 역사적 방점을 두었고, 그것을 주된 경향 중 하나로 변모시켰다.

1820년대 전반기는 정치적인 갈망과 희망이 강한 힘을 지니고 있던 시기였다. 자유애호사상이 젊은 지성들에게 막대한 영향력을 행사하고 있었으며 따라서 심지어 독일 관념론 철학의 추종자들조차 그것을 간과하는 것은 불가능했다. 거의 대부분의 류보무드리가 데까브리즘의 분위기에 영향을 받았다. 데까브리스뜨적인 모티프는 베네비띠노프의 〈바이런의 죽음〉(Смерть Байрона), 〈그리스인의 노래〉(Песнь грека), 〈노브고로트〉(Новгород) 같은 작품 속에서도 분명하게 울린다. 호먀꼬프의 〈노브그라트〉(Новград)[6] 역시 러시아인의 뿌리 깊은 자유사상을 찬양

6) 러시아어에서 '그라트'는 '도시'를 의미하는 단어 '고로트'의 고어체적인 표현으로 동일한 의미를 지니나, 현재 러시아어의 '고로트'와 비교하여 고어체인 '그라트'에는 보다 성스럽고 추상적인 뉘앙스가 부여된다. 러시아의 고도(古都)

하는 데까브리스뜨 전통에 닿아있다. 1830년대 중반부터 류보무드리의 자유애호사상은 점진적으로 그러나 부단히 쇠퇴하게 된다. 1840년대에 이르러 끼레옙스끼 형제와 호먀꼬프는 슬라브주의 사상가가 되었으며, 셰비료프와 뽀고딘은 '공식적 민족성'[7]의 설파자가 되었다.

1827년 류보무드리 모임의 이전 멤버들은 잡지 〈모스끄바 통보〉[8]를 중심으로 다시 모였다. 베네비띠노프에 의해 창간된 이 잡지는 창간 후 처음 2년 동안은 낭만주의적 관념론 사상의 기관지로서 민족성이나 역사주의, 고상한 시 등의 문제를 다루었으며, 이때 이와 같은 문제들은 마치 데까브리스뜨 사상으로부터 후대에 전수된 듯 보였다. 그러나 〈모스끄바 통보〉가 이러한 문제에 대해 제시한 답은 완전히 달랐다.

이전에 데까브리스뜨 문학가들이 그랬던 것처럼, 1820년대 말 류보무드리도 문학이 '신변잡기적 경향'으로 흐르는 것에 반대했다. 표도르 글린까의 《신성한 시의 실험들》(Опыты священной поэзии)[9]에 대한 서평에서 "러시아의 뮤즈는 이미 몇 년간 지상으로부터 자신의 진정한

노브고로트를 주제로 하는 위의 시들은 과거 노브고로트에서의 자유를 위한 투쟁을 내용으로 한다.

7) 니꼴라이 1세 시대 교육부 장관이던 우바로프(С. С. Уваров)가 주창한, 정교, 군주권, 민족성의 삼위일체를 모토로 하는 관제 민족주의 이데올로기.

8) 〈모스끄바 통보〉의 사상적 기반은 본문을 통해 설명되는 바와 같이 독일낭만주의와 셸링의 미학이었고, 당연히 독일 형이상학 사상에 대한 많은 논문들이 발표되었다. 뿌슈낀 역시 이 잡지에 참여하였으나 류보무드리의 과도한 형이상학적 지향으로 인해 결별하게 된다.

9) 글린까는 1819년에서 1825년 사이 자유주의적 문학 서클을 주도했으며 데까브리스뜨 문학의 대표자이다. 그가 1820년대 초반 창작한 데까브리스뜨적인 시들을 모아 출간한 시집의 제목이 바로 《신성한 시의 실험들》(1826)이다. 이 작품에 포함된 시들은 대개의 경우 알레고리적인 기법에 의거하며 우의적인 표현을 통해 이야기하고자 하는 바를 빗대어 표현한다. 뿌슈낀은 글린까가 선호한 장르를 '비가적 시편(詩篇)'(элегический псалом)이라 일컫고, 이와 같은 명칭에서 알 수 있듯이 그는 성서의 모티프와 혁명적인 내용이 결합된 작품들을 창작했다. 또한 그의 시에는 데까브리스뜨 시인의 소명의식과 선민사상이 짙게 드리워져 있으며 자유애호와 공민주의 같은 이념들이 나타나 있다.

거주지인 천상으로 올라가지 못한 채, 방 안을 서성거리며 사소한 집안의 일들에 대해 이야기하고 있었다"[10]는 언급을 볼 수 있다. 위의 구절을 비롯해서 〈모스끄바 통보〉의 서평 중에는 뀨헬베께르가 논문 "최근 10년간의 우리 시, 특히 서정시의 경향에 관하여"(О направлении нашей поэзии, особенно лирической, в последнее десятилетие, 1824)를 통해 밝히는 것과 유사한 많은 글이 있다. 뀨헬베께르와 마찬가지로 비평가들은 '고상한 대상'을 시로부터 요구한다. 그러나 뀨헬베께르에게 있어 이와 같은 고상한 대상이란 철학적인 것 못지않게 정치적인 것을 의미했다. 반면, 예를 들어 띠또프와 같은 경우 이것은 '영혼의 고상한 사명과 현재의 삶의 무상함과 덧없음, 미래에 대한 기대와 내적이고 정신적인 쾌락의 우월함'을[11] 묘사하는 것을 의미한다. 〈모스끄바 통보〉의 가장 중요한 주제 중 하나인 고상한 시의 주제도 셸링과 독일 낭만주의자들의 미학사상의 견지에서 지고한 인식으로서 그리고 신의 계시 영역으로서 해석된다.

1826년 베네비띠노프는 러시아에서의 계몽의 상황에 대한 논문을 썼는데, 이것은 당시 마침 발간되기 시작한 〈모스끄바 통보〉 그룹의 강령이자 그들의 과업에 대한 선언이었다. "모든 민족과 모든 시대의 진정한 시인은 심오한 사상가였고 철학자였으며, 말하자면, 계몽의 화관이었다. 우리 시의 언어는 기계적인 것이 되고 있다. 그것은 스스로의 감각을 명확히 이해하지 못하고 따라서 이성의 명료한 언어로부터도 멀어진 무력함의 무기가 되고 있다. 좀더 말해 보자면, 우리는 어쩐 일인지 감정을 사색의 의무로부터 자유로운 것이 되도록 했고, 분별없는 쾌락의 가벼움으로 유혹하면서 그것이 한층 완전한 것이 되도록 해야 한다는 고매한 목적으로부터 멀어져갔다."[12]

---

10) (원주) 〈모스끄바 통보〉, 1827, 4호(Московский вестник, 1827, NO. 4), 330쪽.

11) (원주) 〈모스끄바 통보〉, 1827, 2호(Московский вестник, 1827, NO. 2), 129쪽.

12) (원주) 베네비띠노프, 《저작 전집》(Д. В. Веневитинов, Полньное собрание

여기에 사상의 시에 대한 요구와 사상을 결여한 시에 대한 비난이 공식화되어 표현되어 있다. 그와 같은 비난의 화살은 명백히 아류뿐 아니라 지배적인 시파의 대표자들을 향한 것이기도 하다. 더욱이 이 구절은 베네비띠노프와 그의 친구들에 의해 실현되어야 할 창작의 강령이었다. 문학적 변혁이 계획되었다. 새로운 철학적 시의 문체적 원칙을 찾아야 했다. 〈모스끄바 통보〉 그룹이 내세운 1820년대 세 명의 시인, 베네비띠노프와 셰븨료프, 호먀꼬프 앞에 놓인 과제는 바로 이러한 것이었다. 그러나 이들 중 그 누구도 그와 같은 과제를 해결하기에 충분한 재능을 지니고 있지 못했다.

문제는 그것뿐이 아니었다. 가장 본질적인 문제는 다름 아닌 류보무드리의 철학적 입장이었다. 동시대의 낭만주의적인 개성 대신에 (러시아 서정시에서 그것은 젊은 레르몬또프가 창조하게 될 것이다) 이들은 단지 초시간적인, 역사적 사회적 변화로부터 격리된 세계 속에서 존재하는 듯한 시인의 형상을 제시할 수 있었을 뿐이다. 이는 이미 낡아빠진 문학전통이 세력을 얻게 되는 결과를 초래했다.

이론적으로 습득되고 공표된 새로운 주제와 예술 속에 실제로 구현된 새로운 주제 사이에는 거대한 간극이 존재했다. 전통적인 관념이 새로운 개념을 흡수했고, 심지어 대체하기도 했다. 바로 이처럼 이미 고착된 시적 연상(聯想)의 궤적을 따르는 것만이 류보무드리의 시에 들어간다. 그 외의 것들은 시적 해석의 영역 밖에 머물러 있을 뿐이었다. 셸링주의적 시인의 형상이란 감상주의에서 이미 나타나는 '영감으로 충만한 시인'을 연상시킬 뿐이었으며, 낭만적 사랑이라는 것 역시 비가적인 사랑과 다르지 않았다. 이런 식으로 철학적 사상 자체의 특수성은 사라지게 되었다. 이처럼 류보무드리의 시 속에서, 영적으로 계속해서 성장해 가는 하나의 단일한 유기체로 자연을 사고하는 셸링의 자연철학은 그저 자연에 대한 전통적인 서정시에 의해 희석되고 말았다.

сочинений. М.:Л., 1934), 218~219쪽.

〈모스끄바 통보〉의 젊은 시인들은 여전히 기존의 전통적 문체의 영향 하에 있었다. 고어적인 어휘와 웅변적인 억양, 은유를 지니고 있으며 동시에 지적인 경향을 보여주는 셰비료프와 초기 호먀꼬프의 작품은 1810~1820년대 송가 양식에 가깝다. 베네비띠노프의 경우는 주꼽스끼와 바뜌슈꼬프로부터 뿌슈낀과 바라뗀스끼에 이르는 러시아 시인들에 의해 발전된 비가적 명상시의 전통이 지배적으로 나타난다. 베네비띠노프의 시는 새롭게 시가 담으려 하는 내용과 러시아 서정시의 대가들이 사상과 감정의 새로운 흐름을 표현하기 위해 만들어왔던 기존 문체의 타성 간의 부조화를 보여주는 이론적으로 흥미로운 예가 된다. 1820년대의 숙련된 독자라면 바로 이와 같은 문체의 표지가 되는 어휘들을 알아챌 수 있었으며, 이는 그와 같은 문체를 기존의 익숙한 표상의 연장선상에서 이해하도록 독자를 종용했다.

오, 나의 충실한 부적이 되어주오!
나를 힘겨운 상처로부터,
세상과 하찮은 무리들로부터 보호해주오.
거짓된 명예에 대한 자극적인 욕망으로부터,
유혹적인 꿈으로부터,
그리고 영혼의 공허함으로부터 보호해주오.
차가운 회의의 순간에
희망으로 심장을 되살려주오.
또한 유형의 삶의 비탄 속에서
사랑의 천사로부터 멀리 떨어진 이곳에서
나의 심장이 죄를 범하려 한다면,
그때는 당신이 기적적인 힘으로
희망 없는 정념의 충동을 멎게 해주오.
광기의 탄환이 격렬한 반항심으로 가득한
나의 가슴을 비껴가게 해주오.

〈나의 반지에게〉

О, будь мой верный талисман!
Храни меня от тяжких ран,
И света, и толпы ничтожной,

От едкой жажды славы ложной,
От обольстительной мечты
И от душевной пустоты.
В часы холодного сомненья
Надеждой сердце оживи,
И если в скорбях заточенья,
Вдали от ангела любви,
Оно замыслит преступленье, -
Ты дивной силой укроти
Порывы страсти безнадежной
И от груди моей мятежной
Свинец безумства отврати.

"К моему перстню"

이 시에는 시인을 이해하지 못하는 군중, 차가운 의심과 환멸, 명예의 덧없음, 희망 없는 정념 같은 비가적 슬픔의 모든 공식과 조건이 표면에 드러나 있다. 동시에 시의 어휘들은 극도로 응축되어 있다. 시적 체계는 그것을 잘 표현해 주는 어휘들과 어휘결합들(이러한 어휘들은 체계를 인지할 가능성을 제공한다) 및 의미론적으로 중립적이며 그로 인해 의미의 단위들 사이의 공백을 만들어내는 어휘들로 이루어진다. 균형 감각과 바뜌슈꼬프적인 조화는 구세대 시인들을 시행의 과부하로부터 지켜내었다. 1820년대 후반에 위대한 시파[13]의 계승자로 나선 시인들은 이들로부터 시를 구성하는 법을 배웠지만, 이때 성공적인 어휘결합의 원칙을 상실하고 말았다. 이미 베네비띠노프의 시행들은 숨이 찰 정도로 빽빽한 어휘의 포화상태를 보여준다.

나는 내 안에 영감의 신성한 불꽃이
타오르고 있다는 걸 느낀다.
그러나 영혼은 어두운 목표를 향해 비상한다…
누가 나에게 구원의 길을 알려줄 것인가?

---

13) 앞선 장에서 다루어진, 주꼽스끼와 바뜌슈꼬프, 뿌슈낀으로 이어지는 조화롭고 정확한 형식과 표현을 보여주는 시의 흐름.

Я чувствую, во мне горит
Святое пламя вдохновенья,
Но к темной цели дух парит…
Кто мне укажет путь спасенья?

이 시에서 형상을 지니지 않는 어휘는 최소화되어 있다. 형식적인 소사(小辭)들 정도만이 그것에 속할 정도다. 세 개의 은유의 복합체는 서로 아무런 내적인 연관성도 지니지 않은 채 그 어떤 공백도 없이 나란히 연속적으로 서로의 위에 겹쳐진다. 이때 각각의 은유는 나름의 시적 상징의 집적체를 대표하는 공식화된 표현들로서, 주어진 맥락으로부터 분리되어 다른 시적 주제를 표현하는 일련의 형상 속으로 옮겨져도 무방한 그런 것들이다. 하지만 비록 시적 상징들이 전통적인 것이라 하더라도, 준비된 독자들이라면 류보무드리의 시를 그들의 선배 시인들의 것과는 다른 것으로 받아들였다.

베네비띠노프의 시는 두 가지 독해의 가능성을 보여주는데, 이것은 그의 문학적 운명을 이해하는 데 있어서 가장 중요한 부분이기도 하다. 그의 시는 비가적인 관점에서 읽을 수 있다. 또한 독자가 베네비띠노프를 사로잡고 있던 철학 사상에 대해 알고 있다는 전제 하에서라면 셸링 철학적인 관점에서 그의 시를 읽는 것 역시 가능하다.

비밀스러운 목소리가 나에게 대답했다.
모든 자연을 향해 눈을 열어라,
그러나 눈에게 선택과 자유를 주어라.
너의 시간은 아직 도래하지 않았다.
이제 기적의 삶을 따르라.
그리고 그와 같은 삶 속에서 매 순간이 부활하도록 하라.
삶이 부르는 모든 소리에
답하는 노래를 불러라!
경이의 순간이
마치 몽롱한 꿈처럼 날아가고
고요한 시선이 영원한 창조의 비밀을
더 분명하게 읽어낼 수 있을 그 때,
오만한 욕망은 잦아들어

온 세계를 단숨에 안으며,
너의 고요하게 울리는 현의 소리는
흘러들어 조화로운 피조물과 결합한다.

〈나는 내 안에서 타오르는 것을 느낀다…〉

Открой глаза на всю природу, -
Мне тайный голос отвечал, -
Но дай им выбор и свободу,
Твой час еще не наступал:
Теперь гонись за жизнью дивной
И каждый миг в ней воскрешай,
На каждый звук ее призывной -
Отзывной песнью отвечай !
Когда ж минуты удивленья,
Как сон туманный, пролетят
И тайны вечного творенья
Ясней прочтет спокойный взгляд;
Смирится гордое желанье
Весь мир обнять в единый миг,
И звуки тихих струн твоих
Сольются в стройные созданья.

"Я чувствую, во мне горит…"

비밀스러운 목소리(тайный голос), 몽롱한 꿈(туманный сон), 고요한 현(тихие струны) 같은 표현들은 비가의 어휘 목록에서 쉽게 찾아볼 수 있는 것들이다. 다른 한편으로 상응하는 정향을 지닐 때, 이 텍스트는 자연철학이나 자연의 낭만주의적인 마력에 관한 것으로 읽힐 수도 있다. 숙련된 독자들에게 비밀스러운 목소리, 영원한 창조의 비밀 같은 표현은 셸링 철학을 드러내는 '표지'인 것처럼 보였다. 그러나 같은 텍스트 속에서 지혜에 대한 사랑(любомудрие)은 전통적인 서정시의 요소에 의해 밀려난다.

때로는 기쁨을 때로는 슬픔을,
때로는 정열의 먼지를, 때로는 사랑의 열기를 노래한다.
그리고 시의 불길에 휩싸인 채,

멈추지 않고 질주하는 생각을 순박하게 믿어버린다.
이렇게 참나무 그늘 아래의 꾀꼬리는
짧은 환희의 순간을 받아들이면서
산골짜기에 그림자가 드리울 때면
슬프게 저녁을 노래하고
또 아침이 되면 홍조를 띤 하늘에
밝아오는 낮을 즐겁게 노래한다.

Пою то радость, то печали,
То пыл страстей, то жар любви,
И беглым мыслям простодушно
Вверяюсь в пламени стихов.
Так соловей в тени дубров,
Восторгу краткому послушный,
Когда на долы ляжет тень,
Уныло вечер воспевает
И утром весело встречает
В румяном небе светлый день.

영원한 창조의 비밀은 기쁨과 슬픔, 정열의 먼지와 사랑의 열기에 의해 밀려나며, 마침내 이러한 형상들은 서정적인 꾀꼬리의 형상으로 마무리된다.

시 〈희생〉(жертвоприношение)에서 베네비띠노프는 삶을 향해 다음과 같이 말한다.

너는 가슴 속에 순식간에 불길이 일게 하고
순간적인 불화의 씨를 뿌릴 수 있다.
뺨을 창백하게 물들일 수도
젊음에 슬픔의 그림자를 드리울 수도
또 평온과 태평, 기쁨을 앗아갈 수도 있다.
그러나 너는 진정
사랑과 희망과 영감을 빼앗을 수는 없다는 것을 알라.
절대 빼앗을 수 없다. 그것이 설령 지금은 나의 것이 아니라 해도
나의 선량한 재능은 그것을 구해낼 것이다.
나는 지금 이 순간으로부터 영원히
신성한 시에게 그들을 헌정한다.
두려운 맹세와 기도와 함께
여신의 제단으로 가져간다.

Ты можешь в сердце поселить
Минутный огнь, раздор мгновенный,
Ланиты бледностью облить
И осенить печалью младость,
Отнять покой, беспечность, радость,
Но не отымешь ты, поверь,
Любви, надежды, вдохновений!
Нет! их спасет мой добрый гений,
И не мои они теперь.
Я посвящаю их отныне
Навек поэзии святой
И с страшной клятвой и с мольбой
Кладу на жертвенник богине.

마지막 4행은 베네비띠노프가 예술을 고매한 인간의 영혼의 활동으로 이해한 셸링의 예술철학과 관련을 맺고 있음을 분명히 보여준다. 그러나 또한 여신의 제단(жертвенник богини)이라는 어휘 결합은 세기 초 시인들의 신화적 어휘목록에서 발견되는 것인 바, 이는 독자들이 독일 낭만주의 철학으로 연상 작용을 전개해 가는 것을 불가능하게 한다. 이러한 상황은 태평(беспечность), 기쁨(радость), 슬픔(печаль), 젊음(младость), 사랑(любовь), 희망(надежда), 영감(вдохновение) 같은 시어의 경우도 마찬가지다. 특히 기쁨은 여기서 가장 고전적인 방식으로 젊음과 각운을 이룬다. 귀헬베께르는 1824년에 이미 베네비띠노프의 이와 같은 시어 결합에 대해 아이러니를 드러냈다.

나에게 나의 친구를 돌려주오,
그들의 포옹의 불꽃을 돌려주오.
그들의 고요하지만 뜨거운 눈빛을,
말 없는 악수의 언어를
그리고 영감의 대화를 돌려주오.

Отдайте мне друзей моих,
Отдайте пламень их объятий,
Их тихий, но горячий взор,

Язык безмолвных рукожатий
И вдохновенный разговор.

〈로좔린에게 보내는 서한〉(Послание к Рожалину)으로부터 가져온 위의 구절은 선택된 지성들의 철학과 우정에 의한 연대에 관해 말한다. 그러나 철학과 우정으로 하나 되어 있음을 묘사하기 위해 시인이 택한 어휘들은 포옹의 불꽃(пламень объятий), 뜨거운 눈빛(горячий взор) 같은 평범한 비가적인 표현일 뿐이다. 심지어 이 시가 헌정된 사람들만이 영감어린 대화(вдохновенный разговор)가 류보무드리 그룹의 철학적 대화를 지칭한다는 것을 짐작할 수 있을 뿐이다.

이와 같은 시에 대한 철학적 해석은 강제적인 것도 우연적인 것도 아니었다. 그것은 집단적인 것이었으며, 그 실현을 위해서는 특정한 문학적 경향이 존재해야 했다. 여기서 문학적 경향이라는 개념은 다양한 현상들을 포함한다. 문학가들이 친목을 위한 만찬의 자리에서 만나고(예를 들어 아르자마스 회원들의 거위 요리 만찬은 심지어 그 모임에 없어서는 안 되는 제의 같은 것이 되었다) 이것이 그대로 하나의 문학파의 형태를 이루기도 했다. 반면 그와 같은 경향과는 정반대의 경우도 있다. 러시아 심리소설의 경우, 그것을 대표하는 도스또옙스끼와 똘스또이는 일생 동안 한 번도 만나지 않았다. 이는 물론 극단적인 두 가지 예이며, 양 극단의 사이에는 다양한 중간적인 형태의 경향들이 존재했다.

문학적 경향이라는 개념은 명확히 규정되기는 어렵다. 그러나 그와 같은 개념의 도움 없이 역사-문학적 사실들을 묶어내는 것은 불가능하다. 문학적 경향을 단순한 유사성과 혼동한다면 그것은 때로 아주 의심스러운 개념이 된다(서로 유사한 것이란 아류들에 불과하다.) 매번 연구되는 지점은 가변적이고 유동적일 뿐 아니라, 거듭되는 연구에서 약간의 관점을 달리하게 됨으로써, 어떤 그룹을 대표하는 모든 이들이 점차 서로 다른 것처럼 보이게 되기 때문이다. 즉, 말 그대로의 유사성만을 찾는 경우 문학사가(文學史家)는 파편화되고 하나로 수렴될 수 없는, 따라서 이해 불가한 현상의 나열만을 마주하게 될 뿐이다. 체계의 유사성이 아니라, 역사적 경향성을 의식적으로 공유하는 것, 바로 이것이 문학파 형성의 전제다.

하나의 문학파는 그에 속한 작가가 (심지어는 단순히 그 문학파와 연관되어 있을 뿐인 작가까지도) 읽힐 방향을 제시했다. 그러나 만일 베네비띠노프의 시가 아무런 차별성을 지니지 않는 아류에 불과했다면, 또 그가 자신에게 주어진 서정시의 유산들에 그 어떤 변화도 가하지 않았다면, 아마도 류보무드리 시인들은 베네비띠노프의 시를 자신들의 문학 그룹의 방향에 따라 읽을 수도, 또 독자에게 그와 같은 독해를 제안할 수도 없었을 것이다.

베네비띠노프가 물려받은 서정시의 유산에 가한 변화는 무엇보다도 우선 개별적인 작품들뿐 아니라 그의 전 작품의 경계를 초월하여 존재하는 변하지 않는 단일한 시인의 형상이다. 이는 문학의 사회적 기능을 변화시키려는 시도였다. 이제 작가적 형상은 시와 인간의 고매한 철학적 관심사 사이의 관계를 표현하고자 하기에 이른다.

> 너는 신들의 아들을,
> 뮤즈와 영감의 아들을 아느냐?
> 지상의 꿈들 사이에서
> 너는 그의 말을, 그의 움직임을 알아볼 수 있었겠느냐? …
>
> Тебе знаком ли сын богов,
> Любимец муз и вдохновенья
> Узнал ли б меж земных сынов
> Ты речь его, его движенья? …

그렇지만 베네비띠노프의 시에서는 셸링철학적인 시인조차 신이나 뮤즈 같은 고전적인 신화소를 피해갈 수 없었다.

따로 떼어놓고 보았을 때 평범한 비가로 보이는 시인 경우에도 다른 시 작품들과 함께 하나를 이루는 경우는 전혀 다른 것이 되었다. 새로운 시인의 형상은 베네비띠노프의 문학과 철학을 이해하는 열쇠였다.

이후 낭만주의적 서정시는 개성과 한 세대의 역사적 운명을 대변하는 개인의 운명의 결합으로서의 서정적 주인공의 형상을 창조해냈다(뾜레좌예프, 레르몬또프). 그보다 앞서 주꼽스끼에게서는 장르적 고착으로부터는 이미 탈피했지만 그렇다고 아직까지 레르몬또프에게서처럼 날카로운 개성을 지니지는 않는 시인의 형상이 발견된다. 이와 같은 시인의 형상은 그 속에 육화된 의식의 가장 일반적인 특성들을 포함할 수 있는바, 베네비띠노프의 서정시를 구성하는 영감으로 충만한 시인의 형상 역시 사실상 바로 이와 같은 전(前) 개인주의적 원칙을 따라 구축되었다〔〈시인〉(Поэт), 〈위안〉(Утешение), 〈나는 내 안에서 타오르는 것을 느낀다…〉(Я чувствую во мне горит …), 〈시인과 친구〉(Поэт и друг)〕. 차이가 있다면 단지 베네비띠노프의 시인의 형상이 '마음의 상상'14) 에서가 아니라, 시를 가장 높은 차원의 인식의 형태이자 대립항들의 화해로, 또한 천재성을 최고의 창조적 힘으로 이해한 셸링주의적인 미학으로부터 기인한다는 사실이다. 이때 이러한 시인의 형상은 낭만주의자들 그룹이 기본적인 철학적, 시학적 문제들(예술, 자연, 사랑)에 대해 견지한 시각을 대변한다.

베네비띠노프의 서정시에서 동시대인들은 보다 개인적인 어떤 것을 수용했다. 그들은 서정적 주인공의 형상이 그것을 창조한 시인의 실제 삶의 모습에 투영되어 있을 것이라 여겼다. 그러나 사실상 이때의 서정적 주인공의 형상은 시인이 죽은 후 그의 친구들과 사상적 동지들에 의해 형성된 것이었다.

독자들이 베네비띠노프의 저작을 알게 된 것은 1829년 전집을 통해

---

14) 뱌젬스끼는 주꼽스끼의 서정시를 노발리스의 용어인 독일어 herzliche Phantasie로부터 번역하여 '마음의 상상'이라 지칭했다. 노발리스에 따르면 신비주의적이고 비교적인 감각과도 유사한 시의 감각과 진정한 체험과 마음의 상상만이 삶의 필연적 우연성의 비밀을 밝히고 말로 표현될 수 없는 것을 표현되게 하며 보이지 않는 것을 보이게 할 수 있으며, 감각될 수 없는 것을 감각하게 할 수 있다. 주꼽스끼는 자신의 시를 통해 이러한 낭만주의적인 세계와의 합일을 추구했다.

서였다.[15] 전집의 서문격인 글을 통해 베네비띠노프의 친구들은 반(半)전기적이며 반(半)문학적인 시인의 형상을 창조했다. 그것은 22살의 젊은 나이에 요절한 아름답고 영감으로 가득한 청년의 모습, 즉, 새로운 낭만주의 시인의 형상이었다. 그 글은 마치 시집 전체로 퍼져 들면서 전체 서정시 연작을 특정한 한 방식으로 읽으라고 독자들에게 속삭이는 것 같았다. "삶의 일상적인 영역 속에서 미처 발현될 기회도 갖지 못했던 그의 삶은 사실 다름 아닌 시적인 감각과 인상의 결합이었다… 그에게 다른 열정은 존재하지 않았다."[16] 또한 같은 해에 베네비띠노프에 대한 논문이 라이치(Раич)의 잡지 〈갈라떼야〉(Галатея)[17]에 실렸다. "베네비띠노프는 삶에서 역시 시인이었다. 그의 행복한 외모와 조용하고도 위엄 있는 생각에 잠긴 듯한 모습, 그의 단정한 몸가짐과, 영감으로 가득 찬 말, 또한 사교적이고 가식 없는 상냥함은… 그가 자신의 삶을 아름다운 예술작품처럼 만들고 있음을 증명하는 것이었다."[18] 이반 끼레옙스끼 역시 "1829년 러시아 문학에 대한 고찰"(Обозрение русской словесности за 1829 год)에서 이와 동일한 말을 했다.[19] 이

---

15) 베네비띠노프는 1826년 뻬떼르부르크에서 데까브리스뜨 봉기에 가담한 죄목으로 체포되었으며 이듬해 유형지에서 감기로 죽었다. 즉, 1829년의 전집은 베네비띠노프 사후에 출간된 것이다.

16) 긴즈부르크에 의해 인용된 이 글은 1829년 출간된 베네비띠노프의 선집에 실린 익명의 논문(1827)이다. 이 글을 통해 저자는 베네비띠노프가 속한 문학 그룹의 시학의 원칙과 강령을 밝히며 특히 삶과 예술의 하나됨을 몸소 실현한 천재적인 젊은 낭만주의 시인인 베네비띠노프의 삶에 대한 전기적인 조망을 통해 시인의 삶과 소명에 대한 의견을 피력한다.

17) 번역가, 시인, 문학출판가. 본래 성은 암피떼아뜨로프(С. Г. Амфитеатров, 1792~1850). 젊은이들의 문학 서클인 라이치 서클을 만들었으며 베네비띠노프, 오도옙스끼 등이 그 그룹에 속했다. 또한 그는 레르몬또프와 뜌체프의 스승이기도 했다. 잡지 〈갈라떼야〉는 라이치에 의해 1829~1830년에 걸쳐 간행되었다.

18) (원주) 〈갈라떼야〉, 1829, 2부(Галатея, 1829, ч. II), 40~41쪽.

19) (원주) 끼레옙스끼, 《저작 전집》, 2권(И. В. Киреевский, Полное собрание сочнений, т. 2. М., 1911) 26~27쪽. 1831년 나데쥬딘(Надеждин)의 잡지

런 식으로 해서 베네비띠노프의 서정적 주인공의 형상이 창조되었다. 베네비띠노프 사후 그의 사상적 동지들이 필요한 시의 맥락을 창조해 낸 것이다.

또 다른 두 명의 류보무드리 시인들 셰비료프와 호먀꼬프의 시에서는 작가의 형상이 보충적인 설명을 필요로 하지 않으며, 이로 인해 그것은 추상적이며 단지 강령과도 같은 성격을 지닌다. 호먀꼬프는 류보무드리 시인들 중 낭만주의 시인에 대한 시를 가장 많이 창작하였으며, 그와 같은 시로는 〈시인〉(Поэт), 〈어느 부인에게 답함〉(Отзыв одной даме), 〈영감〉(Вдохновение)〔〈울지 않았던 자들은 감히 … 〉(Тот, кто не плакал, не дерзи …)〕, 〈꿈〉(Сон), 〈두 시간〉(Два часа), 〈대화〉(Разговор), 〈영감〉(Вдохновение)〔〈영감의 순간을 잡아라 … 〉(Лови минуту вдохновед-ения …)〕, 〈종달새, 독수리 그리고 시인〉(Жаворонок, орел и поэт) 등이 있다. 바로 호먀꼬프의 시 속에 셸링 미학의 근간이 가장 분명히 드러나 있다. 예술은 무한한 것을 유한한 것 안에 육화시킨 것이며, 우주는 바로 다름 아닌 신의 예술작품이라는 것이다. 또한 시인은 가장 높은 의식과 계시를 지닌 자이며 새로운 세계를 창조할 수 있는 능력의 화신이다.

> 그의 고요한 시선은 하늘을 향했고,
> 신에게 바치는 찬가가 영혼 속에서 샘솟았다.
> 그리고 그는 이 땅에 창조의 목소리를,
> 죽은 피조물들에게 언어를 선사했다.
>
> 〈시인〉

에는 베네비띠노프 선집 두 번째 권의 출간에 관한 글이 실렸다. "베네비띠노프는 미와 진리의 조화를 스스로에게 약속했다. 이때 이러한 조화는 진정한 시의 표식이다. 생각해보라, 그는 스스로의 모습을 본 따 그린 시인의 초상을 우리에게 남긴 것이다 …"〔〈망원경〉, 1831, 7호(Телескоп, 1831, NO. 7), 383쪽〕. 이와 같은 시인의 형상이 베네비띠노프의 기억에 헌정된 여러 편의 시에서 역시 계속 나타난다. 이는 다음의 책에서 찾아볼 수 있다. 베네비띠노프, 《시 전집. 시인총서》(Д. В, Веневитинов, Полное собрание стихотво-рений. Библиотека поэта, Л., 1960) 147~163쪽.

Он к небу взор возвел спокойный,
И богу гимн в душе возник;
И дал земле он голос стройный,
Творенью мертвому язык.

"Поэт"

베네비띠노프의 셸링적 시인의 형상이 비가적 표현을 벗어나지 못하고 있었던데 반해, 호먀꼬프에게서는 고어체와 웅변적 억양, 추상적인 사상을 둘러싼 풍부한 은유 등이 두드러진다. 호먀꼬프 시의 이러한 모든 특징은 중도적인 형태의 송가 양식이다. 시민적이고 철학적인 고상한 주제를 자신의 시의 내용으로 삼았던 1800~1820년대 시인들이 주로 그와 같은 양식에 눈을 돌렸다. 이와 같은 양식은 숭고함을 표현하는 몇 가지 (어휘적, 통사적) 기호들을 지닌 사실상의 중문체적 시어였다.

시빌은 포이보스의 말에
자신의 당황한 귀를 기울이고 있었고
미쳐 날뛰는 처녀의 앞에는
미래의 유령이 아른거렸다.
이마는 영감으로 빛나고 있었고
눈은 번뜩였으며 목소리가 울려 퍼졌다.
유골의 가운데 전율은 파도처럼 지나가고
민중은 그녀의 앞에서 경의를 표했다.
그러나 환희는 잠시
신녀(神女)는 조용해졌고
놀란 군중들 앞에서 창백해진 채
땅에 엎드렸다.
누가 과연, 그녀의 움푹하게 패인 뺨과
광채도 빛도 없는 눈빛을 보고서
도래할 날들을 예언하는
그녀의 안에 감추어진 힘의 비밀을 알 수 있겠는가?

〈어느 부인에게 답함〉

Когда Сивиллы слух смятенный
Глаголы Фебовы внимал

И перед девой исступленной
Призрак грядущего мелькал, -
Чело сияло вдохновеньем,
Глаза сверкали, глас гремел,
И в прахе с трепетным волненьем
Пред ней народ благоговел.
Но утихал восторг мгновенный,
Смолкала жрица - и бледна
Перед толпою изумленной
На землю падала она.
Кто, видя впалые ланиты
И взор без блеска и лучей,
Узнал бы тайну силы скрытой
В пророчице грядущих дней?

"Отзыв одной даме"

이처럼 이미 화석화되어 버린 정형화된 표현들로 새로운 낭만주의적 의식의 경험을 표현하는 것이 불가능했던 것, 즉, 〈모스끄바 통보〉 그룹에 의해 이론적으로 제기된 과제를 해결하는 것이 불가능했던 것은 당연한 일이다.

그러나 이러한 모순은 베네비띠노프도, 호먀꼬프도 불안하게 하지 않았다. 심지어 그들은 이러한 문제를 의식조차 하지 못하고 있었던 것처럼 보인다. 반면 〈모스끄바 통보〉 그룹의 또 한 명의 젊은 시인 셰비료프는 새로운 철학 사상을 시로 표현하기 위해서는 새로운 언어가 필요함을 주장했다. 시인이자 비평가로서 셰비료프의 활동이 성공적이지 못했음에도 불구하고 이론적인 흥미를 끄는 것은 바로 이 때문이다.

학자이자, 비평가, 시인으로서 젊은 셰비료프의 흥미는 셸링의 자연철학과 미학에만 국한되지 않았다. 그는 1820년대부터 러시아 지성계의 화두가 되어 온 역사의 문제에 심취했다. 게다가 1830년대 중반까지도 셰비료프는 이후의 자신의 반동적 시각과는 거리가 멀었으며 대부분의 류보무드리와 자유애호 사상을 공유했다.

셰븨료프는 스스로를 사상의 시인이라고 생각했다. 실제로 그의 시에는 철학적, 정치적, 역사적 사상이 공공연하게 드러나 있다. 그러나 과연 셰븨료프는 베네비띠노프의 미완의 과제였던 철학적 서정시의 새로운 문체를 창조하는 데 성공하였는가? 이론가로서 셰븨료프는 새로운 철학적 사상은 새로운 언어를 사용하지 않고는 시 속에 구현될 수 없다고 확신했으며, 따라서 그에게 이 문제는 특히 더 중요할 수밖에 없었다. 그는 끊임없이 비가의 '매끄러운' 시행과 투쟁했다. 그는 비평적인 글들과 우정 서한들을 통해 지속적으로 이 문제에 천착한다. 그는 알렉쎄이 베네비띠노프(A. B. Веневитинов)에게[20] 보내는 글에서 다음과 같이 말한다. "아, 우리의 다림질의 대가들의 이 매끄러운 시행들이란! 그들의 표장은 리라가 아니라 다리미라오."[21]

셰븨료프는 의도적으로 자신의 시를 딱딱하고 거칠게 만들었으며 그 속에 깊이와 힘이 담보되어 있다고 생각했다. 셰븨료프는 늘 성공적이지는 않지만 과감한 실험을 보여주는 시인이라는 명성을 얻었다. 그러나 사실 그의 시에서 전통적인 표현은 흔히 생각하는 것보다 훨씬 중요한 역할을 하며, 이는 시적 타성이란 것이 얼마나 견고한지 그리고 그것을 극복하는 것이 얼마나 어려운 것인지를 보여주는 또 하나의 예가 된다.

셰븨료프의 시에서는 쉽게 1820년대의 익숙한 문체들을 발견할 수 있다. 그의 시에는 알레고리도〔〈백합과 장미〉(Лилия и роза), 〈소리들〉(Звуки)〕 서한체도, 그리고 주꼽스끼의 발라드나 릴레예프의 명상에서 기원하는 것이 분명해 보이는 작품들도 〔예를 들어, 〈카인〉(Каин)〕 있다. 이와 같은 시들은 셰븨료프가 이론적인 글들을 통해 개진한 진

---

20) 알렉쎄이 베네비띠노프(1806~1872)는 드미뜨리 베네비띠노프의 동생이며 뿌슈낀과도 친척관계를 이룬다. 그는 외무부의 문서고에서 일하는 관리였으며, 뿌슈낀은 유형에서 모스끄바로 돌아온 이후 죽을 때까지 그와 친밀한 관계를 유지하였고, 잡지 〈북방의 관객〉(Северный зритель)을 함께 간행하기도 했다.

21) (원주) 바르쑤꼬프, 《뽀고딘의 삶과 작품》, 제3권(Н. Барсуков. Жизнь и труды М. И. Погодина, т. III, СПб., 1890), 76쪽.

정한 힘의 표상으로서의 투박함이나 거친 느낌과는 거리가 멀다. 뿐만 아니라 '실러적인' 철학적 시도를 보여주는 작품들에서도 〔〈나는 존재한다〉(Я есмь), 〈영혼의 힘〉(Сила духа), 〈자연의 말〉(Глаголы природы), 〈사상〉(Мысль), 〈지혜〉(Мудрость), 〈꿈〉(Сон), 〈두 영혼〉(Два духа)〕 셰비료프는 사실 실험가가 되지 못한다.

우리의 지성으로 보일 듯 말 듯한 작은 씨앗이 떨어져서는
그 안에서 삶의 즙을 마시며 성장해간다.
그러나 언젠가는 그것이 창조물 속에서
혹은 높은 위업 속에서 자라날 때가 올 것이다.
그때는 마치 레바논 산맥의 무성한 삼나무 숲처럼
자신의 어깨의 광채를 흩뿌릴 것이다.
시간의 벌레는 그것을 갉아먹지 못할 것이다.
대양의 파도도 그 뿌리를 씻겨 나가게 하지 못할 것이다.
수 세기 동안의 폭풍우도
별의 화관을 두른 그 머리를 흔들어 놓지 못할 것이다.
비의 홍수도 세월의 흔적을 빼곡하게 간직하고 있는
그 껍질을 씻어내지 못할 것이다.

〈사상〉

Падет в наш ум чуть видное зерно
И зреет в нем, питаясь жизни соком;
Но придет час – и вырастет оно
В создании иль подвиге высоком.
И разовьет красу своих рамен,
Как пышный кедр на высотах Ливана;
Не подточить его червям времен;
Не смыть корней волнами океана;
Не потрясти и бурям вековым
Его главы, увенчанной звездами,
И не стереть потопом дождевым
Его коры, исписанной летами…

"Мысль"

이 시 〈사상〉은 다분히 기존의 전통의 테두리 안에 머무른다. 성서적인 인유, 고어체와 교회슬라브어적 특성, 웅변적인 억양과 은유적이

고 지적인 언어적 형상의 연쇄에 의해 구현되는 강령적이고 추상적인 사상 등, 이 모든 셰비료프 시의 요소는 당대 송가 문체의 전형적인 특징이기도 하다. 복잡한 통사구조와 무거운 은유, (로모노쏘프의 그 유명한 정의와 같이) '거리가 먼 사상들'을 인접시키는[22] 대범함 역시 그의 시가 상문체의 언어의 규범을 제대로 따름을 보여주는 것인 바, 심지어 부알로는 《시의 예술》(Искусство поэзии) 에서 사상의 괴벽스러움과 '아름다운 무질서'를 송가의 자질로 인정하기도 했다.[23]

그럼에도 불구하고 셰비료프는 계속해서 스스로를 규범의 파괴자로 느끼고 싶어 했으며, 이는 사실상 자신의 이론적 입장에 대한 실질적 변명과도 같은 것이었다. 때로 주변적인 작품들 속에서 그는 실제로 실험을 단행하기도 했다. 그는 자신의 시 속에 가장 날카로운 산문체를 도입하기도 했고, 미적 정제를 거치지 않은 언어 질료를 그대로 사용하기도 했다. 다음의 1829년 작 시 〈앨범에〉(В альбом) 가 바로 그와 같은 경우다.

> 뮤즈에 봉사하는 시인인 내가
> 당신의 성(性)을 모욕하려는 것은 아니오.
> 만일 소녀의 마음을
> 그녀의 비밀스러운 드레스 룸과 비교한다면
> 그 안의 모든 것은 정결함으로 빛나고
> 향기와 무질서함마저 서로 조화로울 것이며,
> 항상 섬세한 손길로
> 먼지와 불필요한 쓰레기를 쓸어낼 것이다.
> 이처럼 당신도
> 영혼의 감각들의 방에서
> 매일의 인상들이 일으키는 먼지와
> 바람에 떠도는 소문의 쓰레기를 쓸어내시오.

---

22) 차이를 전제로 하는 아리스토텔레스의 은유에 대한 정의로부터의 영향을 드러내며 로모노쏘프는 '거리가 먼 사상들의 인접'에 의해 송가의 풍부함에 이를 수 있다고 언급했다.

23) 부알로는 '송가에서의 아름다운 무질서는 예술의 열매다'라고 주장했으며, 이는 원숙기 로모노쏘프의 시 예술 개념 형성에 큰 영향을 주었다.

Служитель муз и ваш покорный,
Я тем ваш пол не оскорблю,
Коль сердце девушки сравню
С ее таинственной уборной.
Все в ней блистает чистотой,
И вкус, и беспорядок дружны;
Всегда заботливой рукой
Сметают пыль и сор ненужный;
Так выметаете и вы
Из кабинета чувств душевных
Пыль впечатлений ежедневных
И мусор ветреной молвы…

이 시는 당시 노년에 접어 든 드미뜨리예프(И. И. Дмитриев)[24]를 분노하게 만들었고, 그는 사적인 서한에서 이 시 속의 쓰레기(мусор)라는 단어에 대해 다음과 같이 지적했다. "이 단어는 완전히 요즘 젊은 시인들이 스스로 찾아낸 것임을 인정하지 않을 수가 없습니다. 나는 노년에 이르러 집을 살 때까지 그런 단어는 들어본 적도 없습니다."[25]

'산문체', 즉, 끝없이 다양한 세계의 현상을 표현해 주는 모든 어휘가 새롭게 시어로 거듭나기 위해서는, 현실에 대한 새로운 이해를 바탕으로 한 새로운 예술 체계를 세우는 것이 필요했다(이는 뿌슈낀에게서야 이루어졌다). 깊은 의미상의 변형을 겪지 않은 산문체가 서정시 텍스트에 기계적으로 침투할 경우, 그것은 의도했던 아니건 간에 희극적 느낌을 주었다. 셰비료프의 시 〈앨범에〉는 베네딕또프(В. Бенедиктов)의 공공연한 몰취미로 가는 길을 열었다. 셰비료프의 〈눈〉(Очи)이라는 시 또한 베네딕또프보다 앞서 베네딕또프적인 특성(венедиктовщина)[26]을 보여주었다.

---

24) 시인, 우화작가, 러시아 감상주의자 중의 한 명(1760~1837). 그는 까람진을 친구이자 스승으로 여겼으며 프랑스 계몽주의에 관심을 기울였고, 이후에는 데르좌빈과도 교류했다. 말년에 국가 원로원의 일원이자 법무성 장관을 역임하였으나, 문학가로서의 활동은 그다지 활발하지 못했고 따라서 작품으로는 단지 몇 편의 우화와 시가 남아있을 뿐이다.

25) (원주) 《옛것과 새것》, 12권(Старина и новизна, кн. 12. М., 1907), 332쪽.

굶주린 암사자가 싸움터로 갈 때
혹은 흥이 나서 차가운 발톱으로
떨고 있는 사슴을 찌를 때
그 굶주린 암사자의 눈을 보았는가? …
하이에나가 무자비한 아가리로
빗장을 갉아대는 것을 보았는가?
그 피투성이 시선은
얼마나 강한 분노로 가득 차 있던가!
. . . .
우주의 모든 천사들에게 기도하세,
한 평생을 살면서
분노하여 부정한 복수심에 사로잡힌
교활한 여인의 눈을 마주하는 일이 없기를.

Видал ли очи львицы гладной.
Когда идет она на брань
Или с весельем коготь хладный
Вонзает в трепетную лань? …
Ты зрел гиену с лютым зевом,
Когда грызет она затвор?
Как раскален упорным гневом
Ее окровавленный взор!
. . . .
Моли всех ангелов вселенной,
Чтоб в жизни не встречать своей
Неправой местью раздраженной
Коварной женщины очей.

위의 시에서 시인은 거대하고 '공포스러운'27) 과장된 비유적 형상들

---

26) 베네딕또프(1807~1873)는 뿌슈낀의 시적 명료성과 단순성을 지향하고 자신의 시 속에서 결합 불가능한 어휘들을 결합하려는 시도를 보였다. 뿌슈낀은 베네딕또프 시의 압운의 풍부함을 높이 평가했고, 비평가들 역시 그의 시의 풍부한 어휘와 새로운 언어조합 같은 특성들을 지적한다. 그러나 그의 시는 점차 지나치게 멋을 부렸으며, 점차 다소 우스꽝스러운 것이 되었다. 시에서 단순성과 진정성을 높이 평가했던 벨린스끼는 그의 시가 보여주는 지나치게 멋부린 자연스럽지 못한 문체를 '베네딕또프적인 것'이라 명명한다. 이후 이 단어는 부자연스럽고 몰취미적인 멋만 부린 시를 지칭하는 단어가 되었다.

과 성난 여인을 병치하며, 이러한 병치된 대상들 간의 부조화는 희극적인 느낌을 준다. 동시에 이 시에서 '화학적' 은유는[28] 패러디로 들린다.

> 모든 불과 모든 독(毒)을 동원해도
> 그 시선의 불길을 만들어 내지 못하리라.
> 그저 모든 것을 다 안다는
> 과학의 명예를 더럽힐 뿐.
>
> Из всех огней и всех отрав
> Огня тех взоров не составишь
> И лишь безумно обесславишь
> Наук всеведущий устав.

이러한 방식으로 셰비료프는 '매끄러운' 시행을 거부했지만, 이러한 방법으로 새로운 문체가 생겨날 수 있는 것은 분명 아니었다. 셰비료프 역시 이것을 그다지 심각하게 생각하지 않았으며, 베네비띠노프와 마찬가지로 새로운 문체를 체계화하려는 그 어떤 시도도 하지 않았다.

1830~1831년에 걸쳐 셰비료프는 다른 종류의 실험에 착수했으며, 이를 사상의 시를 위한 강령이 될 것으로 여겼다. 타소(Torquato Tasso)[29]의 〈예루살렘의 해방〉(Освобожденный Иерусалим)의 7번째

27) 여기서 '공포스러움'은 거대함, 웅장함 등과 함께 서구 미학에서 숭고의 요소로 지적되는 것이다. 위의 셰비료프의 작품은 그와 같은 숭고의 미학적 요소를 산문적이고 신변잡기적인 산문성과 결합함으로써 부조화스럽고 희극적인 느낌을 준다.

28) 여기서 '화학적' 은유는 중의적이다. 그것은 인용된 시가 화학적인 것을 내용으로 하는 은유를 사용함을 지칭하는 것인 동시에 셰비료프의 결합될 수 없는 것들을 '화학적으로' 결합하는 은유적 원칙을 가리키기도 한다.

29) 르네상스 후기 이탈리아를 대표하는 시인(1544~1595) 〈예루살렘의 해방〉은 타소의 대표작으로 제1차 십자군 원정의 마지막 몇 개월 동안 고드프루아 드 부용이 이끄는 그리스도교 군대의 활약상을 그린다. 타소는 주요한 역사적 사실로 이루어진 확고한 토대에 낭만적이고 전원적인 삽화들을 덧붙임으로써 자신의 창작과 역사적 사실을 조화시키는 데 성공할 수 있었으며 이는 그의 서사시에 서정적 매력을 더할 수 있었다. 이후 이 작품은 여러 언어로 번역되

노래의 번역이 바로 그것이다. 셰비료프의 이 번역은 1831년 잡지 〈망원경〉에 "이탈리아 8행 시체[30]를 러시아 시작법에 도입하는 가능성에 대하여"(О возможности ввести италианскую октаву в русское стихосложение)라는 논고와 함께 실렸다. 이 논고는 예로부터 러시아 시의 운율이 지닌 본질적인 매끄러움에 반하는 운율의 개혁에 관한 것이었고, 따라서 그의 번역은 이러한 시행 개혁의 실질적인 표본이 되어야 했다. 그러나 그의 기획은 성공적이지 못했다. 셰비료프의 8행시는 대개의 경우 5운각 얌쁘(약강격의 2음절 운율 — 역자)로 씌어졌다. 그러나 얌쁘가 아닌 시행들은 이와 같은 8행시의 전체 흐름으로부터 완전히 벗어나, 리듬의 통일성을 이루지 못했다. 셰비료프의 절친한 친구들이었던 뽀고딘과 알렉쎄이 베네비띠노프(시인 베네비띠노프의 동생)의 편지에는 그들이 바로 이와 같은 점에서 셰비료프의 번역을 비판함을 보여준다. 뽀고딘은 셰비료프에게 '번역 연습을 조금 더 해서' 모든 시행들이 '서로 유사해질' 수 있도록 해야 한다고 충고한다.[31]

그러나 사상적 동지들의 충고에도 불구하고 셰비료프는 1835년 〈모스끄바의 관찰자〉(Московский наблюдатель)에 다시 한 번 이론적인 서문과 함께 자신의 번역을 게재한다. 그는 서문을 통해 다음과 같이 쓰고 있다. "이러한 시도는 무모해 보일 정도로 급진적이어야 한다. 그런 노력 없이 그 어떤 새로운 것도 얻어지지 않는다 … 나는 우리의 시어에 획기적인 전환이 필요함을 예감했다. 나는 우리의 이러한 비좁고 인색한 언어를 가지고는 절대 강하고 웅장한 뮤즈의 작품을 창조할 수 없다고 생각한다. 우리에게 필요한 것은 보다 큰 위업을 달성하기 위

었으나 종교적 정통성을 이유로 비판의 대상이 되기도 했다.

30) 각 연이 8행으로 이루어져 있고, 각 행은 11음절로 이루어지는 이탈리아 서사시 형식.

31) (원주) 이 편지는 출판되지 않은 것으로 아론손(М. Аронсон)이 논문 "셰비료프의 시"(Поэзия С. П. Шевырева)에서 인용했다〔셰비료프, 《시. 시인총서》(С. П. Шевырев. Стихотворения. Библиотека поэта. Л., 1939), XXX쪽〕.

한 더 넓은 공간이다."[32]

〈예루살렘의 해방〉의 번역은 러시아 시작법뿐 아니라 시어 자체를 개혁하기 위한 것이었다. 셰비료프는 이탈리아 고전시의 어휘 결합과 시적 형상들을 러시아 시에 직접적으로 도입함으로써 시어의 개혁을 꾀했다. 또한 그는 서문에서 자신의 번역의 정확성을 강조한다. "나의 번역이 원본과 가깝다는 점에 대해서는 책임질 수 있다 … 섬세한 세부 묘사를 위한 타소의 힘겨운 싸움을 표현하는 것이 나에게는 특히 어려웠다. 나는 그것을 스스로의 상상력으로 전환하였고 이어 다시 그것을 러시아어로 옮겼다. 타소에게서는 모든 것이 명확하다. 그것이 바로 남방(南方)의 필치다. 람발드와 탄크레드의 전투를 러시아어로 묘사하는 것은 엄청난 어려움이자 또한 즐거움이었다."

그러나 독자들은 그가 느낀 즐거움을 공유할 수 없었다.

활시위가 팽팽하게 당겨지고 날개 달린 듯 화살은
슝슝 소리를 내며 활시위를 벗어나 날아간다.
허리띠를 팽팽하게 당기고 있는
버클에 명중하여 그것을 끊어버리고는
갑옷 속으로 파고들었고 상처 난 피부에 의해
피투성이가 된 채 거기서 멈추었다.
산의 수호신이 그 이상을 허락하지 않았기에
어쩔 수 없이 악의에 찬 공격은 멈추어야 했다.

Свистнула тетива – и, отрешившись,
Летит, жужжа, крылатая стрела:
Ударив там, где пряжки, соцепившись,
Стянули пояс, их поразвела
И, в латы вшед, и чуть окровянившись
Раздранной кожей, дале не пошла:
Того хранитель горний не позволил
И злой удар ослабнуть приневолил.

---

32) (원주) 〈모스크바의 관찰자〉, 1835, 3호(Московский наблюдатель, 1835, NO. 3), 7~8쪽.

셰비료프는 전문적이고 재능 있는 시인이었음에도 불구하고 그의 번역은 불협화음만을 들려주었다. 그는 〈예루살렘의 해방〉의 실험적인 번역을 통해 당대 러시아의 문체 전통으로부터 벗어나고자 했다. 그러나 그 결과는 문체의 붕괴였다. 이와 같은 문체의 붕괴 속에서는 일상구어도 러시아 고전주의 서사시의 조야한 모작을 연상시키는 고어적인 표현도 모두 단지 희극적인 효과만을 가져올 뿐이었다.

같은 해인 1831년에 셰비료프는 자기애가 가미된 자기평가를 담은 자신의 묘비에 부치는 에피그램을 썼다.

> 한 서투른 시인이 러시아 시에 불만을 품고
> 용감한 개혁을 하려고 마음먹었다.
> 그는 반역자의 파렴치함을 무릅쓰고 시행을 파괴하기 시작했다.
> 무례하게 모든 압운을 갈라놓았고
> 얌브와 호레이[33] 가 제멋대로 돌아다니게 두었다.
> 이런 모든 죄악 속에서 탄생한 열매가 바로 이것이다.
> "비는 절규와도, 바람과도, 천둥과도 동의하지 않았고
> 무서운 세계는 조화에 의해 귀머거리가 되었다!"[34]
>
> Рифмач, стихом российским недовольный,
> Затеял в нем лихой переворот:
> Стал стих ломать он в дерзости крамольной.
> Всем рифмам дал бесчиннейший развод.
> Ямб и хорей пустил бродить по вольной,
> И всех грехов какой же вышел плод:
> "*Дождь с воплем, ветром, громом согласился,*
> *И страшный мир гармоньей оглушился*!"

앞서 인용한 번역에 부친 서문에서 셰비료프는 또한 다음과 같이 말했다. "변혁 없이는 자신의 위대한 작품을 창작하는 것도, 다른 나라 작가의 작품을 번역하는 것도 불가능하다는 생각이 든다. 새로운 세대

33) 강약격의 2음절 운율.

34) (원주) 이 마지막 두 행은 셰비료프가 번역한 〈예루살렘의 해방〉의 7번째 노래를 맺는 시행들이다.

는 외국어를 더 많이 공부하니, 그와 같은 개혁을 이루어 내고 말 것이다." 이때 셰비료프가 말하는 '외국어'란 물론 독일어와 이탈리아어, 영어를 의미할 것이다. 구세대에게 프랑스어 학습이 부족하다고 말할 수는 없기 때문이다. 즉, 셰비료프는 익숙하지 않은 외국어의 형상 체계를 접목함으로써 러시아 시의 언어를 새롭게 하려 한 것인바, 이때 그와 같은 실험의 장이 되는 것이 바로 번역이었다. 셰비료프는 이탈리아어나 독일어의 흐름을 모방하는 것이 프랑스 합리주의 시학을 본 따 만들어진 러시아어의 '매끈한' 문체를 극복할 수 있는 길이 될 것이라 생각했다.

셰비료프의 실패는 그의 미학 사상이 보여주는 추상성과 역사-문학적 과정에서 발생하는 다양한 모순들을 이해하는 데 있어 본질적인 단일한 법칙성을 상정했다는 데에서 그 이유를 찾을 수 있을 것이다. 우리는 작가의 이론적인 지향과 그것의 실행 사이의 괴리를 보여주는 많은 예 중 하나를 보는 것이다. 이때 문제는 타국 문화의 다양한 요소를 자기화하는 데 있어서 그 속도 역시도 천차만별이라는 것이다. 일반론적인 이념이나 주제의 경우는 현재 사용되는 언어 질료의 저항을 극복해 가면서 그 내부로부터 유기적으로 전개되어 가야 하는 문체의 수용 속도를 훨씬 앞지른다. 작가들이 자주 자신들이 유산으로 받은 문체를 목청 높여 부정하면서도 실제로는 그것을 그대로 답습하는 것은 이러한 이유이다.

러시아 시는 최초의 형성기에 당연히 그 당시 이미 정비되어 있었던 유럽의 시 체계로부터 영향을 받았다. 로모노쏘프의 시형식 개혁에 있어 독일시가 미친 영향이나, 까람진주의자 시인들에게 프랑스 고전주의와 프랑스 비가 시 전통이 미친 영향은 이미 잘 알려져 있는 사실이다. 그렇지만 19세기 초반 젊은 러시아 시는 이미 높은 예술적 완성도에 이르렀다.

러시아의 시 문화는 이미 외국어에서 필요한 부분을 취해 자기화 했다. 이미 러시아 시 언어는 강력한 자국문화의 전통 위에서 발전해 갈

수 있었다(이는 결코 자국 문화를 세계 문학의 흐름으로부터 떼어놓는 것과 동일시 될 수 없다). 시 장르가 가지고 있는 이러한 특성에 대해 또마셉스끼는 다음과 같이 쓰고 있다. "시는 … 그것을 이루는 질료 자체가 민족적이다. 그런 의미에서 시는 산문보다 훨씬 더 민족적인 장르이다 … 산문에서의 언어적 형상은 시에서와 같은 강도로 예술의 질료적인 본성을 드러내지 않는다. 시에서는 언어의 몸 그 자체를 느끼게 되며, 바로 그와 같은 언어의 몸이 예술의 질료가 되는 것이다."[35]

따라서 진정한 시인이라면 필요에 따라 자유롭고 효과적으로 위대한 타국의 문화유산으로부터 예술적 요소들을 차용해, 자기 나름의 방식으로 그것을 사용할 수 있는 것이다.

시 속에 직접적으로, 아무런 매개과정 없이 외국어의 언어적 형상이 이식되는 것은 불가능하다. 자국의 시 문화가 지닌 힘에 의해 자기화될 수 있을 뿐이다. 이때 이것이 우연하거나 기계적인 것이 아닌 진정한 자기화라 할 때, 그것은 시적 사색의 내적인 법칙에 의해 제약을 받는 쉽지 않은 과정이다.

예를 들어 실러의 시는 러시아 낭만주의의 가장 중요한 원천 중 하나였다. 그러나 동시에 독일시의 철학적 은유가 러시아 시 언어에 융화되어 가는 것은 쉽지 않았다.

셰비료프는 이러한 상황에 대해 다음과 같이 지적했다. "우리가 독일어 식으로 생각하고 프랑스어 식으로 표현하는 것은 참 특기할 만한 일이다."[36] 그러나 이 말은 옳지 않다. 한 때 프랑스어로부터 수용된 시 형식들은 이미 오랜 자기화의 과정을 거쳤고 이제 급기야 러시아어적 표현 수단이 되었다. 바로 이와 같은 러시아화 된 언어를 수단으로

35) (원주) 또마셉스끼, 《시와 언어. 어문학 논고》(Б. В. Томашевский. Стих и язык. Филологические очерки. М.:Л., 1959), 28쪽.

36) (원주) "현대 러시아 문학에 대한 견해", 〈모스끄바인〉, 1842, 3호("Взгляд на современную русскую литературу", Москвитянин, 1842, NO.3), 159쪽.

초기 주꼽스끼는 실러의 시를 러시아어로 번역하였고, 나아가 그의 은유 체계를 '조화로운 정확성'의 시파의 언어로 옮길 수 있었다. 그러나 젊은 낭만주의자들은 이와 같은 길을 가려하지 않았다.

1820~1830년대의 실러 철학시의 번역들에서 시적 형상의 표현을 위한 투쟁은 흥미로운 양상을 보여준다.

두 가지 위험이 번역자들을 위협했다. 하나는 표현의 정확성을 위해 불협화음이나 몰취미에 빠질 위험이 있다는 것이었다. 반면 또 하나의 위험은 실러의 시적 표현이 번역으로 인해 그저 중문체 정도의 익숙한 시적표현으로 바뀌게 되는 것이었다.

이러한 상관관계는 러시아 낭만주의자들이 자신의 창작에서 역시 맞부딪히게 되었던 딜레마이기도 했기에 특히 중요하다.

〈모스끄바 통보〉 그룹과 가까웠던 시인, 미하일 드미뜨리예프(M. A. Дмитриев)[37]는 1820년대에 러시아의 실러 숭배자들 사이에서 인기를 누리고 있었던 실러의 유명한 시 〈체념〉(Resignation)을 번역했다.[38]

살아있는 형상의 윤곽뿐이다.
　　　　　시간의 영혼 없는 시체만이 남았다.
그것은 차가운 거처에서 썩어간다.
향기로운 숨결은 희망을 지켰다.
광기로 혼미해져 너는 그것을 불멸이라 명명했다.

Живого образа одно лишь начертанье,
　　　　　Один бездушный труп времен,

37) 시인, 번역가(1796~1866). 1830년대에 실러의 철학 사상에 대한 논고들을 〈모스끄바 통보〉와 〈망원경〉 등의 잡지에 익명으로 발표했다. 또한 하이네, 실러, 호라티우스 등의 작품을 러시아어로 번역하기도 했다.

38) 실러의 작품 〈체념〉(Resignation)을 드미뜨리예프는 〈환영(幻影)에의 복종〉(Покорность провидению)이라는 제목으로 1826년 번역했다. 이 시는 실러의 자연철학과 운명에 순응할 수밖에 없는 낭만주의적 환멸이 드러나 있다. 실러는 자신의 시 속에서 시인의 입을 빌려 세계의 조화와 인간 운명의 문제에 대한 견해를 보여준다.

Который тления в холодном обитаньи
Надежды соблюло душистое дыханье,
Нарек бессмертьем ты, безумством омрачен![39]

실러의 시적 사색의 흐름을 문자 그대로 옮기려는 역자의 시도는 결국 모호하고 이해되지 않는 표현을 낳았다.

Ein Lügenbild lebendiger Gestalten,
Die Mumie der Zeit,
Vom Balsamgeist der Hoffnung in den kalten
Behausungen des Grabes hingehalten.
Das nennt dein Fieberwahn Unsterblichkeit?

〈체념〉(Resignation)에서 몇 구절 더 인용해 보자.

신에 대한 부분 중

Des kranken Weltplans schlau erdachte Retter
Die Menschenwitz der Menschen Notdurft leiht?

영원에 관한 부분 중

Der Riesenschatten unser eignen Schrecken
Im hohlen Spiegel der Gewissensangst.

위와 같은 구절을 정확하게 번역하고자 한다면 어떻게 되겠는가? '인간의 지성이 인간의 필요에게 빌려주겠다고 제안하는, 교활하게 고안해 낸 우주의 병든 평면을 구하는 자…'(Хитро придуманные спасители больного плана вселенной, которых человеческий ум предлагает взаймы человеческой нужде…), '양심의 가책이라는 요면경(凹面鏡)에 비친 우리 자신의 공포의 거대한 그림자'(Гигантская тень наших

39) (원주) 《미하일 드미뜨리예프의 시》, 제1권(Стихотворения Михаила Дмитриева, т. I. М., 1830), 153쪽.

собственных страхов в вогнутом зекале угрызений совести…). 이처럼 독일어로는 철학이었던 것이 러시아어로 번역되어 조야한 몰취미를 드러내는 것이 되고 만다.

그러나 번역이 어떠한 것이건 간에, 자유로운 것이건 정확한 것이건, 또 대범한 것이건 조심스러운 것이건 간에 그 안에 셰비료프가 꿈꾼 변혁의 가능성이 숨어 있는 것처럼 보이지는 않는다. 오히려 변화는 사실상 다음과 같은 두 방향에서 준비되고 있었다. 그 하나가 현실의 시(поэзия действительности)로, 성숙한 시기 뿌슈낀에게서의 새로운 언어 사용으로 나아갔다면, 다른 하나는 전통적인 서정시의 질료를 새롭게 변용한 뜌체프의 철학적 서정시를 향했다.

뜌체프 앞에는 바라띈스끼가 있었다. 바라띈스끼는 뜌체프보다 겨우 세 살 많았다. 그러나 그의 왕성한 시작(詩作) 활동은 러시아 서정시의 발전 단계에 있어 훨씬 더 앞선 단계에 이미 시작되었다.

동지들도 적들도 모두 1820년대 바라띈스끼를 '고전주의자' 혹은 '프랑스인'으로 간주했고, 그가 낭만주의 운동으로부터 거리를 두고 있음을 비판했다. 1824년 델비크는 뿌슈낀에게 다음과 같이 쓰고 있다. "바라띈스끼가 얼마 전 낭만주의자들과 인사 나누었네. 그런데 그는 프랑스 시파의 규율이 완전히 몸에 배어 있더군."[40] 바라띈스끼는 끝내 이

---

40) (원주) 뿌슈낀, 《저작 전집》, 8권(Пушкин. Полное собрание сочинений, т. XIII. М.:Л., 1937), 108쪽. 바라띈스끼의 문학적 노선에 대해서는 바라띈스끼의 1936년 판 《시 전집》 1권(Баратынский. Полное собрание стихотворений, т. I. Л., 1936)에 실린 메드베데프와 꾸쁘레야노바의 논문과 주석〔메드베데프 "초기 바리띈스끼"(И. Н. Медведев, "Ранний Баратнский"); 꾸쁘레야노바, "30년대 바라띈스끼"(Е. Н. Купреянова, "Баратынский тридцатых годов")〕을 참조하라. 또한 노르웨이 연구가인 게이르 헷소의 폭넓은 연구서인 《예브게니 바라띈스끼. 삶과 작품》(Гейр Хетсо, Евгений Баратынский. Жизнь и творчество, Осло－Бргeн, 1973)이 러시아어로 출간되었다.

러한 몸에 밴 합리주의적인 습성과 결별하지 못했다.

바라띈스끼의 가장 초기 작품은 다분히 까람진주의자들의 문체와 장르의 규범 안에서 형성되었다. 그의 1820년대 시는 명상이거나 음울한 비가, 아나크레온풍의 시와 우정서한과 앨범시 같은 것들이었으며 이것들은 전적으로 규범적이었다.

'조화로운 정확성'의 시파의 대표자로서 젊은 바라띈스끼는 문체적인 다채로움을 보여주는 여러 형태의 우정서한을 썼다. 이때 시행의 율격은 이러한 문체적 다채로움을 만드는데 있어 중요한 역할을 했다. 1819년 델비크에게 쓴 편지는 농담조의 호레이 율격으로 되어 있다. 그러나 또한 거의 같은 시기에 창작된 끄레니찐(Креницын)에게 보내는 서한시는 얌쁘로 되어 있으며 음울한 비가에 가깝다.

때 아니게 시들어 버린
젊은 기쁨의 동지여,
내가 너를 만났다! 너의 포옹 속에서
나에게는 지나간 날들이 흐릿한 꿈처럼 스쳐 지나갔다.

Товарищ радостей младых,
Которые для нас безвременно увяли,
Я свиделся с тобой! В объятиях твоих
Мне дни минувшие, как смутный сон, предстали! …

그네디츠에게 보낸 1823년의 두 편의 서한시 역시 전형적인 서한시 형식인 알렉산드리아 시행41)으로 되어 있으며 교훈적인 뉘앙스를 지

41) 프랑스 시의 12음절 시행. 6음절 뒤의 휴지부를 중심으로 대칭적인 두 부분으로 나뉘었고, 각 부분의 끝(6음절과 12음절)에 반드시 강세가 오도록 했다. 남성운과 여성운의 쌍이 의무적으로 순차적으로 교체된다. 프랑스 고전주의 시에서 번성했고, 위고(Hugo) 등의 낭만주의자들은 알렉산드리아 시행에 파격을 도입했다. 러시아 시에서 알렉산드리아 시행은 3운각 뒤에 의무적인 휴지부와 프랑스 시의 알렉산드리아 시행과 유사한 압운구조를 지닌 6운각 얌쁘를 지칭한다.

닌다. 〈핀란디아〉(Финляндия, 1820) 같은 작품은 바뜌슈꼬프의 기념비적 비가를 연상시키기도 한다.

이러한 시의 사상적 근원은 감상주의와 후기 계몽주의에서 찾을 수 있으며, 이러한 시 형식이 발전하게 된 직접적인 배경이 된 것은 고전적 에피쿠로스주의 철학의 성격을 가지고 있던 데까브리스뜨적인 자유애호사상이었다.[42]

바라띤스끼는 오랫동안 서정시의 전통적인 형식을 보존했다. 그러나 그는 또한 일찌감치 1820년대 초에 놀라운 시적 발견을 이룬다.

예술가에 대한 자신의 정의에서 바라띤스끼는 다음의 세 요소를 개진한다. 그것은 단순성과 사상〔'사상 또 사상 …'(Все мысль да мысль)〕, 그리고 독창성〔'일반적이지 않은 표현'(необщее выражение)〕이다. 독창성의 선언은 바라띤스끼에게 매우 중요한 것이었다. 그는 의도적으로 자신의 시대의 규범화된 형식을 탈피하고자 했다. 비록 그와 같은 형식과 완전히 절연할 수는 없었지만, 그는 과감하게 그와 같은 형식들을 변형하였던바, 이는 바라띤스끼의 시가 오늘날의 독자에게도 여전히 예기치 않은 새로움을 선사하게 하는 이유가 된다.

---

42) 에피쿠로스 학파는 그 태두(泰斗)인 에피쿠로스(Epikuros, 서기전 331~270)의 이름에서 유래한다. 에피쿠로스는 자신이 살던 삶의 현실을 적의에 가득 찬 세상으로 파악했다. 그리고 이 적의로 가득 찬 세상에서 어떻게 마음의 평화를 찾을 것인가를 희구했다. 그리스 철학자들이 찾았던 중요한 한 가지는 '아레테'(aretê) 또는 '아가톤'(agathon)이었다. 전자는 흔히 '덕'(德)으로 번역되지만 더 정확히는 뛰어남/빼어남, '… 다움'을 뜻하며, 후자는 흔히 '선'(善)으로 번역되지만 더 정확히는 '좋은 것'을 뜻한다. 에피쿠로스 학파는 "무엇이 좋은 것인가?"라는 물음에 대해 'hedonê'라고 답했다. 이 말은 '쾌락' 또는 '기쁨'으로 번역될 수 있는바, 흔히 에피쿠로스주의를 쾌락주의로 부르기도 한다. 그러나 이때 에피쿠로스가 추구한 쾌락 = 기쁨은 욕망에 휘둘리지 않는 정신적 안온함이었다. 이들은 쾌락을 '육체적인 고통과 정신적인 동요로부터의 자유'로 규정했으며, 이때 이러한 쾌락 추구의 핵심적인 방법은 지적 탐구와 대화였다. 이는 데까브리스뜨의 자유애호 사상과 지적인 추구와 맞물리며 그들에게 많은 영향을 주었다.

1820년에서 1825년 사이에 쓰인 비교적 전통적인 형식을 따르는 바라띈스끼의 비가 중 몇 편의 시는 매우 독특한 위치를 점한다. 그 시들은 표면적으로는 여전히 비가 장르에 포함될 수 있지만 실제로는 전혀 새로운 어떤 것이었다. 그와 같은 시로는 〈이별〉(Разлука, 1820), 〈환멸〉(Разуверение, 1821), 〈키스〉(Поцелуй, 1822), 〈고백〉(Признание, 1823), 〈변명〉(Оправдание, 1824)[43] 등이 있다. 이러한 작품들, 또 이와 유사한 작품들에 대해서는 바라띈스끼에 대한 글들 속에서 이미 그의 비가의 심리주의적인 특성의 문제나 그와 뿌슈낀이 연애시 형식에 가져온 새로운 변화와 관련하여 언급되었다.[44] 이것은 장르의 주제적 문체적 특성들을 전혀 파괴하지 않은 채, 한층 더 깊은 차원에서 이루어져 겉으로 드러나지 않는 개혁이었다. 그의 이러한 시들 속에서 이야기 되는 내용은 여전히 이별과 냉담함, 무너진 환상과 사라진 감정을 다시 살려내려는 시도의 덧없음 같은 것이었다. 그것은 여전히 비가였다. 그러나 단순히 비가이기를 넘어서 그것은 분석적인 비가였다. 끼레옙스끼는 바라띈스끼를 '섬세한, 말하자면 현미경의 투시력과도 같이 세밀한 지성'이라고 칭했다.[45]

서정시에서의 심리주의란 어떤 하나의 성격을 축조하는 것이 아니라 (이것은 서정시의 능력 밖의 것이다), 영혼의 삶의 요소들을, 개별 상태 혹은 복잡한 심리의 흐름을 이루는 상태들을 섬세하게 포착해내는 것이다.

그와 같이 〈고백〉은 비가적인 영혼의 상황의 순간적인 한 단면이 아니다. 오히려 그것은 감정의 역사이다. 그것은 마치 감정을 그것의 변전(變轉)의 순간들 속에서 탐구하는, 극도로 축약된 분석적 소설과 같다.

---

43) (원주) 이 작품들의 연도는 출판되어 나온 연도이다.

44) (원주) 앞서 이미 언급한 논문들을 보라. 아울러 알미의 논문 "바라띈스끼의 1819~1824년 비가들"(И. Л. Альми, "Элегии Е. А. Баратынского 1819–1824 годов")〔〈국립 레닌그라트 게르쩬 교육대학 교수 논문집〉, 219권(Ученые записки ЛГПИ им. А. И. Герцена, т. 219. Л., 1961)〕을 참조하라.

45) (원주) 끼레옙스끼, 《저작 전집》, 제2권(И. В. Киреевский. Полное собрание сочинений, т. II. М., 1911), 87쪽.

〔1820년대에 이러한 소설의 모델이 되었던 것은 벵자맹 콩스탕(Benjamin Constant)의[46] 〈아돌프〉(Adolphe)였다.〕

뿌슈낀은 〈북극성〉(Полярная звезда)에 발표된 〈고백〉을 읽고 1824년 1월 알렉싼드르 베스뚜줴프에게 보낸 편지에서 다음과 같이 말했다. "〈고백〉은 완벽하다. 앞으로 나는 절대 비가를 발표하지 않겠다." 이때 뿌슈낀을 놀라게 한 것은 일반적인 비가적 상황에 대한 바라띈스끼의 지나칠 정도로 주도면밀한 탐구였음이 분명하다. 뿌슈낀의 1826년 비가인 〈고국의 푸른 하늘 아래 …〉(Под небом голубым страны своей родной …)는 바라띈스끼의 〈고백〉과의 관계를 드러낸다.

다음은 바라띈스끼의 시행이다.

> 너의 사랑스러운 모습과 나의 지나간 꿈들을
> 헛되이 나는 기억 속에서 되살려냈다.
> 나의 회상은 생명이 없다 …
>
> Напрасно я себе на память приводил
> И милый образ твой и прежние мечтанья:
> Безжизненны мои воспоминанья …

이어 뿌슈낀의 시행을 보자.

> 헛되이 나는 감정을 일깨웠다.
> 냉담한 입술로부터 나는 죽음의 소리를 들었고
> 냉담하게 그것을 경청했다.
>
> Напрасно чувство возбуждал я:
> Из равнодушных уст я слышал смерти весть
> И равнодушно ей внимал я.

---

46) 프랑스 수필가, 소설가, 정치가(1767~1830). 콩스탕의 〈아돌프〉(1815)는 스탈 부인과의 사랑을 묘사한 자전적인 소설이며, 심리소설의 원형이라고 할 수 있는 걸작이다.

다음의 바라띈스끼의 시행은 심지어 뿌슈낀의 〈가련한 경솔한 그림자를 위하여〉(для бедной легковерной тени)를 선취한다.

> 이미 너는 그녀 안의 부정한 그림자처럼 살았다.
>
> Уж ты жила неверной тенью в ней.

바라띈스끼의 비가는, 특히 그 중 방법론적으로 가장 원칙적인 몇 편의 경우는 '조화로운 정확성'의 시파의 전제들의 지속적인 독자적 발전으로 볼 수 있다. 견고한 문체의 시학에 있어서의 조화로운 정확성이란 무엇보다 우선 어휘적인 정확성을 의미했다. 매 순간 문체의 색조에 가장 적합한 어휘를 선별할 필요가 있었다. 약간의 불협화음만 있어도 심하게 귀에 거슬렸다. 시 속에 그려져 있는 정신세계 역시도 여전히 종합적인 것에 머물러 있었다. 이처럼 1820년대 바라띈스끼는 여전히 고전적인 비가의 언어로 말하고 있지만, 그 깊이는 달랐다. 그의 정확성은 이미 새로운 방식으로 조명된 심리적 리얼리티의 정확성에 근접해 있었다. 그의 시는 감정적인 통사적 형태로부터 벗어났다. 그의 통사는 전혀 감정적이지 않다. 그것은 분석적이고 명료하다. 조건적인 시어는 그 어떤 장식성도 탈피했고, 곁길로 빠지게 하는 모든 종류의 효과로부터 심지어 명백한 비유적인 표현들로부터도 벗어났다. 그의 초기 비가 중 가장 뛰어난 작품들에서 수식어구의 역할은 미미했다. 이것은 바뉴슈꼬프에 의해 정성들여 만들어진 다음과 같은 비가적인 수식어가 반드시 요구되던 때의 일이다.

> 온화한 뮤즈의 친구이자 하늘의 선녀이며
> 달콤한 생각과 사랑스러운 눈물의 근원인
> 나의 여신, 희망이여, 너는 어디로 숨었느냐?
> 너의 은밀한 비상이 향하였던
> 그 행복한 변방, 그 평화로운 황야는 어디란 말이냐?
>
> 〈희망〉

Подруга *нежных* муз, посланница небес,
Источник *сладких* дум и сердцу *милых* слез,
Где ты скрываешься, мечта, моя богиня?
Где тот *счастливый* край, та *мирная* пустыня,
К которым ты стремишь *таинственный* полет?

"Мечта"

1821년 발표된 유명한 시 〈환멸〉〔〈쓸데없이 나를 유혹하지 말라 …〉(Не искушай меня без нуды…)〕에는 거의 수식어가 없다. 가끔 눈에 띄는 수식어도 새로운 특성들을 제시함으로써 개념의 내용을 변화시키는 논리적인 차원의 수식어일 뿐이다. 예를 들어 '변해 버린 꿈'(изменившие сновидения), '잘 보살펴 주는 친구'(заботливый друг) 등이 그러하다.

단어들은 현저한 은유나 반드시 사용해야 하는 수식어구로부터 해방되었으며, 사물의 직접적인 지칭 같은, 투명하고 명확한 의미의 움직임만이 남겨졌다. 그러나 젊은 시인은 자신의 시대의 테두리를 완전히 넘어서지는 않았다. 여전히 그의 시 속에 등장하는 사물은 새로운 것이 아니었을 뿐 아니라, (뿌슈낀의 후기 시에서와 같이) 현실로부터 자유롭게 텍스트 속으로 들어온 그런 사물도 아니었다. 바라띈스끼의 초기 비가에는 여전히 전통적인 사물의 세계가 존재했고, 그는 이것을 전통적인 시어로 지칭한다. 그러나 이 어휘들에는 극도로 중요한 의미가 부여되었다. 그리고는 가장 본질적인 것 외의 나머지가 모두 제거된 전통적인 상징들의 '영원한' 형태 속에 압축된 정신적인 경험을 묘사하고자 했다. 이것이 1820년대 바라띈스끼가 이해한 단순성의 개념이었다. 시어와 완전히 구어적인 어휘와의 자유로운 결합이 단순성을 심화시켰다〔쓸데없이(без нужды), 잘 보살펴 주는(заботливый) 같은 어휘를 보라〕.

나의 상상력은
네가 선사해준 키스를 따라간다.
낮의 소음 속에서 그리고 밤의 고요 속에서
나는 키스의 흔적을 느낀다!
가끔씩 우연히 잠들게 될 때도

나는 너를, 달콤한 쾌락을 꿈꾼다!
공상의 기만에 행복해 한다.
그러나 그 순간 각성이 찾아오고
환영은 사라지고 나는 홀로 남는다.
나와 함께 있는 것은 사랑과 무력함뿐이다.

Сей поцелуй, дарованный тобой,
Преследует мое *воображенье*:
И в шуме дня и в тишине ночной
Я чувствую его *напечатленье*!
Случайным сном забудусь ли порой –
Мне снишься ты, мне снится *наслажденье*!
Блаженствую, обманутый мечтой,
Но в тот же миг встречаю *пробужденье*, –
Обман исчез, один я, и со мной
Одна любовь, одно *изнеможенье*.[47]

영혼의 어떤 능력이나 상태 혹은 과정을 의미하는 다섯 단어가 여기에서 교차 각운으로 연결되어 있다. 이 단어들은 비가의 폐쇄적인 어휘 목록에 별문제 없이 포함될 수 있는 것들이다. 그러나 여기서 그것들은 전통적인 비가에서와는 다르게 울린다. 다섯 번 반복되는 각운의 역동성과 통사론적, 형태론적 동질성은 이 단어들을 따로 떼어내어 고립시킨다. 이 단어들은 은유적 관계나 수식어구로부터 해방되어 특별한 의미의 투명성을 얻게 된다. 익숙한 것이 두드러지게 되고, 조건적인 것이 실제적인 것이 된다.[48] 마지막 각운의 위치에서 더욱 강조되는 단어 '무력함'(изнеможение)은 이미 비가적인 '신호'가 아니며, 오히려

47) (원주) 이후에 1822년 판본에서 개작된 시 〈키스〉를 인용했다. 이 시의 심리주의에 관하여서는 그로모프(П. Громов)가 다음 책의 서문이 되는 논문에서 썼다. 다음 책을 보라. 까롤리나 빠블로바, 《시 전집. 시인총서》(Каролина Павлова. Полное собрание стихотворений. Библиотека поэта. М.:Л., 1964) 17~18쪽.

48) 긴즈부르크는 이 부분에서 바라뜬스끼의 시가 기존의 전통적인 상징과 어휘를 그대로 사용하지만 그것을 새롭게 함으로써, 자동화된 의식으로부터 벗어나 어휘를 새롭게 인지하도록 함을 설명한다.

그것은 시적 화자의 정신적인 심지어 육체적인 상태에 대한 정확한 의미를 전달하는 단어가 된다.

바라뜬스끼는 여러 차례 형태론적으로 이와 유사한 명사들로 하여금 그와 같은 기능을 수행하도록 한다.

> 나는 모든 것을 가졌었고, 갑자기 모든 것을 잃었다.
> 꿈이 시작됐고…. 꿈은 사라졌다!
> 나의 행복으로부터 남겨진 것은 단지
> 이제 음울한 당혹감뿐이다.
>
> 〈이별〉
>
> Я все имел, лишился вдруг всего;
> Лишь начал сон … Исчезло сновиденье!
> Одно теперь унылое *смущенье*
> Осталось мне от счастья моего.
>
> “Разлука”
>
> 나는 잠을 잔다, 나에게 잠은 달콤하다.
> 과거의 꿈은 잊어라.
> 나의 영혼 속에는 동요뿐이다.
> 네가 깨우는 것은 사랑이 아니다.
>
> Я сплю, мне сладко *усыпленье*;
> Забудь бывалые мечты:
> В душе моей одно *волненье*,
> А не любовь пробудишь ты.

이 시기 바라뜬스끼는 아직 정형화된 표현을 거부하지는 않지만 그와 같은 표현들이 새롭게 태어나도록 했다. 그의 초기 서정시에서는 완전히 직접적으로 노출된 의미와 전통적인 표현이 지닌 뉘앙스나 감정적인 힘의 결합이 특징적이다.

1820년대 후반부터 바라뜬스끼의 암흑기, 즉, 과도기적인 시기가 시작된다. 1810년대에 성장한 자신의 동년배들과 마찬가지로 그 역시 사조의 전일성[49]을, 즉, 아나크레온 풍의 시와 에피그램, 심지어는 비가적인 명상시에 조차 특별한 의미를 부여해 줄 수 있었던 자유애호주의적인 맥락을 잃게 되었다. 1820년대 후반에 〈죽음〉(Смерть), 〈마지막 시인〉(Последний поэт) 같은 중요한 작품들이 창작되었지만, 그는 아직까지 자신만의 특정한 주제, 자신의 서정시의 새롭고도 큰 주제들을 개진하지 못하였으며, 또한 초기 서한시와 비가에 나타나는 '핀란드의 유형자'(финляндский изгнанник)[50]를 대체할 만한 새로운 작가의 형상 역시 발견하지 못했다. 이러한 문제를 즉시 해결하기 위해서는 뿌슈낀의 강력한 힘이 필요했다. 그러나 바라띈스끼는 힘겨운 불행의 대가를 치룬 후에야 이러한 문제를 해결할 수 있었다.

비평가들과 독서대중은 뿌슈낀에 의존하지 않은 채 낭만주의 서사시를 창작하려는 시도를 인정할 수 없었다. 이미 1824년에 완성되어 1827년에서야 출판된 시집의 경우 그것의 성공에도 불구하고 때늦은 듯이 여겨졌다. 1835년의 선집에서 바라띈스끼는 자신의 과거의 작품들을 낭만주의적 요구에 부응하는 것으로 만들려 했다. 그는 장르적인 제목들을 버리고 시들을 감정적인 톤에 따라 분류하여 제목 없이 번호를 매겼다. 그러나 바라띈스끼의 시에 낭만주의적 참회록의 형식이란 억지스러워 보였다.[51] 1835년의 시집에서도 절대적인 서정적 통일성에 이르려는 시도는 성공하지 못했다.

1830년대 말에 바라띈스끼는 끼레옙스끼[52] 및 그의 친구들과[53] 가

---

49) 뿌슈낀의 작품에 대한 오가레프의 언급에서 기인함. 자세한 것은 "조화로운 정확성의 시파" 장의 각주 8을 참조하라.

50) 이는 1819년에 출판된 바라띈스끼 시의 제목이다. 이 시에는 전제왕권의 폭정에 희생당하는 시인의 형상이 그려져 있으며, 당시 바라띈스끼와 가까웠던 데까브리스뜨, 류보무드리 시인들, 릴레예프, 베스뚜줴프, 오도옙스끼는 이 작품에서 자유를 갈망하는 애국주의적 주인공의 형상에 공감했다.

51) (원주) 1827년과 1835년 선집의 구성이 성공적이지 못했던 점에 대해서는 꾸쁘레야노프와 메드베데바의 주해를 보라〔바라띈스끼, 《시 전집》, 1권(Баратынский. Полное собрание стихотворений, т. I), 342~354쪽〕.

52) 철학자, 문학비평가(1806~1856). 1823년 류보무드리 그룹에 가입했고, 호먀

까워졌다. 그러나 바라띤스끼의 셸링 철학에 대한 관심은 다분히 피상적이었던 것으로 보인다. 계몽주의적 합리주의의 전통은 그와 뗄 수 없는 것이었다. 게다가 바라띤스끼는 독일어를 잘하지 못했다. 까롤리나 빠블로바가 번역한 자신의 서사시조차도 읽지 못할 정도였으니,[54] 철학적 논고들은 말할 것도 없다. 결국 바라띤스끼는 독일 철학을 지인들의 이야기나 혹은 그것을 프랑스어로 옮긴 쿠쟁(V. Cousin)의 역서를 통해서 배웠다고 할 수 있다.

끼레옙스끼와 한참 우정이 절정에 이르렀을 때 바라띤스끼는 그들의 세계관의 차이를 강조했다. "자네는 격동을 갈망하는 신세대에 속하고, 나는 그걸 피하게 해 달라고 신에게 기도하는 구세대라네. 자네는 불꽃과도 같은 활동을 행복이라 부르지만, 그런 건 날 놀라게 할 뿐이네. 난 오히려 평온함 속에서 행복을 보려 한다네. 우리는 각각 이러한 견해들을 스스로의 시대 속에서 얻어냈지. 그러나 이건 단순히 견해일 뿐 아니라 감정이라네. 우리의 기관들 역시도 우리의 지성을 키워낸 개념들을 따라 형성되었지. 설령 이론적으로 우리들이 각각 다른 이의 체계를 받아들인다 해도 우리의 본질이 변하지는 않을 걸세. 우리의 영혼의 요구는 여전히 그대로일 걸세."[55]

이반 끼레옙스끼는 바라띤스끼보다 여섯 살이 어렸다. 그러나 활동가로서 그들은 각각 서로 다른 역사적 단계에 속했다. 한 명이 데까브리스뜨적 단계에 속해 있었다면, 다른 한 명은 포스트-데까브리스뜨

꼬프와 더불어 슬라브주의를 정초했다.

53) 끼레옙스끼를 비롯한 셸링주의자들을 지칭한다.

54) (원주) 1832년 바라띤스끼는 끼레옙스끼에게 보내는 편지에서 이렇게 적고 있다. "나를 대신해서 사랑스런 까롤리나에게 〈영혼의 이주〉(Переселение душ) 번역에 대한 감사를 전해 주게. 내가 독일어를 모른다는 사실이 이토록 원통한 적이 없었네"〔바라띤스끼, 《단시, 서사시, 산문, 편지》(E. A. Баратынский. Стихоторения, поэмы, проза, письма, M., 1951), 517쪽〕.

55) (원주) 1833년의 편지〔바라띤스끼, 《단시, 서사시, 산문, 편지》(E. A. Баратынский. Стиховорения, поэмы, проза, письма), 523~524쪽〕.

적이었다. 이때 바라띈스끼는 자신의 세대가 실천을 두려워하고 '평온함 속에서 행복'을 발견한다고 지적함으로써 12월 14일 이후 러시아의 '교양귀족' 세대의 운명을 암시한다.

1830년대 모스끄바 셸링주의자들은 정치적 지향을 거부하고 대신 도덕적이고 철학적인 문제들에 대한 긍정적 해결을 모색했다. 바라띈스끼 역시 '유럽의 열성주의자들'〔위고와 바르비에(Auguste Barbier)를[56] 가리킨다〕의 분규가 더 이상 유효하지 않음을 씁쓸하게 고백할 수밖에 없었다. 그러나 그는 대신 종교와 철학적 관념론에서 위안을 찾기보다는 모든 사회적 관계를 끊은 인간의 유일한 숭배대상으로서의 에고이즘을 선포한다(이때 에고이즘을 일상적이고 단순화 된 의미로 이해해서는 안 된다).[57] "그들(유럽의 열성주의자들 — 저자)에게 현실인 것이 우리에게는 추상에 불과하다. 시는 개인적인 것이며, 그것만이 우리에게는 자연스러운 것일 뿐이다. 에고이즘은 우리의 합법칙적인 숭배의 대상이다. 우리가 이미 과거의 우상으로부터 등을 돌렸지만, 아직까지 새로운 신앙을 갖지는 못했기 때문이다. 자신 외의 그 어떤 숭배의 대상도 찾지 못한 인간은 자신의 내부로 침잠해야 한다. 이것이 현재로서는 우리의 소명이다."[58] 셸링주의자들에게 시인과 사회의 반목은 법칙이었지만, 바라띈스끼에게 그것은 정신적인 파국을 의미했다.

---

56) 오귀스트 바르비에(1805~1882)는 프랑스 시인으로 부르주아의 부패와 탐욕을 비판하고 그에 맞서는 민중의 혁명적이고 영웅적인 형상을 그렸다. 시집 《얌쁘》(Ямбы, 1831)는 그의 대표적인 작품집이다. 그의 서정시는 그로테스크한 알레고리성과 은유적 문체, 저속한 언어와 송가적인 장중한 억양의 공존 등의 특성을 지니고 있다. 그는 프랑스 공민시(Гражданская поэзия)의 역사에서 낭만주의를 향한 장을 연 시인으로 평가된다. 19세기 러시아에서 큰 인기를 누렸으며, 그의 시는 19세기부터 번역되어 20세기에는 브류쏘프와 만델슈땀에 의해 번역되기도 했다.

57) 긴즈부르크의 지적처럼 여기서의 에고이즘은 일상화된 용어로서의 이기주의와는 다른 것이고 따라서 이 용어를 역자는 그대로 에고이즘으로 표기했다.

58) (원주) 1832년의 편지〔바라띈스끼, 《단시, 서사시, 산문, 편지》(Е. А. Баратынский. Стихотворения, поэмы, проза, письма), 519~520쪽〕.

시인의 운명에서의 낭만주의적 문제 혹은 '중상주의(重商主義) 시대'에 대한 저항은 바라띈스끼를 류보무드리와 (또 고골과) 가깝게 했다. 그러나 바라띈스끼가 자신의 후기 시의 진정한 주제를 찾은 것은 셸링주의자들과 교류할 때가 아니라 오히려 그들과 결별한 후였다. 그의 주제는 바로 일반적인 가치로부터 격리되어 소외된 인간의 비극적인 자기인식이었던 바, 바로 여기에서 그의 후기 시의 문제의식이 지니는 사회적인 의미와 그것의 역사적인 구체성을 찾을 수 있다. 그의 시 뒤에는 무너진 한 세대의 운명이 자리하고 있기 때문이다. 미르스끼(Д. Мирский)는 바라띈스끼의 마지막 시집 《황혼》(Сумерки)에 대해 다음과 같이 쓰고 있다. "… 동시대인들에 대한 울분과 그들과의 관계 속에서 잘못이 그들에게 있는 것이 아니라 오히려 그들에게 필요한 것을 무기력하게 내어주고 마는 자신에게 있음을 자각하는 것, 이 두 가지가 바로 그의 시집에서 서로 논쟁적인 관계를 이루는 두 모티프이다. 그러나 각각의 시의 주제는 언제나 시인과 그의 동시대인들이 이루는 관계의 한 측면과 이로부터 기인하는 시인의 고독이다."[59]

1830년대 바라띈스끼는 1820년대와 마찬가지로, 그러나 다른 방식으로 '일반적이지 않은 표현'을 찾으려 했다. 이 두 번째 시기야말로 바라띈스끼를 사상의 시인으로 인정받을 수 있게 만들었다(물론 때로 인정받지 못하기도 했다).

강령화되고 주제론적인 사상을 표현하는 시와 함께 다른 종류의 시도 존재했다. 거기에 강령은 없었다. 지적으로 표현된 세계관만이 존재했다. 그 안에 담긴 사상은 구심적이라기보다 원심적인 것이었다. 그것은 세계의 형상을 굴절시키는 많은 프리즘을 만들어냈다. 이것이 바로 바라띈스끼의 모습이었고 그의 시행들이 지닌 의미의 흐름은 이에 상응했다. 그의 시적 형상은 전체적인 맥락으로부터 나온다. 그러나 또한 이와 같은

59) (원주) 바라띈스끼, 《시 전집》, 제1권(Е. А. Баратынский. Полное собрание стихотворений, т. I), XXVIII쪽.

의미를 담은 언어적 구조의 자족적인 생명력은 너무도 왕성했다.

만일 초기 바라띈스끼가 비가적인 형식을 수용하면서 동시에 파괴했다면, 이제 그는 고상한 깊은 생각을 표현할 수 있는 언어를 추구했고, 로모노쏘프적인, 더 나아가 특히 데르좌빈적인 은유의 전통을 지향했다. 그러나 지금도 그는 이러한 것들을 수용하면서 동시에 변형시켰다.

바라띈스끼의 내면에는 '고전주의자'가 너무나 깊이 자리하고 있어서, 페뜨의 예와 같이 일회적인 사건이나 인상을 통해 시적 사상이 그에게로 다가갈 수 없었다. 바라띈스끼는 삶과 죽음과 고독〔〈가을〉(Осень)〕에 대해서, 자연으로 떠나는 것〔〈숲의 파종에 부쳐〉(На посев леса)〕에 대해서, 시인의 소명과 영감〔〈시〉(Рифма)〕에 대해서 썼다. 이것이야말로 바라띈스끼가 말한 바로 그 '영원한' 주제들이다(그것들은 이제 장르의 외양을 벗어던졌을 뿐이다).

> 모든 것이 여기 있다. 인간도 빛도
> 죽음도, 삶도, 그리고 은폐되지 않은 진리도 모두 여기에 있다…
>
> Всё тут, да тут и человек, и свет,
> И смерть, и жизнь, и правда без покрова…

그러나 이제 이와 같은 영원한 주제들은 극도로 개인적인 해석 속에서 제시된다. 바라띈스끼에게서 사물의 사적인 측면들이 나타나는 것은 아직 아니지만, 그에게 있어 일반성의 개념은 때로 전통과의 연관성을 찾기 힘들 정도로 독창적이다.

> 군중들에게 소란한 낮은 반갑지만
> 고요한 밤은 두렵다. 그들은 밤의
> 자유로운 환영들의 구속되지 않은 꿈들을 두려워한다.
> 그러나 우리는 빠르게 비상하는 몽상이나 마법의 어둠이 아닌
> 낮의 환영을, 인간의 무상함을
> 속세의 번잡함을 두려워한다.
>
> 소요하는 어둠을 만져보라,

그러면 너를 놀라게 하는 유령은
텅 빈 공간으로 녹아들어 사라질 것이며
너의 공포는 길 잃은 감정에게 미소를 지을 것이다.

아, 환상의 아들이여! 너는 복을 주는 요정의
행복한 장난꾸러기다. 너는 또한 거기 보이지 않는 세계의
즐거운 가족의 한 사람이며, 만질 수 없는 힘들의
주연에 초대된 익숙한 손님이다!
지상의 번잡한 일상 앞에서
약해지지 말 것이며, 용기를 내라.
너의 꿈이 너의 영혼에 거대한 위용을 허락할 것이다.
과감한 손길로 구름을 잡으면
그것은 사라진다. 그러나 그 뒤로 네 앞에는
영혼의 거주자들의 문이 열릴 것이다.

Толпе тревожный день приветен, но страшна
Ей ночь безмолвная. Боится в ней она
Раскованной мечты видений своевольных.
Не легкокрылых грез, детей волшебной тьмы, —
Видений дня боимся мы,
Людских сует, забот юдольных.

Ощупай возмущенный мрак —
Исчезнет, с пустотой сольется
Тебя пугающий призрак,
И заблужденью чувств твой ужас улыбнется.

О сын фантазии! ты благодатных фей
Счастливый баловень, и там, в заочном мире.
Веселый семьянин, привычный гость на пире
Неосязаемых властей!
Мужайся, не слабей душою
Перед заботою земною:
Ей исполинский вид дает твоя мечта;
Коснися облака нетрепетной рукою —
Исчезнет; а за ним опять перед тобою
Обители духов откроются врага.

이 시는 '영원한' 대립항을 이루는 군중과 시인, 꿈의 세계와 현실

세계에 관한 것이다. 그러나 이 시에서 이와 같은 대립 구도는 단지 과감한 의미 결합을 따라 희미하게 비쳐질 뿐이다. 뿌슈낀은 바라띤스끼에 대해 '자신만의 방식으로 생각한다'고 지적했다. 이와 같은 시적 사고는 바라띤스끼의 작품에서 서정적 슈제뜨뿐 아니라, 특정한 언어적 형상을 만들어 내기도 했다. 위 시의 다음 구절들을 보라. "소요하는 어둠을 만져보라 … 너의 공포는 길 잃은 감정에게 미소를 지을 것이다 … 즐거운 가족의 한 사람이며, 만질 수 없는 힘들의 주연에 초대된 익숙한 손님!" 이와 같은 시적 형상들은 모두 개별적인 의미의 구조물인 바, 그것을 통해 사물은 지금까지 없었던 새로운 국면 속에서 지각될 수 있다. 인지의 시학의 거부, '예기치 못한' 시어가 지닌 반복불가능성, 이는 모든 것을 파고들어 미세하게 분해하는 시적 인식의 필수조건이다.

쎄멘꼬(И. М. Семенко)는 바라띤스끼에게 할애된 장에서 나의 의견을 반박하며 바라띤스끼의 언어사용이 그의 선배시인들의 경험과 맺고 있는 관계를 보여주었고, 그에게서 나타나는 어휘결합이, 가장 이상한 어휘결합(특히 내가 바로 위에서 인용한 부분)의 경우까지도, 시적 전통에 그 기원을 두고 있음을 논증했다.[60] 이러한 지적은 합당하며 당연히 고려되어야 한다. 그러나 단어의 기능이 심히 변화했다는 점도 고려되어야 한다. 바라띤스끼는 1830년대 시인이었고 19세기 말에서 20세기 초 러시아 시인들의 스승 중 하나이다. 후기 바라띤스끼는 개인적인 문맥과 대립항들의 공존을 추구한 시인이었다. 그의 시 속에서 단층적인 것은 다층적 의미를 지닌 것이 되었으며 조건적인 것은 상징적인 것이 되었다. 이런 식으로 그는 선배들로부터 물려받은 유산을 변형시켰다.

---

60) (원주) 쎄멘꼬, 《뿌슈낀 시대의 시인들》(И. М. Семенко, Поэты пушкинской поры. М., 1970), 282~284쪽. 바라띤스끼에 대한 장에서 쎄멘꼬는 바라띤스끼의 후기 문체를 비극적인 세계관과, 또 '세계의 조화로운 형상'을 파괴하려는 지향과 관련시킨다.

시집 《황혼》은 그것을 구성하는 대부분의 시가 1830년대 후반에 쓰였지만 창작방법에 있어 완전한 통일성을 보여주지는 않는다. 그 안에는 예전처럼 여전히 전통적인 혹은 전통을 지향하는 요소들이 존재했다. 중요한 것은 양적으로 어떤 것이 우위를 차지하느냐가 아니라, 새로운 의미 체계로의 바라띤스끼의 도약이 발견된다는 점이다.

1830년대에 단순성과 함께 바라띤스끼의 시에는 의미적 통사적 복잡성이 나타난다.[61] 이때 그의 시의 단순성과 복잡성은 지성적인 것을 보다 정확하게 전달하고자 하는 동일한 목적으로부터 기인한다. 이러한 시도의 정점을 보여주는 것이 그의 위대한 시 〈가을〉(Осень)이다. 이 시의 가장 마지막 부분은 바라띤스끼가 뿌슈낀의 죽음의 소식을 접한 날 쓰였다.

〈가을〉은 어떤 시인가? 그것은 늙어감과 고독, 공허함, 희망의 붕괴에 대한 '영원한' 비가적인 푸념이다. 그러나 이러한 비가적 주제는 전개되어 가면서 나름의 생명력을 지니는 각각의 의미론적 구성들로 쪼개어지는 바, 이때 그 각각은 시인이 인식할 수 있는 그 어떤 정신적 사건의 개별화된 측면들이다.

> 이제 정직한 세계를 축제로 불러들여라!
> 　　　　서둘러라, 주인은 후한 사람이다!
> 자신의 손님들을 진기하고도 교묘한
> 　　　　축제의 상에 앉도록 해라!
> 그는 위안이 되는 진미들을 예언하지 않는가!
> 　　　　얼마나 다양하게 사방에 널려
> 번쩍거리는가! … 그러나 모든 것의 맛은 똑같다.
> 　　　　그리고, 마치 무덤처럼, 인간에겐 두려운 것이다.
> 혼자 앉아서 추모하라.
> 너의 영혼의 이 지상적인 즐거움을!

61) (원주) 바라띤스끼 시에서의 단순한 것과 '평범하지 않은 것'의 관계에 대해서는 또이빈, "바라띤스끼의 서사시 '에다'(Эда)", 〈러시아 문학〉, 1963, 2호(И. Тойбин. "Поэма Баратынского 'Эда'", Русская литература, 1963, NO. 2), 120~121쪽을 보라.

Зови ж теперь па праздник честный мир!
Спеши, хозяин тороватый!
Проси, сажай гостей своих за пир
Затейливый, замысловатый!
Что лакомству пророчит он утех!
Каким разнообразьем брашен
Блистает он! … Но вкус один во всех
И, как могила, людям страшен;
Садись один и тризну соверши
По радостям земным твоей души!

위의 연은 다층적이면서도 단일한 은유적인 구조를 보여준다. 그 구조를 이루는 하나의 상징은 이 시를 바라띤스끼의 초기 명상시 〈진리〉(Истина) 와 연관 지우게 한다.

너의 촛대는 지상의 모든 기쁨의
장례의 촛대이다.
아! 너의 세계는 무덤의 슬픈 세계이다.
살아있는 이들은 그 세계가 두렵다.

Светильник твой – светильник погребальный
Всех радостей земных!
Твой мир, увы! могилы мир печальный
И страшен для живых.

여기 인용된 부분은 이러한 주제를 전개하는 가장 익숙한 시적 표현 공식이다. 세계-무덤(мир-могила)이라는 비유를 따라 삶의 길(дорога жизни), 천체(светило), 밤의 거주지(обитель ночи) 등의 여타 전통적인 형상이 주제론적인 축으로 수렴된다.

용서하오! 그렇지 않다면, 나의 천체가
저 높이 별들이 빛나는 곳에서
창백해지기 시작할 때 나는 내게 소중한
모든 것을 잊어야 한다오,

그 때 나타나 주오! 나의 눈을 열어주고
나의 이성을 밝혀주오.
내가 삶을 경멸하고 밤의 거주지로
순순히 떠나갈 수 있도록.

Прости! Иль нет: когда мое светило
Во звездной вышине
Начнет бледнеть и все, что сердцу мило,
Забыть придется мне,

Явись тогда! Раскрой тогда мне очи,
Мой разум просвети,
Чтоб, жизнь презрев, я мог в обитель ночи
Безропотно сойти.

〈가을〉에 나타나는 시적 형상들은 하나로 수렴되지 않는다. 오히려 그 형상들은 계속해서 가지를 뻗어나가거나 새로운 싹을 틔운다. 하나의 주제에 함께 종속되면서 각자의 방식으로 존재한다. 그러나 그것은 다름 아닌 지금 주어진 맥락 속에서만 존재한다. 이것이 바로 문체의 일반적인 문맥 의미를 획득하는, 합리주의 시학에서의 전통적 표현형식들과 차이를 보이는 지점이다.

〈가을〉에서 연은 서정적 슈제뜨의 단위로서, 단일한 상징의 축을 이룬다(여기서는 자연 속의 가을과 인간의 삶에서의 가을). 그러나 대부분 각 연은 나름의 폐쇄된 은유적 슈제뜨를 가지며, 역으로 더욱 세분화된 시적 상징들을 포용한다. 대부분의 경우 하나의 연에서는 그 연의 의미론적 움직임을 제어하는 단일한 상징이 지배적이다. 위에서 인용된 시들에서는 추모(тризна), 대양(океан), 별(звезда), 겨울(зима) 등의 어휘가 바로 그와 같은 예가 된다.

옳지 못한 비상을 인정하고
　　　　물러설 곳 없이 내려오라.
하늘의 별은 심연으로 사라진다.
　　　　또 다른 별이 나타나겠지.

땅이 입을 손실은 분명하지 않다,
　　　　멀리서 별이 떨어지는 비명도
세계의 귀를 놀라게 하지 못한다.
　　　　저 높은 대기에서와 같이
자매의 갓 태어난 빛은
하늘을 향해 환희의 인사를 보낸다!

Пускай, приняв неправильный полет
　　　　И вспять стези не обретая,
Звезда небес в бездонность утечет;
　　　　Пусть заменит ее другая;
Не явствует земле ущерб одной,
　　　　Не поражает ухо мира
Падения ее далекий вой,
　　　　Равно как в высотах эфира
Ее сестры новорожденный свет
И небесам восторженный привет!

바라띤스끼는 고어적인 표현이나 교회슬라브어를 많이 사용했다. 그러나 셰비료프나 호먀꼬프와는 달리 바라띤스끼에게서 어휘자체가 지닌 문체적 색채는 심층적인 의미론적 전도(轉置)에 비해서는 이차적인 것일 뿐이다. 추락의 비명(вой падения)이라는 표현은 죽어가는 별을 의인화하지 않는다(이것은 직설적인 표현일 것이다). 바라띤스끼의 다층적 의미론은 여기서 별이 별이면서 또한 동시에 다른 어떤 처절한 고통에 처한 존재일 수 있도록 만든다. 세계의 귀(ухо мира)라는 표현은 이후 마야꼽스끼에게 나타나는 다음과 같은 은유를 미리 보게 한다.

우주는 별이 벼룩처럼 들끓는
자신의 앞발 위에
거대한 귀를 올려놓고는 잠든다.

Вселенная спит,
положив на лапу
с клещами звезд огромное ухо.

육체와 정신의 노쇠함 역시 영원한 비가적 주제의 하나다. 그러나 지금까지 그 누구도 바라띈스끼의 시 〈나날이여, 너는 어디로 … 〉(На что вы, дни! …)에서처럼 이 주제를 다루지는 못했다.

나날이여, 너는 어디로 가는가! 이 속세는
　　　　자신의 세계의 현상들을 변화시키지 못한다!
모든 것은 이미 다 아는 것이고
　　　　미래 역시 똑같은 것의 반복만을 약속한다.

광기의 영혼이여!
　　　　네가 서둘러 전진하려
몸부림치고 바둥거린 것은 괜한 것이 아니었다.
　　　　너는 육체보다 먼저 위업을 달성했다.

지상적 감동의 좁은 원을
　　　　오래전에 닫아버리고
너는 다시금 찾아오는
　　　　잠의 향기에 취해 졸고 있다. 그러나 육체는

아무런 필요도 없이 밤과 교체되면서
　　　　아침이 깨어나는 것을,
밤의 어둠 속으로 아무 결실도 없는
　　　　바람이 사라지는 것을 무의미하게 지켜본다.

На что вы, дни! Юдольный мир явленья
　　　　Свои не изменит!
Все ведомы, и только повторенья
　　　　Грядущее сулит.

Недаром ты металась и кипела,
　　　　Развитием спеша,
Свой подвиг ты свершила прежде тела,
　　　　Безумная душа!

И, тесный круг подлунных впечатлений
　　　　Сомкнувшая давно,
Под веяньем возвратных сновидений
　　　　Ты дремлешь; а оно

Бессмысленно глядит, как утро встанет,
Без нужды ночь сменя,
Как в мрак ночной бесплодный вечер канет,
Венец пустого дня!

이 시에서 영혼과 육체는 되돌릴 수 없이 분리되어 있다. 육체는 여기서 영혼 없이 그 자체로 존재하며 그와 같은 영혼의 부재로 인해 두려운 독특한 인물로 형상화되어 있다. 어떻게 영혼이 모두 증발해버린 텅 빈 껍질을 인물로 형상화할 수 있는가? 바라띈스끼는 아주 대담하게 그 방법을 찾아내었다. 육체는 중성 대명사(оно)로 형상화했으며, 이때 중성대명사는 각운의 위치에 놓여 있고 또한 긴 휴지부를 필요로 하는 앙장브망으로 분절됨으로써 강조되었다.

… а оно
Бессмысленно глядит, как утро встанет, …

세계 문학에서 정신적인 황폐함을 이러한 측면에서 다룬 것은 바라띈스끼의 이 시가 유일한 듯하다.

〈나날이여, 너는 어디로 … 〉는 바라띈스끼가 일반적으로 시에서는 찾아보기 어려운 심리주의적 깊이에 다가감을 보여주는 작품 중 하나다. 이러한 도정에서 완전히 전통을 벗어나, 동시대적인 사상에 뿌리를 둔 작품들이 나타나게 된다. 예를 들어 바라띈스끼를 사로잡은 문제의식이었던 문학에서의 분석적인 방법론에 대한 시 형식으로 된 대화 역시 이에 포함될 수 있다(동시대인들은 바라띈스끼를 심지어 발자크에 비견하기도 했다[62]).

62) (원주) 이 둘의 비교에 관심을 돌린 것은 다음의 책에서이다. *Literarische Bilder aus Russland.* Herausgegeben von H. Koenig. Stuttgart und Tübingen, 1837, S 159. 이 책을 집필하면서 저자는 과거 류보무드리의 한 명인 멜구노프의 가르침을 적용했다.

신성함을 고양하는 자는 복이 있노라!
그러나 타락의 심연에서
우리 앞에 모습을 드러낸 인간의 마음의
그 어떤 죄 많은 옹이는 죽지 않았다.
우리는 빛과 어둠의 두 영역을
동일하게 탐구하려 한다.
사과나무에서 열매가 떨어진다.
천상의 법칙에 인간은 도달했다!
단지 그 법칙의 암시가
죄악의 기괴한 의미를 우리에게 밝혀준다.

Благословен святое возвестивший!
Но в глубине разврата не погиб
Какой-нибудь неправедный изгиб
Сердец людских пред нами обнаживший.
Две области—сияния и тьмы—
Исследовать равно стремимся мы.
Плод яблони со древа упадает:
Закон небес постигнул человек!
Так в дикий смысл порока посвящает
Нас иногда один его намек.

이 시에서 영원한 주제들은 이미 그 어떤 원동력도 되지 못한다.

선행한 시대는 바라띤스끼로 하여금 1830년대를 대표하는 뛰어난 사상의 시인이 되게 했으며, 뿌슈낀과 뱌젬스끼, 델비크, 쁠레뜨뇨프도 바라띤스끼를 그렇게 평가했다.

바라띤스끼는 합리주의적 전통이 자신의 창조적 역량을 막는 극복할 수 없는 장애가 되도록 하기엔 (베네비띠노프의 경우는 그러했다) 너무 강한 시인이었다. 오히려 그와 같은 전통은 시인이 자발적으로 스스로에게 씌운 굴레와도 같았다. 자신의 불안과 슬픔을 바라띤스끼는 바이런적인 참회록의 형식이 아닌, 시적 사색을 담은 엄격한 언어로 표현했다. 그러나 1830년대 들어 바라띤스끼의 어린 동시대인들은 (그 중의 하나가 벨린스끼였다) 사상의 시로부터 또 다른 어떤 것을 추구했다. 무엇보다도 그들이 요구한 것은 개성의 낭만주의적인 통일성이었다. 벨린스끼의 초기 작품에서 이는 사상과 감정의 통일에 대한 집요한 요구로 나타났다.

벨린스끼의 바라띈스끼에 대한 언급은 사상의 시라는 문제 설정의 역사에 있어서 많은 것을 설명해 준다. 벨린스끼는 바라띈스끼를 다양한 각도에서 여러 차례 언급하곤 했다. 이런 여러 언급 중에서 가장 중요한 의미를 지니는 것은 각각 1835년 간행된 전집과 시집 《황혼》에 대한 비평이다. 그리고 이 비평들은 벨린스끼 자신의 발전에 있어서의 각 단계와도 관련된다.

1835년 벨린스끼는 아직까지 스딴께비츠 서클[63]을 지배하던 낭만주의적 이상을 공유하고 있었다. 스딴께비츠는 예술을 인식의 가장 높은 형태로 이해하는 셸링주의적 미학과 독일 낭만주의에서 슐라이어마허(Friedrich Schleiemacher)[64]와 노발리스(Novalis)[65]에 의해 주로 발전

---

63) 스딴께비츠(Н. В. Станкевич, 1813~1840). 사회 활동가, 철학자, 미학자, 시인. 러시아 문학사와 문화사에서 '스딴께비츠 서클'의 조직자로 자리매김 되어 있다. 그가 모스끄바 대학 재학 시절 조직한 '스딴께비츠 서클'은 1830년대 러시아의 지적인 삶의 역사에 있어 가장 중요한 부분들 중의 하나다. '스딴께비츠 서클'은 1830년대의 낭만주의적 관념론자들의 모임이었다. 이 모임의 구성원들은 셸링의 철학적 지향을 받아들여 세계 전체를 아우르고 세계와 인간에게 의미를 부여하는 단일한 통일된 이념을 추구했다. 세계의 단일성, 존재, 자연, 그리고 인간 정신의 법칙들의 단일한 의미에 관한 셸링의 가르침은 이 집단의 표어가 되었다. 1830년대에 셸링의 가르침은 1820년대의 '류보무드르’의 경우와 같은 철학적 관심의 대상이 아니라, 비로소 젊은 관념론자들의 '약속의 땅'이 되었다. 이들은 셸링을 통해 새로운 삶의 의미를, 전체 삶의 합리성을 발견하고자 했다. 1830년대의 관념론자들은 셸링의 가르침을 통해 자기완성과 자기인식을 추구했다.

64) 근대 신학의 아버지라고 불리는 독일 신학자, 철학자(1768~1834). 베를린의 자선병원 목사가 되어 의사인 맑스 헤르츠의 살롱에 출입하게 되면서 낭만주의자들의 영향을 받아 《종교론》(1799)을 썼다. 이 책은 '종교 멸시자 중의 교양인에게 부치는 강연'이라는 부제가 나타내듯이, 당시 교양인들의 종교적 무관심을 염두에 두고 쓴 것으로서, "종교는 사유(思惟)도 아니고 행위도 아니며, 우주의 직관(直觀)이고 감정이다"라고 하였으며, 또한 "형이상학과도 다르고 도덕과도 다른 특이한 독자적인 영역이라"고 주장했다. 이와 같은 감정

된 감성의 우위에 대한 가르침을 결합했다. 스딴께비츠는 1833년 다음과 같은 글을 남겼다. "삶이 이성이라면, 또 삶이 자유의지라면, 삶은 무엇보다 감성이다. 삶은 감성에 의해 지탱된다 — 나누어질 수 없는, 스스로를 개체로 인식하기 시작한 이들 가운데서 이러한 감성은 사랑에 의해 드러난다…. 사랑! … 나는 이 말을 통해 삶의 비밀을 깨달았다. 삶은 곧 사랑이다."[66]

스딴께비츠 서클의 사상은 초기 벨린스끼에게서 이미 독자적으로 변형되어 있었다. 벨린스끼에게 사상은 언제나 실천적인 목적성을 지닌다. 낭만주의 철학의 명제들을 통해 그는 러시아 문학의 전개과정을 특정한 한 방향으로 이끌어가고자 했다. 사상과 감정의 상호관계는 젊은 벨린스끼에게 변하지 않는 가장 중요한 미학적 규준이었다. 이와 같은 규범 위에서 그는 합리주의와의, 교훈적인 것, 수사적인 것과의, 그리고 미적 형식주의와 문학 속에 남아있던 장르적인 사고의 잔재와

과 직관을 통한 신앙은 종교적인 것뿐 아니라 그의 철학 전반에서 지배적인 사상이 되었다.

65) 독일 낭만주의 시인(1772~1801). 귀족의 집안에서 태어나 엄격한 경건주의적(敬虔主義的) 가정교육을 받고, 예나·라이프치히·비텐베르크대학에서 법률·철학·역사학·자연과학을 전공했다. 그 와중에 그는 F. 실러, F. 슐레겔 등과 교류하였고, I. 칸트와 J. G. 피히테의 철학을 익혔다. 졸업 후에도 계속해서 낭만파 시인들과 교류하며 문학활동을 하였으나 29세 때 폐결핵으로 요절했다. 1798년 연인 조피 폰 퀸의 죽음을 계기로 발표된 일련의 시 〈밤의 찬가〉(Hymnen an die Nacht, 1800)와 미완(未完)의 장편소설 〈푸른 꽃〉(Heinrich von Ofterdingen, 1802)이 특히 유명하다. 〈밤의 찬가〉는 조피에 대한 사랑과 그 여인의 죽음에 대한 비통한 체험을 핵심으로 한 서사시이며, 후자는 전설적인 중세의 기사 시인에서 취재하여 주인공이 대시인으로 원숙해 가는 과정을 그리려 한 교양소설이다. 제1부만 완성되고 제2부는 미완성인데, 여기서 나오는 '푸른 꽃'은 낭만적 동경을 상징한다. 그 외에도 그의 낭만주의적 자연관을 피력한 단편소설 〈자이스의 학도〉(1798), 서정시집 《성가》(1799) 등의 작품을 창작했다.

66) (원주) 스딴께비츠, 《단시 - 비극 - 산문》(Н. В. Станкевич. Стихотворения-Трагедия-Проза. М., 1890), 153쪽.

의 집요한 투쟁을 전개해 나갔다. 벨린스끼에게 이 모든 것은 뒤늦은 '고전주의', 잠복하고 있는 18세기를 의미했다.

바라띈스끼의 1835년 시집을 벨린스끼는 바로 이러한 관점에서 평가했다. "그(바라띈스끼 — 저자)의 시에서 가장 중요하고 기본적인 것은 지성이다. 아주 가끔씩 생각에 잠긴 채 고매한 인간적인 주제에 대해 논하고, 거의 매번 그와 같은 주제를 비껴가며, 그 무엇보다 자주 말장난이나 늘어놓고 신랄함으로 광채를 발하는 그와 같은 지성이다 … 어느 한 편의 시도 당신의 영혼에 와 닿지 않을 것이다. 그 어떤 것도 강력한 사상으로, 강력한 감정으로 당신의 영혼을 동요시킬 수 없을 것이다."[67]

바라띈스끼에게 지성은 있지만 사상은 없다는 것이다. 지성이라는 개념을 계몽주의적으로 이해한 뿌슈낀의 동시대 사람들에게 이와 같은 대립은 불가능했다. 이러한 대립은 철학에서의 이성(разум)과 오성(рассудок)을 구분하는 것에서 기인한다.[68] 또한 낭만주의 철학은 이성을 사물에 대한 비분절적이고 직관적인 지각이자 미적 활동의 근간으로 보았다.[69]

---

67) (원주) 벨린스끼, 《저작 전집》, 1권(В. Г. Белинский. Полное собрание сочинений, т. I. М., 1953), 325쪽.

68) 여기서의 разум과 рассудок은 칸트의 개념인 Vernunft와 Verstand의 러시아어 번역이다. 역자는 이를 따라 разум과 рассудок을 각각 이성과 오성으로 번역했다. 오성은 주관이 선천적으로 가지고 있는 형식, 즉 범주의 도움으로 감성의 대상을 사유하는 능력이다. 그에 반해 이성은 우주·영혼·신 등 초경험적 대상을 사유하는 능력이다. 칸트에 따르면 이성은 추상적이고 직관적, 형이상학적인 인식이며 오성은 객관적이고 보편타당한 진리에 대한 인식이다. 러시아어 단어 자체도 разум이 보다 보편적, 추상적인 의미에서의 이성이라면, рассудок은 경험적이고 범주적인 판단의 개념이 강하다. 이어지는 각주에서 저자가 셸링으로부터 인용한 부분 역시 셸링이 칸트로부터 취한 이성과 오성의 개념을 드러낸다.

69) (원주) 셸링은 다음과 같이 쓰고 있다. "예술작품은 '개념'(понятие)과는 대립되는 '관념'(идея)이라 불릴 수 있는 어떤 것이다. 그리고 바로 이러한 이유로

1835년 벨린스끼는 여전히 18세기적인 '지성'(ум)의 개념과 낭만주의적 투쟁을 벌이고 있었다. 7년 후 모든 것이 변했다. 이제 벨린스끼는 타인들의 그리고 자기 자신 속의 낭만주의적 관념론과 투쟁하고 있었다.[70] 사회성, 현실성 그리고 시대의 문제에 답할 수 있는 예술의 능력이 그가 선호하는 규범이었다. 1842년 벨린스끼는 바라띈스끼를 비난하면서 그가 셰븨료프 및 〈모스끄바 통보〉 그룹과 가까이 한 것을, 즉, 사회적인 비관주의와 "중상주의적 시대"의 사회적 기술적 발전에 대한 경멸을 질책한다. 1842년의 평론에서 벨린스끼는 바라띈스끼를 사상의 시인으로 인정하고 있다는 점에서 이미 앞선 평론보다 더 성숙한 태도를 보여준다.[71] 그러나 이제 그는 동시대인들에게 필요한 사상이 바라띈스

상상력의 힘은… 오성(рассудок)이 아니라 이성(разум)이다… "〔셸링, 《선험적 관념론의 체계》(Ф. -В. -И. Шеллинг. Система трансцендентального идеализма. Л., 1936) 298쪽〕.

70) (원주) 이에 대해서는 나의 논문 "낭만주의적 관념론과의 투쟁에서의 벨린스끼"(Белинский в борьбе с романтическим идеализмом)〔《문학 유산》, 55권(Литературное наследство, т. 55. М., 1948)〕를 참조하라.

71) (원주) 바라띈스끼에 대한 책에서는 이미 수차례 인용되었고 여전히 인용되는 것이 바로 체르늬셰스끼(Н. Г. Чернышевский)의 '사상의 결여가 바라띈스끼를 죽였다'는 지적이다. 이 구절은 나의 1929년 논문인 "철학적 서정시의 시도"(Опыт философской лирики)에서도 인용되었다. 여기서 나는 뿌리 깊이 박혀 있는 오해를 해명하려 한다. "러시아 문학의 고골 시대에 관한 논고"(Очерки гоголевского периода русской литературы)에서 체르늬셰스끼는 셰븨료프의 견해와 논쟁하면서 다음과 같이 쓰고 있다. "까멘스끼와 벨뜨만, 꼴쪼프(그의 노래는 델비크의 러시아어 노래보다도 못하다), 바라띈스끼(사상의 결여가 그를 죽음에 이르게 했다), 빠블로프(그는 여성의 마음이라는 방에 있는 온갖 상자들을 꺼내 놓았다. 셰븨료프는 오랫동안 그를 고골보다 선호했다), 야즤꼬프, 호먀꼬프, 마이꼬프, 그리고 그 외 모든 러시아 작가들에 대한 많은 다른 훌륭한 언급을 우리는 셰븨료프의 평론에서 찾을 수 있다"〔체르늬셰스끼, 《저작 전집》, 3권(Н. Г. Чернышевский. Полное собрание сочинений, т. III. М., 1947), 112쪽〕. 인용된 글의 문맥을 통해 바라띈스끼에 대한 그와 같은 의견이 체르늬셰스끼의 것이 아니라 셰븨료프의 의견을 체르늬셰스끼가 아이러니의 어조로 논쟁적으로 인용하고 있음을 분명히

끼에게서와 같은 사상은 아니라고 생각하게 된다. 벨린스끼는 바라띈스끼의 시 〈마지막 시인〉에 대해 다음과 같이 쓰고 있다. "… 얼마나 훌륭한 시인가! 이 시가 진정한 내용을 표현하고 있다면 얼마나 좋겠는가! 아, 그렇다면 이 시는 진정으로 거대한 재능을 보여주는 작품이 되었을 것이다!"[72]

1820~1830년대 낭만주의자들의 서클에서 개성의 통일성에 대한 요구는 공통적인 현상이었다. 그러나 이 요구는 다양한 방식으로 표현되었다. '강한 감정'을 추구한 벨린스끼와는 달리 류보무드리에게는 시인의 형상에 있어서의 강령화된 철학적 통일성이 무엇보다 중요했다. 그러나 동시대인들에게는 바라띈스끼 초기 시의 우수에 젖은 '핀란드의 유형자'뿐 아니라 《황혼》에서의 비탄에 빠진 작가마저도 전통적인 비가의 연장선상에서 받아들여졌다.

과거 류보무드리였던 이들은 바라띈스끼와 친분을 유지하고 있었지만 사실 그의 시에 대해서는 무관심했다. 〈모스끄바 통보〉의 첫 평론은 그야말로 적대적이었다. 바라띈스끼의 1827년 전집에 대한 평론에서 셰비료프는 다음과 같이 쓰고 있다. "이 시집에는 단어들이 빛을 발하도록 하려는 그의 욕망이 지나치게 두드러진다. 그런 의미에서 그는 사상이나 감정의 시인이라기보다 표현의 시인이라 부를 수 있을 것이다."[73] 셰비료프의 이 글은 어딘가 말년의 벨린스끼의 바라띈스끼에 대한 비평과 닮아 있다.

1837년 셰비료프는 시 〈가을〉을 높이 평가했다. 그는 이제 바라띈스끼의 모든 작품이 "시대의 중요한 문제들에 답하는 심오한 사상들로 가득 채워져 있으며 … 아름다운 형태의 세계로부터 심오한 사상의 세계로 이행해가고 있다"[74] 고 지적했다. 그러나 이는 그저 일회적인 반

알 수 있다.

72) (원주) 벨린스끼, 《저작 전집》, 6권(В. Г. Белинский. Полное собрание сочинений, т. VI. М., 1955), 469쪽.

73) (원주) 〈모스끄바 통보〉, 1828, 1호(Московский вестник, 1828, NO. 1), 71쪽.

향일 뿐이었다. 그 어떤 경우에도 바라뜬스끼의 철학시를 그와 같은 사조의 대표적인 작품으로 인정하려는 시도는 존재하지 않았다. 잡지 〈모스끄바의 관찰자〉는 1835년 그의 전집 간행에 대해 침묵했으며, 〈모스끄바인〉 역시 그의 시집 《황혼》에 대해서나, 1844년의 그의 죽음에 대해서 그 어떤 평론도 발표하지 않았다(부분적으로는 개인적인 불화가 원인이기도 했다).

이미 "1829년 러시아 문학에 대한 고찰"에서 끼레옙스끼는 바라뜬스끼가 낡아빠진 '프랑스적 사조'에 속해 있다는 비난으로부터 그를 옹호했다. 그러나 끼레옙스끼조차도 바라뜬스끼를 사상의 시인이라기보다는, "전 생애를 시적인 시선으로 끌어안고 영감의 빛을 골고루 삶의 모든 순간에 흐르게 하며 가장 평범한 것이 시가 되도록 하는" 현실의 시인이라 여겼다. 끼레옙스끼의 지적들 중 다음 하나는 특징적이다. 그는 "… 바라뜬스끼의 시 〈무도회의 저녁〉(Бальный вечер)에는 감정의 구심점이 없다. 또한 거기에는 (만일 시에 대해서 기계학의 언어로 말하는 것이 가능하다면) 전체적인 정신적 움직임이 결합되고 조율될 수 있도록 하는 단일한 구성력이 없다"라고 지적하면서, 이어 역시 같은 글에서 "이러한 파편화된 조각들 가운데서 그것들 모두에 공통된 기원의 흔적을, 그 파편들에 생명을 불어넣는 존재의 유일성을 발견할 수 있는 사람"[75] 만이 베네비띠노프의 시를 이해할 수 있을 것이라고 확언했다.

구성력, 생명을 불어넣는 존재의 유일성 같은 낭만주의 미학의 요구에 있어 가장 중요한 특질들을 끼레옙스끼는 1820년대 바라뜬스끼의 시에서 부정한다. 그는 이러한 특성들을 바라뜬스끼의 후기 시에서도 역시 거의 발견하지 못했다. 시집 《황혼》에 포함된 시들은 고도로 지성적이며, 그것의 시적 의미는 서정적 슈제뜨의 구성 그 자체에 현시

---

74) (원주) 〈모스끄바의 관찰자〉, 1837, 12부(Московский наблюдатель, 1837, ч. XII), 319~320쪽.

75) (원주) 끼레옙스끼, 《저작 전집》, 2권(И. В. Киреевский. Полное собрание сочинений, т. II. М., 1911) 29, 30, 26쪽.

되어 있다. 그러나 그 시들 속에는 그 어떤 연관된 철학적 강령도, 그와 같은 사상을 체현하는 그 어떤 서정적 주인공도 등장하지 않는다.

수년이 지난 후, 그들과 같은 사상적 그룹에서 교육받은 이반 악싸꼬프(Иван Аксаков)는 다음과 같이 말했다. "… 바라뗀스끼에게서는 감정이 언제나 사색을 하고 판단을 한다. 사상이 따로 분리되어 그저 사상일 뿐일 때조차, 그와 같은 사상은 바로 이러한 감정의 완전성의 부족으로 인해, 또 시인의 창조적 정련에 있어서의 열의 부족으로 인해 그것은 거의 완전한 시적인 형상을 주조해 내지 못한다."[76]

바라뗀스끼의 시적 방법론은 낭만주의의 개성의 단일성에 대한 요구도, 그의 동시대인들이 사상의 시의 앞에 제시한 모순된 강령적 요구도 만족시키지 못했다. 뿌슈낀과 마찬가지로 바라뗀스끼 역시 모든 지식인들을 사로잡고 있던 낭만주의적 문제의식이었던 시인의 문제, 창조적 영감의 문제, 천재와 '대중'의 문제 등에 답하고자 했다. 그리고 뿌슈낀이 그랬던 것처럼 (물론 뿌슈낀과는 다른 방식이었지만), 그는 이 문제를 낭만주의자들의 서정적 주인공이 아닌, 나름의 방식으로 풀어갔다.

바라뗀스끼의 모든 동시대인들 중 그 누구보다 놀라운 통찰력으로 변함없이 그를 높이 평가했던 이가 다름 아닌 뿌슈낀이었던 것은 우연이 아니다.

1846년 발레리안 마이꼬프(В. Н. Майков)[77]는 10년 전에 뿌슈낀의

---

76) (원주) 악싸꼬프, 《뜌체프의 전기》(И. С. Аксаков, Биография Ф. И. Тютчева. М., 1886), 107쪽. 바라뗀스끼에 대한 이러한 이해는 뚜르게네프에게서도 마찬가지였다. 그는 1854년 악싸꼬프에게 다음과 같이 편지했다. "그(바라뗀스끼 — 저자)에게는 지성도, 취미도, 통찰력도 풍부하다. 아마도 너무 풍부했는지도 모른다. 그의 단어들은 하나하나가 작두자국 아니면 톱니자국을 가지고 있다. 그의 시행은 어딘가를 향하는 법이 없다. 심지어 흐르지도 않는다"〔뚜르게네프, 《편지》, 2권(И. С. Тургенев, Письма, т. II. М.:Л., 1961), 222쪽〕.

77) 문학 평론가, 문학가(1823~1847). 뻬뜨라솁스끼 서클과 가까웠고, 예술의 사회적 기능에 대한 여러 편의 글을 남겼으며 자신의 글들을 통해 뻬뜨라솁스끼

〈동시대인〉(Современник) 지에 발표되었던 뜌체프의 시를 회상했다. "그 시 속에서 그들은 죽었다… 우리 문학에 이상한 일이 생긴 것이다."[78] 그러나 이때의 '이상한 일'이란 앞서 바라띤스끼와 관련하여 이야기한 바 있는 서정시에서의 낭만적 주인공에 대한 추구에 의해 설명될 수 있다. 후기 바라띤스끼의 문학적 운명은 많은 부분에서 뜌체프의 운명과 유사했다.

1840년대 이후 뜌체프의 시에 대한 반향이 부재하는 이유는 어려움없이 설명될 수 있다. 1840~1870년 러시아 문학은 자신의 가장 중요한 문제를 더 이상 시 속에서 해결하고자 하지 않았다. 혹은 그것이 필요로 했던 것은 이미 네끄라쏘프적인 성격의 사회적 문제의식을 지닌 시였다. 그러나 문제는 1830년대에 역시 뜌체프의 시를 에워싼 것 역시도 적막한 침묵뿐이었다는 것이다. 1830년대에는 아직 낭만주의 철학의 신봉자들이 활동하는 그룹들이 존재하고 있었고, 게다가 그들의 기관지라 할 수 있는 잡지 〈모스끄바의 관찰자〉도 여전히 간행되고 있었다. 이들 그룹은 바라띤스끼를 사색하는 시인이라 인정했지만, 그의 시가 자신들의 정신적 삶의 본질적이고 원칙적인 사실이라고는 절대 생각하지 않았다. 얼핏 보기에 더 놀라운 것은 류보무드리가 작품의 철학적 기원에 있어서 그들과 진짜로 닮아 있던 시인 뜌체프의 시에 대해서 무관심했다는 사실이다. 대학시절 뜌체프는 모든 류보무드리 중 유일하게 자신의 대학 동기였던 뽀고딘과만 교류했다. 1822년부터 그는 오랫동안 외국으로 떠나 있었다. 1829~1830년에 이르러서야 뜌체프는 뮌헨에서 뾰뜨르 끼레옙스끼와 그의 형 이반 끼레옙스끼와 가까워졌

서클의 이념이나 포이어바흐의 철학, 사회주의적 유토피아주의 등의 사상을 설파하고자 했다. 조화로운 인간의 이상을 추구했고 이 과정에서 민족적인 것보다 코스코폴리탄적인 것을 중시했다. 이 점에 있어서 벨린스끼와 논쟁했다. 또한 그는 예술은 인간의 영혼을 해부하는 것이라 생각했으며, 이러한 그의 예술관은 도스또옙스끼에 대한 그의 평론에 잘 나타나 있다.

78) (원주) 마이꼬프, 《비평 습작》(В. Майков, Критические опыты. СПб., 1891), 135쪽.

다.[79] 1829년 이반 끼레옙스끼가 "1829년 러시아 문학에 대한 고찰"에서 뜌체프의 시에 눈을 돌리고 그의 시에서 자신의 그룹과의 유사성을 지적한 것은 이러한 친분에 의해 설명될 수 있을 것이다. 그는 자신의 글에서 "독일 학파의 시인들 중 셰비료프, 호먀꼬프, 뜌체프는 특별하다"[80]라고 말했다. 그러나 끼레옙스끼의 이 글에는 이러한 개략적인 언급과 나란히 베네비띠노프를 "모든 감정들이 사상으로 충만하고, 모든 사상들이 따뜻한 심장의 온기를 느낄 수 있게 하는 심오하고 자족적인" 시인이라 칭하는 열광적인 언급이 존재했다.

끼레옙스끼가 1829년 "러시아 문학에 대한 고찰"을 썼을 때 베네비띠노프는 이미 자신의 시인으로서의 활동을 마쳤고,[81] 뜌체프는 비교적 초기 시들이〔이 시들 중에는 물론 〈봄날의 뇌우〉(Весенняя гроза), 〈여름저녁〉(Летний вечер), 〈환영(幻影)〉(Видение) 등도 포함되어 있었다〕 출판 중에 있었다. 뜌체프가 러시아 독자들에게 제대로 소개된 것은 7년 후 그의 시 24편이 뿌슈낀의 〈동시대인〉 지에 발표되었을 때에서였다. 그러나 그의 시는 소수의 문학 그룹에게만 인상을 남겼다.

뜌체프의 시를 독립된 책으로 출판하려는 계획이 실현되지 못한 것에 대해 셰비료프는 1836년 11월 뜌체프의 친구인 가가린(И. Гагарин)에게 다음과 같이 말했다. "훌륭한 선집이 될 것입니다. 여기저기 흩어져 있는 뜌체프의 단편들에는 특별함이 있어요."[82] 이것은 칭찬의 말이었지만 그럼에도 여전히 셰비료프가 일 년 전 베네비띠노프의 선집을 대했을 때 보여주었던 그와 같은 열광과는 거리가 멀다. 어쨌든 셰비료프는 당시 자신이 비평분과의 수장으로 있었던 〈모스끄바의 관찰자〉에

---

79) (원주) 삐가례프, 《뜌체프의 삶과 작품》(К. Пигарев. Жизнь и творчество Тютчева. М., 1962), 69, 81쪽을 보라.

80) (원주) 끼레옙스끼, 《저작 전집》, 2권(И. В. Киреевский. Полное собрание сочинений), 256쪽.

81) 앞서 언급했듯이 그는 이미 1827년 자신의 짧은 생을 마감했다.

82) (원주) 《문학 유산》, 58권(Литературное наследство, т. 58. М., 1952), 132쪽.

뜌체프에 대한 평론을 발표하는 것이 필요하다고 생각하지 않았다.

뜌체프는 자신의 동년배들이 제기한, 체화된 작가적 형상의 전일성에 대한 낭만주의적 요구를 바라띈스끼보다도 더 만족시키지 못했다. 뜌체프가 작가의 의식을 표현하는 원칙은 그의 세계관적 토대에 의해 조건지워졌다. 뜌체프에 대한 연구들에서〔블라고이(Д. Благой), 기삐우스(В. Гиппиус), 부흐슈따프(Б. Бухштаб), 베르꼽스끼(Н. Берковский) 등의 연구에서〕 그의 철학적 시적 사상이 밝혀져 있다. 낭만주의적 범신론, 영혼이 깃든 자연(세계혼), 조화와 혼돈의, 밤과 낮의 양극성, 무의식적인 것의 거센 힘, 영혼의 '어두운 측면' 등과 같은 주제들이 뜌체프의 시 속에 강하게 나타나 있다. 그러나 러시아 고유의 문제의식과 역사적으로 당대성을 지니고 있었으며, 동시대적인 긴장감이 스며 있었던 뜌체프의 시를 이와 같은 주제들이 완전히 잠식할 수는 없었다. 뜌체프에게 있어서 가장 중요하면서도 그를 가장 괴롭게 하는 문제 중의 하나가 개성의 문제였다. 뜌체프는 심리적으로 거부할 수 없는 개인주의의 거센 힘 속에 빠져 있었고 동시에 이러한 개인주의적 힘을 때로는 '세계혼'과의 결합을 통해서, 또 때로는 국가와 교회의 규율에 호소함으로써 제어하고자 노력했다.[83]

이 도정 위에서 뜌체프가 휘말린 방황은 고립적인 것도 우연한 것도 아니었다. 그는 낭만주의의 본질로부터 기인하며 동시에 그와 같은 낭만주의적 본질을 내부로부터 파괴하는 반(反)개인주의 운동에 포함되었다.

최상의 절대적 가치를 통해, 혹은 그와 같은 가치의 상실이나 그것에 도달할 수 없음에서 기인하는 비애를 통해 (바이런적인 경우) 스스로의 가치를 규정하는 비대해진 자아. 이는 곧 위기와 해결될 수 없는 모순으로 점철된 관계였다. 낭만주의적 의식이 지닌 근본적인 모순성에 대해 게르

---

83) (원주) 이에 대해서는 블라고이의 논문 "뜌체프의 삶과 작품"(Д. Д. Благой, "Жизнь и творчество Тютчева")〔뜌체프, 《시 전집》(Ф. И. Тютчев. Полное собрание стихотворений. М. :Л., 1933)〕을 참조하라.

쩬은 1842년 논문 "딜레탕트 낭만주의자들"(Дилетанты-романтики)에서 다음과 같이 말했다. "낭만주의는 끊임없이 인간의 가슴이 협소함에 대해 슬퍼했고 결코 자신의 감정을, 자신의 심장을 부정하지 않았다. 또한 그것은 끊임없이 스스로를 제물로 바쳤으며 자신의 제물에 대해 영원한 보상을 요구했다. 낭만주의는 주관성을 저주하면서 동시에 신성화했다. 이와 같이 허위의 화해관계를 이루는 모순된 근원들 간의 투쟁은 낭만주의의 발작적인 특성과 동시에 그것의 강한 매력을 낳았다."[84]

독일 낭만주의는 이미 19세기의 처음 10년 동안 스스로의 해방이라는 것이 결국 자유를 향해 던져진 나를 만들어 낼 수 있었다는 정치적, 철학적 결론에 이르렀고 그 앞에서 스스로 물러나지 않을 수 없었다. 낭만주의적 자아가 지향했고, 지배했으며, 그것과 아이러니의 유희를 벌였던 절대는 이제 그와 같은 자아를 가능한 한 남김없이 삼켜버려야 했다. 이는 〔프리드리히 슐레겔(Friedrich von Schlegel)에게서처럼[85]〕 정통 가톨릭에 귀의하여 낭만주의가 스스로를 파괴하도록 이끌기도 했고, 또한 낭만주의 자체의 내부에 반(反)개인주의적인 경향을 형성하게 하기도 했다.[86]

후기 셸링의 교시로부터 바이런주의에 대립되는 낭만주의적 전통이

84) (원주) 게르쩬, 《저작 전집》, 3권(А. И. Герцен, Собрание сочинений в 30-ти томах, т. III. М., 1954) 32쪽.

85) 독일 작가, 비평가(1772~1829). 초기 독일 낭만주의 운동의 많은 철학이념들을 창안했다. 모든 새로운 사상을 자유롭게 받아들인 그는 피히테의 초월철학에서 영향을 받아, 시는 철학적인 동시에 신화적·반어적·종교적이어야 한다는 낭만주의 개념을 발전시켰다. 그러나 1808년 그는 부인과 함께 가톨릭에 귀의해서 낭만주의 이념을 중세 그리스도교 사상과 결합시키려는 종교적인 시도를 보여주게 되었다. 긴즈부르크는 여기서 이러한 슐레겔의 종교귀의를 일종의 낭만적 아이러니로서 낭만주의의 자기모순과 부정의 결과로 이해하고 있다.

86) (원주) 예를 들어 하이델베르크의 낭만주의자들(아르님, 브렌타노 등)이 그러했다. 후기 셸링의 반개인주의적인 사상은 슬라브주의자들의 역사적 개념에, 그들의 개인성과 '집단성'(соборное начало) 간의 관계에 대한 이해에 영향을 주었다.

발전해 갔다. 1809년 셸링은 자신의 저서《인간 자유의 본질에 대한 철학적 탐구》[87]를 발표했다. 여기서 그는 신적인 우주적 자유를 인간의 자유의지에 대립시킨다. 이때 인간의 자유가 우주적 자유를 지배하려 하는 것, 이것이 곧 악이다.

기삐우스는 셸링의 바로 이 작품이 "뜌체프의 철학적 발전에서 결정적인 역할을 했다"라고 지적한다.[88] 자신의 정치적 논문["러시아와 혁명"(Россия и революция), "법왕권과 로마의 문제"(Папство и римский вопрос)]에서 뜌체프는 '정치적 사회적 권리가 될 정도로 승급한 인간적 나의 독재'를 비판한다. 그러나 뜌체프의 사상은 1800년대 셸링의 개념 안에 머무르지 않는다. 그의 작품에 대한 새로운 연구들은 그가 과거 유럽 혁명과 동시대인의 도덕적 추구의 문제에 천착하였던 것만큼이나 열성적으로(마치 도스또옙스끼와도 같이) 자신의 불안한 시대의 문제에 몰두하였음을 보여준다. 그러나 뜌체프의 인간 개념은 이미 반항적인 낭만주의에서와 같은 선택된 인간, 황폐하더라도 강하고, 악마적으로 지상과 천상의 질서에 맞서는 개성으로서의 인간과는 다르다. 뜌체프에게 인간은 자연과 역사적 환경의 전일성으로부터 멀어질수록

---

87) 《인간 자유의 본질에 대한 철학적 탐구》(*Philosophische Untersuchungen über das Wesener menschlichen Freiheit*, 1809)에서 셸링은 인간의 자유란 선과 악에 대한 자유일 때에만 진정한 자유라고 선언했다. 그에 의하면 이러한 자유는 두 가지 근원에 바탕하고 있으며, 이때 그 중 하나는 육체적 욕망과 충동에서 나타나는 숨어 있는 원초적 힘이고, 또 하나는 구성력으로서 인간을 지배하는 명석한 분별력이다. 그러나 인간은 숨겨진 충동의 층위를 지성 위에 올려놓음으로써 지성을 충동에 종속시켰으며 이제 충동의 지배를 받게 되며 이때 올바른 순서가 역전되는 사건이 바로 성서에서 악이 세상에 나타나게 되는, 은총의 상실이라고 알려진 사건이라 설명한다. 그러나 그에 의하면 인간의 이러한 타락은 인간의 몸을 빌려 현현한 그리스도, 즉, 신에 의해 다시금 철회된다.

88) (원주) 기삐우스, 〈뜌체프〉, 뜌체프, 《시 전집. 시인총서》(В. В. Гиппиус, "Ф. И. Тютчев", Ф. И. Тютчев. Полное собрание стихотворений. Библиотека поэта. Л., 1939), 17쪽.

유령과도 같이 과거와 현재의 경계를 따라 부유할 수밖에 없는 그런 존재이다.

뜌체프에게 인간적 나는 마치 강물의 흐름에 떠내려가며 녹고 있는 유빙과도 같은 존재다.

아, 우리의 사상의 유혹인,
너, 인간적 나여!
너의 의미는 그런 것이 아니더냐,
너의 운명은 그런 것이 아니더냐?

〈보라, 넓은 강 위에 …〉

О, нашей мысли обольщенье,
Ты, человеческое Я,
Не таково ль твое значенье,
Не такова ль судьба твоя?

"Смотри, как на речном просторе …"

이처럼 뜌체프는 후기 낭만주의에서, 그리고 낭만주의 이후에 개인주의적 의식이 취할 형태를 어느 정도 예언한다. 이러한 개념은 슈제뜨의 흐름을 따라 형성된 서정적 주인공의 형상이 그의 시에 나타나게 할 수 없었다. 외교관이자 궁정관리였고, 검열관이었으며 사교계의 독설가이기도 했던 뜌체프의 전기적인 삶 역시 그의 시의 작가적 나의 형상과의 조화보다는 반목을 보여주었다. 개인이란 그것이 전기적인 것이건 조건화된 서정적인 주체이건 뜌체프의 시에서 결코 중심적인 것이 될 수 없었다. 바로 이러한 사실이 그의 문학적 운명에 있어서의 많은 것을 설명해 준다.

러시아 낭만주의자들은 시가 기존의 자신들의 강령화된 사상을 구체화하는 것이길, 말하자면 그와 같은 사상이 개인의 형상을 통해 육화된 것이길 원했다. 류보무드리에게 그와 같은 형상이란 곧 시인의 형상이었던 바, 그것은 그들이 셸링의 철학 중 단지 예술에 관한 가르침만을 주목해서였기 보다는 바로 그와 같은 가르침이 시를 위해 가장 적합한 주제가 된다고 여겼기 때문이다.

그러나 뜌체프의 서정시에는 눈에 띄는 분명한 통일성이 없었다. 그의 시적 사상은 내적으로는 단일하며 하나로 수렴되는 것이었음에도 불구하고 그것이 매우 다양한 존재의 현상들 내부에 침투해있는 것이었기 때문이다.

셸링의 철학을 표현하는 데 있어서 뜌체프는 서정시 풍토를 쉽게 자기화 한 영감으로 가득 찬 시인들의 강령화된 주제들과는 거리가 먼 개념들을 사용했다. 뿐만 아니라, 19세기의 위대한 서정시인 중 그 누구도 뜌체프처럼 작품 속에서 시인과[89] 시와 영감에 대한 이야기를 하지 않으려 했던 이는 없었다. 19세기 초반을 대표하는 일군의 시인들, 낭만주의자들뿐 아니라 심지어 시인과 사회의 관계에 대한 새로운 이해를 가지고 있었던 네끄라쏘프마저도 그와 같은 주제에 많은 관심을 기울였다. 그러나 뜌체프에게는 시인의 소명에 대한 어떤 특별한 강령 같은 것이 존재하지 않는다. 이것은 삶 속에서 그가 보여준 반낭만주의적인 입장이나 사교계의 환락에 대한 못마땅함, 그리고 그가 자신의 시에 대해 취했던 냉담함, 심지어 경멸 같은 태도와 관계된다. 그는 러시아의 셸링주의자들이 원했던 그런 사상의 시를 거부했다. 그러나 동시에 그들이 실제로 해 내지 못했던 일들을 뜌체프는 이미 1820~1830년대의 자신의 작품 속에서 성공적으로 이루어냈다. 바로 19세기 철학적 서정시의 방법론을 발견해 낸 것이다.

지금까지도 뜌체프 작품의 물리적 속성이나 디테일에 대한 그의 안목을 이야기할 때면 어김없이 인용되는 다음의 시구들은 이미 당시 네

---

89) (원주) 뜌체프가 시인에 대한 시를 쓴 것은 매우 예외적이다. 예를 들어 〈너는 그를 상류사회의 사람들 가운데에서 보았다 … 〉(Ты зрел его в кругу большого света …)나, 〈처녀여, 믿지 마시오, 시인을 믿지 마시오 … 〉(Не верь, не верь поэту, дева … , 1839) 같은 시가 그와 같은 예외다. (니꼴라이 1세의 딸이자 짜르의 누이였던 — 역자) 공작부인 마리아 니꼴라예브나를 수신인으로 하여 1840년 경 쓴 기념시 〈진심어린 동정의 인사로 … 〉(Живым сочувствием привета …)도 이 부류에 속할 수 있다.

끄라쏘프와 이반 악싸꼬프가 경탄했던 것이기도 하다.

한 가닥 거미줄만이
텅 빈 밭고랑에서 빛난다…

갑자기 따뜻하고 축축한 바람이 불어온다…

Лишь паутины тонкий волос
Блестит на праздной борозде…

Вдруг ветр подует, теплый и сырой…

이는 진정 놀라운 시구다. 그러나 그의 시의 구체성과 물성을 얘기할 때면 어김없이 위의 시구와 같은 똑같은 예들을 들 수밖에 없는 것은 사실 이러한 예들이 뜌체프의 전 작품을 통틀어 많지 않기 때문이다.[90] 그의 작품에 있어서 보다 더 특징적이고 근본적인 구체성은 이런 종류의 구체성을 의미하지는 않는다.

뜌체프가 역사적 사건과 지적 개념을 개인화함에 대해서는 이 장의 초반부에서 이미 논의되었다. 뜌체프는 청년 시절 교훈적인 추상적 시의 영향을 받았다. 그러나 성숙한 시기 뜌체프의 작품 속에서 그것이 자연현상이든 '밤의 영혼'의 상태에 관한 것이든, 혹은 심지어 루터교 양식의 건축물이나 로마 웅변가의 형상처럼 역사적 구체성을 띠는 경우이든, 어떤 현상이 지닌 개인적 양상의 구현은 점점 심화된다. 키케로(Marcus Tullius Cicero)의 형상도, 인용된 그의 '말'도 모두 뜌체프에게는 광대한 시적 보편성을 내포하는 역사적으로 단일한 어떤 것이다.

운명적 순간에
이 세계를 찾아온 자는 행복하나니…

---

90) (원주) 이에 대해서는 뜌체프, 《시 전집. 시인총서》(Ф. И. Тютчев, Полное собрание стихотворений. Библиотека поэта. Л., 1957)에 수록된 부흐슈따프의 논문 29쪽을 참조하라.

Счастлив, кто посетил сей мир
В его минуты роковые …

뜌체프는 때로 풍경의 구체성과 결합시킴으로써 확장되는 사상의 움직임을 제어하고 더디게 만들었다.

나는 리보니아의 들판을 가로질러 간다.
나의 주변으로는 모든 것이 너무도 우울하다 …
하늘의 무색 토양, 모래로 뒤덮인 땅 —
이 모든 것이 영혼으로 하여금 명상에 잠기게 했다.

나는 슬픈 이 땅의 과거를 회상했다.

Через ливонские я проезжал поля,
Вокруг меня все было так уныло …
Бесцветный грунт небес, песчаная земля —
Все на душу раздумье наводило.

Я вспомнил о былом печальной сей земли …

여기서 사상은 마치 힘을 모아 앞으로 전진하는 것처럼 보인다.

극도로 심리적인 뜌체프의 후기 서정시에서는 서정의 움직임도 자주 구체적인 것, 예를 들어 어떤 동작이나 제스처로부터 시작되는 것을 볼 수 있다.

그녀는 바닥에 앉아
편지 더미를 정리하고 있었다.

Она сидела на полу
И груду писем разбирала …

혹은

또다시 나는 네바강 위에 서있다.

그리고 다시 그 옛날처럼
마치 살아있는 사람처럼 나 역시
이 잠들어 있는 수면을 응시한다.

Опять стою я над Невой,
И снова, как в былые годы,
Смотрю и я, как бы живой,
На эти дремлющие воды.

서정적 사건은 시간 속에서 전개될 뿐 아니라 구체적인 공간 속에 놓여진다. 이로써 그것은 보편적인 것에 머무르지 않고 유일한 것이 된다. 현대 시에서 이러한 사적인 경험은 이미 필수적인 전제이지만, 1820년대 당시 이것은 새로운 발견이었다.

서정시의 개인화는 새로운 시적 표현 수단을 통해서만 가능한 것이었다. 그것은 우선적으로 합리주의 시학의 원칙들을 거부할 것을 요구했다. 1820~1830년대 이미 존재하고 있었던 상당히 약화된 형태의 합리주의 시학마저도 거부해야 했다. 이러한 체계 속에서 언어적 표현은 맥락으로부터 형성되는 것이 아니었다. 개인적인 시적 맥락은 단지 언어적 표현을 분화하고 그것에 새로운 뉘앙스를 부여할 수 있을 뿐이었다.

이러한 문체를 이어받은 것은 그것을 극복할 만큼의 역량을 지니지 못한 젊은 러시아 낭만주의 시인들이었다. 호먀꼬프 같은 시인이 자신이 선호했던 시적 영감의 주제를 풀어내는 방식은 바로 그와 같은 예가 될 것이다.

만일 단 한 번이라도 네가 차가운 영혼으로
천상의 재능을 거부한다면,
지상의 결실 없는 무상함 속에서
영감의 불길을 잠재운다면,
그리고 만일 단 한 번이라도 방만한 게으름 가운데
세상의 보잘 것 없는 것들과 사랑에 빠져
네가 쾌락의 사슬로
반항하는 영혼의 격정을 결박한다면,

신성한 시의 정결한 이슬은
너에게 내리지 않을 것이고,
멀어버린 눈동자 앞에서
하늘은 열리지 않을 것이다.
가련한 심장은 말라버리고
예전 너의 사상의 밭은
지상의 생각들의 가시덤불 아래에서
물 없는 초원처럼 황폐해질 것이다.

〈영감〉

Но если раз душой холодной
Отринешь ты небесный дар
И в суете земли бесплодной
Потушишь вдохновенья жар;
И если раз, в беспечной лени,
Ничтожность мира полюбив,
Ты свяжешь цепью наслаждений
Души бунтующий порыв, —
К тебе поэзии священной
Не снидет чистая роса,
И пред зеницей ослепленной
Не распахнутся небеса.
Но сердце бедное иссохнет —
И нива прежних дум твоих,
Как степь безводная, заглохнет
Под тёрном помыслов земных.

"Вдохновение"

이 시에는 거의 명제와 같이 표현된 일관된 중심 사상의 축이 존재하며, (반항하는 영혼, 신성한 시, 멀어버린 눈동자, 말라버린 심장, 물 없는 초원 등) 각각의 비유는 이 축으로 수렴된다. 이 모든 표현은 이미 고상한 서정시 장르에서 자주 사용되던 것들이다. 그러나 그와 같은 표현 각각이 시인과 낭만주의적 영감이라는 주제와 직접적인 관련을 맺고 있는 것은 아니며, 그와 같은 의미에서 반드시 필요한 것은 아니다. 그것은 현재의 문맥에서 떼어내어 사랑과 우정 혹은 이별에 관해 말하는 다른 어떤 문맥으로 가져다 놓아도 무방하다. 각각의 이러한 표현은 마치 다른 표현들로부터 고립된 듯하며, 그것에 의해 연상되는 것은 그 표현 자체의 경계를 넘지 못한 채 폐쇄되고 인접한 의미 계열로 확장되지 않는다.

〈모스끄바 통보〉 그룹 시인들은 낭만주의적 철학시를 창조해야 할 과업을 이루기 위해 합리주의 시학에 뿌리를 둔 낡은 문체의 표현들에 의거했던 바, 그들의 모든 활동은 바로 이러한 창작에 있어서의 모순을 드러내고 있었다.

이때 당시까지 존재하지 않았던 철학시의 언어를 발견한 것은 류보무드리도 스딴께비츠도, 그리고 그의 친구들도 아닌 바로 뜌체프였다.

시어를 사용하는 데 있어서 가장 중요한 것은 문맥이다. 문맥은 연상 작용을 위한 열쇠가 된다. 그러나 합리주의 시학에서는 해당 시의 문맥보다도 그 외부에 존재하는 견고한 문체의 이미 주어져 규범화된 문맥이 중요했다. 서정시의 개인화는 당면한 일회적인 문맥의 우위를 의미했다. 1820년대부터 시작해서 20세기의 서정시에 이르기까지 이러한 문맥이 지니는 의미는 점점 증대되었다. 뜌체프의 시는 이러한 의미에서 동시대인이 미처 알아채지 못했던, 그러나 19세기 말에 형성되기 시작한 '새로운 시'를 위해 필수적이었던 하나의 전환이었다.

낭만주의적 개인화는 의미론적 단위와 시의 전체 의미 사이의 새로운 상호관계를 가져왔다. 시적 표현은 의미론적 축으로부터 분리되어 그 자체로 자족적인 삶을 살게 되거나 (예를 들어 바라띈스끼의 시 〈가을〉의 경우가 그러하다), 혹은 의미론적 축을 따라 전개되는 구조가 아닌 포괄적인 구조를 띠게 되었다. 뜌체프의 시에서 하나의 단일한 상징으로서의 철학시를 축조하는 경향이 나타났다. (이에 대해 뜨냐노프가 뜌체프에 대한 여러 연구에서 지적했다.) 때로 이는 뜌체프가 선호했던 자연현상과 인간의 정신적 삶의 상응을 통해 표현되었다. 그러나 이러한 눈에 띄는 상응 관계가 존재하지 않는 경우에도 뜌체프 시의 포괄적 표현은 시 전체의 상징을 재구조화했다. 그것은 어휘의 자질을 새롭게 분류하고, 심지어 전통적인 어휘마저도 시에서 표현되는 사상을 위해 이제 막 새롭게 창조된 듯한 울림을 갖게 한다.

대양이 지구를 휘감듯
지상의 생명은 온통 잠으로 뒤덮였다.
밤이 오고, 포효하는 파도 소리처럼
　　자연은 거세게 그 해안을 향해 돌진한다.

거센 파도는 말한다. 대양은 우리를 필요로 한다고…
선착장의 마법의 조각배는 다시 소생한다.
바닷물은 차올라 재빨리 우리를
　　어두운 파도의 측량할 길 없는 무한으로 데려간다.

별의 영광으로 빛나는 창공은
은밀히 깊은 곳으로부터 얼굴을 내밀고
우리는 사방을 불타는 심연으로
　　둘러싸인 채 항해한다.

Как океан объемлет шар земной,
Земная жизнь кругом объята снами;
Настанет ночь - и звучными волнами
　　Стихия бьет о берег свой.

То глас ее: он нудит нас и просит…
Уж в пристани волшебный ожил челн;
Прилив растет и быстро нас уносит
　　В неизмеримость темных волн.

Небесный свод, горящий славой звездной,
Таинственно глядит из глубины, —
И мы плывем, пылающею бездной
　　Со всех сторон окружены.

많은 은유가 이 시에서 하나의 의미론적 조화를 이루고 있다. 선착장의 조각배와, 그것을 떠내려가게 하는 밀물, 헤엄쳐 가는 조각배로 이어지는 흐름은 심지어 은유의 전개로 이해될 수 있지만, 그럼에도 그와 같은 은유의 펼쳐짐은 드러나지 않는다. 비상하고 장엄하며, 시행에서 시행으로 이어지며 서로 교호하는 시적 비유들이 실현되는 은유

의 도식을 억눌렀다.[91]

뜌체프의 '밤'의 시들 중 다른 하나인 다음의 시에서는 시를 관통하는 상징이 다른 방식으로 구조화되어 있다.

> 밤이면, 이따금 전우주적 고요의 순간이 찾아온다.
> 그와 같은 현상과 경이의 순간에는
> 만유의 살아있는 마차가 나타나
> 하늘의 성전을 향해 달려간다.
>
> Есть некий час, в ночи, всемирного молчанья,
> И в оный час явлений и чудес
> Живая колесница мирозданья
> Открыто катится в святилище небес.

이 시에는 은유의 순차적인 전개가 존재하지 않는다. 그러나 '만유의 살아있는 마차'(여기서 '살아있는'은 '전율하는 별'이라는 표현으로 인해 가능하다)라는 표현은 매우 역동적이어서 그것이 불러일으키는 고유한 연상 작용의 틀 안에 머무르지 않는다. 그것은 텍스트 전체로 확장되며, 전체 텍스트를 관통한다. 위의 시 〈대양이 지구를 휘감듯 … 〉(Как океан объемлет шар земной …)에는 파도(волны), 꿈(сны), 마법의 조각배(волшебный челн), 별(звезды), 심연(бездна) 같은 표현들이 존재하지만 이러한 표현은 더 이상 이미 익숙한 의미를 지시하는 '표지'가 아니며, 오히려 그것은 뜌체프 시의 사상의 움직임에 의해 규정될 수 있는 다의적인 어휘라 할 수 있다.

뜌체프는 전통적인 시적 비유들을 거부하지 않는다. 전통적인 시어는 상당 부분 그의 서정시의 (최소한 1820~1830년대 그의 서정시의) 일차적인 질료가 된다. 뜌체프의 시어는 전통적인 의미로부터 벗어난 듯

---

91) (원주) 이 시의 마지막 구절에 대해 네끄라쏘프는 다음과 같이 말한다. "마지막 4행은 놀랍다. 그것을 읽으면 엄습하는 전율을 느끼게 된다"〔네끄라쏘프, 《작품과 편지 전집》 9권(Н. А. Некрасов. Полное собрание сочинений и писем, т. IX, М., 1950), 212쪽〕.

보이지만, 그럼에도 불구하고 전통적인 의미는 여전히 불변의 의미론적 배경으로 남겨진다. 이때 이는 매우 중요한데, 그것은 이러한 시적 표현들이 뜌체프 서정시의 상문체적 음조를 지각할 수 있도록 독자들을 준비시키기 때문이다. 이러한 상문체적 특성을 드러내는 것은 특히 뜌체프의 고어체적인 어휘와 송가적인 색채를 지닌 단어에 대한 선호이다. 그러나 뜌체프의 시는 (시인이 18세기~19세기 초반의 전통과 맺고 있는 연관성에도 불구하고) 시적 형상을 축조하는 원칙 자체의 극심한 변화를 보여주었다.

붉게 달아오른 둥근 태양을
지구는 자신의 머리로부터 굴려서 떨어뜨렸다.
그리고 이 저녁의 고요한 불길을
바다의 파도가 삼켜 버렸다.

이미 밝은 별이 떠올랐고
그것은 우리 위로 드리워진 창공을
자신의 축축한 머리로
좀더 높이 들어올렸다.

공기의 강은 더욱 충만하게
하늘과 땅 사이를 흐르고
가슴은 폭염으로부터 해방되어
더 가볍고 더 자유롭게 숨을 쉰다.

달콤한 전율이, 마치 물의 흐름처럼
자연의 혈관을 따라 지나간다.
마치 그것의 뜨거운 발을
샘솟는 물이 어루만지듯이.

Уж солнца раскаленный шар
С главы своей земля скатила,
И мирный вечера пожар
Волна морская поглотила.

Уж звезды светлые взошли

И тяготеющий над нами
Небесный свод приподняли
Своими влажными главами.

Река воздушная полней
Течет меж небом и землею,
Грудь дышит легче и вольней,
Освобожденная от зною.

И сладкий трепет, как струя,
По жилам пробежал природы,
Как бы горячих ног ея
Коснулись ключевые воды.

이 시의 표현들은 풍경을 묘사하는 것이 아니다. 이것은 오히려 자연의 통일성과 생명력에 대한 철학적인 상징이다. 그러나 이러한 상징 역시 (예를 들어 베네비띠노프의 자연철학에 등장하는 서정적인 꾀꼬리의 경우와 같이) 문학적 표현들의 사전으로부터 가져온 것이 아니라 독창적인 것이다. 우리는 이 시에서 시인에 의해 창조되는, 지적이며 동시에 자연의 강렬한 육체적인 체험으로 가득한 시적 표현들의 영역으로 들어선다. 철학적 사상이 시적 사상이 되었다.

뮤체프에게 있어서 전통적인 시적 공식들은 가공되지 않은 질료에 불과하다. 그것의 가능한 의미는 문맥에 의해 실현된다.

용서하오… 몇 년이, 또 몇 년이 지나
당신은 몸서리치며 기억하게 될 것이오,
한낮의 빛으로 물든 그 땅을, 그 해안을.
영원한 광채와 기나긴 빛의 그곳을,
늦게 핀 창백한 장미의 숨결이
12월의 공기를 데우던 그 곳을.

Прости… Чрез много, много лет
Ты будешь помнить с содроганьем
Сей край, сей брег с его полуденным сияньем,
Где вечный блеск и долгий цвет,

Где поздних, бледных роз дыханьем
Декабрьский воздух разогрет.

이것은 수세기 동안 시에서 다루어졌고, 따라서 이미 익숙한 장미의 형상이다. 그러나 이것은 또한 시인이 보는 기묘한 12월의 장미이며, 동시에 당면한 문맥 속에서 이루어지지 못한 사랑에 대한 기존에 없었던 상징이 된 장미이기도 하다.

영원한 시적 상징인 별 역시 놀라울 정도로 변형을 겪는다〔〈영혼은 별이 되고 싶건만 …〉(Душа хотела б быть звездой …)[92]〕.

주어진 문맥을 벗어나서는 불가능한 뜌체프 특유의 어휘 결합이 존재한다.

파멸의 맛을 보게 하라
잠든 세상과 섞어라!

Дай вкусить уничтоженья,
С миром дремлющим смешай!

여기서 파멸(уничтоженье)이라는 단어는 시의 전체적인 전개 과정을 통해 마련된 실체적인 의미를 획득한다.

검푸른 그림자로 뒤덮이고
꽃은 시들고 소리는 잠들었다.
삶은, 움직임은 결국
흔들리는 어두움 속으로, 저 먼 울림 속으로 녹아들어갔다 …
나방의 보이지 않는 날갯짓은
밤의 공기 속으로 들린다.
표현할 수 없는 애수의 시간! …
모든 것이 내 안에, 그리고 나는 모든 것 안에 있다! …

고요한 어두움, 꿈과 같은 어두움이여,

92) 뜌체프의 1830년 시.

나의 영혼의 깊은 곳으로 기어 들어오라,
고요하고 지친 듯 향기로운 어두움이여,
모든 것을 적시고 평온하게 하라.
스스로를 망각하는 어두움과 같은 감정으로
경계를 넘어 흘러넘치게 하라! …
파멸을 맛보게 하고
잠들어 있는 세계와 섞이도록 하라!

Тени сизые смесились,
Цвет поблекнул, звук уснул —
Жизнь, движенье разрешились
В сумрак зыбкий, в дальный гул …
Мотылька полет незримый
Слышен в воздухе ночном …
Час тоски невыразимой! …
Всё во мне, и я во всем! …

Сумрак тихий, сумрак сонный,
Лейся в глубь моей души,
Тихий, томный, благовонный,
Всё залей и утиши.
Чувства - мглой самозабвенья
Переполни через край! …
Дай вкусить уничтоженья,
С миром дремлющим смешай!

이처럼 단일한 환영의 세계가 점진적으로 커져가며, 그 속에서 파멸(уничтоженье)도 하나의 현상이, 일종의 부정적 현실이 될 수 있다.

뜌체프는 새로운 구조적 원칙의 장을 열었다. 그의 시의 문맥은 해당 시만을 지배하는 것이 아니다. 그것의 지배력은 훨씬 더 멀리까지 닿아 있다. 뜌체프에게는 단일한 일관된 서정적 주인공의 형상이 부재한다. 대신 그의 시에는 일관된 사상이, 항상적인 형상이 존재하며, 그것이 그의 시세계를 축조해 낸다.[93] 그렇다면 시인의 세계들이란 어떤 것인

93) (원주) 부흐슈따프는 뜌체프의 세계에 대해 다음과 같이 쓰고 있다. "우리는 뜌체프 시의 근간이 되는, 세 개의 세계상 속에 구현된 세 개의 감정적 복합체

가? 그것은 이 모든 의미 구조를 지배하는 지속적인 의미들의 담지체인 개인적인 핵심어들을 태동시키는, 시인의 창작의 거대한 문맥이다. 뜌체프의 서정시에서 이러한 창조적 힘은 전통적인 공식화된 표현들을 변형시키고, 동시에 예기치 않은 연상들에 보편적 의미를 부여한다. 뜌체프의 세계에 들어 선 독자는 이미 그 법칙에 따라 살아간다. 뜌체프의 '세계들'의 시학이 19세기 말~20세기 초 시인들의 관심을 끌었던 것은 당연하다.

후기 바라뜬스끼와 뜌체프는 1830년대 독서대중의 주의를 끌지 못했다. 낭만주의 비평을 대표하는 셰븨료프는 그들에 대해 그저 냉담하게 인정하는 정도의 평가를 내렸다. 반면 그는 엄청난 유명세를 타게 된 1835년의 논문에서 베네딕또프를 '이마에 깊은 사상'을 지닌 시인이라 평했다. 그의 이러한 평가는 우연한 것도 유일한 것도 아니었다. 베네딕또프의 문학적 운명, 즉, 그의 놀랄만한 성공과 그러한 성공이 역시 놀랄 만큼 단기에 끝나버린 것은 1830년대 낭만주의의 모순성을 집약적으로 보여주는 이론적으로 매우 흥미로운 사실이다.

베네딕또프는 사상에 대한 모방이 사상 자체를 대신할 수 있다고 믿는 재능 있는 시인에게 영원한 경고의 메시지가 된다.

벨린스끼는 1834년 《문학적 염원》(Литературные мечтания)에서 다음과 같이 쓰고 있다. "… 나는 우리 문학의 네 단계를 상정한다. 로모노쏘프 시기, 까람진 시기, 뿌슈낀 시기 그리고 산문적-민중적 시기가 바로 그것이다. 여기에 다섯 번째 시기를 더해야 하는바, 그것은 스미르딘의 시기라

를 발견하게 된다. 그것은 말하자면 각각 '축복받은' 세계, '죽은' 세계, '난폭한' 세계이다"〔뜌체프, 《시 전집. 시인총서》(Ф. И. Тютчев. Полное собрание стихотворений. Библиотека поэта, Л., 1957), 38쪽과 다른 곳〕. 또한 뿜뺜스끼(Л. В. Пумпянский)의 논문 "뜌체프의 시"〔Поэзия Ф. И. Тютчева, 《우라니아. 뜌체프 선집》(Урания. Тютчевский альманах, Л., 1928)〕를 보라.

부를 수 있으며, 또 그렇게 불러야 한다." 특정한 원칙에 입각하지 않은 사람들이, '동전의 딸랑거리는 소리로 현혹하며 젊은 인재들과 노쇠해 가는 재능들을 인정하고 또 독려했던' 스미르딘(А. Ф. Смирдин)[94]의 '위대한 애국주의적이며 동시에 상업적인 인재 등용'[95] 정책의 주변으로 모여들게 된 것이 이 시기의 가장 큰 특징이라 할 것이다.

'스미르딘 문학파'와 '뻬떼르부르크 문학', 이것이 의미하는 것은 사실상 소시민적인 관료 계층의 취향에 대한 조직적인 묵인이었다. 바로 이러한 환경 속에서 니꼴라이 I세의 전제주의와 관료주의 속에서 배태된 특징들, 가령 사회적 관심사의 축소와 자신만의 문화적 가치를 창조할 수 없는 무능력 같은 현상들이 매우 뚜렷하게 드러나게 되었다.

1830년대 낭만주의는 매우 광범위한 영역을 포괄하고 있었다. 그것은 당대 철학에 대한 연구를 통해 낭만주의가 발전할 수 있도록 했던 학문적인 장에서부터, 낭만주의를 사상이 결여된 그저 효과적인 유행에 불과한 것으로 만들어버렸던 범속한 영역에 이르기까지 넓은 범위에 걸쳐 있었다. 바로 〈독서를 위한 도서관〉과 〈북방의 꿀벌〉(Северная пчела)의 한가운데에서 독특하고도 속물적인 '사상의 시'가 만들어졌으며, 이때 그 대표자가 되는 것이 꾸꼴니끄(Н. В. Кукольник)와[96] 띠모페예프(А. В. Тимофеев)[97]였다. 〈독서를 위한 도서관〉은 이

94) (원주) 서적상이자 출판업자인 스미르딘은 1834년 (쎈꼽스끼가 편집장을 맡은) 잡지 〈독서를 위한 도서관〉의 기틀을 마련했다. 이것은 상업적인 형태의 러시아 최초의 '두꺼운' 잡지였다. 서적상이자 출판업자로서 스미르딘(1795~1857)은 뿌슈낀, 고골, 주꼽스끼, 바젬스끼 등의 책을 출판하였고, 높은 고료와 박리다매를 통해 전업 작가 양성과 독자층 확대에 큰 공헌을 했다. 그러나 그의 상업주의 아래 통속문학이 범람했다. 벨린스끼는 이와 같이 스미르딘이 출판계를 주도한 1830년대 문학계가 처한 모순적 상황을 '러시아 문학의 스미르딘 시기'로 일컬었다.

95) (원주) 벨린스끼, 《전집》, 1권(В. Г. Белинский. Полное собрание сочинений, т. I), 98쪽.

96) 극작가, 산문작가, 비평가(1809~1868). 1833년 환상극 〈토르콰토 타소〉(Торквато Тассо)로 데뷔하여 이후 여러 편의 희곡과 단편 소설을 남겼다. 애국

두 대가를 각각 러시아의 바이런과 러시아의 괴테로 선언했다. 〈북방의 꿀벌〉도 냉소적 어투에 있어 〈독서를 위한 도서관〉에 조금도 뒤지지 않았다.[98]

이러한 다양한 층위의 '낭만주의들' 간의 경계의 유동성이 1830년대의 특징을 이룬다. 낭만주의적 표현의 철학적 전제는 선택받은 자아의 이념이었고, 이 이념은 파토스 넘치는 어휘 사용 속에 직접적으로 드러나 있었다. 그러나 비장함과 장엄성에 대한 이러한 지향에는 낭만주의적 표현을 이미 이 사조의 철학적 원천과의 관계를 완전히 탈각한 낭만적 효과들로 대체한, '사이비 웅장함의 시파'(ложно величавая школа, 뚜르게네프의 표현), 즉, 속류 낭만주의와 가까워지게 되는 위험성이 숨어 있었다.

이런 점에서 특징적인 인물이 블라디미르 뻬체린(В. С. Печерин)[99]

주의적이고 민족적인 성향의 작품들을 주로 창작하여 역사적 애국주의적 장르의 기틀을 닦은 것으로 평가된다. 낭만주의적 파토스와 관변 애국주의를 결합시킨 그의 문학적 명성은 그리 오래가지 못했다. 1830년대에 선풍적인 인기를 누렸으나, 1840년대 낭만주의의 퇴조와 함께 자연파와 더불어 등장한 진보적 성향의 비평가들의 문학적 조롱의 대상이 되었다.

97) 시인, 소설가(1812~1883). 1832년 희곡 〈환멸에 빠진 사람〉(Разочарованный)로 데뷔하여 1833~1837년에 걸쳐 발표된 시와 신비극들을 통해 문학적 성공을 거두었다. 꾸꼴니끄와 함께 1830년대의 통속적 낭만주의를 대표하는 것으로 평가된다.

98) (원주) 띠모페예프의 '판타지' 〈시인〉(Поэт)에 대해 〈북방의 꿀벌〉의 한 비평가는 다음과 같이 말한다. "… 이 짧은 평론을 통해 독자들은 작가가 얼마나 폭넓고 깊은 사유를 자신의 창작의 주춧돌에 세워 놓았는지 알 수 있을 것이다. 실제로 이 사유는 그 깊이와 힘과 따뜻함에 있어서 우리 문학에 있어 완전히 새로운 어떤 것이다. 이 사유에 기초한 창작은 보다 서사적이고 극적인 삶을, 덜 철학적이고, 더 시적인 것을 포함할 수 있을 것이다. 분명한 것은 이것이 거대하고 위대한 건축물의 한 단면일 뿐이라는 사실이다"〔〈북방의 꿀벌〉, 1834, 125호(Северная пчела, 1834, NO. 125)〕.

99) 종교 사상가, 시인(1807~1885). 젊은 시절 강단에서 강의하는 한편, 〈죽음의 승리〉(Торжество смерти)를 비롯한 낭만주의 경향의 시를 다수 창작했다.

이다. 그는 학자이자 낭만주의 사상가로서 1830년대에는 상당히 '베네딕또프적' 시를 쓰기도 했다. 그래서 게르셴존(M. Гершензон)은 뻬체린에 대한 전기에서 베네딕또프의 시 〈검은 눈동자〉(Черные очи)를 주저 없이 그의 시로 간주할 정도였다(이 시는 명백히 뻬체린이 옮겨 적은 뒤 자신의 원고들 속에 간직했던 것으로 보인다).[100]

1833년 뻬체린은 상징극 〈포푸리[101] 혹은 원하는 것을 요구하라〉(Pot-pourri, или Чего хочешь, того просишь)를 썼다. "위풍당당한 바퀴를 타고 파도가 고대 도시의 폐허 위로 솟구친다. 그 위로 네메시스가 날아올라, 위협적으로 채찍을 휘두르며 말한다.

하늘의 복수가 이루어졌다!
파도가 모든 것을 삼켜버렸다!
북극의 빙산들이 몰려들었다.
카르타고! 배들은 평온하게
곧바로 인도를 향해 갔다.
적대적인 대지는 없다!

Мщенье неба совершилось!
Всё волнами поглотилось!
Северные льды сошли.
Карфаген! Спокойно шли
Прямо в Индью корабли!
Нет враждебныя земли!

1836년 망명하였고, 이후 가톨릭으로 개종하여 성직자가 되었다. 러시아 문화 속에서 최초의 '고국으로 돌아오지 않은 이들' 중 하나로서 러시아의 민족적 전통과 극단적인 단절을 꾀한 이 중 하나로 평가된다. 그와 게르쩬 사이에서 오간 서신들은 유명하며, 이후 게르쩬은 그의 시를 '19세기의 지하문학'을 모은 선집에 포함시키기도 했다.

100) (원주) 게르셴존, 《뻬체린의 생애》(M. Гершензон. Жизнь В. С. Печерина. М., 1910), 37쪽을 보라.

101) 포푸리(pot-pourri)는 오페라나 오페레타, 민요, 행진곡 등 잘 알려진 음악들의 소절을 취하여 그것을 모아서 만드는 음악극을 일컫는다. 이 장르는 19세기에 특히 널리 유행했다.

위풍당당한 행진곡이 연주된다. 전 민족들이, 과거, 현재 그리고 미래의 민족들이 등장해서 네메시스를 경배한다."[102] 이 모든 것이 소품들이 지닌 상징성을 통해 본의 아니게 《파우스트》 제 2부를 패러디한, 띠모페예프의 '신비극'과 '환상극'을 분명하게 상기시켜줌을 지적해야 한다. (뻬체린의 서사시보다 1년 늦게 창작된) 띠모페예프의 '신비극' 〈삶과 죽음〉(Жизнь и смерть) 에는 유령, 환영, 영혼들의 합창, 지상에서의 보이지 않는 합창, 하늘로부터의 목소리 등이 등장한다. (또한 1834년 창작된) 환상극 〈최후의 날〉(Последний день) 은 작가의 지문의 문체는 말할 것도 없고 심지어 플롯에 있어서도 〈포푸리〉와 유사하다. "하늘이 장막처럼 떨어져 내린다. 사방이 기이한 빛. 대지는 눈 깜짝할 사이 파괴되고 수백만 개의 조각이 되어 지옥 같은 심연으로 날아간다. 빛나는 대기 속에 수억의 사람들이 보인다. 파괴된 우주의 공간 속에 천둥 같은 울림과 함께 울려 퍼진다

끔찍한 나팔 소리가."

Звуки страшной трубы.[103]

하지만 외적인 유사성에도 불구하고 〈포푸리〉와 〈최후의 날〉은 전혀 다른 현상이다. 당대의 사람들은 다른 방식으로 이 작품들을 읽었다. 뻬체린의 서사시는 그 안의 소품들을 다루는 서툰 솜씨에도 불구하고 철학적, 정치적 사유에 의해 생명을 얻었다. 여기에는 압제자에 대한 투쟁이 지니는 파토스와 '다섯 개의 꺼져버린 별'(пяти померкших звезд, 처형된 다섯 명의 데까브리스뜨) 의 주제, 그리고 낡은 세계의 필연적인 파멸이라는 사회적, 유토피아적 이념이 존재한다. 이때 이

102) (원주) 〈악령〉(Бесы) 에서 도스또옙스끼는 스떼빤 뜨로피모비치 베르호벤스끼의 '서사시'로서 〈포푸리〉를 패러디한다.

103) (원주) 《T. M. Φ. A.의 시작(試作) 들》, 1부(Опыты Т. М. Ф. А., ч. 1. СПб., 1837), 346~347쪽.

러한 유토피아적 이념은 초기 뻬체린을 초기 게르쩬과 가깝게 만든다. 1853년 3월 게르쩬이 이미 망명자였으며 레뎀토리스트회 사제였던 뻬체린을[104] 만났을 때, 자신이 아직 러시아에 있을 때 목록에서 보았던 〈포푸리〉를 떠올리고는 뻬체린에게 그 서사시를 인쇄할 수 있게 해달라고 요청한 것은 우연이 아니다〔이 서사시는 이후 1861년 〈북극성〉(Полярная звезда)에 게재되었다〕. 1850년대에도 게르쩬에게 있어 뻬체린의 〈포푸리〉는 여전히 러시아 혁명적 낭만주의의 기념비적 작품이었던 것이다.

1830년대에는 젊은 게르쩬 스스로가 이러한 경향의 빛나는 대표자였다. 그는 언어 속에 거대한 의식을 구현하고자 했으며, 이때 그는 자신의 동년배들과 마찬가지로 마를린스끼(Марлинский)로부터 섬세한 은유를 특징으로 하는 장 폴 리히터(Johann Paul Friedrich Richter)에 이르기까지 모든 가능한 문체적 유혹에 둘러싸여 있었다.

게르쩬이 자신의 약혼녀와 교환한 서신은 1830년대 러시아 낭만주의를 가장 잘 대변하는 기념비적 작품 가운데 하나다. 이 편지들에는 주꼽스끼에 대한 열광적인 평가뿐 아니라 뒤마(Alexandre Dumas)의 단편 〈붉은 장미〉(Красная роза)와 베네딕또프가 등장한다. 자하리이나(Н. А. Захарьина)는 베네딕또프의 시를 인용하며,[105] 청년 게르쩬은 때로 뽈레보이(Н. А. Полевой)[106]의 소설들이나 〈독서를 위한 도서관〉에 실린 단편들 속에서 자신의 정신적 삶과 유사한 것을 찾으려 했다. “베료프낀〔Веревкин, 라흐마닌(Рахманин)〕의 문체에는 내 문체

---

104) 레뎀토리스트회(redemptorist)의 정식 명칭은 Congregation of the Most Holy Redeemer로서 1732년 이탈리아 나폴리 근처의 작은 도시 스칼라에서 성 알폰소 마리아 데 리구오리가 세운 로마 가톨릭 사제와 평신도 형제단으로 구성된 공동체다.

105) (원주) 《게르쩬 저작과 자하리이나와의 서신》, 7권(Сочинения А. И. Герцена и переписка с Н. А. Захарьиной, т. VII. СПб., 1905), 416~417쪽.

106) 비평가, 저널리스트, 산문가, 역사가, 〈모스끄바 전보〉(Московский телеграф, 1825~1834)의 발행인(1796~1846).

와 몹시 비슷한 부분이 존재해. 그리고 까뗀까에게는 어딘지 당신과 닮은 데가 있고. 읽어봐. 이 소설을 다 읽고 나서 책을 내려놓았을 때 난 숨을 쉴 수 없었어. 난 울 준비가 되어 있었지, 끔찍한 소설이야"(1838년 1월 17일 편지에서).

베료프낀은 쎈꼽스끼의 제자 중 한 명이자 〈독서를 위한 도서관〉의 대표적인 소설가 중 한 명이다. 이제 막 출발한 레르몬또프도, 스딴께비츠도, 〈드미뜨리 깔리닌〉(Дмитрий Калинин)[107]에서의 벨린스끼도 그와 같은 문체의 영향력으로부터 벗어날 수 없었으며, 따라서 이후 그들에게 이러한 문체를 극복하는 것은 더 절실한 문제가 되었다. 하지만 1830년대에 이르러 거대한 개인과 초인적인 열정을 표현하려는 그들의 지향은 그들을 위고와 장 폴에게뿐 아니라 러시아의 저급한 낭만주의 시인들에게로도 이끌었던 바, 따라서 그러한 낭만주의자들 중 가장 재능 있었던 베네딕또프의 성공은 다양한 독자층을 바탕으로 이루어진 것이라 할 수 있다.

1841년 벨뜨만(А. Вельтман)은[108] 단편소설 〈시골에서 온 사람, 혹은 수도에서의 대소동〉(Приезжий из уезда, или Суматоха в столице)을

107) 벨린스끼가 1831년에 쓴 비극으로 실러의 〈군도〉(群盜, Die Räuber, 1781)의 영향을 드러내는 작품이다. 이 작품에서 벨린스끼는 젊은 혈기로 농노제도에 대한 비판을 쏟아내며, 이로 인해 그는 모스끄바 대학에서 제적되었다.

108) 작가, 뻬떼르부르크 과학 아카데미의 객원회원(1800~1870). 라옙스끼(В. Ф. Раевский)와 오를로프(М. Ф. Орлов) 등을 통해 혁명적이고 사회적인 주제와 유토피아적인 이상에 관심을 가지게 되었고, 이후에는 유형지의 뿌슈낀을 만나 그로부터 많은 영향을 받기도 했다. 수십 편의 단편소설과 15편의 장편소설을 남겼다. 그의 작품은 동시대인들에 의해 높이 평가되었으며 뿌슈낀 역시 그의 재능을 높이 샀다. 그의 단편들에는 현실과 긴밀히 관계를 맺는 환상성을 찾을 수 있으며, 또한 러시아 최초의 유토피아 소설이라 할 수 있는 〈3448년〉(MMMCDXLVIII год)을 쓰기도 했다. 이 작품에는 18세기 러시아의 사회적 유토피아 형상이 발전되어 있으며, 또한 러시아의 1820년대 사회사상이 반영되어 있기도 하다. 그의 작품이 보여주는 환상성으로 인해 그는 자주 비슷한 시기 글을 쓴 에드가 포에 비견되기도 했다.

출간했다. 〈시골에서 온 사람〉은 1830년대의 문학적 관습을 조롱한다. 하지만 이 단편 소설은 그것보다 더 구체적인 것을 향한다. 즉 그것은 베네딕또프의 성공과 실패에 대한 이야기라 생각되어야 한다. 시인의 영광은 놀라운 속도로 자라난다. "다음 날 이미 스무 개의 동에서, 백 개의 구역에서, 이백 개의 거리에서, 삼백 개의 골목에서, 천 개의 응접실에서, 모든 방문과 만남이 다음과 같은 환호성으로 시작되었다.

"어머, 소식 들으셨어요?"

"들었습니다. 그녀가 결혼한다구요 … "

"아니요, 그거 말구요! 한 시인이 등장했다는군요. 그에 비하면 뿌슈낀은 아무것도 아니라는데요!" "[109]

19세기 러시아 시인들 가운데 1835~1836년 베네딕또프가 누렸던 — 비록 그것이 '일시적'인 것이기는 하였지만 — 그런 시끄러운 인기를 누릴 수 있었던 이는 몇 되지 않는다. 그의 젊은 동시대인이었던 뽈론스끼(Я. П. Полонский)는 다음과 같이 회상한다. "뻬떼르부르크만이 아니라 러시아의 독서대중 전체가 베네딕또프의 시에 빠져들었다. 그는 유행이었다. 김나지움에서는 선생들이 그의 시를 학생들에게 읽어주었고, 아가씨들은 그의 시를 베껴 썼으며, 뻬떼르부르크에서 온 젊은 멋쟁이들은 자신들이 아직 출판되지 않은 베네딕또프의 최근 시를 암송할 수 있다고 떠벌리곤 했다."[110] 첫 번째 시 선집이 출간되고 반년

---

109) (원주) 페뜨가 회상하는 다음의 한 장면을 보라. "베네딕또프 시집의 등장에 대해 열광했던 다븨도프(Ив. Ив. Давыдов)의 강의가 끝나고 내가 이 책을 사기 위해 서점으로 달려갈 때, 그 때의 내 흥분을 어떻게 말할 수 있을까?
— 베네딕또프의 시집이 얼마죠? 나는 판매원에게 물었다.
— 5루블입니다. 그래, 그에 값하지. 이건 뿌슈낀이나 누구보다 더 훌륭할 거야. 나는 돈을 지불하고 서점을 나와 집으로 달려갔다. 그리고 나와 아뽈론(그리고리에프)은 그날 밤 시집을 읽으면서 열광에 빠져 모든 것을 잊었다"〔페뜨, 《내 삶의 어린 시절》(А. Фет. Ранние годы моей жизни. М., 1893), 153쪽〕.

110) (원주) 《베네딕또프 작품집》, 1권(Сочинения В. Г. Бенедиктова, т. 1. СПб.,

이 지나 그의 시집은 재판되어야 했다. 주꼽스끼, 뚜르게네프, 뱌젬스끼, 뜌체프는 베네딕또프의 시를 높게 평가했다. 유명한 평론가였던 쁠레뜨뇨프(П. А. Плетнев), 끄라엡스끼(А. А. Краевский),[111] 쎈꼽스끼는 베네딕또프의 뛰어난 재능을 이야기했다. 1836년 데까브리스뜨인 니꼴라이 베스뚜줴프(Николай Бестужев)는 시베리아에서 다음과 같은 편지를 보낸다. "베네딕또프가 어떤 자지? 어디서 그런 성숙한 재능을 가지고 나타난 거야? 현재 우리 문학에 있어 잘된 일이지, 그는 과거의 뿌슈낀보다 더 큰 사상을 가지고 있어. 시는 똑같지만 말야."[112] 1856년 이반 뚜르게네프는 똘스또이에게 보내는 편지에서 다음과 같이 고백한다. "그건 그렇고, 아십니까? 제가 잡지 표지의 마를린스끼의 이름에 입을 맞추었고, 그라놉쓰끼와 포옹하고 나서는 베네딕또프의 시집 앞에서 울었다는 걸? 그의 시를 음해하려 했던 벨린스끼의 뻔뻔함에 대해서 듣고는 엄청난 분노가 치밀었습니다."[113]

베네딕또프의 아버지는 사제의 아들로 궁정관의 딸과 결혼하였고 뻬뜨로자봇스끄 주 정부의 문관이었다. 베네딕또프는 육군 유년 학교를 수석으로 마치고, 이즈마일로프 근위 연대의 소위보가 되었다. 은퇴한 근위 장교, 이는 '훌륭한 사교계'에 매우 잘 어울리는 인물이다. 하지만 베네딕또프 시의 열광적인 숭배자였던 이반 가가린 공(князь Иван Гагарин)은 시인에 대해서 다음과 같이 말한다. "마르고, 불쾌하고, 내 생각에는 거의 추남이라고 할 수 있는 용모, 사교계 방문으로도 조금도 완화되지 않았던, 몸에 밴 군인적 습관, 이런 것들이 그가 사교계로부터 멀어지게 만들었다. 그는 이 사교계와 교감할 수 없었다."[114]

1902), 7쪽.

111) 출판가, 저널리스트(1810~1889). 당대 최고의 문학가들을 결집시킨 잡지 〈조국의 수기〉(Отечественные записки, 1839~1867)의 간행인.

112) (원주) 〈데까브리스뜨의 봉기〉(Бунт декабристов. Л., 1926), 364쪽.

113) (원주) 뚜르게네프, 《저작과 편지 전집》, 3권(И. С. Тургенев. Полное собрание сочинений и писем. Письма, т. III. М.:Л., 1961), 364쪽.

114) (원주) 〈한 주간의 책들〉, 1899, 1월(Книжки недели, 1899, январь), 229

베네딕또프는 '스미르딘 문학'에 의해 등용되었다. 1830년대 전형적인 '뻬떼르부르크' 문학 계층은 그레츠(Н. И. Греч), [115] 불가린(Ф. В. Булгарин), [116] 보에이꼬프와 같은 '대가들'로부터 잡지와 관련된 일을 하는 싸구려 노동자까지를 포함하는 전문가 그룹과, 중간 계급의 관리와 장교들, 혹은 게르쩬이 〈과거와 사색〉(Былое и думы) [117] 에서 오도옙스끼의 야회에 참석한 사람들에 대해 묘사하며 〔이때 게르쩬이 염두에 둔 것은 헌병 장교이자 출판가였던 블라디슬라블료프(Владиславлев) 였으며, 소문에 따르면 그의 잡지들은 경찰의 도움으로 유포되었다〕 사용한 표현을 빌리자면, '반(半) 헌병에 반(半) 문학가'(полужандармы и полулитераторы) 들이 주를 이루는 애호가 그룹으로 구성되어 있었다. 이러한 열성적인 애호가의 한 사람이 문학가이자 육군 유년 학교의 부관이었던 까를고프(В. И. Карлгоф) 이다. 사실 자신의 살롱을 가장 유명한 곳으로 만들고자 했던 까를고프의 시도는 성공적이지 못했다. 사실 이곳은 조악한 관료적 관습이 지배하고 있었고, 빠나예프(И. Панаев) [118] 의 말에 따르자면, 그러한 관료적 관습에 따라 저녁이면 꾸꼴니끄 앞에는

쪽. 원문은 프랑스어.

115) 비평가, 작가, 저널리스트(1787~1867). 〈조국의 아들〉의 간행인이자, 보다 이후에는 불가린과 함께 〈북방의 꿀벌〉의 공동 간행인. 1830년에 불가린과 함께 뿌슈낀 반대 캠페인을 벌였다.

116) 작가, 저널리스트(1789~1859). 뿌슈낀의 주된 문학적, 정치적 적의 한 명. 검열국(제3부서) 의 비공식적인 기관지였던 〈북방의 꿀벌〉(Северная пчела) 의 편집장 겸 발행인(1825~1857) 으로서 뿌슈낀에 대한 밀고자와 감독자의 역할을 수행했고, 지면을 통한 뿌슈낀에 대한 조직적인 공격을 주도했다.

117) 〈과거와 사색〉은 게르쩬이 자신의 활동을 연대순으로 기록한 회고록으로서 러시아 산문 중 가장 훌륭한 작품 중 하나로 간주된다.

118) 산문작가, 시인, 문학비평가, 편집인(1812~1862). 1830년대에 낭만주의 산문으로 등단하여, 1940년대에는 자연파 작가로 활동했다. 네끄라쏘프와 공동으로 〈동시대인〉지를 간행했다. 말년에 집필한 《문학적 회상》(Литературные воспоминания, 1861) 은 1820~1850년대의 주요 작가, 화가, 음악가 및 배우들의 초상을 담고 있다.

비싼 라피트 포도주가, 다른 작가들 앞에는 좀더 소박하게, '1루블 20 꼬페이까짜리 포흐트산 메독 포도주'가 놓여졌다.[119] 까를고프의 살롱과 유사한 당시의 살롱들은 자신들의 재능을 보여줄 수 있는 장이 필요했던 뻬떼르부르크 대중이 이를 위해 내부로부터 자체적으로 만들어낸 것이었다. 이런 식으로 까를고프는 적어도 2년 동안 자신의 재산으로 꾸꼴니끄와 베네딕또프의 작품을 출판했고, 이를 대중들에게 소개했다.

쏘꼴롭스끼(Соколовский), 꾸꼴니끄, 띠모페예프, 베르네뜨(Бернет)를 비롯한 1830년대의 다른 많은 시인들에게서는 신조어, 통사적 자유, 전례 없는 시적 형상들과 같은 현상이 발견된다. 그러나 이는 전체적으로 아직까지 과거의 규범에 종속되어 있는 듯 보이는 어떤 견고한 문체적 토대로부터의 일탈의 성격을 띤다. 본질적으로 '사이비 웅장함의 시파'는 자신의 필요에 따라 힘닿는 데까지 그러한 타인의 문체를 도용하면서 그 속에서 생존했다. 베네딕또프는 처음으로 1830년대의 저급한 낭만주의를 위한 문체를 창조하였으며, 바로 이 때문에 어떤 다른 '뻬떼르부르크 문학'의 대표자가 아닌 바로 그가 1830년대에 높이 평가되었던 것이다. 하지만 베네딕또프가 자신을 둘러싼 일상적이고 문학적인 환경을 가득 채우고 있던 언어 현상을 바탕으로 문학적 작업을 하였음은 분명한 듯 보인다.

베네딕또프가 〔예르쇼프(Ершов), 야꾸보비츠(Лукьян Якубович), 그레뵨까(Е. Гребенка)와 함께〕 참여한 첫 정기간행물은 1835년 레베데프(Лебедев)에 의해 출판된 〈가을 저녁〉(Осенний вечер)이라는 잡지였으며, 이것은 당시 문학 속에 소시민적 분위기가 얼마나 가득했었는지를 보여주는 흥미로운 자료가 된다. 그레뵨까는 이 잡지에 서정적 〈로망스〉(Романс)를 발표했다.

---

119) (원주) 빠나예프, 《문학적 회상》(И. И. Панаев. Литературные воспоминания. М.:Л., 1950), 66쪽.

당신은 어두운 참나무 숲의
어린 나뭇가지 아래에서
수줍은 여자 친구의 가슴에 기대어
꾀꼬리가 지저귀는 소리를 들어 본 적 있는가?

Слыхали ль вы, когда в дубраве темной,
Под кровом девственных ветвей,
Склонясь на грудь подруги скромной,
Руладит песню соловей?

이 잡지에서 '사상의 시'를 보여주는 것은 발행인 자신(레베데프—역자)의 작품인 〈보잘것없는 것〉(Ничтожность) 이었다.

세계의 때 이른 삶의 모습은,
보이는 것도, 있을 곳도, 움직임도 없는
부활의 공통된 삶도 없는 세태는
영원성의 비밀스러운 날개로부터 날아간다.

И довременный мира быт —
Без вида, места и движенья,
Без общей жизни возрожденья —
С крыл тайных вечности слетит …

또한 이 잡지의 소설 부분에는 베즈몰브느이(Безмолвный) 의 단편 〈유혹의 희생양(새로운 뻬떼르부르크의 옛 이야기)〉[Жертва обольщения (Новая петербургская быль)]이 실렸으며, 이 작품에서는 다음과 같은 여주인공에 대한 묘사를 찾아볼 수 있다. … 불길이 감도는 검은 눈동자. 희고 포동포동한 손. 작은 발. 그리고 짙은 밤나무색의 숱 많은 머리카락은

그녀의 백합과도 같이 하얀 이마를
두 바퀴나 감고 있으며,

Вокруг лилейного чела
Ей дважды косу обвила;

자연스러운 미소, 오른 뺨에는 큐피드의 보조개, 그리고 진주조개와도 같은 두 줄의 치아 — 이것은 뻬떼르부르크의 모든 이를 매혹했다 … 나덴까는 사랑을 원했고, 또 갈망했다. 불처럼, 정열적으로 사랑하고 싶었다. 그러나 이 뻬떼르부르크에서 교양 있는 처녀가 그 누구를 사랑할 수 있단 말인가? …

이와 같은 레베데프의 '우주적인' 시나 〈유혹의 희생양〉은 삶에 대한 소시민적인 이해를 집약적으로 보여주는 것이었다. 또한 이것이야말로 베네딕또프 시학의 기초가 되었으며 동시에 그의 재능을 잠식했던 중요한 요소이기도 했다.

이념적인 가치를 저속하게 차용하는 경우 모방성이나 단순화, 그리고 혼동의 경향이 나타나는 것은 특징적이다. 특히 이러한 혼동이 나타나는 것은 이념적 가치를 직접 창조하지 않고 그것을 여기저기에서 이미 완성된 형태로 차용하는 이들의 경우 그것들의 내적인 양립불가능성을 이해하지 못하기 때문이다. 미학적 관점에서 '스미르딘 문학'의 가장 기본적인 특징이 되는 것이 그것의 악명 높은 저속한 몰취미였다. 이러한 저속한 취향은 거짓되고 공허한 이념으로부터 시작되었다. 이로 인해 저속한 취향의 고유한 속성인 표현 수단의 비적합성과 부적절함 역시 피할 수 없게 되었다. 이것이 강한 표현 수단이었음은 분명했다. 몰취미는 상당 부분 과거 어떤 한 이념적 영역에서 창조되었으나, 이제 더 이상 그 영역에서는 사용되지 않고 폐기되어 버린 '고상하고 아름다운' 어휘들을 무비판적으로 사용하는 것이기도 하다.

베네딕또프의 시에서 자연철학과 '시인의 비애'는 '날고 있는 나비의 다리'(ножка-летунья) 나 다음 시행들에서 전면화 된 바와 같은 퍼레이드적인 활기참과 결합되어 있다.

> 활기차게 젊은 가슴을 펴라,
> 젊은 어깨의 힘과 단단함을 과시하라!
> 강철 갑옷을 입어라!
> 강철 검을 차라! 〈… 에게〉

Бодро выставь грудь младую,
Мощь и крепость юных плеч!
Облекись в броню стальную!
Прицепи булатный меч!

"К … му"

베네딕또프의 서정적 주인공은 가장 아름다운 사람이다. 그는 낭만주의적인 관례로부터 단순화된 형태로 차용할 수 있는 모든 요소로 장식되어 있다. 무엇보다도 그는 원초적인 위대함, 자연의 힘이 지니는 상징적 의미, '군중'(чернь)의 박해를 받는 '선택된 인간'의 운명, 이상화된 여인에 대한 사랑 등과 같은 낭만주의적인 사상의 시의 효과적인 주제들을 아우른다. 그리고 이 모든 것은 1830년대 낭만주의자들이 바라뜬스끼와 뜌체프의 작품 속에서는 보지 못한, 초인적인 개성의 형상 속에 결집되어 있다.

베네딕또프의 모든 시 가운데 가장 큰 인기를 누린 작품은 〈절벽〉(Утес)일 것이다. 이 시에는 사회에 도전을 선언하는 고독한 선택된 자의 형상이 비유적으로 표현되어 있다. 시인, 무지한 군중에 의해 거부당한 천재의 주제는 러시아 문학 속에서 독일 관념론 미학에 기원을 둔 베네비띠노프의 선언적인 작품 〈시인〉(Поэт)으로부터 호먀꼬프와 셰비료프를 거쳐, 그것의 단순화된 형태를 보여주는 뽈레보이〔〈아바돈나〉(Абадонна)〕와 꾸꼴니끄〔〈토르콰토 타소〉(Торквато Тассо)〕, 띠모페예프〔〈시인〉(Поэт)〕 등에 이르는 독특한 궤적을 보여주었다. 베네딕또프의 〈시인의 비애〉(скорбь поэта), 〈멋진 말〉(Чудный конь), 〈가수〉(Певец) 등의 작품은 바로 이와 동일한 선상에 존재한다.

언어의 뒤에 존재하는 그 어떤 삶의 현상을 추구하는 과정에서 독자들은 시인의 전기에 대한 자신의 요구를 드러내었다. 베네딕또프의 위대함은 그의 인간적 면모에 의해 뒷받침 된다면 더 분명한 것이 될 것 같았다. 그러나 이것은 성공하지 못했다. 베네딕또프의 외모와 그의 직업적 성공, 그리고 개인적인 환경은 동시대인들의 관심의 대상이 되었다. 지금까지 우리가 알고 있는 베네딕또프의 특징들은 대개가 '불꽃과도 같은 시인'(пламенный поэт)과 성실한 관료의 대립 위에서 구축된 것이다. 부르나셰프(В. Бурнашев)는 1830년대 문학가들에 대한 자신의 회고록에서 다음과 같이 쓰고 있다. "만일 그의 작품에 의거해 시인 개인의 특성을 판단해 본다면, 아마도 훤한 이마에 우아하게 휘날리는 검고 숱 많은 곱슬머리, 당당하게 젖혀진 고개와 저 먼 곳을 응시하는 눈, 용맹하고 명령하는 듯한 움직임과 유연한 몸짓, 울림이 좋은, 은빛의 음악적인 언변을 지닌 웅장하고 잘생긴 베네딕또프의 모습을 그려볼 수 있을 것이다. 그러나 실제로 그는 상체가 길고 다리도 짧으며, 키도 중간보다 작은, 그다지 잘 크지 못한 사람이었다. 게다가 머리카락은 백발에 약간 붉은 기운이 돌았고 기름 바른 머리카락은 이마 주변에 갈고리 모양으로 빗질되어 있었다. 얼굴은 약간 얽은 듯 했고 창백하고 치질환자와 같은 빛을 띠었으며 붉은 반점들도 군데군데 있었다. 눈은 흰 빛이 도는 밝은 회색이었고 눈 주위에는 잔주름이 잡혀 있었다… 1830년대에 그리고 1850년이 될 때까지 나는… 재경부의 턱시도를 입고 목과 왼쪽 깃에 훈장을, 아니 여러 개의 훈장을 달고는 넓고 빳빳한 공단 넥타이를 매고 있지 않은 그의 모습을 본 적이 없었다. 골격과 스타일, 행동에서부터 목소리까지 그의 모습은 바로 옛 시절의 관료를 연상시키는 것이었다."120)

즉, 베네딕또프는 대중이 자신을 '잘생기고 도도한 남자'로 상상하도록 만듦으로써 그들을 기만했다. 치질환자와 같은 얼굴색을 한 성실한 관료가 '불꽃같은 시인'이 될 수는 없는 일이었다. 좀 거친 방식이긴 하지만, 부르나셰프는 여기서 시인의 작품을 그의 인성과 연결 지으려했던 낭만주의 시기 러시아 문학 독자들이 지닌 절박한 요구를 표현하고 있다. 베네딕또프의 파토스에 진지하게 접근하기 위해는 이러한 파토

---

120) (원주) "나와 보이에꼬프와의 친분", 〈러시아 통보〉, 1871, 95권("Мое знакомство с Воейковым", Русский вестник, 1871, т. XCV), 627쪽.

스를 구현하고 있는 서정적 형상의 진정성을 확인해 볼 필요가 있었다. 그렇지 않으면 베네딕또프 특유의 고양된 어조는 그저 진지한 것과 우스꽝스러운 것의 경계에 놓이게 될 뿐이었다. 그의 문학적 운명 전체, 즉, 그가 살아있을 때와 죽은 이후의 문학적 운명은 늘 희극적 이해의 가능성이라는 위협 속에서 흘러갔다.

베네딕또프에 대한 패러디는 다수가 존재한다. 그러나 그 모든 패러디가 언어 결합의 모험성에 있어서는 원작을 능가하지 못한다는 사실을 지적해야 한다. 이러한 상황은 베네딕또프의 문체 체계가 지니는 고유한 성격을 드러낸다. 그의 시를 패러디한 사람들은 당시 시에 사용되던 일반적 표현법들을 가지고 그러한 체계에 도달할 수 없었다. 그들이 패러디를 위해 주로 이용한 것은 과장과 의미의 집적, 몰취미적 특성이었던 바, 이는 형상의 내적인 구조를 건드리지 않은 채 저항이 최소가 되는 선을 따라 행해진 것이라 할 수 있었다.

1856년 체르늬솁스끼는 〈동시대인〉에 연이어 여섯 편의 시를 다음과 같은 설명과 함께 발표했다. "이 여섯 편의 시들 중에 세 편은 베네딕또프의 것이며 나머지 세 편은 그의 시 스타일에 대한 패러디다. 그러나 어떤 시가 베네딕또프의 것이며, 어떤 것이 패러디인지를 미리 알지 못하는 독자들은 진짜와 패러디를 구별하는 데 있어 실수를 피할 수 없을 것이다."[121] 여기서 패러디 시는 새로운 시인 빠나예프(Панаев)의 작품이었다. 그러나 그러한 그의 패러디 시들은 시적 형상을 구축하는 방법이 보다 평범하며 이 점에서 여전히 원본과 차이를 보인다.

남방의 처녀여! 너의 앞에서
나는 숨이 멎은 채 서있다.
화살과도 같은 지옥의 눈빛으로
너는 나의 가슴을 찔렀다.

---

121) (원주) 체르늬솁스끼, 《저작 전집》, 3권(Н. Г. Чернышевский. Полное собрание сочинений, т. III), 603~607쪽.

이 눈빛으로 이 시선으로.
요술쟁이! 너는 또다시
아시아의 맹독으로
내 심장의 피를 감염시켰다.

Дева юга! Пред тобою
Бездыханен я стою.
Взором адским, как стрелою,
Ты пронзила грудь мою,

Этим взором—этим взглядом—
Чаровница!—ты мне вновь
Азиатским злейшим ядом
Отравила в сердце кровь.

인용된 시는 그 속에서 패러디된 시 〈검은 눈의 여인에게〉(К черноокой)의 결말 부분과 비교해 볼 때 다소 소심한 듯 보인다.

너는 눈을 찡그리지도 않고 바라본다.
눈 안에서는 수지가 타오르며,
이마에서는 열대의 폭풍이
불꽃과도 같이 숨을 쉰다.
미친 듯 반짝이는 인(燐)은
너의 잽싼 시선이다.
그 무엇보다 달콤한 숨결에는
사랑의 사향(麝香)이 감돈다.

Ты глядишь, очей не жмуря.
И в очах кипит смола,
И тропическая буря
Дышит пламенем с чела.
Фосфор в бешеном блистанье—
Взоры быстрые твои,
И сладчайшее дыханье
Веет мускусом любви.

그 무엇보다 희극적인 해석의 대상이 된 것은 베네딕또프의 우주론이었다. 베네딕또프 시에서 널리 사용된 우주론적 형상들은 〔예를 들어

〈북극성에게〉(К Полярной звезде)〕 한편으로는 18세기 러시아 송가의 전통과 관련된 것이었으며, 다른 한편으로는 독일적인 기원을 갖는다. 그러나 점차 베네딕또프는 자신만의 독자적인 모습을 띠는 우주론을 펼친다. 자신의 시 〈왈츠〉(Вальс)에서 베네딕또프는 뻬떼르부르크의 중간 계층의 무도회를 전 우주적 공간 속으로 옮겨 놓는다.

모든 것이 번쩍인다. 꽃들, 방 안의 램프들,
금강석도, 비취도
샹들리에, 별들, 견장들도,
귀걸이, 반지, 팔찌,
곱슬머리, 미사여구들 그리고 눈들이.
. . . .
무지갯빛 세계 속에서
혼돈을, 불길과 연기를 관통하면서
반짝이는 길동무와 함께
음울한 행성은 돌진한다.
백색의 케루빔은 무의미하게
포옹의 원을 파괴할
힘을 혹은 주문을 찾는다.
가슴은 애타고 말은 치밀어 오르며
아무 쓸모없는 노력은 그 숨이 멎는다.
드러난 어깨 위에는
금발의 날개가 펼쳐져 있다.
곱슬머리의 강물이 굽이쳐 흐르고
가슴에는 숨 쉴 공간이 없다.
불타는 한 손은 지옥의 손바닥을
굳게 쥐고 있고,
다른 한 손으로는 뜨겁게
나락의 공포에 빠진 천사가
악마의 선회를
어깨 너머로 저지한다.

Все блестит: цветы, кенкеты,
И алмаз, и бирюза,
Люстры, звезды, эполеты,
Серьги, перстни и браслеты,
Кудри, фразы и глаза.

. . . .
В сфере радужного света
Сквозь хаос, и огнь, и дым
Мчится мрачная планета
С ясным спутником своим.
Тщетно белый херувим
Ищет силы иль заклятий
Разломить кольцо объятий;
Грудь томится, рвется речь,
Мрут бесплодные усилья,
Над огнем открытых плеч
Веют блоидовые крылья,
Брызжет локонов река,
В персях места нет дыханью,
Воспаленная рука
Крепко сжата адском дланью,
А другою - горячо
Ангел, в ужасе паденья.
Держит демона круженья
За железное плечо.

이 시 〈왈츠〉는 1841년 쁠레뜨뇨프가 편집장으로 있던 〈동시대인〉에 실렸다. 그리고 이 잡지의 같은 호에는 베네딕또프의 숭배자였던 여류시인 샤호바(Шахова)의 시 〈춤〉(галопад)이 게재되었다.

무도회의 한 명의 여왕.
그녀와 함께 군대의 부관은
화려한 홀의 주위로 빠르게 움직이고
아름다운 어깨 장식은
그의 높은 가슴 위에서 십자가 모양으로
넓은 황금의 두드림에
날카로운 소리를 내며 춤춘다.
모든 쌍들의 길잡이처럼
군대의 부관은 자신의 여왕,
무도회장의 주권자와 함께
암독수리와 함께 있는 독수리처럼
말의 질주와도 같은 춤을 따라잡았다.

Но одна царица бала;
С нею мчится адъютант
Вкруг пестреющего зала,
И красивый аксельбант
На груди его высоком
Звонко пляшет по крестам
Битью золота широкой.
Как вожатый всем четам,
Адъютант с своей царицей,
Повелительницей зал,
Как орел с младой орлицей,
Галопад опережал.

베네딕또프의 시 〈왈츠〉에 대한 변주인 자신의 시에서 샤호바는 우주적인 영역을 빼고 대신 군대부관의 형상을 더했다. 이것은 샤호바 자신의 순수한 의도에도 불구하고 이 시 〈춤〉을 패러디로, 반쪽짜리 패러디로 변화시키기에 충분했다. 샤호바에게는 응접실이면 충분했지만 베네딕또프에게는 그러한 응접실을 우주와 조우하도록 하는 것이 중요했다.

미나예프(Минаев)도 〈왈츠〉에 대한 자신의 의도적인 패러디〔〈무도회〉(Бал)〕에서 단순한 응접실의 형상을 사용했다. 그는

무지갯빛 세계 속에서
혼돈을, 불길과 연기를 관통하여

В сфере радужного света
Сквозь хаос, и огнь, и дым

질주하는 금발(блонды)이 그 안에 어떤 희극적 가능성을 감추고 있는지 알지 못했다. 베네딕또프는 자기 자신에 대한 패러디로 들리는 언어유희적인 시 〈지상의 너〉(Земная ты)에서 이러한 희극적 가능성을 훨씬 더 대담하게 열어 보여 주었다.

이어 자신의 순종적인 동행자들의
모든 움직임을 잘 조율해서는
너는 자신의 주위로 그들을 인도한다
중력의 모든 법칙에 따라.

И, соразмерив все движенья
Покорных спутников своих,
Вокруг себя ты водишь их
По всем законам тяготенья.

베네딕또프의 시는 공존할 수 없는 것들의 공존이며, 스스로에 부여된 최초의 사명을 잃은 듯 보이는 사물들의 혼합이다. 뿐만 아니라, 그러한 공존의 경향은 주제로부터 개별적인 언어조합에 이르기까지 모든 부분에서 나타난다. 그의 시에서 전통적으로 시적인 어휘들은(여기에는 교회슬라브어적 요소나 고어들도 포함된다) 도시의 일상어나, '상점식' 표현,[122] 사무적인 언어 등과 교차한다. 예를 들어 다음을 보라.

검은 눈의 한 쌍을 향해
변덕스럽게 급히 날아갔다.

Прихотливо подлетела
К паре черненьких очей.[123]

전혀 함께 사용되지 않을 것 같은 세 단어가 공존하는 것은 보기 드문 경우다.

베네딕또프를 시발점으로 관리들의 응접실이나 접견실에서 사용되

122) 도시의 잡화점이나 미용실 등에서 점원이나 미용사, 시종 등이 쓰는 지나치게 공손하고 여성적인 언어 스타일.

123) 여기서 '눈'을 의미하는 'очи'는 전통적인 시어로서 고어적인 성격을 지닌다. 반면 '눈'과 결합된 형용사 'черненьких'는 의도적으로 지소사가 사용된 상점의 언어로서 상점의 직원이 귀부인들을 상대로 하여 사용하는 어휘와도 유사하다. 또한 '변덕스럽게 급히 날아갔다'(прихотливо подлетела)는 일상적인 구어적 어휘라 할 수 있다.

는 일상어가 서정시에 침투했고, '상점의 언어'(галантерейный язык)가 고양된 낭만주의적 상투어와 결합되었다.

상점의 언어는 평범한 일상어 중에선 나름대로 고상한 스타일이다. 옛 소시민 계층들 사이에는 자신들보다 상위에 위치하는 계층의 일상을 모방하려는 태도가 존재했고 이것이 그러한 언어를 만들어냈다. 상점의 언어 속에는 직업적인 평범한 일상적 구어의 바탕 위에 사교계의 관례화된 언어로부터 차용된 어휘와 그러한 사교계의 언어와의 유비관계 속에서 새롭게 생겨난 어휘가 혼합되어 있다. 따라서 혁명 전 러시아에서는 상점의 언어를 판매원의 언어, 미용사의 언어, 서기의 언어 등으로 구분하기도 했다. 이에 상응하는 요소들이 군대 및 관료의 언어 환경 속에서도 생겨났다.

니나, 기억하는가
너의 충직한 가수가
너에게 매혹되어
온통 떨림으로 가득 차서
시끄러운 홀에서 그리고 응접실에서
너의 순수한 처녀의 시선을
불같은 시선으로 낚아채려 했던 그 순간을,
혹은 공상에 잠겨 작은 창에
머리를 기대고는 날아가는 나비의 가녀린 다리를
비밀스러운 상념으로 따라가던 그 순간을…

〈회상〉

Нина, помнишь ли мгновенья,
Как певец усердный твой,
Весь исполненный волненья,
Очарованный тобой,
В шумной зале и в гостиной
Взор твой девственно - невинный
Взором огненным ловил,
Иль, мечтательно к окошку
Прислонясь, летунью - ножку
Тайной думою следил.

"Напоминание"

여기에는 시에 나타나는 소시민적 사고의 모든 특성이 전면화 되어 있다. '미사여구' {심지어 이 시에서의 '가녀린 다리'(ножка)는 그것이 지닌 극대화된 미적 특성 자체〔'나비의 가녀린 다리'(ножка-летунья)〕를 통해 뿌슈낀의 가녀린 다리의 형상과도 구별된다}, 고상한 어휘와 저속한 어휘의 결합〔예를 들어 시인은 '곱슬머리'(локон)를 '너의 머리의 개구쟁이'(шалун главы твоей) 라고 쓰고 있다〕, 직업적인 어휘의 표현을 시적 문맥에 들여오는 것〔그 예가 되는 것은 '너의 충직한 가수'(певец усердный твой)이다. '충직한 관리'(усердный чиновник)와 비교해 보라〕 등이 바로 그 예라 할 것이다. 전체적으로 시어가 지닌 사회적 색채는 매우 민감하게 지각되는 것인 바, 벨린스끼가 이 시 〈회상〉의 여주인공에 대해 말하면서 "이 니나라는 여주인공이 완전히 무색의 얼굴을 가진 고관의 부인이라는 사실에 대해 누가 동의하지 않을 수 있겠는가"라고 말할 수 있었던 것은 바로 이러한 사실에 기인한다.

이러한 바탕 위에서 서정시는 어쩔 수 없이, 한 때 다른 어떤 문학 장르보다 서정시 장르에 고유한 특성이었던 문체적인 불투명성을 잃게 된다. 관례화된 조건적 시어와 나란히 일상으로부터 유래한 말이 서정시 속에 자리하게 된다. 전쟁에 관한 시라 할 수 있는 〈돌아오라〉(Возвратись)에서는 이러한 관례화된 시어와 장교 집단의 언어가 결합되는 흥미로운 현상을 볼 수 있기도 하다. 이 시 속의 '총을 기도에게로'(Ружье на молитву)라는 표현은 그 예이다. 또한 이 시에서는 "칼은 또다시 칼집 안으로 가라앉았다"(И снова мечи потонули в ножнах)와 같은 구절이 발견되기도 한다. 베네딕또프에게서 단어 칼(меч)은 총(ружье)과 함께 사용되는데 이것은 그에게 있어서 고상한 어휘란 특별한 송가적 장르에 속한 것이 아닌 오히려 문체에 대한 장식의 기능을 하는 것으로 간주되었기 때문이다.[124] 그의 시 〈돌아오라〉에서는 칼,

124) 칼을 의미하는 러시아어 меч는 러시아 시사에서 단순히 칼로서의 의미를 초월하여 독특한 시적 상징으로 사용되었다. 반면 '총'(ружье)은 일상적이며 때로는 군사용어의 색채를 띤다. 따라서 이 둘의 결합은 다분히 대립적

심지어 전투 전의 칼(предбитвенные мечи)과 같은 표현과 함께 특수한 용어들이 등장하기도 한다.

> 군도를 휴가 보내고, 말은 여물로 보낸다.
>
> А сабли на отпуск, коней на зерно.

여기서 말(кони)은 다분히 현실적이다. 하지만 여기에서 또 시적 추상화로서 '동료-말'(конь-товарищ)의 형상이 나타난다.

> 나는 영예를 얻을 것이다—그 영예의 반을 그에게 돌린다.
>
> А славу добуду—полславы ему.

또 다른 전쟁에 관한 시에는 이보다 더 상반된 요소들이 공존한다.

> 강철 갑옷을 입혀라!
> 강철로 된 칼을 차라!
>
> 〈…에게〉
>
> Облекись в броню стальную!
> Прицепи булатный меч!
>
> "К … му"

시 작품에서 전사는 칼(меч)을 찬다. 그러나 일상 속에서 장교는 군도(軍刀, сабля)를 찬다.

이처럼 자신의 폐쇄성을 잃은 서정적 구조 속으로 개별적인 일상의 요소들이 교체해 들어가게 되었던 바, 이것은 일종의 서정적 어휘가 지닌 가능성의 확장이었다. 베네딕또프의 은유 또한 이러한 가능성의 확장이었다.

인 두 문체가 공존하는 인상을 주게 된다.

베네딕또프의 시에서 동시대인들은 낭만주의가 추구하는 개성의 형상뿐 아니라, 셰비료프가 부단한 시도에도 불구하고 이루지 못했던 시어 '변혁'도 찾아 볼 수 있었다. 베네딕또프의 시에서는 익숙하지 않은 것이 익숙한 것을, 새롭게 각인된 것이 닳아서 지워져 버린 것을, 그리고 비대해진 은유가 아류의 매끄러움을 대신한다. 베네딕또프의 은유가 지닌 독창성은 그의 은유 속에서 구성 요소의 직접적인 일차적인 의미가 날카롭게 지각된다는 점인데, 이것이 은유를 실현시키고 결국 논리적인 부조리를, 조화로운 정확성의 시파에 의해 그 맹아조차도 가차 없이 비난받았던 그러한 부조리를 초래하게 된다.

베네딕또프의 시어는 어휘에서뿐 아니라 형상의 구축을 통해서도 19세기 러시아 시 전통의 범위를 벗어났고, 이로 인해 그와 유사한 경향은 끊임없이 외국문학 속에서 찾아질 수밖에 없었다. 1830~1840년대 동안 베네딕또프를 따라 다녔던 것은 실러의 이름과, 위고, 바르비에, 라마르틴(Lamartine), 들라비뉴(Delavigne)[125] 같은 프랑스 낭만주의자들의 이름이었다.

이때 그와 실러를 나란히 놓는 것은 순전히 관례적인 것처럼 보인다. 즉, 이는 사람들이 실러를 철학적 주제의 시인, 우주적 규모의 시인으로 기억하고 있었기에 나타난 현상이다. 베네딕또프와 동시대 프랑스 낭만주의자들 사이의, 특히 빅토르 위고와의 관계는 보다 실제적이다.

---

125) 프랑스 시인, 극작가(1793~1843). 애국주의적인 송가 "Messéniennes"로 명성을 얻었고 일반적으로는 극작가로 더 유명하다. 그는 프랑스에서 낭만주의가 태동하던 무렵 프랑스 연극의 개혁을 반대했던 고전주의의 아류들의 대표자로 평가되기도 한다. 그는 위고나 라마르틴 등의 낭만주의의 선구자들에 반대했으며 볼테르나 라신 등의 작품을 계승할 것을 주장했다. 그러나 그는 이러한 반낭만주의적 성향에도 불구하고 자신의 첫 낭만주의적 희곡의 성공 이후 점차 낭만주의적 극작법을 수용하기 시작하였으며 이를 통해 고전적 비극과 낭만주의적 드라마 사이의 중간적 성격을 띠는 독특한 극형식을 창조하게 된다. 또한 그는 이념적인 관점에서는 프랑스 부르주아적 자유주의의 대표자로 이해되기도 한다.

위고와 다른 낭만주의자들의 시적 체계는 정치평론적인 말과 일상적인 말이, 그리고 때로 진부한 말까지도 파토스 넘치는 문맥 속으로 침투해 가는 것을 이미 허용했다. 위고에게서 은유는 넘쳐나며, 과장되어 있고, 자주 예기치 못한 것들이며, 또한 매우 날카롭게 지각되는 것이었다. 그럼에도 불구하고 그의 은유는 비교의 합리적 근거를 가지고 있었으며, 이것이 논리적인 해석을 가능하게 했다. 이와 같은 일차적인 기반이 직접적인 의미와 비유적인 의미 사이의 유사성의 원칙을 (설령 그러한 유사성이 다소 변형된 모습을 띤다 하더라도) 드러내는 것을 가능하게 했다. 이러한 합리주의는 프랑스 시의 시적 사유의 가장 내밀한 곳까지 파고들었다. 1820~1840년대의 낭만주의도 이러한 시적 논리로부터 단절되지 않았다.

예를 들어 위고의 가장 고유한 특성을 보여주는 시 〈나폴레옹 II세〉(Napoleon II)의 한 부분을 보라.

> 아! 내일, 이것은 대단한 것이다!
> 무엇으로부터 이러한 내일이 생겨나는가?
> 사람들은 오늘 원인의 씨앗을 뿌리며
> 신은 내일 그 결과를 무르익게 한다.
> 내일, 이것은 조각배를 강타하는 번개이며,
> 또한 그것은 별을 가리는 먹구름이고,
> 마스크를 벗는 반역자다.
> 그것은 첨탑을 파괴하는 폭군이며,
> 궤도를 변경하는 천체이고,
> 그것은 또한 바빌론의 뒤를 따르는 파리다.
> 내일, 이것은 왕좌의 나무판자다.
> 그리고 오늘은 그것을 덮고 있는 벨벳이다.
>
> Oh! demain, c'est la grande chose!
> De quoi demain sera-t-il fait?
> L'homme aujourd'hui sème la cause,
> Demain Dieu fait mûrir l'effet.
> Demain, c'est l'éclair dans la voile,
> C'est le nuage sur l'étoile,
> C'est un traître qui se dévoile.

C'est le bélier qui bat les tours,
C'est l'astre qui change de zone,
C'est Paris qui suit Babylone;
Demain, c'est le sapin du trône,
Aujourd'hui, c'en est le velours![126]

이 시에는 다양하며 게다가 예기치 않은, 시인이 독자적으로 고안해 낸 형상들이 매우 빽빽하게 들어차 있다. 그러나 그 각각은 결국 이성적인 해석으로 귀결된다. 즉, 이 시에서 제시된 각각의 개념이 지닌 어떤 속성들이 개념으로 하여금 나폴레옹의 피할 수 없는 숙명으로서의 내일(завтра)이라는 형상으로 전이될 수 있게 하는지를 어렵지 않게 지적할 수 있다.

베네딕또프 역시 결코 비합리적이지 않았다. 그의 형상들의 기저에는 대개의 경우 직선적인, 심지어 때로 지나치게 단순한 연관이 놓여 있다. 대신 그는 이미 19세기 말 러시아 모더니즘을 예고하는, 억제할 수 없는 과격함으로 이러한 연관을 전개시킨다. 여하튼 베네딕또프는 비논리성보다는 과장의 위험에 직면했던, 프랑스 낭만주의 시학으로부터 고유한 결론을 도출해 냈다. 프랑스에서는 낭만주의 시조차도 지난 두 세기 동안 형성된 전통과 원칙에 대한 숭배를 은연중에 보존했다.

그러나 베네딕또프에게 있어서는 논리와 '훌륭한 취향'(хороший вкус)의 고전적 규범이 제거되어 있을 뿐 아니라, 문법적인 규범 자체도 반드시 필요한 것은 아닌 것처럼 생각된다. 베네딕또프의 신조어[безверец(믿지 않는 자), видозвездный(별모양의), волнотечность(자유로운 흐름), нетопта-

126) (원주) O, завтра — это все! Из чего это завтра сложится? Человек сегодня сеет причину, завтра бог даст созреть последствиям. Завтра — это молния, ударившая в парус; это туча, закрывшая звезду; это предатель, который снимает маску; это таран, который сокрушает башни; это светило, которое меняет орбиту; это Париж, который идет по стопам Вавилона. Завтра — это доски трона, сегодня — это его бархат(프랑스어에서 번역).

тель(짓밟지 않는 자) 등]가 이후에 이고리 쎄베랴닌(И. Северянин)의 신조어와 비견되었던 것은 이 때문이다.[127)]

시적인 규범과 금기를 부정했음에도 불구하고 베네딕또프는 많은 시적 상투어를 사용했다. 숭고의 기호가 되는 서정적 상투어는 일순간에 반(反)시적인 것이 될 위협에 직면한 이 시 체계에 반드시 필요한 것이었다. 베네딕또프의 가장 대담한 형상들은 흔히 바로 이러한 '거칠어진 상투어들'이었다.

> 이어 나의 가슴은 온 하늘을 끌어안았고.
> 곧 나는 가슴 속에서 우주를 꼭 끌어안았다.
>
> И грудь моя все небо обнимала,
> И я в груди вселенную сжимал

서정적 상투어(감정과 정열을 담는 그릇으로서의 가슴)는 극도로 과장되어 있으며 따라서 가슴은 이미 전 우주를 포함한다. 베네딕또프에게는 또한 여러 개의 상투어의 중첩 역시 매우 일반적이다.

---

127) 은세기 시인(1887~1941). 1910년대에 문학 활동을 시작했지만, 은세기 다른 여러 시인들과는 달리 상징주의의 영향으로부터 벗어나 있었다. 오히려 그는 1911년 미래주의의 한 갈래가 되는 에고-푸뚜리스뜨(эго-футурист)의 그룹을 만들었고, 여기에는 그네도프와 게오르그 이바노프 등이 그와 함께 참여했다. 쎄베랴닌은 자신이 직접 만든 에고-미래주의의 선언문을 통해 작가의 개성의 확립, 옛것을 부정하지 않는 새로움에 대한 추구, 대담한 형상들의 사용, 의미를 지닌 신조어의 창조 등을 주장했다. 이러한 선언문이 보여주듯이 그는 자신의 시 속에서 많은 신조어들을 창조한다(безгрезье, чернобровье, лесофея, ветропросвист, лилиебатистовая 등은 그가 창조한 대표적인 신조어들이며 이는 본문에서 예시된 베네딕또프의 신조어들과 분명한 유사성을 드러낸다). 에고-푸뚜리스뜨들은 과격한 파괴나 전통과의 단절보다는 그것을 수용하면서 동시에 새롭게 하기를 원했으며, 이것은 그의 작품 속에서 의미 파악이 가능하지만 새롭고 과격한 형상의 결합이나 신조어의 창조 등의 현상을 낳게 된다. 신조어의 창조라는 관점에서 베네딕또프와 비교될 수 있는 것은 바로 이 때문이다.

사랑이란 — 단지 아름다움의 날카로운 침 속에 든
한 방울의 독일뿐이다.

Любовь — лишь только капля яду
На остром жале красоты.

사랑(Любовь), 아름다움(красота), 독(яд), 침(жало) — 이 모든 단어는 개별적으로는 익숙한 시어이다. 그러나 여기서는 이러한 시어들이 조밀하게 모여 새롭지만 동시에 다분히 혼란스러운 결합을 이루고 있다. 이것은 의미의 부재에 이르는 길이다. 하나의 형상 축이 다른 형상 축 속에 자리하게 되며, 이로부터 각 축의 자질이 지닌 논리적 연관성과 물리적 실제성을 서로 파괴한다.

이 화관은 나의 꿈의 우상이었다 …

Венец тот был мечты моей кумиром …

여기서 화관(венец)은 우상(кумир)이 되고, 우상은 곧 꿈(мечты)이기도 하다.

베네딕또프에게서 언어적인 은유는 종종 보충적인 특징들로 덮이며 실현된다. 예를 들어 말은

필사적인 질주의 번개 속에서

На молниях отчаянного бега.

기수를 태우고 간다. 이것이 가능한 것은 '번개처럼'(как молния) 이나 '빠른 번개와 함께'(с быстрой молнией) 같은 표현 때문이다.

어디에서 불행의 납을 녹일까?

Где растопить свинец несчастья?

'불행의 납'(свинец несчастья)이라는 표현은 금속(금, 철)이 지니는 일반적인 상징적 의미와의 유비 속에서 형성되었다. 또한 그 기저에는 무거움과 불투명함 같은 납에 대한 일반적인 표상이 자리하기도 한다. 납이라면 녹일 수 있는 것은 당연하다. 여기서 번개나 금속은 일반적인 조어법으로부터 분리된다. 그것들은 더 이상 비교의 한 항이 되기를 멈추고 독자적으로 발전해가는 형상이 된다. 베네딕또프의 서정적 언어는 다수의 이러한 자족적인 형상들로 이루어져 있다.

시행의 은유적인 세분화 외에도 베네딕또프에게는 또 다른 특징이 있다. 그것은 점점 확장되며 시 전체를 장악하는 은유의 존재이다. 이 두 유형의 시는 동일한 기원을 갖는다. 자족적인 은유적 구조는 마치 앞으로 실현될 슈제뜨를 잉태하는 것처럼 보이기도 한다.

> 심장에 눈이 내린다. 그러나 이것은
> 안개의 흰 천 아래에서 짓밟힌 계곡의 눈은 아니다,
> 아니다, 이것은 구름 저편의 산 정상의 눈이다.
> 활동이 멈춘 화산 위의 얼음 화관이다.
>
> 그는 너에게 완전히 열려있다, 마치 태양에게처럼,
> 그림자 속의 땅이여, 그는 너를 맞이한다.
> 또한 그는 온통 너의 빛의 불길로 반짝인다.
> 그러나 너의 빛의 불길에도 녹지 않는다.
>
> 〈차가운 고백〉

> Снег на сердце; но то не снег долин,
> Растоптанный под саваном тумана,
> Нет, это снег заоблачных вершин,
> Льдяной венец потухшего вулкана.
>
> И весь тебе, как солнцу, он открыт,
> Земля в тени, а он тебя встречает,
> И весь огнем лучей твоих блестит,
> Но от огня лучей твоих не тает.
>
> "Холодное признание"

베네딕또프의 두 번째 책에 실린 시들의 특성을 지적하면서 뻘레보

이는 다음과 같이 쓰고 있다. "또 한 편의 제목을 모르는 시는 — 이것은 〈차가운 고백〉을 지칭한다 — 어딘가 특별하지만 불운한 종류의 것이다."128) '휴화산 위의 얼음 화관'(Льдяной венец потухшего вулкана)이라는 표현에 의해 극단으로까지 치달으며, 뜨거운 동시에 차가운 심장이라는 언어적 형상이 지나칠 정도로 노골적으로 실현되는 것은 분명 뻴레보이를 놀라게 했음이 틀림없다. '강철의 심장'(Железное сердце)은 대장장이의 모루에 놓이게 된다. 여자의 가슴은 소용돌이치는 깊은 심연이며, 그 속에는, 바로 그 심연에는 진주와 악어들이 숨어 있다〔〈알리나에게〉(К Алине), 〈심연〉(Бездна) 등〕.

독일 낭만주의자들은 은유의 철학적 근거를 마련했다. 그들에게 은유적 문체란 자연 속에 육화된 영혼의 형상에 대한 표상에 상응하는 것이었다.129) 베네딕또프의 문체는 이 경향의 철학적 근원으로부터 이미 단절되어 있었다. 그러나 그의 강한 은유는 번지르르한 아류 시와의 투쟁에 있어 효과적인 요소였다. 베네딕또프의 실제 작품은 (많은 실패에도 불구하고) 러시아 시가 낭만주의적으로 시적 형상을 구축하는 방법에 익숙해질 수 있도록 만들었다.

베네딕또프는 강한 시적 열정과 함께 귀족과 소시민 대중으로 이루어진 폭넓은 중간계층이 요구하는 낭만주의 미학을 정립할 수 있었다. 그는 미적 '이상'을, 역사의 시험을 이겨내지는 못했지만 진정 '짧은 시기 동안의 영웅'이 되었던 주인공을 내세웠다.

베네딕또프의 문학적 운명에서 그가 일정 기간 동안 (매우 짧은 기간이었지만) '스미르딘 문학'으로부터 벗어나 주꼽스끼, 뱌젬스끼, 듀체프, 알렉싼드르 뚜르게네프, 그리고 모스끄바 류보무드리 등과 같은 이들

---

128) (원주) 〈조국의 아들〉, 1838, 2권(Сын отечества, 1838, т. II), 89쪽.

129) 괴테나 노발리스 등은 예술가야말로 자연에 정신이 존재한다는 걸 알 수 있고, 실제의 오브제 안에서 혼을 발견하며, 일상적으로 보이는 것에서 신비를 발견할 수 있다고 믿었다. 더 나아가 독일 낭만주의자들은 자연에 인간을 위한 은유가 있다고 믿었고, 그것을 상징으로 표현하려고 했다.

의 주의를 끌고 그들의 공감을 불러일으킬 수 있었던 것은 그 무엇보다 흥미롭다. 1830년대의 속류 낭만주의의 하수인이었던 그가 잠깐이지만 보다 높은 낭만주의의 영역 속에서 진지하게 평가되었던 것이다. (이는 이후 벨린스끼의 강한 반발을 불러일으켰다.)

1830년대에는 '생각 있는 시인'이 극도로 필요했다. 선언적으로가 아니라 실제 창작을 통해 화석화된 문체적 전통을 뿌리칠 수 있는 그런 시인이 요구되었다. 동시대인들은 '낭만주의적 개성'의 단일성, 폭풍과도 같은 은유, 그리고 익숙하지 않은 의미결합과 같은 고유한 특성들을 지닌 베네딕또프를 바로 그러한 시인의 형상으로 이해하고 싶은 유혹을 뿌리칠 수 없었다. 사상과 시어의 관계는 내팽개쳐지고, 새로운 언어의 사용이 (게다가 철학적인 주제에 결부된 경우) 곧 새로운 시적 사상의 존재를 전제하는 것처럼 되어 버렸다. 베네딕또프가 보다 높은 문학 세계에서 성공할 수 있었던, 또한 이러한 성공이 오래 지속될 수 없었던 이유는 바로 여기에 있다.

강단 문학파에서 베네딕또프를 변론한 것은 셰비료프였다. 베네딕또프의 〈시편〉(Стихотворения)에 대한 셰비료프의 평론과 그의 강령적인 번역인 〈예루살렘의 해방〉(Особовожденный Иерусалим)[130]이 잡지 〈모스끄바의 관찰자〉 같은 호에 게재된 것은 우연이 아니다. 그는 〈예루살렘의 해방〉에 부친 서문에서 바뜌슈꼬프에서 주꼽스끼에 이르는 시파의 작품은 동시대 사고의 관심사를 표현하기에 적합한 형식이 되지 못한다고 직접적으로 언급했다.

"갑자기, 오늘 전혀 예기치 않게 우리 문학에 새로운 시인이 나타났다. 그에게는 거짓되지 않은 영감의 고양된 폭발이, 강하고 충만한 시가, 그리고 형상의 우아함이 존재한다. 그러나 이 모든 것보다 중요한

---

130) 셰비료프의 토르콰토 타소의 시 〈예루살렘의 해방〉(Особовожденный Иерусалим)의 번역에 대해서는 이 장의 앞부분에서 설명되었다. 그는 강하고 웅장한 내용을 담을 수 있는 새로운 시어를 요구했고 시어의 획기적인 전환의 필요성을 강조했다.

것은 그의 이마 위에 새겨진 깊은 사상이며, 윤리적 순수성의 감각이고 또한 심지어는 삶의 어떤 경험이다 … 강력한 최초의 언어 창조 시기 이후 우리의 시에서는 가장 아름다운, 가장 세련된 형식의 시기가 만개했다 … 이것은 우리 시 속의 우아한 유물론의 시기였다 … 형식을 위해서 우리는 이미 많은 일을 했다. 그러나 사상을 위해서는 아직 많은 일을 하지 못했다. 아니, 사실 거의 아무것도 하지 않았다. 형식의 시대, 유물론적이며 이교적인 시대는, 즉, 시와 조형성의 시대는 우리 문학 속에서 달콤한 옛이야기와 같이 끝나버렸다. 이제 새로운 정신의 시대가, 즉, 사상의 시대가 도래할 때다."131)

이처럼 베네딕또프에 대한 셰비료프의 논문은 뿌슈낀과 그의 선조들, 그리고 '우아한 유물론'의 동시대인들을 첫째, 진부하고 쓸모없는, 둘째 새로운 '사상의 시대'와 비교할 때 더 저열한 것으로 평가했다.

이와 같은 상황에 대한 이해를 바탕으로 했을 때만 벨린스끼가 베네딕또프에 대해서 쓴 첫 논문의 의미가 완전히 드러날 수 있다. 그가 1835년에 쓴 그 유명한 논문을 단순히 대중들 가운데서 엄청난 성공을 거둔, 재능 있지만 저속한 작가에 대한 폭로로 이해해서는 안 된다. 여기서 보다 더 한 것은 사상의 시에 대한 왜곡된 — 벨린스끼의 관점에서 — 이해에 의거하여 러시아 낭만주의를 이해하는 위험한 경향에 대한 항거였다.

벨린스끼의 베네딕또프에 대한 1835년의 논문이 겨냥한 것은 사실 셰비료프였다. 물론 그의 이름은 글에서 단 한 번도 호명되지 않았다. 1830년대 중반, 모스끄바의 철학하는 젊은이들은 아직까지 서구주의자와 슬라브주의자로 완전히 나누어지지 않았었을 뿐 아니라, 벨린스끼가 포함되어 있었던 스딴께비츠 서클과 셰비료프는 서로에 대한 불만이 점점 늘어가고 있었음에도 불구하고 아직까지 완전히 절연하지 않

131) (원주) 〈모스끄바의 관찰자〉, 1835, 3호(Московский наблюдатель, 1835, NO. 3), 439, 442쪽.

은 상황이었다. 그러나 분열은 점점 더 심해져 갔고 마침내 이들은 두 가지 이념으로 갈라서게 된다. 그 하나가 벨린스끼의 혁명적 민주주의라면, 다른 하나는 관료주의적 국가조직의 보수주의적 원칙이었다. 1840년대에 셰비료프는 이 진영의 이론가가 된다.

1835년 논문에서 벨린스끼는 의도적으로 자신의 논문이 진정으로 겨냥하는 이가 누구인지를 소리 없이 가리키는 한 대목을 묵인했다. 다음은 바로 그 부분이다. "어딘가에서 베네딕또프의 시를 지배하는 것이 사상이라고 말했다. 그러나 나는 그것을 잘 모르겠다."[132] 그러나 몇 달 지난 1836년 3월 벨린스끼는 베네딕또프에 대한 문제를 놓고 셰비료프와 공공연하게 논쟁을 벌이게 되었으며, 당연히 그의 이전 논문이 누구를 향하는 것인지도 쉽게 짐작될 수 있었다. "〈모스끄바의 관찰자〉의 평론과 문학적 의견들에 관하여"(О критике и литературных мнениях "Московского наблюдаеля")라는 논고에서 역시 가장 신랄한 페이지들은 그의 첫 논문의 숨겨진 논쟁 대상이었던, 베네딕또프에 대한 그와 같은 견해들에 대한 비판에 할애되어 있다.

1835년의 논문에는 셰비료프에 대한 또 하나의 흥미로운 공격이 존재한다. 다음 구절을 보자. "… 나에게 언어의 견고함과 유연함이, 표현의 위대함과 생생함이 완벽의 경지에 이른 시 한 편을 찾아주시오. 다음에 나오는 시와 같은…" 그리고 이어지는 부분에서 벨린스끼는 셰비료프의 이름을 언급하지 않은 채 그의 시 중 가장 베네딕또프적인 작품 하나〔〈암사자의 굶주린 눈을 보았는가?〉(Видал ли очи львицы гладой? …)〕를 인용한다. "그런데 당신에게 하나 묻겠소. 이것이 과연 시인가? 시로 된 장난감이 아니고? 과연 이 표현이 영감으로 가득한 순간에 흥분과 동요를 느끼는 영혼으로부터 흘러나온 것일까? 부자연스럽고 긴장된 영혼의 상태에서 의도적으로 선별되고 만들어진 것이

---

132) (원주) 벨린스끼, 《저작 전집》, 1권(В. Г. Белинский. Полное собрание сочинений, т. I), 362쪽.

아닐까? 과연 이것이 무의식적인 감정의 분출일까? 이성에 의해 주어진 주제에 대해 쓴 구절을 모아 놓은 것이 아닐까?" 이런 식으로 벨린스끼는 모스끄바의 철학 서클이 인정한 시인, 즉 시인 셰비료프를 베네딕또프와 동일한 카테고리에 위치시킨다. 그들에 대한 벨린스끼의 평가는 완전히 일치하는 것이었다.

이때 특징적인 것은 베네딕또프에 대한 첫 언급에서 벨린스끼가 그의 저속한 몰취미와 '상점식 어투'의 문제를 (이 문제에 대해서는 좀더 뒤에 주목한다) 그냥 지나치며 베네딕또프의 문체 중에서 특히 당대의 사람들에게 18세기 송가를 연상시키는 그런 요소에 대해 공격한다는 사실이다. 벨린스끼는 의미 단위들의 집적이나 수사적인 돌려 말하기, 즉, 복잡한 시적 형상에 대해서 반대했다. 그러한 복잡한 형상들은 '산문으로 옮기면' 단순해지고 마는 것들이었다. 또한 그는 의미적으로나 어휘적인 특성상 거리가 먼 단어를 결합하는 것, 특히 모든 종류의 은유의 실현과 그것의 슈제뜨 전개에 대해서도 부정적이었다.[133] 즉, 그

133) (원주) 벨린스끼는 여러 차례 베네딕또프의 시를 산문으로 옮기는 시도를 했다. 이는 사실 까람진주의자들과 그 적들이 논쟁적인 목적으로 사용했던 방법이었다. 예를 들어 1836년 베네딕또프의 첫 작품집 《시편》(Стихотворения)의 재판에 부친 평론에서 그러한 방법을 사용한다. "베네딕또프에게서는 예전과 마찬가지로 '기쁨이 빛난다.' 사랑은 심장의 깊은 골짜기에 둥지를 틀고, 불타는 손바닥 위의 소녀는 현기증 나는 소용돌이에게 바쳐진다. 사랑은 진심어린 하늘의 색색의 불빛처럼 빛난다… 진리의 강철은 강한 팔과 같이 거품이 이는 악의 심장을 찌르고, 그 어떤 정열도 없는 숨결의 얼음과도 같은 입김은 아름다움의 불꽃으로 떨어진다…"〔벨린스끼, 《저작 전집》, 2권(В. Г. Белинский. Полное собрание сочинений, т. II. М., 1953), 208쪽〕. 몇 년 후 셰비료프는 벨린스끼에 대한 응대로서 레르몬또프의 〈견습수도사〉(Мцыри)에 대해 동일한 작업을 행한다. "무지개와 같이 나란히 들어선 식물들은 천상의 눈물의 흔적을 지니고 있다. 포도 넝쿨은 녹색의 잎들을 뽐내면서 굽이쳐 감긴다. 그 위에는 (즉, 곱슬머리 위에는!) 값비싼 귀걸이를 닮은 포도송이들이 탐스럽게 달려 있다. 겁 많은 새의 무리들이 포도로 날아든다! … 그리고 그는 땅에 넘어졌고, 목소리에 귀 기울이기 시작했다! … 문학 선생님은 이 모든 것들로부터 도대체 무엇을 얻을

는 모든 종류의 문체 실험을 거부한 것이었다. 반면 셰비료프는 바로 이러한 문체 실험을 통해 시가 모방으로부터 자유로워지고 사상의 시를 향해 나아갈 수 있다고 믿었다.

벨린스끼에게 바라띤스끼와 베네딕또프 사이의 차이는 너무도 명백한 것이었음은 말할 필요도 없을 것이다. 그러나 1835년 그는 두 시인 모두에 대해 동일한 반(反)합리주의자적 기준에 입각하여, 그와 같이 사상과 감정의 통일을 요구하며 비판적인 태도를 드러낸다.134) "사상에 대해서 관심을 기울이고 찾아도 베네딕또프의 시 어디에서도 난 그것을 찾을 수 없다. 그렇다면 시에서의 사상이란 무엇인가? 이 질문에 대한 만족할만한 대답을 제시하기 위해서는 우선 감정이란 무엇인가라는 문제부터 해결하여야 한다… 사상은 감정 속에서 파괴되고 감정은 사상 속에서 파괴된다. 이러한 상호 파괴 속에서 높은 예술성이 생겨난다… 시 속의 사상! 그것은 명제도, 묘사도, 삼단논법도 아니다. 그것은 탄성이고 기쁨이며 슬픔과 우수이고 절망이며 통곡이다." 베네딕또프, 더 정확히 말해서 셰비료프가 이해한 베네딕또프는 무거운 물질적인 상징이다. 셰비료프는 다음과 같이 쓰고 있다. "새로운 시인(베네딕또프 — 역자)은 우리에게 여전히 동일한 사물을 노래해 준다. 사실 세상의 모든 시는 그것으로부터 시작되었다. 이것은 장미이고, 호수이며, 폭풍이고, 절벽이고, 꽃이고 무지개이며, 전쟁이고 사랑이다… 그러나 한 번 보시오. 이 각각의 사물이 시인의 고유한 영혼에 의해 소생하는 것을, 그리고 그 각각의 사물을 관통하여 그의 고유하고 심오한 사상이 빛나는 것을." 그러나 벨린스끼의 관점에서 이것은 진정으로

수 있단 말인가? 문법 실수, 날카롭게 울리는 시행들의 묶음, 그리고는 접속사 '그리고'(и) 외에는 그 어떤 관계도 없는 비교들 말고는"〔〈모스끄바인〉, 1843, 6호(Москвитянин, 1843, NO.6, 507쪽)〕.

134) (원주) 바라띤스끼와 베네딕또프에 대한 벨린스끼의 주요 논문은 1835년과 1842년에 거의 동시에 집필되었다. 1835년 그의 논문이 실린 호의 검열이 통과된 것은 11월과 12월이었다. 1842년에는 두 논문 모두 11월 30일에 검열을 통과했다.

단일한 개인에 의해 하나로 모인 것이 아닌 유해한 합리성이자 비유의 유희에 불과했다.

베네딕또프의 시적 체계를 이제 우리는 그의 문체적 모순의 총화 속에서 이해한다. 그러나 동시대인들의 의식 속에서 그것은 여러 층으로 나뉘어져 있었다. 실러와 비교되며 꼬지마 쁘루뜨꼬프(Козьма Прутков)[135]의 원형으로 이해되는 시인이라면 이것은 당연한 것이었다. 벨린스끼가 보기에 베네딕또프는 이중의 위험성을 지니고 있었다. 그 하나가 '베네딕또프쉬나'〔베네딕또프적인 특성(Бенедиктовщина), 이것은 또한 '스미르딘 문학'의 경향을 의미한다〕라면, 다른 하나는 '셰비료프쉬나'(Шевыревщина, 셰비료프적인 특성)였다(이는 수사적인 시의 원칙을 지칭한다). 벨린스끼는 베네딕또프를 한편으로는 마를린스끼, 쎈꼽스끼, 꾸꼴니끄, 띠모페예프 등과, 또 다른 한편으로는 호먀꼬프, 야즤꼬프와 연관 지었다. 이때 1835년 논문에서 암시되는 것은 후자에 속한 이들이었으며, 이때 이 논문이 겨냥하는 진정한 적은 셰비료프였다. 결국 그 논문의 진정한 주제는 사상의 시의 원칙과 나아갈 바였다.

7년이 지나서 벨린스끼는 베네딕또프의 첫 시집의 재출간과 관련하여 다시 그에게로 돌아온다. 1842년 상황은 이미 변했다. 베네딕또프는 속류 낭만주의의 대가들 중 하나가 되었고, 고상한 문학의 영역에

---

135) 꼬지마 쁘루뜨꼬프(Козьма Прутков)는 알렉싼드르, 알렉쎄이, 블라디미르 젬츄쥐니꼬프(Жемчужников) 형제들과 알렉쎄이 똘스또이(А. Толстой)를 함께 부르는 가명이다. 주로 1850~1860년대에 활동하였으며 애초에 이 형상은 코믹한 시인이자 관리의 형상으로 고안되었다. 이들은 1859~1863년 사이에 〈불꽃〉과 〈현대인〉 등의 잡지에 작품을 발표하였고 이것은 당시의 문학적 삶에 있어서 큰 역할을 했다. 특히 이들이 자신들의 작품 〈북풍〉(Аквилон)을 통해 베네딕또프의 공허한 시를 패러디한 것은 잘 알려져 있다. 이 외에도 그들은 작품 속에서 순수예술의 허상을 조롱하거나 사이비 과학을 풍자하는 등의 내용을 보여주었으며 슬라브주의자들과의 논쟁을 드러내기도 했다. 현재 꼬지마 쁘루뜨꼬프는 그것을 구성하는 각 작가들의 개별적인 특징과 상관없이 사회적이고 일상적이며 동시에 풍자적인 경향을 지니는 문학적 형상을 지칭하는 말로 사용되기도 한다.

서 그가 차지하는 의미에 대해 논의하는 것은 더 이상 아무 의미가 없었다. 벨린스끼는 베네딕또프의 시가 하나의 문학 층위로부터 다른 층위로 옮겨간 것으로 이해했다.[136] 이때 이것은 일종의 '지리적' 이동이기도 했다. 1836년 벨린스끼는 베네딕또프를 다룬 셰비료프의 평론에 대해 다음과 같이 쓰고 있다. "이러한 비평은 훌륭하다. 그것은 새로운 시인에게 엄청난 명성을 가져다주었다, 적어도 모스끄바에서는."[137] 1842년의 비평에서 벨린스끼는 이와는 반대로 다음과 같이 지적한다. "베네딕또프의 시는 특히 뻬떼르부르크에서 엄청난 성공을 거두었다 … 그 성공은 거의 러시아에서 뿌슈낀이 거둔 성공에 비견될 만했다."

벨린스끼는 이 글에서 또한 다음과 같이 말한다. "루씨에는 베네딕또프의 작품보다 더 큰 감정과 영혼과 우아함을 지닌 작품을 쓴 시인들이 있다. 그러나 이들 시인들은 결코 베네딕또프가 대중에게 가져다준 것과 같은 강한 인상을 주지 못했다. 아니 그 반만큼의 인상도 주지 못했다. 그리고 이때 대중들은 옳았다. 그 시인들은 자신의 시가 속한 예술의 영역 속에서 미미한 존재였다. 그들은 자신과 같은 영역에 속한 최고의 시인들에 가려서 잘 보이지 않는다. 그러나 베네딕또프는 자신이 속한 예술의 영역에서 스스로가 위대한 시인이었다. 그러기에 그는 그 누구도 모방하지 않으면서도 자신을 모방하는 일군의 무리를 가질 수 있었다…베네딕또프의 시는 뻬떼르부르크에서 특히 성공을 거두었다. 그의 성공은 거의 전 민중적인 것이라 말할 수 있을 정도였으며, 그것은 실로 뿌슈낀이 러시아에서 가지고 있는 명성에 비견할 만 했다. 차이는 그러한 성공의 정도에 있지 않았다. 단지 그것의 지속

---

136) 앞서 지적된 두 경향 중 셰비료프쉬나로 지칭된 것이 베네딕또프의 시를 고상한 문학의 영역에서 평가하려는 시도였다 할 수 있을 것이다. 문학적 층위의 이동은 베네딕또프의 시가 이로부터 벗어나 애초의 그것의 발생론적인 근원이라 할 수 있는 속류낭만주의의 대표로 머물게 되는 과정을 지칭한다.

137) (원주) 벨린스끼, 《저작 전집》, 2권(В. Г. Белинский. Полное собрание сочинений, т. II), 148쪽.

성에 있었다. 이것은 베네딕또프의 시가 자연이나 역사, 민중에 대한 시가 아닌 뻬떼르부르크의 중간계층의 관료 사회의 시였다는 사실을 통해 쉽게 설명될 수 있다. 베네딕또프의 시는 그들을, 그들의 사랑과 친절함을, 그들의 무도회와 사교계를, 그리고 그들의 감정과 이해를, 즉, 그들의 고유한 특성들을 단순하고도 열광적으로, 그 어떤 아이러니나 숨겨진 의미 없이 훌륭하게 묘사했다… 이러한 무정함, 이러한 차가운 광휘는, 아름답지만 정확하지 못한 표현들에도 불구하고, 이러한 중간 계층의 '숫사자'(лев)와 '암사자'(левица)들에게 진정한 시로 보였던 것이다."[138]

이처럼 벨린스끼는 1842년 베네딕또프가 속한 예술 '영역'이 지닌 사회적 성격을 놀랍도록 정확하게 제시하고 있다. 그러나 베네딕또프에 대한 그의 1835년의 논쟁 또한 중요하다. 낭만주의의 가능성에 대한, 그리고 시적 사상에 대한 이 논쟁은 결국 러시아 시의 운명에 대한 논쟁과 다르지 않았다.

몇 년이 지나서 레르몬또프의 시 속에서 벨린스끼는 그가 추구하던 것을 발견하게 된다. 그것은 감정과 결합된 사상이었으며, 또한 전통적인 시적 어휘가 지닌 의미를 변형시킬 수 있는 힘을 지닌 자아의 형상이었다.

---

138) (원주) 같은 책, 4권, 1955, 493~496쪽.

자아의 문제

1820~1830년대 러시아의 낭만주의적 의식은 자아[1]의 관념에 집중되어 있었다. 이 관념은 철학적으로 사고하는 사람들로부터 단순한 통속문학의 작가들에 이르기까지 모두를 사로잡았다. 또한 이것은 혁명적 파토스로부터, 자기완성과 자기분석의 내적 세계로 도피하고자 하는 시도에 이르기까지 다양한 모습으로 나타났다. 레르몬또프의 초기 작품에는 바로 1830년대 중엽에 데까브리스뜨 사건 이후의 낭만주의가 보여준 가장 생산적이고 역사적으로 중요한 지향들이 구현되어 있다. 러시아 문화가 위대한 리얼리즘의 시기로 넘어가는 문턱에서 그의 작품은 러시아 낭만주의의 극단적인 표현이 되었다. 레르몬또프의 문제의식은 비단 1830년대의 긴장된 분위기 속에서 자라난 것만은 아니었다. 젊은 레르몬또프는 자신에게 부여된 시적 과제들을 해결함으로써 러시아와 전 세계의 낭만주의 사상의 상속자가 되기를 자처했다.

자아의 문제는 낭만주의의 모든 개념에 있어서 가장 핵심적인 것 중

1) 여기서 личность라는 개념을 대개는 '자아'로 번역하였음을 밝힌다. 이 단어는 사실상 '인성', 혹은 '개성'으로 번역될 수 있으며, 특히 낭만주의 시학이나 근대의 문제 등 당대의 문제의식을 고려할 때 다분히 그 안에는 '개성'의 개념이 강하게 나타난다. 그러나 본문에서는 레르몬또프의 시학의 제 문제와 관련하여 '개성'의 주체로서의 인간, '인성'의 개념을 포괄하는 넓은 개념으로서 '자아'라는 단어를 사용하고자 한다.

하나지만, 낭만주의가 발현되는 다양한 민족적 사회적 형태 속에서 그것이 존재한 방식은 상이했다. 낭만주의의 민족적 형태가 지닌 다양성, 낭만주의의 이 민족적 유형들이 역사 발전의 상이한 단계에서 보여주는 상이한 성격, 그것들의 상이하고 때로 대립적인 정치적 지향들 — 이 모든 것이 낭만주의 사조에 대한 보편적인 규정의 추구를 힘들게 했다. 그럼에도 불구하고 동시대인들과 후대의 사람들은 독일 낭만주의, 영국 낭만주의, 프랑스 낭만주의, 러시아 낭만주의 등과 같은 그토록 상이한 현상들에 똑같은 명칭을 부여했다.

낭만주의에 관해 말하는 논자들은 항상 자아에 대한 특별한 관심을, 낭만주의적 세계관에 있어 주관적인 원칙이 지닌 특별한 의의를 언급하곤 했다. 하지만 개인주의는 부르주아 경제와 부르주아 문화 전반의 전 시기에 걸친 일반적인 고유 자질이다. 이 자질에 따라 르네상스 시대로부터 20세기에 이르는 현상들을 통일할 수 있다. 그러므로 논의되어야 할 것은 바로 유럽의 사회적 존재와 사회적 의식 속으로 그토록 깊은 변화들을 가져온 프랑스 대혁명의 경계 너머에 자리하는 낭만주의적 개인주의의 특수성을 우리에게 제공하는, 자질들의 독특한 결합이다. 최초의 낭만주의자들 — 그들은 혁명에 의해 양육된 사람들이다. 만약 그들 중 일부는 혁명의 정치적 결론들을 거부했다 할지라도, 그들 모두 혁명의 심리적 결론들과, 혁명으로부터 나온 그리고 이미 되돌릴 수 없는 새로운 현대적인 의식의 존재와 셈을 치러야 했다.

낭만주의에 대한 맑스의 유명한 정의 — '프랑스 혁명 및 그와 연관된 계몽주의에 대한 최초의 반발'2) — 는 자신을 위한 새로운 용어를 요구했던 새로운 의식의 자질, 새로운 삶의 이해가 그 너머에서 태동했던 경계를 정초한다. 용어의 제공자는 독일 낭만주의자들이었다. 낭만주의 속에서 반계몽적 비합리적 국면들을 강조하는 맑스의 정식은

---

2) (원주) 맑스와 엥겔스, 〈저작〉, 제2판, 32권(К. Маркс и Ф. Энгельс, Сочинения, изд. 2, т. 32), 44쪽.

일차적으로 독일 낭만주의에 관련되었다. 긴장된 개인주의자적 자기인식과 초개인적인 절대적인 원칙에 대한 확신 사이의 모순적인 상호관계가 독일 낭만주의의 고유한 속성을 이룬다. 낭만주의의 다양한 형태들 속에서 나나 '보편'이 주도적인 의의를 획득한다.

용어의 출현은 모든 운동의 역사에 있어 항상 중요한 순간이다. 용어는 19세기로 접어드는 시기에 형성되었던 문화적 의식과 양식이 지닌 자질들의 특정한 결합을 공고하게 했다. 동시에 그것은 선행하는 현상들을 포괄하며 소급하여 작용하기 시작했다. 그리하여 결과적으로 바로 후기 계몽주의가 민중성(민족적 독자성)의 이념을 제기했고 역사주의의 토대를 놓았으며 문학 형식의 해방과 혁신을 위해 싸웠던 사실을 눈에 띄지 않게 만들었던 전(前) 낭만주의의 개념이 출현했다.

발견된 용어는 과거뿐 아니라 미래에도 작용했다. 흔히 새로운 민족해방 운동과 이미 연관된 현상을 포함한, 모든 민족적 고유성과 결부된 새로운 현상에 같은 명칭인 낭만주의가 부여된다. 낭만주의의 뒤이은 민족적 형태들은 많은 특징에 있어 서로서로 그리고 독일의 선배로부터도 현격하게 구별된다. 그럼에도 불구하고 다양한 낭만주의에 고유한 자아에 대한 이해 속에는 공통적인 무언가가 여전히 존재했다. 이것은 자신의 형이상학적 본성의 법칙에 따라 활동하는 자아이다. 그 반면 리얼리즘의 대상은 보편적인 합법칙성들에 의해 한정된 그리고 그것에 종속된 인간이 될 것이다.

모든 개인주의에도 불구하고 낭만주의적 자아는 자신의 고유한 가치의 기초가 되는 탈개인적인 가치에 의해 틀림없이 풍부해진 것으로 사고되었다. 순수한 자의성의 설파는 훨씬 뒤늦은 데카당스의 시대에 이르러서야 가능해졌다. 아직 발전 중인 그리고 생동하는 부르주아 의식의 산물인 초기 낭만주의는 보편적인 관계를 필요로 했다. 그리고 낭만주의는 그 담지자들의 사회적 본성에 좌우되어 혁명과 휴머니즘의 유산과 종교적 지향 사이에서 때로 이 두 원칙을 결합시키며 흔들린다.

낭만주의적 자아의 가치를 결정했던 탈개인적 가치들은 인간의 경험적 존재에 대한 관계에 있어 어떤 지고한 이상적인 영역이다. 초기 독일 (예나) 낭만주의는 신비주의의 빛 속에서 정화된 모습 속에서 물리적 세계를 받아들이며 육체를 정당화했다. 하지만 이 행위도 유한에 영성(靈性)을 부여함을 통해 극복되는, '무한'과 '유한'의 이중성을 전제로 했다. 첨예한 이원론, 곧 이상과 현실 사이의 단절이 이미 후기 독일 낭만주의의 극도로 발현된 고유한 속성을 이룬다.

낭만주의의 다양성에 상응하는 고상함의 다양한 영역이 존재했다. 독일 낭만주의자들에게 있어 이것은 초감각적인 것, 무한성, 절대의 영역이다. 바이런주의에 있어 이것은 강렬한 인간의 영의 원초적 힘, 자유의 형이상학적 범주이다(물론 자유에 대한 완전히 구체적인 정치적 이해 역시 바이런에게 유효하다). 유토피아 사회주의와 연관된 프랑스 좌파 낭만주의에는 기독교적-사회적 정의의, 종교적인 색채가 가미된 휴머니즘과 유토피아적 조화의 이상적 영역이 존재한다. 사회적 악과 부정의 세계가 저급한 현실의 자질을 띠고 그것에 대치된다. 사회 하층민들에 대한 관심에도 불구하고 프랑스 좌파 낭만주의는 개인주의의 모든 강렬한 발현을 보존했는데, 하지만 이것은 민주적인 변체(變體) 속에서였다. 위고(Victor Hugo)의 〈레미제라블〉(Les Miserables)은 모든 시대착오적 성격에도 불구하고 이 낭만주의의 불후의 기념비다. 〈레미제라블〉의 주인공들은 단순히 가난한 사람들, '작은 사람들'이 아니라, 거대한 규모 속의 작은 인간들이다.

만약 강렬한 주관성과 이원론의 결합이 혁명 이후의 낭만주의적 의식이 지닌 특수성을 결정했다면, 이로부터 낭만주의가 이 요소들의 결합이라는 결론에 이르는 것은 아니다. 낭만주의 문화 속에서 우리는 가능한 모든 부차적이고 파생적인 자질과 지속적으로 마주하며, 아울러 낭만주의에 의해 태동된 것이 아니라 급진적 감상주의로부터, 헤르더(Herder)와 레싱(Lessing) 그리고 '질풍노도'의 시기로부터 (특히 독일 낭만주의에 의해) 상속된 자질들의 한층 더한 심화와도 지속적으로 맞닥뜨린다.

특이성, 민중성, 역사주의, 묘사의 진실 등등의 낭만주의 이전 시기에 유래를 둔 원칙들은 낭만주의의 몇몇 형태 속에서 발전되었고 결정적인 의의를 획득했다. 1820년대 초반의 러시아의 혁명적 낭만주의인 독특한 사조, 즉 데까브리스뜨 낭만주의가 그렇게 민중성의 이념을 받아들였다.

19세기를 삼등분한 첫 시기의 서구 낭만주의는 교회적 군주제적 반동과 접합되거나, 아니면 혁명적인 저항의 낭만주의로 나섰다. 그러나 이 저항의 성격 자체는 똑같이 혁명 이후 시대의 반동적 분위기에 의해 결정되었다. 납득하다시피 귀족 혁명의 준비라는 조건들 속에서 활동했던 1810~1820년대의 러시아인들에게 혁명 이전 시기와 혁명기의 고양과 연관된 세계 문화의 현상들 — 계몽주의, 루소주의, '질풍노도', 계몽주의와 결별하지 않고 민중성과 부분적으로 역사주의의 요구들을 제기한 전위적 감상주의 일반 — 은 훨씬 더 가까웠다.

우리에게는 데까브리스뜨들의 세계관에 있어 계몽주의적, 합리주의적 원칙이 지닌 중요성에 관한 많은 그리고 전적으로 정당한 논의들이 있어 왔다. 최초의 데까브리스뜨 조직들의 문학 정책도 전적으로 이 원칙들에 의해 침윤되어 있었다.

"자선동맹 규약"(Законоположение Союза благоденствия)은 시의 기본적인 가치를 '고상하고 선으로 이끄는 감정들의 가식 없는 표현 속에서' 보았다. "그것이 아무리 유려하다 할지라도, 고상한 사고들을 불러일으키는 것이 아니라 약화시키는 대상의 묘사나 감정의 표현은 항상 시의 재능에 합당하지 않다." 자선동맹의 '지식의 확산'(распространение познаний) 분과는 "감정의 유약화가 아닌 우리의 도덕적 존재의 강화이자 고결화이며 고양인, 적합한 사조를 예술에 부여해 줄 수단들을 찾아야"[3] 했다. 이것은 낭만주의자들의 문학적 선언을 거의

---

3) (원주) 《데까브리스뜨 사회 - 정치적 철학적 저작 선집》, 제 1권(Избранные социально — политические и философские произведения декабристов, т. 1, М., 1951), 270~271쪽.

상기시키지 않는다.

데까브리스뜨 문학이 표현하고자 추구했던 사회적 의식은 자유애호와 민중성의 기호 아래에서 발전했다. 게다가 귀족 혁명가들의 이해 속에서 민중성은 민족적 독자성과 동등하다.[4] 자유애호와 애국주의의 결합은 같은 시대의 서구의 민족해방운동에 있어서와 마찬가지로 1810~1820년대 러시아 귀족혁명정신에 있어 결정적이다. 자유는 항상 민족 갱생의 형태 속에서 사고되고, 그리하여 민중성은 해방운동의 이념의 범주에 포함된다. 데까브리스뜨의 민중성 — 이것은 민족적 독자성이자 동시에 시민성이다. 데까브리스뜨의 자아 — 이것은 민족의 자기인식과 애국적 고무의 담지자인 시민이다. 1820년대의 벽두에 데까브리스뜨 집단의 사람들이 낭만주의와 만났을 때, 이 이념들은 이미 충분히 형성되어 있었다. 그래서 납득하다시피 그들은 그들의 관점으로 볼 때 자유의 이념으로부터 분리될 수 없는 민중성의 이념을 낭만주의의 이념들 중 기본적인, 본질적으로 유일하게 필요한 이념으로서 낭만주의의 복잡한 복합체로부터 우선적으로 분리했다.

보다 이후에 민중성의 이념에 동시대의 저항하는 자아의 이념이 결부된다. 1820년대 러시아의 혁명적 낭만주의 속에는 두 개의 중심이 형성되는 듯하다. 그리고 그것들은 항상 완전하게 혼합되는 것은 아니었다. 데까브리스뜨의 상이한 세대들은 이 원칙들을 상이하게 받아들인다.

데까브리스뜨들에게 '세대'라는 말을 적용할 때, 이것은 상대적인 용어다. 왜냐하면 논의되는 것이 실제적인 전기적 나이에 관한 것이 아니라, 말하자면 시민적 나이에 관한 것이기 때문이다. 구원동맹(Союз спасения)과 부분적으로 자선 동맹(Союз благоденствия)의 설립자들

---

4) (원주) 민족으로서의 민중에 대한 데까브리스뜨의 이해에 대한 1820년대 문학의 문체가 지닌 제 문제와의 관련성 속에서의 고찰은 구꼽스끼의 저서 《뿌슈낀과 러시아 낭만주의자들》(Г. А. Гуковский, Пушкин и русские романтики, М.:Л., 1965)의 2장을 보라.

과 참여자들이 1세대에 속한다. 실제로 첫 비밀 단체들의 성원들 — 오를로프(М. Орлов), 뚜르게네프(Н. Тургенев), 루닌(Лунин), 뜨루베쯔꼬이(Трубецкой) — 은 다른 성원들보다 나이가 많았다. 그러나 구원동맹의 설립자들과 1820년대가 되어서야 비밀 조직에 참여했던 데까브리스뜨들 가운데에는 동년배들도 있었다. 릴레예프는 니끼따 무라비요프(Никита Муравьев)나 쎄르게이 무라비요프-아뽀스똘(Сергей Муравьев-Апостол)보다 연배가 한 살 더 많았다. 그러나 정치적 활동가로서의 릴레예프는 그들보다 약 7~8년 '젊다'. 니끼따 무라비요프가 구원동맹을 설립했던 1816년에 릴레예프는 무명의 군 장교였고, 정치적이고 문학적인 삶에 대한 적극적인 참여로부터 아직 동떨어져 있었다.

러시아 사회의 의식과 러시아 문학은 1810~1820년대에 급속하게 그리고 역동적으로 발전하고 있었다. 바로 그래서 1810년대 중엽에 이미 완전하게 틀을 갖춘 정치적, 철학적, 문학적 관심사들을 지녔던 사람들은 다른 사회 상황의 작용 아래 1820년대의 벽두에 이념적으로 형성되었던 사람들과 문화적 기질에 있어 본질적으로 구별된다. 만약 이와 같은 관점에서 데까브리스뜨 작가들과 그들에게 동조했던 작가들을 살펴본다면, 세 기본적인 단계가 모습을 드러낸다. 첫 단계는 1800년대나 1810년대 초에 자신의 작가 활동을 시작했던 작가들이다(그네디츠, 표도르 글린까, 까떼닌, 바젬스끼). 다음 단계는 초기 작품이 1812~1813년의 사건들 다음의 시기에 관계되는 작가들이다. 이들은 누구보다도 먼저 데까브리스뜨들의 두 위대한 동지이자 1820년대에 창작의 절정에 도달했던 뿌슈낀과 그리보예도프이다. 뀨헬베께르와 비전문적인 시인이었던 블라디미르 라옙스끼(Владимир Раевский)도 여기에 관련된다.

마침내 세 번째 단계는 1820년대의 벽두에 완전히 형성되었던 문학가들이다〔릴레예프, 알렉싼드르 베스뚜줴프(А. Бестужев)〕. 알렉싼드르 오도옙스끼도 여기에 속하지만, 우리는 1820년대 초반 오도옙스끼의 작품들에 관해 판단할 가능성을 지니지 못한다. 우리에게 전해진 그의 거의 모든 작품이 1825년 이후의 시기에 관계된다.

데까브리스뜨 사조의 구세대 시인들은 문학적 분위기가 여전히 18세기의 풍조에 의해 침윤되어 있었던 시기에 형성되었다. 시민성과 민중성의 표현을 위한 시적 개념들, 형식들, 언어 수단들을 추구하며 그들은 특정한 전통들로 눈길을 돌렸는데, 그 선택이 특징적이다. 합리주의 철학 위에서 양육된 사람들을 위한, 곧 18세기 러시아와 프랑스 계몽주의의 제자들을 위한 적법한 유산은 다양한 형태와 단일한 시민적 이해 속의 고전주의다. 18세기 프랑스 비극의 영웅성도(까떼닌), 초기 뱌젬스끼의 풍자시와 에피그램에 각인된 계몽주의 시대의 볼테르적 고전주의도 여기에 자리 잡고 있다.

그러나 이미 뿌슈낀의 동년배들에게 있어 동시대인의 주제는 결정적인 의의를 획득했다. 자아에 대한 데까브리스뜨의 이해는 1820년대 경에 이르러 진화했고, 이 진화의 방향은 혁명적 낭만주의 쪽을 향해 있었다.

첫 호소문의 주체였던 데까브리스뜨들은 자신의 모든 정치적, 철학적, 문학적 기풍에 있어 19세기 초의 러시아 계몽주의, 즉 감상주의 문화가 자신과 함께 가져 온 모든 것에 이미 정통한 계몽주의의 전형적인 대표자들이다.

니꼴라이 뚜르게네프, 니끼따 무라비요프, 미하일 오를로프, 뜨루베쯔꼬이 등과 같은 활동가들에게 있어 계몽주의와 시민성은 젊은 시절부터 자신이 큰 국가적 활동에 예정되어 있음에 대한 확신과 결합되었다. 그들을 양육한 환경이 그들에게 이 확신을 불어넣었다. 그러나 젊은 자유사상가들은 궁정 고관들이 사욕으로, 고삐 풀린 저속한 명예욕으로 더럽혔던 (미하일 오를로프가 '우연한 사람들'의 악명 높은 가문의 자손이었을, 예까떼리나의 오를로프들 중 한 명의 아들이었음을 상기하자) 국가적 과업을 정화된 추상적인 사회적 복지의 범주들 속에서 사고했다.

혁명적 계몽 사상가들이 볼 때 인간의 자아는 무조건적인 가치를 지닌 것이자 동시에 이성의, 자연법의 규범들에 의해 그 자의를 제약받았다. 인간의 자아의 자의성은 동포들의 복지에 대한 자신의 책임성 자체에 의해 이미 제한당한 것이었다. 이 자아의 사명은 특정한 사회 계층에 대한 귀속성과 분리될 수 없이 연관된 재능들과 가치들에 의해 규정되었다. 이 개념은 초기 데까브리즘의 가장 뛰어난 사람들 중의 한 명인 미하일 루닌의 발언들 속에 전형적인 모습으로 투영되었다.

이미 봉기가 궤멸로 좌절된 이후 쓴 수기인 《1816년에서 1826년까지의 러시아의 비밀 단체를 바라보는 시각》(Взгляд на русское тайн-ое общество с 1816 до 1826 года)에서 루닌은 이렇게 말하고 있다. "전환기의 미지의 시대는 계층을 막론한 정치적 인물들의 활동이 반드시 일상적인 것의 계열로부터 벗어나야 하고, 거짓된 질서와 수세기동안 쌓인 편견의 지속적인 영향에 의해 잠든 정부와 민중을 일깨워야만 하는 경우를 사회 정돈의 목적을 향한 민중의 은밀한 행보 속에서 드러낸다. 이 사람들이 사회 구성체의 최고 계층들에 속할 때, 그들의 활동은 의무이자 하부 계층들의 공동의 노력이 그들에게 제공하는 이익에 대해 지적 능력의 활용으로 지불할 수단이다. 그들은 현 세대의 완성을 향한 새로운 길을 개척한다. 그들은 민중의 노력을 사회적 대상들로 향하게 한다. 그들은 부차적이고 결실을 맺을 가능성을 상실한 지적 행위들을 서로 연대시킨다. 그들은 전체의 조화를 위해 필수적인 부분들의 투쟁을 복원한다. 그리고 권리와 과업에 따른, 그들을 소생시킬 부활의 정신에 따른, 아울러 그들이 자신의 동포에 대해 지닌 도덕적 영향에 따른 권력으로 그들 자신이 둘러싸인다. 그들의 생각은 초토화하는 점령자의 습격과 같은 힘으로 대상 국가를 비옥하게 한다. 왜냐하면 악과 선은 몇몇 인물들로부터 사회에 야기되기 때문이다. 그들은 삶을 거절하고 그럼으로써 자신들의 메시지가 지닌 진실성을, 자신들의 원칙의 진리를 그리고 자신들의 권력의 합법성을 증명한다. 이 모든 조건들이 비밀 단체를 구성하는 요소 속에, 그 유형들의 속성 속에 그리고 활동 모습 속에 결합되었다."[5)]

여기에서 묘사된 자아는 정치적 인물로 지칭된다. 이것은 인간 존재를 서로 분리된 영역들로 분해한 합리주의에 특징적인 개념이다. 정치적 인물은 실제적인 정신적 삶의 모든 총체로부터 격리되어 있다. 정치적 선행과 열정은 사적인 감정과 비교할 때 다른 범주의 현상에 속한다. 세기 초 러시아의 혁명적인 계몽주의자들의 영웅적 자아의 개념이 그러하다.

만약 1820년대의 벽두에 러시아에서 합리주의의 토양 위로 낭만주의적 정서가, 낭만주의의 주제와 형식이 퇴적되기 시작한다면, 그것은 특히 자아에 대한 이해가 점차적으로 변모되었기 때문에 가능하게 되었다.

1821년에 자선 동맹이 와해된다. 그리고 만약 그 좌익이 (특히 남쪽에서) 훨씬 더 전투적이고 모반적인 조직으로 결합된다면, 우익에서는 방황하는 사람들과 곧바로 후퇴하는 사람들이 많이 드러난다. 이탈리아, 그리스, 포르투갈 그리고 스페인에서의 민족혁명의 궤멸은 (1821~1823년) 힘겨운 전조가 되어 지성들을 동요시키고, 희생성이나 아니면 환멸과 회의주의의 정서들을 일깨운다. 남부의 모반자들과 긴밀히 연관된 알렉싼드르 라옙스끼는 뻐슈낀 〈악마〉(Демон)의 원형이다. 뻐슈낀 자신이 이 시기에 민중의 지지를 얻지 못한 국가 변혁이 지닌 파멸의 운명에 대한 근심스러운 사색 때문에 고통 받았다.[6]

그와 같은 모순의 분위기 속에서 새롭게 이해된 동시대 주인공의 특징들이 태동한다. 합리주의에 의해 분해된 인간 활동의 영역들(사회적 인간과 사적 인간)은 이제 혁명적 낭만주의의 영웅적인 '선택된' 자아의

---

5) (원주) 《데까브리스뜨 루닌. 저작과 편지》(Декабрист М. С. Лунин. Сочинения и письма, Пг., 1923), 63쪽.

6) (원주) 메드베데바(И. Медведева)의 논문 "1820년대 뻐슈낀의 비가와 〈악마〉"(Пушкинская элегия 1820-х годов и "Демон")를 보라〔〈뻐슈낀〉, 〈뻐슈낀 위원회 회보〉, 제6호(Пушкин. Временник Пушкинской комиссии, NO. 6, М.:Л., 1941), 51~71쪽〕.

통일성 속으로의 합류를 향해 이끌린다.[7] '로마의' 선행을 구현하는 시민은 낭만주의의 주인공 속에서 분신을 획득했다. 개인의 운명, 개인의 드라마는 이제 보편적인 의미를 지닌다. 사적인 체험, 열정은 세대의 정신적 삶의 자질이 된다. 그럼으로써 이들은 이데올로기적이고 미적인 의의를 획득한다.

1820년대 초에 낭만주의적 자아는 삶 속에서, 세태 속에서 태동한다. 이것은 부분적으로 알렉싼드르 베스뚜쉐프다. 하지만 그의 낭만주의적 주인공의 자질은 보다 이후인 1830년대에 그가 까프까스에서 군복무하던 시기에 최종적으로 확정되었다. 이것은 결투와 까프까스 원정의 삶을 살았고, 관통당한 머리에 검은 붕대를 둘렀던 야꾸보비츠다. 뿌슈낀은 1825년에 야꾸보비츠를 '나의 상상의 주인공'이라 지칭했다. 이것은 뾰뜨르 까홉스끼(Петр Каховский)다. 쉐골레프(П. Е. Щеголев)는 까홉스끼에 관한 자신의 책에서 봉기 전야에 까홉스끼 자신이 비극적인 파멸의 운명을 지닌 자의 명부에 이름이 등재된, 폭군에 항거하는 낭만주의자의 자질 속에서 스스로를 인식했고 주변사람들에 의해서도 그렇게 받아들여졌음을 제시했다. '파멸의 운명에 준비된' '타오르는 영혼, 제 2의 상드(Sand)'[8] — 과업의 동지들은 법의 심판대에 오른 까홉스끼에 대해 그렇게 말했다.

까홉스끼와 같은 사람들에 대한 이해 속에서 정치적 자아는 사적인

---

7) (원주) 레르몬또프의 시에서 개인적 원칙과 시민적 원칙의 통일성의 문제를 나는 나의 저서 《레르몬또프의 창작의 길》(Творческий путь Лермонтова, Л., 1940)에서 제기했다. 이 문제들에 관한 데까브리스뜨의 이해에 대한 보다 상세한 이해는 나의 논문 "데까브리스뜨 시에 있어서의 민중성과 자아의 문제에 관하여"(О проблеме народности и личности в поэзии декабристов)를 참조하라〔선집 《19세기 러시아 리얼리즘과 문학의 민중성의 문제들에 관하여》(О русском реализме XIX века и вопросах народности литературы, М.:Л., 1960)〕.

8) (원주) 쉐골레프, 《까홉스끼》(П. Е. Щеголев, П. Г. Каховский, Пг., 1921), 13~14쪽.

자아와, 그의 개인적인 정신적 지향과 이미 합류되어 있다. 실로 명백한 '파멸의 운명'에 대한 갈망은 오직 심리적인 요구에 의해 조건 지워진 것일 수 있다. 그것은 결코 과업의 객관적인 관심사에 의해 동기부여된 것이 아니다. 1830년대 러시아 낭만주의자들의 변별적 특징이 될, 개인적인 자기인식의 과도한 집중성이 까홉스끼에게 이미 특징적이다.

삶 자체 내에서 태동한 새로운 지향들이 문학에 반영되어야 했음은 명백하다. 젊은 문학은 라신(Racine)[9]의 고대와 호메로스의 고대로부터, 러시아의 고대와 민담적 양식화로부터 떠나 동시대인과 동시대의 사회 속에서의 그의 운명으로, 그럼으로써 결국 민중성에 대한 새로운 이해로 다가와야 했다. 동시대인에 관한 첫 질문은 낭만주의의 견지에서 정초되었다.

데까브리스뜨 젊은이들은 뿌슈낀의 〈까프까스의 포로〉(Кавказский пленник)를 열광적으로 맞이했다. 릴레예프와 베스뚜줴프 형제는 그것을 뿌슈낀의 거의 최상의 성취로 간주했다. 릴레예프는 〈까프까스의 포로〉에서 낭만주의 서사시의 규범들을 배웠다. 〈까프까스의 포로〉가 1820년대의 자유애호 지성들에게 그토록 틀림없이 작용했던 이유는 무엇인가? 〈까프까스의 포로〉에서는 자유에 관해 이야기되었다. 그러나 여기에서 자유는 뿌슈낀 자신의 작품을 포함한 다른 데까브리스뜨들의 많은 작품에서 보다 훨씬 더 크고 훨씬 더 직접적으로 이야기되었다. 〈까프까스의 포로〉를 통해 뿌슈낀은 동시대인의 공식을, 자유애호와 환멸의, 비극성의 융합의 공식을 제공했다. 이것은 아직 단순하지만 유효한 공식이었다. 그 속으로 이후에 많은 것을 삽입할 수 있었다.

바이런적인 비극성은 귀족 혁명가들의 의식에 불가피하게 고유한 모순들 속에서 어느 정도 자신에 상응하는 면을 발견한다. 그 모습 속에서 정치적 자아가 사적 자아와, 자유애호의 염원이 개인적인 자기인

---

9) 라신(Racine, Jean-Baptiste, 1639~1699) : 코르네이유, 몰리에르와 함께 프랑스 3대 고전극 작가 중의 한 명.

식의 첨예함과, 개인적인 운명의 파국성과 이미 융합된, 혁명적 낭만주의의 주인공은 릴레예프의 1823~1825년 작품 속에서도 형성되기 시작한다.

영웅적인 보이나롭스끼(Войнаровский)와 희생적인 날리바이까(Наливайка)와 나란히 1830년대의 러시아 낭만주의 속에서, 젊은 레르몬또프의 낭만주의 속에서 데까브리스뜨 이후 교양귀족이 겪는 의식의 위기를 구현하게 될 악마적 주인공이 이미 어른거린다.

1825년에 릴레예프는 미완의 작품 〈가이다마끄〉(Гайдамак)를 출판했다.

준엄하고 거칠고 고독하다,
모든 사람들을 기피하며 항상 음울하다,
그리고 요즘 그는 불구인 듯
황량한 장소들에서 은밀한 명상과 함께 배회한다.
검은 밤의 암흑 같은 슬픔이
그의 심장 위에 내려앉았다.
잔혹한 슬픔은 그를
도처에서 그리고 항상 괴롭힌다.
그 무엇으로도, 어디에서도, 언제고
그는 슬픔을 털어내지 못한다.

그에게는 고요가 참기 힘들다.
적의 피 없이, 전투 없이
그는 마치 안식 속에서 쇠약해지는 듯하다.
그의 영혼에는 전쟁이 필요하다.
. . . .
우크라이나 처녀들의 사랑도
신실한 우정의 상냥한 눈길도
이미 그의 피를 요동치게 하지 않는다.
오래전에 그는 무감각한 영혼으로
명백히 모든 것에 대한 열의를 잃었다.
그의 내면에는 무덤의 한기가 풍긴다.
차가운 무덤 같은 영혼은
그의 모든 축복을 집어 삼켰다…
그의 번쩍이는 눈동자는

항상 대지를 향해 있고,
그의 이마에서 어두워진다
밤의 어스름 같은 어떤 죄악이.

Суров, и дик, и одинок,
Чуждаясь всех, всегда угрюмый,
И ныне бродит, как порок,
В местах глухих он с тайной думой.
Печаль, как черной ночи мгла,
Ему на сердце налегла.
Она, жестокая, тревожит
Его повсюду и всегда;
Ничем, нигде и никогда
Ее рассеять он не может.

Ему несносна тишина;
Без крови вражеской, без боя
Он будто чахнет средь покоя;
Его душе нужна война.
. . . .
В нем не волнуют уже кровь—
Младых украинок любовь
И верной дружбы глас приветной;
Давно он ко всему приметно
Остыл бесчувственной душою;
В нем веет холод гробовой;
Она, как хладная могила,
Его все блага поглотила…
Всегда опущены к земле
Его сверкающие очи;
Темнеет на его челе
Какой-то грех, как сумрак ночи.[10)]

이것은 이미 바이런 서사시의 데까브리스뜨적 이용이 아니라, 〈보이나롭스끼〉에서처럼, 바이런의 〈이단자〉(The Giaour)나 〈해적〉(The Cor-

10) (원주) 릴레예프, 《전집. 시인총서》(К. Рылеев, Полное собрание стихотворений, Библиотека поэта, Л., 1934), 256~259쪽.

sair)의 직접적인 모방인 듯하다. 그러나 악마적 주인공의 형상도 이미 현실 자체 내에 존재했던 러시아 귀족 혁명가의 새로운 낭만주의적 유형과 연상 관계를 맺으며 데까브리스뜨적 내용으로 채워졌다. 그 반면 야꾸보비츠와 까홉스끼에 이르러 자아는 이미 낭만주의적 '악마주의'의 도식에 따라 구축되었다.

자아의 통일성은 낭만주의의 분리될 수 없는 자질이다. 이 관점에서 레르몬또프의 초기 시작(詩作)과 릴레예프의 시를 비교한다면, 릴레예프의 작품은 여전히 과도기적인 현상임이 드러난다. 릴레예프의 시에서 낭만주의적 주인공은 단지 지엽적일 뿐, 그와 더불어 동등한 권리를 지닌 완전히 다른 계열의 현상들이 존재한다. 〈날리바이까의 고백〉(Исповедь Наливайки)과 〈가이다마끄〉[11] 같은 작품과 더불어 고전주의적인 10행연이나 데르좌빈의 8행연으로 쓰인 정치적 송가들, 그리고 심지어 전통적인 연애 비가들이 어울려 공존한다.

릴레예프는 북부 협회(Северное общество)[12] 시기의 가장 뛰어난 데까브리스뜨 시인이다. 그리고 그의 작품에는 자아에 관한 두 가지 데까브리스뜨적 개념의 충돌, 즉 인간에 대한 계몽주의적 이해로부터 낭만주의적 이해로의 전환의 국면이 무엇보다도 선명한 흔적을 남기고 있다.

러시아 혁명적 낭만주의의 서정적 주인공의 형성은 릴레예프의 삶과 더불어 단절되었다. 12월 이후 시인-수인, 시인-추방자의 형상이 뀨헬베께르, 알렉싼드르 베스뚜줴프,[13] 알렉싼드르 오도옙스끼[14] 등의

---

11) 〈명상〉에서 민중 해방을 위한 투사로서의 시인의 형상과 달리, 릴레예프의 이 서사시들에서는 민중의 해방을 위한 투쟁에 대한 헌신의 모티프와 더불어 불가피한 파멸을 앞둔 인간의 내적 성찰의 계기가 부각된다.

12) 북부협회는 1821~1825년에 걸쳐 존재했던 데까브리스뜨 운동의 가장 큰 비밀 결사 조직이다. 최초의 데까브리스뜨 조직인 '구원동맹'에 뒤이어 1818년 결성된 '자선동맹'을 토대로 하여 뻬떼르부르크에서 결성되었다.

13) 마를린스끼(Марлинский)라는 필명으로 활동했던 데까브리스뜨 작가(1797~1837). 1824년 북부동맹에 가입했고, 봉기 이후 사형선고를 언도받았으나 감

시에서 나타난다. 그러나 이 모든 과정은 초기 레르몬또프의 작품 속에서 가장 심원한 형태로 종결된다.

■ ■ ■

1830년대 세대는 자아에 관한, 인간의 권리와 소명에 관한, 자아와 사회 사이의 상호관계에 관한 근본적인 질문에 대한 답을 직접적인 정치적 행위가 강제적으로 거절당한 상황 속에서 추구해야 했다. 이성적 원칙들에 기초한 사회 개혁 활동에 대한 거부는 귀족 인텔리겐찌야 계층 내에서 잠재된 저항과 더불어 이 현실로부터 '초월적 세계'나 아니면 자기완성과 자기분석의 내적 세계로 이탈하고자 하는 지향이 활발해지도록 이끌었다. 비합리적이고 개인주의적인 세계관을 위한, 그리하여 혁명 이후 시기의 서구 낭만주의와 유사한 낭만주의를 위한 전제들이 형성되었다. 1820년대 말~1830년대 러시아에서 일어난 혁명 이후 시기 서구 낭만주의에 대한 첨예한 관심이 이로부터 기원한다.

데까브리스뜨 이후 시대에 자아의 정치적 의무는 사실상 제거되었다. 자유방임된 듯한 자아가 자라나기 시작했다. 그러나 혁명적 계몽주의의 규범 체계로부터 벗어난 자아는 그 즉시 자신을 위한 새로운 보편적인 구속을 찾는다. 초기 개인주의는 자아의 독단을 제한하는 보편

형되어 야꿋스끄 유형에 처해졌다. 1829년부터 일반 사병으로 까프까스에서 산악민족들과의 전투에 참가했다. 데까브리스뜨 봉기 실패 이후의 그의 시에는 파멸에 대한 예감, 비극적인 고독과 환멸 등의 모티프가 주도적이다.

14) 데까브리스뜨 시인(1802~1839). 북부동맹의 회원이었고, 다른 데까브리스뜨 동지들과 시베리아 유형과 까프까스로의 이송의 운명을 공유했다. 까프까스에서 레르몬또프 및 오가레프와 교제했다. 1825년 이전에 창작된 작품들은 거의 전해지지 않는다. 1825년 이후의 작품들에서 그는 민족역사적인 주제들에 관심을 기울인 데까브리스뜨 문학의 노선을 지속했다. 그의 시에서 드러나는 강한 철학적 색채는 상당 정도 러시아 시에 있어서의 레르몬또프적 노선을 예비했다.

적인 가치들 속에서 인간 존엄성의 필수 조건을 보았다. 바로 이 제한들이 낭만주의의 다양한 유형이 지닌 사회적 본성을 가장 명확하게 표현했다.

사회적 고양의 시기와 목적지향적 투쟁의 시대에 특정한 사회적 그룹의 대표자에게 가능한 선택이란 틀림없이 제한된 것이었다. 물론 우연성이 가능했다. 그러나 전형적인 사회적 행동은 미리 결정되어 있었다. 그래서 데까브리즘의 시대에 '교양귀족계층'에게는 어느 정도 그들에 의해 실현되기도 한, 하나의 지배적인 이데올로기적 가능성이 사실상 존재했다. 사회적 침체기에 행동의 선택은 상당한 동요를 겪을 수밖에 없었다. 이러한 이유로 1830년대의 모순적인 낭만주의적 의식의 틀 내에서 그 구성 요소들 중 서로 다른 요소들이 전면에 대두된다.

레르몬또프의 초기 작품에서 자아의 이상은 가장 순수한 형태로 나타났다. 자아는 모든 억압에 대항한다. 따라서 시인의 말이란 사회와 국가의 억압에 관한 것일 뿐 아니라, 세계질서의 기초 자체에 관한 것이 되기도 한다.

러시아 낭만주의의 강단 시파인 류보무드리와 1830년대의 사변적인 낭만주의자들은 개인적인 것과 공통적인 것의 문제를 이와는 다른 방식으로 해결했다. 낭만주의적 관념론은 인간의 자아를 현실의 경계 너머로부터 자명하게 대두되는 절대적인 원칙과의 긴장된 상호 작용 속에서 사고한다. 류보무드리와 스딴께비츠[15]에게서는 모든 것을 종속시키는 절대가 전면에 나서고, 인간적 나는 부단히 절대와 조화롭게 통합되고자 지향한다.

시대의 계급적 모순을 심화시키는 사회적 제 관계는 낭만주의적 의식이 다시 한 번 전환을 맞이하도록 했다. 이때 전면에 대두되는 것은 이미 낭만주의적인 '선택된' 자아의 가치가 아니라, 자아 일반, 개개 인

15) 스딴께비츠와 그의 서클에 관해서는 "사상의 시"의 장의 각주 63과 이어지는 이 책의 내용을 참조하라.

간의 자아가 지닌 가치가 된다. 저항적이며 동시에 종교적 색채가 가미된 이 낭만주의적 휴머니즘은 직접적으로 유토피아적 사회주의를 이끌었다. 게르쩬[16]과 그의 동료들은 곧 이 길로 들어선다.

레르몬또프, 스딴께비츠, 게르쩬 — 혁명적 낭만주의, 낭만주의적 관념론, 낭만주의적 사회주의 — 은 1830년대 중엽에 모습을 드러낸 문제 해결의 세 가지 기본 방향이었다. 이들은 모두 귀족 혁명이 좌절되고 새로운 민주주의 세력의 성장이 아직 표면화되지 않은 시대의 러시아 사회적 의식에 고유한 모순들을 표현한다.

자아의 관념에 대한 지나치게 긴장된 관심은 1830년대 러시아 낭만주의자들의 고유한 특징이었다. 데까브리스뜨 봉기 주체들에게서도, 또한 심지어 1820년대에 형성된 낭만주의적 관념론자들에게서도 이러한 형식의 관심이 이토록 강하게 나타난 적은 없었다. 낭만주의적 관념론자들의 경우는 류보무드리의 편지만 보아도 명백하다. 그 편지에서 자기침잠, 자기분석, 심리적 성찰의 계기는 결코 지배적 의미를 지니지 않는다. 베네비띠노프의 편지를 보면 세태적이고 사무적인, 그리고 가정사적인 것들에 관한 내용이 나타나기도 하며, 때로는 이상적인 것과 실제적인 것에 관한, 또 삼세기에 걸친 인간의 인식론사에 관한 논단이 나타나 있기도 하다.

1830년에 이반 끼레옙스끼가 뽀고딘[17]에게 보낸 편지는 특징적이

16) 혁명가, 작가, 철학가, 사회평론가(1812~1870). 1860~1870년대 러시아 인민주의(народничество)의 이념적 기초가 된 '러시아 사회주의' 이론을 정립했다. 게르쩬은 자본주의적 단계 없이 전통적인 농민공동체(община)에 기초한 사회주의적 개혁 이상을 피력했다. 게르쩬의 사회주의 이상은 유토피아적인 것으로 머무른 채 러시아 농민 계급의 혁명적 요구들의 표현이 된다.

17) 역사가, 작가, 저널리스트(1800~1875). '류보무드리' 서클에 참여했다. 저널리스트로서 〈모스끄바 통보〉(1827~1830)와 〈모스끄비따닌〉(Москвитянин, 1841~1856)을 간행했다. 고대 슬라브와 러시아 역사를 연구했고, 슬라브주의자들의 이념적 입장을 공유하며 1840년대의 문학 논쟁에서 벨린스끼에 대한 반대자로서 보수적 입장을 견지했다.

다. 편지 속에서 끼레옙스끼는 뽀고딘의 요청에 따라 그의 (매우 완강한) 성격을 묘사한다. 다음은 끼레옙스끼의 편지 구절이다. "자네는 내가 자네의 인격에 관한 나의 견해를 자세하게 이야기하기를 원하네 … 그러나 말해주게나, 편지에서 서로에게 고백하는 생각이 무슨 의미가 있는가. 우리는 이틀 전에도 서로에게 보다 충만하고 보다 자유롭게 말할 수 있었을 것이 아닌가. 사람과 아무리 짧게 아는 사이로 지낸다 해도, 서로 대면하지 않고 글로 적는 것보다 눈을 바라보며 진실을 이야기하는 것이 훨씬 쉽네."[18] 우정서한은 1830~1840년대에 섬세한 자기성찰과 상호 분석의 무기가 되었지만, 끼레옙스끼에게는 우정서한이 아직 결코 그와 같은 의미를 지니지 않았다. 1830~1840년대 지식인들에게는 대화를 통해 가능하다 할지라도 '편지를 통해 서로에게 고백하는 것'이 과연 적절한지 하는 의심이 전혀 없었다. 극도의 자기침잠과 성찰에 몰두된, 동시에 '절대'를 지향하는 새로운 낭만주의 세대가 류보무드리를 뒤이었다. 원심적이고 구심적인 이 양 경향은 단일한 근원으로부터, 자기인식의 고양된 날카로움으로부터 흘러나왔다. 두 경향은 스딴께비츠 그룹 속에서 극도로 선명하게 발현되었다.

류보무드리의 관심의 중심에는 부분적으로 자연철학이, 그리고 특히 미학과 낭만주의적 예술철학이 자리한다. 스딴께비츠 그룹 속에서 이데올로기적 중심은 인간의 소명에 관한 질문 쪽으로 전이된다. 미학이 아닌 윤리학이 가장 중요한 것이 된다.[19]

유한한 인간의 자아가 '무한'과 통합되고자 하는 지향으로 간주되었던 사랑은 1830년대의 관념론자에게는 개인적이고 이기적인 독단에 갇

---

18) (원주) 끼레옙스끼, 《저작 전집》, 제2권(И. В. Киреевский, Полное собрание сочинений, т. II. М., 1911), 216쪽.

19) (원주) 안넨꼬프(П. Анненков)가 쓴 전기인 《스딴께비츠》(Н. В. Станкевич)에는 스딴께비츠의 이 방향의 관심을 특징적으로 보여주는 풍부한 자료들이 들어있다. 안넨꼬프, 《회상과 비평》, 3부(П. Анненков, Воспоминания и критические очерки, отд. III, СПб., 1881), 268~383쪽.

힌 것에 불과한 것이었다. "사랑, 실로 이것은 매 순간을, '삶의 각 지점'을 충만케 해야 하는 종교의 일종이다"라고 스딴께비츠는 천명한다.

이때 여인에 대한 사랑은 종교적 엑스터시와 동일선상에서 다루어진다. 인간은 각각의 여인 안에 있는 자신의 이상(유한함 속의 무한함)을, 현실 속에서는, 즉 실제 여인 속에서는 결코 실현될 수 없는 자신의 이상을 사랑한다. 스딴께비츠와 그의 친구들이 많이 체험한 정서적 파국의 불가피성은 바로 이로부터 기인한다. 이 집단의 사람들은 사랑의 불행을 이론적으로 필수적인 것으로 간주하였고, 그래서 금욕적으로 인내했다.

젊은 바꾸닌(M. A. Бакунин)[20]의 첨예해진 개인주의자적 자기인식 속에서 사랑의 이상과 '절대'와 자아의 통합의 이상은 은밀한 선택성과 예정성이라는 개인적 메시아주의의 이상으로까지 확장된다. 1835년 5월에 청년 바꾸닌은 자신의 여자친구인 나딸리야 베예르(Наталья Беер)에게 다음과 같이 쓰고 있다. "나는 의무의 인간이오. 신의 손길은 나의 심장 속에 다음과 같은 나의 전 존재를 아우르는 신성한 활자들을 새겨 놓았소. "그는 자신을 위해 살지 않을 것이다!""[21]

인용된 스딴께비츠와 바꾸닌의 편지 속에는 공통적인 특징이 있다. 낭만주의적 자아는 이기주의적인 독단을 제어하는 초개인적 가치를 치열하게 추구한다. 스딴께비츠와 그의 친구들의 확신에 따르면 자아는 공통의 가치들을 소유하고서 자기 자신에게로 되돌아가는 듯하다. 뚜르게네프(И. Тургенев)는 1840년대를 회상하며 "… 우리는 그때 철학 속에서 순수 사색을 제외한 세상의 모든 것을 추구했다"라고 적었다〔"벨린스끼에 관한 회상"(Воспоминания о Белинском)〕. 1830년대 역

20) 러시아 혁명가. 아나키즘과 민중주의의 이론적 확립자 중의 한 명(1814~1876). 바꾸닌은 모든 권력으로부터 독립된 인간의 무한한 자유의 실현으로서 인류의 미래를 꿈꾸었다.

21) (원주) 바꾸닌, 《저작과 편지 모음집》, 제1권(М. А. Бакунин, Собрание сочинений и писем, т. 1, М., 1934), 169쪽.

시 문제는 이상적인 체계들을 탁상공론에 의해 섭렵하는 것이 아니라, 오히려 그것을 구성하는 몇몇 요소를 러시아 낭만주의자들의 고유한 지향에 창의적으로 적용하는 것이었다.

스딴께비츠 그룹의 참여자들 중 세 명이 시인이었다. 스딴께비츠와 끌류슈니꼬프(Клюшников), 그리고 끄라쏘프(Красов)가 그들이다. 꼰스딴띤 악싸꼬프(Константин Аксаков)도 시를 썼고 지면에 발표했다. 그러나 스딴께비츠 그룹이 사실상 이미 와해되었을 무렵에(1837), 꼰스딴띤 악싸꼬프의 나이는 이제 막 만 20세에 이르렀다. 만약 류보무드리 시인들이 자신들의 철학적 이념을 표현하기 위한 새로운 시어를 발견하기에 충분한 창조적 힘을 지니지 못했었다면, 스딴께비츠 그룹의 시인들과 관련하여 이 점은 보다 더하다.

젊은 시절 초기 스딴께비츠는 자신의 습작 시를 지면에 발표하곤 했지만, 그것들에 의미를 두지 않았던 것 같다. 그는 일찍 시 창작을 포기했다(희화적인 시를 제외한 스딴께비츠의 시 중 가장 뒤늦은 시는 1834에 쓰였다).

자신의 그룹의 시인 중 가장 비전문적인 시인인 스딴께비츠는 그들 중 가장 철학적이다. 우리는 그의 시에서 시인-예언자의 주제와도 마주하고[〈은둔자〉(Отшельник), 〈예언자의 비밀〉(Тайна пророка)], 절대와 무한과의 융합의 주제도 만난다.

그때 어려운 위업이 이루어지리라.
지상의 경계를 넘어
모든 곳의 삶이 되리라,
그리고 모든 것이 너로 충만하리라.

〈삶의 위업〉

Тогда свершится подвиг трудный:
Перешагнешь предел земной —
И станешь жизнию повсюдной—
И все наполнится тобой.

"Подвиг жизни"

그리고 낭만주의의 이원론에 있어 그토록 특징적인 '지상의' 사랑과 '천상의' 사랑의 병치도 만난다.

나는 세상에서 두 피조물을 알았다,
세상은 두 피조물 속에서 내게 나타났다.
그 하나에 나는 불꽃같이 입맞춤하였고,
다른 것에 나는 불꽃같이 기도했다.

Я два созданья в мире знал,
Мне в двух созданьях мир явился:
Одно я пламенно лобзал,
Другому пламенно молился.

스딴께비츠의 문체는 이미 최종적으로 침전되어 소멸될 수 있었던 중간적인 시적 문체이다. 그러나 스딴께비츠는 1830년대의 인간이다. 그래서 그는 자신의 시적 세계를 통속적인 낭만주의의 침범으로부터 방어할 힘이 없었다. 블라디미르 뻬체린(Владимир Печерин)처럼 스딴께비츠도 '환상문학'과 '신비극'의 유행하는 장르에 공헌했다〔〈선택된 자〉(Избранный), 〈밤의 정령들〉(Ночные духи)〕.

스딴께비츠와 그의 친구들을 흥분시켰던 인간의 사명과 완성의 문제들은 그의 시에서 추상적, 상징적 형식 속에 반영되었다. 끄라쏘프와 끌류슈니꼬프는 인간의 정서적 삶에 몰두되어 있다. 스딴께비츠의 철학적 성찰 대신 심리적 성찰이 그들의 관심을 끈다. 끄라쏘프와 끌류슈니꼬프는 스딴께비츠보다 더 전문적이다. 그래서 비가의 옛 전통이 그들을 더 크게 짓누른다.

특히 이 점은 끄라쏘프의 시에 관련된다. 그의 시는 앞선 시기들의 비가가 지닌 엄격한 윤곽을 이미 상실한 1830년대의 내밀한 서정시다. 고전적인 비가의 전통적인 요소는 노래의 형상, 로망스의 억양(1830년대에 로망스는 이미 새로운, 잡계급 계층의 정서를 담고 있다) 그리고 당시 그토록 널리 퍼진 통속적 낭만주의의 요소와 혼합된다.

나는 전율하며 그녀의 눈동자의 석영을 들여다보네.
그곳 쾌락의 물기 아래 사랑의 전 세계가 있네.
그리고 예전의 명상들, 불안, 연민으로 가득 찬 나는
　우울하게 그녀를 사랑했네.
　나는 생각했네. 경이로운 피조물이여,
　오 순수한 미의 혼이여,
어떤 운명이 여기 추방의 속세로
　어떤 하늘로부터 그대를 보냈는가?

〈그녀〉

Я трепетно глядел в агат ее очей:
Там целый мир любви под влагой сладострастья, —
И, полный прежних дум, тревоги и участья,
　Я грустно любовался ей.
　Я думал: чудное созданье,
　О гений чистой красоты,
Какой судьбой сюда, в юдоль изгнанья,
　С каких небес явилась ты?

"Она"

이와 같이 주꼽스끼와 〔〈랄라 룩〉(Лалла Рук)〕 뿌슈낀의 '순수한 미의 혼'(гений чистой красоты)은 끄라쏘프에게 있어 이미 베네딕또프적인 '눈동자의 석영'(агат очей), '쾌락의 물기'(влага сладострастья)와 혼합된다.

끄라쏘프의 시에서 아마 그의 친구들이 비록 창백하지만 그룹의 긴장된 정신적 삶의 반영으로서 받아들였을 시적 표현은 전통적인 형상의 무성한 숲 속에서 어슴푸레 빛나고 있었다.

어떤 운명이 여기 추방의 속세로
　어떤 하늘로부터 그대를 보냈는가?

Какой судьбой сюда, в юдоль изгнанья,
　С каких небес явилась ты?

1830년대에 이것은 낭만주의적 상투어다. 그러나 스딴께비츠 그룹의 참여자들에게 있어 그와 유사한 표현의 이면에는 개인적으로 그리고 고통스럽게 체험된 '지상'과 '천상'의 사랑 사이의, '유한'과 '무한' 사이의 모순이 자리하고 있었다.

그리고 내게는 나의 숙명이 보다 분명하고,
　　존재의 비밀이 보다 가깝다.
영혼은 힘과 환희로 가득하다!
나를 버려두지 마라, 위안의 환영이여,
나의 고상하고 아름다운 염원이여!

〈염원〉

И мне ясней мое предназначенье,
　　Доступней тайна бытия;
Душа полна и сил и упоенья!
Не оставляй меня, отрадное виденье,
Мечта высокая, прекрасная моя!

"Мечта"

벨린스끼는 그룹의 동료들의 시에서 익숙한 이념과 정서를 인지하곤 했다. 때때로 그 자신이 이 이념을 삽입했다. 그리고 1830년대와 1840년대의 경계에 벨린스끼는 자신의 논문들에서 레르몬또프와 꼴쪼프 이후 동시대의 가장 재능 있는 젊은 시인들로서 끌류슈니꼬프와 끄라쏘프를 빈번히 언급한다.

삼년이 흐른 후 벨린스끼는 보뜨낀(В. Боткин)에게 보내는 편지에서 자신의 과거에 대한 재평가에 있어 그가 견지했던 가차 없음과 함께 다음과 같이 말하게 될 것이다. "내가 언젠가 내 머리 위에서 고행의 가시면류관을 볼 것이라 생각했던 것을 떠올리는 것은 창피한 일이다. 그때 내 머리 위에는 단지 어릿광대의 종 달린 모자가 있었을 뿐이다. 만약 끄라쏘프와 -Θ-(끌류슈니꼬프의 가명 — 저자)의 시 나부랭이들이 삶의 사실이었고 삶과 죽음에 관한 질문들로서 나를 사로잡았다면, 어떤 고행이란 말인가? 지금은 다르다. 나는 시 나부랭이를 읽지 않는다(그리고 오직 레르몬또프만 다시 읽으며, 점점 더 계속해서 그의 시의 바닥없는 대양 속으로 빠져든다) …"[22]

두 시인에 대한 평가에 있어 일어나는 급격한 변화는 당연한 것이다. 끌류슈니꼬프는 특히 리얼리즘적 사고가 무르익었던 시기인 1840년대 초에 벨린스끼가 심판했던 그 자신의 발전의 특정 시기와 긴밀히 연관되어 있다. 성숙기의 벨린스끼는 1830년대에 자신의 친구들의 그룹에서 지배적이었던 개인주의적인 자기침잠과 자기분석의 분위기에 특히 적대적이다. 벨린스끼 자신이 이 풍조에 기여했을 뿐 아니라, 1830년대에 쓴 논문과 편지들에서 그가 내적 성찰이라 지칭하는 현상들의 이론적 토대를 그 자신이 놓았다. 이 시기에 벨린스끼에게 있어 끌류슈니꼬프는 내적 성찰의,[23] 낭만주의적 자아의 모순들의 시인이었다. 《우리 시대의 영웅》(Герой нашего времени)에 관한 논문에서 벨린스끼는 이 현상에 대한 자신의 이해를 제시한다. "이것은 인간에게 있어 모든 옛것은 파괴되어 있고, 새것은 아직 출현하지 않은, 정신의 과도적인 상태다 … 이 지점에서 그 속에서 일상적인 말로는 '우울'(хандра), '우울증'(ипохондрия), '강박증'(мнительность), '의심'(сомнение) 등의 말로 지칭되고 철학적인 언어로는 내적 성찰이라 불리는 것이 발생한다 … 내적 성찰의 상태 속에서 인간은 두 인간으로 분열된다. 그들 중 하나는 살고, 다른 하나는 그를 관찰하고 그에 관해 평가한다 … 인간이 내면에 감정, 계획, 행위를 품자마자 그 즉시 그 자신 속에 도사린 어떤 적이 이미 싹을 염탐하고, 그것을 분석하고, 이 생각

---

22) (원주) 벨린스끼, 《저작 전집》, 12권(В. Г. Белинский, Полное собрание сочинений, т. XII, М., 1956), 129쪽.

23) (원주) 이 개념을 벨린스끼가 1830년대 중엽에 지속적으로 수사와 교훈성의 의미로 사용했던 반성 시(рефлектированная поэзия)의 개념과 혼동해서는 안 된다. 보다 이후 1840년대 중엽에 벨린스끼는 시에 있어서의 성찰 일반을 비판했다. 이 점에 대해서는 부흐슈따프의 논문 "1840~1850년대 러시아 시"(Русская поэзия 1840~1850 годов)를 보라〔《1840~1850년대 시인들. 시인총서》(Поэты 1840~1850-х годов, Библиотека поэта, Л., 1972), 33쪽과 다른 곳〕.

이 믿음직스러운지 진실한지, 감정이 실제적인지, 계획이 합법적인지, 그리고 그것들의 목적이 무엇이며 그것들이 무엇으로 이끄는지를 탐구한다 …"[24]

지고한 조화를 향한 자신의 지향 속에서 자아는 자신의 불완전성을, 자신 속에 자리한 모순들을 인식하게 된다. 스딴께비츠 그룹 속에서 내적 성찰은 그와 같이 이해되었다. 그와 더불어 내적 성찰은 1830년대 사람들의 서신 왕래 속에서 펼쳐졌던 심리분석과 자기분석에 길을 열었다. 그들의 서신 왕래, 그들 사이의 소통의 형식들 자체가 세기 중엽과 후반부 러시아 문학의 심리주의를 위한 분위기를 형성했다.[25]

자신의 시에서 끌류슈니꼬프는 내적 성찰에 처한 자아의 형상을 구축한다. 끌류슈니꼬프의 친구들에게 이 시적 형상은 시인 자신의 기이한 기질을 반영하는 것으로 비쳐졌다. 그들은 그를 메피스토펠레스라고 불렀다. 그는 기지 넘치는 화술과 우울로, 위험한 냉소주의로부터 종교적인 격정의 분출로의〔그의 가명인 - Θ -는 신을 의미하는 그리스어 페오스(Феос)로부터 발생했다〕 질풍 같은 변화로, 무엇보다도 억제를 모르는 자기분석 혹은 '과도한 자기비판'으로 그들을 놀라게 했다.

그라놉스끼(Грановский)는 스딴께비츠에게 이렇게 편지했다. "끌류슈니꼬프가 내게 몇 번 왔었네 … 괴테와 자신을 제외하고 그는 그 무엇에 관해서도 말하지 않네 … 점심식사 후에 과일 잼 반통을 다 먹어치웠기 때문에 저녁 내내 쓰라리게 울었다는 이반 뻬뜨로비치의 이야기는 어떤 동정을 내게 야기할 수 있겠는가. 말하자면 인간 본성의 고결성을 폭식으로 손상시켰네. 나는 그를 위로하며 지난주에 숙모들이 내게 보내온 다섯 통을 나 혼자서 다 먹어 치웠다고 그에게 말했네."[26]

---

24) (원주) 벨린스끼, 《저작 전집》, 4권(В. Г. Белинский, Полное собрание сочинений, т. IV, М., 1954), 253쪽.

25) (원주) 이 점에 관해서는 나의 책 《심리 산문에 관하여》(О психологической прозе, Л., 1971)의 1부 "'인간의 자료'와 성격의 구축"("Человеческий документ" и построение характера)을 보라.

끌류슈니꼬프를 포함한 스딴께비츠 그룹의 참여자들은 쁘레무히노에, 곧 자신들의 친구인 미하일 바꾸닌의 부모 소유의 뜨베르스끼 현에 있는 영지에 빈번히 손님으로 가곤 했다. 가장 알렉싼드르 미하일로비치 바꾸닌(Александр Михайлович Бакунин)은 세기 초의 자유사상가이자 딜레탕트 시인이었다. 바꾸닌 가문 서고에는 알렉싼드르 바꾸닌이 1830년대에 쓴, 명백히 그의 아들의 철학적 친구들을 대상으로 한 흥미로운 패러디가 보존되어 있다.

오라, 우울이여, 나의 강렬한 시혼이여,
닳아빠진 영혼의 환희여,
한밤의 어둠보다 더 검은
흐느끼는 노래를 내게 불어 넣어라!

박쥐들아, 모여라,
울음을 그쳐라, 부엉이야,
무덤의 돌들아, 깨어나라.
나의 말을 들어라!

나의 요청 없이 자연은
세상에 나를 낳았다,
나의 상상의 자유는 대체 어디에 있는가?
구속 없는 일들은 어디에 있는가?
. . . .
무엇을 위해 대답을 요구한단 말인가?
누가 그를 심판대로 부를 것인가?
빛을 상실한 내가
내게 지시된 길을 찾을 수 있을까?

나는 그 길의 끈을 놓치네
마지못해 손으로 더듬어 길을 헤치며,
돌에 이마를 부딪치며,
곧바로 진창에 빠지며.

---

26) (원주) 《그라놉스끼와 그의 서신 왕래》, 2권(Т. Н. Грановский и его переписка, т. II, М., 1897), 380쪽.

온통 오물을 뒤집어쓰고 역겨운 악취를 풍기며
마침내 무덤 속으로 퍽 던져진다,
달콤한 희망이 없다면,
고통당하는 심장들도 없는 곳으로.

가수가 입을 다물었다. 박쥐들은
떨리는 화관을 똘똘 둘렀다,
수리부엉이가 종탑의 지붕으로부터
기쁜 날개 짓을 시작했다.

Приди, хандра, мой гений мощный,
Восторг изношенной души,
И тьмы чернее полунощной
Плачевную мне песнь внуши!

Летучи мыши, соберитесь,
Умолкни, филин и сова,
Могильны камни, встрепенитесь -
Послушайте мои слова!

Без спросу моего природа
Меня на свет произвела,
Где ж мнимая моя свобода,
Где произвольные дела?
. . . .
За что же требовать ответа?
Кто позовет его на суд?
Могу ли я, лишенный света,
Найти предписанный мне путь,

Которого я нить теряю,
Невольно ощупью тащась,
То лбом о камни ударяя,
То попадая прямо в грязь.

И весь запачканный и гадкий
Бултых в могилу наконец,
Где если нет надежды сладкой,
То нет и страждущих сердец!

Певец умолк. Летучи мыши
Свились трепетным венком,
И филин с колокольной крыши
Захлопал радостно крылом.[27]

곳곳에서 패러디는 1830년대의 낭만주의적인 '과도한 자기비판'을 극대화했던 끌류슈니꼬프를 직접적으로 겨냥하는 듯하다. 그의 주인공은 심리적 대조, 자기비난, 자신의 추락과 고양에 대한 긴장에 찬 분석적 관심 등으로부터 형성된다. 이 서정적 의식은 날카롭고 엄격해야 한다. 그것에는 익숙한 비가적 표현의 안개 속에서 부유하는 것이 허용될 수 없다. 그래서 끌류슈니꼬프는 전통적인 시적 형상을 의도적으로 거친 산문체와 혼합한다.

또다시 그것, 또다시 과거!
얼마나 어리석은가, 빌어먹을!
지상의 기름진 축제들로부터
푸른 하늘로 손을 뻗치다,
한걸음 상승하다. 그리고 다시
아주 위엄 있게 얼굴을 진창에 내동댕이치다!

Опять оно, опять былое!
Какая глупость - черт возьми! -
От жирных праздников земли
Тянуться в небо голубое,
На шаг подняться - и потом
Преважно шлепнуть в грязь лицом!

낭만주의적 이중성은 여기에서 자신의 문체적 표현을 찾았다. 텍스트는 고상한 계열과 저급한 계열의 두 언어 계열로 〔'푸른 하늘'(небо голубое)과 '진창에 얼굴을 내동댕이치다!'(шлепнуть в грязь лицом!)〕

27) (원주) 이에 대해서는 꼬르닐로프, 《미하일 바꾸닌의 젊은 시절. 러시아 낭만주의의 역사에서》(А. А. Корнилов. Молодые годы Михаила Бакунина. Из истории русского романтизма. М., 1915), 40~41쪽을 보라.

나뉜다. 이 두 계열은 서로 대립적일 뿐 아니라, 교차하며 낭만적 아이러니의 법칙에 따라 서로와의 유희에 돌입한다. 낭만적 아이러니는 인간이 자신의 염원의 성취불가능성을 이해하며 그것을 조소할 것을 요구한다. 이로부터 어휘의 대조가 생겨난다.

얼마나 오래전부터 또 얼마나 많이
나는 거부했던가
간계들과 감정적인 괴벽을.
다시 머리가 아프고,
다시 염원은 기만하고
어리석게 환상들의 세계로 기어들어간다.

И как давно и сколько раз
Я отрекался от проказ
И от чувствительных оказий,
И вот опять душа болит,
И вот опять мечта шалит
И лезет сдуру в мир фантазий.

시 〈요구〉(Претензии)는 다음의 시구들로 마무리된다.

그리고 모두 무엇이 되던
가까이에서 구름들의 냄새를 맡기를 원한다.

И все хотят во что б ни стало
Вблизи понюхать облаков.

지극히 조야한 끄라쏘프의 로망스와 글류슈니꼬프의 비가를(그는 이 정의를 폭넓게 이용하곤 했는데, 장르적인 의미는 정서적 의미에 의해 이 정의로부터 완전히 제거되어 있었다) 지금 우리가 읽을 때, 이 모든 것이 셸링과 피히테 혹은 헤겔의 철학과 관계를 지닐 수 있었다는 것을 우리가 떠올리기는 어려운 일이다. 그렇지만 이 관계는 존재했고, 최소한 입문자들은 그것을 포착할 수 있었다. 러시아 낭만주의의 특수성이 그러하다. 가장 추상적인 철학적 명제가 구체적인 삶의 사실 위에서 검증되곤 했고, 그와 반대로 모든 세태적이고 심리적인 사실은 사변적인 범주의 빛 속에서 고찰되었다. 스딴께비츠의 〈환상〉(Фантазии)은 셸링적이었고, 그로부터 몇 년이 지난 후에 끌류슈니꼬프는 내적 성찰에 관한 헤겔의 가르침을 의식적으로 시에 구현했다.

스딴께비츠 그룹의 시인들은 1820년대 초반 류보무드리의 창작 속에서 이미 시작된 사색시의 전통을 어느 정도 지속한다. 철학적 개념들은 러시아 낭만주의자들을 자아 표현의 문제로 이끌었다. 류보무드리는 새로운 시인의 형상을 구축하고자 시도했다. 스딴께비츠와 젊은 벨린스끼는 사고와 감정의 통일성을 추구했다. 끌류슈니꼬프는 '잉여인간'을 자신의 서정적 주인공으로 만들었다.

1830년대 러시아 시에는 낭만주의적 자아 이념을 보다 단정적이고 날카롭게 표현했던 다른 사조도 존재했다. 그것은 1820년대 혁명적 낭만주의로부터 발원하며 러시아 바이런주의의 운명과 연관되어 있다. 바이런주의는 바이런에 대한 모방이 아니라, 러시아 문화를 포함한 세계문화에 속한 거대한 이념 운동이다. 콩스탕의 소설 〈아돌프〉(Adolphe) 번역에 관한 논평에서 뿌슈낀은 이렇게 썼다. "벵자멩 콩스탕이 바이런경의 시혼에 의해 결과적으로 세상에 유포된 이 성격을 처음으로 무대위로 이끌어 냈다." 바이런주의는 바이런 이전에 시작되었다 — 바로 이것이 뿌슈낀의 생각이다. 러시아에서는 데까브리스뜨 바이런주의와 데까브리스뜨 이후의 바이런주의를 구별해야 한다.

바이런주의를 둘러싼 1820년대 초반의 논쟁들 속에는 모순된 요소들이 뒤엉켜 있었다. 그것들을 해명하기 위해서는 무엇보다도 먼저 바이런을 바이런주의로부터 분리해야 한다. 모두가 바이런을 특히 영웅적이고 자유를 사랑하는 자아로서 존경했다. 동시에 고상한 시민적 시의 옹호자들은 러시아 바이런주의를 비판했다. 그들의 견해에 따르면 그것은 퇴폐적이고 비민족적이다.

문집 〈므네모지나〉(Мнемозина) 세 번째 호에 게재된 뀨헬베께르의 송가는 그리스 독립을 위한 투쟁 와중에 맞이한 바이런의 죽음에 대한 반응이다.

노호하는, 기뻐하는, 불멸의
음유시인, 대담한 영혼들의 화가,
영원히 비상하라, 위대한 남성이여,
저곳 혁신된 헬라 위에서,
티타이오스여, 자유로 숨 쉬는 군대의
동지여, 보호막이여!

Бард, живописец смелых душ,
Гремящий, радостный, нетленный,
Вовек пари - великий муж,
Там над Элладой обновленной,
Тиртей, союзник и покров
Свободой дышащих полков!

이에 조금 앞서 논문 "우리 시의 풍조에 관하여 …"(О направлении нашей поэзии …)에서 뀨헬베께르는 바이런을 '천편일률적이다'라고 지칭했다. 그리고 바이런의 죽음에 바쳐진 송가가 게재된 〈므네모지나〉의 같은 호에 실린 논문 "불가린과의 대화"(Разговор с Ф. В. Булгариным)에서 뀨헬베께르는 자신의 생각을 발전시켰다. "그렇다! 바이런은 천편일률적이다.[28] 이 천편일률성을 증명하기란 어렵지 않다. 그는 도덕적 경악과 황폐해진 영혼, 그리고 억눌린 심장의 화가다. 영혼의 지옥의 화가, 물리적 지옥의 화가인 단테의 후계자다."[29]

즉 같은 작가가 자신이 출판인인 문집의 같은 호에서 바이런을 '대담한 영혼의 화가'와 '도덕적 경악의, 황폐해진 영혼과 짓눌린 심장의' 화가로 부른다. 이 모순된 지각은 바이런의 모순된 시에 내재한다. 영웅적 원칙이 전면에 대두되거나, 아니면 비애, 환멸의 원칙이 전면에

---

28) (원주) 상당히 뒤늦게 1827년에 쓰인 바이런에 관한 논평의 수고에서 뿌슈낀 역시 '… 단일한 (바로 자신의) 성격을 포착했고 창조했으며 묘사했던 …' 바이런의 천편일률성에 관해 말한다.

29) 〈므네모지나〉, 3권(Мнемозина, т. III, 1824), 172쪽.

대두되었다. 논문 "우리 시의 풍조에 관하여 …"에서 뀨헬베께르는 러시아 바이런주의를 비가적 음울과 동일시했다.[30]

많은 위대한 문화 현상이 그렇듯이, 바이런의 작품은 이런 저런 사조의 필요에 좌우되어 해석되었다. 특히 이 점은 1820년대 초반 러시아 바이런주의에 관련된다. 부분적으로 이것은 어느 정도 주꼽스끼에 의해, 특히 꼬즐로프와 뽀돌린스끼에 의해 표현된, 거세된 즉 항의의 원칙을 상실한 바이런주의다. 알렉싼드르 베스뚜줴프는 뿌슈낀에게 보내는 편지에서 꼬즐로프에 관해 다음과 같이 반응했다. "… 제발 그의 번역에 따라 바이런에 관해 판단하지 말았으면. 이것은 주꼽스끼의 파우더 속의 (바이런) 경이네."[31]

꼬즐로프의 바이런적 서사시는 바이런적 문제 틀(선택된 자아의 사회와의 그리고 세계질서와의 충돌)을 상실했다. 비록 상반되는 원인들에 기인하는 것이지만, 릴레예프의 바이런적 서사시에 관해서도 본질적으로 같은 말을 할 수 있다. 꼬즐로프가 바이런적 주제로부터 항의를 제거한다면, 그와 반대로 〈보이나롭스끼〉의 저자 릴레예프는 이 항의에 그 결핍이 바이런주의의 세계고(世界苦)를 낳았던 실제적인 구체성과 과단성을 부여한다.

세계적 규모 속에서 바이런주의는 혁명적 의식의 파국을 표현했다. 데까브리스뜨들의 봉기와 와해 이후에 러시아의 혁명적 의식이 겪은 비극은 전 세계적인 비극에 부합했다. '교육받은 소수'를 위한 정치적 투쟁의 길이 단절되었고, 이제 개인주의적인 악마적 항의 속에서 폭넓은 사회 저변의 도덕적 상태가 표현된다. 비웃음 당하고 〔이미 1830년에 뿌슈낀이 〈농군 처녀〉(Барышня-крестьянка)에서 그를 패러디한다〕 통속작가들에 의해 위상이 실추된 바이런적 주인공을 주류 문학으로부터 추방할 수는 없었다. 레르몬또프는 작가로서의 삶을 시작하며 젊은

---

30) (원주) 〈므네모지나〉, 2권(Мнемозина, т. II, 1824), 40쪽.

31) (원주) 뿌슈낀, 《저작 전집》, 13권(А. С. Пушкин, Полное собрание сочинений, т. XIII, М.:Л., 1937), 149쪽.

뿌슈낀에게로 회귀한다. 그것은 오직 창작의 성숙기에 성숙한 뿌슈낀에게 도달하기 위해서였다. 창작 초기 레르몬또프는 뿌슈낀의 남방서사시로부터 직접적으로 출발한다. 그러나 그 본질에 있어 레르몬또프의 바이런주의는 곧바로 다른, 데까브리스뜨 혁명 이후 러시아 사회의 의식 내용을 표현했다.

위대한 예술가 레르몬또프는 1830년대 말에 뻬초린(Печорин)에게 분신이 필수적이라는 점을 이해했다. 악마주의 주위에 축적되는 데 성공한 우스꽝스럽고 통속적이며 과장된 모든 것을 뻬초린으로부터 제거하기 위함이었다. 그래서 레르몬또프는 뻬초린에게는 오직 자유를 사랑하는 정신의 역사적 비극만을 남겨둔 채, 그루슈니쯔끼(Грушницкий)의 형상을 창조했다.

러시아 문학에서 악마적 문제 틀의 시작이 된 것은 뿌슈낀의 1823년작 시 〈악마〉(Демон)였다. 그 이후 아류들과 통속작가들이 이 주제를 점유했다. 그러나 뿌슈낀의 〈악마〉와 레르몬또프의 〈악마〉(이 시의 창작은 1829년에 시작되었다) 사이에는 매개 고리들이 존재했다.

레르몬또프의 뽈레좌예프와의 유사성에 관해, 이들에게 공통적인 데까브리스뜨적이고 바이런적인 전통에 관해 많은 논의들이 있어 왔다. 뽈레좌예프는 러시아의 토양에서 처음으로 그의 서정시를 응집시키는 악마적 형상을 창조했고, 봉기하고 추락한 천사를 자신과 동일시했다.

> 기도와 믿음은
> 루시퍼를 위해
> 창조되지 않았다…
>
> Мольба и вера
> Для Люцифера
> Не созданы…

'힘겨운 영원한 고통으로' 처형당한 그리고 '지나간 최상의 시절'을 회상하는 '살아있는 죽은 자'—이것은 악마의 주제다〔시 〈살아있는 죽은 자〉(Живой мертвец)〕. 시 〈은밀한 목소리〉(Тайный голос)도 같은 주제를 담고 있다.

뽈레좌예프의 운명은 동시대인들에게 잘 알려져 있었다. 이 악마의 배후에는 병사의 외투를 입은 시인이 서 있었다. 이것이 뽈레좌예프의 시에 정치적 의의와 더불어 특별한 정서적 작용력을 보장해 주었다. 동시에 직접적인 전기적 해석은 뽈레좌예프의 항의의 의미를 협소하게 만들었다. 《러시아의 비밀문학》(Русская потаенная литература) 서문에서 오가레프는 다음과 같이 썼다. "뽈레좌예프는 시에서 자유의 전제권력과의 성공하지 못한 첫 전투를 끝낸다. 그는 패배한 전투 이후 살아남은 자들 가운데 젊은이로 남았지만, 치유될 수 없는 상처를 입었고 자신의 세기를 서둘러 끝마친다. 관심이 협소해지고, 사회적 관심이 개인적인 것으로 옮겨 간다… 출구 없는 감옥 속의 개인적인 고행과 임박한 종말이나 처형의 느낌이 소중하다."[32]

뽈레좌예프의 악마의 주제에는 보편성이 부족하다. 그와 반대로 그의 동시대인인 빅또르 떼쁠랴꼬프(Виктор Тепляков)의 악마의 주제에는 뽈레좌예프의 시가 지닌 강점인 상당한 정도의 현실과의 관계가 부족하다. 1836년에 〈동시대인〉지 3호에서 뿌슈낀은 진정한 관심과 함께 떼쁠랴꼬프의 시 선집에 대해 논평했다. 선집의 1부를 이루는 〈트라키아의 비가〉(Фракийские элегии)의 원류는 분명하다. 그것은 뿌슈낀의 〈한낮의 천체는 꺼지고…〉(Погасло дневное светило…)와 〈오비디우스에게〉(К Овидию)이다. 그것은 양식화된 고대의 어휘 체계를 지닌 그리고 장중한 어조가 송가적 문체가 아닌 조화의 달콤한 언어와 결합된, 바듀슈꼬프의 기념비적 비가들이다. 이 모든 것이 시야에 포착

---

32) (원주) 오가레프, 《사회-정치적, 철학적 저작 선집》, 1권(Н. П. Огарев, Избранные социально-политические и философские призведения, т. 1, М., 1952), 447쪽. 또한 뽈레좌예프, 《시와 서사시. 시인총서》(А. Полежаев, Стихотворения и поэмы, Библиотека поэта, Л., 1960)에 실린 끼셀료프(В. С. Киселев)의 권두 논문을 보라.

되는 것이지만, 자신의 논평에서 뿌슈낀은 떼쁠랴꼬프를 바뉴슈꼬프가 아닌 바이런과 관련짓는다. 동방을 방랑하는 바이런의 차일드 해럴드를 떼쁠랴꼬프 자신도 텍스트 속에서 또한 〈트라키아의 비가〉에 대한 주석에서도 상기시킨다. 낭만주의적 방랑자의 단일한 형상이 특정한 슈제뜨 상의 발전을 부여하며 이 연작 전체를 관류한다.

정처 없음의 주제는 떼쁠랴꼬프에게 있어 개인적인 의미 또한 지녔다. 떼쁠랴꼬프의 지인들은 평정을 모르는 방랑의 삶을 살았던 고독한 기인으로서 그에 관해 회상하곤 했다. 〈트라키아의 비가〉의 방랑자의 양식화된 문학적 형상은 전기적 연상에 의해 생동감을 부여 받는다. 이 점은 뿌슈낀이 자신의 평론 속에서 보다 더 큰 정도로 높이 평가하며 전문을 인용한 비가 〈고독〉(Одиночество)에 관계된다. 〈고독〉의 작가적 형상은 비가 장르에 속한 '음울한' 주인공과 새로운 낭만주의적 개인성 사이의 중간적인 도상 위에 있다. 시인이 제기하는 고독으로부터의 출구는 류보무드리의 철학적 낭만주의의 정신 속의 출구이다.

> 비지상적인 희망으로 도취된
> 내 영혼이 세계영혼과 하나가 되게 하라…
>
> Пусть, упоенная надеждой неземной,
> С душой всемирною моя соединится…

데까브리스뜨 시대의 인간 떼쁠랴꼬프는 데까브리스뜨 이후의 낭만주의를, 그것도 두 기본적인 발현 모두를 받아들인다. 떼쁠랴꼬프의 시에는 '세계영혼'(всемирная душа)과의 융합에 대한 셸링적인 지향이 발생하는가 하면, 항의의 낭만주의에 의해 잉태된 악마적 형상이 어른거리기도 한다.

떼쁠랴꼬프의 시 〈두 천사〉(Два ангела, 1833) 속의 악마의 형상에는 무언가 레르몬또프의 악마를 예견하는 특징들이 있다(명백히 〈악마〉의 초기 판본들은 떼쁠랴꼬프에게 알려져 있을 수 없다). 보편성과 주제의 철학적 정당화에 있어 뻘레좌예프보다 떼뻘랴꼬프가 레르몬또프에 더 가깝다.

추락한 별들의 반역의 황제,
그는 독기어린 영혼으로
자기 자신 속에서 모든 피조물을 저주한다.
혹은 때로 상실한 낙원을
푸른 물결 위의 백조처럼
경이로운 하프처럼 노래한다
불멸의 애수로 고통받는 그는.
그때 전 세계에 물결친다
그의 한없는 슬픔이.
그때 가슴은 무언가를 애석해 하고,
마지못한 눈물들의 시내가 흐른다.
영원자의 분노의 잔이
그때 상상에 불을 지피고,
두 적대적인 원칙들의 화해가
영혼에 꿈꾸어지지 않는가?
. . . .
오 사나운 천사여, 네가
나의 안개 낀 정신을 찾아온 이래
무시무시하고 이상한 어떤 목소리가
내 영혼 속에서 말하기 시작했다…

〈두 천사〉

Отпадших звезд крамольный царь,
То ядовитой он душою
В самом себе клянет всю тварь;
То рай утраченный порою,
Бессмертной мучимый тоскою,
Как лебедь на лазури вод,
Как арфа чудная поет.
На все миры тогда струится
Его бездонная печаль;
Тогда чего-то сердцу жаль;
Невольных слез ручей катится.
Не гнева ль Вечного фиал
В то время жжет воображенье,

И двух враждующих начал
Душе не снится ль примиренье?
. . . .
С тех пор как ты мой ум туманный,
О грозный ангел, посетил -
Какой-то голос дико-странный
В моей душе заговорил…

"Два ангела"

1830년대의 성찰적 시와 '악마적' 시 사이에 명확한 구분은 존재하지 않았다. 두 흐름 모두를 레르몬또프의 작품은 자신 속으로 받아들였다.

1830년대의 낭만주의는 자신의 거대성으로 인해 질식당하고 있었다. 그것은 거대한 주제, 거대한 성격, 열정, 말로 포화되어 있었다. 그리고 이것이 오직 말뿐임은 그 누구에게도 비밀이 아니었다.

그러나 바로 이때 문학적 기적이 이루어진다. 1830년대의 시학은 놀라운 결실을 가져온다. 열일곱 살짜리 젊은이가 자신의 정신적 삶의 모든 총체로 이렇게 말할 권리를 획득했다.

나는 태어났다, 전 세계가
나의 영광이나 파멸의 관객이 되도록 하기 위해…

Я рожден, чтоб целый мир был зритель
Торжества иль гибели моей…

창작 초기 레르몬또프의 시 세계는 통일성과 결코 기만일 수 없는 진정성으로, 사랑, 적의, 고행 그리고 사색의 진정성에 의해 고취되어 있다. 이 경우에 거대한 말들은 자신의 대상에, 곧 인간의 젊고 영웅적인 영혼에 동등하다. 그리고 정열적인 시학을 옹호했던 레르몬또프가 그토록 빨리 그로부터 탈피했던 것은 우연이 아니다. 레르몬또프의 시가 독자들을 만나게 되었을 때 시인은 이미 완전히 다른 창작 과제의 해결에 몰두해 있을 정도로 정열적인 시학으로부터 탈피는 빨랐다.

1830년대에 뿌슈낀은 자신의 과업을 수행하고 있었다(이 점에 관해서는 앞으로 논의될 것이다). 나머지 부분들에 있어 1830년대의 시는 마치 자신의 주인을 찾듯 실험하고 있었고 양극단으로 치우치며 균형을 잡지 못하고 있었다. 그리고 레르몬또프는 모든 기대 요소가 그 속에서 결집된 시대적 현상이었다. 1830년대의 낭만주의는 초인주의와 초인적 정신의 표현력이 풍부한 표현을 원했다. 젊은 레르몬또프는 초인적이고 극도로 표현력이 풍부하다. 정서적 통일성, 작가적 의식의 긴장된 집중성이 추구되었다. 레르몬또프는 자아의 통일성을 발견했다. 이것은 사고하는, 심지어 내적으로 성찰하는 자아이다. 이를 통해 레르몬또프는 사상의 시의 문제를 해결했다. 레르몬또프는 이 문제를 벨린스끼가 요구한 견지에서 해결했다. 왜냐하면 거대한 열정과 감정은 그의 사색의 동력이자 일차적인 원천이었기 때문이다. 이 기본적인 발견들로부터 이미 부분적인 일련의 해결이 자연스럽게 발원했다.

반복되는 단일한 형상은 낭만주의적인 비장한 표현의 정당화가, 말과 삶의 실제의 상응성의 보장이 되고, 낭만주의적 요소의 다채로운 유산을 조화롭고 독창적인 전체로 바꾼 조직 원리가 된다.

레르몬또프는 베네비띠노프의 시 선집에 의해 윤곽이 제시되었을 뿐인 것을 이루었다. 곧 그는 동시대의 사고의 담지자의 새로운 형상을 창조하고 그럼으로써 새로운 문체적 질서를 창조했다. 초기 레르몬또프는 1830년대에 유행한 낭만주의적인 상투적 표현을 폭넓게 이용한다.[33] 그러나 그는 베네비띠노프와 달리 비가의 어휘 목록상의 상투적인 표현의 포로가 되지 않는다. 레르몬또프의 초기 작품에서 시적 상투어의 기능은 상이하다. 그는 그것들을 지배하고 변형시켜 자신의 서정적 주인공을 위해 기능하도록 한다.

---

33) (원주) 이 점에 관해서는 에이헨바움, 《레르몬또프》(Б. Эйхенбаум, Лермонтов, Л., 1924), 50~61쪽과 다른 곳을 보라.

서정적 주인공의 용어는 의심의 여지없이 악용되어 왔다. 서정적 주인공의 단일한 범주에 의해 작가적 의식을 표현하는 아주 다양한 수단이 포괄되고, 그럼으로써 그것들이 지닌 특수성이 희석되고 그것들의 인식적 의미가 약화된다. 진정한 서정시에는 항상 시인의 자아가 존재한다. 그러나 서정적 주인공에 관해 말하는 것은 그것이 전기적이고 슈제뜨적인 안정된 특징들에 의해 감싸여 있을 때 의미를 지닌다.

일종의 극단적인 경우가 가령 자신의 당대에 유명했던 조제프 들로름(Joseph Delorme) 같은 신비화된 인물들이다. 그는 "사람들이 확신한 바와 같이 곤궁 속에서 세상을 등진 채 죽은 가련한 젊은 시인이다. 고인의 친구들은 대중에게 그의 종이 속에서 발견된 시와 생각을 제공하며, 그것들이 지닌 결함과 그의 젊음과 영혼의 병적 상태, 그리고 육체적 고통들에 의한 들로름 자신의 방황을 용서했다." 뿌슈낀은 세간의 이목을 끈 생트 뵈브(Sainte-Beuve)에 대한 신비화에 할애된 1831년의 논평에서 그와 같이 썼다.

그와 같은 종류의 신비화는 극단적인 경우다. 왜냐하면 서정적 인물은 여기에서 작가로부터 완전히 분리되어 고유한 삶을 살기 때문이다. 보통 서정적 주인공은 그토록 극단적인 수단에 의해 창조되지 않는다. 서정적 주인공의 구현 방법은 다양하다. 기본적인 방법들 중의 하나는 어느 정도 표현된 슈제뜨적, 서사적 요소를 지닌 연작 구성이다. 하이네의 《노래책》(Buch der Lieder)이나 아니면 예를 들어 아뽈론 그리고리예프(Аполлон Григорьев)의〔자필 원고에서 '서정 소설'(лирический роман)이라는 부제를 지녔던[34]〕연작 〈투쟁〉(Борьба)이 그와 같은 경우다. 슈제뜨적, 극작적-서사적 요소들은 네끄라쏘프의 서정시 속에서, 특히 그의 연애시 속에서 극대화된 집중성을 획득한다. 다른 토양 위에서 그리고 동시에 유비적인 형상으로 블로끄의 초기 서정시의 양식화된

---

34) (원주) 그리고리예프의 시들에 대한 꼬스뗄랸쯔(Б. О. Костелянц)의 주석들을 보라. 그리고리예프, 《작품 선집. 시인총서》(Аполлон Григорьев, Избранные произведения, Библиотека поэта, Л., 1959), 547쪽.

가면들이 구축된다. 서정적 주인공은 개별 시 속에 존재하지 않는다. 이것은 틀림없이 만약 전 작품이 아니라면, 시기, 연작, 주제의 복합체의 통일성이다.

자신의 창작의 첫 단계에 레르몬또프는 러시아 문학에서 아직 목도되지 않았던 비극적인, 저항하는 의식의 전체성을 달성했다. 세븨료프의 경우처럼 이 점을 이해 못하는 사람은 레르몬또프를 절충주의자로 그리고 '프로테우스'로 간주할 수 있었다. 왜냐하면 레르몬또프의 시는 실제로 일종의 낭만주의적 종합이기 때문이다. 통일성을 간파하지 못한 사람은 니끼뗀꼬처럼 '진정한 비평'의 이름으로 조야한 칭찬과 우스꽝스러운 가르침과 함께 레르몬또프를 대할 수 있었다. "우리는 그에게 있어 이념이 아주 좋고 지적인 소품이 된 점에 대해 레르몬또프 씨에게 감사한다… 하지만 알다시피 진정한 비평은 (거짓된 비평도 많다) 비자각적인 열광에 쉽사리 의탁하지 않는다. 그것은 그 즉시 정신을 차려서 자신의 칼을 들고, 다시 미려한 시에 다가가서 상냥하게 말한다. "그대는 얼마나 훌륭한가, 사랑스런 누이여… 나는 정신없이 그대를 사랑했어! 하지만, 사랑하는 이여, 세리모니 없이 그대의 복장을 조금 고칠 수 있게 해 다오. 바로 저기 몇몇 불필요한 리본이 걸려 있잖아. 그렇지… 우리 그것들을 잘라내자. 내게 등을 기대봐. 그렇지, 그렇게. 〈1월 1일〉(Первое января)은 저리 꺼져라, 〈권태롭고 우울하다…〉(И скучно и грустно…)도, 또한 〈감사〉(Благодарность)도. 내 사랑아, 봐라, 누가 그대의 복장에 이 잿빛 누더기들을 덧깁도록 권했니? … 그대가 그토록 사랑하는 대담하고 뜨거우며 고결한 생각 대신에 여기에는 가장 일상적인 장례의 장식이 돌출되어 있어. 가령 시든 희망, 불 꺼진 열정, 대중에 대한 시적 멸시 등, 한마디로 자기 자신의 지향에 의해, 권한이 없는 권리에 대한, 최상의 실존에 대한 부질없는 요구로 인해 무력해진 영혼의 이 서정적 자아들 말이야. 후! 이것은 결코 그대에게 어울리지 않아."[35]

벨린스끼가 해결한 과제는 레르몬또프의 시를 위한 규모를 찾고 그를 러시아 문화의 새로운 시기를 대표하는 현상으로서 확립하며 비가 시인들의 상속자에게 희망을 주는 시인으로서 레르몬또프에 접근하는 태도를 단번에 영원히 끝내는 것이다. 벨린스끼의 논문들 이후에 레르몬또프를 거부할 수는 있었지만, 사랑스런 시행들로 인해 그를 찬양하고 〈명상〉(Дума)과 〈1월 1일〉을 제거하며 그의 '복장'을 고치는 것은 이미 불가능해졌다. 벨린스끼는 레르몬또프의 시에서 삶에 대한 이해의 절대적인 통일성을 발견했다. 벨린스끼는 레르몬또프의 시 선집을 고찰하며 그것이 지닌 어떤 통일성에, 특정한 자아의 정신적 경험에 유래를 두는 과정 속에서 자신의 최종적인 의미를 획득하는 시적 발화로서의 성격에 주목했다. "그것을(시 〈1월 1일〉—저자) 읽으며, 우리는 또다시 완전히 새로운 세계로 들어선다. 비록 그 속에서 똑같은 명상과 가슴을, 한마디로 말해, 이전의 시에서와 같은 자아를 만나지만."[36] 레르몬또프의 시 선집 속에서 상이한 음조를 지닌 시들은 상이한 장르가 아니라 똑같은 강인한 자아의 내적 삶의 상이한 단면들이다. 그리고 벨린스끼는 시 〈기도〉(Молитва)를 동기로 하여 다음과 같이 썼다. "이 처녀가 누구이든 간에, 마음에 둔 사랑의 대상이든지 아니면 사랑스런 누이이든지 간에, 문제는 여기에 있지 않다. 이 시의 음조 속에는 얼마나 많은 온화한 심성이, 어떠한 허식도 없는 얼마나 지극한 부드러움이 있는가! 얼마나 향기로운, 따뜻하고 여성적인 감정인가! 이 모든 것은 본성 깊숙이 인간을 감동시킨다. 그러나 강력하고 오만한 정신 속에서, 사자의 본성 속에서 이 모든 것은 감동 그 이상이다."[37] 그리고 이 긴장에 차서 영원히 갈등하는 의식에는 순간적인 휴식이 있곤 한다. 그것은 자연을 관조하는 순간이거나 아니면 준엄한 정신의 깊은 곳에 은닉된 인간적인 부드러움이 외화 될 때다(뻬초린은 자신의 인간

35) (원주) 〈조국의 아들〉, 1841, 1호(Сын отечества, 1841, NO. 1), 12~13쪽.

36) (원주) 벨린스끼, 《저작 전집》, 4권(В. Г. Белинский, Полное собрание сочинений, т. IV), 529쪽.

37) (원주) 같은 곳.

성을, 자신의 최상의 격정을 주도면밀하게 감춘다. 레르몬또프 자신이 일상 속에서 그렇게 행동했다).

이와 같은 상호관계들로부터 서정적 주인공이 태동한다. 서정적 주인공은 텍스트의 밖에 존재할 뿐 아니라, 또한 슈제뜨상의 성격묘사를 부여받은 자아의 통일성이다. 그럼에도 그것을 성격과 동일시할 수는 없다. 서정시는 보통 시대의 문화적 인식 속에 이미 존재하는 형상을 독자의 의식의 목전으로 섬광과도 같이 가져가는 연상들을 야기한다. 낭만주의 시는 자아의 집합적 형상을 구축한다(낭만주의 주인공의 반복성, '동어반복성'에 관해 구꼽스끼가 쓴 바 있다). 게다가 이 자아는 몇몇 유형적 변체를 지니고 있다. 1820년대 후반에서 1830년대에 이르는 시기의 러시아 낭만주의는 두 기본적인 집합적 형상을 내세웠다. 이것은 항의하는 악마적 자아이자 (선악의 문제), 러시아의 젊은 셸링주의자들의 철학적 낭만주의의 시인-사제이다(최상의 세계 인식 형식으로서의 예술의 이념).

데까브리스뜨 이후의 혁명적 낭만주의의 가장 완성된 형태는 레르몬또프의 초기 작품에 구현되었다. 레르몬또프의 말년의 시에서 작가의 형상이 세대의 형상과 접합되면서 보다 더 일반화된다면, 초기 시에서 강인한 자아는 아직까지 직접적으로 자신에 관해 말한다. 에이헨바움[38]은 일전에 레르몬또프의 청년기 시는 흔히 서정적 일기의 단편들 같다고 언급했다.[39] 그러나 그토록 개인적으로 보이는 이 서정적 주인공도 종합적인 형상인 것으로 드러난다.

---

38) 쏘비에뜨 문예학자(1886~1959). 1918년 오뽀야즈 그룹에 참가하여 구성과 리듬, 문체 등의 문제를 주로 연구했다. 보다 이후에는 폭넓은 역사적, 사회적, 문화적 배경 속에서 주로 똘스또이와 레르몬또프에 관한 중요한 연구들을 남겼다.

39) (원주) 에이헨바움, 《레르몬또프에 관한 논문들》(Б. М. Эйхенбаум, Статьи о Лермонтове. М.:Л., 1961), 289쪽.

나는 차갑고 오만하다, 그리고 심지어 대중에게는
악하게 보인다. 그러나 정말 대중이
내 가슴 속으로 뻔뻔하게 스며들어야 하는가?
내 가슴 속에 무엇이 있는지 왜 대중이 알아야 하는가?
내 가슴 속에 불길이 있던, 어스름이 자리하던 대중에게는 매한가지인 것을.
. . . .
존재의 짐 아래에서 오만한 영혼은
지치지도 않고, 식지도 않는다.
운명은 오만한 영혼을 그토록 빨리 죽이지 않으리라,
다만 들끓어 오르리라, 이길 수 없는 운명에 맞서
복수의 숨결을 내뱉으며, 많은 악을
오만한 영혼은 행할 준비가 되어 있다, 수천의 사람들의
행복을 만들어 줄 수 있다면.
그와 같은 영혼을 지닌 너는 신이거나 아니면 악당이다.
. . . .
나는 이 상태에 익숙해졌다,
그러나 천사의 언어로도 악마의 언어로도
이 상태를 명확히 표현하지 못하리라.
그들은 그와 같은 불안을 알지 못한다,
천사의 내면에는 순결만이, 악마의 내면에는 악만이 있을 뿐,
오직 인간의 내면 속에서 성스러움은 죄악과
만날 수 있었다. 인간의 모든
고통은 그로 인해 생겨난다.

〈1831년 6월 11일〉

Я холоден и горд; и даже злым
Толпе кажуся; но ужель она
Проникнуть дерзко в сердце мне должна?
Зачем ей знать, что в нем заключено?
Огонь иль сумрак там - ей все равно.
. . . .
Под ношей бытия не устает
И не хладеет гордая душа;
Судьба ее так скоро не убьет,
А лишь взбунтует; мщением дыша
Против непобедимой, много зла
Она свершить готова, хоть могла
Составить счастье тысячи людей:
С такой душой ты бог или злодей.
. . . .

Я к состоянию этому привык,
Но ясно выразить его б не мог
Ни ангельский, ни демонский язык;
Они таких не ведают тревог,
В одном все чисто, а в другом все зло,
Лишь в человеке встреться могло
Священное с порочным, Все его
Мученья происходит оттого.

"1831-го июня 11 дня"[40]

레르몬또프의 청년기 서정시에 대한 일종의 표제시로서의 성격을 지닌 이 시는 그의 생전에 지면을 통해 발표되지 않았다. 그러나 만약 1830년대의 독자들이 이 시를 접했더라면, 그들은 즉시 바이런적 주인공의 이름 아래 세기 초 서유럽 문학을 지배했던 익숙한 형상을 알아보았을 것이다. 비애, 오만과 냉담, 감추어진 열정과 심지어 비밀스런 부드러움, 채워지지 않는 갈망과 실현될 수 없는 활동을 향한 영원한 돌진, '천사적' 원칙과 '악마적' 원칙의 모순적인 혼합성 — 독자는 이 모든 것을 자신이 보는 새로운 하나의 성격이 지닌 개별적인 특징들로서가 아니라, 바이런적 루시퍼의 영광을 입은 일련의 낭만주의적 투사와 방랑자가 즉시 배후에서 그 모습을 드러내는 이미 익숙한 특성들로서 받아들였을 것이다. 바로 이 이미 익숙한 형상들의 계보를 잇는 점

40) 자아의 내적 상태에 관한 레르몬또프의 집요한 관심은 자기고백적인 서정시의 형식을 낳았다. 레르몬또프의 서정시는 일련의 고백의 연속, 자기고백적인 독백의 단편(斷片)들이다. 이와 같은 의미에서 에이헨바움은 레르몬또프 서정시의 장르적 속성을 '서정적 일기'로 규정했다. 그러나 레르몬또프 시의 고백성은 뿌슈낀의 경우와 같은 개별성과 구체성을 지향하지 않는다. 행위를 통해 존재의 의미를 확립하고자 갈망하는 레르몬또프의 시적 자아는 시대의 대표자이자 인류의 대표자이다. 레르몬또프의 시가 지닌 파토스는 시적 자아의 명상, 감정, 고백 등이 개인적인 성격으로 한정되지 않음에서 연유한다. 레르몬또프적 인간의 고백은 인간의 영원한 문제, 인간 실존의 영원한 문제와 연관되어 있다. 그리고 그 중심에는 레르몬또프 시의 주도적 주제인 선악의 변증법, 악마성의 주제가 자리한다.

이 레르몬또프 초기 시의 서정적 자아에게 의미를 부여했다. 이 형상은 전 세계적인 시 사상의 축적 속에서 형성된 것이다. 독자는 열일곱 살짜리 소년이 이러한 전 세계적인 시 사상으로부터의 유산을 자신과 동등한 어떤 것으로 받아들일 수 있었던 것에 놀랄 뿐이다.

레르몬또프의 서정적 나는 집합적이다. 사실 서정적 주인공의 개념은 의심의 여지없이 그에게 적용가능하다. 작가의식의 통일성, 특정 범위의 문제들과 감정상태에 대한 작가의 몰입이 서정적 주인공의 출현을 위한 필수적인 조건이다. 그러나 그것이 충분조건이 되지는 않는다. 예를 들어, 서정적 어조의 극도의 통일성은 페뜨 시의 두드러진 특징이다. 더욱이 그 기원은 낭만주의적 통일성이다. 그럼에도 불구하고 페뜨 시의 서정적 주체에 대한 이해에 있어 서정적 주인공이라는 용어는 그저 잉여적인 것일 뿐이다. 그것은 아무것도 덧붙이지도 해명하지도 않는다. 왜냐하면 페뜨 시에서 자아는 사랑과 자연의 주제를 그 속에서 굴절시키는 작가의식의 프리즘으로 존재하며, 독자적인 주제로서 존재하지 않기 때문이다.[41] 반면 레르몬또프의 서정시에서 자아는 주체일 뿐 아니라 작품의 객체이자, 작품의 주제이다. 그리고 자아는 시적 슈제뜨의 움직임 자체 속에서 자신을 드러낸다.

작가의 의식을 드러내는 독특한 형식으로서의 서정적 주인공은 이후에 상이한 문학 체계 속에서 존재해 왔지만, 이 형식은 낭만주의로부터 기원한 것이다. 서정적 주인공은 낭만주의의 기본적인 철학적 전제 중 하나의 산물이다. 이 전제란 예술과 삶은 극단적인 경우 동일화를 지향하고,[42] 이 동일성은 셸링의 가르침에 따르면, 신의 예술작품

---

41) (원주) 페뜨는 "예술가의 엄정한 칼날이 모든, 말하자면, 그 자신과 그것들(작품들) 사이의 외적인 관계를 도려낼 것과 자신의 감정들을 다시 구축하는 사람은 마치 그의 외부에 놓인 사물들을 대하듯 그것들을 다룰 것을" 직접적으로 호소했다("뜌체프의 시에 관하여," 〈러시아의 말〉, 1859, 2호("О стихотворениях Ф. Тютчева," Русское слово, 1859, NO. 2), 67쪽].

42) (원주) 예술과 삶의 상호관계에 관한 독일 낭만주의자들의 이해에 관해서는 쥐르문스끼, 《낭만주의의 역사에 있어서의 종교적 거절》(В. М. Жирмунский, Ре-

인 우주로부터 개별적인 인간의 미적으로 인식된 운명에 이르기까지 모든 것으로 확장될 수 있다는 확신을 말한다. 실제의 삶, 인간의 전기는 이제 구성으로, 예술적 형식으로 간주되기 시작한다. 낭만주의의 역사에는 그 자신이 가장 거대한 '바이런적 주인공들' 중의 하나였던 바이런으로부터 시작하여, 일상속의 문학적 주인공들이 존재한다.[43]

예를 들어, 베티나 아르님(Bettina von Arnim)[44]은 (비록 그녀가 글을 쓰긴 했지만) 여류작가로서가 아니라 낭만주의의 인물들 중의 하나로서 문학사 속으로 들어왔다. 그녀와 괴테의 관계의 역사는 미적 사실로 받아들여졌고, 베티나의 이름은 낭만주의 작품 속에서, (특히, 러시아의) 낭만주의 편지 속에서 샤를로타(Шарлотта), 미뇨나(Миньона), 에스메랄다(Эсмеральда), 콘수엘로(Консуэло) 등의 이름과 함께 언급되곤 한다.

삶은 자료나 원천, 혹은 원형이 아니다. 삶은 리얼리즘 작가들의 경우와 같은 인식과 재현의 대상이 아니라, 이상적인 경우 예술 작품 그 자체가 되기도 한다. 그와 같이 낭만주의적 의식은 예술 속에서도 삶 자체 속에서도 '저급한 현실'에 대치된 이상적인 것의 영역, 염원의 영역을 분리시킨다.

이 상호관계는 레르몬또프의 삶과 작품에도 또한 존재했다. 레르몬또프가 끈질기게 쓰고 다녔던(벨린스끼와의 유명한 오르도난스-가우스에서의 만남[45]의 순간 그는 잠시 그 가면을 벗는다) 무관심과 세속의 덧없

лигиозное отречение в истории романтизма, М., 1919)을 보라.

43) 이는 로뜨만이 행위시학에 대한 글들의 주제이기도 하다. 예를 들어 그의 데까브리스뜨들의 일상생활에 대한 논문에서는 그들 삶의 단면들이 이미 이상화된 어떤 것, 일종의 연극과도 같은 것이었음을 고찰된다. 특히 낭만주의 시기 이러한 경향은 강했으며, 그들은 문학을 삶의 원칙을 따라 구축하기보다 삶을 문학의 원칙에 따라 구축했다.

44) 독일의 여류작가(1785~1859). 낭만파 작가 브렌타노의 누이이자 아르님의 아내였고, 괴테의 숭배자였다.

45) 오르도난스-가우스(ордонанс-гауз)는 사령관의 처소를 의미하며, 여기에서는 레르몬또프가 1840년 바랑트와의 결투 이후에 감금되었던 장소를 지칭한

음을 가장하는 가면은 청년기에 그가 지녔던 인간에 관한 악마적 관념의 속성들 중 하나다. 그 자신 역시 낭만주의 시대의 후손이었던 뚜르게네프는 문학 속의 낭만주의가 무엇인지를 매우 잘 이해했다. 그러나 그의 회상기가 쓰였던 1860년대 말의 삶에서 낭만주의는 이미 그에게 유치한 행동이나 허풍으로 비쳐졌다. 뚜르게네프가 레르몬또프에 관해 회상하는 중에 갑자기 냉담한 글귀를 쏟아낸 것은 바로 이것 때문이다. “의심의 여지없이 그는 당대의 유행을 따르며 보다 더 나쁜 다른 변덕과 기행(奇行)의 혼합과 함께 널리 알려진 종류의 바이런적 장르를 가장했다. 그리고 그가 그것들에 대해 치른 대가는 값비싼 것이었다!”

서정적 주인공은 중층적이다. 그는 독자가 서정적 자아를 지각하면서, 동시에 삶 자체 속에서 그 분신의 존재를 가정했을 때 발생한다. 여기서 의미하는 것은 독자의 자의성이 아니라, 해당 시인의 예술 체계 속에 토대를 둔 이중적인 지각이다. 게다가 이 서정적 분신, 시인의 이 살아있는 자아는 결코 자기 발현의 모든 모순적인 충만성과 혼란성 속에서 취해진, 경험적이고 전기적인 자아가 아니다. 아니, 실제 자아는 동시에 ‘이상적인’ 자아, 일상적 경험의 다채롭고 혼란스런 다양성으로부터 추출된 이상적인 내용이다. 이것은 레르몬또프의 악마적 형상이며, 또한 눈보라의 가면들의 원무 속에 있던 1907년의 비밀스런 블로끄[46]의 형상이기도 하다.

서정적 주인공이라는 용어는 블로끄의 시를 준거로 띄냐노프가 처음으로 제기한 듯하다(이 용어를 모든 서정시에 결부시키기 위한 것이 아니었다). 시인 블로끄가 죽은 해에 띄냐노프는 바로 다음과 같이 썼다. “… 시인을 애도하고 있다. 그러나 슬픔은 너무나 꾸밈없고 진정으로 개인

다. 이때 벨린스끼는 1830년의 까프까스의 빠띠고르스끄에서의 만남 이후 레르몬또프와의 두 번째 만남을 갖는다. 이 만남에서 레르몬또프는 자신의 인간적 면모를 벨린스끼에게 열어 보인다.

46) 개인적이고 사회적인 열정의 소용돌이 속에 몰입했던, 연작 〈눈 가면〉(Снежная маска, 1907)의 시인 블로끄.

적인 것이다. 애도는 심지어 문학에 거의 관심을 두지 않은 사람들까지 건드렸다. 모두를 위해 영혼의 깊은 곳에서 해명된 다른 답변이 보다 사실적이다. 인간에 관해 애도한다. 그렇지만 누가 이 사람을 알았던가? … 인간으로서 그는 전 러시아는 차치하고라도 뻬뜨로그라트의 폭넓은 문학 애호층에게도 수수께끼로 남았다. 그러나 전 러시아가 인간으로서의 블로끄를 알고, 그의 형상이 지닌 특정한 면모를 굳게 신뢰한다. 그리고 만약 누군가가 단 한 번이라도 그의 초상화를 보게 된다면, 모두들 이미 그를 속속들이 안다고 느낀다. 이 앎은 어디에서 기인하는가? … 여기에 블로끄의 시에 대한 열쇠가 있을 수 있다 … 블로끄란 인물은 블로끄 자신의 가장 큰 서정적 주제다. 이 주제는 아직까지 새롭고 출현하지 않은(혹은 인식되지 않은) 형식을 지닌 소설의 주제로서 매력을 끈다. 이와 같은 서정적 주인공에 관해 지금 논의들이 이루어지고 있다. 서정적 주인공은 필수적이었다. 전설이 그것을 이미 에워싸고 있었다. 그리고 전설은 서정적 주인공을 지금뿐 아니라 애초부터 에워쌌다. 심지어 전설이 블로끄의 시 자체를 앞질렀고, 그의 시는 단지 가정된 형상을 발전시키고 보충한 것처럼 보이기도 한다. 블로끄의 모든 예술이 이 형상 속에서 인격화된다. 사람들은 그의 시에 관해 말할 때, 거의 항상 자신도 모르는 사이에 시라는 단어 뒤에 인간의 얼굴을 가져다 놓는다. 그리고 이들은 모두 예술이 아닌 얼굴을 사랑한 것이었다."[47]

자신의 문학적 분신을 '대체하는' 인간의 얼굴이 가장 명확한 모습으로 형성되도록 하는 조건들은 러시아 서정시의 역사에서 몇 번에 걸쳐 발생했다. 러시아 서정시사에서 가장 분명하게 그려지는 얼굴들은 바로 레르몬또프, 블로끄, 마야꼽스끼다(마야꼽스끼는 자신의 서정적 주인공을 창조하며, 낭만주의적 전제가 아닌 다른 전제로부터 출발했다).[48]

---

47) (원주) 뜨냐노프, 《의고주의자들과 혁신자들》(Юрий Тынянов, Архаисты и новаторы, Л., 1929), 512~513쪽.

48) 레르몬또프와 블로끄의 '삶과 예술의 동일화', 곧 '삶의 창조'가 '예술을 삶화'함

1830년대의 독자들은 베네딕또프가 '불꽃같은 시인의' 외양 대신 '치질에 걸린 관료의' 외양을 지니고 있었던 것을 불만스러워 했다. 이것은 독자의 우연적인 트집 잡기가 아니다. 진정한 서정적 주인공은 무엇보다도 흔히 시각적으로 제시되어 있다. 그는 외양을 지니고 있다. 띄냐노프는 블로끄의 초상화들이 지닌 의의에 관해 말한다. 독자들은 레르몬또프의 짙은 눈동자들에 담긴 무거운 시선에 관해, 마야꼽스끼의 키와 목소리에 관해 알았다. 아흐마또바의 초기 시에서는 여주인공의 상세한 묘사를 찾아볼 수 있다.

작은 묵주 목걸이가 목에 걸려 있다,
나는 폭넓은 토시 속에 손을 감춘다.
눈은 멍하니 바라보고
결코 더 이상 울지 않는다.

진홍빛을 띠어가는 실크로 인해
얼굴은 더 창백해 보인다.
나의 가지런히 드리운 앞머리가
거의 눈썹까지 이른다.

На шее мелких четок ряд,
В широкой муфте руки прячу,
Глаза рассеянно глядят
И больше никогда не плачут.

И кажется лицо бледней
От лиловеющего шелка,
Почти доходит до бровей
Моя незавитая челка…

19세기 러시아 서정시에서 바로 레르몬또프에게 이제 막 이야기된

으로써, 다시 말해 문학적 자아의 형상이 세태적 자아의 형상에 투사됨으로써 이루어진 것이라면, 마야꼽스끼의 경우에 그것은 역방향적인 '삶의 창조'였다. 미래주의자들은 '삶을 예술화'하고자 지향했고, 마야꼽스끼에게 일상은 예술 자체를 의미했다.

특수한 의미 속의 서정적 자아의 발견이 귀속된다. 이 주인공은 시인에게 미리 부여된 추상적인 장르적 조건이었던 송가나 비가의 주체로부터 뿐만 아니라, 서정적 나의 해석의 보다 개인적인 다른 경험들로부터도 원칙적으로 구별된다.

데르좌빈은 경험적 전기적 구체성 위에 자신의 작가적 형상을 구축한다. 그래서 그는 '우연적인' 자질들의 침투를 꺼리지 않는다. 데르좌빈의 강력한 전기주의는 이후의 일련의 시인들에게서 분해되어 약화된 모습 속에서 나타났다. 이를테면 꼬즐로프의 시에서 그의 개인적인 운명의 비극성이, 그의 중풍과 실명이 큰 의미를 획득한다. 그러나 개인적 운명의 이 국면들을 꼬즐로프는 단지 전통적인 시적 계열 속으로 가져올 수 있었을 뿐이고, 그 속에서 그것들은 단지 비가의 일반적인 자질들을 채색할 뿐이다. 그는 자신의 불행에 관해(자신의 장르적 본성 자체에 있어 자전성을 전제로 한 우정서한들에서 주로) 무엇보다도 흔히 그토록 전통적으로 시적인 형식 속에서 말하고 있다. 그래서 실제 기저텍스트(подтекст)는 오직 전기적 사실을 아는 사람들에게만 이해될 수 있었다.

> 그래 맞다. 삶은 중독되었다,
> 나의 심장은 부질없이 뛰었고,
> 나의 봄은 일찍 시들었고,
> 태양은 정오에 저물었다.
> . . . .
> 비록 내게 암흑이 선고되었다 할지라도,
> 내게 푸르른 들판은 없다 해도,
> 달빛이 은빛으로 물결치지 않는다 해도,
> 더 이상 장미의 홍조가 짙어지지 않는다 해도…
>
> 〈스베뜰라나에게〉

> То правда: жизнь отравлена,
> Мое напрасно сердце билось,
> Мне рано отцвела весна
> И солнце в полдень закатилось.
> . . . .

Хотя мне мрачность суждена,
И мне поля не зеленеют,
Не серебрит поток луна
И розы боле не алеют…

"К Светлане"

오, 심장에 애수를 다오!
심장은 꿈꾸고 사랑하기에 지쳤다.
눈물을 쏟아버리고 싶다,
영혼 속에는 비애만 시들지 않았다.

이미 오래전에 어둠의 옷을 입었다
나의 모든 기쁨의 과거는.
나는 나의 애수와 친구가 되었건만,
타인들의 한탄이 들려오는구나.

〈한탄〉

О, дайте сердцу тосковать!
Оно мечтать, любить устало, -
Хочу я слезы проливать,
В душе лишь горе не увяло.

Уже давно оделись тьмой
Мои все радости былые;
Сдружился я с моей тоской, -
Но слышны жалобы чужие.

"Жалоба"

시적 상징은 여기에서 해당 경우를 위해 창조된 것이 아니다. 그것은 자신의 대상과 구체적인 관계를 상실한 상태다. 그래서 그것은 해당하는 개별적인 재앙에도 영혼의 가장 일반적인 비가적 상태에도 관계될 수 있다. 꼬즐로프와 달리 뻘레좌예프에게는 첨예한 사회성이 고유하다. 그러나 그에게 있어서도 개별적인 불행으로부터 보편적인 의의를 지니는 비극성으로의 직접적인 출구는 아직 없다.

레르몬또프 이전의 러시아 시에서 삶 자체 속에서 실현되는 시인의 이상적 형상인 낭만주의적 분신은 아직 출현하지 않았다(뿌슈낀은 그것을 의식적으로 거부했다). 러시아 셸링주의자들의 시로 눈길을 돌릴 때, 이 점은 특히 분명해진다. 류보무드리에게 있어 실로 시인의 형상은 결정적인 의의를 지닌다. 그러나 시인의 형상을 심지어 승화된 이상적인 존재로서의 시인의 자아에 동등한 것으로 지각하는 것은 결코 필수적이지 않다. 이를테면 호먀꼬프는 류보무드리 중 그 누구보다 더한 관심을 고결하게 행동하는 시인의 형상에 기울였다. 그러나 호먀꼬프에게 있어 이것은 철학적 시의 가능한 주제 중 하나일 뿐이다. 호먀꼬프에게는 이 고양된 형상을 자신의 전기적 자아와 연관시키고자 하는 어떠한 지향도 없다(세비료프에게는 보다 덜하다). 그들은 대체로 서정적 주인공을 기피한다. 베네비띠노프의 자아와 그가 창조한 낭만주의적 시인의 형상의 동일시의 경우, 그것은 사후에 이루어졌다. 그리고 어쨌든 동일시가 이루어진 덕분에 이 젊은이의 시는 러시아 낭만주의의 역사에서 무언가 사건이 되었다.

오직 레르몬또프의 작품 속에서 벨린스끼는 그가 처음부터 찾았던 것을, 그가 《문학적 몽상》에서 예지했던 것을 찾아냈다. 그것은 곧 시적 자아와 현실적 자아의, 실제 자아와 이상에 이르기까지 보편화된 자아의 통일성, 다시 말해 삶 속 자아와 예술 속 자아의 통일성이다. 그는 사고에 의해 추동되는 열정적인 체험을 발견했다. 더욱이 이 사고는 류보무드리와 바라띈스끼의 사고와 달리 그에게 가깝고 필요했다. 항의하고 분석하는, 사회 복지의 문제에 몰두한, 하지만 자신 속에 실현될 수 없는 가능성의, 개인주의자적 자기인식의, 자기심판의, 존재를 갉아먹는 내적 성찰의 무거운 짐도 짊어진 사고 — 그것에는 세기 후반 러시아 문화 속에서의 긴 발전 과정이 노정되어 있었다.

레르몬또프의 서정적 주인공은 그의 시 체계 전체의 전제로서 시 체계의 기본적인 특징들을 결정한다. 이것은 무엇보다도 먼저 심지어 가장 약화된 형식을 취한 장르적 원칙이라 할지라도 그것에 대한 최종적인 거부다.

데까브리스뜨 시인들은 18세기로부터 개인적 원칙과 사회적 원칙의 대립성으로부터 발원하는 비가와 송가의 대치를 물려받았다. 뀨헬베께르는 논문 "우리 시의 풍조에 관하여 …"(1824)에서 이 전제와 그것의 문체적 결과들을 명확히 정식화했다. "… 송가 속에서 시인(поэт)은 사심이 없다. 그는 자신의 삶의 무가치한 사건들로 인해 기뻐하지도 그것들에 대해 한탄하지도 않는다. 그는 진리와 신의(神意)의 심판을 예언하고, 조국의 위대함에 관해 기쁨을 만끽하고, 적들에 대해 격노하며, 정의로운 자를 축복하고 잔인한 인간을 저주한다.

고대와 현대의 비가 속에서 시인(стихотворец)은 자기 자신에 관해, 자신의 비애와 향락들에 관해 말한다. 비가는 결코 거의 고무되지도 열광하지도 않는다. 그것은 반드시 조용하고, 부드러우며 신중해야 한다. 나는 반드시라고 말한다. 왜냐하면 자신의 행복을 너무나 열광적으로 기뻐하는 자는 우스꽝스럽기 때문이다. 광란의 슬픔도 시가 아니라 광기다. 비가의 몫은 절제와 범용이다."

인식의 크고 작음의 정도의 차이와 함께 이 병치는 1830년대에도 여전히 존재했다. 오직 레르몬또프만이 그것을 완전히 제거했다. 레르몬또프는 같은 시 속에서 '자기 자신에 관해', '자신의 비애와 향락에 관해' 말하고 동시에 '적들'에 대해 격노할 수 있음을 보여 주었다. 레르몬또프는 나아가 이 두 계기가 분리될 수 없는 관계를 맺고 서로서로를 규정할 수 있음을 보여 주었다. 레르몬또프는 비가 장르와 송가 장르를 차별화하는 내적 조건들을 파괴했고, 이 기초와 더불어 그것들 중 각자의 문체 체계도 허물어졌다. 왜냐하면 언어적이고 슈제뜨적인 장르의 자질들은 그것들이 장르의 인식적이고 가치평가적인 본질을 표현할 때 의미를 지니는 이차적인 자질이기 때문이다.

까람진주의에 대한 낭만주의적 대립은 민족적 독자성의 보장을 까람진 이전의 문학 형식들의 전유 속에서 보았고, 정서적 고양의 보장을 송가의 전통에 대한, 슬라브어가 지닌 힘에 대한 관심 속에서 보았다. 의고화와 양식화는 데까브리스뜨 시의 가능성을 협소하게 만들었다. 그러나 데까브리스뜨 시인들의 의고주의는 이데올로기적 의미를 부여 받았다. 그것은 러시아의 민족 갱생에 관한 데까브리스뜨들의 갈망과, 러시아 역사에 대한 그리고 프러시아를 본보기로 하는 관료적 국가성에 대치되는 러시아적 민족성에 대한 데까브리스뜨들의 관념과 연관되어 있다.

류보무드리의 의고적 경향은 보다 형식적인 성격을 띤다. 실로 1820년대 말~1830년대 초의 시기에 류보무드리는 여전히 서구주의의 신봉자들이었다. 송가에 대한, 슬라브어의 요소들에 대한 그들의 관심 속에는 새로운 낭만주의적인 정서적 성향을 위한 고유의 형식을 찾기에는 어떤 무력함이 있다. 그리고 이 모든 '로모노쏘프적인' 언어적 요소는 상당히 강제적인 모습으로 셸링적 기원의 이념들에 봉사해야 했다.

레르몬또프는 시민적 파토스의 시가 18세기 상문체 정신 속의 어휘 양식화를 결코 요구하지 않는다는 점을 보여 주었다. 이것이 레르몬또프의 역사적 승리를, 그의 의의가 지닌 보편성을 담보한다. 고상한 정치적 시의 특별한 형식에 대한 거부는 레르몬또프를 훨씬 폭넓고 민주적인 문체의 문제의 해결로 이끌었다.

물론 레르몬또프에게는 (그의 직접적인 선행자들 중 그 누구에게 있어서보다 적은 수이긴 하지만) 슬라브어의 요소들이 있다. 그러나 그는 1830년대의 뿌슈낀처럼 슬라브어의 요소를 단지 시적인 말로서 이용한다. 어휘 사용 원칙으로서의 슬라브어 요소를 레르몬또프는 단호히 배격했다.

자신의 문체 작업에 있어 레르몬또프는 뿌슈낀의 언어 통합으로부터, 보편문학적이고 보편민족적인 언어로부터 출발한다. 그러나 창작 초기의 레르몬또프는, 그리고 심지어 '꾸밈없는 단순성'에 대한 뿌슈낀의 추구들로부터 여전히 동떨어져 있었던 1837~1838년의 레르몬또프도 시적인 말로부터 그것의 모든 표현 가능성을 이끌어 내고자 지향한다. 실로 정서적으로 과장된 발화는 마치 레르몬또프의 주인공의 격렬한 고행과 열정과 더불어 그의 정신적 삶의 필요불가결한 발현으로 밝혀지는 듯하다.

초기 레르몬또프는 고상한 문체를 필요로 한다. 그러나 장르의 위계를 거부한 낭만주의 시인은 이미 자신의 고상한 문체를 사전적인 어휘적 위계 위에 구축할 수 없다. 견고한 문체들의 어휘 원칙은 고양된 형상성, 낭만주의적 은유의 의미론적 원칙에 자리를 양보한다.

초기 레르몬또프의 시행에는 다형상성이 고유하다. 여기에는 뿌슈낀 비가의 단일한 호흡이 없다. 주제는 이 주제에 함께 종속되어 있을 뿐인 일련의 의미 구조들을 관류한다. 예를 들어 시 〈명상〉에서는 두세 시행마다 새로운 형상이 대두된다.

> 향락의 잔을 한 모금 축이자마자
> 우리는 젊음의 힘을 아끼지 못했고,
> 포만을 꺼리며, 우리는 개개의 기쁨으로부터
> 최상의 음료를 영원히 짜 냈다.
>
> 시의 염원들, 예술의 창조물들은
> 달콤한 환희가 되어 우리의 지성을 자극하지 않는다,
> 우리는 가슴 속에 감정의 잉여를 탐욕스럽게 아껴 둔다
> 인색함이 파묻은 무용한 보물을.
>
> Едва касались мы до *чаши наслажденья*,
> Но юных сил мы тем не сберегли,
> Из каждой радости, бояся пресыщенья,
> Мы *лучший сок навеки извлекли*.
>
> Мечты поэзии, создания искусства
> Восторгом сладостным наш *ум не шевелят*;
> Мы жадно бережем в груди остаток чувства —
> *Зарытый скупостью и бесполезный клад*.

이 각 형상은 비록 확장되고 과장된 것이지만, 러시아인의 언어 의식 속에, 러시아 문학의 전통 속에 견고한 지주를 지니고 있다. 삶의 길(Путь жизни), 과숙한 열매(перезрелый плод), 향락의 잔(чаша наслаждения), 감정의 보물(клад чувства) (〈명상〉), 열정의 뇌우(гроза страсти), 삶의 주연

(пир жизни), 감정의 거래(торговля чувствами), 영혼의 상흔들(душевные раны) 〔〈자신을 믿지 말라 …〉(Не верь себе …)〕— 이것들은 완전히 명확해진 단일한 의미를 지닌 언어적 은유로서 바로 레르몬또프의 시적 표현의 토대에 자리하고 있다.

레르몬또프는 실러에 심취했다. 그러나 그의 작품 속에 실러가 끼친 문체상 영향의 흔적은 없다. 1830년대의 러시아 낭만주의 일반에 있어서처럼, 레르몬또프에게 있어 이 견지보다 큰 의의를 지니는 것은 낭만주의적 과장과 은유의 모든 극단성의 이면에서 이성적으로 인식되는 의미적 토대를 보존할 수 있었던 프랑스 낭만주의자들이다.

뿌슈낀의 언어 사고에 대한 레르몬또프의 유기적인 가까움은 그의 이후 움직임에 있어 매우 중요하다. 그것은 그가 말년에 낭만주의적 은유로부터 해방되어 말년의 서정시에서 후기 뿌슈낀의 원칙들을 독자적으로 발전시키도록 도왔다.

성숙해가며 레르몬또프는 점점 더 자신의 시구를 시민적 주제의 형식적 자질로부터, 데까브리스뜨들의 시에 있어 그토록 특징적인 미리 결정된 정치적으로 의미 있는 표현의 집단으로부터 해방시킨다. 미래의 러시아 시를 위한 가장 생산적인 레르몬또프의 성취 중 하나는 그에 의해 이루어진 시민적 시 개념 자체의 확장이다.

〈명상〉과 〈시인〉이 창작되었던 1838년 《우리 시대의 영웅》의 창작에 임하고 있었음에도 불구하고 레르몬또프는 인간에 대한 낭만주의적 이해와 아직 결별하지 않았다. 그는 시민적 주제의 형식적인 자질로부터 자신의 시구를 해방시키며 인간에 대한 낭만주의적 이해를 심화시켰다. 만약 레르몬또프의 시민적 시들이 서정적이라면, 그 반대의 경우도 주장할 수 있다. 성숙한 시기의 그의 시는 어떤 의미에서 특별하게 부각된 정치적 주제가 없음에도 불구하고 시민적이다. 그럼으로써 레르몬또프는 낭만주의의 개념들 중 가장 유효한 개념을 표현했다. 곧 '선택된' 자아는 세계의 모든 가치를 이로부터 발원하는 모든 의무와 함께 담지한다는 확신이 그것이다.

시인의 주제는 1830년대 러시아 낭만주의에 있어 중심적인 주제다. 〈시인〉, 〈자신을 믿지 말라 …〉, 〈1월 1일〉, 〈저널리스트, 독자 그리고 작가〉(Журналист, читатель и писатель) 등 1838~1840년의 레르몬또프의 기본적인 시민적 시들은 시인에 관한 시이기도 하다.

낭만주의에 있어 시인의 주제는 틀림없이 시인의 (선택된 자아의) 사회, 민중, '군중'(толпа), '속물'(чернь)과의 관계의 주제이기도 하다. 이 상이한 개념들은 작가의 철학적이고 사회적인 입장에 의해 결정되는 다양한 상호관계를 반영한다.

영감에 찬 예술의 사제인 류보무드리의 시인은 일상의 근심사들에 매몰된 군중 위로 고독하게 비상한다. 바라띤스끼의 〈마지막 시인〉에서 천재적인 자아와 사회, 시인과 '속물'의 전통적인 낭만주의적인 대립은 산업의 세기 속의 천재의 파멸로 해석된다. 통속작가들은 당연히 효과적인 안티테제들이 풍부한 시인과 군중의 주제에 달려들었다. 그리고 물론 유례를 찾아볼 수 없이 낭만주의를 단순화한 시들에서 시인은 그토록 고양된 모습을 띠었고, 반면 군중은 그토록 저속한 모습이었다〔베네딕또프의 〈시인의 비애〉(Скорбь поэта)와 〈가수〉(Певец), 꾸꼴니끄의 〈토르콰토 타소〉(Торквато Тассо), 띠모페예프의 〈시인〉(Поэт) 등〕. 1830년대 통속적 낭만주의의 대수롭지 않지만 특징적인 대표자들 중의 한 명인 루끼얀 야꾸보비츠는 시 〈영감〉(Вдохновение)에서 창작과정에 대한 묘사를 제공한다. 그것은 '형이상학성'에 있어 류보무드리의 셸링적인 작품들을 능가한다.

내게 지상의 세계는 낯설고 협소하다.
영혼은 다른 세계를 투시한다.
울려 퍼지는 노래들의 무한한 세계와
비지상적인 환영들의 행렬.

그렇게 육체의 세계를 버리고
존재의 신성한 환희 속에서

천둥들 속에서, 불길 속에서 신을 향해 비상하지 않았던가,
반은 천상의 존재인 일리야가?

Мне мир земной и чужд, и тесен:
Провидит мир душа иной,
Мир безграничный звучных песен
И неземных видений рой.

Не так ли, кинув мир телесный,
В святом восторге бытия,
В громах, в огне, полунебесный,
Вознесся к богу Илия?

1836

또한 그의 시 〈폭포〉(Водопад)에는 시인과 속물이 묘사되어 있다.

폭포처럼 들끓어 오르며 파열한다,
생각으로 강력한 시인이.
군중은 소리에 반응하지 않고,
속물에게는 감정들에 대한 감정들이 없다.

오직 계몽된 자연의 친구만이
인적 없는 자신의 숲들 가운데에서
신성한 노동의 가치를 충분히 인정한다,
신성한 영혼의 환희를.

Как водопад, кипит и рвется
Могучий мыслию поэт:
Толпа на звук не отзовется,
На чувства чувств у черни нет.

Лишь друг природы просвещенный
Среди лесов своих, в глуши,
Вполне оценит труд священный,
Восторг божественной души.

셸링적인 표상의 통속작가들에게는 모든 것이 단순했다. 시인도 군중도 어렵지 않게 조야한 안티테제 속에 자리 잡았다. 대신에 혁명의

전통과 연관된 낭만주의에 있어 이 상호관계는 복잡하고 해결될 수 없는 모순에 처한 것으로 드러났다.

독일 관념론 철학에 의해 양육된 낭만주의는 자아의 영적 풍요의 원천을 자아와 절대의 관계 속에서 고찰했다. 그러나 이와 더불어 실로 다른 이데올로기적 계열로부터 힘의 원천을 구한 낭만주의가 존재했다. 프랑스 대혁명, 19세기 초의 민족해방운동, 1820~1840년대의 유토피아적 사회주의 등이 그것들이다. 러시아에서 이 계열 속으로 포함된 것은 데까브리즘의 전통이다. 레르몬또프의 청년기 작품에서 자아와 사회, 시인과 군중의 안티테제는 낭만주의적 관념의 틀을 벗어나지 않는다. 중편 〈바딤〉(Вадим) 은 바이런적인 '라라'(Лара) 와 '군중'의 충돌을 재현한다. 그녀의 혁명 투쟁 속에서 그녀를 멸시하고 그녀를 통해 자신의 개인적인 목적을 실현시키는 인간이 군림한다.

보다 초기의 데까브리스뜨적인 주인공과 대중의 개념은 이 모순들을 아직 몰랐다. 데까브리스뜨들의 개념은 개인주의적인 것이 아니라 시민적인 것이었다. 그들이 주인공을 타성에 젖은 대중의 영도자로 사고했다 하더라도, 주인공의 목적은 대중의 목적 및 관심사에 부합했다. 개인적인 갈망, 열정이 아닌 시민적 의무가 그 객관적인 과제들과 함께 주인공을 추동한다.

성숙한 레르몬또프는 낭만주의적 모순에 머물러 있기를 원하지 않았다. 그는 시인과 군중의 전통적인 대립을 시인과 군중의 동일화로 대체하며 이 모순을 놀라울 정도로 과감하게 제거한다.

레르몬또프의 〈시인〉에는 두 시인과 두 '군중'이 묘사되어 있다. 무엇보다 먼저 시인의 이상적인 상은 동포들의 고무자다.

> 그대의 강력한 말들의 율동적인 소리가
> 　　전투를 위해 투사를 불타오르게 하곤 했다,
> 주연을 위한 술잔처럼, 기도의 시간의 분향처럼,
> 　　그것은 군중에게 필요했다.

그대의 시행은 신의 영처럼 대중들 위로 퍼졌고
　고결한 생각들의 응답이
민회의 탑 위의 종처럼 울렸다
　민중들의 영광과 재앙의 날들에.

Бывало, мерный звук твоих могучих слов
　Воспламенял бойца для битвы,
Он нужен был толпе, как чаша для пиров,
　Как фимиам в часы молитвы.

Твой стих, как божий дух, носился над толпой
　И, отзыв мыслей благородных,
Звучал как колокол на башне вечевой
　Во дни торжеств и бед народных.

여기에서 군중은 시인에게 고귀하고 합당한 요구들을 제기하는 민중과 동일시되어 있다. 시인과 군중의 낭만주의적 문제 틀을 여전히 벗어나지 않은 채, 레르몬또프는 낭만주의자들에게 있어 저속한 말인 '군중'에 다른 고결해진 의미를 부여한다. 그러나 이 시에는 또한 '보석의 광채와 기만을 즐기는' 동시대의 비루한 군중도 묘사되어 있다. 무가치한 군중에 사회적으로 무가치한 시인이 상응한다.

우리의 유약해진 세기에 시인이여 그대도
　자신의 사명을 상실한 것은 아닌가…

В наш век изнеженный не так ли ты, поэт,
　Свое утратил назначенье…

군중은 자신에게 합당한 시인을 지니는 것으로 밝혀진다. 그러므로 시인은 이미 '신들의 자식'이 아니라(베네비띠노프가 시인을 그렇게 불렀다), 자신의 민중의 자식이다. 그리고 시인의 의의는 민중의 도덕적 상태에 의해 결정된다.

시 〈자신을 믿지 말라…〉의 서두에는 전통적인 시인과 군중의 갈등이 주어져 있는 듯하다.

자신을 비하하지 말라. 분노를
    또 고분고분한 애수를 거래하는 것을 수치로 여겨라,
영혼의 상처들의 고름을 오만하게 내세워
    어리석은 속물의 경탄의 대상이 되게 하는 것을 수치로 여겨라.

Не унижай себя. Стыдися торговать
    То гневом, то тоской послушной
И гной душевных ран надменно выставлять
    На диво черни простодушной.

그러나 레르몬또프는 그 즉시 일반적인 상호관계를 파괴한다.

봐라, 군중이 익숙한 길을 따라
    네 앞을 유희하듯 간다.
축제의 기분에 들뜬 얼굴들 위에 근심의 흔적은 거의 보이지 않고,
    점잖지 못한 눈물들을 너는 만나지 않는다.

그러나 힘겨운 고문에 의해 짓이겨지지 않은,
    죄나 상실 없이
때 이른 주름살들을 얻은 이가
    그들 중 한 명이라도 있을까! …
믿으라, 그들에게 너의 눈물과 너의 질책은 우습다,
    연지를 바른 비극의 배우처럼
자신의 기억된 선율과 함께
    마분지 검을 휘두르는 너는.

Взгляни: перед тобою играючи идет
    Толпа дорогою привычной;
На лицах праздничных чуть виден след забот,
    Слезы не встретишь неприличной.

А между тем из них едва ли есть один,
    Тяжелой пыткой не измятый,
До преждевременных добравший ся морщин
    Без преступленья иль утраты! …
Поверь: для них смешон твой плач и твой укор,
    С своим напевом заученным,
Как разрумяненный трагический актер,
    Махающий мечом картонным.

여기에 묘사된 것은 이미 민중의 원초적 세계가 아니라 문명을 맛본 도시의 군중이다. 이것은 낭만주의 시인들이 그 속에서 항상 자신들을 핍박하는 자들의 무리를 보았던 그 정신적 '속물'이기도 하다. 〈자신을 믿지 말라…〉에서 이 군중은 결코 이상화되어 있지 않다. 그러나 군중은 비극적이다. 그리고 주된 점은 군중의 시적 모방에 대한 무관심이 정당화되어 있다는 점이다. 레르몬또프는 자아와 사회 사이의 관계를 재고했다. 〈자신을 믿지 말라…〉가 창작된 같은 해(1839년)에 《우리 시대의 영웅》이 창작되었다.

본질적으로 말해, 어리석은 군중이 이해하지 못할 것이기 때문이 아니라, 시인이 속물에게 단지 무언가 의심스러운 가치를 지닌 것을 — '영혼의 상처의 고름' 혹은 '고분고분한', 즉 문학적인 애수를 — 제시할 수 있기 때문에 시인은 영감을 경계해야만 한다. 이것은 물론 내적으로 성찰하는 시인에 관한 것이다. 그러나 레르몬또프는 저항을 최소화하는 길을 통해 나아가지 않았다. 그는 훌륭한 군중과 나쁜 시인을 묘사함을 통해 공식을 단순히 폐기할 가능성에 유혹당하지 않았다. 〈자신을 믿지 말라…〉 속에서 황폐해진 세대의 표현자인 시인은 군중과 마찬가지로 무력하고 비극적이다.

19세기 전반 러시아 문학에서 형성된 자아에 대한 이해의 역사에서 레르몬또프가 지닌 의의는 그 무엇에 비견될 수 없을 만큼 특별하다. 레르몬또프는 그의 동시대 낭만주의자들이 헛되이 추구했던 것을, 곧 비록 경험적 자아는 아니지만 시적이자 동시에 현실적인 자아의 예술적 구조를 창조했다.

말기 시들에서 레르몬또프는 모두로부터 구별되는 점에 의해서 의의를 지니는 것이 아니라 모두를 닮았다는 사실에 의해, 그가 발현된, 긴장에 찬 그리고 개인적 형식을 획득한 보편적인 의식이라는 사실에 의해 의의를 지니는 다른 시인의 가능성을 이미 예측했다. 그러나 이것은 오직 이 시인이 성숙한 뿌슈낀의 위대한 발견들을 자기화 했을 때에야 비로소 이루어졌다.

현실의 시

1830년대 문학이 처한 상황에는 역설적인 면모가 눈에 띈다. 낭만주의 시인들은 방황하고 추구하는 와중에 뿌슈낀과 뜌체프, 그리고 레르몬또프가 제공한, 동시대 시가 처한 문제의 해결에 주목하지 못했다. 한편으로 이미 초기 레르몬또프가 낭만주의적 개성의 문제를 해결했다. 뜌체프는 철학적 서정시의 새로운 창작방법을 발견했다. 뿌슈낀은 역사적 현실과 동시대 현실의 예술적 인식이라는 한없이 광대한 길로 서정시를 이끌었다.

뿌슈낀은 그의 생애의 마지막 시기를 독기에 차게 만든, 짙은 몰이해의 분위기에 둘러싸여 있었다. 뿌슈낀 배척 운동은 1830년대 문학이 처한 상황을 이루는 가장 특징적인 사실들 중의 하나다. 그것은 뿌슈낀의 동시대인들이 보여준 편협함에 대한 증거로서뿐만 아니라, 어떤 본질적인 역사적 과정들의 지표로서도 조명되어야 한다.

사상의 시의 시대적 요구는 1810~1820년대를 지배한 시파의 전통의 극복을 대가로 치러야만 충족될 수 있다는 것이 1830년대의 통념이었다. '생각의 결핍'이 아류 시인들의 유려한 시행과 연관되곤 했다. 이 상호관계에 관해 뻴레보이는 다음과 같이 썼다.[1] "… 뿌슈낀이 우리

1) 〈모스끄바 전보〉 발간 초기 뻴레보이는 뿌슈낀을 옹호하는 입장을 취했으나, 1829년 뿌슈낀을 수장으로 간주한 '문학 귀족'(литературная аристокр-

시에 끼친 공적 자체가 우리 시에 커다란 해악도 초래했다… 우리는 '유려한' 시인들에 둘러싸여 있다… 뿌슈낀은 그들에게 일정한 단어 배열과 일정한 화음이 지닌 비밀을 열어 주었고, 예전에 우리의 시행을 생기 없고 산문적인 것으로 만들었던 것이 무엇인지 알아차렸다. 그리고 그의 4운각 얌쁘는 경이로운 시행을 쓰도록 우리의 손을 자유롭게 해 주었다. 그의 얌쁘로 재능의 부재와 공허한 울림에 얼마나 광대한 공간을 열어주었는지 뿌슈낀 자신이 이후에 경악했다. 사실, 어느 누구도 뿌슈낀의 이 시행에 담긴 진정한 비밀을 포착할 수 없었다. 그러나 그의 양식이 그토록 능숙하게 모방되기 시작해서, 의미의 완전한 결핍에도 불구하고, 시행이 마지못한 칭찬을 받곤 했다."[2]

뿌슈낀은 1810~1820년대 시파의 경향을 가장 완전하게 구현한 시인으로 받아들여졌다. 그래서 생각 없는 아류 시행에 대한 책임이, 델라류(М. Д. Деларю)[3] 와 뜨리룬느이(Трилунный)[4] 에 대한 책임이 그에게 부과된다. 뿌슈낀의 맹렬한 진화 자체가 이를 조장했다. 뿌슈낀을 뒤쫓기란 힘들었다. 그는 모방자들을 위한 본보기를 뒤에 남기며 앞으로 나아갔고, 뿌슈낀의 발견은 아류 시 속에서 굳어지고 사멸해 갔다. 뿌슈낀 자신은 오래전부터 이미 완전히 다른 과제의 해결에 몰두해 있는데, 모두가 여전히 '까람진주의자'로서의 뿌슈낀과 투쟁하고, 모두가 여전히 그를 바뜌슈꼬프-주꼽스끼 전통을 이어받은 비가시인으로서 심판하고 모방한다. 엄밀히 말해 1838년의 논문에서 뽈레보이는 뿌슈낀적인 '내용의 결핍'에 반대하는 이미 십년 이상 된 운동을 결산하고 있다.

릴레예프와 알렉싼드르 베스뚜줴프는 여전히 《예브게니 오네긴》(Ев-

атия) 과의 투쟁 선포를 계기로 그와 결별했다.

2) (원주) 〈독서를 위한 도서관〉, 1838, 26권(Библиотека для чтения, 1838, т. XXVI), 94쪽.

3) 뿌슈낀 시대의 시인(1811~1868). 멜랑콜리 정서로 일관한 아류 시를 썼다.

4) 시인(1806~1856). '뜨리룬느이'는 필명. 본래 성은 스뜨루이스끼(Д. Ю. Струйский). 바이런풍의 비극적 세계지각을 노래했다.

гений Онегин) 보다 〈까프까스의 포로〉(Кавказский пленник) 를 더 높게 평가하고 있었다. 그리고 베네비띠노프는 《오네긴》에 관해 1825년에 이렇게 썼다. "누가 뿌슈낀의 진정한 재능을 부정하는가? 그의 시행을 통해 환희에 젖지 않은 자가 누구인가? 그가 우리 문학에 매혹적인 작품들을 선물했음을 누가 인식하지 못하는가? 그러나 도대체 무엇을 위해 그를 항상 바이런과, 정신에 있어 영국만이 아니라 우리 시대에 속하며, 불길 같은 자신의 영혼 속에 세기 전체의 지향을 결집시킨 시인과 비교할 것인가 …"[5]

레르몬또프는 아직 지면에 발표되지 않았다. 뜌체프는 주목받지 못했다. 그 대신 모스끄바의 셸링주의자들은 뿌슈낀과 대면해야 했다. 역사는 그들로 하여금 뿌슈낀에 대한 관계의 문제를 가장 의의 있고 시급한 문제로서 해결하도록 했다. 그리고 전체적으로 그들은 이 문제를 부정적으로 해결했다. 이 집단 속에서 진정한 인정을 받은 작품은 역사적 민족적 문제 틀의 요구에 부합한 〈보리스 고두노프〉(Борис Годунов) 가 사실상 유일했다. 뿌슈낀의 서정시는 그들의 놀라울 정도의 안목 부재 탓에 '사색이 결여된' 시의 부류에 속하는 것으로 간주되었다.

1826년에 〈모스끄바 통보〉의 발간을 준비하던 류보무드리는 자신들의 관심사 속으로 뿌슈낀을 끌어들이고자 시도했다. 그들의 기대는 부질없는 것으로 밝혀졌다.[6] 이 기대를 증명하는 것이 베네비띠노프가 뿌

---

5) (원주) "〈모스끄바 전보〉 5호에 실린 《예브게니 오네긴》에 관한 논문 검토" (Разбор статьи о "Евгении Онегине," помещенной в 5-м NO. "Московскго телеграфа") : 베네비띠노프, 《작품 전집》(Д. В. Веневитинов, Полное собрание сочинений, М. : Л., 1934), 222쪽.

6) (원주) 뿌슈낀과 〈모스끄바 통보〉 주위에 모인 문학가들이 상이하고 심지어 부분적으로 적대적인 시각을 견지하고 있었다는 점과, 뿌슈낀과 〈모스끄바 통보〉 그룹 사이의 1826~1827년에 걸친 일시적인 접근은 전술적인 성격의 판단들에 의해, 1820년대 문단의 갈등 상황에 의해 야기된 것이라는 점이 우리의 문학 연구를 통해 이미 상당히 명확하게 밝혀져 있다. 이 점에 대해서는 띄냐노프의 1934년 논문 "뿌슈낀과 뀨헬베께르"(Пушкин и Кюхельбекер)

슈낀에게 보낸 서한시다. 서한 속에서 그는 뿌슈낀을 괴테의 문하생으로 취급한다. 이것은 명백한 억지였다. 따라서 이 해석은 뿌슈낀에게 제안된 그의 미래의 발전 프로그램으로서 이해되어야 바람직할 것이다.

1830년에 세븨료프가 뿌슈낀에게 보낸 서한시는 보다 더한 이중적 의미를 담고 있다. 세븨료프는 뿌슈낀에게 로모노쏘프와 데르좌빈을 뒤따르며, 러시아 시어의 힘을 부활시킬 것을 호소한다. 이에 부수적으로 모멸에 찬 동시대 러시아 시에 대한 성격 규정이 주어지고 있다.

우리의 언어가 그러하다. 단어로부터 쓸모없는 음절의
매듭을 조금 풀든, 과감하게 뽑아내든,
말에 새로운 생각을 보다 긴밀하게 집어넣든,
우리의 언어는 이미 아프다, 견디지 못하고 신음한다,
그리고 생각은 그 위에 어떤 짐처럼 놓여 있다!
노래나 욕지거리만이 그것에 친근할 뿐,
운을 이룬 선별된 공허한 소리 아래로
지성이 잠들어 고요히 깃들 뿐.
데르좌빈이 무덤으로부터 일어선다면,
그는 어떤 뇌우를 그에게 보낼까!
따따르의 게으른 소귀족으로 변모시키기 위해
그는 그 힘을 소중히 키웠던가?

Так наш язык: от слова ль праздный слог
Чуть отогнешь, небережно ли вынешь,

를 보라〔뜨냐노프, 《뿌슈낀과 동시대인들》(Ю. Тынянов, Пушкин и его современики, М., 1968), 290~294쪽〕. 또한 아론손(М. И. Аронсон)의 논문 "세븨료프의 시"(Поэзия С. П. Шевырева)도 보라〔세븨료프, 《시집, 시인총서》(С. П. Шевырев, Стихотворения, Библиотека поэта, Л., 1939)〕. 뿌슈낀과 류보무드릐 집단 사이의 관계를 특징적으로 보여주는 자료는 짜블롭스끼(М. Цявловский)의 "뽀고딘 서고의 문서들을 통해 본 뿌슈낀"(Пушкин по документам архива М. П. Погодина)과 스베뜰로바(М. Светлова)의 "소보렙스끼 서고의 문서들을 통해 본 뿌슈낀"(Пушкин по документам архива С. А. Соболевского)에서 접할 수 있다〔《문학 유산》, 16~18권(Литературное наследство, т. 16~18, М., 1934)〕. 뿌슈낀은 1830년 미학적 입장의 차이를 이유로 〈모스끄바 통보〉와 결별했다.

Теснее ль в речь мысль новую водвинешь, -
Уж болен он, не вынесет, крягтит,
И мысль на нем как груз какой лежит!
Лишь песенки ему да брани милы;
Лишь только б ум был тихо усыплен
Под рифменный, отборный пустозвон.
Что, если б встал Державин из могилы,
Какую б он наслал ему грозу!
На то ли он его взлелеял силы,
Чтоб превратить в ленивого мурзу?

서한시의 첫 부분에서 수신자에게 보내는 온갖 열광적인 찬사를 늘어놓지만, 사실 셰비료프는 뿌슈낀에게 자기 자신을 극복할 것을 호소한다.

모스끄바 셸링주의자들의 적대감은 그들의 고유한 속성을 이루는 권위에 대한 존중에 의해 누그러졌다. 뿌슈낀의 문학적 운명에 있어 그토록 숙명적인 1830년의 비난들은 다른 울림을 지니기 시작했다. "아니! 당신 생각대로! 뿌슈낀은 사색의 대가가 아니야!"〔Нет! воля ваша! А Пушкин — не мастер мыслить!, 나데쥬딘(Н. И. Надеждин)〕.[7] "오네긴은 하나의 틀 속에 삽입된, 서로 관련 없는 이런저런 개별적인 메모나 생각의 모음이다. 작가는 그것들로부터 개별적인 의의를 지니는 그 무엇도 만들어내지 못할 것이다"(뻘레보이).[8] 그리고 같은 해에 불가린은 풍자문 〈일화〉(Анекдот) 속에서 이렇게 썼다. "단 하나의 고상한

7) (원주) 〈유럽 통보〉, 1830, 7호(Вестник Европы, 1830, NO. 7), 209쪽. — 심지어 항상 뿌슈낀의 비호를 받았던 뽀고딘조차 이후에 다음과 같이 썼다는 점이 특징적이다. "나데쥬딘은 뿌슈낀에 대항해 무장했고, 어쨌든 비록 세미나적인 어조긴 해도 많은 일들을 말했다."; 나데쥬딘(1804~1856) — 1830년대 주요 문학 비평가이자 리얼리즘의 초기 옹호자 중의 한 명. 현실에 대한 역사주의적 접근을 주창하며 낭만주의를 비판하였고, 그 연장선에서 비평 활동의 초기에는 뿌슈낀 또한 공격의 대상이 되었다. 〈뽈따바〉와 〈보리스 고두노프〉의 출간 이후 뿌슈낀에 대한 태도를 달리했다.

8) (원주) 〈모스끄바 전보〉, 1830, 32부(Московский телеграф, 1830, ч. 32), 241쪽.

생각도, 단 하나의 고양된 감정도 자신의 작품에서 드러내지 못한 프랑스인(뿌슈낀 — 저자)… 그의 심장은 굴처럼 차갑고 벙어리가 된 존재이고, 머리는 우르릉거리는 운들로 포화된, 딸랑거리는 종의 부류다…"[9]

베네비띠노프, 나데쥬딘, 뽈레보이, 불가린은 놀라운 생각의 일치를 보이며 뿌슈낀의 '내용 없음'에 관한 견해를 표명한다. 이상주의 철학을 견지하는 류보무드리에게도, 부르주아 민주주의를 표방하는 뽈레보이에게도 뿌슈낀이 제공했던 것과는 다른, 적어도 그들이 성숙한 시기의 뿌슈낀의 작품 속에서 볼 수 있었던 것과는 다른 내용이 필요했다. 류보무드리의 철학적 시각과 뽈레보이의 사회적 관심사가 그들이 견지한 입장을 해명한다. 이 문맥에서 보다 뜻밖인 것은 불가린의 이름이다. 뿌슈낀 반대 운동에서 불가린이 견지한 입장에 관한 질문은 불가린이 개인적인 관계를 청산했다는 점을 근거로 하여 단순화될 수 없다. 본질은 불가린이 뿌슈낀을 공격하게 된 원인이 어떤 것인지가 아니라, 그가 이때 이용한 척도가 어떤 것인가 하는 점이다. 그리고 만약 우리가 불가린이 생각의 요구라는 익숙한 척도를 손에 쥐고 있음을 발견하게 된다면, 어떤 상황이 이 요구에 대한 전권을 불가린에게 부여했는가라는 질문이 제기된다. 류보무드리와 달리 그는 폭넓은 이해집단의 이름으로, '스미르딘 문학'의 독자와 활동가의 이름으로 말했다.

1830년대에 〈북방의 꿀벌〉은 〈모스끄바의 평자〉(Московский наблюдатель)[10] 못지않은 심혈을 기울여 문학에서 사색을 요구한다. 〈북방의 꿀벌〉에 실린 뿌슈낀을 반대하는 성향을 지닌 일련의 논문과 평론의 내막이 이 점에서 드러난다. 예를 들어, 까르쪼프(Н. Карцов)의 시소설 〈꼬마린가〉(Семейство Комариных, М., 1834)에 대한 평론을 보자. "뿌슈낀의 시대가 끝나고, 이제 새로운 시대가 도래한다고 믿고

9) (원주) 〈북방의 꿀벌〉, 1830, 30호(Северная пчела, 1830, NO. 30).

10) 모스끄바에서 격주로 간행된 잡지(1835~1837). 초기 슬라브주의의 기관지 성격을 띠었고, 독일 이상주의 철학과 셸링의 미학에 기반을 둔 미학적 입장과 보수와 진보를 절충하는 중도적 문학 노선을 견지했다.

들 있지만, 아마 이것은 수도의 경우에 정당한 생각일 것이다. 사라또프 현에서는 여전히 뿌슈낀의 시대가 득세하며 지속되고 있다. 의심의 여지없는 증거가, 출판된 증거가 우리 앞에 있다."

뒤이어 인용과 함께 다분히 교양 없는 이 작품의 내용이 이야기된다. "다샤가 눈같이 새하얀 손으로 차를 따른다. 작가는 이 틈을 타 그가 뿌슈낀의 견해를 고수하지 않음을 보여주며 말한다.

> 비록 내가 기혼자라 해도,
> 독자여 그대에게 고백하건데,
> 나는 사랑스런 손의 숭배자다.
> 우리의 계몽된 지혜로운 세기에
> 다리에 관해 많이들 말했다.
> 뿌슈낀이 그것을 세상에 내놓았다.
> 그는 두 다리를 찬양했고,
> 그에 뒤이어 수백의 사람들이 그것을 찬양했다.
> 그러나 나의 독자여, 동의하시게,
> 다리 속에서는 구두가 유혹하고,
> 손은 그저 매료시킨다
> 자신의 열린 아름다움으로.
>
> Хоть я женатый человек,
> Но признаюсь тебе, читатель,
> Я милых ручек обожатель.
> В наш просвещенный, умный век
> Об ножках много говорили;
> Их Пушкин по свету пустил,
> Он пару ножек расхвалил –
> За ним их сотни расхвалили.
> Но согласись, читатель мой,
> Что в ножке башмачок пленяет,
> А ручка просто восхищает
> Своей открытой красотой.

작가가 뿌슈낀을 모방하는 것이 아니라는 것이, 다리가 아닌 손을 사랑함이 자 이제 분명하다 …"[11)]

통속적인 낭만주의의 대가인 꾸꼴니끄는 '뻬떼르부르크 문학'이 뿌슈낀과 뿌슈낀 그룹의 작가들에 대항하여 그를 내세웠다는 점을 고려하며, 이 과제에 대해 지극히 의식적인 태도를 취했다. 빠나예프는 이렇게 회상한다. "꾸꼴니끄는 뿌슈낀에 의해 주어진, 그의 견해에 따르면 사소한 사조를 박해했다. 그는 내내 거대한 창작에 관해 설파했다. 그는 그가 감당해야 할 것은 오직 영웅적인 개성이라고 생각했다."

《회상》의 다른 곳에서 빠나예프는 꾸꼴니끄의 말을 상기한다. "뿌슈낀은 논란의 여지없이 거대한 재능을 지닌 시인이다. 그의 시행의 조화로움과 울림은 경이롭다. 그러나 그는 생각이 가볍고 깊지 못하다. 그는 의미 있는 그 무엇도 창조하지 않았다. 만약 신이 내게 삶을 더 허락한다면, 나는 무언가 확고하고 진지한 것을 창조할 것이고, 아마도 다른 문학 사조를 정초하게 될 것이다 …"[12]

1830년대 창작 활동에서 뿌슈낀의 고립은 전문 비평가나 독자들뿐 아니라, 옛 동지들도 그를 공격했었다는 점에서 더더욱 힘겨운 것이었다. 뿌슈낀의 악명 높은 '사상의 결핍'에 대해 그에게 가장 가까운 사람들이 오래전부터 항의하곤 했다. 1825년에 뱌젬스끼는 알렉싼드르 뚜르게네프에게 다음과 같이 썼다. "나는 〈수도사〉(Чернец)를 경탄해마지 않네. 이 작품 속의 미는 깊이가 있네. 자네 귀에다 대고 말하겠네. 뿌슈낀의 서사시들보다 감정과 사색이 더 풍부하네."[13] 뚜르게네프는 이렇게 답변했다. "(절충주의에 관한—저자) 이 지적들은 꼬즐로프가 뿌슈낀보다 훨씬 더 진정성 있는 감성과 영혼을 지니는 것을 방해하지 않네. 그러나 상상력이 그보다 부족하네 …"[14] 그와 같이 뱌젬스끼는

---

11) (원주) 〈북방의 꿀벌〉, 1835, 29호(Северная пчела, 1835, NO. 29).

12) (원주) 빠나예프, 《문학적 회상》(И. И. Панаев, Литературные воспоминания, М. :Л., 1950), 45, 100쪽.

13) (원주) 《오스따피예프 문서고》, 3권(Остафьевскнй архив, т. III. СПб., 1899), 114쪽.

14) (원주) 같은 책, 117쪽.

뿌슈낀을 은밀히 '배신했다'. 1840년에 바라띈스끼는 아내에게 또 이렇게 편지했다. "주꼽스끼에게 갔었다오. 세 시간 남짓 머무는 동안 뿌슈낀의 출판되지 않은 새로운 시들을 읽었소. 정신과 형식 모두 전혀 새로운, 경이로운 미가 있소. 그의 마지막 작품들은 모두 당신이 생각할 수 있는 것 이상으로 힘과 깊이가 뛰어나오!"15)

1836년에 뀨헬베께르는 자신이 꾸꼴니끄를 높이 평가함을 뿌슈낀에게 말했다. 그는 바르구진(Баргузин)16)에서 이렇게 편지했다. "자네는 꾸꼴니끄에게 너무 엄격한 것 아닌가? … 우리의 동년배나 선배 작가들 그 누구와 비교해도 그의 생각과 감정은 충분하고 특별하네. (자네 화를 돋우려는 게 아니네.)"17) 뀨헬베께르는 단서를 달고 조심스럽게, 그러나 결국 고상한 꾸꼴니끄를 바뜌슈꼬프-주꼽스끼 시파의 사색이 결여된 시인들에 대립시키는 논자들에게 합류한다. 뀨헬베께르가 보다 이전에 자신의 일기에서 꾸꼴니끄를 뿌슈낀 자신에 대립시켰다는 사실을 뿌슈낀이 알 수 있었다면, 공격의 정서적 강도는 더 했을 것이다. "꾸꼴니끄의 〈토르콰토 타소〉는 러시아어로 창작된 가장 뛰어난 비극이다. 뿌슈낀의 〈고두노프〉도 예외가 아니다. 뿌슈낀의 작품이 보다 지적이고 원숙하고 사려 깊으며, 구도와 세부묘사에 있어 보다 대담하고 강렬하다는 점은 의심의 여지가 없다. 그러나 그 대신 차갑고, 셰익스피어를 모방한 느낌이 너무 짙으며, 진정한 시에 필수적인 자기망각이 너무나 결여되어 있다."18)

---

15) (원주) 바라띈스끼, 《시, 서사시, 산문, 편지》(Е. А. Баратынский, Стихотворения, поэмы, проза, письма. М., 1951), 529쪽.

16) 동시베리아의 바이칼호 인근 도시. 데까브리스뜨 봉기 직후 체포되어 감금되어 있던 뀨헬베께르는 1831년 바르구진으로의 유형에 처해졌고, 그곳에서 생을 마감했다.

17) (원주) 뿌슈낀, 《저작 전집》, 16권(Пушкин, Полное собрание сочинений, т. XVI. М.:Л., 1949), 148쪽.

18) (원주) 《뀨헬베께르의 일기》(Дневник В. К. Кюхельбекера. Л., 1929), 233쪽.

비록 의고주의적인 의미에서이지만, 옛 리쩨이 학생의 펜을 통한 이 말은 베네딕또프가 "우리 문학의 황무지를 뚫고 나온 생기롭고 신선한 수원"[19] 이라는 뱌젬스끼의 의견표명(1835년)에 준하는 가치를 지니고 있다.

뿌슈낀의 옛 동료들은 결코 그와 공개적으로 논쟁하지 않았다. (이것은 '집안' 일로 간주되었다.) 모스끄바인들의 논쟁은 전술적인 고려에 따라 암호화되었다. 사색에 대한 요구가 셸링주의의 높은 곳으로부터 하강하여 나아갔던 층들에서는[20] 상황이 달랐다. 여기 '스미르딘 문학'의 수준에서는 뿌슈낀과 뿌슈낀 전통에 대항한 투쟁의 무기로서 꾸꼴니끄와 베네딕또프가 이미 완전히 직접적으로 그리고 천박하게 이용되고 있다.[21]

1830년대 말에 쎈꼽스끼는 〈독서를 위한 도서관〉의 서지학 분과를 활성화 시킬 새로운 방법을 고안했다. 천일야화로 변모된 "문예 연보"(Литературная летопись)[22] 속에서 두 자매 끄리떡자다(Критикзада)와 이로니자다(Иронизада)가 자신들의 주인인 술탄 - 뿌블릭 - 보가두르(Султан - Публик - Богадур)를 동시대 러시아 책들에 관한 논평으로 설복하고 있다. "술탄은 꾸꼴니끄의 작품을 다 읽고 말했다: "마샬라흐! 대단해!" 그는 또한 글린까와 그레본까의 작품들, 더불어 불멸의 뿌슈낀의 사후에 발표된 시 한 편과 베네딕또프의 책 몇 페이지를 읽고 나서, 두 책에 대한 자신의 완전한 자비심을 공표했다." 그와 같은

---

19) (원주) 스미르노바에게 보내는 편지(Письмо к А. Смирновой) 〔《러시아 고문서고》, 1888, 2권(Русский архив, 1888, т. II), 294쪽〕.

20) 즉, 통속문학의 수준에서는.

21) (원주) 이 점에 대해 보다 자세한 것은 나의 논문들을 보라. "뿌슈낀과 베네딕또프"(Пушкин и Бенедиктов) 〔〈뿌슈낀. 뿌슈낀 위원회 간행 정기 학술지〉, 2호(Пушкин. Временник Пушкинской комиссии, NO. 2, М. :Л., 1936)〕; "베네딕또프"(Бенедиктов) 〔베네딕또프, 《시집, 시인총서》(В. Г. Бенедиктов, Стихотворения. Библиотека поэта, Л., 1939)의 권두 논문〕.

22) 〈독서를 위한 도서관〉의 한 섹션. 쎈꼽스끼는 〈천일야화〉의 구성 기법과 문체에 기초하여 "문예 연보"란을 풍자적 비평 장르로 탈바꿈시켰다.

'불멸의 뿌슈낀'의 기억의 표명은 쎈꼽스끼의 전술의 일환이다. 쎈꼽스끼는 비방보다 더 위험한 찬양이 있다는 것을 알았다.[23] 쎈꼽스끼는 뿌슈낀이 생을 마감한 지 몇 달 후에 띠모페예프의 따분한 시를 논평하며 다음과 같이 적었다. "뿌슈낀이 낳은 모든 시인들 가운데 띠모페예프 씨가 자신의 작품 속에 뿌슈낀 시의 원칙을 가장 많이 결합시키는 시인일 것이다. 어느 지적인 부인의 표현에 따르면, 띠모페예프 씨는 뿌슈낀의 큰길 옆에 자신을 위한 오솔길을 닦았고, 그 길을 따라 계속 앞으로 나아가고 있다. 그의 시에는 뿌슈낀적 환상과 상상의 많은 요소와 많은 불꽃과 감정이 눈에 띈다…. 그리고 뿌슈낀의 눈부신 자질들 중의 또 하나인 기지도 두드러진다."[24]

뿌슈낀은 생전에 자신의 기지와 띠모페예프의 기지의 비교를 겪지 않았지만, 그의 생전에도 위협적인 징후들이 충분히 축적되었다.

독창성을 주장하는 시인은 모두 뿌슈낀의 시행이 지닌 힘에 대한 저항으로부터 시작하곤 했다. 신중해지고 비평과 독서 대중의 견해에 냉담해진 뿌슈낀은 〈청동기마상〉(Медный всадник)과 〈석상손님〉(Каменный гость)을 출판하지 않고, 마지막 시기의 위대한 시들을 이미 좀처럼 독자들에게 내어놓지 않는다. 〈가을〉(Осень), 〈예술가에게〉(Художнику), 〈세상의 권력〉(Мирская власть), 〈핀데몬티로부터〉(Из Пиндемонти), 〈상념에 잠겨 교외를 거닐다…〉(Когда за городом задумчив я брожу…), 〈기념비〉(Памятник) — 이 작품들은 모두 시인의 생전에 출판되지 않았다. 뿌슈낀의 새로운 서정 체계는 독자들의 의식 속에서 규정될 수 없었고, 따라서 예전의 체계를 가릴 수 없었다. 이런 연유로 바라뗀스끼는 '정신과 형식 모두 전혀 새로운' 시들에 놀랐다.

---

23) 1836년 초에 뿌슈낀이 〈독서를 위한 도서관〉의 상업주의에 대한 거부감으로 잡지에 대한 참여를 거부한 이래, 그는 잡지의 풍자적 비방의 주된 공격 대상이 되었다.

24) (원주) 〈독서를 위한 도서관〉, 1837, 21권(Библиотека для чтения, 1837, т. XXI), 42쪽.

그러나 작가 뿌슈낀의 비극에는 독서 대중의 정보 부재보다 더 깊은 원인도 자리하고 있었다. 천재는, 특히 긴 작가로서의 생애를 사는 천재는 세기의 생산적인 이념들을 실현하며, 그의 움직임 속에서 일련의 세대들과 일치하지 않을 수 있다. 똘스또이는 그가 《안나 까레니나》(Анна Каренина)에서 불륜과 지주 영지의 목가를 묘사한다고 간주했던 1860년대와 1870년대의 비평가들로부터 '뒤쳐졌다'. 하지만 바로 레닌의 관점으로 볼 때 똘스또이는 《안나 까레니나》에서 변혁기 러시아의 사회적 존재의 본질 자체를 묘사했다. 문화 활동가들은 여러 상이한 차원 속에서 존재하고, 상이한 잣대에 따라 평가되는 듯하다.

대작가가 동시대인들의 의식 속에서 이미 무르익은 것에 관해 말할 때, 그는 심장을 뒤흔든다. 뿌슈낀은 바라띤스끼에 관한 1830년의 짤막한 논평에서 이 점에 관해 썼다. "열여덟 살 시인의 생각과 감정은 아직 모든 시인에 가깝고 동질적이다. 젊은 독자들은 그를 이해하고, 환희에 젖어 그의 작품 속에서 선명하고 생기로우며 조화롭게 표현된 자기 자신의 감정과 생각을 인지한다. 그러나 세월이 흘러 어린 시인은 성숙해지고, 그의 재능은 자라나며, 생각은 고양되고, 감정은 변모한다. 그의 노래는 이미 예전의 그것이 아니다. 그러나 독자는 여전히 그대로이고, 과연 단지 심장이 식고 삶의 시에 냉담해졌을 뿐이다." 뿌슈낀은 바라띤스끼에 관해 썼지만, 쓰라린 심정으로 자기 자신도 암시했다.

행복한 만남이 이루어지지 않았다면, 작가가 뒤쳐졌다거나 독자에게 아무런 새로운 것도 제공할 수 없다는 억측들이 시작된다. 예를 들어, 《전쟁과 평화》(Война и мир)의 출간이 야기한 무수한 논문과 평론은 바로 이러한 시각으로 전율케 한다. 특별할 것은 없었다. 똘스또이가 쓴 역사소설이 이 종류의 문학에 제기되는 요구들에 화답하지 않았던 것이다.

전통, 과거의 유산이 모든 작품에 대해, 모든 예술 체계에 대해 지니는 의의가 그와 같은 지각을 조건 지운다. 천재적인 작가를 포함한 모든 작가는 언어를 유산으로 물려받는다. 그리고 언어만이 아니다. 불가피하게 그는 자신의 발견을 과거로부터 자신의 몫으로 받은 예술적 자료 속에 집어넣는다.

변화가 눈길을 사로잡기 위해서는 특히 급격한 것이어야 하고, 전통의 의식적인 파괴를, 때로 프랑스 낭만주의자들의 붉은색 조끼나 미래주의자들의 노란색 상의에 이르기까지 기이한 행동을 동반해야 한다. 이 경우에 혁신은 지각되었지만, 저항과 조소에 부딪쳤다. 일반적으로 (혁신이 아주 강렬한 모습으로 드러나지 않았다면) 동시대인들은 종종 예술 작품 속에서 그들에게 이미 익숙한 것만을, 그들이 기대했거나 보기를 원했던 것만을 보았다. 나머지 것은 아직 해석과 인식을 기다려야 한다. 여기에서 비평의 위대한 가능성이 열린다. 레르몬또프와 고골의 작품의 지평과 의미를 최초로 러시아의 독자들에게 열어보여 준 벨린스끼는 새로운 것을 통찰하는 아주 뛰어난 재능의 소유자였다. 벨린스끼는 독자를 놀라게 할 줄 알았다. 여기에 비평의 힘이 있다. 이것이 없이 《전쟁과 평화》는 그다지 성공적이지 못한 역사소설이고, 《예브게니 오네긴》은 그다지 독창적이지 못한 바이런적 작품이다.

리쩨이 수학기와 아르자마스 회원기의 뿌슈낀과 데까브리스뜨의 자유애호사상과 남방서사시의 낭만주의 시기의 뿌슈낀은 자신의 독자와 조화로운 관계 속에 있었다. 이후에 고통스러운 불일치가 시작되었다. 거의 이십 년 동안 뿌슈낀은 러시아 시를 이끌었다. 이 시기 동안 다른 원천들에 의해 양분을 공급받은 현상들인 데까브리스뜨 이후의 바이런주의와 셸링주의 경향의 낭만주의가 태동했다. 이들을 지나치듯 하며, 뿌슈낀은 리얼리즘의 시대적 움직임의 광활한 영역으로 들어섰다. 그리고 이 전 세계적인 과정 속에서 독자들은 (물론 전부는 아니지만) 일시적으로 그를 놓쳤다.

하지만 1830년대 문학의 상황을 뿌슈낀에 대한 몰이해로 귀결시키는 것은 너무나 단순화된 이해일 것이다. 뿌슈낀이 포착한 것뿐 아니라, 그가 지나친 것 중 많은 것도 러시아 문학의 미래를 형성했다. 19세기 후반 러시아 문학은 뿌슈낀의 리얼리즘적 발견이 없었다면 불가능할 뿐 아니라, 1830년대 낭만주의자들의 정신적 경험이 없었다면, 그들의 자기분석과 내적 삶의 모순에 대한 철학적 탐색이 없었다면 또한 불가능하다. 두 원칙은 서로 조화되지 않은 채 러시아 심리주의 예술 속으로 들어가 종합을 이루었다. 뿐만 아니라 낭만주의적 자기인식은 자신의 생경한 모습 속에서 요구된 것이 아니라, 러시아 문화에서 뿌슈낀으로부터 기원하는 리얼리즘 창작방법에 의해 정제된 모습을 띠었다.

그래서 작가의 의식을 구현하는 뿌슈낀의 방법은 아주 본질적인 이론적 의의를 지닌다. 동등한 이론적 의의를 지닌 또 다른 문제는 뿌슈낀의 해결과 그의 동시대의 낭만주의적 자아 관념 사이의 상호관계다.

뿌슈낀의 동시대인들이 이미 유례없는 다면성을 그의 작품을 규정하는 자질들 중의 하나로 간주했다. 1844년에 (뿌슈낀에 관한 논문들 중 다섯 번째 논문에서) 벨린스끼는 다음과 같이 썼다. "우리는 이미 뿌슈낀 시의 다양한 면모에 관해, 아주 대척적인 삶의 영역으로 가볍고 자유롭게 옮겨가는 그의 놀라운 능력에 관해 말했다. 이 점에서 내용의 사상적 깊이와 무관하게 뿌슈낀은 셰익스피어를 상기시킨다… 고대 희랍 시풍의 탁월한 작품들, 이슬람 정신과 아랍 시의 미를 충실히 전달하는 코란의 모방 — 뿌슈낀 시의 화관 속에서 빛나는 다이아몬드다! 〈피 속에서 소망의 불길이 타오른다…〉(В крови горит огонь желанья…), 〈내 누이의 정원〉(Вертоград моей сестры), 〈예언자〉(Пророк)… 이 일련의 작품은 다른 성격을 지닌 가장 뛰어난 유형의 동방 시의 미를 제시하며 뿌슈낀의 프로테우스 시혼의 최상의 작품들에 속한다."[25] 이 년 후인 1846년 고골은 논문 "마침내 러시아 시의 본질은 무엇이며, 그 특색은 무엇인가"(В чем же наконец существо русской поэзии и в чем ее особнность)를 마무리했다. 이 논문에서 그는 시인 뿌슈낀을 '모든 것에 반응하며 자신에 대한 반응만은 찾지 못한 경이로운 형

25) (원주) 벨린스끼, 《저작 전집》, 7권(В. Г. Белинский, Полное собрание сочинений, т. VII. М., 1955), 352쪽.

상'[26]으로 간주한다.

벨린스끼도 고골도 뿌슈낀의 '프로테우스주의'[27]를 작가적 개성의 표현 문제와 결부시킨다. 상기 논문에서 벨린스끼는 다음과 같이 썼다. "예술가로서 뿌슈낀이 완전해질수록, 그의 개성은 그의 시적 통찰의 경이롭고 다채로운 세계 뒤로 감추어지고 사라져갔다." 고골은 이렇게 주장한다. "우리 러시아의 모든 시인들은, 데르좌빈도 주꼽스끼도, 바뜌슈꼬프도 자신의 개성을 간직했다. 단 한 명의 시인 뿌슈낀에게만 개성이 없다. 그의 작품으로부터 그 자신에 관해 무엇을 포착할 수 있는가? 어디 한번 인간으로서의 그의 성격을 포착해 보라!"

물론 벨린스끼와 고골에게 있어 뿌슈낀은 아주 위대한 창조적 개성이었다. 논의는 다른 것에 관한 것, 곧 뿌슈낀의 시에는 개성을 통일하는 단일한 형상이 결여되어 있음에 관한 것이었다.

다양한 주제와 다양한 면모를 지닌 뿌슈낀의 서정시에서 그와 같은 종류의 단일성은 생겨날 수 없었다. 그 속에는 다른 단일성, 곧 작가적 관점의 내적 단일성이 존재했다. 이것은 맹렬하게 발전하는 단일성이었다. 그리고 뿌슈낀의 창작은 발전하며 다양한 작가적 나의 구현을 담았다. 뿌슈낀은 자신의 길 위에서 그의 시대에 핵심적인 서정 시인의 다양한 형상과 만났다.

젊은 뿌슈낀의 미적 사고의 출발점은 17~18세기 프랑스 고전주의의 유산을 변용한 까람진주의의 문화였다. 이것은 감상주의에 의해 이미 재구축된, 그러나 본질에 있어 여전히 합리주의적인 미학이다. 곧이어 데까브리스뜨의 문학 서클 속에서 뿌슈낀은 전낭만주의의 풍조에

---

26) (원주) 뿌슈낀의 전인류성(всечеловечность)에 관한 도스또옙스끼의 생각(1880년의 뿌슈낀에 관한 연설)은 어느 정도 뿌슈낀을 이렇게 받아들이는 전통의 후속적인 발전이었다.

27) (원주) 1832년에 그네디츠가 이미 뿌슈낀을 프로테우스라 지칭했다("황제 살탄에 관한 동화와 다른 작품들의 독서와 관련하여 뿌슈낀에게"(А. С. Пушкину по прочтении сказки его о царе Салтане и проч)).

의해 이미 복잡해진, 계몽주의적 합리주의와 또한 만나게 될 것이다. 계몽주의적 합리주의는 1810~1820년대 초의 진보적인 러시아인들의 정신적 삶에 유기적인 뿌리를 깊이 내렸다. 바로 그래서 18세기 고전주의의 전통은 그들의 미학에서 그리고 그들의 실제 시 창작에서 우연한 과거의 잔재가 아니라, 여전히 삶에 대한 효력을 지닌 합법칙적인 원칙이다. 고전주의의 흔들림 없는 유산은 장르적 범주에 따른 사고다. 장르나 장르적 경향이 존재하는 곳에는 각 장르의 구조 속에 포함된 서정적 주체의 형상이, 곧 시적 평가 담지자의 형상이, 송가적인, 비가적인, 혹은 풍자적 분노의 정서 담지자의 형상이 존재한다.

리쩨이 수학 이후 시기에 뿌슈낀 서정시 영역은 보다 폭넓어진다. 하지만 그 속에서 태동하는 시인의 형상들은 만약 항상 장르 규범에 의해서가 아니라면, 모든 경우에 시대의 견고한 시적 주제들에 의해 여전히 결정된다. 뿌슈낀의 정치적 서정시의 작가적 형상〔송가 〈자유〉(Вольность), 〈시골〉(Деревня), 〈검〉(Кинжал)〕, 곧 시민으로서 시인 형상은 이미 단어의 협소한, 고전적 의미의 장르에 속하지는 않는다. 그러나 그것은 개인적이지도 않다. 그것은 1810~1820년대의 자유애호시의, 곧 극도의 효력과 선동적 힘을 지녔던 문체와 시적 공식을 개발했던 데까브리스뜨 시의 주제와 문체의 단일성 속에 포함되어 있다.

뿌슈낀 시에서 데까브리스뜨의 시인 형상은 완전히 다른 음조를 지닌 작가적 의식의 양상들과, 무엇보다도 우선 점차 점점 더 동시대의 자질들을 획득하게 되는 비가시인의 형상과 공존한다.

동시대인들의 정신적 체험을 공유한 뿌슈낀은 낭만주의 운동을 비켜갈 수 없었다. 또마셉스끼는 뿌슈낀의 비가가 심화되고 복잡해지며 점차 1820년대 초의 새로운 낭만주의적, 바이런적 모티프들과 접맥되게 됨을 언급했다.[28] 1820년대의 뿌슈낀은 동시대 문화의, 특히 러시아 문

---

28) (원주) 이 점에서 또마셉스끼는 뿌슈낀이 비가의 수단들을 통해 그의 남방서사시의 주인공들을 선취하는 형상을 구축하고 있는 시 〈한낮의 천체가 불 꺼지고 …〉(Погасло дневное светило …, 1820)의 의의를 강조한다. {또마

화의 위대한 사실로서 낭만주의를 구현했다. 그러나 그는 이 운동 속에 용해되어 사라지지 않았다. 그의 작가적 의식은 그가 묘사한 낭만주의적 자아와 결코 완전히 동일시되지는 않았다. 1820년대 초 뿌슈낀의 시에서 낭만주의적, 바이런적 주제는 다른 주제들, 다른 작가적 형상들과 나란히 존재했다. 반면 시에서 낭만주의적 구조의 기본적인 자질 중 하나는 레르몬또프 작품 속에서 실현된 작가 개성의 절대적 단일성이다.

만약 1820년대 초에 뿌슈낀이 남방서사시와 서정시에서 바이런적 주인공에게 경의를 표했다면, 몇 년 후에 그는 러시아 낭만주의의 다른 주인공과, 류보무드리의 영감에 찬 시인과 힘을 겨루었다. 이 만남은 중요하다. 왜냐하면 그것은 사회와의 상호관계 속에서의 시인의 문제에 대한 뿌슈낀의 이해를 규명해 주기 때문이다.

시인과 군중의 낭만주의적 주제[29]에 바쳐진 1826~1830년의 뿌슈낀의 시는 주로 사교계와 관료 계층에 대한 반감과 속물적인 저널리즘에 대한 반감을 표현한다. 그럼에도 불구하고 뿌슈낀이 시인의 사명에 관한 세 편의 시인 〈예언자〉, 〈시인〉(Поэт), 〈시인과 군중〉[(Поэт и толпа), 잡지에 게재될 때의 제목은 〈군중〉(Чернь)]을 러시아 셸링주의자들의 기관지에 게재했던 상황은 그 시대에 빈번히 뿌슈낀과 류보무드리 낭만주의자들의 일시적인 이념적 접근의 징후로서 해석되곤 했다.

〈예언자〉는 1828년 〈모스끄바 통보〉에 실렸다. 그러나 이 시는 1826년 11월 초에, 곧 러시아로서는 데까브리즘의 시기가 끝났던, 그리고 뿌슈낀 개인으로서는 미하일로프 유배기가 끝났던 긴장된 전환기에 이미 탈고되었다. 이 시는 성서의 인유들에 기초하는 데까브리스뜨 시의 전통과, 표도르 글린까가 다듬었던 예언자 시인의 형상과 긴밀히

셉스끼. 《뿌슈낀》, 제1권(1813~1824)[Б. В. Томашевский, Пушкин. Книга первая(1813~1824), М.:Л., 1956], 388~391쪽}.

29) (원주) 메이라흐(Б. С. Мейлах)가 저서 《뿌슈낀과 러시아 낭만주의》(Пушкин и русский романтизм, М.:Л., 1937)의 3장에서 뿌슈낀 시에서의 이 문제들을 다루고 있다.

연관되어 있다. 뿌슈낀의 〈예언자〉의 주제와 문체는 그가 류보무드리를 알기 전에 결정되었다.

1828년에 창작된 시 〈시인과 군중〉은 1829년 〈모스끄바 통보〉에 게재되었다. 이때는 뿌슈낀과 잡지 사이의 이념적인 관계가 그리고 심지어 사무적인 관계도 이미 단절된 시기일 뿐 아니라, 〈모스끄바 통보〉도 본질에 있어 류보무드리의 기관지이기를 그쳤던 시기다(이것은 이미 1828년 말에 일어났다). 이 시는 1830년에 창작된 시 〈시인에게〉〔Поэту, 1831년 〈북방의 꽃〉(Северные цветы)[30] 에 실렸다〕와 마찬가지로, 공공집단의 공격에 대한, 사교계의, 그리고 그 다음에는 1830년부터 뿌슈낀에 대한 조직적인 탄압에 착수했던 저널리스트들에 대한 논쟁적인 답변이다. 이 시들 속에서 시인은 시인의 자유에 관해, 관료사회의 요구로부터의, 천박하게 이해되는 효용과 도덕의 규준으로부터의 자유에 관해 말한다. 그리고 이 시들 속에서 시인은 '예술을 위한 예술'에 관해 전혀 말하지 않는다. 보다 이후에 형성된 이 개념은 뿌슈낀의 미적 사고에 대체로 낯설다.

뿌슈낀이 자신과 류보무드리의 견고하지 못한 접근이 정점에 달했을 때 그들의 잡지에 게재한 〈아뽈론의 신성한 제단에 … 〉(Пока не требует поэта…)는 시인의 주제에 할애된 유일한 시다. 시는 1827년 12월에 출판되었고, 창작은 8월로 거슬러 올라간다. 같은 해 3월에 뿌슈낀은 델비크에게 〈모스끄바 통보〉와 '독일 형이상학'과 관련하여 다음과 같이 편지했다. "내가 그것을 얼마나 증오하고 멸시하는지 하나님은 아실 것이네. 그래 무엇을 할 수 있단 말인가? 따뜻하고 완고한 친구들이 모였네. 자신들의 사제도 악마도 있네. 나는 말하네. 여보게들, 자네들은 텅 빈 것에서 텅 빈 것으로 옮겨 따르기를 좋아하네. 이 모두는 실증적인 지식에 넌더리가 난 독일인들로서는 좋다네. 하지만

30) 델비크의 편집 아래 연 1회 뻬떼르부르크에서 발간된 문학 선집(1825~1831), 시 섹션이 주류를 이루었고, 뿌슈낀, 바라띈스끼, 주꼽스끼 등의 시가 발표되었다. 마지막 호의 발간은 뿌슈낀에 의해 이루어졌다.

우리는 …"

시인에 관한 뿌슈낀의 1820년대의 다른 시들처럼 시 〈아뽈론의 신성한 제단에 …〉는 의심의 여지없는 낭만주의 시대의 흔적을 지니고 있다. 이 시들의 문제 틀과 시적 영감에 관한 주제 자체가 낭만주의에 의해 제기된 것이다. 그럼에도 불구하고 지고한 시인의 주제에 대한 뿌슈낀의 해석은 완전히 독창적이고, 그 본질에 있어 낭만주의적이지 않다. 뿌슈낀의 〈시인〉과 호먀꼬프의 유비적인 시적 발언을 병치시킬 때, 이 점은 특히 눈에 띈다.

그대는 시인에게 호소하지 마라!
그대의 마법의 원 속으로 유혹하지 마라!
속세의 소음으로부터 떨어진 저 먼 곳에서
영혼이 환희에 넘쳐 활기를 띠는
그때 그는 산다. 이 나날들에
모든 생존을 넣는다.
그러나 곧 약하고 지친
그리고 빛의 소용돌이에 휘말린
그는 지고한 창조물을 잊고
어두운 염원을 붙잡거나,
아이처럼 어렴풋한 꿈 사이로
웃으며 중얼거린다.

〈어느 부인에게 보내는 응답〉

И ты не призывай поэта!
В волшебный круг свой не мани!
Когда вдали от шума света
Душа восторгами согрета,
Тогда живет он. В эти дни
Вмещает все существованье;
Но вскоре, слаб и утомлен
И вихрем света увлечен,
Забыв высокие созданья,
То ловит темные мечтанья,
То, как дитя, сквозь смутный сон
Смеется и лепечет он.

"Отзыв одной даме"

그러나 만일 그대가 일단
차가운 영혼으로 천상의 선물을 거부하고
불모의 지상의 공허 속에서
영감의 열기를 식게 한다면,
그리고 만일 그대가 일단
무사안일 속에서 무가치한 세상을 사랑한 채,
영혼의 들끓는 격정을
향락의 사슬로 옭아매면,
신성한 시의 깨끗한 이슬은
그대에게 내려앉지 않으리라,
눈먼 눈동자 앞에
하늘은 열리지 않으리라.
가련한 심장은 메마를 것이고
그대의 예전의 명상들의 흙은
물 없는 초원처럼 황폐해지리라
지상의 생각들의 가시나무 아래에서.

〈영감〉

Но если раз душой холодной
Отринешь ты небесный дар
И в суете земли бесплодной
Потушишь вдохновенья жар;
И если раз, в беспечной лени,
Ничтожность мира полюбив,
Ты свяжешь цепью наслаждений
Души бунтующий порыв, —
К тебе поэзии священной
Не снидет чистая роса
И пред зеницей ослепленной
Не распахнутся небеса.
Но сердце бедное иссохнет —
И глина прежних дум твоих,
Как степь безводная, заглохнет
Под терном помыслов земных.

“Вдохновение”

호먀꼬프의 이 두 편의 시는 뿌슈낀의 〈시인〉보다 늦게 지면에 실렸다. 첫 번째 시는 1828년에, 두 번째 시는 1831년에 게재되었다. 이 경우 연도상의 상호관계는 이미 그다지 본질적인 의의를 지니지 못한다. 바로 시인의 행동에 대한 뿌슈낀의 해석이 호먀꼬프 및 다른 류보무드리의 개념과 원칙적으로 상이하기 때문이다.

호먀꼬프는 자신 속의 시인을 죽이기에는 단 한 번 '무가치한 세상을' 사랑해서 '천상의 선물을' 거부하는 것으로 충분하다고 주장한다. 지상의 것, 세상사는 시와 그 사제인 시인을 돌이킬 수 없이 파괴한다. 낭만주의적 이상주의가 이 개념을 낳았다. 낭만주의적 이상주의에 있어 삶은 종교적 행위이자 동시에 예술작품이다. 철학적 지평에서 삶, 인식(낭만주의자에게 있어 예술은 최고의 인식 형태이다), 그리고 종교적 계시는 절대의 자기발현 단계들로서 서로 관련된다. 시인은 항상 시인이어야 한다는 주장이 이로부터 생겨난다.

그의 주위에서, 향락의 향연 속에서
질풍 같은 젊음이 들끓는다 해도,
광기어린 고함과 뻔뻔스러운 웃음과
제어될 길 없는 기쁨이 들끓는다 해도,
그에게는 모든 것이 낯설고 미개하다.
그는 모든 것을 차분히 응시한다.
간혹 무언가가 순간적인 미소가
그의 입에 어리게 할 뿐.
. . . .
오, 이마에 준엄한 사색을 지닌 그를
만일 그대가 만나게 되면
그의 곁을 소리 없이 지나가라,
그의 신성한 고요한 꿈을
차가운 말로 파괴하지 마라!
경외의 눈물을 흘리며 바라보라
그리고 말하라. 이 사람은 신들의 자식,
뮤즈와 영감의 총아다.

Пусть вкруг него, в чаду утех,
Бушует ветреная младость —
Безумный крик, нескромный смех
И необузданная радость:

Все чуждо, дико для него,
На все спокой но он взирает;
Лишь редко что-то с уст его
Улыбку беглую срывает.
. . . .
О, если встретишь ты его
С раздумьем на челе суровом,
Прой ди без шума близ него,
Не нарушай холодным словом
Его священных тихих снов!
Взгляни с слезой благоговенья
И молви: это сын богов,
Любимец муз и вдохновенья.

시인 베네비띠노프가 그러하다.

그와 반대로 뿌슈낀은 자신의 〈시인〉 속에서 이중적 존재의 인간을 묘사했다. 본질에 있어 그는 셸링주의자들의 시인에, 단 한순간도 자신의 신성한 사명과 결별하지 않는 사제와 현자에 대립된다.

아뽈론의 신성한 제단에
시인을 요구할 때까지,
공허한 세상의 근심들에
그는 소심하게 잠겨있다.
그의 신성한 하프는 침묵하고
영혼은 차가운 잠을 맛본다.
무가치한 세상의 자식들 가운데
아마 그는 그 누구보다 무가치하리라.

그러나 신의 음성이
섬세한 귓전을 건드리자마자
잠깬 독수리 마냥
시인의 영혼은 나래를 편다.
그는 세상의 오락 속에서 애수에 차고,
세인들의 소문에 낯설고,
민중의 우상의 발에
오만한 머리를 숙이지 않는다.
거칠고 준엄한 그는,

소리들과 곤혹감으로 가득 찬 그는 달려간다,
황야의 물가로,
소란스러운 드넓은 참나무 숲으로…

Пока не требует поэта
К священной жертве Аполлон,
В заботах суетного света
Он малодушно погружен;
Молчит его святая лира;
Душа вкушает хладный сон,
И меж детей ничтожных мира,
Быть может, всех ничтожней он.

Но лишь божественный глагол
До слуха чуткого коснется,
Душа поэта встрепенется,
Как пробудившийся орел.
Тоскует он в забавах мира,
Людской чуждается молвы,
К ногам народного кумира
Не клонит гордой головы;
Бежит он, дикий и суровый,
И звуков и смятенья полн,
На берега пустынных волн,
В широкошумные дубровы…

뿌슈낀에게 있어 여기에서 묘사된 창조과정은 정상적인 창조과정이다(개개 인간의 본성처럼 불완전한 시인의 본성이 그러하다). 반면 호먀꼬프에게 있어 시인과 인간 사이의 그와 같은 상호관계는 불가능하거나 시인의 파멸, 그의 영적인 추락에 맞먹는다.

독일 낭만주의는 복잡하고 다양한 면모를 지닌 현상이었고, 1820년대 말의 러시아 낭만주의자들이 그 모든 요소를 필요로 했던 것은 결코 아니다. 예를 들어, 프리드리히 슐레겔의 아이러니적 유희와 천재적인 과장의 이론은 그들에게 낯선 것이었다. 실러, 곧 실러의 조화와 예술 속에서의 모순의 해결, 셸링의 무의식적으로 창조하는 힘으로서의 천재성의 개념과 더불어 그의 '형이상학적 이상주의의 체계', 셸링주의자 아스트(Ast)[31]의 '예술학 체계' 등이 〈모스끄바 통보〉의 미학적 독트린의 주요 원류를 형성했고,[32] 마침내 그것은 바켄로더(Wackenroder)와 티크(Tieck)의 책으로부터 직접적으로 발원한다.[33] 셰비료프, 띠또프, 그리고 멜구노프, 이 세 류보무드리가 러시아어로 번역한 이 책은 《예술과 예술가에 관하여. 티크 간(刊) 미를 애호하는 은둔자의 사색》(Об искусстве и художниках. Размышления отшельника, любителя изящного, изданные Л. Тиком)이라는 부정확한 제목하에 1826년 모스끄바에서 출간되었다. 이 책은 삶, 예술, 종교의 통일성에 관한 낭만주의적 이념을 특히 집요하게 고취시켰다. 이 책에서 이야기되는 것은 옛 독일 화가들에 관해서이다. "… 그들이 의식하지 않은 채 회화는 그들에게 있어 모든 삶의 은밀한 묘사가 되어야 했다. 아니면, 이렇게 말하는 것이 가장 적합할 것인데, 그들에게 있어 회화와 삶은 하나의 공통의 지향으로 혼화되었고, 이 공통의 지향으로 단단히 묶인 삶과 예술의 배는 주변 세계의 변화무쌍한 급류를 따라 더 굳건하고 믿음에 찬 모습으로 항해했다."[34]

---

31) 독일 철학자, 어문학자(1778~1841).

32) 〈모스끄바 통보〉는 종교적 겸손과 순종, 도덕적 자기완성, 계급 이해의 가부장적 조화의 이상을 설파했다. 이와 같은 면모가 슬라브주의의 이념적 토대를 제공했다. 류보무드리는 이와 같은 관점에서 낭만주의를 옹호했고, 독일 낭만주의의 신비주의적 명상적 성격이 이에 부합했다.

33) (원주) 《예술의 벗들을 위한 예술에 대한 몽상》(*Phantasien über die Kunst von einem kunstliebenden Klosterbruder*, 1814). 이 책은 그보다 앞서 1790년대 말에 출판된 두 판본의 개정판이다. 바켄로더 — 독일 시인(1773~1798). 티크 — 독일 산문작가, 극작가, 시인(1773~1853), 바켄로더와 더불어 독일 낭만주의의 직접적인 원류가 되었다.

34) (원주) 《예술과 예술가에 관하여》(Об искусстве и художниках), 161쪽. 1834년에 창작된 중편 〈세바스띠얀 바흐〉(Себастиян Бах) [이후에 《러시아의 밤》(Русские ночи)에 포함되었다]에서 오도옙스끼는 이 개념에 가까운 생각을 피력했다. "시인의 삶에서 시적이지 않은 순간은 없다" — 오도옙스끼는 자신의 생각을 이렇게 정식화한다[《러시아의 밤》(Русские ночи. М., 1913), 247쪽].

바켄로더와 티크의 책은 음악가 요제프 베르크링거(Joseph Berglinger)의 고안된 삶의 묘사를, 예술과 삶 사이의 불협화음을 감당하지 못한 예술가의 파멸의 역사를 포함했다.

"내적 목소리가 그에게 말했다. 항상 시의 황홀한 매료의 세계에서 살아라, 그러면 너의 전 생애가 조화로울 것이다!

요제프가 친척 집에 점심차 돌아와서 항상 쾌활하고 장난기어린 방문객들과 대화를 나누어야 했을 때, 눈부신 구름과 같은 그의 매료가 그의 앞에서 사라졌을 때, 산문적인 삶의 환경에 다시 빠진 그는 만족할 수 있었던가.

요제프의 전 생애에 걸쳐 그의 영혼은 타고난 천상적인 영감과 우리의 염원을 강제로 파괴하는, 각 인간의 삶에 대한 지상적인 참여 사이의 이 비통한 불일치에 의해 찢겨졌다."[35)]

1826~1827년에 걸쳐 류보무드리의와 지속적으로 교류했던 뿌슈낀은 틀림없이 이 책을 알았을 것이다.[36)]

합리주의적 사고에 예술은 삶으로부터 분리된 활동영역으로서 대두되었고, 각 대상은, 무엇보다도 먼저 인간은 예술의 영역에, 즉 미와 합리성의 영역에 들어서며 원칙적으로 다른 것이 되었다. 고전주의 시인

---

35) (원주) 《예술과 예술가에 관하여》, 212~213쪽.

36) 바켄로더와 티크의 공저 《예술을 사랑하는 은둔자의 심경 고백》(*Herzensergießungen eines kunstliebenden Klosterbruders*, 1797)은 초기 독일 낭만주의인 '예나 낭만주의'의 미적 강령을 표현했다. 세비료프와 띠또프, 멜구노프가 번역한 책은 바켄로더의 때 이른 죽음 이후 티크가 수정·보완한 판본이다. 바켄로더와 티크의 책은 창작의 비밀과 천재의 고독에 관한 이야기를 포함한 낭만주의의 미학과 세계지각의 핵심적인 문제들에 할애되었다. 이 책은 뿌슈낀 시대 러시아 문학에 일정한 영향을 끼쳤다. 특히 '천재적인 음악가 요제프 베르크링거에 관한 이야기'와 그가 창조한 '라파엘에게 나타난 성처녀 마리아에 관한 전설'은 〈모차르트와 살리에리〉(Моцарт и Сальери, 1830), 〈이집트의 밤〉(Египетские ночи, 1835), 〈가련한 기사가 세상에 살았다〉(Жил на свете рыцарь бедный …, 1829), 〈마돈나〉(Мадонна, 1830) 등과 같은 작품을 통해 뿌슈낀의 창작에 뚜렷한 흔적을 남겼다.

의 미학적 견지 내에 그의 예술과 그의 삶, 사적인 경험적 삶 일반 사이의 상호관계의 문제는 존재하지 않았다. 이성은 경험적 세계를 필요로 하지 않았다. 낭만주의가 이상적인 예술과 이상적인 삶의 단일성에 대한 사유였다는 점에서, 낭만주의적 영감 역시 경험적 세계 없이 가능했다. 낭만주의적 이해 속에서 개성은 현실의 객관적인 법칙에 의해 규정되지 않았다. 이 개성 자체가 자신의 정신의 법칙에 상응하는 현실을 구축했다(이 개념은 피히테의 주관주의적 이상주의로부터 태동했다). 낭만주의적 삶의 창조는 이로부터 유기적으로 비롯된다. 그리고 이런 연유로 삶의 창조의 문제는 낭만주의 철학 및 예술과 계승의 관계를 맺고 있는 상징주의 문화와 더불어 19세기 말에 다시 발생한다. 리얼리즘 미학 또한, 물론 고전주의와는 다른 방식으로, 경험적 세계의 영역과 예술의 영역의 분리를 인정한다. 리얼리즘에 있어 삶은 예술의 질료, 대상, 원천이다. 바로 그래서 예술과 삶은 동일한 것이 될 수 없다.

셸링주의적인 삶과 시의 동일시는 뿌슈낀에게 항상 낯선 것이었다. 삶의 예술적 변형에 관한 그의 최초의 이해는 아직 합리주의적인, '고전주의적인' 토대 위에서 형성된다. 이후로 그것은 리얼리즘을 향한 뿌슈낀의 움직임의 과정 속에서 변모된다.

구체적인 경험적 삶은 보편화된 모습 속에서 리얼리즘 예술 속으로 들어갔다. 삶의 진정한 외적이고 내적인 경험은 이제 천재성에 관계없이 삶에 대한 실제적인 참여를 대가로 주어진다. 예를 들어, 리얼리스트들 중 가장 위대한 작가인 똘스또이가 이 상호관계를 그렇게 이해했다. 그는 자신의 모든 일을 '모든 사람처럼' 하고자 했다. 그는 참전하고, 가족을 꾸리고, 농업경영에 종사하고자 했다. 그리고 이 모든 것은 동시에 그의 예술적 경험이었다.

뿌슈낀에게 있어 '공허한 세상의 근심사'는 오직 경험적 현실의 무수한 면모 중 하나일 뿐이다. 뿌슈낀의 이해 속에서 시인은 자신의 창조 행위 속에서 도달되기 어렵도록 지고한 존재다. 그러나 창조 행위에 의해 변모되는 삶의 질료를 삶으로부터 얻는 자는 인간이다. 이 인간은 환경의 외부에 있지도 않고, 환경 위에 군림하지도 않는다. 그는 자신의 정신의 법칙에 따라 존재하는 것이 아니라, 그에게 의무적인 세태와 도덕의 규범에 상응하여 존재한다. 그는 동시대인들의 불안, 열정, 고초를, 나아가 그들의 유약함과 편견을 공유한다.

경험적 현실을 떠나 예술의 영역으로 들어서며, 인간은 다른 존재가 된다. 그리고 이 존재 이전은 낭만주의적 승화에 따른 것이 아니다. 뿌슈낀에게 있어 예술적 인식은 우연적이고 저급한 모든 것으로부터 대상을 정화시켰기 때문이다. 이 점에 대해 논문 "마침내 러시아 시의 본질은 무엇이며, 그 특색은 무엇인가"에서 고골이 다음과 같이 적었다. "심지어 그 자신이 열정의 향연 속에서 뒹굴던 시절에도, 시는 그에게 있어 성소, 정확히 어떤 사원이었다. 그는 단정하지 않은 모습으로 그곳에 들어가지 않았다. 그는 자기 자신의 삶으로부터 그곳으로 경박한 것은 가져가지 않았다. 적나라하게 드러난 정돈되지 않은 현실은 그곳에 들어가지 않았다. 그럼에도 불구하고 그곳에 있는 모든 것은 남김없이 그 자신의 역사다. 그러나 이것은 어느 누구에게도 보이지 않는다. 독자는 아름다운 울림만을 들었을 뿐이다. 그러나 어느 누구도 들을 수 없는 이 아름다운 울림을 낳기 위해, 어떤 물질들이 시인의 가슴속에서 타올라 재가 되었던가."

시인이라는 '참기 힘든 별명을 자신으로부터 지우기 위해 가능한 모든 노력을' 기울인, 〈이집트의 밤〉의 차르스끼(Чарский) 보다 더한 정도로 반(反) 셸링주의적인 시인의 형상은 찾기 힘들다. 한편 시 〈시인〉과 〈이집트의 밤〉 사이의 내적 연관성은 의심의 여지가 없으며, 뿌슈낀에 관한 연구에서 이미 빈번히 언급되었다. 또한 알려진 바와 같이, 〈이집트의 밤〉은 1830년에 창작된 자전적인 〈단편〉(Отрывок) 과 연관되어 있다. 이 작품은 1830년에 불가린과 그레츠가 진두지휘한 뿌슈낀에 대한 무자비해진 탄압의 상황 속에서 태어났다. 〈단편〉은 시 〈나의 가계도〉(Моя родословная, 1830) 와 같은 해인 1830년에 쓴 미완성 논문들인 "비판에 대한 논박"(Опровержение на критики) 과 "몇몇 비문학적인 비난에 대한 반박 시도"(Опыт отражения некоторых нелитературных обвинений)와 같이, 반동적인 속물적 저널리즘의 공격에 맞서 자신을 방어하고자 한 시도다.

〈단편〉의 주인공은 작가의 어떤 '친구'다. 그러나 가장은 의도적으로 투명한 것이어서, 작품은 직접적인 자전적 의미를 지닌다. 작품에서 묘사된 시인은 옛 귀족 가문의 가난한 후손이다. 자전적 디테일들이 보존되어 있다. 예를 들어, 〈단편〉의 시인에게 영감은 '일 년에 한 번, 항상 가을에' 찾아온다.

"그는 극히, 극히 몇몇을 제외하고, 자신의 동료 문학가들의 서클을 좋아하지 않았다 … 어떤 이들은 멍청해서 그에게 따분하게 보였고, 다른 이들은 그 어조를 참을 수 없었고, 또 다른 이들은 비열함이 역겨울 정도였다. 또 혹자들은 이중적인 직업으로 인해 위험해 보였다(제3부서의 대표자였던 불가린에 대한 암시 — 저자) … 그는 그들보다 여인들과 사교계 사람들의 서클을 더 좋아했다. 그들은 매일 그를 보며 그와 격식을 따지지 않게 되었고, 문학에 대한 대화와 '뭐 새로운 것 좀 쓴 거 없는가'라는 익숙한 질문으로부터 그를 벗어나게 해 주었다." 아이러니적인 이 행들의 이면에는 뿌슈낀이 처한 사회적 상황의 해결될 수 없는 모순들의 비극이 자리하고 있다. 1830년대 잡지의 탄압은 내적으로 적대적이고 냉담하게 시인의 파멸을 준비했던 주변 사회에서 피난처를 찾도록 그를 부추겼다.

1835년에 뿌슈낀은 〈이집트의 밤〉의 주인공인 차르스끼의 형상을 창조하며 단편 〈위대한 탁월함에도 불구하고 …〉(Несмотря на великие преимущества …)를 이용했다. 출판이 예정된 중편을 쓰며, 뿌슈낀은 명백히 공공연히 드러나는 자전적 특징들을 없애고, 유사한 심리적 상황만을 보존하기를 원했다. 그러나 자전성을 제거하며 뿌슈낀은 최초에 설정된 시인과 사회 사이의 상호관계도 파괴했다. 〈단편〉의 주인공은 가난하다. 그는 저급한 전업 작가들과 반목을 겪는다. 동시에 그 자신이 출판사의 고료에 의존하는 전업 작가다. 그와 반대로 차르스끼는 비록 진정한 시인이기도 하지만, 부유하고 여흥을 즐기는 사교계의 딜레탕트다. 〈단편〉과 비교할 때 이 결합은 훨씬 더 인위적이다. 주인공은 복잡하고 모순적인 관계에 의해 사교계와 연관된 인간으로부터 귀족 사회의 인간으로 변모된다.

차르스끼는 또한 뿌슈낀에게 있어 중요한 주제의, 시 〈시인〉이 바쳐진 그 주제 자체의 담지자로서 고안되었다.

〈단편〉 속에서 이 주제는 하나의, 그러나 매우 무게 있는 정식으로 제시되어 있다. "내 친구는 비록 시인이기도 하지만, 가장 단순하고 평범한 사람이다." 이것이 뿌슈낀 자신에 관한 말이라는 점에 주목한다면, 이 정식의 논쟁적 의미는 특히 명백해진다. 이 정식은 낭만주의적 이상주의의 미적 개념에 대립된다. 시인은 지고하고 순수한 영감의 인간이다. 그러나 창조 과정 밖에서 그는 물론 정신의 편협성 의미에서가 아닌 자신의 경험의 보편성 의미에서, '단순하고 평범한' 인간이다. 그는 군중의 위에서 비상하지 않는다. 그는 그 자신이 속한 세계를 묘사한다. 이것은 지극히 리얼리즘적인 사고이다.

〈이집트의 밤〉에서 주제상의 변화가 일어났다. 주인공은 귀족사회의 인간으로 변모되었고, 그는 이 사회의 무상하고 공허한 근심을 공유한다.

> 무가치한 세상의 자식들 가운데
> 아마 그는 그 누구보다 무가치하리라.
>
> И меж детей ничтожных мира,
> Быть может, всех ничтожней он.

1827년의 시에서는 세태의 공허와 무가치함이 철학적으로 일반화되어 있다. 〈이집트의 밤〉에서 이 개념들은 사회적으로 구체화되었고, 뻬떼르부르크 상류 사교계의 외양을 갖추었다. 차르스끼는 "자신의 동료 문학가들의 서클을 피했고, 그들보다 사교계의 인간들을, 심지어 가장 헛된 인간들을 더 선호했다. 그의 말은 아주 경박했고, 문학과 조금도 관련되지 않았다 … 그는 아주 방탕한 삶을 영위했다. 모든 무도회에 얼굴을 내밀었고, 모든 외교상의 만찬마다 나타나 배를 채웠다. 그리고 모든 야회에서 레자노프 아이스크림처럼 피할 수 없는 존재였다. 하지만 그래도 그는 시인이었고, 그의 정열은 극복될 수 없는 것이었다 …"

여기에서 개성의 개념은 결코 낭만주의적이지 않다. 이 점은 명백하다. 그러나 〈이집트의 밤〉에는 낭만주의적 시인도 제시되어 있다. 이탈리아인 즉흥시인이 그다. 그의 창작과정은 낭만주의적 기조 속에서 묘사되어 있다. "그러나 이미 즉흥시인은 신의 접근을 느꼈다 … 그는 음악가들에게 연주하라고 신호를 보냈다 … 그의 얼굴은 무섭도록 창백해졌다. 그는 열병에 걸린 마냥 몸을 떨기 시작했다. 그의 눈은 경이로운 불길로 번뜩였다. 그는 자신의 검은 머리카락을 손으로 약간 들어올리고, 땀방울로 덮인 높은 이마를 손수건으로 닦았다 … 그리고 갑자기 앞으로 걸어 나가서, 가슴에 손을 십자가 모양으로 포갰다 … 음악이 잦아들었다 … 즉흥시인은 시를 읊기 시작했다."

〈이집트의 밤〉에 공통적인 문체를 배경으로 이 단락은 양식화의 울림을 지닌다. 그것은 뿌슈낀의 세밀하고 정확한 산문보다는 1830년대 러시아 낭만주의자들의 산문을 상기시킨다. 즉흥시인의 형상에는 낭만주의적 시인의 형상이 구현되어 있다. 바로 이를 통해 뿌슈낀은 낭만주의도 단지 이론 속에서 시인의 개성의 초감각적인 통일성을 천명했을 뿐임을 주장한다. 실제로는 이런저런 이유로 인해 시인과 그의 세태적 경험적 자아 사이의 균열이 일어난다. 아첨에 능하고 탐욕스러운 즉흥시인의 형상 속에서 이 균열은 그로테스크한 기형적 형태로 주어져 있다. 차르스끼도 즉흥시인도 진정한 시인들이다. 둘 다 자신의 지고한 사명을 벗어나서는 '무가치한' 존재들이다. 차르스끼는 부유하고 무상한 세상사와 허영심에 의해 망가졌기 때문이고, 즉흥시인은 궁핍하고 사회적 불의의 세계에 의해 한없는 모멸에 처해진 존재이기 때문이다.

〈이집트의 밤〉에서 궁핍한 이탈리아인의 사회적 비극은 극명하게 펼쳐져 있다. 반면 차르스끼의 사회적 비극을 뿌슈낀은 가렸다. 〈이집트의 밤〉에서 뿌슈낀은 명백한 자전성의 흔적들을 지우며 차르스끼를 사교계의 딜레탕트로 변모시켰다. 이와 달리 1830년의 자전적 단편에는 주인공이 처한 사회적 비극의 모든 전제들이 주어져 있다. 어둠의 세력에 의해 핍박당하며 작가로서의 존엄을 모욕당한, 그리고 창조의 자유를 제한받은 단편의 주인공은 혹은 사교계의 삶 속에서, 아니면 옛 계몽 귀족 계급에 대한 소속감 속에서 출구를 찾고자 한다.[37] 출구는 실체 없는 것이다. 시인은 다른 모든 사람들에게 있어서처럼 그 자신에게 있어서도 그만큼 의무적이라고 그가 인정한, 사회의 법칙들에 따라 살고 싶어 하지만, 그는 사회로부터 소외되어 있다. 이 법칙들은 그에게 파멸적이다. 뿌슈낀을 죽인 것은 이 법칙들이다.

비록 사회적 갈등은 아직 전개되어 있지 않지만, 뿌슈낀의 운명이 지닌 비극적인 모순은 시 〈시인〉에서 이미 정초되어 있다. 사회적 갈등은 자전적인 〈단편〉에서 펼쳐져 있고, 〈이집트의 밤〉에서 그것은 전술적인 고려에 의해 다시 괄호치기의 대상이 된다. 시에서 전면에 대두된 것은 다른 주제, 곧 시적 영감의 주제이고, 그것은 반(反) 셸링주의적 정신 속에서 해석된다.

남방서사시로부터 시작하여 뿌슈낀은 그의 동시대인들의 지성을 동요케 했던 낭만주의적 문제들을 끈질기게 제기했다. 그러나 아주 오래지 않아 그는 그것들을 자기 식대로 달리 해결하기 시작했다. 시인과 '군중', 시인과 사회, 시적 영감 등의 낭만주의적 문제들의 경우도 그러했다.

물론 〈이집트의 밤〉을 통해 뿌슈낀은 시인이 '모든 무도회에' 그리고 모든 외교상의 만찬에 '얼굴을 내미는 것'이 좋다고 말하고자 하지

---

37) (원주) 논문 "뿌슈낀 사후 10년의 시점에 우리 문학을 바라보는 시각"(Взгляд на литературу нашу в десятилетие после смерти Пушкина)에서 뱌젬스끼는 다음과 같이 썼다. "뿌슈낀은 … 세간에 시인과 작가로 불리는 것을 좋아하지 않았다. 그는 주꼽스끼나 끄릴로프의 서재에서는 기꺼이 그러했다. 그러나 세간에는 알렉싼드르 세르게예비치 뿌슈낀으로 받아들여지기를 원했다."〔뱌젬스끼, 《저작 전집》, 2권(П. А. Вяземский, Полное собрание сочинений, т. II. СПб., 1879), 349쪽〕.

않았다. 뿌슈낀은 이 질문들에서 위계적으로 사고했다. 그에게 있어 소란스러운 드넓은 참나무 숲을 지닌 시인의 세계는 일상세계보다 한없이 높다. 그러나 그는 경험의 원천으로서의 일상세계를 폐기하지 않는다. 요제프 베르크링거는 신성한 영감에 찬 예술가가 필요로 하지 않는 경험의 부정이다. 하지만 뿌슈낀의 시인에게는 아름다움도 흉함도, 심지어 파멸로 점철된 것도 포함하는, 현실의 다양한 경험이 필요하다.

뿌슈낀이 완전한 성숙에 도달했던 1830년대에 그의 시는 이 삶의 경험의 역사적이고 도덕적인 합법칙성 속으로 점점 더 깊숙이 스며든다.

"1829년 러시아 문학에 대한 고찰"〔선집 〈아침노을〉(Денница)[38)]〕에서 젊은 끼레옙스끼는 뿌슈낀의 작품과 관련하여 "현실에 대한 존중이 현 단계의 서구 계몽이 머물러 있는, 그리고 인간 실존과 정신의 모든 영역의 역사적 향방으로 드러나는 지적 발전 단계의 중심을" 이룬다고 썼다.[39)]

1830년에 선집 〈아침노을〉에 대해 논평하며 뿌슈낀은 다음과 같이 언급했다. "19세기 첫 시기의 문학이 지닌 성격에 대한 까람진의 은혜로운 영향과 두 번째 시기 문학의 핵심에 대한 주꼽스끼의 이상주의의 영향과 세 번째 시기 문학의 대표자에 대한 현실의 시인인 뿌슈낀의 영향에 대한 인정을 토대로 저자는 지난해 문학에 대한 개관을 시작한다." 이와 같이 뿌슈낀은 스스로 자신을 현실의 시인으로 지칭함으로써 끼레옙스끼의 규정을 받아들였다.

뿌슈낀은 19세기 중엽 서구 문학의 전반적인 경향이었던 리얼리즘 창작방법에 합법칙적으로 다가갔다. 그리고 뿌슈낀은 리얼리즘 창작방

38) 식물학자이자 민담학자였던 미하일 막시모비치(М. А. Максимович, 1804~1873)가 간행한 동인지(1830~1834). 뿌슈낀, 델비크, 뱌젬스끼, 바라띈스끼가 동인으로 활동했다.

39) (원주) 끼레옙스끼, 《저작 전집》, 2권(И. В. Киреевский, Полное собрание сочинений, т. II. М., 1911), 18~19쪽. "1829년 러시아 문학 고찰"에서 끼레옙스끼는 19세기 초 러시아 문학 발전의 단계가 지닌 성격을 규정하고, '뿌슈낀 시대'가 지닌 리얼리즘적 경향을 부각시켰다.

법을 가장 최초로 그리고 가장 위대하게 정초한 작가들 중의 한 명이다. 19세기 리얼리즘이 무엇보다 우선적으로 정착된 장르는 사회심리 산문이다. 시에서, 특히 서정시에서 창작방법상의 여러 문제는 보다 복잡하고 모순적인 형태로 해결되었다.

리얼리즘을 어떻게 규정하든지 간에, 우선 명백한 것은 이 범주가 서정시에 적용될 때에는 서정시의 특수성이 고려되어야 한다는 점이다. 즉 서정시에서 리얼리즘의 문제 자체는 새롭게 제기되어야 하는 것이다. 리얼리즘의 자질들을 서정시에 기계적으로 옮겨와 적용하는 것은 문제의 단순화를 초래할 뿐이다. 이와 더불어 서정시에 대한 고찰에서 이 개념을 배제하는 것도 불가능하다.

19세기 후반 러시아 문학 속에는 리얼리즘 소설과 더불어 뜌체프와 페뜨의 시도 생동하고 있다. 이들은 그 기원에 있어 낭만주의적이며 새로운 인상주의적 예술 사조와 점차 접맥된다. 하지만 여전히 19세기 후반 러시아 서정시를 리얼리즘의 문제 틀로부터 배제시켜서는 안 된다. 비단 네끄라쏘프와 그의 시파의 시가 존재했기 때문만이 아니라, 낭만주의에 뿌리를 둔 시인들에게 있어서도 낭만주의의 영역을 벗어나는 사물에 대한 이해가 나타나곤 했기 때문이기도 하다.

그와 같이 뜌체프는 역사적 동요와 얼굴을 맞댄 인간에 대한 자신의 이해를 통해, 또한 낭만주의자들에게 그토록 특징적인 관념인 시인의 개성으로서의 서정적 자아에 대한 사고로부터의 탈피를 통해 낭만주의적 개인주의의 틀을 벗어났다. 페뜨는 자연현상과 심리의 지각이 지닌 섬세한 구체성을 통해, 아울러 시와 일상의 근심에 전적으로 내맡겨진 삶 사이의 결코 낭만주의적이지 않은 균열을 통해 이 틀을 벗어났다.

19세기 정신적 삶의 모든 면을 지배했던 거대한 움직임은 의식의 가장 직접적인 시적 표현인 서정시 속에 반영되지 않을 수 없었다. 예를 들어, 뿌슈낀이나 레르몬또프가 한편으로 산문과 서사시에서, 그리고 다른 한편으로 서정시에 이룬 것은 내적으로 서로 연관되지 않은 별개의 것일 수 없다. 바로 그래서 산문 창작은 서정시에서의 리얼리즘적 발견들을 촉진했다. 논의의 대상은 비단 뿌슈낀과 레르몬또프만이 아니다. 젊은 시절에 네끄라쏘프도 자연파 문학에 의해 문학 수업을 쌓았고, 또한 그 활동가였다.

성숙한 시기의 뿌슈낀 서정시는 서정시에서의 리얼리즘 창작방법의 가능성에 관한 문제를 정초하는데 있어 특별한 의의를 지닌다. 뿌슈낀 창작의 진화는 균등하게 이루어지지 않았고, 균등하게 이루어질 수도 없었다. 왜냐하면 서정시에서 전통이 지닌 권위와 연마된 문체의 관성은 특히 강하기 때문이다. 예를 들어 뿌슈낀은 극히 보기 드문 시소설의 구조를 창조하면서도, 동시에 비가에서는 전통적인 형식을 여전히 보존한다(뿌슈낀의 《예브게니 오네긴》 창작은 1823년에 이미 시작되었다). 이후로도 뿌슈낀의 1820년대 서정시와 1830년대 서정시 사이의, 뿌슈낀의 리얼리즘 서정시와 비리얼리즘 서정시 사이의 명확한 경계를 찾는 것은 헛된 일이 될 것이다. 여기서 논의되어야 할 것은 경계와 정확한 항목에 관한 것이 아니라, 다만 삶의 이해와 시적 구현에 있어서의, 무엇보다도 우선 결국 개개의 시적 체계를 결정짓는 인간에 대한 이해에 있어서의 새로운 경향에 관한 것이다.

뿌슈낀의 작품은 일시적으로 출현하기도 했고 그의 시대에 핵심적이기도 한, 상이한 서정시인의 형상들을 내포했다. 이들을 이용하며 뿌슈낀은 결코 자신을 그들과 동일시하지 않았고, 그 어느 것에도 자신의 서정적 본성을 고착시키지 않았다. 세계지각의 통일성이 위대한 시인에게 결핍될 수 없음은 의심의 여지없다. 그러나 예술의 내용을 이루는 모든 것은 고유한 발현 형식을 지닌다. 그렇다면 뿌슈낀의 서정시에서 작가의식의 통일성은 어떤 형태로 발현되는가?

뜌체프와 페뜨 역시 서정적 주인공을 소유하지 않은 서정시인들이다. 그러나 그들의 시에는 서정적 '세계들'의 통일성이나(뜌체프) 아니면 주제와 서정적 어조의 통일성이(페뜨) 존재한다. 그와 반대로 뿌슈낀의 시는 다양한 주제를 지니며 다면적이다. 삶을 바라보는 그의 시각의 통일성은 아주 깊숙이 놓여있는 듯하다. 하지만 뿌슈낀의 서정적 세계는 분해되지 않았다. 독자에게 지속적으로 상기되는 이 내적 통일성이, 작가의 모든 다양한 문체적 변신의 면모가 연관되는 전기적 구체성을 지닌 뿌슈낀 자신의 형상이[40] 그의 시에 존재하는 기반이 되었다.

이 형상이 항상 출현하는 것은 아니다. 그러나 이 형상은 아주 강렬해서 아주 다양하고 멀리 떨어진 서정적 사슬들을 연결시킬 수 있다. 뿌슈낀의 초기 시에서 그것은 시민적이거나 비가적인, 전통적인 시인의 형상들 속으로 스며들며, 이미 내부로부터 그것들을 재구축하기 시작한다. 이 작가적 형상을 서정적 주인공으로 부르는 것은 적합하지 않을 것이다. 작가적 형상의 의미는 바로 그것이 실제 자아와 융합되어 있는 듯하다는 점에 있다. 반면 서정적 주인공은 항상 반영되는 대상과 분리된 반영이다.

전기적 요소가 지닌 미적 기능의 문제는 예술 작품의 전기적인, 일반적으로 사실적인 원천에 관한 질문과 명확히 구분되어야 한다. 모든 시는 경우에 따른 시라고 괴테가 이미 말했다. 하지만 '경우'가 작품의 주제나 의미상의 열쇠, 즉 완전한 지각을 위해 필수적인 연상의 원천으로서 때로 예술작품의 구조 속으로 들어온다. 또한 때로는 시인의 창조적 사고를 움직이게 한 실제가 미적 변별성을 지니지 않은 것으로 밝혀진다. 레르몬또프의 시 〈시인이 파멸했다! 명예의 노예 … 〉(Погиб поэт! – невольник чести …)는 〈시인의 죽음〉(Смерть поэта)이라는 일반화된 제목을 지니고 있다. 그러나 명백히 이 시는 오직 한 가지 조건이 존재할 경우에만 예술적 통일성으로서 존재한다. 이 시에서 이야기되는 것이 뿌슈낀의 죽음이라는 것을, 그리고 비록 일반적인 특징들 속에서이긴 하지만, 이 죽음의 상황들을 독자가 알아야만 한다. 한편 레

---

40) (원주) 뿌슈낀 자신의 구체적 형상에 관해 스떼빠노프(Н. Л. Степанов)가 그의 책 《뿌슈낀의 서정시》(Лирика Пушкина)에서 말하며, 일반적으로 그리고 특히 뿌슈낀의 서정시와 관련하여 서정적 주인공의 개념이 악용됨에 대해 정당한 항의를 제기한다〔스떼빠노프, 《뿌슈낀의 서정시》(Н. Л. Степанов, Лирика Пушкина. М., 1959), 124쪽과 다른 곳을 보라〕.

르몬또프의 시 〈나는 그대와 내가 하나의 별 아래에서 태어났음을 믿는다…〉(Я верю: под одной звездою Мы с вами были рождены…)가 로스또쁘치나(Ростопчина) 백작부인에게 헌정된 것임을 아는 것은 전혀 필수적이지 않다. 이 사실이 레르몬또프의 전기 속에는 삽입될 수 있겠지만, 그것은 시의 지각에 아무것도 보태지 않는다.

뿌슈낀의 작품을 관류하는 라이트모티프는 시인의 벗과 지인의 형상들을 동반한 자전적 형상이다. 이것은 세기 초에 공식적이고 장엄한 온갖 것으로부터 자유로운 문학이 창작될 때 널리 퍼진 현상이다. 전기적 실제와 개인에 대한 암시로 포화된 작품들이 출간될 가능성은 1830년대까지 러시아에서 문학 서클이 아직 협소해서 기본적으로 서로 개인적으로 아는 사람들로 이루어져 있었다는 사실과 어느 정도 연관되어 있다. 하지만 이것만이 원인인 것은 아니다. 이 시는 사적인 삶에 대한 원칙적인 주장이었다. 이 주장의 배후에는 다음과 같은 전제가 놓여 있었다. 사적인 삶은 공통의 관심사를 지닌다. 왜냐하면 사적인 삶을 누리는 인간은 선진적인 문화를 누리는, 해방되는 사회적 의식을 지닌 인간이기 때문이다. 보다 이후에 즉 데까브리스뜨 이후 시기에 러시아에서 발전한 낭만주의는 다른 방식으로 자아를 확립했다. 낭만주의는 큰 문학에서 전기적 구체성을 필요로 하지 않는다. 낭만주의 시인은 경험적 전기의 위에 거대한 집합적 형상으로서 자신을 구축한다.

이것은 종합적이고 이상적인 형상이다. 낭만주의자들이 삶 자체로 투사하고자 했던 서정적 주인공의 분신 역시 그만큼 종합적이다. 뿌슈낀의 시를 관류하는 개성은 결코 시인의 경험적 자아와 동일하지 않다. 이것은 선별되고 일반화된 자질들로부터 형성되는 예술적 구조이다. 하지만 이 예술적 구조는 구체적인 삶의 연관들 속에서 주어져 있다. 이 여러 규정과 연관의 역사적이고 사회적인 구체성은 뿌슈낀의 시혼이 성숙해감에 따라 증대되었다.

온갖 구체적인 '우연성' 속에 자리한 단일한 개성에 낭만주의는 통상

관심을 두지 않았다. 뿌슈낀 시의 자전성을 최초로 낳은 원천은 1820년대 초의 그의 바이런에 대한 심취에서 찾을 것이 아니라, 그보다 훨씬 일찍 우정서한의 내밀한 문체를 육성한 까람진주의 시파에서 찾아야 한다.[41]

1800~1810년대 러시아의 우정서한은 서구문학의 전통과 긴밀히 연관된다. 더불어 이것은 러시아의 문화적 삶의 상황에 의해 좌우된, 극도로 민족적인 현상이다. 우정서한은 호라티우스의 서한과 보다 직접적으로는 (흔히 직접적인 모델이 되곤 했던) 부알로와 볼테르의 서한으로부터 발원했다.[42] 그러나 러시아의 우정서한은 완전히 다른 환경에 의해, 곧 새로운 인간의 사적인 지적이고 정서적인 삶을 표현하는 시를 창조하기를 원했던 문학 유파의 지향에 의해 살아간다.

우정서한은, 특히 러시아의 우정서한은 (알렉산드리아 시행으로부터 아르자마스 회원들에 의해 다듬어진 3운각 얌쁘에 이르기까지) 시행 형식이 다양하고, 광범한 주제를 포괄하는 장르였다. 서한은 예술에 관한 저작으로 변모되기도 했고〔그 모델을 호라티우스가 〈피소 삼부자에게 보내는 서한〉(Послание к Писонам)[43]에서 이미 제시했다〕, 풍자나 비가적 명상에 가까워지기도 했다. 동시에 서한은 보다 추상화된 다른 장르들과 구별되는 독특한 면모를 보존했다. 서한은 이름을 지칭한다. 저자와 서한의 수신인은 전기적 특징을 부여받는다. 이로부터 암시들이, 띄냐

41) 러시아 시에서 우정서한은 까람진주의자들을 통해 중심적인 장르가 되었다. '아르자마스'의 우정서한은 일상과 정신의 지평 모두에서 가까운 교분을 나누는 편지의 저자와 수신인 사이의 사적인 서신왕래의 성격을 띤다. 우정서한은 구체적인 세태의 세계를 시에 열어 주었다.

42) '아르자마스'의 우정서한에 구현된 진리와 정의의 추구자로서의 시인상은 우정서한의 전통 중 호라티우스적 노선의 계승으로 이해된다. 프랑스 계몽주의자들의 우정서한은 프랑스 고전주의에 의해 육성된 '가벼운 시'의 장르의 일환으로 러시아 낭만주의의 우정서한의 직접적인 원류가 되었다.

43) 호라티우스는 두 권의 《서한집》을 남겼다. 〈피소 삼부자에게 보내는 서한〉은 호라티우스의 《서한집》 제2권을 이루는 세 편의 서한시 중 하나이다. 여기에서 호라티우스는 서정시의 목적과 원칙에 대한 자신의 생각을 정식화한다. 이 서한시는 이후의 많은 미학 강령들의 모델이 되었다.

노프가 이 체계를 지칭한 바의 '가내 의미'(домашняя семантика)[44]가 생겨난다.

서한에서 시적 조건성은 세태적인 상황의 몇몇 요소와 결합된다는 점에 대해서는 위에서 이미 논의되었다. 추상적인 인간, 인간 일반을 서한은 새로운 사적인 인간으로 대체했다. 하지만 이 인간의 구체성을 과장해서는 안 된다. 우정서한에서 조건적이고 추상적인 것은 경험적인 것과 다투며 그것을 흡수하려는 듯하다. 이 점은 서한의 언어조직에도 그 인물들에도 모두 관련된다.

러시아의 우정서한은 특징적인 진화과정을 겪었다. 비가적 - 명상적이기도 하고 풍자적이고 문학적 논쟁의 성격을 지니기도 하는 모티프들을 지닌, 1세대 까람진주의자들〔까람진 자신과 드미뜨리예프, 그리고 바씰리 뿌슈낀(В. Л. Пушкн)〕의 서한은 구체적인 성격 묘사 없이 이름을 도입함으로써 수신인을 지칭했다.

2세대 까람진주의자들, 곧 아르자마스 회원들의 서한에서 수신인들과 그들의 친구들은 이미 인물이 되고, 지극히 조건적인 몇몇 성격상의 자질을 얻는다.

> 여기 영광스러운 장소에
> 영예로운 우리의 시인이 있다,
> 베레프의 평화로운 주민이자
> 무상한 삶의 유혹에 무관심한 눈길을 건네는
> 주꼽스끼, 삶의 초기의
> 호라티우스이자 에피크테토스.
> . . . .
> 향락의 자식,
> 고상한 주연과 미인의,

44) 띄냐노프가 뿌슈낀 서한시에서 작가의 형상의 진화를 규명하며 도입한 개념. 그는 즉각적인 대화의 인상을 자아내는 말줄임(недоговоренность)에 주목하며, 저자와 수신인의 구체화 결과 생겨나는 '개인적인 가내 의미'(индивидуальная домашняя семантика)에 관해 말하고 있다. 따라서 '가내 의미'는 시 텍스트의 배후에 자리한 경험적 현실을 지칭한다.

그리고 시의 벗,
행복의 홍조 띤 자식,
그리고 뚜르게네프여, 그대가 우리에게로!
그리고 장난 좋아하는 카툴루스가
멍청이들에게 쏘는 위험한 화살들의
전동의 상속자인 그대,
오 블루도프, 우리의 익살꾼!
파렴치한 야심에 찬 인간과
슬프도록 우스운 인간에 대한
타협할 수 없는 적!

Здесь на почетном месте
Почетный наш поэт,
Белева мирный житель
И равнодушный зритель
Приманчивых сует,
Жуковский, в ранни годы
Гораций- Эпиктет.
. . . .
Питомец сладострастья,
Друг лакомых пиров,
Красавиц и стихов,
Дитя румяный счастья,
И ты, Тургенев, к нам!
И ты, наследник тула
Опасных стрел глупцам
Игривого Катулла,
О Блудов, наш остряк!
Завистников нахальных
И комиков печальных
Непримиримый враг!

이 시는 뱌젬스끼가 바뜌슈꼬프에게 보내는 서한(1816)으로, 이 서한에서 어떤 전기적 자질들에는 고대문화적인 색채가 가미되어 있다. 이것은 아르자마스 서한의 시학 전반에 걸쳐 전형적인 현상이다. 후속 시인 세대 속에서 리쩨이의 우정서한은 훨씬 더 긴밀한 교제의 상황 속에서 창작되었다. 가내 의미가 펼쳐지고, 암시들은 보다 사적이고 내밀한 것이 된다. 가장 가까운 뿌슈낀 이후 세대 시인들 중 야즤꼬프가 특히 뜨리고르스꼬예(Тригорское)와 미하일롭스꼬예(Михайловское)와 연관된, 뿌슈낀과 그의 유모에게 보내는 서한들 및 알렉쎄이 불프(Алексей Вульф)와 오씨뽀바(П. Л. Осипова)에게 보내는 서한들에서[45] 이 체계를 다듬었다.

장르적인 시인의 형상들이 지닌 무개성성이 그와 같이 극복되고 있었다. 낭만주의, 특히 베네비띠노프나 아니면 보다 이후의 레르몬또프의 러시아 낭만주의는 이 추상성을 다른 방식으로, 곧 전기적 실제의 세계 위에 보편화된 주관적인 시인의 형상을 세우며 극복해 갔다. 이런 연유로 데까브리스뜨 이후 러시아 낭만주의의 상황 속에서 (1820년대 프랑스 낭만주의가 처한 상황에서와 마찬가지로) 서한이 쇠퇴했고, 가내 의미는 오직 문학적 유희의 양식 속에서만 가능했다. 하지만 뿌슈낀은 매우 일찍이 우정서한의 시학으로부터 폭넓은 효력을 지닌 결과물을 만들어 냈다.

데르좌빈이 이미 러시아 시에 구체적인 인간을 도입했다. 사적이고 경험적인, 데르좌빈의 인간은 극도로 시대의 아들이었다. 그러나 그는 자신의 시대의 최상의 지적 삶의 담지자가, 사회의 자기인식의 표현자가 아직 아니었다. 바로 이 역할을 이미 1820년대 초 뿌슈낀의 서정적 나가 떠맡는다. 이 시기의 서한 속으로 데까브리스뜨의 관심사가 침투하고, 가내 의미는 점점 더 명백하게 정치적 암시로 변모된다.

---

45) 뿌슈낀 가문의 영지가 있던 미하일롭스꼬예와 시인과 친분을 나누었던 오씨뽀프가와 불프가의 영지가 있던 이웃한 뜨리고르스꼬예는 쁘스꼬프 주의 뿌슈낀 유적지의 일부를 이룬다. 뿌슈낀은 1817, 1819, 1835년 등에 걸쳐 미하일롭스꼬예를 다녀갔고, 특히 1824~1826년 동안 이곳에서 유형생활을 보냈다. 뿌슈낀과 야즤꼬프의 첫 교제는 야즤꼬프가 그의 데르쁘뜨 대학 시절 친구인 불프의 영지가 있는 뜨리고르스꼬예를 방문했을 때인 1826년 여름으로 기록되어 있다. 저자가 여기에서 거론하는 야즤꼬프의 서한시들은 이 해 여름에 대한 회상을 담은 일련의 시로 야즤꼬프의 최상의 작품들로 간주된다.

줄리아가 월계관을 씌어 주었고
간교한 아우구스티누스가 추방한
오비디우스가 암흑의 나날을 견뎠던,
그가 자신의 귀 먼 우상에게
비가의 선율을 무심하게
바쳤던 나라에서,
북방의 수도보다 더 먼 이곳에서,
나는 그대의 영원한 안개를 잊었고
나의 자유로운 피리 소리는
몰다비아인들의 선잠을 어지럽히오.
예전과 같이 나는 여전하오.
무식쟁이에게 고개 숙이지 않고,
오를로프와 논쟁하고, 술은 거의 마시지 않소.
눈먼 희망 속에서 옥타비우스에게 바치는
간구의 아첨을 노래하지 않소.

〈그네디츠에게 보내는 편지로부터〉

В стране, где Юлией венчанный
И хитрым Августом изгнанный
Овидий мрачны дни влачил;
Где элегическую лиру
Глухому своему кумиру
Он малодушно посвятил;
Далече северной столицы
Забыл я вечный ваш туман,
И вольный глас моей цевницы
Тревожит сонных молдаван.
Все тот же я – как был и прежде,
С поклоном не хожу к невежде,
С Орловым спорю, мало пью,
Октавию – в слепой надежде –
Молебнов лести не пою.

"Из письма к Гнедичу"(1821)

정치적 관심사 및 문학적 관계와 우정의 관계를 지닌 저자와 수신인의 형상이 뿌슈낀 서정시의 독자와 함께 했지만, 서정시 전체를 아우르지는 않았다. 우정서한의 전통과 더불어 1820년대 뿌슈낀 서정시의 다른 본류인 비가의 전통이 공존한다. 전기적 구체성을 지닌 작가의 형상은 고전적인 비가에서는 항상 추상적인 비가의 주인공과 만났다. 이 분화는 작가적 의식의 통일성을 위협하는 요소로서 대두되었다. 그것의 극복은 중요한 과제였고, 해결되기 어려운 것으로 보였다. 그러나 뿌슈낀은 비가 장르에서도 일찍이 새로운 과제들을 해결하기 시작한다. 그는 역설 없이, 전통과의 단호한 결별 없이, 러시아 비가 시파의 눈부신 유산과 더불어 이 과제들을 해결한다.

1820년대에 기본적인 서정시 장르는 비가였다. 뿌슈낀은 비가 장르에서도 처음에는 고전적인 '바뉴슈꼬프적인' 전통을 온전히 보존한다. 그러나 이 조건적인 문체 조직 사이로 매우 일찍이 심리적 구체성의 새로운 자질들이 투영되어 나오기 시작한다(바라띈스끼의 비가도 그와 같은 방향으로 움직인다). 서정문학 작품에는 평가하고 인식하며 체험하는 서정적 주체 외에 객체, 곧 묘사대상이 존재한다. 전통적인 비가나 명상시에서 이것은 무엇보다도 흔히 서정적 주체의 움직임 속에서 전개되고 변주되는, 어떤 통합적인 정서나 영원한 주제다. 위대한 시인들에게서 이 변주들은 극도의 섬세함과 정서적 힘, 그리고 의미상 뉘앙스의 풍부함에 도달했다. 그럼에도 불구하고 변주의 원칙은 변함이 없었다. 심리적 구체성을 지닌 단일한 서정적 사건을 제기한, 뿌슈낀과 바라띈스끼의 비가는 이 원칙을 제거한다.

세기 초의 고전적인 러시아 비가는 다른 방식으로 구축되었다. 물론 시인은 구체적 사건에, 심지어 개인사적인 경우에 기초할 수 있었다. 그러나 이 우연적인 상황은 시적 상징들의 세계에 흡수되며 텍스트 외부에 남았다. 그와 같이 예를 들어 문단에 널리 알려진 주꼽스끼와 마샤 쁘로따쏘바(Маша Протасова)[46]의 불행한 사랑의 역사는 암시에 머물렀지 그의 연애시의 직접적인 내용을 이루지는 않았다.

서정적 상황에 개인적인 문맥을 부여하며 뿌슈낀은 뜨체프, 레르몬

46) 시인과 사랑에 빠졌던 시인의 질녀. 때 이른 죽음에 이른다. 마샤 쁘로따쏘바에 대한 평생에 걸친 연정은 시인 주꼽스끼 삶의 고통의 근원이자 그의 신비주의적 낭만주의를 배양한 토양이었다.

또프, 페뜨, 네끄라쏘프 및 모든 이후 세대 시인들의 서정시에 길을 열어 주었다. 하지만 뿌슈낀 자신은 1820년대에 점차 다른 창작방법으로 옮겨 간다. 그는 전통적인 시어에 아주 섬세한 변화를 도입한다. 그리고 뿌슈낀의 절대적으로 정확한 말의 체계 속에서 이 변화들은 일찍이 없었던 의미상의 퍼스펙티브를 연다.

이와 같은 뿌슈낀의 성취 모델들 중 하나가 1826년 작 비가인 〈고국의 푸른 하늘 아래 …〉이다. 이 시에는 비가 문체의 대상들이 집약되어 있다. 그러나 조건적인 시적 공식들이 맺고 있는 의미상의 상호관계는 어떤 심리적 모순에 의해 내부로부터 재구축되어 있다.

> 고국의 푸른 하늘 아래
> 　그녀는 애수에 젖어 시들어갔다 …
>
> Под небом голубым страны своей родной
> 　Она томилась, увядала …

모순은 이미 첫 두 시행에서 주어져 있다. 실로 일반적으로 비가의 인물은 타지에서 애수로 신음한다.

> 그러나 포착할 길 없는 특징이 우리들 사이에 있다,
> 　쓸데없이 나는 감정을 일깨웠다.
> 무심한 입술로부터 나는 죽음의 소식을 들었고,
> 　또한 무심하게 이 말에 귀 기울였다.
>
> Но недоступная черта меж нами есть,
> 　Напрасно чувство возбуждал я:
> Из равнодушных уст я слышал смерти весть,
> 　И равнодушно ей внимал я.

심리적 모순이 증대되고, 그래서 구체적 상황이 발생한다. 비애에 처한 시인이 말하는 바는 사랑이 아니라 사랑의 결핍이며, 죽음이 아니라 이 죽음에 대한 무심함이다. 그러나 무심함은 지난 시절 사랑의 고통의

해소가 아니라, 그 고통의 상실이라는 새로운 비애를 이끌었다. 그리고 인간은 자신의 무관심과 부질없이 다툰다("쓸데없이 나는 감정을 일깨웠다"). 이와 같이 익숙한 연상의 행보가 변화를 겪는다. 아름다운 공식들 가운데 완전히 다른 자질의 말들이 특히 중요한 것으로 드러난다. 예를 들어, 종속어의 기능을 하는 평이한 단어 이미(уже)가 그러하다.

마침내 시들었고, 아마 내 위에서
 어린 환영이 이미 날았다.

Увяла наконец, и верно надо мной
 Младая тень уже летала.

필수적인 비가적 의미로부터 자유로운 이 단어는 자신의 문맥의 모든 의미를 내포했다. 이미—이 말은 그녀가 죽었는데, 그는 아직 이에 대해 아무것도 모른 채 살고 있었음을 의미한다.

타오르는 영혼으로 내가 사랑했던 바로 그 사람,
 그토록 힘겨운 긴장과 함께,
그토록 부드럽고 녹초가 되게 하는 애수와 함께,
 그토록 무분별하게 또 고통스럽게!

Так вот кого любил я пламенной душой
 С таким тяжелым напряженьем,
С такою нежною, томительной тоской,
 С таким безумством и мученьем!

사랑의 힘겨운 긴장(тяжелое напряженье любви)—이것은 처음으로 도입된 형상이다. 그리고 그 영향 아래에서 지치게 하는 애수(томительная тоска), 무분별함(безумство), 고통(мучение) 등의 시적 추상이 뜻밖에 심리적 실제성을 획득한다.

고통은 어디에, 사랑은 어디에? 아! 내 영혼 속에서
 가련한 경솔한 환영을 위한,

돌이킬 수 없는 나날들의 달콤한 기억을 위한
　　　눈물도 질책도 찾지 못하네.

Где муки, где любовь? Увы! в душе моей
　　　Для бедной легковерной тени,
Для сладкой памяти невозвратимых дней
　　　Не нахожу ни слез, ни пени.

경솔한(Легковерной)은 가볍게 날갯짓하는(легкокрылой)을 상기시킨다. 이 형용어는 심지어 선행하는 시행에 의해 암시되어 있다. "어린 환영이 이미 날았다…"(Младая тень уже летала…) 그러나 익숙한 비가적 공식 대신 연상 작용을 일깨우는 놀라운 어휘결합이 존재한다. 그 속에 오직 순간일 뿐인 것의 영원함을 믿었기 때문에 경솔한 여주인공의 비극과 함께, 이 비가의 철학과 이 감정의 역사가 있다.

시적 추상성을 지닌 비가의 전통과 '가내 의미'를 지닌 우정서한의 전통이 교차되었다. 비가적인 것 또한 시인의 운명의 구체적인 연관 속에 포함된 것으로 드러났다. 〈고국의 푸른 하늘 아래…〉는 뿌슈낀의 남방유배의 역사상 한 고리다. 이 시는 항상 그렇게 지각되었고, 지금도 그렇게 받아들여지고 있다. 그리고 대체로 뿌슈낀에 대한 우리의 사랑 속에는 개인적이고 어떠한 다른 시인에 대한 사랑과도 유사하지 않은 무언가가 있다.

1830년대로 접어들 무렵 현실의 시인 뿌슈낀은 전체 구조를 통해 비가의 전통과, 그 자신의 지난 시절 비가 작품과 연관된 일련의 시를 창작한다〔〈주문〉(Заклинание), 〈고국의 먼 기슭을 위해…〉(Для берегов отчизны дальной…), 〈아니, 나는 광란의 향락을 소중히 하지 않는다…〉(Нет, я не дорожу мятежным наслажденьем…), 〈마지막으로 그대의 사랑스런 모습을…〉(В последний раз твой образ милый…), 〈때로 회상이…〉(Когда порой воспоминанье…), 〈나의 품에…〉(Когда в объятия мои…), 〈아니, 아니, 내가 그래선 안 돼, 그럴 수 없어…〉(Нет, нет, не должен я, не смею, не могу…), 〈마돈나〉, 〈무분별한 나

날의 불 꺼진 즐거움이 …〉(Безумных лет угасшее веселье …)〕. 여기에서 묘사된 인간은 사랑하고 고통 받으며, 사랑에 대해, 죽음에 대해, 질투에 대해, 고독과 시듦에 대해 말한다. 그러나 고전적 비가는 일찍이 없었던 정서적 체험 양상의 다양성에 의해 이미 변모되어 있다. 그리고 그 각각은 발견이다. 개인적인 정서적 체험은 그 속에서 많은 사람들이 자신을 인지하게 되는 보편적 체험이 된다. 아마 서정적 상황의 구체성이 뿌슈낀으로 하여금 1830년에 창작된 대다수의 비가를 지면에 싣지 않도록 했을 것이다.

1834년에 시인은 이렇게 썼다.

때가 되었다, 나의 벗이여, 때가 되었다! 마음이 평정을 구한다.
나날이 날아가고, 매시간이 존재의 일부를 데려간다,
그대와 나는 둘이서 삶을 예정하지만,
보라 - 그 순간 우리는 죽으리라.
세상에 행복은 없다, 하지만 평정과 자유가 있다.
오래전부터 부러운 운명이 내게 소망되어 왔다.
오래전에 지친 노예는 도주를 계획했다
먼 노동과 순수한 유희의 처소로.

Пора, мой друг, пора! Покоя сердце просит –
Летят за днями дни, и каждый час уносит
Частичку бытия, а мы с тобой вдвоем
Предполагаем жить, и глядь – как раз – умрем.
На свете счастья нет, но есть покой и воля.
Давно завидная мечтается мне доля –
Давно, усталый раб, замыслил я побег
В обитель дальную трудов и чистых нег.

여기에서 이야기되고 있는 것은 무수한 비가들 속에서 변주된 것과 같은 것인 듯하다. 즉 죽음의 불가피성에 관해, 삶의 공허로 인해 지침에 관해, 고독과 평정과 사랑과 자연으로의 도피에 관해 이야기되는 듯하다. 그러나 여기에서 이야기되는 것은 완전히 다른 것이다. 비유적 형식을 거의 상실한, 뿌슈낀의 표현에 따르면, 꾸밈없는 말들로부터 보편적인 의의와 비극적인 힘을 지니는, 반복될 수 없는 영혼의 사건이 대두된다.

시는 뜻밖에 전통적인 시적 공식〔… 순수한 유희의 처소(обитель … чистых нег)〕으로 마무리된다. 그러나 엄밀한 문맥 속에서 다른 모든 말처럼 이 말들도 고전적인 미려함의 독특한 여운을 보존하면서도 자신의 대상을 정확하게 지칭한다.

뿌슈낀의 이 시행들에 담긴 무서운 실제성은 만약 그것이 독자가 알고 있는 삶의 상황의 반영으로서 지각되지 않는다면, 아마 생겨날 수 없을 것이다. 파멸로 점철된 이 상황의 배후에는 뒤따르는 국면으로서 전제주의 체제 조건 속의 천재의 운명 일반이 이미 자리했다.

비가 속으로 개인적이고 구체적인 것을 도입하는 것은 역사적으로 조건 지워진 동시대의 인간의 서정시 창조를 향한 뿌슈낀 접근방식의 하나이다.

현실의 시 — 이것은 객관적인 국면의 일반적인 연관들 속으로 편입된 구체적인 것, 개인적인 것이다. 뿌슈낀의 역사주의가 심화되어감에 따라 자전적 실제는 역사적인 내용으로 점점 더 포화되었고, 역사 발전의 물리적인 이정표로서 받아들여졌다.

구꼽스끼는 그의 저서 《뿌슈낀과 리얼리즘 양식의 제 문제》(Пушкин и проблемы реалистического стиля)에서 리얼리즘을, 무엇보다도 우선 뿌슈낀의 리얼리즘을 기본적으로 인간의 개성과 그의 환경을 사회적 - 역사적으로 해석하는 예술창작방법으로서 규정하고 있다. (논의는 19세기 중엽에 태동한 사조로서의 리얼리즘에 관한 것이다.) 뿌슈낀의 서정시와 관련하여 연구자는 뿌슈낀의 역사적 리얼리즘의 모델들, 곧 뿌슈낀이 복원한 상이한 문화 모델들을 가리켰다〔〈인생의 초기의 학교를 나는 기억하네 …〉(В начале жизни шклу помню я …), 〈고관대작에게〉(К вельможе)〕. 그는 또한 성숙한 시기 뿌슈낀 서정시의 작가적 형상은 역사적 사회적 규정 속에서 주어져 있음을 언급했다.[47]

1820년대 말~1830년대 뿌슈낀 서정시에서 전기적 구체성은 동시대인의 역사적 운명의 지표가 되며 새로운 의미를 획득한다. 리쩨이의 청소년기 서한시로부터 작가와 그의 벗들의 운명이 이미 전쟁, 혁명, 세계적 규모의 사건들과 얽히는, 리쩨이 기념일들에 이르기까지 뿌슈낀 앞에는 거대한 길이 노정되어 있었다.

벗들이여, 떠올려 보시게,
운명이 우리를 하나의 공동체로 만든 이래,
우리가 무엇의, 무엇의 증거자였던가를!
비밀스런 유희의 노리개인
어리둥절한 민중들이 날뛰었네,
황제들이 일어섰고 쓰러졌네,
그리고 사람들의 피가 영예의 제단과 자유의 제단을
아니면 오만의 제단을 붉게 물들였네.

Припомните, о други, с той поры,
Когда наш круг судьбы соединили,
Чему, чему свидетели мы были!
Игралища таинственной игры,
Металися смущенные народы;
И высились и падали цари;
И кровь людей то славы, то свободы,
То гордости багрила алтари.

뿌슈낀의 작품은 역사적 감각과 동시대적 감각의 연관의, 이 두 개념의 상호연관성의 아주 뚜렷한 증거다. 예를 들어, 변함없는 이상적인 규범들과 함께 초역사적으로 사고하는 합리주의는 일반적으로 동시대성의 범주를 지니지 않았다. 반면 뿌슈낀에게 있어 동시대성은 현재 삶에 대한 인식의 역사적 형식이다.

그러나 이를테면 장편소설에 고유한, 일반적인 합법칙성을 분석적으로 연구하는 수단들을 이용할 수 없었던 서정시에서 역사주의는 어떻게 발현될 수 있었던 것인가? 이 가능성은 역사주의의, 특히 까람진과

47) (원주) 구꼽스끼. 《뿌슈낀과 리얼리즘 양식의 제 문제》(Г. А. Гуковский, Пушкин и проблемы реалистического стиля, М., 1957), 280~291쪽.

월터 스코트로부터 1830년대로 접어들 무렵 뿌슈낀이 탐독하는 프랑스 신역사학파〔티에리(Thierry), 바랑트(Barante)〕[48]에 이르기까지, 뿌슈낀 시대의 역사주의의 예술적 원칙이 담보하고 있었다.

수세기 동안 역사는 예술이었고 19세기에 이르러서야 아주 뒤늦게 학문이 되었다는 사실을 잊어서는 안 된다. 역사는 현실의 현상을 그 변모와 움직임 속에서 묘사했을 뿐만 아니라, 흡사 예술처럼, 과도적인 현상에 멈추어 그것들을 문화적 의식의 영원한 자산으로 변모시키곤 했다.

성숙한 시기의 뿌슈낀의 서정시에서 역사주의는 사상의 시의 요구에 대한 답변이기도 했다.

다양한 서정적 주제가[49] 동시대의 인간으로서 시인의 개성에 의해 결집된다. 그의 전기의 전제조건들은 이전처럼 반드시 독자에게 알려져 있어야 한다. 그리고 실제로 항상 동시대인들과 후손들에게 알려져 있었다.

그러나 리얼리즘 체계 역시 포함한 각각의 문학 체계는 고유한 묘사 대상 범위와 시적 의미를 획득하는 사물에 대한 고유한 포괄성과 가능한 선별을 지녔고, 이 선별은 무엇보다도 먼저 보편적인 가치의 담지자로서의 인간에 대한 해당 예술가에게 고유한 이해에 의해 결정되었다.

---

48) 바랑트 : 프랑스 정치가, 외교관, 역사가(1785~1866). 1835~1841년에 걸쳐 러시아 대사 역임.
티에리 : 왕정복고 시기 자유주의적인 프랑스 낭만주의 역사학파의 대표자(1795~1856). 뿌슈낀은 프랑스 신역사학파에 지대한 관심을 보였고, 1831년에 프랑스 혁명사 집필에 착수하며 티에리의 저작들을 토대로 삼았다.

49) (원주) 1820년대 말~1830년대의 뿌슈낀 서정시에서 우리는 고전적인 비가도 풍자도 시로 된 팸플릿도〔〈루쿨루스의 건강 회복에 부쳐〉(На выздоровление Лукулла), 〈프랑스 삼류시인들에 대한 준엄한 심판관 …〉(Французских рифмачей суровый судия …), 〈나의 가계도〉(Моя родословная)〕 송가의 억양을 부활시키는 시민적 시도〔〈러시아를 비방하는 자들에게〉(Клеветникам России), 〈보로디노 전투 기념일〉(Бородинская годовщина), 〈신성한 묘지 앞에서 …〉(Перед гробницею святой …)〕 마주친다. 또한 이와 더불어 짧은 앨범 시와 시적 유희들도 고대 시와 성서와 중세 시의 번안과 양식화가 반쯤 가미된 작품도 만난다.

서정문학 작품 속으로 작가는 전체적인 면모로서, 자신의 지적, 도덕적, 세태적 경험의 충만함 속에서 들어가는 것이 아니다. 그는 단지 선별되고 변모된 자신의 개성의 몇몇 특징을 통해서, 인간에 대한 해당 관념에 있어 본질적인 자신의 삶의 속성들을 통해 작품 속으로 들어간다. 뿌슈낀 후기 시의 실제는 압도적인 대다수의 경우 촌락의 삶에 해당한다. 촌락의 삶은 민중, 곧 농민의 실존과 농촌과 연관된, 뿌슈낀의 출신 계층이자 그가 당대 러시아의 가장 진보적인 문화적 힘을 그 속에서 본, 귀족 계층의 실존을 아우른다. 성숙한 시기 뿌슈낀의 세계관, 옛 지주귀족의 역사적 역할에 대한, 이 귀족계층과 민중 사이의 관계에 대한 그의 이해가 농촌의 일상의 시화에 충만한 토대를 제공했다. 그러나 오직 천재만이 이 관념을 시적 표상의 세계 속에 처음으로 실현시킬 수 있었다.

〈겨울아침〉(Зимнее утро)에서, 〈가을〉(Осень)에서, 시 〈다시 나는 찾아왔네 …〉(Вновь я посетил …)에서 촌락의 일상의 특징들은 자연, 자유, 창조적 노동과 영감의 고상한 주제들과 자연스럽게 결합된다.

그러나 민중의 삶을 들여다보며, 뿌슈낀은 이후에 슬라브주의자들이 그 속에서 찾았던 목가와 조화를 볼 수 있었던 것이 아니라, 비극을 보았다. 그래서 1830년 작 시 〈홍조 띤 나의 비판가, 불룩 나온 배를 지닌 조소가 …〉(Румяный критик мой, насмешник толстопузый …)는 네끄라쏘프의 농민시를, 그 주제뿐 아니라 어휘 구사와 시적 상징체계의 원칙 자체를 예고했다.

하지만 1830년대 뿌슈낀의 시에서 그의 도시에서의 삶의 일상적 속성은 우리가 찾아볼 수 없다. 19세기 후반 시인들의 서정시 속으로 자연스럽게 들어가게 될 물리적 심리적 실제의 시화는 뿌슈낀에게 아직 불가능했다. 네끄라쏘프는 뿌슈낀에게서 물리적 속성과 물리적 속성의 시적 변형을 배웠다. 그러나 그의 서정시에서 묘사대상의 범위는 완전히 상이하다. 세태의 질료는 확대되어 다채롭고 다층적인 것이 되었다.

누가 이제 그녀에게 향수병을 가져다주는가,
운명적인 장면으로 사로잡는가?
누가 그녀에게 용서를 구하는가,
자신의 죄를 모른 채?
. . . .
누가 힘겨운 밤들을 보내는가
홀로, 질투심으로 고통스러운 그 누가,
아침이면 그녀와 함께 상점들을 서성이며
옷차림을 비싸게 흥정하는가?
누가 "둘 다 아름다워"라 말하는가,
"누굴 취할까"라는 부드러운 외침에?
악의가 끓어오르고
건방진 코를 지닌
"이거 예뻐"라 간교하게 말하는
질문을 해도 사랑스러운
프랑스 여인을 악마에게 보내고 싶어 하는 동안에,
누가 말없이 돈을 버는가,
고통을 끝내고자 서두르며.
그리고 누가 전신거울에 자신을 비쳐보고서
자신의 얼굴에서 권태와
노예상태의 칠흑 같은 소인을 읽는가? …

〈눈물과 신경과민〉

Кто ей теперь флакон подносит,
Застигнут сценой роковой?
Кто у нее прощенья просит,
Вины не зная за собой?
. . . .
Кто ночи трудные проводит,
Один, ревнивый и больной,
И утром с ней по лавкам бродит,
Наряд торгуя дорогой?
Кто говорит: "Прекрасны оба" –
На нежный спрос: "Который взять?"
Меж тем как закипает злоба
И к черту хочется послать
Француженку с нахальным носом,
С ее коварным: "C'est joli"
И даже милую с вопросом …

Кто молча достает рубли,
Спеша скорей покончить муку,
И, увидав себя в трюмо,
В лице своем читает скуку
И рабства темное клеймо? …

"Слезы и нервы"

이것은 농담도 드미뜨리예프가 영국 상점에서 구할 수 있는 숄에 대해 말한, 유행을 좇는 아내에게 보내는 조소도 아니다. "… 아니 너무 비싸! 그런데 끔찍하도록 멋지네!"(… Нет, слишком дорога! А ужасть как мила!) 이것은 비애와 정열로 가득 찬 연애시다. 여기에서 묘사된 인간인 도시 인텔리에게 있어 주어진 실제는 본질적이고 표현력이 풍부하다. 그래서 그것들은 극적인 감정을 담지 할 수 있다.

20세기 서정시에서 대도시적 개성은 묘사대상의 범위를 무한히 확장시켰다. 초기 마야꼽스끼의 시에서 대도시적 원칙과 혁명적인 극적 원칙의 결합은 모든 말들이 실제로 가능한 서정적 질료가 되는 것으로 이끌었다.

뿌슈낀이 이 원칙을 정초했다. 하지만 뿌슈낀 자신은 물리적 세계의 서정적 전유에 있어 일정한 경계 이상 나아가지 않았다. 이것은 성숙한 시기의 뿌슈낀 서정시가 펼쳐 놓은, 단일하며 역사적으로 보편화된 개성에 대한 기본적인 규정들의 경계들이었다.

자신의 서정시와 《예브게니 오네긴》의 서정적 일탈[50] 속으로 뿌슈낀은 리쩨이와 리쩨이 시절의 형제애, 녹색 램프 시절의 우정 어린 만남, 남방유배와 러시아 남부 방랑 여행, 두 번째 유배, 미하일롭스꼬예

50) (원주) 《예브게니 오네긴》의 서정적 일탈에 담긴 자전적 요소가 지닌 의의에 관해서는 쎄멘꼬(И. М. Семенко)의 논문 "《예브게니 오네긴》 속의 '작가의' 형상이 지닌 역할에 관하여"(О роли образа 'автора' в Евгении Онегине) 〔〈레닌그라트 국립 끄룹스까야 문헌정보 대학 논문집〉, 2권(Труды Ленинградского государственного библиотечного института имени Н. Крупской, т. II. Л., 1957)을 보라〕.

와 뜨리고르스꼬예를 삽입했다. 마지막 십 년간의 뿌슈낀 작품 속에서 삶의 실제의 시적 반영의 원칙은 변모한다.

1810년대 리쩨이 시절의 형제애와 1820년대의 자유애호적인 염원, 까프까스, 흑해, '은닉된 사랑', 미하일롭스꼬예에서의 은둔 — 이 모든 삶의 질료는 여러 시적 형식의 유기적인 토대를 형성했다. 우정, 자유를 위한 투쟁, 사랑, 자연, 시적 영감, 민중과의 친화 등의 영원한 주제들이 삶의 질료에 틀을 부여했다. 이제 뿌슈낀은 오직 시골(볼디노, 미하일롭스꼬예)에서의 거주만을 일상적인 자질들을 통해 서정시 속에 구현한다. 모스끄바와 뻬떼르부르크에서의 삶, 결혼, 가족, 대다수의 경우 힘겨운 문학적 관계들, 더욱더 힘겹고 파멸적인 궁정과 사교계와의 관계들 — 이 모든 것이 물론 뿌슈낀의 서정시에 반영되었다. 하지만 이때 이 모든 것은 연상들 속으로 후퇴하여 매개된 형태로 대두되었지, 미하일롭스꼬에나 리쩨이의 삶의 실제가 제시된 바와 같이 공공연하게 전기적이고 서정적인 모습 자체로 대두된 것이 아니다.

이것이 후기 뿌슈낀의, 즉 가장 성숙한 시기의 뿌슈낀의 서정시에서 작가의 형상은 보다 보편적일 뿐 아니라 보다 추상적인 면모를 띠게 되었고, 자신의 단일한 면모를 상실하게 되었음을 의미하는가? 아니다. 작가의 형상은 추상화되지 않았다. 작가의 형상의 구체성이 전기적인 사실의 지평으로부터 철학적이고 심리적인 지평으로 부분적으로 전이된 것이다. 뿌슈낀의 독자들이 해를 거듭하며 시인의 실제 운명에 대한 생생한 지각 위에서 양성되었기 때문에, 이것은 가능한 것으로 드러났다. 그들은 1830년대 뿌슈낀의 사상의 시도 같은 개인적인 실마리를 통해 지각하도록 준비되었다. 이 점과 관련하여 거의 모든 사상의 시가 뿌슈낀 생전에 알려지지 않았었다는 사실은 본질적인 의의를 지니지 않는다. 시인은 자신의 작품을 출판하지 않을 수 있지만, 창작을 통해 그는 이런저런 방식으로 자신의 독자를 설정하기 때문에 비본질적이다.

뿌슈낀은 회상에, 곧 오랜 기간에 걸친 정서적 강도의 점증 속에서 독자들이 받아들여 온 시적 질료에 주의를 돌리며, 자신의 독자에 대한 정조를 변함없이 견지했다. 전기적인 인유의 외부에서는 그 어떤 리쩨이 기념일도, 말하자면, 그 어떤 〈다시 나는 찾아왔네 …〉도 존재하지 않는다. 이 위대한 시가 지닌 내적 주제는 시간의 흐름에 의미를 부여하는, 과거와 현재, 그리고 미래 사이의 연관이다.

독자는 뿌슈낀의 회상들을 인지하곤 했고, 이것이 독자가 전기적 실제가 드러나지 않은 다른 시에서도 시인의 개성을 인지하도록 도왔다. 이것은 나이, 시기, 그리고 상황이 변화되었지만, 똑같이 익숙한 개성이다. 고결한 영혼의 선율, '삶의 시련을 이겨낸' 인간의 '숭고한 사색'51) — 바로 이것이 뿌슈낀 후기 시의, 특히 1836년에 창작된 시들의 기본적인 음조다.

1810~1820년대 우정서한의 서정적 주체는 틀림없이 에피쿠로스, 게으른 현자, 우아한 무위에 대한 신봉자였다(이것은 관료사회와 어용교회에 의해 인간에게 제기된 요구들을 배경으로 그 역사적 의미를 지녔다). 뿌슈낀 후기 시의 작가적 개성은 그와 반대로 무엇보다도 우선 노동하는 인간이다. 시 〈노동〉(Труд)에서 시 창작은 인간의 모든 창조적인 노동에 관한 표상의 범주에 포함된다.

갈망하던 순간이 도래했다. 내 오랜 노동이 끝났다.
　　왜 알 수 없는 슬픔이 내 마음을 은밀히 어지럽히는가?
공적을 이루고 나서, 제 급료를 받은, 다른 노동에는 문외한인
　　불필요한 일용노동자처럼 서 있는 것인가?
아니면 한밤의 말없는 길동무인, 찬란한 서광의 벗인,
　　가신들의 벗인 내 노동이 안쓰러운 것인가?

Миг вожделенный настал: окончен мой труд многолетний.
　　Что ж непонятная грусть тайно тревожит меня?
Или, свой подвиг свершив, я стою, как поденщик ненужный,
　　Плату приявший свою, чуждый работе другой?
Или жаль мне труда, молчаливого спутника ночи,
　　Друга Авроры златой, друга пенатов святых?

---

51) (원주) 벨린스끼가 뿌슈낀 사후 출판된 시집에 대해 이렇게 적었다.

여기에서는 비가적인 이행시구가 지닌 고전적인 미의 외양 사이로 이미 전혀 낭만적이지 않은 새로운 창작에 대한 이해가 비쳐 나온다. 이것은 새롭게 이해된 시인이다. 그러나 그는 여전히 이제 막 집필을 끝낸 《오네긴》과 슬픈 작별인사를 나누는 뿌슈낀 자신이기도 하다.

시 〈기념비〉(Памятник)에서 민중적인 지고한 시인의 형상은 이미 극단적으로 일반화된 것으로 보였다. 그러나 뿌슈낀 서정시의 모든 분위기를 통해 준비된 독자에게 있어 〈기념비〉의 웅대한 상징들은 전기적 실제와 자연스럽게 합류된다.

그의 꼿꼿한 머리는 알렉산드리아 기둥보다
　　　　더 높이 치솟았다.

Вознесся выше он главою непокорной
　　Александрийского столпа —

이 구절은 뿌슈낀과 전제정권 상호간의 논쟁에 관한 것이다.

그리고 쓰러진 자들에 대한 자비를 호소했다.

И милость к падшим призывал —

이것은 데까브리스뜨들에 대한 뿌슈낀의 비호이다.

칭찬과 비방을 무심하게 맞이하라
그리고 멍청이와 논쟁하지 말라

Хвалу и клевету приемли равнодушно
И не оспоривай глупца —

이것은 잡지의 중상모략, 1830년대 뿌슈낀의 문학적 고독의 주제이다. 가장 보편적이며 매우 개인적인 두 형상이 서로서로의 위에 겹쳐지는 듯하다. 역사성과 동시대성이 다시 한 번 총체적인 현실의 예술적 인식방법 속으로 합류되었다.

19세기 리얼리즘에 있어 존재는 더 이상 서로서로에게 대립적인 고상함과 저급함, 이상적인 것과 물질적인 것의 영역으로 분열되지 않는다. 리얼리즘은 현실에 대한 단일한 이해를 예술적 인식에 열어 주었다. 삶의 가치는 고전주의와 부분적으로 낭만주의에서처럼 영원한 것으로 주어진 지표에 의해 규정되는 것이 아니라, 태동하는 역사적 상황에 의해 규정된다. 리얼리즘 예술가에게 있어 현실은 사회적 도덕적 심판과 폭로에 귀속된다. 그러나 이 현실로부터 그는 지고하고 아름다운 것을 발굴해 낸다. 그리하여 구체적인 현실의 다양한 현상이 이념적 미적 가치의 가능한 담지자로 드러난다. 그와 같이 현실의 다양한 현상은 예전에는 닫혀있던 고상한 시의 세계에 도달할 수 있게 된다. 현실에 대한 새로운 이해는 그렇게 어휘 사용의 새로운 원칙을 낳는다.

산문에서 이것은 (물론 항상 그런 것은 아니지만) 특수한 예술적 표현 수단의 거부이다. 리얼리즘 산문에서 언어 질료는 원칙적으로 일상회화의 말, 사무적인 말, 학적인 말, 시사평론의 말 등과 공통적이다. 미리 주어진 미적 자질을 지니지 않은, 리얼리즘 양식의 말은 매번 작품의 문맥 속에서 미적 자질을 획득한다. 시에 있어서는 사정이 보다 복잡한데, 특히 이 점은 서정시의 질료에서 명백하다. 시어는 일상적인 언어일 수 없다. 얌쁘와 호레이 및 다른 율격들에 의한 표현 수단 자체가 (심지어 '자유시도') 비일상적이기 때문이다. 오늘날 시행의 율동적인 속성은 시어가 지닌 독특한 의미상의 역동성의 전제조건으로 간주된다. 산문이 도달할 수 없는 가능성을 담보하는 (산문에는 또한 시가 도달할 수 없는 가능성이 있다) 이 의미상의 특수성이 없이 율동적인 행으로 쓴다는 것은 이상하고 무용한 일일 것이다. 물론 이 모든 것이 율격과 운을 이룬 행 속의 말의 상태가 그 자체로 시적인 자질을 보장한다는 결론에 이르게 하는 것은 아니다. 그와 같은 경우에 시를 쓴다는 것은 아주 쉬운 일이 될 것이다.

어떤 방식으로 일상적인 삶의 현상이 미적 사실로, 일상적인 말이 그 연상이 지닌 자질에 있어 다의적이고 역동적인 예술적인 말로 바뀌는가 — 바로 이것이 리얼리즘 시 양식의 기본적인 문제이다. 리얼리즘에서 이 변화의 메커니즘은 고전주의 및 낭만주의와는 달리, 선결되어 있지 않기 때문이다.

뿌슈낀의 후기 시는 이 이론적 문제들에 대한 비길 데 없는 답변이다.

뿌슈낀이 이룬 리얼리즘으로의 전환은 지극히 어려운 일이었다. 논점은 단순히 '산문적인' 말을 시 텍스트에 도입하기로 결정하는 것이 결코 아니다. 이 일 자체는 전혀 어렵지도 복잡하지도 않다. 예를 들어, 1830년대의 통속적인 낭만주의가 이를 폭넓게 활용했다. 사실상 (선배 세대에게 그토록 중요한 좋은 취향의 금지도 포함한) 모든 규범과 금지를 거부했던 베네딕또프는 사전에 미적 정제를 거치지 않은 많은 수의 세태적인 언어 질료를 그의 시에 도입한다. 당연히 심심찮게 의도되지 않은 희극적 효과를 야기하곤 하는 기계적인 문체의 혼합은 리얼리즘적인 서정시 창작방법과 공통점이 전혀 없었다. 뿌슈낀에게 있어 논의는 일상적인 말을 시적인 말로 변화시키는 미적 기적에 관해 이루어졌다.

뿌슈낀은 결코 무조건 전통을 배격하고자 꾀하지 않았다. 그와 반대로 뿌슈낀은 자신의 서정시 양식 속에 전통적인 형상들을, 오랜 사용에 의해 축성된, 순간적으로 그리고 틀림없이 특정한 정서적 반응과 특정한 관념의 복합체를 독자에게 불러일으키곤 했던 시적 공식들을 끝까지 보존했다. 뿌슈낀의 후기 시에서 전통적인 상징들은 심심찮게 일상적인 말을 주변 환경이 지닌 시적 자질로 그것을 물들이듯 하며, 자신의 범주 내로 끌어들인다. 아니면 반대로 '산문적인' 문맥 가운데에서 전통적으로 시적인 말이 상기되듯 출현한다. 그와 같은 상호관계는 뿌슈낀의 시에만 고유한 것이 아니다. 우리는 산문체의 적용에 기초한 뿌슈낀 이후 시대의 많은 서정시 체계를 알고 있다. 그러나 (거의 오늘날에 이르기까지) 전통적인 형상들이 나머지 언어 질료를 변화시키는, 의미상의 지렛대 역할을 하지 않을 서정시 체계를 지적하기란 거의 불가능하다.

전통적인 시어의 도입은 새로운 의미 질서를 위한 본질적인 국면이었지만, 물론 결정적인 국면은 아니었다. 회화어가 고상하고 아름다운 것의 검증된 상징과 동등한 권리를 갖기 위해서는, 제 편에서 새롭게 확립되는 삶의 가치의 대표자가 되어야 한다.

예전에 우리는 리얼리즘에 성공적이지 못한 '격하'라는 용어를 적용했다. 시인은 부정적으로 평가하는 것을 격하시킨다. 그는 팸플릿에서 풍자에서 격하시킨다. 반면 현실에 대한 리얼리즘적인 확신은 반대의 과정, 곧 격하가 아닌, 예술가가 그 속에서 미와 도덕적 사회적 의의의 원천을 보는, 일상적인 사물의 격상이다.

사물이 고유한 미 속에서 자신을 드러내는 뿌슈낀과 같은 시인이 또 있는가? 바로 그래서 뿌슈낀은 현실의 시인이다. 그는 19세기의 세계적인 리얼리즘 운동의 가장 위대한 활동가이며, 더불어 뿌슈낀의 천부적인 자질인 이 아름다움 속에는 그를 최근의 리얼리스트들과 구별해주는, 무언가 고전적이고 르네상스적인 것이 항상 있다.

뿌슈낀은 거의 항상 창작의 대상이 되는 것을 사랑했고, 그가 접촉하는 모든 것을 아름답게 만들었다. 이것이 벨린스끼가 이해한바, 그의 경이로운 자질이다. 뿌슈낀에 관한 다섯 번째 논문에서 벨린스끼는 그가 '가장 산문적인 사물들을 시적인 것으로 만드는' 놀라운 재능을 지녔다고 말한다. "예를 들어, 담비 털 옷깃을 지닌 프록코트를 멋스럽게 차려입은 댄디가 썰매를 타고 가는 것보다 무엇이 더 산문적일 수 있겠는가? 그러나 뿌슈낀에게 있어 이것은 시적 광경이다…"[52]

그러므로 간혹 이루어지는 바와 같은, 뿌슈낀의 작품을 폭로문학으로 변화시키는 것은 올바르지 않다. 《예브게니 오네긴》 첫 장의 의미는 1820년대 사교계 젊은이들이 지닌 성향의 폭로에 있지 않다. 첫 장

52) (원주) 벨린스끼, 《저작 전집》, 7권(В. Г. Белинский, Полное собрание сочинений, т. VII), 336쪽. 같은 맥락에서 벨린스끼는 또 이렇게 썼다. "이전 시인들에게는 저급했던 것이 뿌슈낀에게는 고결했다. 그들에게 산문이었던 것이 그에게 있어서는 시였다." '이전 시인들'로부터 벨린스끼는 데르좌빈을 제외한다. 그는 데르좌빈의 "시적 본성에는 어떤 대상도 저급해 보이지 않았다"라고 주장했다(같은 책, 291, 331쪽).

에서 뿌슈낀은 자유애호의 비축창고였던, 다시 말해 적극적인 데까브리스뜨주의의 주변을 이루었던 환경을 묘사했다.[53] 이런 연유로 '세속성'에 집착했다고 의심받아서는 안 되는 벨린스끼는 다음과 같이 밝히는 것이 필요하다고 간주했다. "… 우리는 뿌슈낀이 자신의 소설 주인공으로 사교계의 인간을 선택했다는 사실이 매우 기쁘다. 그리고 거기에 무엇이 천박하단 말인가? 그 당시 사회 상류층은 이미 자신의 발전의 정점에 도달해 있었다 …" 여기에서 발전이란 계몽, 자유애호적인 사고를 의미한다.

그러나 뻬떼르부르크의 일상적인 무도회도 풍속 폭로의 일환으로서 뿌슈낀의 묘사 대상이 된 것이 아니다.

들어갔다. 홀은 군중으로 가득했다.
음악은 이미 지쳐 잦아들었다.
군중들이 마주르카를 추고 있다.
온통 소란스럽고 갑갑하다.
경기병의 구두 뒤축이 소리를 내고,
사랑스런 여인들의 발들이 날아다닌다.
이들의 매혹적인 자취를 따라
불타는 시선들이 날아다닌다.
사교계 여인들의 질투어린 속삭임은
바이올린의 울부짖는 소리에 파묻혔다.

쾌락과 욕망의 나날에
나는 무도회에 빠져 정신이 나갔다 …

Вошел. Полна народу зала;
Музыка уж греметь устала;
Толпа мазуркой занята;
Кругом и шум и теснота;
Бренчат кавалергарда шпоры;
Летают ножки милых дам;

53) (원주) 이 점에 관해서는 마꼬고넨꼬, 《뿌슈낀의 소설 《예브게니 오네긴》》(Г. Макогоненко, Роман Пушкина "Евгений Онегин," М., 1963) 51~55쪽을 보라.

По их пленительным следам
Летают пламенные взоры,
И ревом скрыпок заглушён
Ревнивый шопот модных жен.

Во дни веселий и желаний
Я был от балов без ума…

추방자 뿌슈낀은 혹은 아이러니컬하게 혹은 슬픔에 잠겨 그가 이미 다가갈 수 없는 첫 장의 세계를 즐긴다.

그러나 사회적 도덕적 평가의 문제에 있어 뿌슈낀과 뿌슈낀 시대 사람들은 위계적으로 사고했다는 점을 기억해야 한다(그들의 합리주의적인 성향이 이 점에서 표출된다). 그들은 에피쿠로스적이고 에로틱한 시를 쓰곤 했다. 그리고 이 점이 그들이 슬픈 비가와 고상한 시민적 서정시를 창작하는 것을 방해하진 않았다. 뿌슈낀은 그 나름대로 오네긴의 세계를 사랑한다. 그러나 소설의 전체적인 구조 속에서 그는 전 민중의 삶, 자연, 창작, 고상한 생각과 감정의 큰 가치들과의 병치 속에서 오네긴에게 그의 위치를 가리켜 준다. 첫 장의 세계는 나름의 매력을 지니고 있다. 하지만 그럼에도 불구하고 이것은 제한된 그리고 인공적인 세계이다. 그리고 만약 이 세계가 인간의 정신적 가능성의 한계가 된다면, 이 세계의 법칙은 범죄(친구의 살해)와 파국(영혼의 황폐화)으로 인간을 이끌어 간다.

뿌슈낀에게 있어 삶이 동등한 가치를 지닌, 그리고 윤리적으로 무차별적인 현상들로 이루어져 있지 않았다는 것은 자명하다. 그에게 있어 삶은 가치를 인정할 수 있는 특정한 전제들이 있을 때 그가 아름다운 것으로 만들 수 있었던 현상들로 이루어져 있었다. 이미 이야기된 바와 같이, 시적 해석의 대상이 되는 현상의 선별은 뿌슈낀에게 있어 일정한 경계를 지녔다.

역사적이고 동시대적인, 심리적이고 세태적인 구체성 속에서 받아들여진 인간은 (이 인간의 사회적 속성에 의해 제한된) 자신의 물리적 세계와 함께, 이미 더 이상 조건적이지 않은 자신의 세태적인 삶의 자질들과 함께 서정시 속으로 들어갔다. 그러나 리얼리즘은 세계이해이다. 그러므로 물리적 속성 그 자체는 결코 리얼리즘과 동등하지 않다. 고전주의의 다면적인 체계에도 물리적 속성은 존재했고, 낭만주의의 이원론적 세계에도 물리적 속성은 염원이나 절대의 대립항인 '저급한 현실'을 표상하며 존재했다. 18세기 말의 묘사시에도〔예를 들어, 당대에 유명했던 데릴(Jacques Delille)의 〈정원〉(Les jardins)[54)]〕, 송가에도, 우정서한에도 경험적 물성은 상이하게 기능하며 어느 정도 존재한다.

세태적인 사물이나 저속한 '기질'을 시에 도입하는 것을 리얼리즘과 동일한 것으로 바라보는, 한때 통용되었던 조야한 시각은 이제 사라졌다. 현실을 개별적인 폐쇄적인 영역들로 분할될 수 없는 단일한 것으로 이해하는 리얼리즘과 그토록 거리가 먼, 고전주의의 저급한 장르들에서 (18세기 러시아 시에서도) 저급한 기질은 얼마든지 찾을 수 있다.

18세기에 바실리 마이꼬프(Василий Майков)[55)]가 자신의 〈엘리쎄이〉(Елисей)에서 마부들과 농민들에 관해 썼을 때, 그에게 이것은 영웅서사시의 격하였다. 왜냐하면 사회적 관점에서 볼 때 '저급하고', 미적 관점에서 볼 때 저속하고 해학적인 대상들이 화제가 되고 있기 때문이다. 하지만 네끄라쏘프는 바로 이렇게 썼다.

> 너를 파종하고 보호하는 자가 어디에 있으랴,
> 어디에서 러시아의 농민은 신음하지 않을 것인가…
>
> Где бы сеятель твой и хранитель,
> Где бы русский мужик не стонал…

네끄라쏘프에게 있어 러시아 농민의 세계는 아주 거대한 사회적 가치다. 이것이 그의 민주적인 시학을 결정했다. 그러나 네끄라쏘프에게서

54) 프랑스 시인(1738~1813). 풍경묘사 장르의 대가. 19초 러시아에서 가장 널리 읽히는 시인 중의 한 명이었다.

55) 18세기 유명 작가(1728~1778). 귀족 보수주의의 입장에서 도시의 부르주아적 세태를 풍자하는 한편, 목가적인 전원의 삶을 노래했다.

한때 저급했던 말이 가장 고상한 말의 울림을 지닐 수 있기 위해서는, 뿌슈낀에 의해 이루어진 변혁이 필요했다.

뿌슈낀에게 있어 일상적인 말은 해학적이고 희화적인 것과의 필수적인 연관으로부터 자유롭다. 그것은 그 가능성에 있어 동등한 권리를 지닌 서정시의 질료로 변모되었다. 데르좌빈의 시에서 '산문'은 아직 혼란된 상태로 시에 침투했다. 뿌슈낀과 더불어 러시아 시에서 위대한 미래를 앞둔 시적 산문체(прозаизм)라는 새로운 미적 범주가 태동했다.

지금까지도 우리의 사전, 참고도서, 교과서 등에서 산문체라는 말은 변함없이 뿌슈낀으로부터의 인용을 동반한다.

> 제가 불필요한 산문체를 허용하도록 눈감아 주시길.
>
> Извольте мне простить ненужный прозаизм.

러시아에서 이 용어를 처음으로 사용한 이가 뿌슈낀이 아닌 것은 아닌가? 어쨌든 뿌슈낀에게서 이 용어는 우연한 것이 아니다. 그것은 뿌슈낀의 미적 사고에 유기적인 것이고, 그래서 뿌슈낀 시학의 몇몇 현상에 열쇠를 제공한다.

'산문체'라는 용어는 뿌슈낀 시대의 러시아어 사전에 없었을뿐더러, 〔달(Даль) 사전을 포함한〕 19세기 후반 러시아어 사전에서도 찾아볼 수 없다. 오늘날 우리가 이해하는 바의 의미에서 이 용어는 쏘비에뜨 시대 사전에서 나타나고 있을 뿐이다. 이 용어는 틀림없이 프랑스어로부터 뿌슈낀에게 전해졌다. 프랑스어에서 이 용어는 항상 부정적인 의미로 사용되었고, 1835년에 프랑스 과학아카데미에 의해 간행된 사전에 의해 처음으로 공인된 신조어였다(뿌슈낀은 1833년의 시 〈가을〉에서 산문체에 관해 상기시켰다).

프랑스어 사전들에서 산문체(prosaïsme)는 오늘날까지도 산문에 고유한 비유와 표현을 너무 많이 포함한 시의 결점으로 규정된다. 뿌슈낀은 용어에 긍정적인 의미를 부여했고, 이것은 그가 이룬 리얼리즘적 변혁과 연관되어 있다. 뿌슈낀이 "제가 불필요한 산문체를 허용하도록 눈감아 주시길"이라고 말할 때, 우리는 이것이 원칙적이고 필요한 산문체라고 이해한다.

> 푸! 산문적인 헛소리들,
> 플랑드르파의 잡다한 논쟁 -
>
> Тьфу! прозаические бредни,
> Фламандской школы пестрый сор -

뿌슈낀이 이렇게 말할 때, 우리는 이 "산문적인 헛소리들이" 그에게 얼마나 중요한지 안다. 이때 산문체는 시 텍스트 속에서 이질성의 뉘앙스를 띤 말로서의 변별적 자질 속에서 뿌슈낀에게 중요하다. 그는 이를테면 일상적인 어휘가 끝없이 이어지고 문체 규범에 의해 사전에 검토되어 있었던 고전주의의 저급한 장르들과 관련하여 산문체에 관해 말하기 시작하지 않았을 것이다. 뿌슈낀 이후에 용어는 오랫동안 이와 같은 뿌슈낀적인 이해 속에서 사용되지 않았다. 용어가 사용되었다면, 그것은 단지 산문성(прозаичность)이란 말 대신이었다. 예를 들어 벨린스끼는 이렇게 썼다. " … 교훈적인 시의 모델들이 지닌 진부함은 '교훈적'이란 단어 자체를 권태로움, 생기 없음, 산문성(прозаизм)의 동의어로 만들어 사용 금지시켰다 … "[56]

1920년대에 쏘비에뜨 문예학에서 〔예를 들어, 띄냐노프의 1921년 논문 "네끄라쏘프의 시 형식"(Стиховые формы Некрасова)에서〕 산문체라는 용어가 자리 잡게 되었을 때, 이 용어를 상기시킨 것이 역시 "불필요한 산문체"에 관한 뿌슈낀의 시행임은 명백하다.

이 창작방법의 의미는 그것이 시적 발화가 지닌 모든 변형시키는 힘을 보존하며, 그와 더불어 시적 발화를 현실의 폭넓은 세계에 개방한

56) (원주) 벨린스끼, 《저작 전집》, 8권(В. Г. Белинский, Полное собрание сочинений, т. VIII. М., 1955), 308쪽.

다는 점에 있다. 산문체는 그 어떤 다른 시적인 말보다도 시적 발화의 조건을 더 많이 필요로 한다. 효과적인 시적 은유를 산문을 통해 전달할 때, 어느 정도까지는 그것에 관한 표상을 줄 수 있다. 그러나 산문의 환경 속에서 시적 산문체는 곧 생기를 잃게 될 것이다. 산문체는 산문적이지 않다. 단지 산문체의 시적인 자질이 미리 획득되지 않았을 뿐이다. 산문체의 시적인 자질은 매번 노력을 통해 새롭게 창조된다. 그것은 문맥으로부터 획득된다.

시에서 물성을 지닌 말은 물성의 상이한 단계를 지닌다. 그것은 데르좌빈의 경우처럼 경험적으로 구체적일 수 있고, 혹은 뿌슈낀의 경우처럼 자신의 구체성의 경계를 넘어가는 말일 수도 있다. 이와 더불어 추상적인 말이 그렇듯이, 물성을 지닌 말도 이런저런 문체의 신호로 변모될 수 있다. 송가의 검과 비가의 종달새와 장미 — 구체적인 것과 추상적인 것의 형식적인 구분이 관건이라면, 이것들도 실로 또한 사물이다. 그러나 이 단어들이 지닌 물리적인 내용은 거의 남김없이 소멸되었다. 다른 한편으로 가장 세태적인 말이 비유의 질료가 될 수 있고, 의미의 은유적 전이 과정 속에서 이 말이 지닌 최초의 물성이 지워진다(예를 들어 상징주의자들의 경우가 그러하다).

물리적인 말이 항상 산문체인 것은 아니다. 그리고 산문체가 반드시 물리적인 말이어야 하는 것도, '저급한' 말이어야 하는 것도 아니다. 산문체 — 이것은 무엇보다도 우선 비문체적인 말, 즉 이런저런 시적 문체에 속하지 않은, 미적으로 중립적인 말이다.

'문체(양식)'라는 말을 우리는 다양한 의미 속에서 사용한다. 우리는 이 말을 해당 예술체계의 본질적이고 어느 정도 견고한 특질들의 상호작용으로 이해하며, 모든 작가, 모든 작품의 문체에 관해 이야기한다. 동시에 우리는 역사상 형성되어 예술가에게 주어진, 약정들과 표준들 및 엄격하게 규범적이기도 하고 상대적으로 유연하기도 한 금지들을 지닌 체계를 양식이라 지칭한다. 그때 양식은 어떤 자질들은 부각시키고 다른 자질들은 억누르며, 말이 읽히는 의미상의 열쇠를 결정한다. 양식은 이미 준비되어 축적된 연상을 말에 부과한다. 바로 그와 같은 문체체계들과의, 특히 시의 문체체계들과의 상호연관성 속에서 확실한 미적 보편의미성을 지니지 않은 비문체적인 말, 곧 산문체의 범주가 태동한다. 민담에 바탕을 두는 시는 세태적인 말을 폭넓게 이용한다. 그러나 이 말들은 특정한 문체적 연관 속에서 지각된다. 민담 시의 전통은 미리 자신의 시적인 자질을 이 말들에 부과했다.

> 오, 가득하다, 바구니가 가득하다,
> 사라사 무명도 있고 금은 비단도 있다,
> 내 사랑, 씩씩한 어깨를
> 불쌍히 여겨 다오!
> . . . .
> 스스로 적잖은 대가를 치렀잖니,
> 흥정하지 말고, 인색하게 굴지 말렴.
> 붉은 입술을 어서 다오,
> 사랑하는 이에게 가까이 앉으렴!
>
> Ой, полна, полна коробушка,
> Есть и ситцы и парча,
> Пожалей, моя зазнобушка,
> Молодецкого плеча!
> . . . .
> Цены сам платил немалые,
> Не торгуйся, не скупись;
> Подставляй - ка губы алые,
> Ближе к милому садись!

네끄라쏘프 〈행상인들〉(Коробейников)의 시행들 속 어휘들은 세태적이고, 고전적인 관점으로 볼 때 '저급하다'. 그러나 이것들은 결코 산문체가 아니다. 꼴쪼프의 서정시에서 산문체에 관해 말하는 것도 적절치 않을 것이다.

전 세계의 시에서 위대한 발견은 전통적인 다듬어진 문체를 토대로 하여 이루어졌다. 하지만 이 견고한 문체들은 시적 사유의 길 위에 어떤 경계들과 금지들을 놓았다. 그와 반대로 비문체적인 말은 시인의 사고의 비선결성을, 물질적 정신적 삶의 모든 영역에 시인의 사고가 침투할 가능성을 의미한다.

비문체적인 말은 '저급한' 말과 동일하지 않다. 그러나 그들 사이에는 역사적 관련성이 존재했다. 고상한 장르들과 저급한 장르들의 고전적 규범들은 18세기에 이미 동요되었다. 그러나 고상한 것과 저급한 것, 시적인 것과 일상적인 것 사이의 대립은 시에서 극도로 견고한 것으로 드러났다. 고전주의는 고상한 것과 저급한 것을 나누었다. 낭만주의 시는 그것들을 뒤섞고 엮으며, 이 복잡한 상호연관 속에서 날카로운 미적 효력을 얻어냈다. 그러나 이 효력은 여전히 생명력을 유지하는 사물들의 위계에 대한 느낌으로부터 자라났다. 고상한 것과 저급한 것의 전제가 위계적 범주들을 의식적으로 파괴하는 것을 허용했다.[57]

의고적 표현처럼, 이국적 표현처럼, 산문체도 정상적인 시적 질료로 변모되며, 자신의 지각성을 상실할 수 있다. 그때 산문체는 더 이상 문체적 사실로서 존재하지 않는다. 산문체의 지각성의 보존과 이 지각성의 척도는 그 다양한 구조적 기능과 긴밀히 연관되어 있다. 시적인 말의 긴장된 평가의 세계 속에서 부정적인, 즉 폭로하고 격하시키는 산문체는 풍자로 이끌린다.

---

57) (원주) 그와 같은 상호연관은 움직이는, 변화하는 가치들의 세계를 지닌 낭만적 아이러니에 특징적이다. 낭만주의로부터 리얼리즘으로의 이전 과정에서, 특히 러시아 문학사의 전개과정에서〔《예브게니 오네긴》, 레르몬또프의 〈싸슈까〉(Сашка)와 〈아이들을 위한 동화〉(Сказка для детей)〕 낭만적 아이러니가 지닌 의의에 관해서는 나의 책 《레르몬또프의 창작의 길》(Творческий путь Лермонтова, Л., 1940)의 "아이러니적 서사시들"(Иронические поэмы)의 장을 보라. 이 책에서, 그리고 또한 1930년대의 논문들에서("뿌슈낀 문학에서의 리얼리즘. 문제의 정초를 위하여," 〈뿌슈낀. 뿌슈낀 위원회 간행 정기 학술지〉, 2호(К постановке проблемы реализма в пушкинской литературе, Пушкин. Временник Пушкинской комиссии, NO. 2, М.:Л., 1936); "뿌슈낀의 후기 시," 〈별〉, 1936, 10호(Поздняя лирика Пушкина, Звезда, 1936, NO. 10) 등 나는 시에서의 '격하'와 격상의 문제와 사물들이 지닌 권리의 리얼리즘적인 동등성의 문제 등을 제기한다.

이반 공작은 배가 위대한 사람,
손은 깃털침대 태생,
기름진 뺨은
귀의 받침대로 기능한다.
… 그는 유명한 식객,
지혜롭게 말한다,
수지용 불룩한 통에 따르듯,
제 속에 포도주를 들이 붓는다.

Князь Иван - колосс по брюху,
Руки - род пуховика,
Пьедесталом служит уху
Ожиревшая щека
… Он - известный объедало,
Говорит умно,
Словно в бочку из - под сала,
Льет в себя вино.

이 시행들은 네끄라쏘프의 〈기념일을 맞은 자들과 의기양양한 자들〉(Юбиляры и триумфаторы) 이다. 그와 같은 어휘사용은 폭넓게 배양된 풍자의 전통을 배후에 지니고 있었다. 네끄라쏘프의 진정한 고유성은 고상한 산문체다.

땀투성이로 일한 후에 잠들었다!
대지에 수고를 바치고 잠들었다!
근심에 무관하게 누워 있다,
하얀 소나무 탁자 위에.

움직임 없이 근엄한 모습으로 누워 있다,
머리맡에 타오르는 촛불을 두고,
하얀 아마사로 된 넓은 셔츠를 입고,
새 라임나무 샌들을 신고.

많은 노동을 감당한,
곳곳에 못이 박힌 큰 손,
고통을 모르는 아름다운
얼굴 — 그리고 손까지 자라난 턱수염…　　　〈추위, 붉은 코〉

Уснул, потрудившийся в поте!
Уснул, поработав земле!
Лежит, непричастный заботе,
На белом сосновом столе.

Лежит неподвижный, суровый,
С горящей свечой в головах,
В широкой рубахе холщовой
И в липовых новых лаптях.

Большие, с мозолями руки,
Подьявшие много труда.
Красивое, чуждое муки
Лицо — и до рук борода …

"Мороз, Красный нос"

이 단편 속에는 단어를 격상시키는 기본적인 두 수단이 결합되어 있다. '저급한' 말들이 고양된 언어 환경에 (장엄한 통사구조, 촛불의 형상, 고통을 모르는 얼굴) 동화되고 그것으로 채색된다. 동시에 이 말들은 민주적인 사회적 의식에 의해 잉태된 새로운 사회적 가치들로 충전된다. 이 새로운 민주적인 의미 속에서 말이 담지한 가치가 펼쳐지기 위해서는, 시인이 산문체의 지각성을, 그 특수한 어휘 자질을 보존해야 한다.

땀(под), 노동의 땀은 네끄라쏘프에게 있어 고상한 말이다. 이것은 자명하다. 그러나 괄목할 만한 것은 이 말의 고상한 울림을 우리가 데르좌빈에게서도 찾아볼 수 있다는 점이다.

용포와 권좌와 궁전을 저버리고,
먼지를 뒤집어쓰고 땀에 전 방랑자가 되었던
위대한 뾰뜨르는, 어떤 신처럼,
노동 속에서 위대함으로 빛났다 … 〈고관대작〉

Оставя скипетр, трон, чертог,
Быв странником, в пыли и в поте,
Великий Петр, как некий бог,
Блистал величеством в работе … 58) "Вельможа"

먼지(пыль)와 땀은 황제 권력의 가장 고귀한 자질들과 병치되어 있다. 이 말들은 여기에서 뾰뜨르의 위대함(величество)이 지닌 특별한 노동의 원칙을 표현하기 위해 필요하다. 동시에 장엄한 데르좌빈의 문맥은 단어 땀이 사용된 성서의 문맥을〔"네 얼굴의 땀 속에서 빵을 먹게 되리라"(В поте лица твоего будешь есть хлеб)〕 상기시킨다.

전적으로 긍정적이고 전적으로 부정적인 산문체만 존재하는 것이 아니다. 산문체에는 또 하나의 중요한 사명이 있다. 어휘는 저급한 것으로, 저급함이 강조된 채로 남아 있지만, 핍박당한 자들의 사회적 비극을 반영하는, 비극적이고 끔찍한 의미를 획득한다. 산문체의 이 기능은 낭만주의의 추와 공포의 시학에 의해 이미 준비되었다. 프랑스 낭만주의자들의 희곡과 산문에서 그것은 날카로운 사회적 지향성을 부여받았다.

네끄라쏘프의 시에는 고양의 원칙과 더불어 비극적으로 저급한 원칙이 분리될 수 없이 결합된 채 내재한다.

> 그의 껍질이
> 부풀어 올랐다,
> 애수가 궁핍이
> 고통스럽게 했다.
>
> … 빵조각 떼어 내
> 산더미 이루기,
> 큰 탁자 가득
> 응유 과자를 떼어내기!
>
> 모든 것을 혼자 떼어내기,
> 나 혼자 하기.
> 엄마가, 아들이
> 달래도 - 안 줘!

---

58) (원주) 1826년 작 〈사행시〉(Стансы) 에서 뿌슈낀은 보다 완화된 형식으로 이 상호관계를 반복했다: 학술원 회원이기도 하고, 영웅이기도 하고, /항해자이기도 하고, 목수이기도 하다 … То академик, то герой, То мореплаватель, то плотник ….

С коры его
Распучило,
Тоска - беда
Измучила.

… Ковригу съем
Гора горой,
Ватрушку съем
Со стол большой!

Все съем один,
Управлюсь сам.
Хоть мать, хоть сын
Проси — не дам!

이 시행들은 〈루씨에서 누가 살기 좋은가〉(Кому на Руси жить хорошо) 중의 〈배고픈〉(Голодная) 노래다. 무한히 많은 예를 들 수 있을 것이다.

안드레이 벨르이(Андрей Белый)가 《유골》(Пепель)에서 20세기 초의 해체된 러시아 농촌의 잔혹한 실존에 관해 썼을 때, 그는 바로 이 비극적으로 저급한 (격상시키지 않는) 네끄라쏘프의 원칙을 필요로 했다.[59]

어제 그는 선술집에 들러
한 달 급료를 술에 탕진했다.
그리고 오늘 먼 거리로 인해 지친 몸을 이끌고
고향 마을을 향해 터벅터벅 걷는다.

… 우엉 꽃술이 그를 뒤따라 마을까지 내달린다,
열광한다, 춤춘다.
선술집에서 진탕 마시고 놀았다
진창에 빠진 넝마조각이.

〈스텝〉

59) (원주) 블로끄와 벨르이의 시에서의 네끄라쏘프적인 원칙에 관해서는 스까또프, 《네끄라쏘프. 동시대인들과 계승자들》(Н. Н. Скатов, Некрасов. Современники и продолжатели. Л., 1973)을 보라.

Вчера завернул он в харчевню,
Свой месячный пропил расчет.
А нынче в родную деревню,
Пространствами стертый, бредет.
… Метется за ним до деревни,
Ликует — танцует репье:
Пропьет, прогуляет в харчевне
Растертое грязью тряпье.

"Бурьян"

벨르이와 달리 마야꼽스끼의 초기 시에서는 목전에 앞둔 혁명의 파토스와 도탄에 처한 군중의 파토스를 받아들이는 저급한 말의 격상 과정이 각별한 의식의 대상으로서 명확하게 표현되어 있다.60)

졸음이 묻어나는 침대보 같은 얼굴을 지닌,
샹들리에 같이 축 늘어진 입술을 지닌
우리.
황금과 진창이 나병을 일으킨
도시의, 문둥이 수용소의 죄수들인
우리.
바다와 태양에 갓 씻은 얼굴을 한
베네치아의 푸른 하늘보다 더 깨끗한 우리.

Мы
с лицом, как заспанная простыня,
с губами, обвисшими, как люстра,
мы,
каторжане города - лепрозория,
где золото и грязь изъязвили проказу, —

60) (원주) 구꼽스끼는 논문 "마야꼽스끼의 문체에 관하여"(О стиле Маяковского)〔〈별〉, 1940, 7호(Звезда, 1940, NO. 7)〕에서 "시인의 진정한 주인공인 미래의 인간에 대한 적용 속에서의 허상적인 '저급한 것'과 진정으로 고상한 것 …"의 충돌에 관해 말하고 있다. 그러나 연구자는 뿌슈낀으로부터 상징주의자들에 이르는 러시아 시를 포괄하는, 일상적인 것의 의식적인 격상, 곧 시화 과정과 연관되는 맥락을 배제한 채, 이 현상들을 마야꼽스끼의 시에서만 고립적으로 고찰한다.

мы чище венецианского лазорья,
морями и солнцами омытого сразу!

벨르이의 경우도 마야꼽스끼의 경우도 네끄라쏘프적인 산문체 도입 전통을 상이한 방식으로 실현한 것이다. 뿌슈낀의 경우는 다르다. 사실상 뿌슈낀이 관계한 것은 저급한 말이 아니라 일상적인 말이다. 그리고 일상 속에서 그는 미와 의미를 추구했다. 말의 가장 미세한 어휘적 뉘앙스에 대해서도 극도로 섬세한 감각을 지녔던 뿌슈낀은 물론 산문체의 지각성을 보존했다. 하지만 그는 그것을 아름답게 만들었다. 이를 위해 뿌슈낀은 '플랑드르 화풍'의 미적 범주를 필요로 했다. 그는 일상의 '다채로운 잡동사니'를 질료로 하여 고상한 예술을 창조한 플랑드르 화파[61]를 참조했다.

페뜨는 어휘에 대한 감각과 요구가 이미 소멸된 시대의 시인이다. 그래서 시의 구조 속으로 침투하는 일상적인 말 그 자체가 흔히 이미 지각되지 않고, 문체적 이질성을 결여하고 있다는 점이 페뜨의 시에 특징적인 현상이다. (이를 통해 페뜨는 20세기 시의 몇몇 현상을 예언했다.) 외부로부터 오는 모든 선명한 인상들에 대한 페뜨의 인상주의자적인 갈망은 이에 상응한다.

뿌슈낀이 이룬 변혁의 본질은 시적인 말에 그것의 물리적 의미가 되돌려졌고, 그럼으로써 동시대의 중대한 사고를 표현할 일찍이 보지 못한 날카로운 무기를 시인이 지니게 되었다는 점에 있다. 예를 들어, 류보무드리도 동시대인의 의식의 어떤 상태를 표현했지만, 그들은 그것을 경험 세계로부터 단절된, 시간을 초월한 듯한 형식 속에서 표현했다. 또한 초시간적인 듯한 이 시인의 언어는 역사적 동시대적 현실의 시에 적합하지 않았다.

1820년대 말~1830년대의 러시아 서정시는 (모방자들의 유려함으로 퇴화된) '조화로운 정확성'으로부터 벗어나고자, 익숙한 어휘사용에 기반을 둔 조건적이고 견고한 문체들로부터 벗어나고자 의식적으로 노력

61) 주변 현실의 다채로운 면모와 인간의 정서적 삶에 대한 관심이 17세기 플랑드르 화파의 특징을 이룬다.

했다. 그 한 길은 낭만주의적 은유를 향했다. 1830년대의 낭만주의 또한 독특한 조건적인 시적 환경을 창조했지만, 고유의 수단들을 통해, 어휘 선별이 아니라 형상의 중첩을 통해 그것을 창조했다. 뻬슈낀은 다른 길을 선택했다.

세기 초 투명한 비가 문체로부터 뻬슈낀은 형상의 고양이 아니라, 그와 반대로, '꾸밈없는 단순성'[62]을 향해 나아갔다. 그러나 조화로운 정확성의 성취가 흔적을 남기지 않은 채 지나간 것은 아니다.[63] 초기 뻬슈낀의 시학은 사물에 대한 채색의 시학이 아니라, 비록 약정적인 이름들을 통해서이긴 하지만, 사물의 명명의 시학, 아름다운 말의 선별과 섬세한 조합의 시학이다. 성숙한 뻬슈낀은 세계의 정신적 물질적 세계의 선결되지 않은 현상을 자유롭게 선별하고 명명하며, 처음으로 그것들을 미적인 사실로 변모시켰다. 어휘적 정확성이 이제 대상적 정확성과 결합된다. 어휘결합의 반복성은 일회성으로 대체되었다. 개인적인 양상이 개인적인 자질들을 부각시킨다. 그래서 이제는 조화와 더불어 사물들의 새로운 원근을 제공하는 모순의 원칙이 중요하다.

> 은총을 잃은 이 작은 집,
> 이 집에서 불쌍한 내 유모와 나는 살았다.
> 이미 노파는 없고, 이미 벽 뒤에서
> 그녀의 무거운 발걸음도
> 그녀의 수고스러운 순찰도 나는 듣지 못한다.

---

62) (원주) 1828년의 초고 스케치에서 뻬슈낀은 이렇게 적었다. "성숙한 문학 속에서 지성이 약정되고 선택된, 제한된 언어 집단에 싫증을 느껴, 민중의 신선한 사고에 그리고 애초에 멸시당한 기묘한 일상어에 관심을 돌리는 때가 도래한다." 바로 같은 곳에서 뻬슈낀은 '꾸밈없는 단순성이 지닌 매력'에 관해 말하고 있다. 1830년대 뻬슈낀의 서정시 모두가 이 규정 아래에 들어가는 것은 결코 아니다. 논점은 경향성, 새로운 주도적인 원칙의 발견인 것이지, 양적 우위가 아니다.

63) (원주) 뻬슈낀은 끝까지 일관되게 강력한 수단들을 좋아하지 않았다. 이를테면 1820~1830년대 프랑스 낭만주의에 대해 그가 보인 유보적인 태도가 이로부터 기인한다.

Вот опальный домик,
Где жил я с бедной нянею моей.
Уже старушки нет — уж за стеною
Не слышу я шагов ее тяжелых,
Ни кропотливого ее дозора.

마지막 두 행에서 말들은 상호간에 모순적인 관계에 돌입한다. 무거운 발걸음(тяжелые шаги)은 유모에 어울리지 않는다. 그리고 이것은 곧 표상을 바꾸어, 그것을 관찰된 단일한 자질로 변모시킨다. 여기에서 무거운 발걸음은 노파의 독특한 걸음걸이, 세월과 근심의 무게를 짊어진 존재의 걸음걸이, 아마도, 부산한 〔수고스러운(кропотливый)이란 단어가 이 뉘앙스를 뒷받침한다〕 걸음걸이다. 이어지는 시행에도 같은 계열의 수고스러운 순찰(кропотливый дозор)이라는 어휘결합이 등장한다. 일반적으로 순찰은 군대의 순찰, 감옥의 순찰 등과 같은 다른 개념과 연상을 이룬다. 수고스러운이란 한정어는 순찰에 보살핌, 근심, 부산한 근심의 의미를 부여한다. 하지만 이와 더불어 말의 일차적인 의미가 완전히 사라지는 것은 아니다. 이것은 유모이자 주부인 노파의 독재적인 근심이다.

시적 산문체는 다의성, 고양된 연상성, 상징성 등 시어의 모든 자질을 보존한다. 뿌슈낀의 비문체적인, '꾸밈없는' 말은 복잡한 연상의 덩어리다. 뿌슈낀은 기정의 연상들에 의해 연관되지 않은 추한 말은 문맥에 특히 강하게 작용하고, 문맥으로부터 폭넓은 의미를 이끌어냄을 보여주었다.

시적인 말은 항상 변모된 의미를 지닌 말이다. 그러나 이 변모는 다양한 수단에 의해 실현된다. 은유 속에서는 의미의 전이, 다른 것에 의한 의미의 대체가 이루어진다. 합리주의와의 연관을 보존한 문체에는 말-신호가 특징적이다. 그와 같은 말은 형식적으로는 비유가 아니다. 그러나 이 말의 물리적 내용은 제거되고, 폐쇄된 문체 계열 속에서 그것이 획득한 자질들과 연상들로 대체되어 있다.

성숙한 시기의 뿌슈낀의 시적인 말은 의미의 변모나 대체가 아니라, 부단히 의미를 풍부하게 함으로써 생기를 얻는다. 조건적인 시적 문체 속에서 시적인 말은 자신의 물리적 속성을 상실하곤 했다. 성숙한 시기 뿌슈낀의 시에서 말은 물리적이다. 그러나 그것은 이 물리적 속성에 국한되어 있지 않다. 동시에 그것은 성숙한 시기 뿌슈낀의 창작세계를 규정하는, 윤리적, 역사적, 정치적 일반화의 대표자다. 섬세하고 정확한 구체성을 완전히 보존하면서도, 말은 무한히 확장될 수 있다. 뿌슈낀은 현실의 시의 과제를 문체적으로 바로 이와 같이 해결했다.

뿌슈낀의 새로운 서정시 창작방법의 첫 모델들 중 하나는 시 〈가을〉이다. 이 시의 창작연도는 1833년으로 기록되어 있지만, 그 초고는 1829~1830년경으로까지 거슬러 올라가는 것으로 짐작된다.

시 〈가을〉에서 뿌슈낀은 미적 작용의 두 거대한 힘을, 즉 시적 아우라에 의해 이미 둘러싸인 전통적인 공식과 (뿌슈낀은 결코 그것을 거부하지 않았다) 무한한 행렬을 이루어 현실 자체의 저장고로부터 대두되는, 예견되지 않은 산문체를 만나게 하여 서로서로에게 봉사하도록 했다.

〈가을〉에서 러시아의 자연, 이 자연과 합류된, 그리고 그 법칙에 지배받는 시골에서의 고독한 삶은 지고한 가치를 이룬다. 특히 왜냐하면 여기에서 이들은 고유한 의미에서 시 〈가을〉의 주제를 이루는 시적 영감, 창조 행위의 조건으로서 우리에게 대두되기 때문이다.

내게 말을 끌어온다. 탁 트인 평원에서
갈기를 휘날리며 말은 기수를 태우고 질주한다.
말의 빛나는 발굽 아래에서 얼어붙은 계곡이
요란한 울림을 내고 얼음이 갈라진다.
그러나 짧은 하루가 저물고, 잊힌 벽난로에서
불이 다시 타오른다. 선명한 빛이 발하거나,
서서히 사그라진다. 나는 그 앞에서 책을 읽거나
오랜 명상을 내 영혼 속에서 키운다.

Ведут ко мне коня; в раздолии открытом,
Махая гривою, он всадника несет,
И звонко под его блистающим копытом
Звенит промерзлый дол и трескается лед.
Но гаснет краткий день, и в камельке забытом

Огонь опять горит — то яркий свет лиет,
То тлеет медленно, — а я пред ним читаю
Иль думы долгие в душе моей питаю.

여기에서 명확하게 드러나는 바와 같이, 의미와 미의 영역은 일상적인 사물을 자신 속으로 끌어들여 자신으로 스며들게 하고, 그럼으로써 그것을 변모시킨다.

얼어붙은(промерзлый)과 갈라진다(трескается) — 이 말들은 고전적인 비가에서라면 허용되지 않을 것이다. 말발굽(копыто)은 차라리 우화의 어휘에 속한다. 그러나 뿌슈낀의 〈가을〉에서 이 모든 물리적 말은 동시에 시골에서 자유로운 삶의, 러시아 자연의, 영감에 찬 노동의 이상의 전도체들이다. 그래서 불길이 타오르고 또 사그라지는 벽난로처럼, 시인의 명상처럼, 이 말들 또한 아름답고 합법칙적으로 서로 결합되어 있다. 이 모든 말은 동등하게 그리고 결부된 연상들의 단일한 사슬이 되어 결말부의 영감의 형상으로 이끌린다.

움직이지 않는 물기 속에서 배가 움직임 없이 그렇게 졸고 있다.
하지만 들어봐! 선원들이 갑자기 뛰어다니고, 위로 아래로
기고, 돛이 부풀어 올라 바람을 가득 채웠다.
거대한 몸집이 움직였고 물결을 갈랐다.

Так дремлет недвижим корабль в недвижной влаге,
Но чу! - матросы вдруг кидаются, ползут
Вверх, вниз - и паруса надулись, ветра полны;
Громада двинулась и рассекает волны.

이 거대한 상징은 또한 물리적이다. 그러나 이 상징을 구축하는 물리적 표상들은 여기에서 다른 사명을 띠고, 즉 시적 비유의 질료로서 나선다. 뿌슈낀은 산문체에 이 역할을, 곧 전통적인 미학의 관점으로 볼 때 고양된 역할을 부여했다.

1810~1820년대 서정시 문체들이 지닌 시적 공식들과 달리 뿌슈낀의 꾸밈없는 말은 선결되지 않은 연상들의 말이다. 그래서 이 말의 의미 가

능성은, 미리 예견되지 않은 새로운 국면 속에서 사물을 인식할 가능성은 무한하다.

나는 사랑한다, 자연의 화려한 시듦을,
붉은 옷과 황금색 옷을 입은 숲을,
숲의 그늘 속의 바람의 소란과 신선한 숨결을,
굽이치는 암흑에 뒤덮인 하늘을.

Люблю я пышное природы увяданье,
В багрец и в золото одетые леса —
В их сенях ветра шум и свежее дыханье,
И мглой волнистою покрыты небеса.

하늘을 뒤덮은 암흑은 익숙한 시적 공식이다. 그러나 뿌슈낀은 굽이치는(волнистою) 암흑이라 말한다. 이것은 이미 목격된 것, 구름의 형태, 풍경의 미세한 모습이다. 자연의 시듦(природы увяданье) 또한 보편적이고 일반적으로 사용되는 어휘결합이다. 그러나 화려한(пышное)이란 단어를 통해 뿌슈낀은 이 공식을 다음 시행의 주제와 연결시킴으로써, 굳어버린 공식을 곧바로 파괴한다.

붉은 옷과 황금색 옷을 입은 숲을…

В багрец и в золото одетые леса…

그렇다면 경이로운 형용어 빛나는 말발굽(блистающим копытом)은? 이것은 말발굽을 얼어붙은 계곡(промерзлый дол)과, 갈라지는 얼음(трескающийся лед)과 결합시켜 눈과 얼음의 섬광과 부서지는 소리와 울림소리를 지닌, 분해될 수 없는 겨울의 형상을 만든다. 그리하여 말발굽은 시가, 미가 되었다.

고인이 되기 몇 달 전에 뿌슈낀은 이렇게 썼다.

상념에 잠겨 교외를 거닐다
공동묘지에 들를 때 눈에 띄는
격자들, 기둥들, 화려한 무덤들.
그 아래에서 수도의 모든 시체들이 썩고 있다.
초라한 식탁을 마주한 게걸스러운 손님처럼,
아무렇게나 비집고 나란히 들어선
고인이 된 상인들과 관료들의 웅장한 무덤들.
값싼 끌로 새긴 꼴사나운 장식들.
그 위에는 산문으로도 시로도 적은
덕행과 직함과 관등에 관한 비명들.
옛 남편을 기리는 과부의 통곡.
도둑들이 기둥에서 떼어 낸 납골단지들.
또한 여기에서 아침이면 자신을 찾아 올 주민을
입을 크게 벌린 채 기다리는 매끈한 무덤들.
모든 것이 근심스러운 생각들을 떠올려서,
불쾌한 우수가 나를 찾는다.
침이라도 뱉고 달아날 도리뿐…
하지만 가을에 때로
저녁의 고요 속에서 시골에 있는
조상의 묘지를 찾는 것은 내게 얼마나 좋은 일인가.
그곳에서 고인들은 엄숙한 평정 속에서 졸고 있다.
그곳은 꾸밈없는 묘지들을 위해 허락된 드넓은 공간이다.
이 무덤들에는 밤에 창백한 도둑이 기어들지 않는다.
노란 이끼가 덮인 오래된 돌 곁을
마을주민이 기도하며 탄식하며 지나간다.
텅 빈 유골 항아리들과 보잘것없는 기념비와
코 없는 신들과 몰골사나운 미의 여신들의 자리에
낮은 무덤들 위로 드넓은 가지를 드리운 참나무가 서 있다,
바람에 흔들리며, 소란 떨며…

Когда за городом, задумчив, я брожу
И на публичное кладбище захожу,
Решетки, столбики, нарядные гробницы,
Под коими гниют все мертвецы столицы,
В болоте кое-как стесненные рядком,
Как гости жадные за нищенским столом,
Купцов, чиновников усопших мавзолеи,
Дешевого резца нелепые затеи,
Над ними надписи и в прозе и в стихах
О добродетелях, о службе и чинах;

По старом рогаче вдовицы плач амурный.
Ворами со столбов отвинченные урны,
Могилы склизкие, которы также тут
Зеваючи жильцов к себе на утро ждут, —
Такие смутные мне мысли все наводит,
Что злое на меня уныние находит.
Хоть плюнуть да бежать…
Но как же любо мне
Осеннею порой, в вечерней тишине,
В деревне посещать кладбище родовое,
Где дремлют мертвые в торжественном покое.
Там неукрашенным могилам есть простор;
К ним ночью темною не лезет бледный вор;
Близ камней вековых, покрытых желтым мохом,
Проходит селянин с молитвой и со вздохом;
На место праздных урн и мелких пирамид,
Безносых гениев, растрепанных харит
Стоит широко дуб над нижними гробами,
Колеблясь и шумя…

이 시를 바듀슈꼬프의 1811년 작 시 〈꼬꼬슈낀의 아내의 죽음에 부쳐〉[64] 와 비교해 보면, 러시아 서정시가 추상적 - 조건적인 것으로부터 구체적인 것에, 고골이 뿌슈낀 시에 대해 말한 '공간의 심연'을 드러내 보여주는 구체성에 이르기까지 어떤 길을 거쳐 왔는가를 가늠해 볼 수 있다.

이곳, 통곡의 처소에서 죽음의 조용한 신이
장미를 잡아 뜯는다.

Здесь, в жилище плача, тихий смерти гений
Розу обрывает, —

바듀슈꼬프가 이렇게 말할 때, 이 장미는 꺾고 향기를 맡을 수 있는 진짜 장미가 아니라, 사랑의 상징으로서의 장미다. 그리고 그것을 잡아 뜯는 이는 사람이 아니라 '죽음의 신'이다. 바듀슈꼬프가

64) (원주) 이 시의 일부는 이 책 43쪽(번역본 79쪽 — 역자)에 인용되어 있다.

무덤 곁에서 떨리는 손길로
자신의 밝은 램프를 끈다

Гасит у гробницы свой светильник ясный
Трепетной рукою, —

라고 말한다면, 이것은 기름을 채우고 불 피울 수 있는 램프가 아니라 인생의 상징으로서의 램프다. 그리고 그것을 끄는 이는 인간이 아니라, 신화적인 존재인 혼인의 신 휘멘이다.

바뜌슈꼬프가 통곡(вопли), 눈물(слезы), 사이프러스(кипарисы) 등등의 어휘를 사용한다면, 이 말들이 그에게 중요한 것은 물리적인 의미를 통해서가 아니라, 이 말들에 도입되어, 그것들을 특정한 사상과 정서의 기호로 변모시키는 시적 의미에 의해서다.

그대는 슬픈 주목을, 사이프러스의 가지를
유골 항아리 둘레에 심어라!

Ты печальны тисы, кнпарисны лозы
Насади вкруг урны!

유골 항아리는 고전적인 죽음의 상징이다. 그런데 바로 "도둑들이 기둥에서 떼어 낸 납골단지들"이란 시행에는 유골 항아리의 물리적 의미가 복원되어 있다. 그리고 시적 추상의 자질이 결여된, 바뜌슈꼬프의 죽음의 조용한 신의 자리를 코 없는 신(безносный гений)이 차지했다. 코 없는 신 — 세월의 흐름에 손상당한 묘지의 조각상 형상을 형성하는 일련의 물리적 자질을 독자의 표상 속에 불러일으키는 데에는 이 두 단어의 충돌로 충분하다.

이 시의 물리적인 형상들은 동시에 현격하게 가치평가적이고 이데올로기적이다.

텅 빈 유골 항아리들과 보잘것없는 기념비와
코 없는 신들과 몰골사나운 미의 여신들의 자리에

낮은 무덤들 위로 드넓게 가지를 드리운 채 참나무가 서 있다,
바람에 흔들리며, 소란 떨며 …

На место праздных урн и мелких пирамид,
Безносых гениев, растрепанных харит
Стоит широко дуб над нижними гробами,
Колеблясь и шумя …

어휘 텅 빈(праздный)은 물리적인 의미에서 텅 빈, 그리고 추상적인 의미에서 쓸모없는 혹은 불필요한의 두 의미 속에서 사용되었다. 더욱이 추상적인 의미는 가치평가적 성격을 지닌다. 뿌슈낀에게서 두 의미는 혼합되어 있다. 이 유골 항아리들은 텅 비었다. 그것들은 진짜 고대의 유골 항아리가 언젠가 사자의 유해를 담고 있었던 것처럼, 그것을 담고 있지 않다. 그것들은 쓸모없는 치장, 장식이다("값싼 끌로 새긴 꼴사나운 장식들"(Дешевого резца нелепые затеи)]. 정확하게 그와 같이 형용어 보잘것없는(мелкий) (보잘것없는 기념비들의) 속에서도 물리적 의미와 추상적, 가치평가적 의미는 서로를 강화시키며 합류된다.

코 없는과 몰골사나운(растрепанный)은 추상적인 의미를 지니지 않는다. 그러나 이 형용어들은 바로 그것들이 고상하고 우아한 대상들에 관련되어 있기 때문에, 가치평가적 속성을 획득한다. 몰골사나운 여인 — 이와 같은 규정은 그것을 평가하고자 하는 특별한 지향 없이 단순히 사실만을 언급할 수 있다. 하지만 몰골사나운 미의 여신(растрепанная харита)은 바로 이 어휘결합이 지닌 모순성으로 인해 뿌슈낀의 젊은 시절에 여전히 활기를 띠고 있었고, 1830년대에 이르러 속물적인 유행으로 퇴화되었던 문화적 상징들의 전체 체계(암피르[65] 신화 체계와 고대 문화)에 대한 의식적인 탄핵이 된다. 이와 같이 하나의 디테일이 일반화가 된다. 그러나 '약정적인' 시적 발화의 미리 주어진 일반화와 달리, 여기에서 우리는

65) 1830년대까지 고전주의 말기에 서구 건축과 장식미술에서 유행한 양식. 고대 그리스와 로마 제국 및 고대 이집트의 예술에서 엄격한 질서와 강력한 힘의 표현을 찾았다. 기념비적 건축 형태와 군사적인 장식 문양이 특징적이다.

시적 귀납법이라 할 수 있을, 개별로부터 일반으로의 소급과 관계한다.

뿌슈낀의 시에서는 속물적인 관료사회의 삶과 그가 이해하는 바의 자연과 민중에 가까운 실존의 대립을 담은 대조적인 시행들이 뒤따른다. 알레고리적인 익살의 대상들에 식물 세계의 제왕인 참나무가 대치되어 있다. 참나무의 형상은 부분적인 양상과 디테일로부터 자유롭다. 그것은 규정으로부터도 자유롭다. 참나무의 형상에는 형용사가 아니라 부사와 부동사가 〔드넓게(широко), 흔들리며(колеблясь), 소란 떨며(шумя)〕 결부되어 있는데, 이들이 말의 기본적인 의미에 끼치는 압박은 덜하다. 그리고 이 상황적인 성격규정은 가장 일반적이고 전통적인 관념들로부터, 민중의 의식, 민중의 자연철학 깊숙이 뿌리를 둔, 오랜 세월 이어져 온 상징체계로부터 차용되었다.

비판과 비난의 주제를 뿌슈낀은 날카로운 단일한 세부묘사들을 통해 도입한다. 긍정적이고 고상한 주제는 여기에서 스스로 자신을 해명하도록 해 준다. 뿌슈낀은 긍정적이고 고상한 주제에 대한 주관적인 해석을 피하며, 그것을 전통에 의해 검증된 비중 있는 말들 속에서 제시한다. 이제 뿌슈낀은 어떤 고상한 관념 주위에 특별한 상황을 창조하기 위해, 전통적으로 시적인 말을 이용한다. 뿌슈낀은 그가 성장하는 토양이 되었던 엄격한 어휘사용 규범들을 극복했지만, 어휘의 뉘앙스에 대한 아주 날카로운 감각을 끝까지 보존했다.

두 언어 원칙 사이의 이와 같은 갈등은 시 〈핀데몬티로부터〉(1836) 에서도 이루어진다.

… 그 누구에게도
말하지 말기, 자기 자신에게만
봉사하고 자신만 기쁘게 하기. 권력을 위해서, 제복을 위해서
양심을 굽히지도, 생각을 접지도, 굽실거리지도 말기.
제 마음 내키는 대로 여기저기 방랑하기,
자연의 성스러운 미에 탄복하며,
예술과 영감의 창조물 앞에서
감동의 환희에 기뻐 떨며.

… Никому
Отчета не давать, себе лишь самому
Служить и угождать; для власти, для ливреи
Не гнуть ни совести, ни помыслов, ни шеи,
По прихоти своей скитаться здесь и там,
Дивясь божественным природы красотам
И пред созданьями искусств и вдохновенья
Трепеща радостно в восторгах умиленья …

첫 행들에서 통사구조의 명확함, 억양의 의도된 산문성, 말들의 '꾸밈없음'이 극대화되어 있다. 이것은 모든 형상적 해석을 벗어나 가장 일반적인 의미 속에서 취해진 개념의 열거, 직접적인 지칭이다. 이 문맥 속에서 제복(ливрея)은 유일한 환유적 유형의 비유다. 이 말은 곧바로 봉사하다(служить)와 기쁘게 하다(угождать)의 단어들의 의미를 강화하고, 기쁘게 하다라는 단어가 불쾌함이 덜한 다른 뉘앙스도 지님에도 불구하고, 특히 후자 속에서 굴종의 자질을 부각시킨다. 그러나 이 단어는 나란히 자리한 단어 권력(власть)에 특히 강한 작용을 끼친다. 시어의 체계 속에서 권력은 고상하고 영웅적인 관념들과 결부된 말이다. 그러나 제복과 연관된 단어 권력은 고상한 계열로부터 관료적 관계의 영역으로, 니꼴라이 1세의 경찰 왕정의 영역으로 곧바로 끌어내려진다.

양심을 굽히지도, 생각을 접지도, 굽실거리지도 말기.

Не гнуть ни совести, ни помыслов, ни шеи —

뒤따르는 이 시행 속에서 언어적 은유인 굽실거리다(гнуть шею)는 추상적인 말들인 생각(помыслы), 양심(совесть)과 더불어 단일한 통사적 연관 속에 삽입됨으로써 생기를 얻고 있다. 그래서 이 은유에서 굽실거리는 관료의 형상을 낳는 물리적인 잔여물이 활성화된다.

후속 시행들은 자연과 창조의 대조적인 주제를 담고 있다. 언어 환경은 곧바로 변한다.

자연의 성스러운 미에 탄복하며,
예술과 영감의 창조물 앞에서
감동의 환희에 기뻐 떨며.

Дивясь божественным природы красотам
И пред созданьями искусств и вдохновенья
Трепеща радостно в восторгах умиленья…

이것은 다시 어떠한 은유적 표현도 없이 이루어지는 현상의 지칭이다. 하지만 물론 이 말들이 단순히 문맥이 이런저런 의미적 정서적 뉘앙스를 부여하는 말인 것은 아니다. 이들은 이미 준비된 가치의 자질을 지닌, 전통적인 정서적 의미를 지닌 말이다. 게다가 이들은 비가 문체의 말 - 기호가 결코 아니다. 1836년의 뿌슈낀의 어휘사용에서 그와 같은 말은 불가능하다. 현실로부터 자유롭게 대두되는, 동등한 권리를 지닌 말들 가운데에서, 전통적인 말들은 자신의 조건성을 상실한다. 이제 이들은 공통의 문화적 인식에 의해 잉태된 상징들이다. 자연, 미, 예술, 영감 — 이들은 인간에게 있어 가장 중요한 현상들이다. 그래서 그것들을 그저 지칭하는 것으로 충분하다. 어휘결합 감동의 환희(восторги умиленья)는 비가의 문맥 내에서라면 닳아빠진 표현일 것이다. 중요한 말들에 둘러싸인 여기에서 이 표현은 체험의 진정성을 회복하고 있다.

후기 시에서 뿌슈낀은 영원한 상징과 처음으로 목격된 듯 이제 막 현실로부터 도래한 사물 사이의 긴장된 상호작용을 창조한다.

시 〈상념에 잠겨 교외를 거닐다 …〉와 〈핀데몬티로부터〉에서 두 계열은 대조적인 것으로 주어져 있다. 그래서 이들의 어휘 축은 서로 접촉하면서도 분리된 채로 남고, 두 계열의 대조는 어휘들의 분리를 첨예하게 강조한다. 시 〈세상의 권력〉에서도 그러하다.

위대한 승리가 이루어지고
십자가의 고통 속에서 신이 숨을 거두었을 때,
생명수 주위에
죄 많은 마리아와 성처녀,

　　한없는 슬픔에 잠긴 채,
두 여인이 서 있었다.
그러나 이제 우리는 본다,
정의의 십자가 발치에, 성스러운 여인들의 자리에,
도시의 통치자의 집의 현관인 듯,
총을 들고 군모를 쓴 살기등등한 두 보초병이 자리 잡고 있다.
말해 다오, 파수병이 무슨 소용인가?
혹 책형에 소용된 관청의 짐을 지키는가,
그리고 그대들은 도둑이나 쥐를 두려워하는가?
. . . .
혹 그 삶이 아담의 모든 일족을 씻긴 자를
군중이 모욕할까봐 염려하는가,
그리고 산책하는 나리들을 밀치지 않도록,
평민의 이곳 출입은 금지되어 있는가?

Когда великое свершилось торжество
И в муках на кресте кончалось божество,
Тогда по сторонам животворяща древа
Мария - грешница и пресвятая дева,
　　Стояли две жены,
В неизмеримую печаль погружены.
Но у подножия теперь креста честного,
Как будто у крыльца правителя градского,
Мы зрим - поставлено на место жен святых
В ружье и кивере два грозных часовых.
К чему, скажите мне, хранительная стража?
Или распятие казенная поклажа,
И вы боитеся воров или мышей?
. . . .
Иль опасаетесь, чтоб чернь не оскорбила
Того, чья жизнь весь род Адамов искупила,
И, чтоб не потеснить гуляющих господ,
Пускать не велено сюда простой народ?

두 어휘계열 축이 분리되어 대립되어 있다. 일상적인 말들은 심판되고 고발되는 현실을 제시한다. 그러나 이전에 독특한 풍자적, 희극적 양식들의 고유한 속성이었던 것이 이제는 동시대인의 역사적 비극의 표현으로서 동등한 권리를 지니고 작품의 전체 구조 속에 편입되어 있다.

뿌슈낀은 어휘계열 축을 병치시키기도 하고, 그들을 하나로 합치기도 한다. 그래서 일상적인 말은 모든 기본적인 의미 속에서 고상하고 아름다운 것의 환경 속으로 흡인된다.

그러나 그들의 늙은 뿌리 근처에
(언젠가 모든 것이 황량하고 벌거벗었던 그곳에)
이제 어린 숲이 자라나고 있었네,
녹음의 가족이. 그들의 그늘 아래에
자식처럼 관목들이 비좁게 들어섰네. 저 멀리에는
늙은 독신자 같은 그들의 음울한 동료 하나가
서 있고, 그 주변에는
예전처럼 모든 것이 황량하네.
                    안녕, 내가 알지 못하는
젊은 종족이여! 그대의 웅대한 노년을,
내 지인들보다 더 크게 자라나
그들의 늙은 머리를 행인의 눈길로부터 가려 줄 때를
보게 될 자는
내가 아니네. 하지만 내 손자가
유쾌하고 상쾌한 생각에 가득 차,
우정 어린 담소를 나누며 돌아오는 길에
한밤의 어둠 속에서 그대 곁을 지나가게 될 때,
그대의 친근하게 도란거리는 소리를 듣고,
나의 추억을 떠올리게도 하시게.

〈다시 나는 찾아왔네 …〉

Но около корней их устарелых
(Где некогда все было пусто, голо)
Теперь младая роща разрослась,
Зеленая семья; кусты теснятся
Под сенью их как дети. А вдали
Стоит один угрюмый их товарищ
Как старый холостяк, и вкруг него
По-прежнему все пусто.
                    Здравствуй, племя
Младое, незнакомое! не я
Увижу твой могучий поздний возраст,
Когда перерастешь моих знакомцев
И старую главу их заслонишь

От глаз прохожего. Но пусть мой внук
Услышит ваш приветный шум, когда,
С приятельской беседы возвращаясь,
Веселых и приятных мыслей полон,
Пройдет он мимо вас во мраке ночи
И обо мне вспомянет.

"Вновь я посетил…"

물리적이고 일상적인 모든 것이 여기에서 시간에 대한, 삶과 죽음에 대한 사고의 높이로 들어 올려져 있다. 5운각 무운 얌쁘의 울림도, 그리고 의미상의 이정표들처럼 분산되어 있는 개별적인 고상한 말들이 주변의 모든 말에 전달하는 서정적 감화력도 이들을 격상시켰다.

안녕, 내가 알지 못하는
젊은 종족이여! 그대의 웅대한 노년을…
보게 될 자는 내가 아니네.

Здравствуй, племя
Младое, незнакомое! не я
Увижу твой могучий поздний возраст…

이런 연유로 어휘의 뉘앙스 선별에 있어 그토록 정확하고 엄정한 뿌슈낀은 여기에서 '늙은 독신자'(старый холостяк)를 영원한 시적 상징들과 그리고 심지어 슬라브 어투〔어린 숲(младая роща), 어린 종족(младое племя), 머리(глава), 추억하다(вспомянет)〕와 결부시킨다. 두 어휘계열 축의 상호침투가 이루어진다. 만약 검증된 시적 표현이 단순한 말에 자신의 시적 자질을 부여한다면, 그것들 자체는 문맥으로부터 어떤 예기치 않은 현실성과 단순성을 차용한다. 시골, 러시아의 자연, 세대의 연속 등의 새로운 서정적 주제들이 그렇게 구축된다.

뿌슈낀의 후기 시는 철학적인, 그리고 사회 - 역사적인 일반화와 물리적이고 정신적인 세계의 구체화, 개인화의 결합이다. 이것은 서정시인의 개성의 구체성, 그의 정신적 경험의 양상으로서의 각각의 서정적 상황이 지닌 구체성이고, 따라서, 말의 개인화이다.

뿌슈낀은 세태적인 말을 시적 의미의 잠재적인 담지체로 만듦으로써, 서정적 발화와 일상적인 발화 사이의 모순을 제거했다. 그는 (구체적이고 상세한) 사물의 묘사와 이상의 표현 사이의, 말의 물리적 자질과 그것의 시적 다의성, 가소성, 무한히 확장될 능력 사이의 모순을 제거했다. 뿌슈낀이 이룬 변혁 없이 이후의 러시아 시의 모든 발전은 불가능하다. 그럼에도 불구하고 작가들과 독자들의 관심의 중심에 자리한 것은 결코 뿌슈낀의 서정시가 아니었다. 이런 정황은 아마 역사적 - 사회적으로 결정된, 심리적으로 드러난 인간에 대한 이해와 묘사의 문제 해결은 산문에 예정되었기 때문일 것이다. 작가활동 말기에 뿌슈낀은 새로운 심리적 유형의 소설을 두고 고심했다. 이 기획은 실현되지 못했다. 그러나 〈스페이드의 여왕〉(Пиковая дама)과 〈대위의 딸〉(Капитанская дочка)을 통해서 뿐만 아니라, 마지막 시기의 시를 통해서도 뿌슈낀은 러시아 문학을 위대한 리얼리즘 산문의 문턱으로 이끌었다. 19세기 후반의 위대한 러시아 소설은 뿌슈낀이 정초한 질문들을 상속받았다.

하지만 19세기 러시아 시에서 뿌슈낀의 후기 시가 직접적으로 작용했던 현상들은 일급의 중요성을 지녔다. 이것은 생애의 마지막 2~3년간 창작된 레르몬또프의 서정시이자, 그 이후에는 보다 복잡한 양상을 띠었던 네끄라쏘프의 서정시이다.

낭만주의자들의 은유적 문체는 적법한 것으로 시적 발화 속에 이미 자리 잡은 말을 주로 이용한다. 그러나 여기에서 본질은 무조건적으로 고상한 말의 선택에 있다기보다는 의미의 시적 변형에 있다. 은유적 문체는 합리주의 시학이 요구했던 폐쇄성, 비투과성을 지닐 수 없었다.

레르몬또프의 시에서 예비적인 문학적 정제를 거치지 않은 말들이 고상한 비유적 언어 속으로 스며든다.

네가 고초를 겪었던 아니던, 그게 우리에게 무슨 상관인가?
　　너의 동요를, 초년 시절의 어리석은 희망을,

이성의 쓰라린 회한을
　　우리가 왜 알아야 하는가?
봐라. 네 앞에서 군중은 힘들이지 않고
　　익숙한 길을 따라 간다,
들뜬 얼굴들에는 근심의 흔적이라곤 거의 찾아볼 수 없고,
　　꼴사나운 눈물 따윈 만날 수 없다.

하지만 그들 중 단 하나라도 있을 성 싶은가,
　　힘겨운 고문에 주름지지 않은 자가,
죄악이나 상실 없이
　　때 이른 주름살에 다다른 자가! …

〈자신을 믿지 말라 … 〉

Какое дело нам, страдал ты или нет?
　　На что нам знать твои волненья,
Надежды глупые первоначальных лет,
　　Рассудка злые сожаленья?
Взгляни: перед тобой играючи идет
　　Толпа дорогою привычной;
На лицах праздничных чуть виден след забот,
　　Слезы не встретишь неприличной.

А между тем из них едва ли есть один,
　　Тяжелой пыткой неизмятый,
До преждевременных добравшийся морщин
　　Без преступленья иль утраты! …

"Не верь себе …"

1810~1820년대 시인이라면 이와 같은 문맥 속에서 어리석은 희망(надежды глупые)을 말하지 않을 것이다. 차라리 무분별한 희망(надежды безумные)을 말할 것이다. 여기에는 때 이른(до преждевременных), 다다른(добравшийся), 주름지지 않은(неизмятый), 익숙한(привычной), 힘들이지 않고(играючи) 등과 같은 '산문적' 표현들이 있다. 혹은 꼴사나운 눈물(неприличная слеза)은 사교계의 은어로부터 의도적으로 차용된 것이 명백한 표현이다. 레르몬또프의 보다 초기의 작품 속에서 고상한 말의 선율은 보다 완전하다. 1839년 작 〈자신을 믿지 말라 … 〉는 어느 정도 과도기

적인 작품이다. 격정적인 억양, 은유의 연속이 세태적인 일상으로부터 텍스트로 스며 든 말을 잠식한다. 이들을 분별하기 위해서는 텍스트를 다시 꼼꼼히 들여다보아야 한다. 그러나 이미 일 년 후에 시 〈권태롭고 우울하다 … 〉에서 비문체적인 말의 사용은 의식된 시적 원칙이 되었다.

《우리 시대의 영웅》, 〈싸슈까〉, 〈아이들을 위한 동화〉 등에서와 마찬가지로, 1839~1841년의 레르몬또프의 서정시에 있어서도 성숙한 시기 뿌슈낀의 전통은 결정적인 의의를 획득한다.

1840~1841년의 레르몬또프의 시는 뿌슈낀의 말기 시와 유사하지 않다. 문제는 개별적인 작품 사이의 유사성에 있는 것이 아니라, 창작방법의 근접성에 있다. 우리는 심지어 1835~1836년의 뿌슈낀의 서정시 중 실로 무엇이 레르몬또프에게 알려져 있었는지도 모른다. 아마 레르몬또프는 생애의 마지막 시기에 가깝게 지냈던 끄라옙스끼를 통해 발표되지 않은 뿌슈낀의 작품들 중 무언가를 알게 되었을 것이다. 여하튼 《오네긴》, 〈꼴롬나의 작은 집〉(Домика в Коломне), 뿌슈낀 산문의 문체 원칙들이 레르몬또프를 위해 존재했다.

아마 새로운 토대 위에서 태동한 (레르몬또프는 이전의 낭만주의의 전통도 끝까지 거부하지 않는다) 일군의 레르몬또프의 후기 시가 이후의 그의 발전의 씨앗이 되어야 했을 것이다.

시 〈조국〉이 〈오네긴의 여행〉의 유명한 시구들과 유사함이 레르몬또프에 관한 연구에서 지적되곤 했다.

> 내겐 다른 광경이 필요하다.
> 모래 깔린 비탈을, 작은 이즈바 앞의 마가목 두 그루를,
> 대문을, 무너진 담장을
> 나는 사랑한다 …

> Иные нужны мне картины:
> Люблю песчаный косогор,
> Перед избушкой две рябины,
> Калитку, сломанный забор …

심지어 텍스트 상의 일치도 눈에 띈다. 예를 들어,

뿌슈낀의 경우

광 앞의 밀짚 더미들…

Перед гумном соломы кучи…

레르몬또프의 경우

가득 찬 광을, 밀짚으로 덮인
이즈바를 나는 본다…

Я вижу полное гумно,
Избу, покрытую соломой…

뿌슈낀의 경우

그리고 뜨레빡의 술 취한 발 구름 소리.

Да пьяный топот трепака.

레르몬또프의 경우

발 구르고 휘파람 불며 추는 춤을
술 취한 농군들의 말소리를 들으며

На пляску с топаньем и свистом
Под говор пьяных мужичков.

하지만 〈조국〉은 〈오네긴의 여행〉 보다는 〈다시 나는 찾아왔네…〉와 같은 작품에 더 가깝다. 〈여행〉의 복잡한 아이러니적 문맥 속에서 '저급한 현실'은 아직 동등한 권리를 지니지 못한다. 그것은 오직 동등한 권리를 얻기 위해 싸우고 있을 뿐이다.

레르몬또프의 〈조국〉에는 대조적인 두 개의 주제가 있다. 그 중 첫 번째 주제(관제 러시아의 주제)는 '피로 얻은 영예'(Слава, купленная кровью), '어두운 과거의 성스러운 전설들'(Темной старины заветные преданья) 등과 같은 전통적인 시적 공식들 속에서 주어져 있다. 시의 후반부에서는 러시아 농촌의 주제와 함께 산문체가 연속적인 흐름으로 들어선다. 다만 그것은 이미 플랑드르 화풍의 흔적을 지니지 않는다. 레르몬또프는 이 미학의 문턱을 넘어섰다.

나는 조국을 사랑한다, 하지만 이상한 사랑이다!

Люблю отчизну я, но странною любовью! —

이와 같이 시의 첫 행에서 생겨난 장엄한 억양은 끝까지 이어지며 후반부의 산문체를 아우른다.

나는 사랑한다,
밀밭의 불탄 그루터기가 내는 연기를,
스텝에서 밤을 지새우는 짐마차 대열을,
황금 들녘 가운데 언덕 위에 자란 두 그루 하얀 자작나무를.
다른 많은 이들은 모르는 위안과 함께
나는 본다, 곡식 가득한 광을,
밀짚으로 덮인 이즈바를,
조각된 겉창을 지닌 창문을.
그리고 이슬내린 명절 저녁이면,
한밤이 되도록 기꺼이 바라본다,
발 구르고 휘파람 불며 추는 춤을
술 취한 농군들의 말소리를 들으며.

Люблю дымок спаленной жнивы,
В степи ночующий обоз,
И на холме средь желтой нивы
Чету белеющих берез.
С отрадой, многим незнакомой,
Я вижу полное гумно,
Избу, покрытую соломой,
С резными ставнями окно;
И в праздник, вечером росистым,
Смотреть до полночи готов
На пляску с топаньем и свистом
Под говор пьяных мужичков.

이들은 세태로부터 나온, 곧바로 명명된 사물들이다. 이들은 논리적으로 규정된 성격을 지니기도 하고〔밀밭의 불탄 그루터기(спаленная жнива), 밤을 지새우는 짐마차 대열(ночующий обоз)〕, 가장 일반적인 자질을 띠기도 하며〔황금 들녘(желтая нива)〕, 뚜렷한 독립적인 디테일의 성격을 지니기도 한다〔조각된 겉창을 지닌 창문(с резными ставнями окно)〕. 그러나 '꾸밈없는' 말의 외양은 러시아 농촌, 러시아 자연의 주제가 지닌, 민중성의 문제에 대한 사회적 의식의 작업에 의해 마련된, 뿌슈낀에 의해 마련된, 모든 정서와 모든 이데올로기적 의미를 흡수한다. 여기에서 우리는 실로 러시아 문학과 회화의 분리될 수 없는 자산이 될 시적 가치들이, 시적 상징들이 형성되는 광경을 구경하게 된다(레르몬또프가 화가였던 것은 우연이 아니다). 바로 후기 레르몬또프의 서정시에서 동등한 권리를 얻기 위한 주제와 말의 다툼의 과정이 종결된다. 만약 일상적인 세태의 주제들과 이 주제를 담지 하는 말들이 〔짐마차 대열(обоз), 광(гумно), 심지어 술 취한 농군들(пьяные мужички)〕 고양된 상징적 의미를 획득한다면, 반대의 경우도, 곧 그 자체로 고상한 주제가 일상적인 말들을 통해 실현되는 경우도 발생한다.

이 점에서 특징적인 시가 〈예언자〉(Пророк, 1841)다. 이 시에서 성서적인 주제는 특별한 '선별된' 언어에 이끌리는 듯하다. 레르몬또프의 〈예언자〉와 뿌슈낀의 동명의 시 사이의 긴밀한 연관은 올바르게 정립되었다. 레르몬또프의 〈예언자〉의 슈제뜨가 뿌슈낀이 그것을 종결한 시점으로부터 전개되고 있음은 이미 조명되었다.

그만큼 문체상의 차이가 더 부각된다. 뿌슈낀의 〈예언자〉는 그가 아직 어휘의 차별화에 강하게 사로잡혀 있던 때인 1826년에 창작되었다. 그래서 뿌슈낀은 이 성서의 주제를 위해, 비록 비유적으로 이용되긴 했지만, 슬라브 어투로 포화된 고상한 말을 선택한다. 레르몬또프는 그의 시 〈예언자〉에서 장엄한 말이 지닌 색채의 단일성을 거부했다.

보라, 너희들을 위한 본보기가 여기 있다!
그는 오만했고, 우리와 어울려 살지 않았다.
이 어리석은 자는 우리에게 납득시키고자 했다,
신이 그의 입을 통해 말한다고!
얘들아, 그를 봐라.
그가 얼마나 음울하고 마르고 창백한지!
봐라, 얼마나 헐벗고 궁색한지,
모두가 그를 얼마나 멸시하는지!

Смотрите: вот пример для вас!
Он горд был, не ужился с нами:
Глупец, хотел уверить нас,
Что бог гласит его устами!
Смотрите ж, дети, на него:
Как он угрюм и худ и бледен!
Смотрите, как он наг и беден,
Как презирают все его!

물론 우연치 않게 바스(вас 너희들) - 나스(нас 우리들), 니보(него 그를) - 이보(его 그를)와 같은 압운들에 의해 강조되어 있는, 적나라하고 극도로 산문적인 말의 속성은 예언자-시인의 주제에, 예언자-시인의 운명에 특히 혹독한 성격을 부여한다. 이 문맥에서 음울한(угрюм), 마른(худ), 창백한(бледен), 헐벗은(наг), 궁색한(беден) 등과 같은 말들은 특별한 의미의 울림을 지닌다. 이 말들은 보충을 필요로 하지 않는다.

양식화에 대한 거부는 여기에서 다른 의미도 지닌다. 그것은 시가 지닌 성서상의 지평을 억누르고, 암시되는 다른 지평, 곧 동시대성의 지평을 전면에 내세운다.

발라드 형식에 대한 레르몬또프의 관심은 그의 청년기 시에서 이미 드러났다. 발라드의 노선을 그는 끝까지 유지한다. 게다가 레르몬또프의 시적 의식이 지닌 단일성 덕분에 다른 서정시 가운데에서 이 발라드들은 이질적인 부분으로 보이지 않고, 순차적으로 등장하는 레르몬또프의 주제들과〔까프까스의 주제: 〈떼렉의 선물〉(Дары Терека), 〈따마라〉(Тамара), 나폴레옹의 주제: 〈천상의 배〉(Воздушный корабль) 등〕 유기적으로 얽힌다.

이와 더불어 서사 형식은 당연히 1836~1837년부터 시작하여 레르몬또프 작품에서 두드러지는, 서정적 나를 객관화하고자 하는 지향에 기여하기 시작한다. 순수하게 서정적인 의미의 발라드나〔〈사로잡힌 기사〉(Пленный рыцарь)〕 시인의 영혼의 상태를 상징적으로 묘사하는 서사 형식들이〔〈먹구름〉(Тучи), 〈참나무 잎이 모체의 가치로부터 떨어졌다 …〉(Дубовый листок оторвался от ветки родимой …), 〈절벽〉(Утес), 〈황량한 북방에서〉(На севере диком …)〕 그와 같이 태동한다.

낭만주의 발라드에는 특별하게 발라드적인 세계가 필수적이다. 이국적인 세계, 민담의 약정적인 세계, 장식적인 성격의 역사적 세계가 그것이다. 레르몬또프가 직접적이고 자유로운 현실로의 침투를 모색했던 시기에, 발라드는 당연히 그를 더 이상 만족시키지 못하게 되었다. 레르몬또프는 앞으로 더 나아간다. 그는 러시아 시에 있어 새로운 무언가를, 서정적 노벨라를, 동시대인에 관한 아주 짧은 서사를 창조한다. 그리고 그는 발라드 양식화의 매개 장치를 제거한다.

후기 시에서 레르몬또프는 그로서는 새로운 말과 사물의 관계를 정립한다. 말은 이제 자신의 대상보다 더 큰 것이 아니라 더 작은 것이 되기를 지향한다. 말은 자제한다. 이것은 시적 간소화의, 객관적으로 사물을 명명하는 것이 지닌 힘에 대한 신뢰의 원칙이다. 서정적 서사의 간결한 구조 속에서 이 창작방법은 특별한 효력을 얻는다. 시 〈유언〉(Завещание)은 레르몬또프의 서사적 서정시의 정점이다. 이 시의 슈제뜨는 두 주제로, 외로운 죽음의 주제와 조국에 남겨진 여인에 대한 사랑의 주제로 이루어진다. 두 주제 모두 단속적인 회화적 억양 속에서, 의도적으로 무심한, 감추는, 그래서 암시되는 것의 모든 정서로 포화된 말들 속에서 주어진다.

첫 번째 주제

여보게, 잠시라도
자네와 단둘이 있고 싶네.

세상에서 내게 주어진
시간이 얼마 없다 하네!

Наедине с тобою, брат,
Хотел бы я побыть:
На свете мало, говорят,
Мне остается жить!

두 번째 주제

봐… 그래 뭐? 내 운명 따윈
사실 누구도
그닥 염려하지 않잖아.
누구라도 물어본다면…
글쎄, 누가 물어보든…

Смотри ж… Да что? моей судьбой,
Сказать по правде, очень
Никто не озабочен.
А если спросит кто-нибудь…
Ну, кто бы ни спросил…

첫 번째 주제

그들에게 말해 주게, 내가
바로 가슴에 관통상을 입었다고,
황제를 위해 명예롭게 죽었다고,
우리 의사들은 쓸모없었다고,
고향 땅에 내가
경배를 보내노라고…

Скажи им, что навылет в грудь
Я пулей ранен был;
Что умер честно за царя,
Что плохи наши лекаря,
И что родному краю
Поклон я посылаю…

두 주제가 열을 지어 배열된다. 주인공의 심리, 그의 드라마가 주제들의 내적 병치로부터, 다음의 이행 시구들을 분리시키는 공간 속에서 생겨난다.

> … 나에 관해 그녀는
> 묻지 않겠지 …
>
> … Обо мне она
> Не спросит … —

그리고

> 누구라도 물어본다면 …
> 글쎄, 누가 물어보든 …
>
> А если спросит кто - нибудь …
> Ну, кто бы ни спросил …

〈유언〉의 주인공은 일상적인 말 뒤에 자신의 감정을 감추고자 한다. 〈유언〉에는 시적 형용이 없을 뿐 아니라, 부차적인 의미를 지닌 말들이 전면에 대두되어 있다(특히, 운을 이루고 있다).

> 세상에서 내게 주어진
> 시간이 얼마 없다 하네!
> . . . .
> 사실 누구도
> 그닥 염려하지 않잖아.
> . . . .
> 아비와 내 어미를
> 너는 살아서 만나게 될 성싶지 않아.
>
> На свете мало, *говорят*,
> Мне остается жить!
> . . . .
> Сказать по правде, *очень*
> Никто не озабочен.

. . . .
Отец и мать мою *едва ль*
Застанешь ты в живых.

레르몬또프는 한 행에서 단어 как(까끄)를 두 번 사용하는 것을 꺼리지 않았다.

네가 회상하듯, 얼마나 오래전에…

Как вспомнишь, как давно…

〈유언〉은 오직 시에서 가능한 서사의 응축이다. 그 속에는 주인공의 운명, 아비와 어미의 형상, 그리고 세 시행 속에 끼어 넣어지는 여주인공의 형상이 있다.

텅 빈 가슴을 불쌍히 여기지 마,
그녀가 운다 한들,
그건 그녀에게 아무 의미 없어!

Пустого сердца не жалей,
Пускай она поплачет.
Ей ничего не значит!

뿌슈낀의 원칙에는 레르몬또프의 서정시에서의 폭넓고 완전히 독창적인 발전이 예정되어 있었다.

19세기 중엽과 후반의 러시아 서정시는 사회심리 산문의 지배 조건 속에서 발전했다. 이것은 서정시에 있어 매우 본질적인 상황이다. 자신의 운명을 이전의 낭만주의 전통과 결부시켰던 시인들도 이 작용으로부터 자유롭지 않았다.

섬광과도 같은 직접적인 독자와의 접촉을 추구하는 서정시는 자신의 시적 상징이 지닌 보편의미성과 그 속에 담긴 사회적 도덕적 가치에 대한 독자의 실수 없는 인지를 보장해야 한다. 시인들은 이 과제를 상이한 방식으로 해결했다. 오랜 시적 전통에 (때로 아주 복잡하게 그것을 재구축하며) 직접적으로 의탁하기도 했고, 새로운 인간 개념에 기인하는 가치로 일상적인 말을 침윤시키기도 했다.

서정시를 포함한 네끄라쏘프의 창작은 시에 미증유의 민주적 가치들을 열어주는, 원칙적으로 새로운 시적 체계다. 그것들을 독자에게 가져가며, 네끄라쏘프는 다양한 영역에서 토대를 찾았다. 그의 이질성, 상이한 문체 층위들의 공존이 이에 기인한다. 이 점에 대해서는, 특히 전통적인 시적 선율, 규범적인 공식들, 장엄한 억양 등이 네끄라쏘프에게 지닌 의의에 관해서는 이미 많이 언급되었다.

(서사시와 서정시에서의) 네끄라쏘프의 문체의 다른, 그리고 아주 중요한 원천은 민담의 질료이다. 네끄라쏘프의 민주적인 시학에서 민담의 모티프들은 민중의 삶의 강력한 표현 수단이 된다. 민담은 이미 준비된 사회적 가치와 정서적 미적 작용 수단의 체계였다. 그 시기에 페뜨, 아뽈론 그리고리예프, 그리고 뽈론스끼는 집시 로망스와 도시 로망스의 전통에 관심을 기울인다. 이것 또한 준비된, 그 나름대로 보편적인 의미를 지니는 정열과 정서의 언어다.

농민과 도시민의 일상 구어의 언어로 민주적 가치를 표현하는 것은 보다 어려웠다. 러시아 농민의, 도시 빈곤층의, 잡계급 출신 인텔리겐찌야의 운명 — 바로 이것이 의미 있고, 비극적이고, 감동적인 것의 새로운 영역들이다. 고상한 시인의 목소리로 이들에 관해 말하기 위해, 네끄라쏘프는 보편적인 의미를 지니는 시적 자질을, 미적 효력을 농민의 일상 구어뿐 아니라, 훨씬 더 힘든 경우인, 도시 소시민의 일상 구어에도 지식계층의 일상 구어에도 부여해야 했다. 이 아주 복잡한 과제를 해결함에 있어 네끄라쏘프는 그의 동시대 산문에 기초를 두었다.

네끄라쏘프 창작의 연구자들은 그의 도시 서정시가, 특히 그의 눈부신 연애시가 산문으로부터 발원함을,[66] 인물, 파불라, 직접화법, 상황

66) (원주) 네끄라쏘프의 시와 산문 사이의 관계에 관해 추꼽스끼(К. И. Чуковс-

등이 그 속에서 결정적인 의의를 지님을 언급하곤 했다. 그와 같이 네끄라쏘프는 자신의 서정시와 이미 폭넓게 알려진 자연파 문학의 복합체의 연상적 관련을 정립한다. 암시되는 산문적 배경은 독자가 서정시인을 이해하는 것을 돕는다.

이 산문적 연관성은 네끄라쏘프 시의 다층적 세계를 결합하는 작가적 형상에 대해 특별한 의의를 지녔다. 시민적 파토스와 시민적 비애, 개인적 열정, 사회적 죄악과 참회의 모티프들은 동등한 효력을 지니고 이 형상을 구축한다. 이 형상은 사회적으로 뿌슈낀의 형상과 매우 거리가 멀다. 그러나 모든 다양한 구현들(야만적인 귀족계층의 자손, 잡계급 지식인, 직업 문학가, 때로 심지어 뻬떼르부르크의 귀족) 속에서 그는 뿌슈낀적인 전기적 구체성을 지닌다. 네끄라쏘프의 서정시에서 독자가 발견하게 되는 것은 "많은 시인들이 자신의 시를 인류보편적인 목소리로 시작하게 하는 그 나가 아니라, 바로 그의 삶과 개성의 예외적 특징들을 지닌 네끄라쏘프 한 사람이라고" 1880년대 말에 이미 안드레옙스끼(С. Андреевский)가 썼다.[67)]

뿌슈낀 후기 시의 작가적 형상은 발견이다. 하지만 그 속에는 시적 전통이 심화되고 변형되어 있다. 네끄라쏘프의 복잡한 작가적 형상의 요소들은 동시대 산문과의 의심의 여지없는 유비관계를 지녔다. 그리고 오직 이 지주만이 그것들의 순간적인 미적 효력을 보장할 수 있었다. 그러나 이로부터 네끄라쏘프는 자신의 서정시에서, 특히 연애시에서 러시아의 심리소설의 성격들에 유사한, 주인공과 여주인공의 성격을 창조했다는

кий)〔《네끄라쏘프의 기예》(Мастерство Некрасова, М., 1952)의 2장을 보라〕와 얌뽈스끼(И. Г. Ямпольский)〔《러시아 문학사》, 8권, 2부(История русской литературы, т. VIII, ч. II, М.:Л., 1956), 38~39쪽〕 및 다른 연구자들이 썼다. 네끄라쏘프의 서정시에서의 극적이고 파불라적인 요소와 작가의 형상에 관한 문제는 꼬르만(Б. О. Корман)의 책 《네끄라쏘프의 서정시》(Лирика Н. А. Некрасова, Воронеж, 1964)에서 상세하게 규명되었다.

67) (원주) 안드레옙스끼, 《문학 스케치》(С. А. Андреевский, Литературные очерки. СПб., 1913), 185쪽.

주장에 이르기까지, 지나친 결론들이 내려졌다. 이러한 지평에서 네끄라쏘프의 연애시와 뜌체프의 후기 시, 1850~1860년대의 '데니씨예바' 연작(денисьевский цикл)[68]의 관련성이 언급되곤 했다.[69]

서정시가 시대의 문학 일반의 (보다 넓게는 — 문화 일반의) 움직임으로부터 분리될 수 없음은 명약관화하다. 바라띤스끼와 뜌체프는 러시아 비가를 심리적으로 심화시켰다. 이후에 서정시는 모순적이고 단일한 심리 상태를 보다 섬세하게 전달할 수 있게 된다. 하지만 이후의 서정시를 위해 현상의 특수성을 가리는 성격이란 용어를 적용하는 것이 필요할 것 같지는 않다. 뿌슈낀은 소설과 시소설 사이의 '악마적인 차이'에 관해 말했다. 그렇다면 그와 같은 경우 서정시에 관해 무엇을 말해야 하는가 …

19세기 심리 산문에서 성격은 상대적으로 안정적인 인물의 속성들이, 이 속성들의 동요와 변모가 상호 연관된 다양한 상황들에 의해 검증된 결과로 태동한다. 이와 같은 가능성을 서정시는 지니지도 않고 갖기를 원하지도 않는다. 대신에 연상의 '신경마디'를 지닌 서정시는 대체될 수 없

68) 노년에 접어든 시인 뜌체프는 1850년 거의 딸의 동년배인 여인 데니씨예바(Е. Денисьева)와 사회적 물의를 야기한 사랑에 빠진다. 사회적 편견에 맞서며 14년간 지속된 고통스러운 사랑은 1864년 데니씨예바의 죽음으로 마감된다. 이 비극적인 사랑의 체험을 인간 존재와 삶의 근원적 모순성에 대한 철학적 사색과 결부시킨 일련의 시가 뜌체프 연애시의 최고봉인 〈데니씨예바 연작〉을 이룬다.

69) (원주) 이 개념은 구꼽스끼에 의해 처음으로 제기되었다. 논문 "네끄라쏘프와 뜌체프"(Некрасов и Тютчев) [〈레닌그라트 대학 학술 논문집〉, 1947, 16~17호(Научный бюллетень Ленинградского университета, 1947, NO. 16~17), 51~54쪽]에서 그는 네끄라쏘프의 시에서처럼 뜌체프의 후기 시에서도 주인공은 이상과 규범이 아니라, "구체적이고 전형적인 성격"이라고 주장한다. 이 주장은 데니씨예바 연작의 여주인공에도 관련된다. 이후 부흐슈따프(Я. Бухштаб), 삐가레프(К. В. Пигарев), 베르꼽스끼(Н. Я. Берковский), 꼬르만(Б. О. Корман), 스까또프(Н. Н. Скатов) 등이 네끄라쏘프나 뜌체프의 서정시를 아니면 두 시인 모두를 러시아 심리 산문과 병치시키곤 했다.

는 고유의 가능성을 지닌다. 이것은 무엇보다도 우선 말의 역동성이다. 작은 규모와 역동성이 엄격한 선별을 미리 결정한다. 그리고 몇몇 선택된 말은 엄청난 부하를 받는다. 이것은 예를 들어 인물의 외양, 제스처에 관계된다.

다음은 페뜨의 시행이다.

세상에 오직 왼쪽으로 빗어 내린
이 깨끗한 가리마도 있다.

Только в мире и есть этот чистый
Влево бегущий пробор.

이것은 강렬했다. 그러나 여주인공에게는 "왼쪽으로 빗어 내린 가리마가" 있다는 정보를 소설에서 마주치는 경우를 떠올려 보자. 시와 산문에서 이 디테일의 기능은 공통점이 전혀 없다. 만약 20세기 산문 속에 여주인공이 흥분하여 장갑을 바꿔 끼었다는 묘사가 있다면, 이것은 강한 인상을 자아내지 못할 것이다. 그러나 아흐마또바가 1911년에 쓴 시의 다음 시행들은 독자를 전율시켰다.

나는 장갑 왼짝을
오른손에 끼었다.

Я на правую руку надела
Перчатку с левой руки —

이 모든 것은 체험의, 내부로부터 취해진 정신적 삶의 묘사에도 관계된다. 네끄라쏘프나 뜌체프의 서정시로부터 추출하고자 하는 성격은 본질적으로 무엇으로부터 형성되는가?

네끄라쏘프의 시행이다.

나와 너는 얼빠진 인간들이다,
한순간에 발작이 준비된다 …

Мы с тобой бестолковые люди:
Что минута, то вспышка готова…

혹은

오래전부터 그녀는 누구와의 만남도 알지 못한다,
의기소침하고, 소심하고, 우울하다.
광포하고 독기어린 말들에
소리 없이 귀 기울여야 한다…

Давно ни с кем она не знает встречи;
Угнетена, пуглива и грустна.
Безумные, язвительные речи
Безропотно выслушивать должна…

뜌체프를 보자.

오, 우리는 얼마나 치명적으로 사랑하는가.
열정의 광포한 맹목 속에서
우리 가슴에 소중한 모든 것을
우리는 얼마나 더 확실하게 죽이고 있는가!

О, как убийственно мы любим.
Как в буйной слепоте страстей
Мы то всего вернее губим,
Что сердцу нашему милей!

한도를 모르고 자신이 창조한 마법의 세계 앞에 선
나는 가련한 마법사,
얼굴을 붉히며 자신을
너의 살아있는 영혼의 죽은 우상으로 인정한다.

И, жалкий чародей, перед волшебным миром,
Мной созданным самим, без меры я стою—
И самого себя, краснея, сознаю
Живой души твоей безжизненным кумиром.

성격은 구조적 관계다. 우리가 여기에서 마주하는 것은 실제로 산문에 기인하며, 당시에는 없었던 후대의 독자조차 시행 속에서 소설을 읽게 해 주는 개별적인 이정표들, 기호들이다.

네끄라쏘프와 뜌체프를 심리소설과 병치시키는 연구자들은 도스또옙스끼에 관해 가장 많이 말한다. 그러나 네끄라쏘프의 '빠나예바' 연작(панаевский цикл)[70]은 실로 1850년대 초반에 관계된다. 뜌체프의 '데니씨예바' 연작도 데니씨예바의 죽음 이후에 쓴 시들(1864~1865)을 제외하고는, 기본적으로 1850년대 초에 관계된다. 진정한 도스또옙스끼, 특히 '데니씨예바' 연작과 '빠나예바' 연작의 여주인공들과 연관 지워지곤 하는 여성의 형상들〔나스따씨야 필리뽀브나(Настасья Филипповна), 까떼리나 이바노브나(Катерина Ивановна)〕의 창조자로서 도스또옙스끼는 이때 존재하지 않았다.

생각건대, 여기에서 우리가 말해야 할 것은 도스또옙스끼의 소설에 관해서가 아니라, 남성적이고 여성적인 성격에 관해서가 아니라, 1830~1840년대로부터 비롯되어 러시아에서 배양된, 그리고 뜌체프, 네끄라쏘프, 도스또옙스끼 속에서 다양하게 표현되었고, 뜌체프와 네끄라쏘프의 연애시의 여성적 형상들 속에서 굴절된, 반성적이고 자기분석적인 의식에 관해서이다.

시대적 의식 속에 있는 가장 공통적인 것을 구현함과 동시에 순간적이고 개별적인 심리 상태의 원근들에 집중하는 것 — 이것이 서정시에 고유한 것이자, 서정시가 할 수 있는 것이다. 네끄라쏘프의 연애시와 뜌체프의 후기 서정시는, 세기 후반의 러시아 심리소설을 향한 움직임이기도 했던 공통의 움직임 속에 그 나름대로 편입되며, 이것 또한 실현했다.

서정시는 때로 이미 오래전에 산문에 반영된 듯한 심리 경험을 흡수하기도 한다. 그러나 서정시는 옮겨와서 재현하는 것이 아니라 발견한

70) 빠나예바(А. Я. Панаева, 1820~1893) — 여류작가, 시인의 내연의 처로 그녀에게 헌정된 일련의 연애시가 〈빠나예바 연작〉을 이루었다.

다. 서정시가 필요로 하는 것은 재빨리 효력을 발하는 연상들의 고유한 '신경마디들'의 재창조다. 모든 것이(심리의 흐름이, 모순들이, 디테일들이) 산문에 있는 것 같지만, 모든 것은 최초의 발견이다. 왜냐하면 여기에서 작용하는 것은 완전히 다른 인식 메커니즘이기 때문이다. 여기에서 정신 분석의 무기가 되는 것은 종합적인 본성을 지닌 말이다. 자신의 문맥의 총체성을 담지하는 서정시의 말은 문맥의 의미 연쇄를 요약한다.

유산과 발견

1840년대부터 러시아 문학에서 산문의 지배가 시작되었다. 네끄라쏘프의 시가 산문의 운명들과 그토록 긴밀하게 연관되어 있는 것은 우연이 아니다. 다른 뛰어난 시인들인 뜌체프와 페뜨는 인정받지 못했다. 시대의 문제의식은 점차 러시아 소설에 집중되었다. 그리고 러시아 소설은 점차 세계적 의의를 지닌 것이 되어갔다.

19세기 말에 이르러 러시아에서는 시에 대한 (이번에는 주로 서정시에 대한) 관심이 다시 촉발된다. 브류쏘프(В. Брюсов)[1]를 필두로 한 젊은 시인들은 원칙적으로 새로운 시를 창조하기 위해 노력하며, 새로운 시에 대한 이론적 이해를 정립하고자 시도한다.

19세기 말에서 20세기 초에 이르는 러시아의 '새로운 시'[2]의 극도로 복잡하고 모순적인 형성 과정에 대한 연구는 이 책의 과제가 아니다. 필자는 여기에서 알렉싼드르 블로끄의 작품에 관심을 기울이고자 한다. 블로끄는 자신의 시대의 시의 중심일 뿐 아니라, 그가 애초에 관련을 맺고

---

1) 1세대 러시아 상징주의 시를 대표하는 시인 중의 한 명(1873~1924). 그의 등단 시집인 《러시아 상징주의자들》(Русские символисты)은 메레쥬꼽스끼(Д. Мережковский)의 《상징들》(Символы)과 더불어 '새로운 시'의 효시가 되었다.

2) 19세기 말~20세기 초 러시아의 데카당스와 상징주의의 토양에서 나타난 새로운 형식과 내용의 시.

있던 상징주의 시파를 뛰어 넘어 일련의 위대한 러시아 작가들 가운데에서 확고한 위치를 차지하게 된다. 블로끄는 러시아의 역사가, 러시아 사회의 발전이 남긴 문제와 동시대가 제시한 문제에 대한 책임을 의식적으로 떠안았다.

블로끄는 다층적인 주제다. 필자는 여기에서 이 주제를 여러 가능한 이론적 국면 중 하나에 의거해 다루고자 한다. 전통, 주로 19세기 러시아 문학 전통의 집약적인 수용이 시인 블로끄의 고유한 특징을 이루는데, 이것이 어떻게 시적 발견과 결합되었는지, 즉 블로끄에 의해 이 유산이 어떻게 변형되었는지에 관해 논의될 것이다.

몇몇 예비적인 언급으로부터 시작하자.

19세기 말~20세기 초 데카당스 개인주의는 18세기와 19세기의 경계에 형성된 낭만주의적 개인주의와는 원칙적으로 상이한 현상이다. 독일 낭만주의도 1870~1880년대의 프랑스 데카당스도 진압된 혁명의 분위기 속에서 형성되었다. 그러나 혁명의 실패를 견뎌 낸 부르주아의 의식은 자신의 역사적 운명의 상이한, 유사하지 않은 단계에 자리했다. 낭만주의에 있어 자아는 우주의 모든 영적 풍부함의 담지자였거나, 절대적인 가치들과 보편적 의의를 지닌 이상에 도달할 수 없음으로 인한, 그 문이 닫혀 있음으로 인한 비애에 차 있었다. 그러나 자아는 이들의 존재가능성을 결코 부정하지 않았다(바이런주의). 초기 낭만주의자들의 '독창적인 자의(恣意)'는 유아론에 의해 고립되고 제 자신의 가치를 이미 믿지 않는 세기말 자아의 이기적인 자의와 결코 유사하지 않다.

이 공식의 인간은 극단으로 치달은 개인주의의 근본적인 모순과 대면했다. 모든 사물의 척도로서 자족적인 자아가 천명되었다. 그러나 인간 활동의 내용은 언제나 일반과의 관계에 의해 결정되며, 어떠한 가치도 단일한 자아로부터 도출될 수 없다는 점에서, '순수한', 일반에 좌우되지 않는 자아 — 이것은 허구이자 환상이다. 가치의 밖에서 예술은 불가능하다. 그 본성 자체에 있어 예술은 인식되는 것을 인식하며 평가한다. 그리고 파르나스 전통의 예술은 미적인 것의 자족적인 의의를 주장하며,

그것을 삶의 혼돈을 조직하고 해석하는 유일한 수단으로 바꿈으로써, 자기 자신을 물신화한다.

순수한 유미주의, 주관적인 자의는 합법칙적으로 절망과 삶의 거절로 이끌었다. 세기말의 개인주의는 보다 더 과격한 다른 형식 속에서 낭만주의자들의 길을 낸다. 자신의 모순이 해결될 수 없는 것임을 고백한 후, 세기말 개인주의는 자기거절에, 신비적인 혹은 심지어 도그마적인 종교적 영역의 '절대' 속에 자신을 용해시키고자 하는 시도에 이른다. 그러나 새로운 예술의 활동가들의 종교적인, 그리고 간혹 정치적이기도 한 몰입은 흔히 여전한 주관성의, 자의성의 표지를 띠곤 했다. 그들이 지닌 내적 토대의 박약함이 이로부터 생겨난다.

1880년대 중엽 위스망스(Joris Karl Huysmans)[3]는 세간의 이목을 끌었던 소설 〈거꾸로〉(A Rebours)에서 마치 이 과정의 도식을 묘사한 듯했다. 삶 앞에서의 공포가 극도로 이기적이고 타락에 민감한 인간을 종교로 귀의시킨다. 첫 눈에 보기에는 역설적이지만 본질에 있어 합법칙적인, 신비론과 불가지론의 결합의, 유미주의나 육감적인 것에 대한 숭배와 기독교 이데올로기의 결합의 전제들이 그러하다.

1870~1900년대 '새로운 시' 사조와 그룹의 난립 속에서도 두 기본적인 노선이 나타난다. 절대에 대한 확신의 자질에 따라 '데카당스 시인들'로부터 상징주의자들이〔새로운 시인들의 두 번째 세대 — 벨르이, 블로끄, 쎄르게이 쏠로비요프(С. Соловьев), 뱌체슬라프 이바노프(Вяч. Иванов)〕 갈라져 나오는 러시아에서 그것은 특히 명확하게 나타났다.[4] 그들에게

---

3) 프랑스 소설가(1848~1907). 자연주의적 경향으로부터 데카당스로의 변모를 겪었다. 그의 소설 〈거꾸로〉(A Rebours, 1884)는 '데카당스의 교리문답서'로 지칭되며 문단에 충격을 던졌다.

4) 1890~1900년대의 약 20년간 러시아 시단을 지배했던 러시아 상징주의의 1세대는 서구 데카당스의 유미주의와 극단적인 유아론의 특징을 공유했다. 1900년대 초에 러시아 시단에 이름을 알린 2세대 상징주의자들을 통해 러시아 상징주의 시는 러시아 고유의 색채를 획득했다. 2세대 상징주의자들은 삶의 종교적·영적 변형을 통한 세계 구원의 이상을 설파했다.

특별한 의의를 지닌 것은 민족적 전통, 호먀꼬프와 뜌체프, 도스또옙스끼와 블라디미르 쏠로비요프(Вл. Соловьев)[5]의 전통이었다. 그래서 그들은 고유한 길을 따라 상징주의에 도달했다.

데카당스 시인들과 상징주의자들 사이의 결별은 인식된 것이었다. 이 점에 대해 동시대인들이 많이 썼다. '개인주의의 위기'에 대해 되풀이 말하며 새로운 신비적 '쏘보르노스띠'(соборность)를 설파했던 뱌체슬라프 이바노프를 예로 들 수 있다.[6] 뱌체슬라프 이바노프는 '이상주의적 상징주의'(идеалистический символизм)와 '사실주의적 상징주의'(реалистический символизм)를 구별했다.[7] 이 용법은 지극히 독단적인 것이지만, 그것이 두 유파를 대립시키고 있다는 점에서 특징적이다. 뱌체슬라프 이바노프의 관점으로 볼 때, '이상주의적 상징주의'는 곧 데카당스다. "데카당스 시인들의 세나끌[8]들 속에서 심리주의가 승리를 구

---

5) 시인, 종교철학자(1853~1900). 쏠로비요프 철학과 시에 구현된 완전한 전일성의 이상(идея всеединства)과 세계영혼(Душа мира)의 시적 형상은 블로끄와 벨르이를 비롯한 2세대 러시아 상징주의 시인들이 추구한 삶의 종교적 변형의 이상과 삶을 창조하는 예술의 힘에 대한 믿음에 토대를 제공했다.

6) 러시아 상징주의 시인이자 이론가였던 뱌체슬라프 이바노프(1866~1949)의 사유 체계에서 '쏘보르노스띠'의 개념은 러시아 정교철학의 전통과 니체의 디오니시즘의 영향 아래에서 형성되었다. 이바노프의 '쏘보르노스띠' 개념은 신비적인 종교적 체험 속의 몰아적인 전 우주적 일체감의 순간으로서 디오니소스적 엑스터시의 순간을 의미한다. 이바노프의 '쏘보르노스띠' 개념의 니체적인 맥락 이해를 위해서는 그의 논문 "고통받는 신의 희랍 종교"(Эллинская религия страдающего бога, 1904)를 참조할 수 있다.

7) 뱌체슬라프 이바노프는 상징주의가 충만한 예술이기 위해서는 현실의 형상화를 지향해야 함을 주장했다. 이바노프에게 진정한 상징주의는 초월적 세계와의 상응의 추구 속에서 물리적 삶의 세계의 가치를 긍정한 2세대 상징주의, 곧, 그의 개념에 따르면, '사실주의적 상징주의'(혹은 '상징주의적 사실주의')이다. 그의 논문 "예술의 경계에 관하여"(О границах искусства), "상징주의에 관한 사색"(Мысли о символизме), "현대 상징주의의 두 모습"(Две стихии в современном символизме) 등을 참조.

8) '단체', '조합'의 의미의 불어. 빅토르 위고가 이끈 프랑스 낭만주의 시파의

가한다. 정신과 의사들이 수정한다. "그게 아니라 정신병이오." 이 경우에 차이는 무의미하다. 우리의 판단과 관련하여 중요한 것은 한 가지 사실이다. 곧 이상주의적 상징주의는 개인적인 체험에 있어 객관적인 영역과 형이상학적인 영역 속에 무엇이 놓여 있는지에 관해 신경 쓰지 않으며, 주관적인 정신적 체험들에 대한 연구와 기술에 매진했다는 점이다…"[9] 흥미롭게도 상징주의 활동가들 자신이 다음과 같이 고백하곤 했다. '불가지의 것'에 대한 관심—이것은 절망에 처한 주관적 의식의 행위다. "우리 시의 종교적인 정향이나 형이상학적 지향 그 자체가 생산적인 것은 아니다. 해체된 의식의 마지막 절망의 순간에, 생의 예쁜 만화경이 악마적인 가면무도회로 변하며 흉물스럽게 일그러지기 시작하고 경이로운 꿈이 숨 막히는 악몽으로 옮겨가기 시작한 순간에 나타나기 시작한, 존재하는 것의 초개인적이고 초감각적인 연관에 대한, 아직 모호하여 귀가 멀고 말을 잃은 첫 인식이 생산적이다."[10]

이처럼 뱌체슬라프 이바노프는 상징주의와 데카당스를 나눌 뿐 아니라 근접시키기도 한다.

여하튼 이 두 유파는 공통의 문체론적 전제로부터 출발할 정도로 상당히 가깝다.

자신의 또 다른 강령적인 논문인 "상징주의의 유언"(Заветы символизма, 1910)에서 뱌체슬라프 이바노프는 상징주의의 첫 선포자들이 보기에 "인간은 그의 의식에 자리 잡은 허용된 것과 허용되지 않은 것 사이의 차이를 망각하고, 주저하지 않는 법과 '태양과 같이 존재하는 법'을 배웠고, 세계는 마법과 같고 인간은 자유롭다"고 썼다.[11] 여기에

명칭에서 유래.

9) (원주) "현대 상징주의의 두 모습"(Две стихии в современном символизме)〔뱌체슬라프 이바노프, 《별들을 따라》(Вячеслав Иванов, По звездам, Сб., 1909), 276쪽〕.

10) (원주) 같은 책, 285쪽.

11) (원주) 뱌체슬라프 이바노프, 《밭고랑과 밭두렁》(Вячеслав Иванов, Борозды и межи, М., 1916), 136쪽.

서 흥미로운 것은 시 창작 방법과 개인주의자적인 윤리 사이의 연관에 대한 지적이다. 만일 윤리적 행위의 세계에서 모든 것이 허용되어 있다면, 예술 속에서도 모든 것이 허용되어 있다. 서정시의 탈정전화 과정, 규범과 금지로부터 서정시가 해방되는 과정은 19세기에 걸쳐 지속적으로 이루어졌지만, 세기말 개인주의는 이 과정을 그야말로 급격하게 촉진했다. 문체적 절대주의의 발전에 있어 비약이 일어난다. 그리고 그것은 예술의 초이성성과 무대상성의 천명에 이르기까지 심화된다. 감각적인 시적 수단에 대한 몰두는 결국 자신의 극한점을 건넜다. 우리 시대에 많은 이들에게 가장 중요한 것은 다른 것으로 밝혀졌다. 은닉된 시적 수단의 에너지와 꾸밈없는 사고의 힘이 그것이다.

19세기 말에 변동이 곧바로 일어난 것은 아니다. 상징주의자들의 바로 윗세대는 새로운 이념과 정서를 위한 새로운 시어를 찾아 낼 재능이 없었다. 그들의 시는 최상의 경우 페뜨의 반향이고, 최악의 경우 나드쏜(С. Я. Надсон)[12]의 반향이다. 민스끼(Н. М. Минский)[13]는 논설 "양심의 빛이 비추일 때"(При свете совести)에서 현존하는 모든 가치관의 허상성과 메오니즘(меонизм)('존재하지 않는 것'의 철학)을 설파했다. 그러나 그때조차 그는 '미사여구'와 그 밖의 다양한 기원을 지닌 상투어의 성층인, 1880년대의 중간적 시어로 시를 썼다.

상징주의자들이 새로운 시의 새로운 창작 방법에 관해 처음으로 말하기 시작했다. 이 견지에서 시인이자 조직자이자 이론가로서의 젊은 브류

---

12) 시인, 비평가(1862~1887). 1880년대 러시아 시단을 대표하는 시인 중의 한 명. 염세적인 환멸과 우울한 무력감의 시대적 분위기를 노래했다. 그의 시의 모티프와 형상, 억양과 리듬 구조는 레르몬또프와 네끄라쏘프의 시의 강한 영향을 받았다. 메레쥬꼽스끼와 브류쏘프 등의 1세대 상징주의 시인들의 시세계 형성에 영향을 끼쳤으나, 바로 이들에 의해 그의 시의 아류적인 속성이 비판의 대상이 되었다.

13) 시인, 시평가(1885~1937). 1870년대 후반 '시민적' 주제를 다루는 혁명적 민주주의의 시인으로 등단하였으나, 1880년대 중엽 세계관의 변화를 겪은 이후 러시아 데카당스 시의 효시가 되었다.

쏘프의 활동이 아주 중요하다. 새로운 형식에 몰두한 이론가는 브류쏘프뿐만 아니었다. 상징주의에 대한 초월적인 이해를 지닌 안드레이 벨르이도 새로운 형식의 이론가였다. 상징주의자들이 보기에 여기에는 모순이 없다. 바로 그들에게 있어 본질상 형식적인 요소는 없기 때문이다. 그들은 모든 것이 상징이 될 수 있다고 공표했다. 각각의 요소가 의미를 지니고, 각각의 기호가 지고한 의미를 지닐 수 있다. 이러한 전제를 통해 운율, 운, 음성의 울림 등의 특수한 시적 수단들이 해방되었다. 이 수단들은 합리주의 시학 및 여전히 합리주의 시학의 전통과 얼마간이라도 연관되어 있었던 시 일반이 인정하지 않았던 독립성과 지각성을 점차 획득한다. "거품이 인 샴페인 잔의 쉬쉬거림과 펀치의 푸른 화염"(Шипенье пенистых бокалов И пунша пламень голубой)이라 썼던 뿌슈낀은 시행의 음성 편성을 완전무결하게 구사했다. 그러나 명백히 뿌슈낀은 특정한 과제의 해결과 관련될 때만 이것이 시인에게 허용될 수 있다고 여겼다. 끊임없는 시행의 음성 편성은 뿌슈낀에게 어린애 같은 착상으로 비쳤을 것이라는 점을 생각해야 한다.[14]

상징주의와 데카당스 시인들의 시어 사전은 원칙적으로 (보통 그럼에도 불구하고 실제로는 아닌데) 그 무엇으로도 제한되어 있지 않다. 그것은 이국적인 시어나 특별히 유미주의자적인 어휘로부터 도시적인 거친 어휘에 이르기까지, 모든 것을 섞어 넣고, 그럼으로써 모순적인 의식의 상이한 국면들을 반영한다.

서정시에서 가장 결정적인 변모에 처해진 것은 의미 조직, 시적 형상의 구조였다. 초기 프랑스 상징주의자들은 (젊은 브류쏘프도 그러했듯이) 상징 속에서 '신비적 현실'보다는 동시대 영혼의 비합리적인 은밀한 본질을 인식하는 수단을 본다. 프랑스 상징주의의 토대를 정립한 시인들인

---

14) (원주) 생트 뵈브의 시에 관한 1831년 논문에서 뿌슈낀은 프랑스 낭만주의자들이 "시행 형식, 휴지부, 운 등에 지나친 중요성을 부여한다"고 지적했다. "… 이 모든 것은 좋다. 그러나 유아기의 딸랑딸랑 소리 나는 장난감과 기저귀를 너무나 떠올리게 한다."

랭보와 말라르메는 부알로와 라신으로부터 위고에 이르기까지, 고티에와 파르나스 시인들에 이르기까지, 프랑스 시에 그토록 유기적인 시적 논리와 결별한다. 시적 사고의 진행상의 단순히 누락된 사슬이 아닌 합리적으로 복원될 수 없는 사슬에 대한 암시, 유추, 환기의 시학이 창조된다. 말의 다의성은 분해될 수 없는 것으로 드러나고, 형상 속에 혼합된 의미 조직들 사이의 관계는 오직 연상적인 것으로 드러난다. 주제는 더 이상 시 조직 전체를 통해 펼쳐지는 어떤 구상으로서 받아들여지지 않는다. 그와 반대로 주제는 이제 대상적이거나 논리적인 연관을 상호간에 지니지 않은 의미 단위들이 하나의 문맥 속에서 연합된 결과로 발생할 수 있다. 물론 이 모든 것은 상징주의 시인 저마다에게 필수적인 것은 아니다. 이 징초 중 어떤 것은 극단적인 시적 실험 속에서만 완전히 실현되었다. 우리의 논의는 상징주의자들이 제기했고,[15] 20세기 시의 이후 발전 속에서 복잡한 운명에 직면했던, 극단적인 가능성, 경향, 그리고 이론적 원칙에 관한 것이다.

'새로운 시'는 (프랑스 시도 러시아 시도) 일찍이 없었던 언어로 미증유의 사물에 관해 말하기를 원했다.[16] 그러나 여기에서 실제로 일어난 것은 문학 사조들의 역사에서 그토록 흔한, 선언과 실제적 가능성 사이의 불일치나 불완전한 일치다. 데카당스와 상징주의 시인들의 경험은 '개인적인' 언어의 실현불가능성에 대한, 일반어와 그리고 심지어 문학 전통과 결별하는 것이 불가능함에 대한 증거다.

이후에 미래주의는 '현대의 기선 밖으로' 전통을 내던지고 더불어 문자 그대로 미증유의 언어를 고안하고자 하는 (물론 성공하지 못한) 시도를

---

15) (원주) 젊은 브류쏘프가 1897년 논문에서 제시한 프랑스 상징주의를 창시한 세 시인의 작품의 특징에 대한 기술을 비교하라〔《문학 유산》, 27~28권(Литературное наследство, т. 27~28, М., 1937), 272~274쪽〕.

16) (원주) 러시아 상징주의의 언어 이론과 실제의 제 문제는 고프만(В. А. Гофман)의 논문 "상징주의자들의 언어"(Язык символистов) 속에서 조명되었다(《문학 유산》, 27~28권, 54~105쪽).

감행했다. 상징주의자들은 보편적인 의의를 지닌 언어를 이용했다. 그들은 정도의 차이는 있지만 고양된 미적 능동성을 지닌 전통적으로 시적인 언어를 활용했는데, 이것은 19세기 말~20세기 초의 유미주의의 분위기 속에서 자연스러운 것이었다. 새로운 시인들에게 이것은 그들이 변조하고 이질적인 문체적 요소와 결합시킨 질료였다.

말라르메에 관한 저서의 저자인 프랑스 문학연구가 티보데(Albert Thibaudet)는 말라르메에게는 시적 '상투어'가 전혀 없으며, 그의 작품 속의 각 언어 형상은 시인의 개인적인 고안이라고 주장했다. 하지만 파르나스 시인 에레디아(José Maria de Heredia)[17]의 소네트를 에드가 포의 무덤에 헌정된 말라르메의 소네트와 비교하며, 티보데는 바로 다음과 같이 쓰고 있다. "… 이 말들 중, 심지어 가장 물질적인 말들 — 히드라(гидра), 천사(ангел), 종족(племя), 대지(земля), 구름(облако), 양각(барельеф), 무덤(могила), 덩어리(глыба), 화강암(гранит), 면(грань) — 중 어느 하나도 그 자체로 존재하지 않는다. 말은 그것의 지시에 의해 암시되는 영혼의 상태를 통해 존재한다. 개개의 말은 대기 중에 걸려 있고, 말이 암시하는 의미는 일종의 우회의 움직임의 도움으로 찾을 수 있다."[18] 이와 관련하여 변형되는 말의 열거가 흥미로운데, 이것들은 거의 모두 전통적으로 숭배되어 온 시어다. 후기 말라르메의 일반적인 특징을 이루는 것은 극단적인 비합리성과 불가해성에 도달한 의미 조직과 그와 같은 어휘들의 결합이다. 말라르메는 낭만주의 및 파르나스의 시인들로부터 상속받은 시어의 질료와 결별하기를 원하지 않았다(그런 연유로 그는 프랑스 시작법의 규범적인 형식들도 보존했다). 그와 반대로 랭보는 여태까지 없었던, 천리안을 지닌 자의(voyant) 시학을 창조하고자 시도했다. 이를 위해 그는 심지

17) 스페인 혈통의 프랑스 시인(1842~1905). 릴(Charles-Marie Leconte de l'Isle, 1818~1894), 고티에, 방빌(Théodore de Banville, 1823~1891) 등과 더불어 프랑스 파르나스 시단을 대표하는 시인.

18) (원주) 알버트 티보데, 《스테판 말라르메의 시》(Albert Thibaudet, *La poésie de Stéphane Mallarmé*, Paris, 1926), 229쪽.

어 환각을 야기했던, 독특한 파괴적 생활 방식에 자신을 처하게 했다. 마지막 작품인 〈지옥에서 보낸 한 철〉(Une saison en enfer, 1873)에서 랭보는 실패를, '말의 연금술'의 허상성을 인정했다. '새로운 시' 속에서 전통적인 것은 전통을 변형시키고 말살하는 것과 부단히 다투었다.

19세기 말~20세기 초 러시아 서정시에서 19세기 러시아 시의 전통이 지닌 권위는 막강했고, 그래서 두 원칙 사이의 다툼은 긴장된 것이었다.

유미주의와 양식화 경향, 추상성, 정서적 강렬함—'새로운 시'의 이 자질들은 그것으로 하여금 시간에 의해 검증된, 미와 의미성으로 포화된 시어에 관심을 돌리도록 했다.[19] 이와 더불어 상징주의는 고유한 언어 기호 체계(그 이데올로기의 담지체)를 개발했다. 다음 세대 시인들은 이미 이 기호들의 철학을 받아들이지 않았고, 받아들이기를 원하지도 않았다. 그들이 보기에 이것은 낡은 진부한 표현들과 뒤섞여 단일한 흐름을 이룬, 식상한 '미사여구들'이었다. 역사적 상황은 보다 복잡했다. 세기말 시인들은 전통적인 말의 가능성을 습득했고, 동시에 그것의 익숙한 연관, 그것의 의미 구조를 파괴했다. 파괴의 수단은 다양했다. 새로운 상징 표현과 이질적인 어휘의 침투뿐 아니라, 말의 새로운 자질을 일깨운 새로운 리듬과 기묘한 통사적 연쇄, 시행의 음성 편성, 낡은 시적 형상의 과장이나 새로운 은유적 통일성 속에서 그것들을 예상 밖으로 근접시키는 것 등도 파괴의 수단으로 작용했다.

예를 들어, 쏠로구프(Ф. Сологуб)[20]에게 언어실험은 대체로 고유한

---

19) (원주) 브류쏘프 시 속의 전통적인 공식들에 관해서는 막씨모프, 《발레리 브류쏘프의 시》(Д. Е. Максимов, Поэзия Валерия Брюсова, Л., 1940), 162~163쪽을 참조.

20) 시인, 산문작가, 극작가, 번역가, 상징주의 이론가(1863~1927). 쏠로구프의 시세계는 그의 시 전체를 관류하는 몇몇 주제, 슈제뜨, 신화들의 변주로 이루어져 있다. 1890년대의 상징주의 시에서 절대적인 악과 무의미로서의 현세의 삶을 상징하는 것이 '태양-용'(солнце-дракон)과 '우주를 지배하는 뱀'(змей, царящий над вселенной)의 신화라면, 필자가 인용하는 시가 속한 연작 〈마이르 별〉(Звезда Маир)에서의 먼 약속의 '땅 오이레'(земля

자질이 아니었다. 그러나 그에게는 자신의 (다양한) 상징기호 체계들이 있었다. 다른 모든 것의 의미를 재건하는, 문맥의 구성요소들이 그것이다.

마이르 별이 내 머리 위에서 빛난다
　　마이르 별이
황홀한 별빛이 드리운다
　　먼 세상에.

오이레 대지가 대기의 물결 속에서 유영한다
　　오이레 대지가
마이르의 눈부신 빛이 찬란하다
　　저 대지 위에서.

리고이 강이 사랑과 평화의 나라에서 흐른다
　　리고이 강이
마이르의 선명한 얼굴이 고요히 흔들린다
　　물결이 되어.

하프의 선율, 꽃들의 향기
　　하프의 선율
여인들의 노래가 한 호흡으로 합쳐졌다
　　마이르를 찬양하며.

Звезда Маир сияет надо мною,
　　Звезда Маир,
И озарен прекрасною звездою
　　Далекий мир.

Земля Ойле плывет в волнах эфира,
　　Земля Ойле,
И ясен свет блистающий Маира
　　На той земле.

Река Лигой в стране любви и мира,
　　Река Лигой,
Колеблет тихо ясный лик Маира
　　Своей волной.

Ойле) 는 소망되는 죽음을 통해 인간이 현세의 삶의 악으로부터 벗어나 도달하기를 꿈꾸는 이상향이다.

Бряцанье лир, цветов благоуханье,
Бряцанье лир
И песни жен слились в одно дыханье,
Хваля Маир.

1898

만일 이 텍스트로부터 예외적인 고유명사들을 삭제한다면, 나머지 모든 것은 주꼽스끼 시파의 규범들에 거의 부합될 것이다. 한편 마이르(Маир), 오이레(Ойле), 리고이(Лигой)와 같은 의미 기호는 이 시를 가장 쏠로구프적인 시 중의 하나로 변모시키기에 충분하다. 여기에 있는 것은 이미 시행의 음성 편성이 아니라, 상징주의에 있어 보다 더 본질적인, 의미 편성이다. 그러나 상징주의자들의 선언에도 불구하고, 음성 편성도 시를 음악으로, 곧 완전히 다른 질료에 기반을 두는 예술로 결코 변모시키지 않았다. 시행의 음성 조직은, 말의 예술인 시 속의 다른 모든 것처럼, 말의 의미에 아주 강하게 작용하여 전통적인 시적 형상들을 재건한 의미 요소였다. 이 점은 발몬뜨(К. Бальмонт)[21]의 시에서 특히 명백한데, 그의 시에서 음성 편성은 '마법으로서의 시'(Поэзия как волшебство)의 원칙으로 격상되었다.[22]

나는 자유로운 바람, 나는 영원히 분다,
물결을 일렁이게 하고, 버들가지를 애무한다,
가지들 속에서 한숨을 내쉰다, 한숨 쉬고 침묵한다,
풀을 어루만진다, 밭을 어루만진다.

---

21) 시인, 비평가, 에세이스트, 번역가(1867~1942). 1900년 무렵 1세대 상징주의의 대표 시인 중의 한 명이 되었다. 음성 편성을 통한 시의 음악화에 많은 관심을 기울였다.

22) (원주) '마법으로서의 시'는 발몬뜨의 이론서(1915)의 제목이다. 1915년 출간된 시론서 《마법으로서의 시》(Поэзия как волшебство)에서 발몬뜨는 시를 내적 음악(внутренняя музыка)으로 정의했다. 시의 마법적인 주문(заклинание)으로서의 속성은 음악성으로부터 비롯된다. 발몬뜨의 시어의 음악성에 대한 관심은 러시아어의 개별적인 음성 요소들이 지닌 의미를 정립하려는 시도로까지 나아갔다.

밝은 봄이면 염원에 대한 사랑에 빠진
오월의 사자로서 은방울꽃에 입맞춤한다,
그리고 푸른 하늘은 말없이 바람에 귀 기울인다,
공중의, 졸음에 겨운 나는 분다, 멎는다.

Я вольный ветер, я вечно вею,
Волную волны, ласкаю ивы,
В ветвях вздыхаю, вздохнув, немею,
Лелею травы, лелею нивы.

Весною светлой, как вестник мая,
Целую ландыш, в мечту влюбленный,
И внемлет ветру лазурь немая, -
Я вею, млею, воздушный, сонный.

이 모든 것은 닳아빠진, 보편적인 시어의 '미사여구들'이다. 여기에서 건설적인, 의미를 새롭게 하는 원칙이 되는 것은 바로 시행의 강조된 음성 조직이다. 그것의 도움으로 시인은 독자가 진부한 말들을 암시되는 비합리적인 의미를 부여받은 '마법적인' 말로서 받아들이도록 권한다.

발몬뜨와 브류쏘프의 시의 다른 경우들에 있어 문맥을 변형시키는 '마법적인' 기능은 이국적 표현에 할애되었다. 이국적 표현의 미적 자질은 그 자체로 존재하는 것이 아니다. 그것은 오직 민족 전통에 대한 관계 속에서만 존재한다. 고대 신화와 성서의 신화는 오래전부터 러시아 시의 자산이었다. 그렇지만 인도나 이집트의 신화는 러시아 시의 입장에서 이국적인 요소로 드러났다. 강렬한 문체적 색채를 지닌 말들이, 게다가 19세기 러시아 시의 문체 체계에는 익숙하지 않은 이질적인 문체에 속하는 말들이 문맥에 포함되었다. 예를 들어, 브류쏘프의 시를 보자.

슬픔에 충실한 나는 가리라
졸졸거리는 고다베리를 따라,
광기어린 바야데라에게로
여신 깔리가 내려오리라!

По журчащей Годавери
Я пойду, верна печали,

И к безумной баядере
Снизойдет богиня Кали!

발몬뜨의 《고대의 외침들》(Зовы древности)[23] 은 러시아의 독자에게는 이국적으로 받아들여지는 어법의 적용을 통해 어느 정도 순전히 새로운 언어를 창조하고자 하는 시도다. '고대의 외침들'은 상응하는 방식으로 패러디되었다.

꼬이아떼뻭, 아만뜨란,
뜨라록, 마이스, ㄲ소칙베뚜알,
ㄲ벳짤꼭스꼭스뜨리, 뜨락쏘뜨란,
오아이야, 띠리리, ㄲ벳짤 …

Коуатепек, Амантлан,
Тлалок, Маис, Ксочикветуаль,
Кветцалькокскокстли, Тлаксотлан,
Оайя, Тилили, Кветцаль …[24]

새로운 시의 말들은 다양한 기원을 지녔다. 옛 낭만주의 서정시, 민속학적인 이국적 표현 혹은 역사적 양식화 등, 이 말들의 원류는 다양하다. 이와 더불어 보다 협소한 범위의 독자들이 도달할 수 있는, 상징주의 일반의 그리고 개인적인, 특수한 의미의 선별된 묶음이 존재했다. 그러나 이 어휘 사용은 어떤 통일적인 원칙을 지니고 있었다. 말은 단지 다의적인 것으로서뿐 아니라, 특히 의미심장한 것, 연상적인 것으로서 독자에게 대두되었다. 이 시적 체계는 자신의 독자로 하여금 각각의 말을 흔히 끝까지 규명되지 않은, 어떤 깊은 의미들의 표현으로서 지각하는 데 익숙

23) 발몬뜨의 1908년 시 선집. 비슬라브 민족들의 원시예술에 대한 발몬뜨의 관심의 소산으로 아메리카, 아프리카, 오세아니아의 마법적인 제의 시의 예술적 개작을 담고 있다.

24) (원주) 블라고프(Ф. Благов)의 패러디. "발몬뜨의 '고대의 외침들'의 내용 요약"('Зовы древности' Бальмонта в кратком изложении) [〈이른 아침〉, 1908, 248호(Раннее утро, 1908, NO. 248)].

해지도록 만들었다. 두 번째 층위에 대한 의무적인 기대는 전통적으로 시적인 말, 심지어 진부한 말로도, 그리고 그것들에 대척적인 산문적 표현으로도 확산된다. 이 모든 것은 문맥과 그 내적 연관의 새로운 유형을 전제로 했다.

세기말의 개인주의자적인 의식에는 대도시적 국면을 포함한 다양한 국면이 존재했다. 대도시의 삶의 고통과 죄악으로 인해 붕괴되는 인간은 산문적 표현의 혼돈의 담지자로서 사고되었다. 동시대의 대도시주의는 의식의 다른 요소들과 합법칙적으로 결합된 원칙이었고, 그래서 대도시주의의 문체는 추상적인, '내세적인' 혹은 미화된 문체와, 말하자면, 대립적인 문체와 완전히 자유롭게 결합될 수 있었다. 이 양립성은 때로 새로운 대도시주의의 상징적 표현과 19세기의 시적 상투어의 독특한 합금으로 이끌었다. 그 한 예가 브류쏘프의 시 〈황혼〉(Сумерки) 이다.

구부러진 긴 줄기들 위에서
달들이 전기로 타오른다.
보이지 않는 부드러운 손길 속에서
전보의 선율들이 울린다.

호박 문자판들의 원들이
군중들 위에서 매혹적으로 타오르기 시작했고,
서늘한 고요의 손길이
목마른 보도의 판석을 스쳤다.

매혹적으로 흔들리는 그물 아래에서
안개 낀 길모퉁이 공원이 잠잠해졌다.
지나가는 창녀의 눈동자에
저녁이 미소 지으며 입맞춤한다.

Горят электричеством луны
На выгнутых, длинных стеблях;
Звенят телеграфные струны
В незримых и нежных руках;

Круги циферблатов янтарных

Волшебно зажглись над толпой,
И жаждущих плит тротуарных
Коснулся прохладный покой.

Под сетью пленительно зыбкой
Притих отуманенный сквер,
И вечер целует с улыбкой
В глаза - проходящих гетер.

달(Луна), 줄기(стебли), 선율(струны), 거기에다가 또한 보이지 않는 부드러운 손길 속에서(в незримых и нежных руках) — 무엇이 이보다 더 전통적일 수 있는가? 문제는 전적으로 이 로망스의 형상들이 도시 풍경의 은유화에 기능하기 위해, 다른 환경으로 옮겨져 자신의 익숙한 연관들을 상실했다는 데에 있다. 달들(Луны)은 (복수가 익숙한 형상을 이미 파괴한다) 전기의 달들로 드러나고, 선율(струны)은 전보의 선율이다. 매혹적으로 타오르는 것은 별이 아니라 시계의 문자판이고, 서늘한 정적은 목마른 대지가 아니라 목마른 보도의 판석과 접촉한다.

피아노의 고요한 소리 같은
낮의 먼 중얼거림 …
오 황혼이여! 평화의 은총으로
다시 나를 취하게 하라!

Как тихие звуки клавира -
Далекие ропоты дня …
О сумерки! Милостью мира
Опять упоите меня!

지극히 로망스적인 이 마지막 연은 (물론 깊은 내적 변형에도 불구하고) 외적 변화가 없는 다른 문맥 속에서 이를테면 (페뜨적인 정신 속에서) 옛 지주 정원의 주제를 완결할 수 있을 것이다. 그러나 여기에서 그것은 대도시의 세계에 접속되어 있다. 시골 저택과 도시의 두 풍경이 서로의 위에 겹쳐지는 듯하다.

동시대인들이 데카당스 시인들의 범주에 포함시킨 (발몬뜨와 브류쏘프를 포함한) 구세대의 '새로운 시인들'은 적어도 자신들의 활동의 초기에는 미증유의 개인적인 시어를 창조하기를 꿈꾸었다. 그들의 작품 속에서 전통적인 요소들은 혼돈스러웠다. 그것들은 이론적 토대를 지닌 것이 아니라, 합법칙성으로부터, 서정시의 경향으로부터 생겨났다. 구세대의 대표자들에게 있어 시적 가치의 원천은 자족적인 미적 원칙과 물신화된 개인이었다(브류쏘프는 이후에 이 정초들과 결별했다).

고유한 의미의 상징주의자들인 두 번째 세대의 대표자들은 다른 방식으로 문제를 정립했다. 그들도 또한 미증유의 형상들의 언어로 말하기를 원했다. 그러나 그들은 원칙적으로 전통을 거부하지 않았을 뿐 아니라, 그와 반대로, 자신의 이 언어를 먼 고대의 전통을 기초로 하여 구축하고자 의식적이고도 선언적으로 시도했다.

안드레이 벨르이의 신조어들은 시적 비유와 언어 본래의 형상성의 발생학적인 연관에 관한 뽀떼브냐(А. А. Потебня)의 생각에 의해 뒷받침된,[25] 어원학 분야에서의 그의 경험과 분리될 수 없다.

고프만은 자신의 논문 "상징주의자들의 언어"(Язык символистов)

---

25) 뽀떼브냐 : 어문학자, 인종심리학자(1835~1891). '말의 내적 형식'에 관한 학설과 예술심리학 이론의 창시자. 언어와 사고, 언어와 민족, 언어의 발생 등의 문제들을 주로 연구했다. 뽀떼브냐 학설의 기본 테제는 인식으로서의, 사고 행위로서의 예술에 대한 규정이다. 뽀떼브냐는 시어와 시문학 작품에서 세 구성요소를 구별했다. 외적 형식(음성), 의미, 그리고 내적 형식(형상)이 그것이다. 그에 따르면 말(예술작품)의 서정성은 그것의 형상성이다. 내적 형식은 이미 존재하는 형상에 새로운 인상을 도입함을 통한 새로운 것의 인식수단이다. 뽀떼브냐의 이론은 20세기 초 시어 연구와 실험에 강한 영향을 끼쳤다. 시적 형상의 문제와 형상 언어 학설에 대한 관심을 첨예화한 상징주의의 이론과 실제는 뽀떼브냐의 학설에 대한 주관적인 이상주의적, 형이상학적 이해에 기초했다. 조건적인 표지와 상징적인 상응과 암시로서의 시어의 본질에 관한 상징주의자들의 사고는 시적 기교에 대한 형식적인 분석과 주관적 해명을 동반했다. 안드레이 벨르이의 시어 이론은 그의 책《상징주의》(Символизм, 1910), 특히 논문 "서정시와 실험"(Лирика и эксперимент)을 참조.

에서 뱌체슬라프 이바노프의 언어 이론들과 관련하여 다음과 같이 썼다. "… 전설이나 신화, 민담의 질료들, 생생한 옛 시절로부터 전승되어 남은 것 일반이 상징적 에너지, 상징적 의미의 원천이자 규정소로서 선언된다."[26)]

데카당스 시인들의 이국성과 대도시주의와 달리, 신화, 민담, 의고적 표현, 어원학에 대한 의식적이고 이론적 형식을 갖춘 정초는 바로 시적 상징을 어떤 영원한, 내세적인, 그리고 게다가 '객관적인' 실제의 표현으로 바라본 상징주의자들에게 특징적이다.

블로끄는 이후에 쏠로비요프주의자들과 뱌체슬라프 이바노프의 '신비적 무정부주의' 모두와 결별했다. 그러나 그 시기에, 그리고 블로끄가 러시아 상징주의자들의 운동에 속했던 만큼의 그 정도로, 그는 바로 쏠로비요프주의자들에, 그리고 이후에는 뱌체슬라프 이바노프에, 즉 '절대'를 추구한 시인들에 가까웠다. 논문 "러시아 상징주의의 현 상태에 관하여"(О современном состоянии русского символизма, 1910)에서 블로끄는 러시아 상징주의의 역사 자체를, 그 위기를 절대적 가치의 시기가 주관적이고 상대적인, 오직 미적인 가치의 시기로 교체된 것으로 해석했다.

블로끄의 창작은 절대의 추구 밖에서는 존재하지 않는다. 그러나 이 추구의 내용이 첫 책으로부터 세 번째 책에 이르는 동안 변화한다. 블로끄의 인간은 보편적인 의의를 지니는 가치들과 혹은 그것들의 비극적인 상실과 언제나 연관되어 있다. 이 층위들의 교체와 교차 속에 블로끄가 그의 시 전집 세 권을 지칭한 바, 서정적 소설(лирический роман), 강림의 삼부작(трилогия вочеловечения)의 슈제뜨가 자리한다.

■ ■ ■

---

26) (원주) 《문학 유산》, 27~28권, (Литературное наследство, М., 1937), 66쪽.

블로끄의 동시대인들과 후대의 그의 작품 연구자들은 그에게 19세기 러시아 문학이 결정적인 의의를 지님을 지속적으로 지적했다. 하지만 사실 그의 시에서 우리가 페뜨와 아뽈론 그리고리예프를, 네끄라쏘프를, 그리고 때때로 뿌슈낀을 쉽사리 알아볼 수 있는, 이 19세기의 유산 상속자는 1900~1910년대 러시아 시 운동의 주역으로, 몇 세대에 걸친 독자들의 지배자로, 1909년에 인노껜띠 안넨스끼(Иннокентий Анненский)가 그를 지칭한 바와 같이,[27] '우리 젊은이들의 챔피언'으로 밝혀졌다.

이 상호관계는 그 속에 담긴 역사적 이론적 합법칙성에 대한 심화된 규명을 요구한다.

19세기 러시아 시의 토양 위에서 성장하며, 그 가장 수준 높은 본보기들로부터 아쁘흐띤(Апухтин)[28]의 잔혹한 로망스에 이르기까지 모든 것을 갈구하며 받아들인, 시인 블로끄는 1901년까지 새로운 시에 대해 거의 문외한이었다. 이 전기적 상황이 블로끄의 창작의 형성 속에서 무언가를 결정했다. 그러나 그럼에도 불구하고 그것은 부차적인 의의를 지닐 뿐이다. 블로끄가 거의 변함없이 시간에 의해 검증된 말에 이끌린 것은 무엇보다도 1890~1900년대 지적 움직임의 복잡한 상황 속에서 그가 해결했던 과제들에 의해 결정된다.

1908년 스따니슬랍스끼(Станиславский)에게 보내는 널리 알려진 편지에서 블로끄는 그가 후퇴함 없이 자신을 바치는 러시아의 주제에 그는 '오래전에, 자신의 의식적인 삶이 시작될 때부터' 다가갔음을 주장한다. 러시아의 주제는 인뗄리겐찌야와 민중, 민중의 혼돈, 혁명 등 블로끄에게 기본적인 다른 주제도 아우른다. 매우 일찍이 블로끄는 러시아 사상에 의

27) (원주) 안넨스끼(Ин. Анненский), "현대의 서정성에 관하여"〔О современном лиризме, 〈아뽈론〉, 1909, 2호(Аполлон, 1909, NO. 2), 7쪽을 보라〕.

28) 1870~1880년대 러시아 시를 대표하는 시인(1840~1893). 이 시기의 시대적 분위기를 반영하는 아쁘흐띤의 시에는 삶을 확신하는 통일적인 세계지각이나 비극적인 거부의 파토스가 없이 종말에 대한 예감과 무력한 애수가 지배한다. 블로끄는 아쁘흐띤의 '집시 로망스'(цыганский романс)의 유산을 받아들여 새로운 정서적 내용으로 채웠다.

해, 러시아 문학에 의해 유산으로 남겨진 질문들의, 도덕적인, 사회적이고 역사적인 질문들의 상속자로서 자신을 인식한다. 바로 그래서 그에게는 이교 신화들과 고대 이집트 신관 문자 기호들의 질료가 아니라, 19세기 러시아 시의 질료가 필요했다. 이 시로부터 그는 검증된 서정성, 서정적 말의 고수된 정서뿐 아니라, 그 문제 틀 자체도 상속받았다.

블로끄의 영면 이후에 곧 출판된 논문에서 만델슈땀은 이렇게 썼다. "네끄라쏘프의 둔중한 3음각은 헤시오도스의 〈노동과 나날〉(Erga kai Hēmerai) 처럼 그에게 위대했다. 아뽈론 그리고리예프의 일곱 현의 기타는 그에게 고전적인 리라만큼이나 신성한 것이었다. 그는 집시 로망스를 계승했고 그것을 전 민중의 열정의 언어로 만들었다. 높고 수학적인 쏘피야 뻬롭스까야(София Перовская)의 이마는 러시아 현실에 대한 블로끄의 인식의 찬란한 빛 속에서 이미 진정한 불멸의 대리석의 서늘함을 풍기는 듯하다.

블로끄의 역사 감각에 소스라치게 놀라지는 않으리라. 혁명의 소음을 듣기를 간청하기 오래전에 이미 블로끄는 가장 긴장한 귀가 중략된 휴지부를 포착했을 뿐인 곳에서, 러시아 역사의 지하의 음악을 들었다."[29]

심지어 서구문화의 영원한 형상들도 종종 사전에 러시아 민족의 전통을 거쳐 블로끄에게 다가오곤 했다. 러시아의 시적 사고가 그토록 동화시켜 혈연이 된, 이탈리아의 주제나 햄릿과 돈주앙의 형상이 그러하다.

블로끄는 새로운 시를 늦게 알았다. 그러나 그는 그것을 인지했고, 그것은 (특히 브류쏘프가) 그에게 강렬한 인상을 일으켰다. 그는 그에게 필요한 정도로 새로운 시의 힘을 습득했고, 그 대가가 되었다. 블로

29) (원주) 만델슈땀, 《시에 관하여. 논문 선집》(О. Мандельштам, О поэзии. Сборник статей, Л., 1928), 58쪽. 이 논문의 잡지판에서 만델슈땀은 문화적 '혈종(血種)들'에 대한 블로끄의 이해에 관해 이야기한다. "그는 혈종으로서의 양식을 너무나 강하게 느꼈다. 그래서 언어와 문학 형식의 삶을 그는 해체와 파괴가 아닌 상이한 혈종들의 교배와 교미로서, 그리고 동일한 나무에 상이한 열매들을 접붙이는 것으로서 느꼈다."〔〈러시아〉, 1922, 1호(Россия, 1922, NO. 1), 29쪽.〕

끄는 자신의 동시대인들의 문체적 절대주의를 우유부단하게 뒤따르지 않았다. 그러나 그는 어떤 경우에는 그것을 받아들여 자신의 목적에(무엇보다도 동시대인의 격앙된 영혼의 절대주의의 반영에) 기능하게 했다. 〈눈 가면〉의, 부분적으로 〈까르멘〉(Кармен)의, 〈무서운 세계〉(Страшный мир)의 많은 시의, 마침내, 다른 방식으로, 〈열둘〉(Двенадцать)의 블로끄가 그러하다.

그러나 전통적인 시어의 변형이, 일차적으로 19세기 러시아 낭만주의 서정시 언어의 변형이 블로끄의 기본적인 문체적 원칙으로서 유지된다. 이것은 근본적인 변형이다. 왜냐하면, 주변의 모든 것을 변화시키는 내적인 의미상의 파열이 없다면, 블로끄는 20세기의 위대한 시인이 아니라 절충주의자일 것이기 때문이다.

블로끄의 예술적 해결은 독특한 이론적 관심을 제기한다. 왜냐하면 바로 그의 시 속에서 전통적인 것과 처음으로 발견된 것이 역설적인 날카로움과 함께 결부되었기 때문이다. 그리고 또한 블로끄는 서정적 세계가(과거와의 아주 깊은 연관에도 불구하고) 극도로 독창적이고, 가장 사소한 개개 단위 속에서 인지되는 시인의 부류에 속하기 때문이다.

시적 문맥은 신축적인 개념이다. 그것은 구절로부터, 직접적으로 주어진 리듬-통사적 단위로부터 작품으로, 연작으로, 작가의 작품 세계로, 마침내 문학 사조로, 양식으로 거슬러 올라간다. 각 시대의 체계와 개인적인 체계 속에는 이런 저런 지배적인 해석상의 문맥이 존재한다.

블로끄의 시적 체계에 있어 결정적인 의의를 지닌 것은 그의 작품 세계 전체의 문맥이다. 시인 자신이 이 점에 대해 줄곧 말하곤 했다.

서정적 연작은 고대 문학 속에서 이미 알려져 있었다(예를 들어, 로마의 비가 시인들의 연작들). 그것은 셰익스피어(소네트들)와 페트라르카(Petrarca)로부터 하이네, 아뽈론 그리고리예프, 베를렌에 이르기까지(이들은 블로끄가 지속적인 관심을 기울인 시인들이다) 근대 시 속에서 나타나곤 했다. 그럼에도 불구하고 세 권으로 이루어진 시들을 하나로 묶는 블로끄의 연작 구성은 세계 문학상 독특한 현상이다.

서정적 연작은 일반적으로 단일한 주제를 지닌 것이었고, 동일한 층위의 자료를 취하곤 했다. 블로끄의 연작 구성은 다층적이고 모순적이다. 개별적인 연작들은 '시 소설'(роман в стихах)의 복잡한 구조를 형성하며 서로 얽힌다. 이 연작 구성은 역동적이다. 그것은 자신의 움직임 속에서 시인의 운명을 형성하며 구축되고, 시간 속에서 움직인다.

블로끄는 《시 모음집》(Собрание стихотворений)에 붙인 1911년 서문에서 자신의 시에 관해 다음과 같이 썼다. "… 이들 중 많은 시는 개별적으로 취하면 가치를 지니지 않는다. 그러나 각각의 시는 장의 형성을 위해 필수적이다. 몇 개의 장으로부터 책이 형성된다. 각각의 책은 삼부작(трилогия)의 부분이다. 나는 삼부작 전체를 '시 소설'로 지칭할 수 있다."[30] 빈번히 인용되곤 했던 이 구절은 블로끄가 자신의 서정시의 구조적 통일성에 얼마나 의식적인 관심을 기울였는가를 증명한다. 《시 전집》의 첫 번째 책(1911)에 부친 주석 속에 주어진 블로끄의 발언이 전형적인 예다. "네 번째 장(1901년)은 첫 번째 책을 위해서도 삼부작 전체를 위해서도 가장 중요한 의의를 지닌다. 그것은 도입부의 세 장의 어렴풋한 추구에 처음으로 빛을 부여한다. 그것은 '마법의 수정 구슬'이다. 나는 그것을 통해 '자유로운 소설이 지향해 갈 모든 먼 곳들'을 비록 '불명료하긴' 하지만 처음으로 분별했다."

이것은 서정시로서는 평범하지 않은 고백이다. 여기에서 말하는 것은 자신의 운명을 다루는 서정적 소설이 시인에 의해 미리 예견되고 암시된 길들 위에서 형성되고 있음에 관한 것이다. 이 고백은 연작들의 다채로운 구성이 가장 본질적인 형태로 시인의 자기인식을 표현했음을 보여준

---

30) 상징주의 시인 블로끄의 '서정적 삼부작'의 기초를 형성하는 근원 신화는 '길의 신화'(миф о пути)이다. 이를 통해 블로끄는 자신의 시 전체에 각 부분이 지닌 모순성에도 불구하고 서사적 통일성을 부여하고자 노력했다. 블로끄의 '서정적 삼부작'의 개념은 《시 모음집》 초판(1912)을 준비하는 과정을 통해 명확해졌다. 블로끄의 이후 창작은 '서정적 삼부작'의 이상에 대한 의식 속에서 이루어졌다.

다. 그리고 이 고백은 이 자기인식이 자신의 '사적인' 자아의 범위를 얼마나 멀리 벗어났는가를 보여준다. 왜냐하면 '마법의 수정 구슬을 통해' 자신의 경험적 운명을 분별하고 예견해서는 안 되기 때문이다. 그러나 자신의 운명을 시대적 운명으로서, 동시대인의 운명으로서 분별하는 것은 가능하다.

연작 구성은 다른 시인들의 시에서도 블로끄의 관심을 끌었다. 바로 그래서 그는 시 선집과 각 편의 명칭에 진지한 의미를 부여하곤 했다. 이 점에서 쎄르게이 고로데쯔끼(Сергей Городецкий)의 책 《뇌신》(Перун)에 대한 〔1907년의 논문 "서정시에 관하여"(О лирике)에서〕 블로끄의 비평이 특징적이다. "… 그의 첫 책들에 실린 시편들은 신랄한 비판을 감당하지 못한다 … 만약 각 시 거의 모두를 특별한 시편으로 가져갈 수 없다면, 그것들을 창조하는 것이 아니라 고안해야 한다. 실제로 《뇌신》 속에 그것이 있다. 마침 가장 약한 첫 시편이 가장 완전하다 … 첫 편의 명칭 '적대의 씨앗'(Семя вражды)은 이 시편의 그 어떤 시보다 앞길에 대해 훨씬 더 많은 것을 시야에 제시한다 … 엄격히 말해, 책 속의 이후의 모든 것은 두 편 이상으로 나눌 가치가 없었다 …"

블로끄의 동시대 시인들, 특히 상징주의자들은 연작 구성을 적극적으로 활용했다. 그러나 그 기능은 블로끄의 경우와 다르다. 브류쏘프의 연작들은 줄지어 배치되어, 시인이 거쳐 간 연속적인 시기와 그의 관심과 몰입의 교체를 나타낸다. 안드레이 벨르이는 자신의 시집들에 붙인 서문들에서 연작 구성의 의의를 갖가지 방식으로 강조했다. 벨르이는 시집 《유골 항아리》(Урна, 1909)의 서문에 해당하는 주석인 "서문을 대신하여"(Вместо предисловия)에서 다음과 같이 썼다. "나는 《유골 항아리》 속에서 내 유해(遺骸)를 모은다. 그것이 나의 살아있는 '나'에 비추는 빛을 가리지 않도록 하기 위해서다. 나는 《유골 항아리》 속에 죽은 '나'를 가둔다. 그리고 다른 살아있는 '나'가 내 속에서 진실됨을 향해 깨어난다. 여전히 《푸른 하늘 속의 황금》(Золото в лазури)은 내게서 멀리 … 미래 속에 있다. 석양의 푸른 하늘은 재와 연기로 얼룩져 있다. 그리고 오직 밤의 질푸름만이 이슬들로 재를 씻어낸다 … 아마 아침이 올 무렵 푸른 하늘은 깨끗해질 것이다 …"

제목이 지닌 의미론을 통해 순차적 단계를 이루는 시집들(《푸른 하늘 속의 황금》, 《유골》, 《유골 항아리》) 사이에 상호관계를 정초하는 것 — 이것은 블로끄의 연작 개념에 가깝다. 그렇지만 이것은 다른 종류의 현상이다. 벨르이에게 있어 연작 사이의 관계는 철학적이고 사변적인 것이다. 그의 시에는 블로끄의 삼부작의 살아있는 신경인 인격화된 서정적 나가, 곧 삼부작의 모든 슈제뜨 상의 연관의 구심점이 없다.

블로끄에게 통일성과 다양성의 결합은 유기적인 것이었다. 주목할 가치가 있는 논문인 "아뽈론 그리고리예프의 운명"(Судьба Аполлона Григорьева)은 블로끄에게 지극히 개인적인 의미를 지닌 것이었다. 이 점은 이미 동시대 비평에 의해 지적된 바 있다.[31] 우연치 않게 이 논문 속에서 블로끄는 시인 아뽈론 그리고리예프의 의식이 지닌 다층성에 관해 말하기 시작했다. "뻬떼르부르크 시기의 그리고리예프는 사실상 그저 서로 조화를 이루지 못하는 별칭들의 조합일 뿐이다. 독일 철학을 섭렵한 낭만주의적 몽상가, 여인의 사랑을 얻을 수 없었던 초라하고 수줍음을 잘 타는 소년, 아주 부주의하게 러시아어를 사용하는 잡지 기고가 — 이들은 미래의 '허무주의자', '지식인'과 관련된다. (죄인이기 때문에) 은밀히 신을 믿는, 자신의 양육자인 뽀고딘의 위협 앞에서 항상 불안에 처해 있는 러시아인. 취객, 그리고 아무것도 두려울 게 없는 불한당. 그리고 마침내 장미와 기쁨에 대한 찬가를 부르는 현자. 이 얼마나 기묘한 무리들인가."

여기에서 이야기되는 것은 아뽈론 그리고리예프의 전기적 자아에 관한 것인 듯하다. 그러나 블로끄에 의해 묘사된 '조합'을 자세히 들여다보면, 그 각각의 요소는 시인의 모순된 창작 세계와, 또한 그의 역사적 자

31) (원주) 이 점에 대해서는 막씨모프와 샤벨스까야(Г. А. Шабельская)의 주석들을 보라. 블로끄, 《작품집》, 5권(Александр Блок, Собрание сочинений, т. V. М:Л., 1962). 766쪽.

기인식과 바로 이어진다. 논문의 말미에서 블로끄는 이 점에 관해 이미 직접적으로 말하고 있다. "이 시기의 그리고리예프의 시들 속에서는 많은 목소리들이 들린다. 기도의 목소리가 들리는가 하면〔독기어린 비평의 대상이 되었기 '때문에', 지금까지 제대로 평가받지 못한 〈찬가〉(Гимны)〕, 집시의 목소리(영원한 '완전히', '충만한', '때로'), 그런가 하면 '시민적' 목소리가〔〈도시〉(Город), 〈우리 시대의 영웅에게〉(Героям нашего времени), 〈아니, 나를 뒤따를 사람은 네가 아니다 …〉(Нет, не тебе идти за мной …)〕 들리기도 한다."

블로끄 자신의 창작 세계는 이산(離散)되어 있지 않다. 그는 끈질기게 그리고 의식적으로 삼부작의 구조를 통해 모순적인 층위들을 아우르고자 노력했다. 블로끄에게 구조 내적인 다층성은 가능했고 필요했다. 왜냐하면 바로 서정적 나를 구축하며 그는 사적인 자아의 심리적 총체성이 아니라 자신의 동시대인의 시대적 의식을 바로 자신의 영적 경험의 충만함과 다양성 속에 구축했기 때문이다. 블로끄의 역설, 곧 서정적 주인공의 운명이 지닌 극도의 통일성과 그것의 상징적 구현이 지닌 다양성은 바로 이로부터 기인한다. 블로끄의 얼굴에 관해 말한 띄냐노프는 그의 다형상성, 블로끄의 '분신들', 그의 '시적 노벨라들'의 다양한 '서정적 형상들'('오필리아와 햄릿, 왕비와 기사, 기사와 부인 … 공후와 처녀, 어머니와 아들')에 관해서도 역시 지적했다.[32] 블로끄의 서정적 주인공의 다양한 구현은 시간적 연속성 속에서뿐 아니라 공시적 단면 속에서도 존재한다. 그들은 공존한다. 그리고 블로끄의 시적 체계 속에서 그들이 담지하는 문체적 원칙들 역시 공존한다.

이로부터 다문체성이 기인한다. 또한 이로 인해 19세기 러시아로부터 상속받은 문제와 모순과 함께 문체를 파괴할 것이 아니라 보존해야 한다는 요구가 생겨난다. 그러나 19세기 문체들의 보존자로서의 형상이 블로끄의 주된 모습은 아니었다. 그의 앞에는 보다 시급한 과제, 곧 이 문체

32) (원주) 《의고주의자들과 혁신자들》(Архаисты и новаторы, Л., 1929), 514~515쪽.

들이 다른 시대에 역시 유용하도록 만들어야 하는 과제가 놓여 있었다. 이 과제는 블로끄 고유의 문맥에 의해 해결되었다.

삼부작, 시로 된 소설의 거대한 문맥 — 이것은 우리가 한 눈에 알아볼 수 있는 블로끄의 세계다. 그 안에는 블로끄의 서정적 주인공들의 모든 형상과 '가면'이, 지속적인 주제들과 축조되어 가는 슈제뜨가, 이전의 시들에 대한 시적 인유들과 미래의 시들에 대한 예측이 존재한다. 블로끄 세계의 대표자들인 개별적 형상과 어휘는 이 긴장된 통일성 속에서 독특한 역동성을, 주변의 언어적 환경에 영향을 끼칠 수 있는 힘을 획득했다.

블로끄의 《수기》 중 1906년의 수기에는 시의 의미론 일반이 지닌 본성을 이해하는 데 매우 중요하며, 블로끄의 시적 체계에 대해 결정적인 의미를 지닌 기록이 있다. "모든 시는 몇몇 단어들의 창끝 위에 펼쳐진 덮개다. 이 단어들은 별처럼 빛난다. 이들로 인해 시가 존재한다. 시가 어두울수록, 그만큼 더 이 단어들은 텍스트로부터 멀어진다. 가장 어두운 시 속에서 이러한 각각의 단어는 빛나지 않는다. 그러한 시는 단어들 - 창끝들(слова-острия)에 의해 생명력을 부여받지 못한 채, 어두운 음악에 흠뻑 젖어 너절한 상태로 있는 것일 뿐이다."[33]

블로끄에게 이 단어들〔단어들 - 창끝들, 단어들 - 별들(слова-звезды)[34]〕의 의미는 그의 작품 세계의 전체 문맥에서 태어나며, 또한 역으로 모든 부분적인 문맥을 자신에 종속시키고 변형시킨다.

블로끄가 자신의 초기 경험의 마법의 수정 구슬을 통해 어떤 미래를 분별했던 간에, 그럼에도 불구하고 삼부작의 문맥은 삼부작 자체가 형성될

33) (원주) 블로끄, 《수기》(Александр Блок, Записные книжки, М., 1965), 84쪽.

34) 블로끄의 창작의 각 단계는 이전 단계와 밀접한 연관을 이루고, '자기인유'(автоцитата)는 블로끄 시의 전체 구조의 통일성에 중요한 의미론적 역할을 담당한다. 개별 연작들을 관류하는 중요한 시어들(слова-острия)은 블로끄의 시에 단일한 시적 문맥을 부여하며 '서정적 삼부작'을 단일한 예술적 형상으로 만든다.

때까지는 존재할 수 없었다. 블로끄의 기저가 되는 말들은 상이한 시기마다 상이한 역동성을 지닌다. 삼부작의 첫 번째 권과, 두 번째 권은 아직까지 세 번째 권이 지니는 극도의 충만함에 이르지 못했다. 선행하는 두 부분을 흡수하고 재의미화한 세 번째 권이 그토록 저항할 수 없는 작용력을 지닌 것은 (물론 일련의 다른 이유들이 있지만) 부분적으로 위에서 언급된 이유 때문이기도 하다.

블로끄 자신이 삼부작에 관해 말하기 시작했고, 삼부작을 구성하는 각 권의 특수성을 스스로 규정하곤 했다. 블로끄에 뒤이어 이 점에 대해 많은 이들이 지면을 할애했다. 1921년의 논문〔쥐르문스끼(В. М. Жирмунский), "알렉싼드르 블로끄의 시"(Поэзия Александра Блока)〕에서 오를로프〔В. Н. Орлов, 《알렉싼드르 블로끄》(Александр Блок)〕와 그로모프(П. Громов)의 저작들에 이르기까지, 블로끄의 세 책과 그들의 상호관계의 문제가 연구자들의 생각을 사로잡았다.

질문은 상이한 방식으로 다루어졌다. 그러나 그것을 다룬 모든 연구자는 세 책(세 단계)에 의해 표시된, 어느 정도 연속적인 발전 노선을 정초하고자 노력했다. 세 번째 책에서 (이것은 모두에게 논쟁의 여지없는 그의 창작의 정점이다) 블로끄는 첫 번째 책의 신비적 지향으로부터, 두 번째 책의 '데카당스적인' 개인주의로부터 (다양한 공식화에 상응하여) 일상적인 것의 상징적 표현에, 구체성에, '고전성'에 도달한다.

일반적인 경향은 그러하다. 그러나 이때 각 책의 구조는 복잡하다. 주제들과 그에 상응하는 문체들이 서로를 교체할 뿐 아니라, 공존하고 교차하며 서로 충돌하기도 하기 때문이다.[35)]

블로끄의 동시대 시인들 또한 진화했다. 예를 들어 안드레이 벨르이

---

35) (원주) 오를로프는 질문의 다른 측면을 다루고 있는데, 그는 블로끄의 시에 공존하는 상이한 시적 발화 유형들(선율적 - 정서적 시적 발화, 극적 - 서사적 시적 발화, 연설적인 시적 발화)의 공존에 대해 이야기한다〔오를로프, 《알렉싼드르 블로끄》(В. Н. Орлов, Александр Блок, М., 1956), 157~158쪽〕.

의 《푸른 하늘 속의 황금》으로부터 《유골》의 시민적 주제와 격한 산문적 어법으로의 이행은 매우 급격하다. 그러나 이 이행은 문체 교체의 영역에서 이루어진다. 그것은 브류쏘프의 경우에도 또한 특징적이다. 브류쏘프에게서 한 책으로부터 다른 책으로의 이행은 보통 이전 단계가 마무리되었음에 대한 인식을 수반한다. "그리고 자 내가 지나온 길을 따라서는 더 이상 갈 데가 없는 시간이, 날이 도래했다. 〈도시와 세계에게〉(Urbi et Orbi)는 내 속에 있던 모든 것을 이미 주었다. 〈화환〉(Венок)은 내 시를 완결하며, 진정으로 그것에 '화환'을 걸어주었다. 그와 같은 정신 속에서 창작을 지속하는 것은 반복을, 자기 자신을 되풀이 노래하는 것을 의미할 것이다 … 나는 장벽을 부수어 어떤 새로운 저 먼 곳이 내게 열리도록 하는데, 내 말을 새로운 길로 돌리는 데 내 영혼의 모든 힘을 쏟아야 한다."[36)]

하지만 블로끄는 지나온 길과 서둘러 결별하지 않는다. 그에게는 지속적으로 확증되는 보편적인 연관, 관류하는 주제들이 필요하다. 그래서 통일성과 다층위성 속의 삼부작이 출현할 수 있었다.

자신의 생이 지속되는 내내 블로끄는 삼부작을 개작했다. 그는 각 연작의 구성 요소와 명칭을 바꾸고, 개별 시들을 빼거나 덧붙이는 등의 작업을 지속했다. 그럼에도 그는 1911~1912년 판본에서 결정된 구조적 원칙을, 곧 내적으로 보다 세밀한 연작 구성을 지닌 세 성분으로의 분할 원칙을 흔들림 없이 보존했다.

일반적인 구성과 기본적인 시편들이 견고하게 유지되는 가운데 첫 번째 책의 성분과 규모는 다섯 개의 작가의 판본에서 변화했고, 그 속에 들어가는 시 텍스트들은 개작되었다. 두 번째 책은 보다 본질적인 재건에 부쳐졌다. 《예기치 않은 기쁨》(Нечаянная Радость)의 두 번째 판은 비

---

36) (원주) 딕만(М. И. Дикман)이 브류쏘프의 시에 대한 자신의 주해 속에서 이미출간된 브류쏘프의 편지를 인용하고 있다〔발레리 브류쏘프, 《시와 서사시. 시인총서》(Валерий Брюсов, Стихотворения и поэмы. Библиотека поэта, Л., 1961), 780쪽〕.

록 연작이 일곱 개 대신 아홉 개지만, 여전히 첫 번째 판에 가깝다. 그러나 1916년의 두 번째 책은 이미 완전히 다른 구성이다.

1916년 판에서 두 번째 책과 세 번째 책 속에는 처음으로 〈다양한 시〉(Разные стихотворения)의 편이 출현했다. 1905~1910년의 모든 선집과 1911~1912년 판 속에서 모든 시는 모조리 연작들에 따라 배치되었다. 예를 들어, 선집 《예기치 않은 기쁨》에 부친 1906년 서문에서 블로끄는 이렇게 썼다. "일곱 편 속에서 나는 내 책의 영혼의 일곱 나라를 펼친다."

연속적인 연작 구성 속에는 비합리적이고 때로 인위적인 많은 것이 있었다. 1916년의 《시들》(Стихотворения)의 구성은 훨씬 더 균형이 잡혀 있고, 연작들의 배치는 보다 신빙성이 있다. 〈다양한 시〉 편은 연작들을 그 속에 무리하게 포함한 시들로부터 해방시킴으로써 그 유효성을 강화했다.

두 번째 책의 〈다양한 시〉 가운데에는 첫 번째 책을 지속하는 시들, 두 번째 책의 여러 연작을 변주하거나 그 일반적인 흐름에 합류하는 시들이 있다. 그리고 블로끄의 이후의 움직임을, 세 번째 시의 책을 이미 예언하는 아주 중요한 시들도 있다. 그래도 역시 블로끄의 시적 사고는 바로 연작들 속에서 형성된다. 연작들의 체계가 장대한 문맥들을 창조하고자 하는 블로끄의 변함없는 지향에 가장 적합하다.

가장 깊은 변모를 겪은 것은 물론 세 번째 책이다. 1910년의 선집 《한밤의 시간》(Ночные часы)의 애초의 성분에 점차 이후 시기의 서정시가 덧붙여졌기 때문이다. 《시 전집》에 부친 1911년 서문에서 블로끄가 처음으로 삼부작에 관해 말하기 시작했을 때, 세 번째 책에서 지배적인 것은 아직 〈눈 가면〉과 그것에 접맥되는 연작들이었다. 그 당시 세 번째 책의 제목인 '눈의 밤'(Снежная ночь)이 이 점을 증명한다. (1916년에는 이 모든 것이 두 번째 책으로 옮겨 갔다.) 세 번째 책의 표준판에 있어 결정적인 연작들인 〈무서운 세계〉(Страшный мир)와 〈조국〉(Родина)은 아직 맹아 형태로 존재했다. 1916년 판에서 이 연작들은 이미 전개되어 있다. 그러나 블로끄가 준비했고 그의 사후에 세상에 나온 1921년 판에 이르러서야 세 번째 책은 자신의 최종적인 구조를 획득했다. 이 판은 〈종달새의 정원〉(Соловьиный сад)을 포함한 새로운 시들로 보충되었고, 그 속에 처음으로 (1919년 독립적으로 출판된) 〈얌쁘〉(Ямбы)가 삽입되었다.

그와 같이 세 번째 책의 이념은 오직 사후 출판본에 의해 완결되었다. 그러나 그것은 1907~1908년에 이미 윤곽을 드러냈다. 이때가 블로끄의 창작의 세 번째 시기의 기점이라고 적법하게 말할 수 있다.

블로끄 자신이 시와 산문에서 〔예를 들어, 시 〈어떻게 이루어졌는가, 어떻게 일어났는가? …〉(Как свершилось, как случилось? …)에서〕 자신의 '소설'의 개요를 스케치하곤 했다. 이 서정적 슈제뜨의 첫 단계들의 산문적인 설계도가 선집 《눈 속의 대지》(Земля в снегу)에 부친 1908년의 서문이다. 블로끄 작품의 연구자들이 빈번히 쓰곤 했던, 삼부작의 발전은 또한 안드레이 벨르이에게 보내는 편지(1911년 6월) 속에서도 그 윤곽이 제시되어 있다. "… 모든 시는 함께 '강림의 삼부작'을 이룬다. 너무나 선명한 빛의 순간으로부터 불가피한 늪지대의 숲을 지나 (블로끄의 각주 — 《예기치 않은 기쁨》은 많지 않은 예외를 제외하고 내가 참을 수 없는 책이다) 절망과 저주와 〈보복〉(Возмездие)으로, 그리고 … '사회적인' 인간의, 담대하게 세상의 얼굴을 바라보는, 형식을 연구할, 적합한 재료와 적합하지 않은 재료를 신중하게 시험할, 영혼의 일부를 상실하는 대가를 치르며 '선과 악'의 윤곽을 들여다 볼 권리를 획득한, 예술가의 탄생으로."

여러 형태로 같은 공식이 반복된다. 처음에는 신비적 영역의 이상들 〔〈아름다운 여인에 관한 시〉(Стихи о Прекрасной Даме)〕, 그다음에는 상실된 절대를 주관적인 '비애로운 환희'로 대체하고자 하는 시도(《예기치 않은 기쁨》, 〈눈 가면〉). 시도는 성공하지 못한다. 이 체험에 대한 거부는 공허와 절망으로, 그리고 동시에 새로운 객관적인 가치들의 확립으로 이끈다. 이로부터 세 번째 책의 이중적인 구성이 생겨난다. 한편으로, 〈무서운 세계〉, 다른 한편으로, 조국, 민중, 혼돈, 혁명, 노동의 주제들

(〈조국〉, 〈얌쁘〉, 〈종달새의 정원〉), 마침내 〈열둘〉로 이끄는 주제들.

삼부작의 최종적인 구성은 상실된 그리고 다시 (이제는 다른 모습으로) 확립되는 객관적 가치들의 드라마다. 삼부작의 변천에 작가적 개성의 다양한 구현과 그에 따른 다양한 문체 층위가 상응한다.

1911년 《시 전집》의 첫 번째 책에 부친 주해에서 블로끄는 이렇게 썼다. "… 영혼의 '단일선율성'이 내가 첫 번째 책의 시 전부를 엄격한 연대적 질서 속에서 배열하는 것을 허용했다. 여기에서 각 장은 연도에 의해 결정되고, 뒤이은 책들에서는 개념에 의해 결정된다."

개념—이것은 각 시편의 시적 사고다. 두 번째와 세 번째 책에서는 연대의 질서가 파괴되어 있다. 그것들은 연속적이기도 하고 병립적이기도 한, 무엇보다도 흔히 창작 연도가 교차되는 연작들로 구성된다.

초기 블로끄 시의 원천은 주로 19세기 후반 러시아 서정시다. 그의 시 후원자들의 문체는 직접적으로 인지된다. 그것들의 징표가 직접적으로 주어져 있고, 중요한 것은 이 징표들 사이의 관계가 보존된다는 점이다.

다음은 페뜨 풍의 예다.

그대는 어렴풋한 환영인가?
심장이 막 얼어붙었다 …
열정적인 숨결을 느낀다,
옛 시절의 말들을 듣는다 …

Ты ли, виденье неясное?
Сердце остыло едва …
Чую дыхание страстное,
Прежние слышу слова …

다음은 뜌체프를 연상시킨다.

하늘의 변경 - 오메가 별
온통 불길 속에 타오르는 다채로운 시리우스.

황혼과 눈의 왕국으로부터 온
머리 위의 말없는 직녀성이
대지 위에서 얼어붙었다.

Окрай небес - звезда омега,
Весь в искрах, Сириус цветной.
Над головой немая Вега
Из царства сумрака и снега
Оледенела над землей.

아뿌흐띤 문체의 예도 들어보자.

소란스런 무대 위, 꽃들에 파묻힌 그대를 다시 꿈꾸었소,
열정과 같이 광포한, 꿈과 같이 차분한 그대,
나는 엎드려 무릎을 꿇고 생각했소.
“저 곳에 행복이 있어, 나는 다시 순종하네!”

Мне снились снова ты, в цветах, на шумной сцене,
Безумная, как страсть, спокойная, как сон,
А я, повергнутый, склонял свои колени
И думал: “Счастье там, я снова покорен!”

인용된 모든 시행들은 연작 〈빛이 있기 전〉(Ante Lucem)에 들어 있다. 물론 〈빛이 있기 전〉에도 자신의 문맥이 있다. 형태를 갖추지 않은 신비주의의 분위기가 그것이다. 그러나 그것은 실수 없이 인지되는 특정 본보기에 대한 종속성의 흔적을 개별 시로부터 아직 지우지 못한다.

〈아름다운 여인에 관한 시〉에도 그와 같은 충동이 자리한다. 〈아름다운 여인에 관한 시〉의 원천은 페뜨가 주류를 이루는, 러시아 낭만주의 서정시다. 그러나 시의 질료는 이미 변형되어 있다. 공통의 이념이 결정되었고, 문맥에 역동적인 힘을 부여했다. 〈아름다운 여인에 관한 시〉에서 페뜨는 이미 블라디미르 쏠로비요프를 거쳐 왔다. 이것은 쏠로비요프의 버전 속의 페뜨다. 무엇보다도 우선 이것은 추상화된 페뜨, 바로 페뜨 시의 힘이자 고유성을 이루었던 것을, 즉 심리적 대상적 구체성

을, 세밀함과 미묘함을 상실한 페뜨다. 페뜨의 구체성은 그의 인상주의에 대한 애착에 모순되지 않는다. 페뜨의 인상주의는, 인상주의가 일반적으로 그렇듯이, 분해되어 있기도 하고 영혼의 상태와 엮이기도 하는, 정서적 인상들과 분리될 수 없다.

시인 블라디미르 쏠로비요프는 페뜨의 제자이고, 그의 시는 외적으로(억양, 낭만주의적 어휘, 사랑, 자연, 삶으로부터 구원하는 염원의 모티프들) 페뜨의 시와 유사하다. 동시에 쏠로비요프는 페뜨에게 중요한, 그러나 그의 다층적인 시들의 복잡한 통일성 속에서만 페뜨적인 울림을 지니는, 낭만주의적 비유만을 페뜨로부터 취했다.

갑자기 저녁 장미의 노을이 내려앉았다,
영혼은 가벼운 두 날개를 느꼈다,
그리고 끝없는 몽상들의 새 나라로
사랑의 매혹적인 여인이 나를 데려갔다.

순결한 들판이 달빛 아래 은빛으로 빛난다,
곧은 나무들이 미동도 없이 서 있다.
상냥한 공기의 요정들의 무리가 어른거리며 선회하고,
창백한 요정들이 생각에 잠겨 미끄러진다.

И вдруг посыпались зарей вечерней розы,
Душа почуяла два легкие крыла,
И в новую страну неистощимой грезы
Любовь - волшебница меня перенесла.

Поляна чистая луною серебрится,
Деревья стройные недвижно стоят.
И нежных эльфов рой мелькает и кружится,
И феи бледные задумчиво скользят.

이것은 페뜨의 풍경인가? 어휘와 억양이 유사하고, 주제도 같은 듯하다. 그러나 여기에서 마주하는 것은 페뜨가 마주친 감정과 사물의 생생한 매력 대신 비유의 차가운 외관이다. 그러나 추상화된 모습 속에서도 페뜨의 서정성의 물결은 미미한 시적 재능을 지닌 쏠로비요프를 침윤시켰다. 철학적 사고는 시적 사고가 될 수 없었다(이 점에 블라디미르 쏠로비요프와 류보무드리의 시인들 사이의 유비 관계가 있다). 암호를 소유하지 못한 이들에게 세계영혼에 관한 이야기는 뒤늦은 낭만주의 서정시로 변한다.[37] 암호를 소유한 이들은 두 번째 세대의 상징주의 시인들이었다.

논문 "알렉싼드르 블로끄의 서재로부터 나온 자료들"(Материалы из библиотеки Ал. Блока)에서 막씨모프(Д. Е. Максимов)는 블로끄가 블라디미르 쏠로비요프의 시집에 쓴 방주와 주해를 인용한다.[38] 어떻게 블로끄가 강조와 다양한 주해를 통해 쏠로비요프의 관념에 있어 특히 중요한 개별 시행과 말을 페뜨적인 관성으로부터 해방시키고 있는가를 가늠할 수 있다. 그 한 예다.

> 말이 무슨 소용인가? 대기의 자유의
> 무한한 푸르름 속에서 화음의 선율들이
> 소망하는 격렬한 불길과 침묵하는 사랑의
> 은밀한 숨결을 그대에게 가져온다…
>
> . . . .
> 그리고 이 보이지 않는 만남의 순간
> 저 곳의 빛이 다시 그대를 비추리라,
> 그리고 애수에 젖으며 사랑하며 그대는

---

37) (원주) 그로모프(П. Громов)는 젊은 블로끄가 해결했던 과제들과 페뜨적 창작 방법 사이의 모순에 관해 말하며, 다음과 같이 언급했다. "시인 쏠로비요프도 '페뜨 시파'로부터 나왔다. '통합적인' 전일적 개인성에 관해 서술하는 쏠로비요프의 시에도 기본적인 이념과 이를 표현하는 형식 사이의 모순이 있다. 그러나 이 모순에 쏠로비요프는 전혀 당혹해 하지 않았다. 그는 매우 보잘 것 없는 시인이고, 명백히 시의 내용과 그 표현 사이의 괴리를 자신의 시에서 전혀 느끼지 못했다."〔빠벨 그로모프, 《주인공과 시대》(Павел Громов, Герой и время, Л., 1961), 404쪽〕.

38) (원주) 막씨모프, "블로끄의 서재로부터 나온 자료들(블로끄와 쏠로비요프의 논제에 부쳐)," 〈레닌그라트 국립 교육대 교수 논문집〉, 184권, 제6호〔Д. Е. Максимов, Материалы из библиотеки Ал. Блока (К вопросу об Ал. Блоке и Вл. Соловьеве), Ученые записки Ленинградского государственного педагогического института, т. 184, вып. 6, Л., 1958〕, 352~354쪽.

세태적인 의식의 무거운 잠을 떨쳐 내리라.

Зачем слова? В безбрежности лазурной
Эфирных воли созвучные струи
Несут к тебе желаний пламень бурный
И тайный вздох немеющей любви ···

. . . .
И в этот миг незримого свиданья
Нездешний свет вновь озарит тебя,
И тяжкий сон житейского сознанья
Ты отряхнешь, тоскуя и любя.[39]

블로끄는 마치 '페뜨 시파의' (그 기법들의 아주 강한 관성의 표지를 지닌) 이 시가 달리 읽힐 수 있다는 것을 알리듯, 마지막 두 시행을 강조했다. 이를 위해 쏠로비요프의 철학 관념의 열쇠가 필요했다.

어쨌든 간에 블라디미르 쏠로비요프의 시적 경험은 초기 블로끄에게 중요하다. 그는 블로끄에게 페뜨 - 뽈론스끼 시파의 시적 언어가 다른 의미의 담지체가 될 수 있음을 보여 주었다. 그리고 〈아름다운 여인에 관한 시〉에서 블로끄는 이 과제를 해결했다. 블로끄는 이 과제를 쏠로비요프와는 달리 아주 조직적인 형태로 해결했다. 왜냐하면 그때 이미 그는 측량할 수 없이 거대한 규모의 시인이었기 때문이다.

〈아름다운 여인에 관한 시〉에는 가지런한 연작 구성이, 서정적 주인공의 단일성에 의해, 소우주와 같은 각각의 개별 시에서 드러나는 이념의 통일성에 의해 결합된 문맥의 권위가 이미 고유한 모습을 갖추고 있다. 블로끄가 자신의 《수기》에서 말하는, 자신을 에워싼 말의 무리를 변형시키는 창끝들이 〈아름다운 여인에 관한 시〉에서 이미 나타났다. 이 말들은 상징주의의 보편적인 언어에, 그리고 보다 협소하게는 쏠로비요프주의자들의 약정적인 언어에 속할 수 있었다(초기 블로끄는 자신의 어휘사용에 있어 안드레이 벨르이와 누구보다 밀접하게 접촉한다).

39) 이탤릭체 — 블로끄.

그러나 요점은 시를 거쳐 가며 문맥이 증대되고, 변모되며 블로끄의 전 작품을 관류하게 될 블로끄의 상징들이 그 속에서 처음으로 만들어진다는 것이다. 그것들은 푸른 하늘(лазурь), 별(звезда), 노을(заря), 황혼(сумрак), 안개(туман), 바람(ветер), 눈보라(метель) 등과 같이 오래전부터 익숙한 시적 형상들로부터 만들어진다. 이 말들은 아우를 수 없이 크고 그래서 비개인적인 낭만주의적 문체의 단일성에 속했다. 블로끄는 매우 일찍 그것들을 (물론 보편화된) 하나의 서정적 자아를, 한 운명을 표현하는 극도로 개인적인 문맥의 지속적인 작용 요소로 변모시켰다.

이 과정은 1902년의 첫 시들로부터 시작해서 특히 선명하게 관찰된다.

바람이 저 멀리로부터
봄의 노래의 편린을 가져왔다,
어딘가에서 밝고 깊은
하늘의 한 조각이 열렸다.

이 바닥없는 푸르름 속에서
가까운 봄의 황혼 속에서
겨울의 폭풍우가 울부짖었고,
별의 꿈들이 나부꼈다.

Ветер принес издалека
Песни весенней намек,
Где - то светло и глубоко
Неба открылся клочок.

В этой бездонной лазури,
В сумерках близкой весны
Плакали зимние бури,
Реяли звездные сны.

첫 연은 매우 페뜨적이다. 두 번째 연은 전체가 극도로 응축된 채 주어진, 극히 페뜨적인 말들로 — 푸른 하늘(лазурь), 황혼(сумерки), 봄(весна), 폭풍우(буря), 꿈(сны) — 이루어짐에도 불구하고, 이미 블로끄적인 특수성을 띤다. 그리고 페뜨의 시에서 그와 같은 말의 내용은 결코 단지 대상적 - 논리적인 것이 아니다. 그것들의 정서적 개념적 의미는 낭만주의적 문체에 의해서도 시인의 개인적인 문체에 의해서도 형성된다. 이 말들은 비록 불안정하기도 하지만, 확실한 일련의 연상 속으로 섞여 들어가 짜여 있다. 그러나 페뜨의 체계 속에서 이 모든 것은 문체적 색조, 말의 상징적인 의미 확장, 말의 이차적 삼차적 층위들이다. 그리고 이 모든 것은 보통 말의 일차적인 의미를 복잡하게 하지만, 제거하지는 않는다. 가능한 모든 편차에도 불구하고 이것은 페뜨의 원칙이다. 젊은 블로끄의 시는 비유적이다. (바람, 하늘의 조각, 푸른 하늘 — 모든 것이 탈물화 되어 있다.) 그리고 이것은 전혀 다른 원칙이다. 블로끄의 시에는 사랑과 자연이 매우 많다. 그러나 그것들 중 어느 하나도 페뜨나 뽈론스끼의 시와 달리, 사랑과 자연에 관해 씌어져 있지 않다. 블로끄의 시에는 다른 대상이 존재한다.

단어들 - 창끝들은 해당 시의, 주어진 좁은 문맥의 핵심어가 될 수 있다. 블로끄의 경우에도 그러하다. 그러나 블로끄의 창작 방법에 있어 기본적인 것은 그의 작품의 일반적인 연관 속에서 자신의 의미를 얻고 그것을 각각의 새로운 텍스트에 도입하는, 관류하는 견고한 언어 상징들의 형성이다. 〈아름다운 여인에 관한 시〉에서 이미 형성된 블로끄의 상징체계는 이후로 그의 시로부터 사라지지 않는다. 그것은 단지 재의미화되고, 순차적으로 블로끄 시의 영역으로 들어오는 새로운 상징들과 교차될 뿐이다.

가장 후기에 쓰인 블로끄의 시에서도 그의 황혼과 그의 노을을 만난다. 이 말들은 때로 새로운 결합 속에서 대두되고, 때로는 상실된 이상적인 세계에 대한 회상과 한탄의 기호로서 등장한다.

1918년 일기에서 블로끄가 제시한, 〈아름다운 여인에 관한 시〉에 대한 주해는 이 시를 논리적인 언어로 번역하는 데 거의 도움이 되지 못한다. 대신 그것은 단어들 - 창끝들에 의한 블로끄의 사고가 지닌 특징을 극히 잘 보여준다. 블로끄의 주해 전체가 자신의 청년기 시에서 지주가 되는 이 상징체계를 밝히는 데 기반을 두고 있다. "그녀는 〔류보피 멘델레예바(Л. Д. Менделеева)〕 나보다도 더 자주 누군가(кто-то)와 만나고 있었다. 그녀는 그를 보지 못했고, 나는 그에 관해 알고 있었다. 추위, '눈보라'(мятель), '끈덕진 자'(неотвязный), 그리고 문소리를 내는 '왕비'(царица), 두 노인, (보내지지 않은 꽃의) '독'(отрава), 실행하고 실현의 열매를 이용하는 자〔'다른 나'(другое я)〕, '웃고 있는 상냥한'(смеющийся и нежный) 누군가가 나타났다."

초기 블로크의 시에서 재구축하는 말(단어들 - 창끝들)은 재구축되는 말과 어휘적으로, 심지어 문체적으로 동질적이다. 비록 문맥으로부터 새로운 의미를 차용하기도 하지만, 그것들은 같은 낭만주의 시어 사전에 속한다. 보다 이후에 블로크의 일정한 상징들의 영역으로 영원한 형상들과 더불어, 때로 시대의 예리한 자국의 표지를 지닌, 다른 계열의 말들이 들어선다. 그와 같이 〈미지의 여인〉(Незнакомка)과 〈눈 가면〉 시기에 블로크의 지속적인 상징들 가운데에는 긴 치맛자락(шлейфы), 향수(духи), 비단(шелка), 모피(мех), 깃털(перья), 베일(вуаль), 꽉 끼는 구두(узкие ботинки) 등과 같은 1900년대의 악마적인 여성의 속성이 되는 말들이 있다. 이 어휘들 중 다른 것들은 1900년대의 유행과 직접적으로 연관되어 있고, 동시에 이 모든 것은 일상적인 실제의 범위를 벗어나 있다. 예를 들어, 유명한 미지의 여인의 '타조 깃털'(перья страуса)이나 눈 처녀(Снежная дева)의 치맛자락(шлейф)은 '별들로 수놓아져 있고'(осыпанный звездами) 또 뱀이나 혜성(комета)과 유사하다. 이런 연유로 블로크는 "긴 치맛자락, 향수 냄새를 풍기는 장갑, 공허한 매료에 대한 어떤 '영계(靈界)적인 유행'이 존재한다"고 주장했다.[40] 이후에 지속적인 블로크의 상징들 가운데 준마와 방울이 딸린 삼두마차(тройка с ее рысаками и бубенцами)가 나타나고, 집시풍

40) (원주) 스크보르쪼바(Н. Н. Скворцова)에게 보내는 1912년 1월 9일자 편지〔《블로크의 일기》, 《저작 전집》, 7권(Дневник Блока, Собрание сочинений, т. VII, М.:Л., 1963), 121쪽을 보라〕.

양식(цыганщина)의 속성이 되는 표현들이 등장한다.

관류하는 상징들은 일단 블로끄의 시에서 출현하면, 보통 이미 그의 시로부터 떠나지 않았다. 이 특수성은 블로끄의 시적 사고의 토대 자체와 연관되어 있다. 블로끄가 무엇에 관해 쓰든, 그는 항상 부단한 연관을, 인간 운명의 단일성을 생각했다.[41]

자신의 시의 첫 책을 블로끄는 '하나의 선율로 이루어진'(однострунная) 것이라 지칭했다. 그 토대에는 인지되지만, 쏠로비요프의 상징체계에 의해 그리고 훨씬 더 큰 정도로 블로끄의 상징체계에 의해 변형된, 러시아 낭만주의 시의 전통이 자리한다. 그러나 〈아름다운 여인에 관한 시〉 속으로 다른 것이 — 데카당스의 '새로운 시', 대도시주의, 찌푸린 얼굴의 어릿광대들,[42] 분신들, 브류쏘프의 영향 — 점차 침투한다. 이 모든 것은 두 번째 책에서 결정적인 의의를 지닌 것이 되었다. 〈아름다운 여인에 관한 시〉의 마지막 편들은 이미 연작 〈기로〉(Распутья)〔첫 판에서는 〈일그러짐〉(Ущерб)〕로 이끌린다. 그리고 〈기로〉 자체는 주제와 창작 연도상으로 두 번째 책과 교차한다. 제2권에 들어간, 1904년에 쓰인 일련의 시는 같은 해에 쓰여 〈기로〉에 포함된 시들보다 더 일찍 창작되었다.

첫 번째 책에서 문체의 분화는 아직 미약하고, 일반적인 흐름에 잠식되어 있다. 그리고 이것은 주인공의 정신 분열, 그의 '추락', 애초의 신비적인 조화의 상실이 첫 번째 책의 경계 내에서 여전히 쏠로비요프의 개념 내에 자리하고 있다는 점과 연관된다. 이 개념에 따르면, 세계영혼(영원한 여성성)은 이중적이다. 그것은 쏘피야(신의 지혜)와 동일시될 수 있

---

41) (원주) 블로끄의 이 정초에 대한 자세한 고찰은 막씨노프의 논문 "알렉싼드르 블로끄의 시적 인식 속에서의 길의 이념"(Идея пути в поэтическом сознании Ал. Блока)을 보라〔《블로끄 선집》(Блоковский сборник, Тарту, 1972)〕.

42) (원주) 1900년대 데카당스 시인들의 광대극(арлекинада)은 베를렌의 소네트 〈삐에로〉(Pitrrot)에서 연유하는 그로테스크하고 비극적인 삐에로의 형상과 연관된다("Ce n'est plus le rêveur lunaire du vieil air …").

다. 또한 그것은 혼돈의 맹목적이고 죄악에 찬 힘에 굴복할 수 있다. 쏠로비요프의 시구 "그리고 애수에 젖으며 사랑하며 / 그대는 세태적인 의식의 무거운 잠을 떨쳐 내리라"(И тяжкий сон житейского сознанья Ты отряхнешь, тоскуя и любя)를 에피그라프로 지닌 블로끄의 1901년 작 시가 바로 이 개념에 기반을 두고 있다.

> 전 지평선이 불길 속에 있다, 출현이 가깝다,
> 그러나 나는 무섭다. 그대는 모습을 바꾸리라
>
> 그리고 끝에 익숙한 모습을 바꾸고
> 불손한 멸시를 불러일으키리라.
>
> 오, 어떻게 쓰러질 것인가 - 쓰라리고도 낮게
> 치명적인 염원을 극복하지 못한 채!
>
> Весь горизонт в огне, и близко появленье,
> Но страшно мне: изменешь облик Ты
>
> И дерзкое возбудешь подозренье,
> Сменив в конце привычные черты.
>
> О, как паду - и горестно, и низко,
> Не одолев смертельныя мечты!

이것은 아직 쏠로비요프의 도식이다. 영원한 여성성의 모습의 일그러짐과 결부된 인간의 추락. 두 번째 책은 다른 정신적 경험을 투영시켰다. 쏠로비요프주의와의 결별, 지상적인 것을 향하기.

두 번째 책을 블로끄는 과도기적인 것이라 부르곤 했다(그 자신은 두 번째 책을 좋아하지 않았다). 블로끄에 관한 연구에서 두 번째 책은 보통 그의 작품에서 가장 주관적이고, 가장 '데카당스적인' 것으로 규정되곤 한다.

작가와 주인공이 쏠로비요프적인 신비론으로부터 떠나 〈무서운 세계〉와 더불어 세 번째 시의 책 속에서 주어진, 객관적인 가치들에 아직 이르지 않았다는 의미에서 두 번째 책은 과도기적인 것이다. 그러나 가치의 원천 없이 시는 결코 존재할 수 없다. 선집 《예기치 않은 기쁨》과 《눈 속의 대지》에 붙인 1906년과 1908년의 서문에서 블로끄 자신이 과도기에 쓴 시의 시적 파토스의 주된 원천을 지적했다. 이것은 동시대인의 고독한, '상처 입은' 영혼이다. 자아에 대한 개인주의자적인 이해가 이 시기에 블로끄를 데카당스에 근접시키기도 한다. 고양된 은유를 포함한 나머지 모든 것은 이미 파생적인 것이다. 고독에 처한 자아의 역경과 기쁨 때문에 주관적인, 그러나 시인이 보기에 의심의 여지없는 가치가 인정된다. "'반드시 그럴 필요는 없어. 멈춰'라고 누가 감히 말하겠는가? 그렇게 나는 살고, 그렇게 나는 원한다… 낯선 의지에 따라 파멸하지 않으리라, 낯선 의지에 따라 봉기하지 않으리라."(《눈 속의 대지》 서문)

표준 판본에서 선집 《예기치 않은 기쁨》과 《눈 속의 대지》로부터 형성된, 두 번째 책은 비단 도시의 유혹과 끔찍함에 관한, 열정의 '비애로 가득 찬 희열'이나 아니면 '말없는 인간들' 속에서의 고립에 관한 책인 것만은 아니다. 두 번째 책을 마무리하는 것은 〈자유로운 생각〉(Вольные мысли)이다. 1905년 혁명의 주제가 두 번째 책 속으로 집요하게 침투한다. '단일한 선율의' 첫 번째 책과 달리, 두 번째 책이 (세 번째 책이 그렇듯이) 지닌 문체의 다층성과 공시성이 이로부터 나온다.

이 공시성을 문자 그대로의 의미로 항상 이해해야 하는 것은 아니다. 어떤 연작은 보다 일찍, 다른 연작은 보다 늦게 창작되었다. 이를테면, 〈대지의 기포〉(Пузыри земли)는 1904~1905년에 관계되고, 〈눈 가면〉, 〈자유로운 생각〉은 1907년에 관계된다. 그러나 실로 블로끄는 각각의 자신의 책을 작품으로, 여하튼 간에 단일한 총체로 바라보았다. 바로 그래서 블로끄의 두 번째 책과 세 번째 책의 연작들은 예를 들어 주제적 장르적 자질에 따라, 심지어 연 형식의 자질에 따라 분화된, 브류쏘프의 1890~1900년대 선집들의 연작들과는 다른 의미를 지닌다.[43] 블로끄의 경우는 완전히 다르다. 두 번째 책의 연작들은 공시적

---

43) (원주) 예를 들어 시 선집 《제3경비대》(Tertia vigilia, 1897~1901)의 연작들

단면 속에서 포착된, 상이한 영혼의 상태를 기록한다.

블로끄에 의해 묘사된 단일한 의식은 다면적이고 모순적이다. 그래서 예를 들어, '주관적'이고 '데카당스적'인 두 번째 책 속으로 블로끄의 서정적 연작들 중 가장 구체적인, 가장 뿌슈낀적 연작인 〈자유로운 생각〉이 들어온다.

일련의 경우들에 말의 정확한 의미에서 공시성에 관해 말할 수도 있다. 블로끄는 상이한 지평의 시들을 동시에 창작하고, 그것들을 여러 연작에 분산시킨다. 이를테면 〈자유로운 생각〉은 1907년 6~7월에 창작된다. 즉 창작시기로 볼 때 그것은 1906~1908년의 '눈의' 연작들 사이에 끼어든다. 연작 〈파이나〉(Фаина)의 창작 시기는 1907년 전체를 아우른다.

세 번째 책에서 연작들의 창작시기는 보다 긴밀하게 얽힌다. 예를 들어 1914년 1월에 연작 〈검은 피〉(Черная кровь, 〈무서운 세계〉)의 핵심적인 시들 가운데 하나인 〈심지어 네 이름조차 나는 경멸스럽다…〉(Даже имя твое мне презренно…)가 창작된다.

> 금빛이 도는 갈색 눈동자가 침묵한다,
> 가녀린 목이 손가락을 찾는다…
> 다가와. 기어. 나는 때릴 거야.
> 너는 고양이처럼 성난 이빨을 드러내리라…
>
> Глаз молчит, золотистый и карий,
> Горла тонкие ищут персты…
> Подойди. Подползи. Я ударю -
> И, как кошка, ощеришься ты…

2월에 〈그렇다. 영감은 그렇게 명한다…〉(Да. Так диктует вдох-

— 〈시대의 총아〉(Любимцы веков), 〈바닷가에서〉(У моря), 〈벽 속에서〉(В стенах), 〈친지들에게〉(Близким), 〈일기로부터〉(Из дневника) 등. 《도시와 세상에게》(1901~1904) — 〈노래〉(Песни), 〈발라드〉(Баллады), 〈명상〉(Думы), 〈비가〉(Элегии), 〈소네트와 삼행시〉(Сонеты и терцины), 〈광경〉(Картины), 〈선집〉(Антология). 물론 브류쏘프의 장르상의 표제들을 고전적인 장르 체계와 동일시해서는 안 된다.

новенье…)와 같은 네끄라쏘프적인 시가 완성되었다(이 시는 〈얌쁘〉에 포함되었다). 1914년 3월에는 〈눈 가면〉과 공명하는 연작 〈까르멘〉이 창작된다. 같은 해 8월에는 며칠에 걸쳐 (26일과 31일에) 페뜨적인 낭만주의적 서정의 전통을 다시 부활시키는 시인 〈그대는 누구보다 밝고, 신실하고, 매력적이었다 …〉[(Была ты всех ярче, верней и прелестней …), 〈하프와 바이올린〉(Арфы и скрипки)]과 심한 산문적 어투로 점철된 시인 〈수치를 모르고 각성을 모르며 죄를 짓는다는 것 …〉(Грешить бесстыдно, непробудно …, 〈조국〉)이 쓰였다. 그와 같이 창작 시기가 아주 가까운 시들이 때로 다면적인 연작 구성에 처해진다.

과도기적이고 '주관적인', 두 번째 책의 시기에 블로끄는 일반적인 인식에 의해 받아들여져 확고하게 자리 잡은 문체 전통에 그 어느 때보다 관심을 덜 기울였다. 그러나 심지어 이 시기에도 블로끄는 미증유의 말의 고안자가 되지 않았다. 이것은 기본적으로 블로끄에게 낯설다. (하지만 그의 다른 동시대인들처럼) 블로끄는 이때도 변형되는 토대의 자질 속에서 19세기 러시아 시로부터 물려받은 시어를 보존한다. 그러나 블로끄에게 특징적인 것은 이때도 변형 수단을 찾으며 그의 동시대인들에 의해 다듬어진 이미 존재하는 문체들에, 독자들이 인지할 수 있는 문체들에 그가 기초하고 있다는 점이다. 그러나 이제 이 역할은 이미 페뜨, 뽈론스끼, 쏠로비요프가 아닌 새로운 시의 리더들의 몫이다.

두 번째 책에서 〈대지의 기포〉와 〈도시〉(Город) 시편은 대도시주의와 반(反)대도시주의의 자질에 따라 서로 대립된다. 두 번째 책의 구조 속에서 〈대지의 기포〉는 '자신 속으로 떠난 영혼의' 도시의 유혹으로부터의 휴식이다. 그러나 대지도, 자연도 여기에서 주관적인 '악마적' 국면 속에서 대두된다. 20세기로 접어드는 시점에 러시아 동화의 악마론의 모티프들을 약정적으로 해석하는 문체가 새로운 조각과 회화 속에서, 레미조프(А. Ремизов)의 산문과 쏠로구프의 시 속에서 육성되었다.

〈대지의 기포〉가 쏠로구프 시의 (1890년대에 창작된 시들까지 포함한) 특정 노선과 맺은 관계는 무엇보다 직접적이고 명백하다.

말해지지 않은 비밀이 있다,
그러나 어디에서 내가 찾을 것인가?
이상한 노래가 배회한다,
나의 광포한 노래가.

침묵하는 늪 가운데
미지의 길로
느릿느릿한 나른함과 함께
노래가 나를 이끈다.

흔적 없는 순간들이
노래 위에서 정적 속에서 날아간다.
창백한 수련들이 잠잔다,
갈대들이 존다.

Есть тайна несказанная,
Но где, найду ли я?
Блуждает песня странная,
Безумная моя.

Дорогой незнакомою
Среди немых болот
С медлительной истомою
Она меня ведет.

Мгновения бесследные
Над ней летят в тиши.
И спят купавы бледные,
И дремлют камыши.

1895

혹은 1901년에 창작된 쏠로구프의 다른 시를 보자.

하얀 수의가 늪 위로 던져져 있다,
죽은 달이 참나무 위로 들어 올려져 있다,
그대는 저주받은 문을 통해 지나가라,
그대는 광포한 전염병과 함께 내게로 오라.

Белый саван брошен над болотами,
Мертвый месяц поднят над дубравою, -
Ты пройди заклятыми воротами,
Ты приди ко мне с шальной пошавою.

블로끄는 그의 동시대의 러시아 예술에 의해 이미 조탁되었지만, 19세기 서정시의 지평에는 결코 들어가지 않아서 그 자신에게는 새로운 문체를 자신의 과제들에 복무하게 했다.[44]

늪의 꼬마 도깨비들과 털 복숭이 동물들의 신화론은 약정적이고 양식화되어 있다. 여기에서 동화성은 주관적이고 미학주의로 침윤되어 있다. 하지만 그럼에도 불구하고 그것에는 동화적 이상들의 영원한 원천인 민담이 근본토대로서 자리한다. 그리하여 블로끄는 그의 동시대인들의 문화 의식 속에 이미 존재하는 의미 체계 속에 포함된다. 게다가 이 체계는 이중적이다. 한편으로, 레미조프 - 쏠로구프적인 문학 양식, 다른 한편으로, 암시되는 민중의 신화창조의 보편적인 의미성.

블로끄에게 있어 대도시주의 또한 이미 존재하는 이념들과 문체의 체계다. 프랑스 상징주의자들의 시에서 태동하여 베르하렌(Émile Verhaeren)[45]에 의해 폭넓게 전개된 대도시주의는 러시아의 토양에서

---

44) (원주) 19세기 시도 때로 극도로 문학적인 형식 속에서 민담의 모티프들을 이용하고자 하며, 물론 러시아 동화 전통에 관심을 기울였다. '새로운 시'에 필요한 것은 완전히 다른 것이었다. '새로운 시'에는 주제 영역으로 받아들여지는 이 모티프들의 상징적 적용이 필요하다.

45) 벨기에 시인(1855~1916). 프랑스어로 글을 쓴 벨기에 시인 가운데 가장 중요한 인물로서, 1890년대 브뤼셀에서 문예부흥을 일으킨 작가 및 예술가 집단의 일원이다. 그는 이후 상징주의에 가담했다. 자연주의적 색채가 강한 시들을 모은 그의 첫 번째 시집 《플랑드르 여인들》(*Les Flamandes*, 1883)은 대단한 반향을 불러일으켰다. 베르하렌은 시인일 뿐만 아니라 예술비평가였으며, 그

브류쏘프의 시에 의해 이미 굳건해져 있었다.46)

브류쏘프의 경우와 같이, 이 시기의 블로끄에게 있어서도 도시는 한없이 매혹적이고 (동시대인의 의식의 풍경으로서) 아름다우며 끔찍하다. 도시는 자신의 고독을 혼자서가 아니라 군중 속에서 체험하는, 고독한 영혼이 처한 비극의 무대다. 블로끄는 이 상호관계를 확립한 이중적인 상징들을 브류쏘프의 연작 〈벽 속에서〉(선집 《제 3경비대》)와 특히 〈파리〉(Париж), 〈창백한 말〉(Конь блед), 〈행인들〉(Прохожи) 같은 브류쏘프의 작품들의 명백한 작용하에서 창조했다.

붉은 난장이들(красные карлики), 보이지 않는 여자(Невидимка), 기묘한 작은 인간들(странные человечки) 등, 봄의 동물들과 늪의 꼬마 도깨비들과의 유비에 따라 발생하는 듯한, 도시의 악마론이 묵시록적 형상들과 나란히 자리한다. 그러나 〈대지의 기포〉의 동화적인 주인공들과 달리, 보이지 않는 여인들과 붉은 난장이들에게는 보편적인 의미를 지닌 신화적 존재가 결핍되어 있다. 그들은 주관적인 환상의 결실, 대도시의 악의 자의적인 구현이다.

베르하렌과 브류쏘프처럼 블로끄에게도 대도시의 악은 (단지 형이상학적으로가 아니라) 이미 사회적인 악으로 대두된다. 게다가 블로끄의 대도시 개념 속으로 1차 러시아 혁명의 분위기가, 그 기다림과 실현과 파국이 침투했다. 《예기치 않은 기쁨》의 도시 연작들에 나타나는 블로끄 작품의 (이 시기에는 아직 불안정하고 어렴풋한) 민주적 혁명적 경향들로부터 다른 계열들과 얽히며 동시에 그것들과 현격하게 구별되는

의 첫 번째 시집에 실린 시들은 대부분 그림에 관한 것인 점은 이로부터 기인한다. 이 시집에 이어 단편소설들을 발표하기도 했으나, 그 후 잇따라 다수의 시집을 발표하였으며, 30여 권이 넘는 방대한 시집을 남겼다.

46) (원주) 브류쏘프의 대도시주의에 관해서는 막씨모프의 저서 《발레리 브류쏘프의 시》(Поэзия Валерия Брюсова, Л., 1940)와 또한 그의 논문 "발레리 브류쏘프의 시 작품"(Поэтическое творчество Валерия Брюсова) [발레리 브류쏘프, 《시와 서사시. 시인총서》(Валерий Брюсов, Стихотворения и поэмы, Библиотека поэта, Л., 1961), 36~40쪽과 다른 곳]을 참조하라.

또 하나의 계열의 상징이 태동한다. 이것은 완전히 다른, 인색하고 모난, 귀에 거슬리는 어조의 산문적인 말들이다.

특징적인 것은 1900년대 블로끄 시의 민주적인 원칙은 데카당스 개인주의의 원칙과 달리, 시간에 의해 검증된 고전적 전통을 곧바로 요구했다는 점이다. 블로끄 자신이 그에게 있어 극도로 중요한 네끄라쏘프의 전통의 의의에 대해 말하곤 했다.

논문 "알렉싼드르 블로끄와 네끄라쏘프"(Александр Блок и Некрасов)에서 오를로프는 텍스트적으로 네끄라쏘프의 시들에 가까운 일련의 블로끄의 시들을 지적했다. 〈수호천사〉(Ангел-хранитель), 〈그렇다. 영감은 그렇게 명한다 …〉(Да. Так диктует вдохновенье …), 〈수치를 모르고 각성을 모르며 죄를 짓는다는 것 …〉, 〈솔개〉(Коршун), 〈법정 앞에서〉(Перед судом) 등이 그것이다.[47] 이 시들의 거의 대다수가 세 번째 책 시기의 작품들이다. 〈영원이 도시로 던졌다 …〉(Вечность бросила в город …), 〈무덤의 어둠으로부터 일어섰다 …〉(Поднимались из тьмы погребов …), 〈삶의 바지선이 일어섰다 …〉(Барка жизни встала …), 〈집회〉(Митинг) 등의 두 번째 책 속의 시들에서 텍스트 상의 유사성은 보다 적다. 그러나 사회성에 의해, 러시아 혁명의 문제 틀에 의해, 이 시들은 네끄라쏘프적이다. 여기에서 네끄라쏘프적인 것은 이 시들의 고상한 산문적 어투에, 그것들의 꾸밈없는 말에 시적 속성을 부여하는 삶의 가치들이다.[48]

---

47) (원주) 오를로프, "알렉싼드르 블로끄와 네끄라쏘프," 〈레닌그라트 국립대학 학술보고〉, 16~17호(В. Н. Орлов, "Александр Блок и Некрасов," Научный бюллетин Ленинградского государственного университета, NO. 16~17, 1947), 56~63쪽. 레빈(Ю. Д. Левин)과 딕만(М. И. Дикман)의 논문 "네끄라쏘프 시 전집에 블로끄가 쓴 주석"(Пометки А. А. Блока на Собрании стихотворений Некрасова)도 또한 보라〔〈레닌그라트 국립대학 학술 논문집. 어문학 시리즈〉, 30호(Ученые записки Ленинградского государственного университета. Серия филологических наук, вып. 30, Л., 1957)〕.

1906년에 연작 〈소시민의 생애〉(Мещанское житье)가 창작되었다. 이 제목으로 그것은 선집 《눈 속의 대지》(1908)에 등장했다.[49] 보통 이 연작과 네끄라쏘프의 도시시와의, 그 불행한 인간들과 실패한 인간들과의 관련성이 강조된다. 그러나 여기에서 계승의 관계는 보다 복잡하다. 그것은 그 나름대로 또한 민주적인 아뽈론 그리고리예프의 도시시 또한 아우른다.[50] 선집 《눈 속의 대지》에서 연작 〈소시민의 생애〉가 시구 "오, 너만이라도 나와 이야기해 다오, / 일곱 현의 여자친구여 …"(О, говори хоть ты со мной, Подруга семиструнная …)를 에피그라프로 지녔던 것은 우연이 아니다.

1902년에 블로끄는 1846년에 출간된 (그 당시로서는 유일한) 그리고리예프의 시 선집을 읽었다. 이 독서는 그의 수기에 반영되었다. 블로끄가 그리고리예프 시의 출판 작업에 착수했던 1914년 이전에, 그는 잡지에 게재된 그리고리예프의 시를 알았을까? 1908년에 블로끄가 〈소시민의 생애〉의 에피그라프로 일부를 취한 시는 1857년에 처음으로 지면에 발표되었다. 하지만 이 텍스트는 구전 노래 전통 속에서 존재해 왔다. 그러나 어문학부 학생이었던 블로끄가 44호에서 49호에 걸쳐 아뽈론 그리고리예프 서정시의 정수인 연작 〈투쟁〉 전체가 출간되었던, 잡지 〈조국의 아들〉의 1857년 호들을 소유하고 있었을 가능성도 농후하다. 그럴 경우 블로끄는 그가 보다 후에 논문 "아뽈론 그리고리예프의 운명"에서 '훌륭하다고' 한, 시 〈저녁이 숨 막힌다, 바람이 울부짖는다 …〉(Вечер душен, ветер воет …)도 알았어야 했다.

이 시와 블로끄의 시 〈다락에서〉(На чердаке) 사이의 가까움은 단순

48) (원주) 그와 반대로 1870~1880년대의 아류 민중시는 문학적 상투어들로 넘쳐났다.

49) (원주) 이 연작의 시들은 1916년 《시집》(Стихотворения)에서는 두 번째 책의 연작 〈도시〉에 들어갔다.

50) (원주) 〈소시민의 생애〉와 아뽈론 그리고리예프의 서정시의 연관성은 블라고이(Д. Д. Благой)가 논문 "블로끄와 아뽈론 그리고리예프"에서 지적했다〔《삼세기》(Три века, М., 1933), 291쪽과 다른 곳〕.

한 일치로 설명하기 어렵다.

어두워, 어두워… 바람이 울부짖는다…
　어디선가 개가 짖는다…
마음이 아파, 아파, 아파…
　단 한 방울의 눈물이라도 흘렀으면!

자 이제 다시 우리만이야,
　우리 말이 들리지 않아…
단 한 번이라도 마음에 드는 말을
　네게서 들을 수 있을까?

아니! 너는 눈꺼풀을 영원히 감았어,
　영원히 말이 없어…
영원히! 그리고 나는
　미치고 싶은 희망도 없어!

. . . .
한결같은 시선, 단 한마디 말…
　얼음보다 차갑구나!
소심하고 준엄하다
　언제나처럼 그렇게!

아뽈론 그리고리예프

Тёмно, тёмно … Ветер воет …
　Воет где - то пес …
Сердце ноет, ноет, ноет …
　Хоть бы капля слез!

Вот теперь одни мы снова,
　Не услышат нас …
От тебя дождусь ли слова
　По душе хоть раз?

Нет! Навек сомкнула вежды,
　Навсегда нема …
Навсегда! И нет надежды
　Мне сойти с ума!
. . . .

Взгляд один, одно лишь слово…
Холоднее льда!
Боязлива и сурова
Так же, как всегда!

Ал. Григорьев

자, 나의 인연의 끈은 그녀뿐…
자, 문은 닫혀 있네…
그러나 그녀는 듣지 않네,
듣네, 보지 않네,
조용한 그녀는 숨 쉬지 않네,
새하얀 그녀는 침묵하네…

이미 끼니를 찾지 않네…
세찬 바람이 틈을 파고 드네.
눈보라의 휘파람 소리는
얼마나 듣기 좋은가!

. . . .
눈보라여, 눈나팔을
더 감미롭게 불어라,
얼음의 무덤 속에서
그녀가 잠들도록!

블로끄

Вот – я с ней лишь связан…
Вот – закрыта дверь…

А она не слышит –
Слышит – не глядит,
Тихая – не дышит,
Белая – молчит…

Уж не просит кушать…
Ветер свищет в щель.
Как мне любо слушать
Вьюжную свирель!
. . . .
Слаще пой ты, вьюга,

В снежную трубу,
Чтоб спала подруга
В ледяном гробу!

Блок

그리고리예프와 블로끄의 이 시들 사이에는 산문적인 사슬이 하나 더 있다. 1876년도 〈작가일기〉(Дневник писателя)에 등장한, 도스또옙스끼의 〈온순한 여인〉(Кроткая)이 그것이다. 그의 잡지 〈시대〉(Время)와 〈시대〉(Эпоха)에 활동적으로 참여했던 아뽈론 그리고리예프와 친해졌던 도스또옙스끼, '논쟁의 여지없는 열정적인 시인'[51]이라고 그리고리예프에 관해 말했던 도스또옙스끼는 필경 연작 〈투쟁〉을 알았을 것이다. 〈온순한 여인〉의 주인공의 (아내의 자살 이후의) 내적 독백의 구절들을 보자. "죽은 아내여, 듣지 않는구려!.. 오, 단 한번, 그저 단 한번이라도 그녀가 눈을 떴으면! 단 한순간, 단 한순간만이라도! 나를 보았으면, 바로 얼마 전처럼 …"(Мертвая, не слышит! … О, пусть всё, только пусть бы она открыла хоть раз глаза! На одно мгновение, только на одно! зглянула бы на меня, вот как давеча …) 여기에서 두 시와의 텍스트 상의 일치는 명백하다.

블로끄의 시 〈다락에서〉와 아뽈론 그리고리예프의 연작 사이의 관련성의 문제는 본질적이다. 왜냐하면 이 연관성이 〈소시민의 생애〉의 서정적인 내밀한 성격을 드러내기 때문이다. 〈소시민의 생애〉의 주인공은 결코 객관적으로 묘사된 불행하고 실패한 도시민의 사회적 유형이 아니다. 이것은 서정적 '분신들' 중의 하나다. 블로끄의 작가적 개성의 다른 많은 일련의 구현들 속에서 이것은 블로끄에게 있어 민주적 성향이 얼마나 유기적이고 개인적인 것이 될 수 있었는가에 대한 증거가 된다.

연작 〈소시민의 생애〉가 지닌 개인적인, '자전적인' 의미에 관해 자신이

---

51) (원주) 도스또옙스끼, 《1845~1878년의 글들》(Ф. М. Достоевский, Статьи за 1845~1878 годы, М.:Л., 1930), 353쪽.

쓴 블로끄의 전기에서 마리야 베께또바(М. Бекетова)가 말한다. "… 시인은… 집을 떠나, 어머니의 보호를 벗어나, 아내와 함께 독립된 아파트로 옮겼다. 이것은 1906년 가을의 일이다. 라흐띤스까야 거리 4층에 '민주적인' 아파트를 찾았다… 〈다락에서〉, 〈마당으로 난 창〉(Окна во двор), 〈고개를 떨군 채 걷는다, 배회한다…〉(Хожу, брожу понурный…), 〈나는 사방의 벽에 갇혀…〉(Я в четырех стенах…) 등과 같은 두 번째 권의 일련의 시가 이 '민주적인' 일상의 인상에 의해 야기되었다."[52]

《눈 속의 대지》의 서문에서 블로끄는 선집의 모든 연작을 단일한 생각으로 연결시키며, 〈소시민의 생애〉도 이 시적 연관에 포함시켰다. "나의 장엄하고 검은 나날을, 나의 소시민의 게으름을 (강조 — 저자), 나의 영원한 축제를 그대들의 건전함과 깊이와, 그대들의 진줏빛 노을과 맞바꾸지 않겠다."

창문을 열었다. 시월의 수도는
　　얼마나 찌푸린 모습인가.
학대당한 갈색 말이
　　마당을 서성인다.
. . . .
그래 아무 이유 없이 나는
　　다락으로 내몰렸다.
그 누구도 내 논증에 귀 기울이지 않았고,
　　나는 담배를 꺼내 물었다.

〈시월에〉

Открыл окно. Какая хмурая
　　Столица в октябре.
Забитая лошадка бурая
　　Гуляет на дворе.
. . . .
Да и меня без всяких поводов
　　Загнали на чердак.

52) (원주) 마리야 베께또바, 《알렉싼드르 블로끄 전기》(М. А. Бекетова, Александр Блок. Биографический очерк, Л., 1930), 103쪽.

Никто моих не слушал доводов,
И вышел мой табак.

"В октябре"

여기에 있는 모든 것은 아주 세태적이다. 그러나 세태는 〈미지의 여인〉에서와 같은 원칙에 따라, 그리고 같은 술 취함의 모티프를 통해, 곧바로 염원으로 옮겨 간다. 술잔 속에 별이 빠졌다 —

여기, 여기 유혹하는 여인이 눈 안에서 헤엄친다
창 안에서 흔들린다…
진정한 삶이 시작되리라,
내게 날개가 돋으리라!

내 모든 재산조차
함께 챙겨 가리라!
알았다, 내 권능을 알았다! …
바로 이제 외쳤다… 그리고 난다!

난다, 작은 꼬마아이에게 날아간다
눈보라와 불길 가운데…
모든 것이, 모든 것이 예전 방식대로,
그래 오직 나만 제외하고!

Вот, вот, в глазах плывет манящая,
Качается в окне…
И жизнь начнется настоящая,
И крылья будут мне!

И даже все мое имущество
С собою захвачу!
Познал, познал свое могущество! …
Вот вскрикнул… и лечу!

Лечу, лечу к мальчишке малому
Средь вихря и огня…
Всё, всё по-старому, бывалому,
Да только-без меня!

재산, 꼬마아이 — 이것들은 일차적인 '산문적' 지평의 흔적들이다. 다음도 유사한 행보다.

고개를 떨군 채 서성인다, 배회한다,
제 움막 안에서 홀로…

Хожу, брожу понурый ,
Один в своей норе …

시의 마지막 연은 우리를 블로끄의 다른 문체적 질서로 되돌린다.

그녀에게, 상냥한 그녀에게 무슨 말을 할까?
가슴이 꽃피어났다고?
눈바람이 분다고?
방안이 환하다고?

И что ей молвить - нежной ?
Что сердце расцвело?
Что ветер веет снежный ?
Что в комнате светло?

이 연작의 술로 삶을 탕진한 불쌍한 실패자는 도시의 인물들 중 하나가 아니라 서정적 주인공의 변종이다.

사위의 벽 속에 유폐된 나
지상의 근심과 궁핍에 짓눌린 만신창이

Я в четырех стенах - убитый
Земной заботой и нуждой …

물론 이 시행들 및 그와 유사한 시행들의 자전성을 문자 그대로 이해해서는 안 된다. 그러나 블로끄가 자신의 주인공에 관해 다음과 같이 말할 때

나는 선술집 카운터에 못 박혔다,
나는 오래전에 취했다. 내겐 모든 것이 매한가지,

Я пригвожден к трактирной стойке,
Я пьян давно. Мне все - равно,

혹은 또 이렇게 말할 때

그리고 왕자인 나는 조국에서 죽는다
독 묻은 칼날에 찔린 채 …

И гибну, принц, в родном краю
Клинком отравленным заколот …

실로 우리는 이것들도 문자 그대로 이해하지 않는다.

■ ■ ■

블로끄는 19세기 러시아의 복잡한 유산을 떠맡은 시인이자 '새로운 시'의 리더다. 블로끄는 다문체적이고, 그의 문체들은 상이한 원천으로부터 발원한다. 하지만 동시에 우리가 실수 없이 알아볼 수 있는 시인들은 많지 않다. 모든 주제, 모든 전통, 모든 문체가 전체적인 문맥에, 펼쳐지는 의식의, 매우 개인적이며 매우 일반적인 의식의 단일성에 포함되어 있다. 다양한 문체들은 그 진행의 움직임 속에서 취해진 이 의식의 국면들을 제시하기 위해 블로끄에게 필요하다.

블로끄는 이중적인 상징체계를 활용한다. 그는 (상징주의적인 해석 속의) 쏠로비요프의 문체, 약정적인 동화적 문체, 대도시주의의 문체, 페뜨의 문체, 네끄라쏘프의 문체 등의 기호들을 배치한다. 그리고 그것들과 더불어, 그것들과의 복잡한 상호관계 속에서, 〈빛이 있기 전〉 속에 이미 그 토대가 놓인, 블로끄 세계의 상징들이 생겨난다. 블로끄의 새벽노을(зори), 석양(закаты), 황혼(сумраки), 안개(туманы), 바람(ветры), 눈

보라(метели) — 이것들은 블로끄의 문맥에 의해 충전된, 그래서 그것들을 에워싼 모든 것을 재구축하는, 단어들 - 창끝들이다. 만약 그것들이 특정한 시에 침투하지 않았다면, 연작과 책의 통일성 속에서 그 시와 결부된, 이웃한 시에 침투했다.

〈눈 가면〉의 연작들 속에서 그리고 이들에 인접한 연작 〈파이나〉 속에서 블로끄의 상징적 표현은 번성하여 시의 공간 전체를 채웠다. 이 연작들은 두 번째 책 전체가 말하는 그 '환희'의 절정이다. 그리고 바로 여기에서 블로끄는 억제하고 규율을 세우는 전통의 힘을 파괴하며, 그 이전과 이후로 결코 도달하지 못한 정도로 문체적 절대주의에 의탁한다.

연작 〈눈 가면〉의 역동적인 구조 전체가 추위와 불길, 바람과 폭풍우의 전통적인 일차적 상징들로부터 자라남에도 불구하고, 그 속에서 블로끄의 목소리를 제외한 다른 시인의 목소리는 식별되지 않는다. 논문 "알렉싼드르 블로끄의 시"에서 쥐르문스끼는 이 은유 연쇄들의 성장 과정을 논구했다.[53]

쥐르문스끼의 논문은 1921년 블로끄의 사후 집필되었다. 또한 그 해에 띄냐노프(Ю. Н. Тынянов)의 논문 "블로끄"(Блок)도 집필되었다. 이 두 연구 속에는 블로끄 문체의 성격에 대한 상반된 규정이 주어져 있다. 쥐르문스끼는 블로끄를 은유의 시인으로 부른다. "이 점에서 블로끄는 지극히 독창적이고, 러시아 낭만주의 시인들과 첫 상징주의자들 중에는 소심한 선배들이 있을 뿐이다."[54] 띄냐노프는 다음과 같이 기술한다. "그는 전통적인, 심지어 닳아빠진 형상들을 (진부한 문구들을) 선호한다. 왜냐하면 그 속에 옛 정서가 보존되어 있기 때문이다. 조금 새롭게 된 옛 정서는 새로운 형상의 정서보다 더 강렬하고 깊다. 왜냐하면 새로운 표현은 보통 정서적 자질로부터 대상적 자질로 주의를 돌리기 때

53) (원주) 쥐르문스끼, 《문학의 이론의 제 문제》(В. Жирмунский, Вопросы теории литературы, Л., 1928).

54) (원주) 쥐르문스끼, 《문학의 이론의 제 문제》, 234쪽.

문이다."[55]

이 성격 규정들이 지닌 모순성은 합법칙적이다. 그것은 블로끄의 문체가 지닌 다면성에 의해 설명된다. 띄냐노프는 로망스와 '집시문화의', 블로끄의 낭만주의적 서정의 전통 일반을 고려했다. 쥐르문스끼는 자신의 분석에서 극도의 긴장과 함께 개인주의자적인 의식이 전개되는, 그리고 바로 그래서 전통이 감지되지 않는, 두 번째 책의 '눈의' 연작들에 주로 기초했다.

블로끄 서정시의 통일성 속에서 〈눈 가면〉이 지닌 독특한 위치는 개인주의자적인 '삶의 창조'(жизнетворчество)의 고유한 경험에 의해 규정된다.

시적 자료의 기원에 관한 질문을 그것의 예술적 기능에 관한 질문과 혼동해서는 안 된다. 의무적인 장르의 슈제뜨로부터 해방된 19세기 서정시에서 이미 서정적 사건은 무엇보다도 자주 실제 사건, 인상, 자극으로부터 생겨난다. 전기적 실제는 미적으로 유효한, 즉 독자가 예술적 구조의 요소로서 지각하도록 의도된 실제가 될 수 있다. 그러나 이를 위해서는 특정한 장치들이 요구된다. 이 장치가 없을 때 실제는 텍스트 밖에 남거나 비유로 변한다.

〈아름다운 여인에 관한 시〉는 사랑의 역사를 투영시켰다. 그래서 그 속의 많은 것이 실제적인 삶의 상황에 의해 태동된 것이다. 그러나 이 상황들과 그것들로부터 생겨나는 서정적 상황 사이에는 추상적인 상징적 표현의 장벽이 가로놓여 있다. 이 상호관계에 관한 몇몇 표상을 주는 것은 〈아름다운 여인에 관한 시〉에 대한 블로끄의 가장 뒤늦은 (1918년 일기에서의) 주석이다. "… 나는 류보피 드미뜨리예브나를 바씰리 섬에서 만났다(나는 그곳에 곧 크랩(Краб6)이라 불린 닥스훈트 사냥개를 사러 갔었다). 그녀는 안드레옙스끼 광장에서 썰매에서 내려 6번가와 스레드니 대로를 따라 10번가까지 강습을 들으러 가고 있었다. 나는 그녀

---

55) (원주) 《의고주의자들과 혁신자들》(Архаисты и новаторы), 517쪽.

가 눈치 채지 못하게 뒤에서 뒤따라갔다(거기에 스레드니 대로 가까이 사진가게의 진열창이 있다). … 나는 나의 비밀을 밀봉하고 싶었다. 그 결과 나는 암호화된 시를 썼다. 이 시에서 가로(街路)의 다섯 굽이는 내가 그녀를 눈치 채지 않게 뒤따랐을 때, 그녀가 지나간 거리들을 의미했다(바씰리 섬 - 7번가 - 스레드니 대로 - 8~9번가 - 스레드니 대로 - 1번가)."

지상에 있는 선한 선들의
내밀한 다섯 굽이.
영감에 찬 다섯 탄식이
암흑 속에서 그들에 관여한다.
먼 곳에서 태어난 그대는
가득 찬 대지의
황홀한 먼 언저리를 통해
곤혹한 내게 가담해 있다.
영감에 찬 다섯 굽이,
일곱 개와 열 개의 모서리
여덟, 아홉, 가운데 사원.
다섯 개의 내밀한 탄식,
그러나 십과 구 사이에서
음험한 과장된 수수께끼를 지닌,
신들을 기려 피워진 향을 지닌
가운데 사원이 더 끔찍하다.

Пять изгибов сокровенных
Добрых линий на земле.
К ним причастные во мгле
Пять стенаний вдохновенных.
Вы, рожденные вдали,
Мне, смятенному, причастны
Краем дальним и прекрасным
Переполненной земли.
Пять изгибов вдохновенных,
Семь и десять по краям,
Восемь, девять, средний храм -
Пять стенаний сокровенных,
Но ужасней - средний храм -
Меж десяткой и девяткой,

С черной, выспренней загадкой,
С воскуреньями богам.[56)]

이 경우 사건의 사실적인 토대는 미적 지각을 풍부하게 하지 않을 뿐 아니라, 그것을 완전히 파괴한다. 창작 동기가 된, 시인이 17년이 지난 후에 기억할 정도로 그에게 그토록 중요한 실제 인상은 여기에서 예술적 구조로부터 배제되어 있다. 레닌그라트 시민조차 '지상에 있는 선한 선들'이 바씰리 섬의 가로들이라고 추측하지 않는다.

1918년 일기에서 만나게 되는 다른 기록은 보다 더 인상적이다.

나의 부단한 기도 속에서,
너의 적대적인 힘 아래에서,
나는 내 생각의 창고를
사람들과 짐승들로부터 숨긴다.

В непрестанной молитве моей,
Под враждующей силой твоей,
Я хранилище мысли моей
Утаю от людей и зверей.

이 시에 블로끄는 다음과 같은 주석을 달고 있다. "이 (류보피 드미뜨리예브나의 냉혹함의) 결과, 그녀의 적대적인 힘 아래에서 예전의 명상으로 고통받으며 그리고 기도의 평화로 타오르며, 나는 사람들과 짐승들을 (크랩을) 피해 지상에 내 생각의 창고를 감추기로 다시 결정했다." 즉 비밀스런 짐승들의 원형은 닥스훈트 사냥개 크랩으로 밝혀진다. 암호가 풀릴 때, 이 사실은 틀림없이 희극적 효과를 자아낼 것이다. 이것은 우연한 예가 아니다. 블로끄의 초기 시의 추상적인 상징체계의 합법칙성이 그와 같다.

〈눈 가면〉 속에서 이 상호관계들은 이미 훨씬 더 복잡하다. 베리기나(В. П. Веригина)와 볼로호바(Н. Н. Волохова)의 회상기가 출판됨에

---

56) (원주) 띠모페예프, 《알렉싼드르 블로끄의 창작》(Л. И. Тимофеев, Творчество Александра Блока, М., 1963), 20~21쪽을 비교하라.

따라, 1906~1908년에 꼬미싸르줴스까야 극장 주변에서 결성된 뻬떼르부르크의 시인, 화가, 배우 집단과 〈눈 가면〉 사이의 관계에 대한 우리 생각의 범위가 넓혀졌다. 예년과 달리 눈이 많았던 1906~1907년의 겨울로부터 1906년 12월에 꼬미싸르젭스끼야 극장의 젊은 여배우들이 열었던, '종이 부인들'의 무도회의 가면무도회 의상들의 세목에 이르기까지, 〈눈 가면〉은 실제로 가득 차 있음이 드러난다.

이 정보는 〈눈 가면〉의 창작사에 있어 중요한 것이지만, 그것이 이 작품의 지각을 변모시키지는 않는다. 〈눈 가면〉의 은유 체계는 보다 물리적인 것이 되지 않는다. 우리가 마주하는 것은 은유의 혼돈의 세계 속으로의 물리적 세계의 침투가 아니라, 오히려 정반대의 과정, 곧 시적 상징의 삶으로의 투사, '자신을 위한 극장'(театр для себя), 블로끄가 두려워했으며 그 자신이 데카당스의 가장 특징적인 자질로 간주했던, 삶과 예술의 혼합이다.

베리기나는 자신의 회상 속에서 집단을 지배했던 삶의 상징화와 미학화의 분위기를 복원한다. "그 또한 가면들에 홀리고 에워싸인 메이에르홀드는 블로끄의 원무에 공명하곤 했고, 우리 모두처럼 그도 이중적인 삶을 살았다. 그 하나가 실제의 삶이라면, 다른 삶은 블로끄의 눈보라의 은빛 속에 있었다. 통곡도, 애수도, 질투도, 공포도, 거기에 진정한 것은 아무것도 없었다. 다만 별이 총총한 어두운 하늘 아래 하얀 눈 위에서 가면들이 태평스럽게 원무를 추고 있을 뿐이었다… 〈발라간칙〉(Балаганчик) 이후에 종이 부인들의 야회에서 가면들은 우리의 만남을 경이롭게 만들었고, 우리는 헤어질 때까지 두 겨울 시즌의 마법의 원을 벗어나지 않았다… 눈의 어둠 속에서 돌고 있는 쎄르게이 고로데쯔끼의 키 큰 모습, 블로끄의 실루엣, 눈의 어둠 속에 깊이 새겨진 시인의 이 프로필, 단정한 눈썹 위 털모자에 달린 눈 고드름, 눈 속의 질주, '여인들의 낭랑한 목소리'(블로끄의 말)의 소리들, 볼로호바의 별의 눈동자, 베라 이바노브나의 빛나는 푸른 눈동자… 지금 내가 보기에 내가 그토록 사랑했던 극장 속의 유희는 블로끄 영역 속 가면들의 유희만큼 격정적이고 찬란한 것이 결코 아니었다."57)

'가면유희'는 높은 전문적 수준 위에서 이루어졌다. 메이에르홀드와 재능 있는 여배우들이 거기에 참여했다. 게다가 연출자인 블로끄 자신이 무대에 대한 날카로운 감각을 지녔고, 한때 배우 활동을 준비하기도 했다.

미적 활동, '형식 창조'(формотворчество)는 예술 속에서뿐 아니라 삶에서도 어느 정도 이루어진다. 그럼에도 불구하고 예술과 삶은 질적인, 원칙적인 차별성을 지닌다. (예를 들어, 낭만주의의 역사에서 풍부한 예를 찾아볼 수 있는) 예술과 삶을 동일시하고자하는 시도들로부터 예술이 보다 실제적인 것이 되는 것이 아니라, 삶이 인공적인 것이 된다. 삶은 의식적인 구축과 선별, 그리고 생략의 실험장으로 변모되었다. 충만한 경험과 그 모든 무질서한 발현 속의 삶은 미적 대상이 될 수 없기 때문이다.

〈눈 가면〉의 '세태적인' 실제란 무엇인가? 이것은 눈 처녀의 '삼중으로 이루어진 화관'(трехвенечная тиара)으로 변모된, 종이모자이다. 이것은 종이 뱀 모양의 구두 죔쇠다. 이로부터 다음 시행이 나온다.

좁은 구두 끝에서
　　뱀이 조용히 졸고 있다…

На конце ботинки узкой
　　Дремлет тихая змея…

이것은 이빨모양의 관과 망토, 그리고 광대의 딸랑거리는 종, 부인들의 치맛자락 등이다〔〈벽의 그림자들〉(Тени на стене)〕. 즉 결코 일상생활상의 물품이 아니라, 바로 삶을 가능한 한 보다 환상적인 것으로 만들 목적으로 예술의 영역으로부터 삶으로 투사된 상징적인 가면무도

---

57) (원주) 베리기나, "알렉싼드르 블로끄에 관한 회상," 〈따르뚜 국립대학 교수 논문집〉, 104호(В. П. Веригина, "Воспоминания об Александре Блоке," Ученые записки Тартуского государственного университета, вып. 104, Тарту, 1961), 326, 331쪽. 논문집 같은 호에 또한 볼로호바의 회상도 게재되었다.

회의 세목이다.58)

삶 자체에서는 부차적인 존재를 부여받은 이 사물들은 쉽게 비유로 변모되었고, 시적 추상과 자연스럽게 결합되었다.

부엉이들이 내 승방의 파수를 본다,
그대의 망각과 상실은
도울 길이 없다!

가슴 위에는 눈의 족쇄,
내 얼음굴 속에는
눈보라의 북방의 딸!

그녀의 비상하는 눈동자로부터
암흑이 빛난다.
이마 주위에는
삼중의 화관.
황금빛 석탄의 불길을
내 가슴 속에 지폈다!

Стерегут мне келью совы -
Вам забвенью и потере
Не помочь!

На груди - снегов оковы,
В ледяной моей пещере -
Вихрей северная дочь!

Из очей ее крылатых
Светит мгла.
Трехвенечная тиара
Вкруг чела.
Золотистый уголь в сердце
Мне вожгла!

58) (원주) 볼로호바는 '종이 부인들'의 야회를 회상하며, 다음과 같이 쓰고 있다. "… 참여한 모든 여인들이 야회복의 겉에 색종이나 금종이, 아니면 은종이로 만들어진, 환상적인 의상이나 의상의 부분을(관, 망토, 검 등을) 걸쳤다(같은 책, 374쪽).

우리는 지금 삼중으로 이루어진 화관의 '세태적인 기원'에 대해 알고 있다. 그리고 황금빛 탄 - 이것은 명백히 그 주변에 가면들이 모였던, 이바노바(В. Иванова)의 아파트의 벽난로로부터 나온 석탄 부스러기 자체다〔"그러나 벽난로에서 소리를 다했다 / 석탄 부스러기들이." (Но в камине дозвенели / Угольки.)〕. 이 형상들은 그 기원에 있어 암자를 지키는 부엉이나 얼음굴과 구별된다. 하지만 결코 자신의 미적 기능을 통해 구별되는 것은 아니다. 이것들의 시적 짜임새는 속속들이 은유적이고 상징적이다.

성숙한 블로끄의 시에는 독자가 구체적인 현실에 대비시키는 실제들이 있다. 그러나 이를 위해 블로끄의 창작방법이 변해야 했다.

> 뻬뜨로그라트의 하늘이 비에 묻혀 흐릿했다,
> 　　　군용 열차가 전쟁터로 떠나고 있었다.
> 노리쇠 뭉치와 총검이 끝없이
> 　　　객차마다 채우고 있었다.
>
> Петроградское небо мутилось дождем,
> 　　　На войну уходил эшелон.
> Без конца - взвод за взводом и штык за штыком
> 　　　Наполнял за вагоном вагон.

이 시구들의 독자는 1914년 전쟁을 반드시 인지해야 한다. 그렇지 않고는 그는 이 시구들을 이해하지 못할 것이다. 여기에서 사실의 인지는 예술가의 계산 속에 들어온다. 〈눈 가면〉 속에서 사실들은 텍스트의 외부에 남는다.

시 창작 과정에서 독자는 항상 표상된다. 뿐만 아니라 이 표상은 폭넓은 것일 수도 협소한 것일 수도, 지극히 구체적인 것일 수도 가장 추상적이고 모호한 것일 수도 있다. 이런 저런 방식으로 예술가의 창조 행위는 창조물의 지각의, 즉 의미론적 필연성의 전제를 포함한다. (이 필연성은 물론 의미론적 단일성을 예정하지 않는다.) 작가와 그의 지인들을 위해서만 존재하는 연상들은 미적 사실이 되지 않는다. 가장 복잡한, 가장 단절된 연상들은 만약 암호해독을 염두에 둔 것이 아니라면, 영향을 고려한 것이다. 동시에 이해하기에 전혀 어려움이 없는 실제들이 만약 미적으로 중립적이라면, 그것들은 지각으로부터 배제된다.

—당신은 제가 알던 것보다 정중하시군요,
　시인님!

—당신은 러시아어를 모르시는군요,
　부인 …

—Вы любезней, чем я знала,
　Господин поэт!

—Вы не знаете по-русски,
　Госпожа моя …

혹은

그녀가 내 눈썹을 붉게 칠했다,
　바라보고는 말했다.
　　"그대, 어둠의 기사여,
그대 또한 아름다울 수 있음을
　　나는 몰랐다!"

Подвела мне брови красным,
　Поглядела и сказала:
　　"Я не знала:
Тоже можешь быть прекрасным,
　　Темный рыщарь, ты!"

이 시구들은 블로끄와 그의 여인이 실제로 주고받았던 문장들로부터 태어났다. 그러나 블로끄의 눈의 상징체계 영역으로 들어서는 독자가 이 점에 대해 반드시 알아야 하는 것은 아니다. 그렇다면 〈눈 가면〉이 독특한 삶의 유희에 기원을 두고 있다는 사실이, 그것이 제 편에서 거꾸로 블로끄의 시에서 자신의 질료를 구했는데, 의미를 지니긴 했던가? 물론 시인의 창조적 자기인식으로서 그렇다.

이후에 블로끄가 비판했던 상징적 유희 속에서 〈눈 가면〉의 폐쇄된, 그 무엇과도 닮지 않은 세계가 형성되었다. "… 지금으로서는 예기치 않은, 그리고 여하튼 나 자신에게 있어 새로운 시구들"—1907년 1월 막 연작을 끝내고 블로끄는 브류쏘프에게 이렇게 쓰고 있다.

블로끄는 〈눈 가면〉에 대해 출판 이전에 이미 냉담한 태도를 보였다. 1907년에 그는〔루쏘프(Н. Н. Русов)에게 보내는 편지에서〕이미 그것을 '주관적'이라 지칭하며 불만스러워 했다. 블로끄의 서정시에서 〈눈 가면〉은 독특한 위치를 차지한다. 그것은 블로끄의 모든 연작 중에서 전통과의 관련성이 가장 미약한 연작이다. 그리고 그 속에서 새로운 시의 문체적 절대주의가 가장 심하게 표출되었다.

이후에 예술과 삶의 비분리성(нераздельность)과 비혼합성(неслиянность)을 천명했던〔〈보복〉의 서문(1919)〕블로끄는, 이미 젊은 시절에 자신의 벗들인 안드레이 벨르이와 쎄르게이 쏠로비요프의 삶의 창조에 맞섰던 블로끄는 삶과 예술의 혼합을 어떤 정신적 죄악으로, 네카당스의 가장 큰 유혹 중의 하나로 받아들였다. 블로끄는 1910년의 강연문인 "러시아 상징주의의 현 상태에 관하여"에서 이 점에 대해 직접적으로 말한다. "… 내 고유의 환상 세계가 나의 개인적인 행위 무대가, 나의 '해부실'이 혹은 발라간(балаган)이 되었다. 그 곳에서 나의 멋진 인형들과 함께 나 자신이 연기한다〔이 사람을 보라!(ecce homo!)〕… 나는 이미 자신의 삶을 예술로 만들었다(유럽의 모든 데카당스에서 아주 선명하게 발현되는 경향이다)."

막씨모프는 베리기나의 〈회상〉을 소개하는 서두의 주석에서 블로끄의 이 발언을 자신의 창작에 있어 〈눈 가면〉 시기와의 논쟁으로서 올바르게 다룬다. 〈눈 가면〉의 정서들과, 보다 신빙성 있게 말하자면 이 정서들의 극복과, 연도상으로 보다 직접적으로 연관된 논문은 "아이러니"(Ирония)이다. 이 논문은 1908년 11월에 집필되었고, 11월 20일에는 시 〈자신의 쓰라린 눈물로…〉(Своими горькими слезами…)가 창작되었는데, 이 시를 통해 블로끄는 선언적으로 그리고 단호하게 〈눈 가면〉의 시기를 청산했다. 논문 "아이러니"에서 동시대인의 조소에 관해 이야기된 것이 1906~1908년 시기 블로끄 그룹의 상징적 유희와 장난 속에 반영된, 〈눈 가면〉의 '쾌활함'과 의심의 여지없이 관련되어 있는 점은 바로 이 때문이다.

1909년 6월 이탈리아에서 쓴 수기 속에서 블로끄는 끈덕진 조소의 주제로 되돌아온다. "나의 거짓된 벗들이 나로부터 탈취하고자 열중하는, 나의 귀중한 예술, — 그것이 예술로 남게 하라. … 없이, 출꼬프 없이, 유행을 좇는 귀부인들과 문집 출판가들 없이, 자선 강연과 야회 없이, 배우의 업과 배우들 없이, 신경질적인 조소 없이. 적어도 내가 조소하지 않게 된 것은 이탈리아 덕분이다. 제발 이것이 유지되기를."[59]

이 기록의 의미는 논문 "아이러니"와의 병치 속에서만 이해가능하다. "고독한 하이네가 말하는 그 상태를 누가 알겠는가. '어디에서 아이러니가 끝나고 하늘이 시작되는지, 나는 이해할 수 없다!' 실로 이것은 구원을 갈구하는 외침이다.

사람들은 아이러니의 질병을 앓고 있는 사람들과 함께 조소하기를 즐긴다. 그러나 그들을 믿지 않거나 믿기를 그친다. 죽어간다고 인간이 말하는데, 그를 믿지 않는다. 그리고 여기 웃는 인간이 홀로 죽어간다 … 우리의 조소에 귀 기울이지 말라. 조소 뒤에 있는 고통을 들어라 … "

계속해서 블로끄는 아이러니가 '자아의 질병'임을 주장한다. 이렇듯 블로끄에게 있어 데카당스, 동시대의 아이러니('신경질적인 웃음'), 삶과 예술의 혼합(삶의 창조)은 개인주의라는 하나의 원천으로부터 발원하는 단일한 복합체를 형성한다. 데카당스 개인주의는 상실된 객관적인 가치를 주관적이고 내재적인, 예술가의 의지에 의해 야기된 가치로 대체하고자 하는 시도다. "내 고유의 환상의 세계가 … 발라간이 되었다. 그 곳에서 나의 멋진 인형들과 함께 나 자신이 연기한다." 가치들

59) (원주) 《수기》(Записные книжки), 145쪽, 153쪽도 보라.

로 유희하는, 선과 악을 뒤섞는 아이러니가 주관적이듯이, 삶의 창조는 주관적이다.

블로끄는 ''사회적' 인간의 탄생을, 세계의 얼굴을 담대하게 바라보는 예술가의 탄생을', 즉 이제는 이미 역사와 사회성에 의한 검증을 이겨내는 새로운 객관적 가치의 확립을 의식적으로 지향했다. 블로끄는 세 번째 책을 창작하던 시기에 이 문제들에 진지하게 접근했다. 그러나 데카당스의 주관주의에 대한 항의는 보다 일찍 생겨난다. "내 자신의 데카당스를 증오하고, 나보다 데카당스의 죄악이 덜한 주변 사람들 속에서 그것을 채찍질한다. 데카당스에 종말이 도래했다. 이제 전면적인 반복의 시간이 흐를 것이고, 육(肉)이 영(靈) 못지않은 역할을 할, 크고 실제로 필요한 작품을 누군가가 쓸 때까지, 문학의 위안에 관해 전혀 생각할 수 없다."

블로끄는 〈눈 가면〉이 창작되기 반년 전 무렵인 1906년 여름에 그렇게 〔예브게니 이바노프(Евгений Иванов)에게〕 썼다. 이 날짜들의 병치는 왜 블로끄가 〈눈 가면〉의 창작과 비판을 동시에 할 수 있었는지, 그리고 왜 육체가, 곧 물리적 세계가 그토록 선명하게 대두된 〈자유로운 생각〉이 1907년 여름에 연작 〈눈 가면〉과 〈파이나〉 사이에 끼여 들어가는지 해명해 준다.

〈자유로운 생각〉은 과도기적 작품이다. 여기에 있는 것은 한결같이 '비애에 찬 환희'와 함께 고독에 처한 채 갈구하는 영혼이다. 그러나 영혼은 이미 방향을 바꾸어 다른 면을 보인다. 영혼은 이제 삶과 죽음을 주의 깊게 들여다본다. 이제 이것은 비단 체험에 대한 갈망만이 아닌, 관찰하고자 하는 갈망이다. "회화는 바라보는 것과 목도하는 것을 가르친다(이것들은 상이하고 드물게 일치한다)." — 이미 1905년에 블로끄는 그의 내면에서 이미 자라나고 있는 구체성과 개별성에 대한 요구를 반영한 논문 "색채와 말"(Краски и слова)에서 이렇게 쓴다.

아주 명징한 순간들에 사색하는 인간은 확장되는 은유의 언어로 말할 수 없다. 1907년에 블로끄는 〈눈 가면〉의 언어로부터 아직 벗어나지 않았다. 그러나 그는 가능한 보다 명백한 평형추를 이미 찾았다. 그리하여 뿌슈낀의 전통이 출현한다.

〈자유로운 생각〉 전체는 결코 뿌슈낀과 유사하지 않다. 이 연작은 그것에 관해 이야기하지도, 그렇게 이야기하지도 않는다. 그러나 그것은 뿌슈낀을 배경으로 존재한다.

나는 길을 따라 경마장 주위를 걸었다.
금빛 찬란한 낮이 쇄석 더미 위에서 졸고 있었다.

Я проходил вдоль скачек по шоссе.
День золотой дремал на грудах щебня …

이 시행들의 배후에서 마치 부차적인 층위로서 다른 시행들이 읽히는 듯하다. 그리고 이 인유는 필수적이다.

숲이 우거진 이 구릉 위에
나는 자주 미동도 없이 앉아 있곤 했지
그리고 우수에 잠긴 채 호수를 바라보았지
다른 물가를, 다른 물결을 회상하며 …

〈다시 나는 찾아왔네 … 〉

Вот холм лесистый, над которым часто
Я сиживал недвижим - и глядел
На озеро, воспоминая с грустью
Иные берега, иные волны …

"Вновь я посетил …"

"진정한 시인의 영혼의 구조는 구두점에 이르기까지 모든 것 속에서 표현된다"라고 아뽈론 그리고리예프에 관한 논문에서 주장했던 블로끄는 운율의 선택에 보다 큰 의의를 부여하곤 했다. 블로끄의 시에서 네끄라쏘프적인 주제들은 때로 네끄라쏘프가 즐겨 쓴 아나뻬스뜨(약약강격의 3운각 운율 — 역자) 를 이끈다는 점이 블로끄에 관한 연구에서 이미 언급되었다. 〈자유로운 생각〉에서 뿌슈낀 전통의 기호로서 기능하는 것은 무운 얌쁘, 비록 (시 〈다시 나는 찾아왔네 … 〉의 순수한 5운각 무운 얌쁘와 달리) 개별적인 파격이 나타날지라도, 기본적으로 5운각 얌쁘, 앙장브망, 시행 중간의 통사적 휴지부들 등이다.

시인이 시인에게서 취할 수 있는 가장 물리적인 것인 억양, 시행 조직과 더불어, 〈자유로운 생각〉에서 블로끄는 뿌슈낀으로부터 그의 후기시를 관류하는 특질을 취한다. 시인의 지혜와 세계의 구체성에 대한 확신이 그것이다.

구체적인 것과 상징적인 것 사이의 상호관계에 관한 물음은 세 번째 책의 시기에 있어 결정적인 것 중 하나가 되었다.

만약 두 번째 책이 주관적인 가치를 확립하고자 하는 시도라면, 세 번째 책의 구조 전체는 악과 공허 앞에서 영혼을 무력함으로 이끄는 (〈무서운 세계〉) 주관적인 것과 (논문 "아이러니" 속에서 말해진 바와 같이, '자아의 질병') 새로운 객관적 가치의 양극성을 반영한다. 〈무서운 세계〉의 극에 연작 〈보복〉과(이것은 절대적인 것의 상실에 대한 보복이다) 연작 〈하프와 바이올린〉이(제목 자체에 무서운 세계와 그로부터 벗어나 상실된 절대의 영역을 향하고자 하는 충동적 갈망의 이중성이 표현되어 있다) 부가된다.

연작 〈이탈리아 시〉(Итальянские стихи) 와 〈까르멘〉은 중간적인 위치를 차지한다. 이 연작들 속에서 예술과 사랑이 확신되지만, 이 확신은 아직 비극적인 개인주의에 물들어 있다. 마침내, 〈조국〉에서, 〈얌쁘〉에서 민중의 혼돈스러운 사회적 힘의, 혁명(무서운 세계와의 투쟁)의, 러시아의 초개인적이고 무조건적 가치들이 전개된다.

상이한 지평의 혼합은 불가피하다. 왜냐하면 '자아의 질병'이 1910년대의 인간을, 심지어 '사회적 인간'도, 파괴하기 때문이다.

세 번째 책에서의 이 지평들의 공존에는 어떤 문체적 합법칙성이 부여되어 있다. (물론 논의는 경향성에 관한 것이지, 확고한 경계에 관한 것이 아니다.) 블로끄에 의해 확립되는 가치들이 객관적일수록, 사회적일수록, 그만큼 더 끈질기게 블로끄는 자신의 몫으로 받아들인 유산상속자의 입장을 강조하며, 시간에 의해 검증된 전통들로 눈길을 돌린다.

그리고 그와 반대로, 열정의 모든 경계를 파괴하는 주제를 지닌 연작 〈까르멘〉은 〈눈 가면〉의 문체로, 옛 정서로 포화된 언어의 심층에 뿌리를 두고 있으며, 동시에 억제될 줄 모르고 자라나 비논리적인 결합에 들어서는 은유들에게로 우리를 (비록 방식은 다를지라도) 회귀시킨다.

장미. 이 장미들의 색채가 내겐 두렵다,
이것은 그대의 머리채의 붉은 밤인가?
이것은 은밀한 배반의 음악인가?
이것은 까르멘의 포로가 된 심장인가?

Розы - страшен мне цвет этих роз,
Это - рыжая ночь твоих кос?
Это - музыка тайных измен?
Это - сердце в плену у Кармен?

〈얌쁘〉의 제목을 통해 블로끄는 독자로 하여금 아르킬로코스(Archillochos)와 유베날리스(Decimus Junius Juvenalis)의 시와(블로끄는 〈얌쁘〉의 에피그라프를 유베날리스의 시에서 취했다) 바르비에의 〈얌쁘〉에 주의를 돌리도록 했다. 그러나 여기에서 시민정신과 고발정신을 구현한 얌쁘 시행의 세계문학 전통은 러시아 시의 전통을 통해, 뜌체프와 레르몬또프, 그리고 누구보다도 우선 네끄라쏘프의 수사적 억양들을 통해 굴절된다.[60] 연작 〈얌쁘〉는 블로끄의 문체적 질서를 보존하며, 그의 시의 네끄라쏘프적인 원칙을 아주 선명하게 표출했다.

연작 〈조국〉에서 네끄라쏘프적인 원칙은 고발의 파토스를 지닌 시 〈수치를 모르고 각성을 모르며 죄를 짓는다는 것 … 〉으로부터 다음의 장엄한 시행에 이르기까지, 폭넓게 실현된다.

60) (원주) 이미 언급한 레빈과 딕만의 논문에서 네끄라쏘프의 시집에 블로끄가 남긴 주석에 대한 분석은 '연작 〈얌쁘〉와 네끄라쏘프의 '복수와 비애의 뮤즈' 사이의 직접적인 연관성'을 확실하게 한다(288쪽).

얼마나 더 오래 어미는 슬퍼할 것인가?
얼마나 더 오래 매는 맴돌아야 하는가?

Доколе матери тужить?
Доколе коршуну кружить?

이와 더불어 같은 연작의 시들 속에서 (특히 1908~1909년의 시들에서) 블로끄는 네끄라쏘프의 억양과 유기적으로 결부되는, 민족사와 민담의, 노래와 서사시의 원천들에 관심을 돌린다〔〈꿀리꼬보 들판에서〉(На поле Куликовом), 〈러시아〉(Россия), 〈나의 루씨여, 나의 삶이여, 우리는 함께 고통 받을 것인가? …〉(Русь моя, жизнь моя, вместе ль нам маяться? …)〕.

세 번째 책에서 가장 확신에 찬 두 연작 〈얌쁘〉와 〈조국〉에는 고전적이고 민담적인 유산이 가장 많고, 따라서 이전 시기의 문체적 절대주의의, 개인주의자적인 시학의 산물이 무엇보다 적다.

그러나 〈얌쁘〉도 〈조국〉도 공히 삼부작에 삽입된 장이 아니라, 자신의 법칙에 따른 생명력을 지닌다. 다른 모든 연작과 마찬가지로, 이 연작들도 블로끄의 세계에 속하며 그 의미들로 침윤되어 있다. 그리하여 연작 〈얌쁘〉에서 네끄라쏘프적인 원칙은 〈아름다운 여인에 관한 시〉에서 이미 형성된, 블로끄의 고유한 상징체계와 때로 얽힌다.

이 시절의 폭풍우가 그쳤다.
축축하고 검은 이랑 사이에서
촌부가 굼뜬 걸음을 뗀다. 내 위로
봄의 날갯짓이 다시 울려 퍼진다.

Так буря этих лет прошла.
Мужик поплелся бороздою
Сырой и черной. Надо мною
Опять звенят весны крыла…

그러나 문제는 '단어들 - 창끝들'에만 있는 것이 아니다. 단어들 - 창끝들이 개별 시 속에서 수행하는 기능을 연작의 통일성 속에서 개별 시가 이번에는 자기 몫으로 취한다. 시 - 창끝(стихотворение-острие)은 블로끄의 큰 문맥의 의미 담지체가 된다.

그로모프의 견해를 인용해 보자. "직접적인 형태로 이루어진 '햄릿 주제'의 가장 깊이 있는 조탁을 블로끄가 연작 〈얌쁘〉에 포함시켰다는 점이 흥미롭다〔〈나는 햄릿이다. 피가 식어간다 … 〉(Я - Гамлет. Холодеет кровь …)〕. 보다 폭넓게, 블로끄의 주인공 범위 속 형상과 인물로서의 햄릿이 아닌, 블로끄의 서정적 주인공에 보편적인 '햄릿적' 원칙에 관해 말한다면, 여기에서 햄릿 주제에 대한 해석의 독창적인 자질들 중의 하나가 민족의 역사적 토양에 굳건히 뿌리내린 도덕적 원칙을 주인공이 지니고 있다는 점일 것이라 말해야 한다."[61] 이것은 옳은 지적이다. 이 견해에 덧붙여, 햄릿에 관한 시는 비단 도덕적 의무의 주제로서뿐만 아니라, 삼부작을 관류하는 서정적 주제('세상에서 유일한 여인에 대한 … 사랑')로서도 〈얌쁘〉의 시민적, 고발적 환경 속으로 들어가고, 그럼으로써 시인이 자신의 시민적 말에 대해 보이는 내밀한 태도를 정립한다고 말할 수 있다.

이미 많은 연구자들이 연작 〈조국〉의 내밀한 개인적 원칙에 관해 썼다. 이 연작에서 슈제뜨는 이중적인 흐름을 보인다. 시인의 나라에서 이루어지는 역사적 사건들은 시인의 영혼 속에서도 이루어진다. 그것들은 서정적 사건이 된다. 이것이 블로끄가 〈소리가 다가온다. 그리고 옥죄어 오는 소리에 순종하는 … 〉(Приближается звук. И, покорна щемящему звуку …), 〈꿈〉(Сны)〔〈그리고 잠들 시간이다, 그래 안타깝다 … 〉(И пора уснуть, да жалко …)〕 등과 같은 지극히 개인적인 시를 연작 〈조국〉에 집어넣도록 허용하기도 했다. 보다 복잡하고 특별한 의의를 지닌 경우가 시 〈장작불 연기가 푸르른 물결이 되어 … 〉(Дым от костра струею сизой …, 1909년 8월)이다. 이 시는 '로망스'(Романс)의 부

---

61) (원주) 그로모프, 《주인공과 시대》(Герой и время), 531쪽.

제를 지니고 연작 〈조국〉의 첫 판본(선집 《한밤의 시간》)에 이미 포함되었고, 이후의 모든 구성적 변화에 상관없이 이 연작 속에 남았다.

떠나지 마. 내게 있어 줘,
그토록 오래전부터 널 사랑하잖아.

장작불 연기가 푸르른 물결이 되어 흐른다
어스름 질 무렵, 하루가 저물 무렵.
붉은 벨벳이 붉은 승복이 되어 흐를 뿐,
노을빛이 나를 뒤덮었을 뿐.

모든 것, 모든 것이 기만이다, 잿빛 안개가 되어
음울한 장소들의 슬픔이 기어간다.
십자가가 되어, 적자색 십자가가 되어
전나무가 저 멀리 공중의 십자가를 세운다.

여인아, 저녁의 주연에,
서둘지 말고 여기에 머물러라, 나와 함께 있으라,
잊으라, 잊으라, 무서운 세계를 잊으라,
깊은 창공을 숨 쉬어라.

슬픈 위안과 함께 보라,
노을빛이 연기 속으로 기어들어가는 모습을.
울타리로 널 에워쌀게,
손에 낀 반지로, 강철 반지로.

울타리로 널 에워쌀게,
살아있는 반지로, 손에 낀 반지로.
연기처럼 잿빛 안개가 되어
붉은 원 속으로 흘러가야 하지 않니, 우리는.

Не уходи. Побудь со мною,
Я так давно тебя люблю.

Дым от костра струею сизой
Струится в сумрак, в сумрак дня.
Лишь бархат алый алой ризой,
Лишь свет зари - покрыл меня.

Всё, всё обман, седым туманом
Ползет печаль угрюмых мест.
И ель крестом, крестом багряным
Кладет на даль воздушный крест…

Подруга, на вечернем пире,
Помедли здесь, побудь со мной.
Забудь, забудь о страшном мире,
Вздохни небесной глубиной.
Смотри с печальною усладой,
Как в свет зари вползает дым.
Я огражу тебя оградой -
Кольцом из рук кольцом стальным.

Я огражу тебя оградой -
Кольцом живым, кольцом из рук.
И нам, как дым, струиться надо
Седым туманом - в алый круг.

이 시는 독특한 응축, 그 초판본에서, 즉 약 네 개의 시모음집의 경계 내에서 이루어지는 삼부작의 굴절의 초점이다. 여기에는 블로끄의 상징들의 연속적인 성층이 제시되어 있다. 어스름(сумрак), 붉은 노을빛(алый цвет зари), 붉은 원(алый круг), 안개(туманы) — 이것들은 여전히 〈아름다운 여인에 관한 시〉의 상징들이다. 2연은 《예기치 않은 기쁨》의 음울한 풍경들과 늪의 상징체계를 상기시킨다. 마지막 시기에 그토록 중요한 무서운 세계의 주제가 3연에서 출현한다. 무엇 때문에 블로끄는 거듭되는 출판의 와중에 그토록 집요하게 이 시를 연작 〈조국〉에 포함시켰을까? 이 시는 연작의 문제 틀과 (비록 외적으로는 아니라 할지라도) 긴밀히 연관되어 있다. 세 번째 책의 표준 판본에서 시 〈장작불 연기가 푸르른 물결이 되어…〉는 연작의 프로그램적인 시들 중의 하나인 시 〈가을날〉(Осенний день, 1909) 을 바로 뒤따른다.

오, 곤궁한 내 나라여
너는 가슴에 어떤 의미로 다가오는가?
오, 가련한 내 아내여
무엇을 그리 슬피 우는가?

О, нищая моя страна
Что ты для сердца значишь?
О, бедная моя жена,
О чем ты горько плачешь?

두 시의 인접은 내적 유비를 노출시킨다. 두 시 모두 서정적 소설의 기본적인 여주인공인 여인을 향해 있고, 두 시 모두에서 광범위한 상징들은 슬픈 풍경으로부터 자라난다.

첫 시에서 두 번째 시로 단어 연기가 옮겨 간다.

낮은 연기가 곡물 건조장에 깔린다,
곡물 건조장 아래에서 오래도록
우리는 긴장된 시선으로
백학의 비행을 뒤따른다.

〈가을날〉

Овин расстелет низкий дым,
И долго под овином
Мы взором пристальным следим
За лётом журавлиным…

"Осенний день"

두 번째 시에서 연기는 핵심어다. 여기에서 이 단어의 의미는 복잡하다. 이것은 물론 조국의 연기, 고향집 벽난로의 달콤한 연기다. 그리고 이것은 '가을날' '궁핍한 하층민들의 시골'에서 나는 쓰라린 연기다(조국의 주제). 그리고 동시에 이것은 집시들의 모닥불이다. 이 연상 영역은 집시 로망스로부터의 에피그라프에 의해 확립되어 있다. 조국의 주제는 여기에서 블로끄에게 있어 자연적인 체험일 뿐 아니라 러시아 문화유산의 구성소이기도 한 집시문화와 교차한다.

만약 블로끄의 상징들을 개념어로 옮기고, 연기가 의미하는 것이 그야말로 무엇인지, 그것이 어떤 방식으로 노을빛과 다투는지, 그리고 잿빛 안개와 어떤 상호관계 속에 자리하는지 등을 해명하고자 한다면, 꽤 진부한 도식을 얻게 될 것이다. 여기에서는 완전히 다른 것, 곧 의미 사슬이 중요하다. 그 속에서 모든 지평의 블로끄의 단어들 - 창끝들이 번갈아 나오며 교차하고, 이 상호작용 속에서 새로운 종합적인 의미를 낳는다. 이 시는 블로끄의 시의 큰 문맥을 벗어나서는 의미를 지니지 않는다. 그리고 그것은 조국의 주제의 종합적 성격에 관한, 그가 쓴 모든 것은 러시아에 관한 것이라는 블로끄의 생각을 확증하는 듯하다.

〈얌쁘〉와 〈조국〉은 고전의 유산과 전통을 변모시키는 블로끄의 세계의 기호들의 역동적인 상호관계에 의해 살아간다.

블로끄의 창작의 새로운 시기가 지닌 '고전성'에 관해 《한밤의 시간》이 출간되자마자, 그리고 우선적으로 〈이탈리아 시〉와 관련하여 논의되기 시작했다. 연작의 주제 영역이 그와 같은 해석을 자연스럽게 불러 일으켰다. 〈이탈리아 시〉의 율동적인 억양과 리듬과 통사 분절의 명료함은 고전적 면모다. 《예기치 않은 기쁨》의 대도시주의와 〈눈 가면〉의 격정적인 은유 이후에 〈이탈리아 시〉의 상징체계는 명료하고 정확한 것으로 보일 수 있었다. 그러나 〈이탈리아 연작〉은 내적으로 복잡하다. 그것은 서구 세계의 역사와 동시대가 지닌 냉혹한 모순뿐 아니라, 1909년에 블로끄가 삶에서 처했던 정신적 곤혹감 또한 투영시켰다. 〈이탈리아 시〉에서 시인은 오직 미, 오직 예술만을 주장한다. 그리고 항상 블로끄의 지향의 목적이었던, 자기 고유의 한계 밖으로 자아의 벗어남을 위해서는 이것으로 불충분하다.

플로렌스의 나태의 폭염 아래에서
너의 정서는 더욱 메말랐다.
교회계단은 침묵하고,
피어나는 꽃은 기쁨을 모른다.

남은 감정을 아껴라,
창작의 거짓만이라도 보존하라.
오직 예술의 가벼운 배를 타고
세상의 권태로부터 달아나리라.

Под зноем флорентийской лени
Еще беднее чувством ты:
Молчат церковные ступени,
Цветут нерадостно цветы.

Так береги остаток чувства,
Храни хоть творческую ложь:
Лишь в легком челноке искусства
От скуки мира уплывешь.

순수한 유미주의가 변함없이 비애와 무력감에 젖어 있다. 긴장된 역사 감각을 지닌, 격앙된 양심을 지닌 블로끄에게 근본적인 유미주의는 금기 대상이었다. 1909년에 블로끄는 자신에게 닥친 공허와 절망의 위기들 중의 한 시기를 살아가며, 유미주의와 접촉했다.[62] 그의 이탈리아는 고전적인 조화로운 이탈리아가 아니다. 그것은 혼란 속의 슬픈 이탈리아다. 이 점에서 특징적인 것이 마돈나의 주제 해석[63]이다. 이 주제는 매우 본질적이다. 왜냐하면 마돈나의 주제는 이탈리아 연작을 블로끄에게 고유한 영원한 여성성의 주제와 결부시키고, 그럼으로써 이탈리아 연작을 삼부작의 큰 문맥 속으로 끌어 들이기 때문이다. 시 〈시에

62) (원주) 1909년 6월 블로끄는 밀라노로부터 어머니에게 보내는 편지에서 이렇게 썼다. "나는 이제 예술, 하늘, 그리고 때로 바다 이외에는 그 무엇도 받아들이지 못하겠어요… 나는 죽을 때까지 오늘날의 삶으로부터 그 무엇도 받아들이지 않을 것이며 그 무엇에도 순종하지 않으리라는 것을, 정말로 언젠가 내가 보겠지요. 오늘날의 삶의 수치스러운 질서는 내게 혐오감을 불러일으킬 뿐이에요. 이미 아무것도 새롭게 만들 수 없어요. 그 어떤 혁명도 새롭게 하지 못합니다."

63) (원주) 알폰쏘프, "알렉싼드르 블로끄. 르네상스의 형상의 세계 속에서,"《말과 색채》(В. Альфонсов, "Александр Блок. В мире образов Возрождения," Слова и краски, М.:Л., 1966), 78~84쪽을 보라.

나〉(Сиена)의 '간교한 마돈나들'이나 혹은 시 〈성모 수태 고지제〉(Благовещение)의 결코 표준적이지 않은 성모의 형상이 시 〈세티냐노의 마돈나〉(Madonna da Settignano)의 선명한 마돈나와 나란히 존재한다.

불손한 가지를 지닌 검은 얼굴의 천사가
말한다. "안녕! 너는 아름다움으로 충만하구나!"
정열적인 소식 앞에서 그녀가 전율한다,
무거운 두 갈래 머리타래가 어깨로부터 떨어졌다…

Темноликий ангел с дерзкой ветвью
Молвит: "Здравствуй! Ты полна красы!"
И она дрожит пред страстной вестью,
С плеч упали тяжких две косы…

〈이탈리아 시〉에서 억양의 '고전성'은 전혀 고전적이지 않은 시적 형상 조직과 종종 뒤섞인다.

은밀한 시행들의 진귀한 다이아몬드를
나는 조용히 검은 고수머리에 엮어 넣는다.
갈망에 차서 사랑에 빠진 심장을
빛나는 눈의 검은 샘에 던진다.

Тихо я в темные кудри вплетаю
Тайных стихов драгоценный алмаз.
Жадно влюбленное сердце бросаю
В темный источник сияющих глаз.

내적 곤혹을 억누르는 외적인 고전적 규율을 지닌 〈이탈리아 시〉는 확신에 찬 연작들인 〈얌쁘〉와 〈조국〉과 '절망과 저주의'(블로끄의 표현) 연작인 〈무서운 세계〉 사이에 위치한다.

블로끄의 초기 시에서 페뜨나 쏠로비요프의 전통은 블로끄의 상징체계에 의해 변모되었을 지라도, 여전히 자신의 모든 특징적인 문체적 자질 속에서 대두되었다. 러시아 낭만주의 서정시의 자질은 블로끄의 시 속에서 끝까지 생명력을 유지한다. 그러나 변형이 아우르는 의미 층은 점점 더 깊어진다. 〈무서운 세계〉와 그에 접맥되는 다른 연작들(〈보복〉, 〈하프와 바이올린〉) 속에서는 이미 블로끄만이 식별된다. 이제 시인의 운명이, 시인의 얼굴이, 보다 정확하게 말해서, 많아지는가 하면 하나로 합해지는 그의 얼굴들이, 너무나 강렬하게 제시되어서, 상속받은 시적 자료는 순간적으로 블로끄적 의미의 담지체가 된다. 심지어 이를 위해 특별한 단어들 - 창끝들이 항상 필요한 것도 아니다. 가장 유명하고 가장 장엄한 블로끄의 시 중 하나인 시 〈선행에 관해, 공적에 관해, 영예에 관해 … 〉(О доблестях, о подвигах, о славе…) 전체는 시적 문체 일반에 속하는, 놀라울 정도로 '진부한' 형상들로 이루어져 있다.

그러나 때가 되었고, 너는 집을 떠났다.
나는 귀중한 반지를 밤 속으로 던졌다.
너는 자신의 운명을 다른 이에게 맡겼고,
나는 아름다운 얼굴을 잊었다.

Но час настал, и ты ушла из дому,
Я бросил в ночь заветное кольцо.
Ты отдала свою судьбу другому,
И я забыл прекрасное лицо.

여기에서 진부함이 필요한 것은 바로 언어 형상들이 저마다 남김없이 삼부작의 내용으로 채워지도록, 삼부작의 소우주가 되도록 하기 위함이다.

그럼에도 아뽈론 그리고리예프, 뽈론스끼, 아뿌흐띤은 블로끄의 후기 시로부터 여전히 사라지지 않았다(그 속에 페뜨는 보다 적다). 이들은 집시문화로써, 가슴 저미는 로망스로써, 대화적인 억양으로써 블로끄의 후기 시에 자양분을 은밀히 공급한다. 〈무서운 세계〉의 연작들 속에서 로망스의 전통은 강하지만, 이미 변별성을 상실했다. 이것은 마치 일반적인 정서의 보고인 듯하다.

블로끄의 집시문화는 19세기 러시아 낭만주의의 집시문화와, 심지어 아뽈론 그리고리예프의 강렬한 집시 서정시와도 전혀 유사하지 않다.

블로끄의 집시 상징들은 그에게 있어 본질적인 삶의 모순들을 반영한다.[64] 그 국면들 중의 하나가 무서운 세계 속 시인의 운명이다. 시 〈집시여인이여, 내 삶을 춤추어라! … 〉(Спляши, цыганка, жизнь мою! …)가 이로부터 자라 나온다.

끔찍한 춤이 오래 지속된다,
삶이 내 앞을 지나간다
광기어리고 나태하고 아름다운,
그리고 혐오스러운 염원이 되어 …

И долго длится пляс ужасный,
И жизнь проходит предо мной
Безумной, сонной и прекрасной,
И отвратительной мечтой …

19세기를 통틀어 집시 서정시는 이 시와, 이 시의 시적 사고와 유사한 그 어떤 것도 알지 못한다. 그러나 이 시는 오직 이 전통을 배경으로 해서만, 오직 19세기 집시 서정시의 정서와 표상의 범위 내에서만 존재한다.

블로끄의 집시문화는 세 번째 책의 로망스적-서정적 원칙과 그것의 다른 기본적인 원칙인 일상성을 연결한다. 세 번째 책 속으로 거대한 역사적 윤곽 속의 현실이 들어왔고(〈조국〉), 상세한 세목과 함께 일상성이 들어왔다. 그리고 그와 더불어 비문체적인 말, 곧 산문체가 들어왔다.

산문적 표현이 자신의 물리적 내용을 완전히 보존하는가 하면, 비유의 재료가 되기도 한다는 점에 관해서는 "현실의 시"의 장에서 이미 논의되었다. 일상적인 혹은 '저급한' 말의 과장과 은유화는 초기 마야꼽스끼 창작의 고유한 특징이다.

---

64) (원주) 이 점에 관해서는 민쯔, "블로끄와 똘스또이," 〈따르뚜 국립대학 교수 논문집〉, 119호(З. Г. Минц, "Ал. Блок и Л. Н. Толстой," Ученые записки Тартуского государственного университета, вып. 119, Тарту, 1962), 273~275쪽을 보라.

유약해진 뇌로 꿈꾸는
그대들의 생각을
기름투성이 침대 위의 기름이 번지르르한 사환처럼
피투성이 심장 조각에 쳐서 나는 자극할 것이다…

Вашу мысль,
мечтающую на размягченном мозгу,
как выжиревший лакей на засаленной кушетке,
буду дразнить об окровавленный сердца лоскут…

그러나 시적 비유가 반드시 은유의 형태를 취해야 하는 것은 아니다. 그 자신으로 남은 채, 자신의 물리적-논리적 의미를 보존하며, 말은 동시에 암시되는 다른 것을 의미할 수 있다. 다시 말해 상징의 자질로 대두될 수 있다. 이를테면 블로끄의 〈미지의 여인〉의 행위가 전개되는 상황을 이루는 아주 물리적이고 세태적인 사물들이 지닌 상징적 속성이 그러하다.

나란히 이웃한 탁자에서
졸린 급사들이 얼굴을 내밀고
토끼눈이 된 취객들이 외친다,
"술 속에 진리가 있다!"

А рядом у соседних столиков
Лакеи сонные торчат
И пьяницы с глазами кроликов
"In vino veritas!" кричат.

이것은 마야꼽스끼의 '기름이 번지르르한 급사'와 달리 은유적인 급사가 결코 아니다. 다름 아닌 마야꼽스끼의 문체와 블로끄의 문체를 병치시키며, 구꼽스끼는 '말이 말하는 것이 아닌 것에 관해' 말하는 상징주의는 동시에 은유와 관계가 없다고 주장했다.[65] 항상 그렇지는 않

65) (원주) 구꼽스끼, "마야꼽스끼의 문체에 관하여," 〈별〉, 1940, 7호(Гр. Гуковский, "О стиле Маяковского," Звезда, 1940, NO. 7), 165쪽. 이미 뱌체슬라

지만 어쨌든 상징적 형상에 있어 은유는 필수적이지 않다.

상징주의 시의 언어 형상이 어떻게 구축되든지 간에, 변모된 의미를 지닌 은유로서 아니면 암시되는 것을 의미하는 상징으로서 구축되던지 간에, 상징주의 시의 언어 형상에 있어 산문적 표현, 세태적인 일상어는 결코 금기의 대상이 아니다. 이 점에 대해 프랑스 상징주의와 러시아 상징주의의 전 역사가 증명한다. 이 산문적 표현들의 물리적 내용이 비유적인 목적에 봉사하며 변형되었다는 것은 다른 문제다.

러시아의 '새로운 시'의 최상의 대표자들인, 안넨스끼, 브류쏘프, 쏠로구프, 안드레이 벨르이 등의 작품에서 산문적 표현은 유효한 중요한 요소였다(이 시인들의 각 시적 체계 속에서 산문적 표현의 기능은 상이했다). 이 산문체의 시학은 여러 역사적 전제들에 의해 준비되었다. 그 속에 프랑스 상징주의의 작용도 포함된다. 1870년대 초에 아르투르 랭보는 시적 발화를 산문체에 개방했다. 랭보의 산문체는 너무나 극단적이어서, 이 방향으로는 더 이상 나아갈 데가 없는 것 같았다.

프랑스와 러시아의 상징주의자들은 낭만주의와의 역사적 상속 관계에 의해 연관되어 있다. 예로부터 낭만주의의 이원론은 '저급한 현실의', 이 상징주의의 '무서운 세계의' 선행자의 담지체로서의 일상적인 말에 관심을 기울였다. 그러나 문제는 낭만주의의 유산에만 있는 것이 아니다. 인류가 리얼리즘 예술의 경험을 거친 이후에 상징주의는 태동했다. 상징주의는 리얼리즘에 맞서 싸우고 이 길을 거부할 수 있었다. 그러나 상징주의는, 적어도 가장 뛰어난 대표자들의 경우에, 플로베르와 똘스또이가 존재하지 않았던 양 행동할 수 없었다. 이것은 원하던 원치 않던 간에 상관없이, 저마다의 의식에 침투한 보편적인 경험이다. 이 경험의 결과는 새로운 시파의 최상의 시인들의 작품 속에서 정도의 차이를 막론하고 드러났다. 이 점에 근거하여 그들을 리얼리스트로 불러야 하거나, 그들의

프 이바노프는 말의 속성을 뽀떼브냐적으로 이해하는 안드레이 벨르이와 달리, 상징을 비유와 동일시해서는 안 됨을 변함없이 주장했다.

'리얼리즘을 향한 움직임'을 포착해야 한다거나, 혹은 그들의 예술을 리얼리즘적 요소와 비리얼리즘적 요소의 기계적인 모자이크로 간주해야 하는 것은 결코 아니다.[66]

데카당스의 시학은 산문적 표현을 폭넓게 활용했다. 첫째, 데카당스 시인들에게 현실은 무서운 세계였다. 둘째, 이 세계로 던져진 고독한 영혼은 다양한 악마적 유희에 종사했다. 그것은 선과 악이 자리를 바꾸도록 강제했고, 끔찍한 것과 심지어 혐오스러운 것까지도 미적인 것으로 만들었다. 이 모든 것을 표현해야 했던 언어는 산문적 표현을 요구했다.

동시대의 대도시주의 역시 산문적 표현을 (데카당스적 산문체뿐 아니라 다른, 러시아에서는 그 전통에 있어 네끄라쏘프적 산문체인, 민주적 산문체도) 낳았다. 동시대 도시인의 개인적이고 사회적인 비극은 산문적 표현의 시적 잠재성의 원천이기도 했다.

블로끄의 창작 마지막 시기가 지닌 특징은 보통 그의 시적 세계 내로의 일상성의 침투로 규정된다.[67] 일상성의 전유를 동시대인들은 블

---

66) (원주) 상징주의와 리얼리즘의, 상징주의와 '일상성'의 상호관계의 문제는 상징주의자들의 집단 내에서 논쟁의 대상이 되었다. 러시아 상징주의의 가장 뛰어난 대표자들은 (특히 상징주의의 위기의 시기에) ("Alles Vergängliche ist nur ein Gleichniss"라는 괴테의 공식을 따라서) 모든 것이 상징임을 주장했다. 안드레이 벨르이는 《유해》(1909) 서문에서 다음과 같이 썼다. "진줏빛 노을은 선술집보다 더 고귀하지 않다. 왜냐하면 이것도 저것도 예술적 묘사 속에서 어떤 현실의 상징이기 때문이다…" 상징주의 시인들 중 가장 '고대의 신관다운' 시인인 뱌체슬라프 이바노프는 '주변 현실', 일상 속에서 상징적 의미를 찾을 것을 호소했다. 이 점에서 볼로쉰(M. Волошин)의 논문 "앙리 드 르니에"(Анри де Ренье)가 흥미롭다. 이 논문에서 볼로쉰은 상징주의의 토대 위에서 '신사실주의'가 발생했다고 주장하며, 일련의 뛰어난 상징주의자들을 이 사조에 포함시킨다. 동시대 예술가의 관심은 다시 외부세계의 형상에 집중되어야 한다. 이것은 그가 상징주의자로 남는 것을 방해하지 않는다. 왜냐하면 세계의 모든 현상은 오직 기호이기 때문이다〔〈아뽈론〉, 1910, 4호(Аполлон, 1910, NO. 4)를 보라〕.

67) (원주) 이 점에 대해 (인노껜띠 안넨스끼를 포함한) 블로끄의 동시대인들이 썼다. 유사한 발언들을 블로끄의 죽음 직후에 나온 저작들 속에서 찾아볼 수

로끄의 상징주의의 새로운 단계로서 바라보았다. 이 상호관계를 이해하기 위해서는 무엇보다도 우선 성숙한 블로끄의 시 창작 방법에 관한 질문을 러시아 상징주의 시파에 대한 그의 소속성에 관한 질문으로부터 분리하여 고찰해야 한다. 1910년대에 블로끄의 길은 깊은 이데올로기적 성격의 원인들로 인해 (자기편에서 모든 통일성을 상실한) 이 시파의 길과 결별했다. 그러나 블로끄의 예술적 사고는 그 자신이 서사시 〈보복〉의 "서문"의 유명한 구절들에서 아마 무엇보다도 정확하게 공식화한 바의 의미에서 상징적인 것으로 남았다. "나는 현 시점에 나의 시선이 미치는 삶의 모든 영역으로부터 나온 사실들을 병치시키는데 익숙해졌다. 그리고 나는 이것들 전부가 함께 모여 항상 단일한 음악의 압력을 창조한다고 확신한다." '음악의 압력'이란 말을 통해 여기에서 블로끄는 '세계의 환경' 속에서 일어나고 개별 인간의 의식에 투사되는, 시대의 변천과정들을 의미했다. 그와 같이 이해된 상징주의는 그 자체로 극도로 구체적일 수 있었던 형상들을 통해 동시대를 바라보았다.

〈보복〉의 서문을 쓰기 13년 전에 브류쏘프의 베르하렌 번역에 대한 논평에서 블로끄는 이렇게 썼다. "베르하렌이 유럽의 영예와 '현대 유럽의 삶의 단테'라는 우레와 같은 이름을 획득하고 승리자가 되어 벗어났던, 저 고통스러운 내적 투쟁이 관심을 끈다. 그는 그 모든 다양성 속의 이 삶을 상징들의 시 속에 구현했다. 베르하렌은 상징들의 시

있다. 1921년에 논문집 《알렉싼드르 블로끄에 관하여》에 게재되어 출판된 논문 "알렉싼드르 블로끄의 시"에서 쥐르문스끼는 블로끄의 세 번째 책의 물리적 상징체계에 관해 말한다〔쥐르문스끼, 《문학의 이론의 제 문제》(В. Жирмунский, Вопросы теории литературы, Л., 1928), 247~248쪽을 보라〕. 같은 논문집에서 엔겔가르드뜨(Б. М. Энгельгардт)는 성숙한 블로끄는 시적 상징의 자질 속에서 구체적인 현실의 현상을 다룬다고 썼다〔엔겔가르드뜨, "도상에 파멸한 시인," 《알렉싼드르 블로끄에 관하여》(Б. Энгельгардт, "В пути погибший," Об Александре Блоке, Пб., 1921), 22, 37쪽과 다른 곳〕. 이후에 블로끄의 서정시에서의 구체성과 일상성의 문제에 관해 오를로프가 썼다. 이 점에 관해 예를 들어 그의 책 《알렉싼드르 블로끄. 창작 소고》(Александр Блок. Очерк творчества, М., 1956), 145~147쪽 및 다른 곳을 보라.

가 지닌 힘에 대한 위대한 증거로서, 상징들의 시가 자신 속에서 동시대의 모든 삶을 얼마나 선명하고도 독창적으로 굴절시키고 있는지를 보여준다.

현대시에는 두 길이 있다. 그 길들 중 한 길로 가는 시인들은 세태와 만나며 꿈꾸고, 투명한 꿈속에 머무른다. 그들은 사물보다 그것의 재현을, 늠름한 참나무보다 그것의 변덕스러운 그림자를 선호하며, 마치 '세계를 받아들이지 않는' 듯하다.

다른 길 위에서 시는 세계의 폭넓은 포용을 열어 보인다. 시는 세계의 전체적인 면모를 받아들인다. 그것은 푸른 하늘에 잎이 우거진 가지를 펼친 늠름한 나무의 꼭대기를 사랑한다. 이 길 위에 베르하렌이 서 있다…

다른 베르하렌, 상냥한, 회상에 잠긴 베르하렌도 있다. 우리의 언어가 처음으로 저 강렬한 베르하렌을 습득하고 있다는…, 브류쏘프의, 그 자신이 '계약을 믿지 않고' 황금빛 무거운 피와 고문으로 찢겨진 육체를 지닌 세계를 그토록 미친 듯이 사랑하는 시인의 번역 속에서 이 시인을 습득하고 있다는 사실은, 광휘와 끔찍함으로 가득 찬 현재 자체가 이미 미래처럼 노래하고 타오르는, 세계와 러시아에 흔치 않은 음울한 시절에 이 시인을 습득하고 있다는 사실은 특기할 일이다."

1906년에 블로끄는 베르하렌 시의 러시아어 번역본에 대한 논평을 썼다. 바로 이때는 블로끄의 〈미지의 여인〉과 연작 〈소시민의 생애〉가 창작된, 즉 블로끄가 양극단으로부터, 민주적인, 네끄라쏘프적 극단으로부터 그리고 '데카당스의' 극단으로부터 일상의 시에 접근했던 해다.[68]

---

68) (원주) 같은 해 1906년에 쓴 수기에서 블로끄는 '일상 속의 신비주의'(мистицизм в повседневности)를 실증주의 및 데카당스와 관련시켰다. "한편 '데카당스'의 정신과 그토록 가까운 이 주제를 흔히 종교적인 것으로 받아들이는 경향이 짙다. 이것은 얼마나 거짓되며, 또한 이 속에는 이 주제를 피상적인 것으로 만드는 데 필요한 토양이 얼마나 풍부한가!"〔《수기》(Записные книжки), 73쪽〕.

일상은 널리 알려진 그것 고유의 국면들 속에서만 상징주의에 주어졌다. 문학적 선별이 일어났고, 현실의 현상들은 오직 특정한 통로들을 통해 이 체계 속으로 침투했다.

논문 "오늘날의 서정성에 관하여"(О современном лиризме)에서 인노껜띠 안넨스끼는 다음과 같이 썼다. "시에서 상징주의는 도시의 자식이다. 삶 자체가 더욱더 인공적인 것으로 그리고 심지어 허구적인 것으로 되어감에 따라, 그것은 배양되고, 그것은 자라난다 … 곧게 뻗은 돌길 가운데에서, 거리의 소음 속에서, 가스등과 달 장식의 마법 속에서 상징들은 구속받지 않고 유희한다. 그것들은 증권거래소와 녹색 브로드의 불안뿐 아니라, 파리의 어떤 시체 안치실의 끔찍한 관례 존중주의에도 곧 익숙해지고, 심지어 혐오스러울 정도로 극도로 생생한 박물관의 초들 가운데에서도 편안하다."[69]

안넨스끼는 대도시주의의 물리적 상징들이 이끌리는 의미군의 윤곽을 그리고 있다. 블로끄 또한 그것에 관해 브류쏘프가 번역한 베르하렌 시에 대한 자신의 논평에서 말한다. "그는 민중의 옹호자와 촉수를 뻗어 민중을 낚아채어 집어삼키는 도시들을, 11월의 바람과 교차로에서 있는, '눈동자의 검은 달들을' 지닌 자유로운 처녀를 노래한다. 죽은 숫자들, 죽음 자체, 민중 봉기들과 피비린내 나는 처형들, '빛나는 무덤들처럼 멀리서 황금빛 배들이 잠들어 있는' 바다, 그리고 정거장의 자극적인 연기 속에서 '애수의 괴물들이 시간표에 따라 울부짖고', 빗물이 고인 웅덩이에서 가로등 불빛을 받아 '선원들의 익사한 분신들처럼' 어른거리는 런던 — 마찬가지로 그의 영혼 속에서 꽃피어날 것이다."

안넨스끼와 블로끄의 발언은 양식 외적인 것으로 익숙하지 않은, 그 의미의 움직임이 선결되지 않은 말들이 대도시주의 양식의 불변의 속성들로 변모되는 과정에 대한 표상을 제공한다. 그와 같은 변모는 가장 신선한 산문적 표현조차, 만약 그것이 현실과의 접촉을 상실한다면, 위협한다.

---

69) (원주) 〈아뽈론〉, 1909, 2호(Аполлон, 1909, NO. 2), 3쪽.

한때 고상한 시 속에서 금지된 기술적인 비속어들은 예민하게 감지되는 물성을 부여받았었다. 양초도 전등도 물건이다. 그러나 양초는 전통적으로 시적인 말로서 쉽게 상징적인 의미들로 뒤덮인다. 반면 전기는 처음에 모든 산문적인 기교주의와 물성 속에서 대두되었다. 그러나 19세기 말과 20세기 전환기의 인간들에게 있어 전기와 철도 — 이것들은 아직 인간의 기술적 재능의 경이로운 최상의 성취다. 그래서 그것들과 결합된 모든 표상군은 재빨리 미화되고, 자신의 고유한 물성을 대가로 하여 상징적인 의미화에 이끌린다. 그렇게 '시간표에 따라 울부짖는 애수의 괴물들'이, 혹은 전기의 달, 전기의 꿈 등이 출현한다. 물성이 탈각된 기술은 어려움 없이 물화된 환상과 혼합된다.

《예기치 않은 기쁨》에 있는 다채로운 혼합물들 — 교차로들에서 얼굴을 찌푸리는 광대들, 분신들, 붉은 난장이들, 검은 가로등 관리자들, 집들, 모퉁이들, 선술집들, 레스토랑들 — 이 모든 것도 이미 특히 브류쏘프의 시 속에서 정화된 도시적 양식에 속한다. 일상성의 상징들은 여기에서 강렬한 문체적 색채를 지니고 있고, 그래서 본질적으로 산문체가 아니다.

부분적으로 이 점은 1904~1906년 블로끄의 일상성의 시의 다른 민주적 노선에도 관계된다. 이 계열 속에서 산문체는 더 투명하고 물건들은 더 물적이다. 그러나 그것들도 특정한 문체적 전통의 궤도 속으로 들어가고, 기억 속에서 특정한 이름들을 (누구보다도 우선 네끄라쏘프를) 부활시킨다. 그리하여 일상적인 것의 잠재적인 가치와 미적 효력이 이미 보장되어 있다.

연작 〈자유로운 생각〉의 사물 세계는 폭넓고, 그 관찰의 구체성은 예견되지 않은 것이다. 그러나 그것은 실로 뿌슈낀의 기호 아래에서 형성된다. 뿌슈낀의 억양, 〈다시 나는 찾아왔네 … 〉의 억양은 이 시들 속으로 끈질기게 침투하며 그 속의 묘사된 모든 것을 미리 조명한다.

〈자유로운 생각〉은 두 번째 책과 세 번째 책 사이에 위치하는 작품이다. 비록 마지막 시기의 많은 시가 구체화와 무관하다 할지라도, 후기 블로끄에게 있어 그것은 극도로 중요하다. 왜냐하면 이제 그의 시는 실제 역사적 사회적 관계들의 영역에 들어섰기 때문이다.

세 번째 책의 산문체는 데카당스적인 특수성('일상의 신비론')을 이미 상실했을 뿐 아니라, 특정한 문체 체계의 규범으로부터 대체로 자유롭다. 일상에 대한 상징적인 해석은 효력을 유지한다. 일상을 통해 시인은 '세계의 환경'과 그 소우주인 동시대인의 자아를 들여다본다.

〈무서운 세계〉 속에서 블로끄는 모든 시인에게 있어 힘든, 문체적 전통에 의해 순화되지 않은 거친 말이 담지 하는 도덕적 가치와 시적 가치의 원천에 관한 질문을 해결한다. 여기에서 윤리적이고 미적인 말의 정당화는 무서운 세계와 시인에게 있어 무조건적으로 가치 있는, 무서운 세계의 제물이자 동시에 그 악, 황폐함, 그리고 그 유혹과 열정의 담지자인, 동시대인의 자아 사이의 복잡한 상호관계로부터 태동한다.

시 〈굴욕〉(Унижение, 1911)에서 이러한 자아의 비극은 불의에 의해 짓밟힌 자들의 사회적 비극과 얽히고, 목격된 것의 선명한 구체성은 네끄라쏘프적인 도덕적 심판의 직접성과 얽힌다.

과연 이 집이 정말로 집이란 말인가?
과연 사람 사이의 관계가 그런 숙명이란 말인가?

Разве дом этот - дом в самом деле?
Разве *так* суждено меж людьми?

일상은 선별되어 시적 고찰의 특수한 영역에 포함된 것이 아니다. 그것은 '강림의 삼부작'의 통일성으로 거슬러 올라가는, 그리고 무엇을 막론하고 아주 물리적인 형상을 이 통일성 속으로 흡인하는, 지속적인 블로끄의 상징들과 자유롭게 만난다.

빛바랜 소파들의 붉은 천,
먼지투성이 커튼 술…
이 방 안에, 부딪치는 술잔 소리 속에

상인, 사기꾼, 학생, 장교…

Красный штоф полинялых диванов,
Пропыленные кисти портьер…
В этой комнате, в звоне стаканов
Купчик, шулер, студент, офицер…

이것은 목격된 것으로 매우 물리적이다. 그리고 그것은 자신의 물성을 보존한다. 하지만 동시에 그것은 다시 블로끄 세계의 기호들이 출현하는, 시의 긴밀한 문맥 속에서 새로운 의미로 침윤되어 있다—"창밖의 노란 겨울 석양"(желтый зимний закат за окном), "거대한 차가운 석양이 / 너의 드러난 어깨를 친다"(…в твои обнаженные плечи Бьет огромный холодный закат), "너의 황금 성상 위에서 / 피가 엉겨 붙은 입술이… / 광기어린 모습으로 일그러졌다…"(губы с запекшейся кровью На иконе твоей золотой… Преломились безумной чертой…)

잡지의 이 적나라한 그림들에는
사람의 손길이 닿지 않았다…
가 더러운 초인종 단추를
비열한의 손이 눌렀다…

Этих голых рисунков журнала
Не людская касалась рука…
И рука подлеца нажимала
Эту грязную кнопку звонка…

이 비열한은 이미 사회적으로 구체적인 인간(상인, 사기꾼, 학생, 장교)일 뿐 아니라, 비열한 그 자체, 무서운 세계의 지옥의 활동가이기도 하다.

그러나 너는 휘파람을 분다, 다시 또다시…

그것은 쾌활하지 않다. 너의 무덤 너머의 휘파람 소리…
휴! 다시. 박차의 웅얼거림…

둔중하고 배부른 먼지투성이 뱀처럼,
너의 치맛자락이 안락의자로부터 양탄자 위로 기어간다…

Но ты свищешь опять и опять…

Он не весел - твой свист замогильный…
Чу! опять - бормотание шпор…
Словно змей, тяжкий, сытый и пыльный,
Шлейф твой с кресел ползет на ковер…

이것은 다시 물리적이고 시각적이다. 그러나 형용어 배부른(сытый)은 치맛자락(шлейф)이 아니라 뱀(змей)에 직접적으로 관련된다.

'악마적인' 치맛자락 - 뱀, 치맛자락 - 혜성 — 이것은 블로끄의 오래된 상징체계다.

얼어붙은 대기 속에서 발걸음 소리만이
울려 퍼질 뿐. 나는 알아본다
교차로의 미덥지 못한 빛 속에서
나의 아름다운 뱀을.
그녀는 빛으로부터 어둠 속으로 기어간다,
그리고 혜성의 꼬리처럼 치맛자락이 소용돌이친다…

Лишь в воздухе морозном - гулко
Звенят шаги. Я узнаю
В неверном свете переулка
Мою прекрасную змею:
Она ползет из света в светы,
И вьется шлейф, как хвост кометы…

이것은 1907년에 창작된 시 〈그리고 나는 검은 치맛자락 곁에서 광포한 한 해를 보냈다…〉(И я провел безумный год У шлейфа черного…)의 부분이다. 같은 해에 〈굴욕〉에 가까운 시가 창작되었다.

어두운 방 안에서 너는 능욕 당했다,
밝은 거리에 너는 내맡겨졌다,

그대는 걷는다, 아름다운 여인이여,
　　그대는 취했다!

치맛자락이 그대를 뒤따라 기어가며 너저분해진다,
뱀처럼 먼지 속에서 죽어 가며…
그대는 본다. 그 속에 희미한 삶의 온기가 아직 있다!
　　먼지투성이 삶이!

В темной комнате ты обесчещена,
Светлой улице ты предана,
Ты идешь, красивая женщина,
　　Ты пьяна!

Шлейф ползет за тобой и треплется,
Как змея, умирая в пыли…
Видишь ты: в нем жизнь еще теплится!
　　Запыли!

〈굴욕〉의 시행 "너의 치맛자락이 안락의자로부터 양탄자 위로 기어간다"(Шлейф твой с кресел ползет на ковер)는 의도적인 이중의 미를 지닌다.

유비는 상징적인 동일시로 변모된다. 그래서 무덤 너머의 휘파람 소리(свист замогильный)는 여기에서 블로크의 오래된 형상과의 막연한 연상을 일깨운다.

고요한 휘파람 소리를 내며 안개 속을
말발굽에 짓눌린 뱀이 바라본다.

И с тихим свистом сквозь туман
Глядится Змей, копытом сжатый.

블로크의 석양, 치맛자락 - 뱀 — 이 모든 것은 마지막 연의 미적 가능성을 준비했다.

그대는 담대하다! 그렇게 더 대담해져라!
나는 그대의 남편도, 배우자도, 친구도 아니다!
그러니 어제의 나의 천사여, 찔러라,
날카로운 프랑스제 하이힐을 내 가슴에!

Ты смела! Так еще будь бесстрашней!
Я - не муж, не жених твой, не друг!
Так вонзай же, мой ангел вчерашний,
В сердце - острый французкий каблук!

극도로 세태적인 사물(프랑스제 하이힐)이 이미 미증유의 은유의 질료가 된다. 이것은 매수된 성의 잔혹한 본질을 표현하기 위해 처음으로 고안된 은유다. 그러나 이 은유는 고대의 상징(칼날에 찔린 심장)의 모델에 따라 구축된다.

블로끄의 체계 속에서 일상성과 물성은 상징주의적 창작방법에 모순되지 않는다. 블로끄는 그것들을 포착하여 다른 모든 것처럼 '강림의 삼부작'에 종사하게 한다.

블로끄의 구체성을 보여주는 빛나는 예가 시 〈섬에서〉(На островах)이다. 쥐르문스끼는 여기에서 묘사된 상황이 블로끄의 시에서 반복되는 것임을 지적했다. "이 상황은 회귀한다 … 일련의 전체 시들 가운데, 〈이곳과 저곳〉(Здесь и там), 〈이제 나타나 가로막았다 … 〉(Вот явилась, заслонила …), 〈맞바람을 맞으며 그대의 차가운 어깨를 … 〉(Под ветром холодные плечи …), 〈자신의 쓰라린 눈물로 … 〉(Своими горькими слезами …, 2권에서), 〈섬에서〉, 〈나는 못 박혔다 … 〉(Я пригвожден …), 〈삼월의 얼얼한 대기가 … 〉(Дух пряный марта …), 〈늪지대의 황량한 초원을 따라 … 〉(Болотистым пустынным лугом …, 3권에서) 등의 시를 비교해 보라 … 상황의 상징적 의미는 드물지 않게 시인 자신의 말 속에서 드러난다 …

모든 것이 무한에 대해 말한다,
　　모든 것이 우리를 돕길 원한다,

어떻게 이 세계가 정처 없이
    푸르른 밤 속으로 날아갈 것인가!

Все говорит о беспредельном,
    Все хочет нам помочь,
Как этот мир, лететь бесцельно
    В сияющую ночь! …"[70]

시 〈섬에서〉는 상황을 물적 지평으로 옮긴다. 이 지평의 전환은 동기화되어 있다. 시인은 자신의 이상적인 표상들을 상실했다(시는 과연 〈무서운 세계〉에 포함되어 있다).

아니, 여인을 애무하는 나는 동정이 아니다,
나의 엄밀한 계산 속에서
나는 이미 순종을 연기하지 않고
그녀의 왕국을 요구하지 않는다.

아니, 지리적 거리를 두고
매번 나는 말없이 셈한다
다리를, 예배당을, 바람의 세기를,
저지대의 섬들의 황량함을.

Нет, я не первую ласкаю,
И в строгой четкости моей
Уже в покорность не играю
И царств не требую у ней.

Нет, с постоянством геометра
Я числю каждый раз без слов
Мосты, часовню, резкость ветра,
Безлюдность низких островов.

이 경우에 구체성은 정신적 공황의 자질이다. 그러나 이 시는 격리되

70) (원주) 쥐르문스끼, 《문학의 이론의 제 문제》(В. Жирмунский, Вопросы теории литературы), 248쪽.

어 있지 않다. 다시 말해 그 자체로 존재하지 않는다. 이 시는 블로끄의 문맥 속에서, 무엇보다도 우선 쥐르문스끼가 열거한 시들의 문맥 속에서 그것들에 필적하는 것으로서 그리고 그것들의 물적 안티테제로서 살아간다. 그리고 블로끄의 삼부작 전체의 보다 폭넓은 문맥 속에서 이 시는 살아가고, 눈, 어스름, 바람 등의 관류하는 상징이 이 문맥을 통과한다. 그러나 물적인 모래의 사각거림(хруст песка)과 말의 콧김소리(храп коня)와 더불어 바람의 세기(резкость ветра)는 여기에서 시행들 속에서와는 달리 지각된다.

맞바람을 맞으며 그대의 차가운 어깨를
안음이 그토록 위안이 되는 것을…

〈가을 사랑〉

Под ветром холодные плечи
Твои обнимать так отрадно…

"Осенняя любовь"

눈도 여기에서 〔"그리고 눈과 어둠 속으로 질주하다"(И мчаться в снег и темноту)〕 〈눈 가면〉의 은유 결합의 눈이 아니다. 그러나 블로끄의 문맥의 시학 규범들에 따라 실제의 바람과 눈은 〈눈 가면〉과 〈파이나〉, 그리고 많은 다른 시의 상징들도 잠재적으로 포함한다.

차가운 모피에 대한 사랑에 빠지며
목 좁은 구두를 기억하다…

И помнить *узкие ботинки*,
Влюбляясь в хладные *меха*…

물적 자질과 심리적 구체성은 〈눈 가면〉의 비유들과 연관되어 있다.

어깨 위 흐릿한 천 뒤에서
목 좁은 구두 끝에서
조용한 뱀이 졸고 있다…

그대는 경이로운 웃음을 웃고
황금 술잔 속에서 넘실거린다,
그대의 흑담비 모피 위에서
푸른 바람이 노닌다.

На плече за тканью тусклой,
На конце *ботинки узкой*
Дремлет тихая змея…

И ты смеешься дивным смехом,
Змеишься в чаще золотой,
И над твоим собольим *мехом*
Гуляет ветер голубой.

〈섬에서〉는 큰 열정의 거절에 관한 시다. 블로끄는 자신의 이전 상징들을 소생시키며, 그것들을 지상에 닿게 하고 물성이 탈각된 것을 물화한다. 그래서 이 상징들은 여기에서 분리된 모습 속에 존재하는 듯 하고, 시의 형상들은 이중의 삶을 산다. 마지막 시행에서 어스름(сумрак)은 블로끄에게 있어 통상적인 자신의 비유적 자질 속에서 대두된다.

빛으로부터 어스름으로의 이전.

Из света в сумрак переход.

세 번째 책의 표준적인 구성에 따르면 시 〈삼월의 얼얼한 대기가…〉가 (두 편의 시의 간격을 두고) 시 〈섬에서〉를 뒤따른다(이 시는 석 달 후에 창작되었다). 같은 시적 상황의 이 두 버전은 (두 번째 시에서 행위 장소는 작가의 주석 속에 제시되어 있다—1910년 3월 6일. '끄레스똡스끼 섬에 있는 예배당') 항상적인 블로끄의 상징들(눈보라, 눈, 바람)에 의해서 뿐 아니라, 바로 두 시 사이의 상호관계를 정초하는, 단일한 세부 묘사(말의 콧김소리)에 의해서도 연관되어 있다.

너의 기댄 어깨는 내내 미신이 되어 갔다,
말의 콧김소리 사이로 내게 느껴졌다,

검은 하늘에서 나를 약 올리며
헝가리 무곡이 울리며 통곡한다 …
. . . .
먼 낯선 그대가 갑자기
눈에 번개가 일며 말했다.
영혼은 마지막 길에 나서며,
지난시절의 꿈들에 관해 광포하게 울부짖는다.

Ты прижималась все суеверней,
И мне казалось - сквозь храп коня -
Венгерский танец, в небесной черни,
Звенит и плачет, дразня меня …
. . . .
И вдруг ты - дальняя, чужая,
Сказала с молнией в глазах:
То душа, на последний путь вступая,
Безумно плачет о прошлых снах.[71)]

여기에서 암시되는 첫 번째 버전은 곧장 표면화되어 있다.

블로끄는 자신의 상징적인 세계 변형의 창작방법에 끝까지 충실했다. 그러나 시인에게 있어 시적 변형의 재료가 되는 것이 바로 무엇인가는 결코 중요하지 않은 것이 아니다. 상반되는 경우에 〈아름다운 여인에 관한 시〉와 이를테면 연작 〈조국〉 사이에는 본질적인 차이가 없을 것이다. 시인이 자신의 목적 속에서 문학적 연상들로 무거워진 미학화된, 책의 상징들을 활용하고 있는가, 아니면 뜻밖의 일을 은닉하는, 부단히 갱신되는 현실의 경험들에 관심을 두는가 — 이것은 결정적인 의미를 지닌다. 블로끄는 그의 나라의 역사적 존재 속에서 그리고 그의 동시대인들의 의식 속에서 이루어지는 과정들을 포착하는 것이 필요했을 때, 이 경험 속에서 시적 형상의 원천을 발견했다.

바로 이 점이 연작 〈조국〉의 산문체들이 특별한 의미를 지니는 이유이다. 하나의 노선은 시 〈수치를 모르고 각성을 모르며 죄를 짓는다

71) 이탤릭체 — 블로끄.

는 것 … 〉의 부정적인 산문체다. 아주 거친 세태적인 어휘들이 이 시의 도처에 산재한다. 그러나 시는 세태의 장면으로서가 아니라, 사회적 유형의 부분적인 묘사로서가 아니라, 역사적 현상의 형상으로서 구축된다. 전체 시를 관류하는 무인칭 형식이 이를 촉진한다. 인물(구멍가게 주인, 소상인)은 단 한 번도 지칭되지 않는다. 주어는 마지막 시행들에서 처음으로 나타난다.

그래, 나의 러시아는 그러하다,
그대는 그 어느 세상보다 내게 소중하다.

Да, и такой, моя Россия,
Ты всех краев дороже мне.

세 번째 책에서 〈수치를 모르고 각성을 모르며 죄를 짓는다는 것 … 〉 뒤를 시 〈뻬뜨로그라트의 하늘이 비에 묻혀 흐릿했다 … 〉가 바로 뒤따른다. 여기에서 산문체는 대립적인 자신의 사명 속에서, 곧 고양되는 것으로서 대두된다. 비문체적인 미적으로 조직되지 않은 말은 일상의 현상들, 일상적인 사물들을 시에 도입하여, 그것들이 비극적이고 아름다운 것이 되도록 한다.

시 〈뻬뜨로그라트의 하늘이 비에 묻혀 흐릿했다 … 〉에서 긴장은 바로 산문체들에 집중되어 있다. 실로 그 어떤 시적 공식으로도 전쟁에 관해, 용기에 관해, 그리고 '이별의 고통'에 관해 여기에서 이야기된 것을 말해서는 안 된다.

자리에 앉으며 제각각 노래하기 시작했다,
  어떤 이들은 바랴을, 다른 이들은 에르막을.
우라를 외쳤고, 농에 홍겨웠다,
  그리고 손은 조용히 십자가를 그었다.

И, садясь, запевали Варяга одни,
  А другие - не в лад - Ермака,

И кричали ура, и шутили они,
　И тихонько крестилась рука.

이 사람들이 살아가는, 그리고 그들 중 수많은 이들이 이제 다시는 돌아오지 못할, 그 삶의 실제성을 시적 형상이 획득하도록 하기 위하여, 여기에서 블로끄에게 필수적인 것은 사물의, 몸짓의 실제성이다.

〈뻬뜨로그라트의 하늘이 비에 묻혀 흐릿했다…〉는 오늘날에 이르기까지, 러시아 서정시의 이후의 움직임에 있어 아주 큰 의미를 지닌 시다.

블로끄는 뿌슈낀과는 완전히 다른 시인이다. 레르몬또프, 네끄라쏘프, 아뽈론 그리고리예프, 페뜨, 아뿌흐띤, 블라디미르 쏠로비요프, 브류쏘프 등의 시인들이 보다 구체적인 흔적을 그의 시에 남겼다. 그러나 두 시인 사이에는 역사적 역할에 있어서의 상응성이 존재한다. 동시대의 영적 경험의 충만한 포착, 의식적으로 받아들인 러시아와 서구 일반의 문화유산, 첨예한 역사주의 — 블로끄는 이 모든 점에서 뿌슈낀을 닮았다. 그는 자신의 세대에 대해 행사하는 권위에 있어서도 뿌슈낀을 닮았다.

그는 뿌슈낀과 유사한 문체의 감각을 지녔다. 뿌슈낀의 문체들이 보여주는 섬세한 선별성은 시대의 자연스러운 문학적 관습이기도 했다. 그러나 블로끄의 시대에 한 시인이 다양한 문체의 종합을 보여주는 것은 일반적인 현상이 아니었다. 시적 문체들을 통한 사고, 보다 적절하게는 (다양한 구현 속에서의) 작가의 개성과 문체, 주제와 문체 사이의 상호관계를 통한 사고는 잠재적으로 블로끄가 후기 시의 고전성으로 나아가게 한 원동력이기도 했다. 물론 이것은 19세기의 고전성과는 다른 독특한 고전성이다.

블로끄의 시학은 주변에서 양식화가 만연했던 시대의 문체들의 시학이다. 양식화는 이차적인, 매개된 자료 위에서 작업한다. 양식화는 다른 목적들을 위해 재의미화 되고, 또 다른 의식의 흐름에 동화되는 기존의 가치체계가 만드는 거푸집과도 같다. 문체는 미적 구조(이념과 형식의 통일성)를 직접적으로 구축하며 세계관을 직접적으로 표현한다. 양식화는 이미 존재하는 미적 형식을 통해 작용한다.

객관적인 가치를 상실한 의식은 이미 스스로를 표현하는 예술을 물신화(物神化)하기에 이른다. 이것이 예술의 본질적 길은 아니다. 유미주의와 양식화는 서로 연관된 현상이다. 왜냐하면 양식화는 한때 살아 있었고 사회적 도덕적 삶을 결정하던 가치를 자신의 역사적 환경으로부터 분리된 순수한 미적 질료로서 이용하기 때문이다. 이것을 모든 문화 활동에 있어서 불가피한 것인 과거 유산의 의미화나 그것의 이용과 혼동해서는 안 된다.

19세기 초의 러시아인들에게 고대 그리스-로마 문학이나 프랑스 고전주의는, 그것이 조건적, 선택적으로 받아들여지고 고유의 목적에 상응하여 재의미화 되었음에도 불구하고 조리 있고 내용 있으며, 동시에 형식을 생산해 낼 수 있는 문화적-역사적 경험이었다. 이는 브류쏘프의 이집트인들[72] 이나 쏘모프(К. А. Сомов)와 꾸즈민(Кузмин)의 후작(侯爵, маркизы)[73] 과는 완전히 다른 종류의 현상이다. 양식화는 완전히 다른, 문화적 역사적 관계들을 지니지 않는 내용들을 위해 이용된 형식이다.

양식화, 반영의 반영은 빠르게 쇠퇴한다. 우리는 과거의 예술 속에서 동시대의 경험에 대한 준거나 역사적 시대에 상응하는 표현을 찾는다. 그러나 양식화는 과거의 층위와 우리 동시대의 지각의 층위 사이에 또 다른 제3의 층위를 삽입한다. 이미 효력을 상실한 그것은 고풍스러운 것으로 보인다.

---

72) 이국적인 정취를 자주 자신의 시 소재로 삼았던 브류쏘프는 이집트의 풍경과 신화들을 소재로 하는 연작시를 남겼다. 프랑스 시의 영향을 드러내는 다분히 유미주의적인 색채로 그는 이집트인의 삶과 사랑을 그렸다.

73) 이탈리아 코메디아 델 아르테의 전통을 자주 차용한 쏘모프의 회화나 꾸즈민의 희곡들에는 자주 시대적 특성을 고스란히 간직한 백작이나 후작 등의 유럽 귀족들의 형상이 등장한다.

양식화는 몰취미의 경계와의 줄타기 속에서 존재했다. 이들 역시 서로 연관된 현상이다. 양식화는 낯선 가치의 형식적인 적용이다. 문학적 몰취미는 기본적으로 가치들의 위조이거나 혹은 존재하지 않는 의미들을 수단으로 한, 때로 허풍스럽거나 때로 서투른 화려한 유희이다. 옛 규범과 금기를 거부하고, 원칙적인 심리적 문체적 절대주의를 지녔으며, 강렬한 효과를 추구한, 19세기 말에서 20세기 초 문학은 이와 같은 위험과 유혹에 언제나 노출되어 있었다. (이것은) 무엇보다도 자신이 그리는 대상에 적합하지 않은 거대한 말에 내재한 위험성이다.

레오니드 안드레예프(Леонид Андреев)[74]의 드라마들 속의 야만적인 공포 철학으로부터 〈아름다운 삶〉(Красивая жизнь)에 관한 쎄베랴닌(И. Северянин)[75]의 조야한 환희에 이르기까지 (더욱이 안드레예프는 물론 쎄베랴닌도 의심의 여지 없는 재능을 지녔다) 재능 있는 사람들의 손아귀에 쥐어진 이 강력한 도구들은 시급한 문제들에 적용됨으로써 심지어 가장 훌륭한 재능을 지닌 동시대인들에게조차 작용했다〔메이에르홀드[76]가 연출한 안드레예프의 〈인간의 삶〉(Жизнь человека)은 블로끄도

---

74) 안드레예프(1871~1919)는 〈인간의 삶〉(Жизнь человека, 1907), 〈검은 가면들〉(Черные маски, 1908)을 비롯한 철학적 희곡 연작들을 남겼다. 이 작품들은 이성의 무기력함을 드러내고 비이성적인 힘의 승리를 표현했다. 그는 말년에 이르러 리얼리즘적 산문들을 창조하기도 했다. 이들 후기 산문들은 비관적이고 회의적인 색채를 강하게 드러낸다.

75) 쎄베랴닌(1887~1941)은 시인으로서 1904년부터 시를 발표하기 시작했다. 그는 당시의 러시아 혁명을 반기지 않은 시인 중의 하나이며 한 때 에고푸뚜리즘(эгофутуризм)의 대표자로 활동하기도 했다. 그는 시의 음악성과 리듬을 중시하였고 화려하고 감각적인 시를 썼다. 이러한 이유로 그의 시는 자주 '레스토랑시'로 폄하되며 조야한 취향을 드러낸다는 비판을 받기도 한다.

76) 메이에르홀드(1874~1940)는 스따니슬랍스끼의 리얼리즘 극전통을 극복하고 새로운 연출법을 확립한 러시아의 연출가다. 그는 마야꼽스끼의 극의 혁명적인 극을 극장성과 조건성의 극대화라는 새로운 방법으로 상연했다. 또한 그는 고골과 레르몬또프의 희곡을 새롭게 해석하여 다분히 그로테스크한 무대를 연출해내기도 했다. 특히 그가 연출한 안드레예프의 희곡 〈인간의 삶〉은 다분히 서사극적인 요소를 도입한 새로운 형식과 독특한 분위기로 성공을 거두었다.

크게 동요시켰다]. 그러나 대개 이러한 힘은 오래 지속되지 않는다.

블로끄는 자신이 속한 시대의 인간이었다. 그의 창작 역시 세기 초의 미학적 결함과 유혹을 비켜가지 않았다. 그것들을 싸워 이기는 것은 힘겨웠다. 그는 자신의 시적 진정성과 인간적 진정성의 힘으로 그것들을 극복했다. 블로끄의 시는 자신의 시대의 범위를 넘어 지금까지 우리를 위해 살아 있다. 새로운 발견에 있어서 두려움을 모르는 용기로서, 과거의 문학적 유산에 대한 최고의 상속자로서, 동시대와 역사에 대한 감각으로서, 양심에 대한 엄정한 요구들로서, 그리고 인간 앞에 제기될 수 있는 가장 중요한 문제들로서 그는 지금까지 우리 안에 현존한다.

물리적 세계

인노껜띠 안넨스끼의 작품에는 그를 19세기 러시아 심리주의 문학과 가까워 보이도록 하는 어떤 특성들이, 러시아 서정시의 앞으로의 발전과정을 미리 예시하는 듯한 특성들이 존재한다. 상징주의 경향의 작가들 중 블로끄를 제외하고 지금까지도 가장 흥미롭게 읽힐 수 있는 시인이 바로 안넨스끼인 것은 우연이 아니다.

안넨스끼는 1856년 태어났다. 그는 가장 연배가 높은 상징주의자들, 가령, 쏠로구프나 메레쥬꼽스끼, 발몬뜨보다도 훨씬 나이가 많았다. 브류쏘프보다는 17살이 많았으며 블로끄보다는 24살 위였다. 1900년대 안넨스끼는 문학운동의 수장이 되었어야 했을 나이였다. 이제 막 시작하는 시인이 될 연배는 아니었다. 1904년 그의 첫 시선 《고요한 노래》(Тихие песни) 가 나왔고, 1906년 이미 유명한 시인이었던 블로끄는 '니크 또'(Ник. Т-о) 라는 '의심스러운 가명'에 얼굴을 감춘 채 데뷔하는 시인에 대해 공감하는 서평을 썼다.[1] 안넨스끼의 다른 어떤 작품보다 훌륭한 《삼나무 함》(Кипарисовый ларец) 은 심지어 그가 죽은

1) (원주) 알렉싼드르 블로끄, 《저작 전집》, 5권(Александр Блок, Собрание сочинений, т. 5. М.:Л., 1962), 619~621쪽. 이때 그의 서명 Ник. Т-о는 이미 잘 알려져 있듯 이름과 성으로 만들어진 아나그람인 듯 보이지만 동시에 'никто', 즉 '그 누구도 아님'을 의미하도록 의도적으로 고안된 것이다.

뒤인 1910년에 나왔다. 이 책이 나왔을 때 블로끄는 안넨스끼의 아들인 끼르비츠에게 쓴 글에서 '나 자신에 대해 많은 것을 말해주는 정서적 경험의 놀라운 근친성'에 대해 언급했다.

안넨스끼의 서정시가 처음으로 출판되었을 때 그의 동갑내기 시인들이나 그보다 연배가 어린 동시대 시인들인 민스끼, 메레쥬꼽스끼 등의 시는 이미 오래전에 한물 간 것이 되어 있었다. 차세대 시인들의 작품이 그 정점에 도달했고 또한 이미 위기를 겪고 있었다.[2] 이처럼 안넨스끼가 지닌 특수한 시대적 위치는 그의 시가 당대 문학의 움직임 가운데에서 독특한 지위를 차지하게 했다. 그는 자신이 데카당스나 상징주의와 가까이 있음을 스스로 인정하고 있을 뿐 아니라, 심지어는 여러 논문을 통해 이 사실을 선언적으로 밝힌다. 그러나 이와 같은 안넨스끼 스스로의 언급에도 불구하고 그에게서는 이들 '새로운 시'의 대표자들과의 그 어떤 종류의 유기적 연관성도 발견되지 않으며, 개인적인 관계에 있어서도 그는 이들과 전혀 가깝지 않았다. 이처럼 안넨스끼는 특정한 문학유파에 속하지 않는 국외자로서 특정한 유파의 문학적 의무나 기대로부터 한 걸음 떨어져 있을 수 있었으며, 자신의 시의 목적을 위해 필요한 것을 수용하고 불필요한 것을 거부할 수 있는 자유를 누릴 수 있었다.

안넨스끼의 창작이 처한 운명은 다분히 역설적이었으며, 이는 총체적이고 자족적이며 동시에 모순적이고 복잡한 층위들로 이루어진 그의 시

---

2) 안넨스끼는 1856년에 태어났고 따라서 1세대 상징주의자들, 즉, 구세대 상징주의자들 (민스끼, 메레쥬꼽스끼, 쏠로구프 등)보다 훨씬 나이가 많았다. 그러나 그의 첫 시집 《고요한 노래》가 출판된 것은 1904년이었고, 이때서야 비로소 그는 시인으로서의 길에 접어들게 된다. 심지어 블로끄는 1906년 등단한 시인 안넨스끼에 대한 호의적인 평론을 발표하기도 한다. 이처럼 안넨스끼는 당시의 시인 그룹들의 수장이 되어있어야 할 나이에도 불구하고 러시아 상징주의가 이미 정점에 이른 1900년대 초반에 본격적인 시 창작을 시작한다. 저자가 안넨스끼의 독특한 시대적 상관관계를 지적한 것은 바로 이러한 맥락에서다.

학체계에 그 흔적을 남겼다.

이와 같은 다층위성은 심지어 그다지 길지 않은 그의 시집《삼나무함》(Кипарисовый ларец)에서조차 분명히 드러난다. 러시아 서정시의 고전,[3] 러시아 로망스, 프랑스와 러시아의 상징주의, 유례없는 탐미주의와 시적 실험〔〈리듬의 단속(斷續)〉(Перебой ритма), 〈심벌즈 리듬에 맞춘 스텝댄스〉(Кек-уок на цимбалах), 〈작은 종들〉(Колокольчики) 등의 작품을 보라〕이 공존하며 심지어 19세기 심리주의 산문의 영향이 관찰되기도 한다.

이미 1870년대 말부터 안넨스끼는 에드가 앨런 포(Edgar Allan Poe)와 보들레르의 시를 탐독했으며, 또한 동시에 유명한 사회평론가였던 그의 형 니꼴라이 표도로비치 안넨스끼(Н. Ф. Анненский)의 집에 만연해 있던 인민주의(народничество)적인[4] 분위기에 사로잡혀 있었다. 인상주의적인 사고로 정향된 안넨스끼였지만 그에게 19세기 후반을 풍미한 러시아 리얼리즘은 또한 당면한 현실이기도 했다. 《안나 까레니나》가 출판되기 시작할 당시 안넨스끼는 20세였다. 또한 그는 뚜르게네프의 죽음을 목격하였고, "죽어가는 뚜르게네프"(Умирающий Тургенев)라는 논문을 통해 그의 장례식을 회고하기도 했다.

안넨스끼의 비평 논문과 교육학 논문들은 리얼리즘 산문의 파토스가 그 자신의 기질과 얼마나 유사한 것이었는지를 증명해 준다. 그는 러시아 리얼리즘을 사랑했고, 그것을 섬세하게 이해할 수 있었다. 이러한 관점에서 삐셈스끼(А. Писемский)의 희곡 〈쓰라린 운명〉(Горькая судь-

---

3) (원주) 안넨스끼 시에 나타난 전통적인 은유의 변용에 관해서는 V. Setchkarev, *Studies in the Life and Work of Innokentij Annenskij*, The Hague, 1963, pp. 125~126 등을 참조하라.

4) 나로드니끼(народники) 운동, 즉, 인민주의의 움직임은 1870~1880년대 러시아 잡계급 출신의 인뗄리겐찌야 사이에 만연해 있던 사회, 정치 사조이다. 급진적인 농민 민주주의적 반봉건사상과 고유의 공상적 사회주의의 결합으로 봉건주의적 잔재의 철폐와 자유주의 사상의 고취를 부르짖었으며 궁극적으로 이는 러시아의 맑스-레닌주의 사상으로 이어졌다.

бина)[5]에 관한 안넨스끼의 논문은 주목할 만하다. 자신의 논문에서 안넨스끼는 러시아의 귀족 인텔리겐찌야와 민중의 관계라는 문제를 민주적 관점에서 해석한다. 그런 의미에서 이 논문은 삐쎔스끼의 희곡에 대한 것이라기보다 오히려 사실주의자 삐쎔스끼에 관한 것, 즉 그의 리얼리즘의 특성에 관한 것이라 할 수 있다.[6] "이 작품 〈쓰라린 운명〉에는 사실상 '사회적인'이라는 말을 덧붙일 수 있을 것이다. 왜냐하면 그것은 섬광처럼 불타오르고 이미 끝을 맞이한, 다 닳아버렸거나 혹은 아무 소리도 낼 수 없게 된 이 작품의 극적 사건들이 사실상 한 개인의 특성으로부터 생겨난 것도, 풀리지 않는 정신적 삶의 문제 위에서 생겨난 것도, 하나의 의지가 다른 의지와 겪는 충돌을 바탕으로 전개된 것도, 또한 사물의 힘에 고매하게 저항해 나아가는 정념의 숙명으로부터 기인하는 것도 아니기 때문이다. 오히려 그것은 일상 깊숙이까지 침투한 복잡하게 얽혀진 삶의 관습, 인간의 실존을 마음대로 짓밟고 비인간화하며 억누르는 바로 그 삶의 관습을 바탕으로 전개된 것이기 때문이다."[7] 이와 같은 전제로부터 출발하면서 안넨스끼는 진

5) 삐쎔스끼의 희곡 〈쓰라린 운명〉(1858)은 러시아 리얼리즘 드라마 중 가장 비극적인 작품으로 일컬어진다. 소작농 아나니 야코블레프(Ананий Яковлев)의 아내는 지주인 체글로프 - 쏘꼬빈(Чеглов - Соковин)의 사생아를 낳게 되고 아나니는 그 아이를 죽이게 되고 태형에 처해지며 결국 시베리아로 유형을 가게 된다. 지주는 슬픔에 잠겨 술에 빠지고 결국 폐병에 걸리게 된다. 이 작품은 농촌의 삶의 단면을 사실적으로 그리고 있으며 심지어 자연주의적인 색채를 띠고 있기도 하다. 삐쎔스끼는 이 작품에서 선량한 귀족계급의 무기력함을 드러내고 러시아의 진정한 농민상이라는 전범에 대한 회의를 드러내는 바, 이처럼 삐쎔스끼는 농촌의 삶과 인간의 본성에 대한 자신의 비극적, 회의주의적 세계관을 이 작품을 통해 형상화한다. 이 작품은 1863년 알렉싼드린스키 극장에서 초연된 이후 엄청난 성공을 거두었다.

6) (원주) 또한 이에 관하여 안넨스끼의 논문 "곤차로프와 그의 〈오블로모프〉", 〈러시아의 학교〉, 1892, 4호("Гончаров и его 'Обломов'," Русская школа, 1892, NO. 4)를 참조하라.

7) (원주) 안넨스끼, 《반영의 책》(И. Ф. Анненский, Книга отражений, СПб., 1906), 95쪽.

정한 사회적 파토스와 인문학자 특유의 뛰어난 통찰력으로 이 작품의 예술적 조직을, 특히 이 작품의 주인공들의 행동의 심리학적 의미를 분석해낸다. 이때 바로 이 지점이 안넨스끼가 주목한 것이었으며, 또한 이것이 그로 하여금 도스또옙스끼, 뻬쎔스끼, 똘스또이, 고리끼(М. Горький), 체호프(А. П. Чехов)에 대한 논문들에서 열광적으로 그리고 갈급하게 그들의 작품에 묘사된 심리적 흐름의 고리를 하나하나 고찰해가게 한 것이기도 했다.

19세기 후반 들어 심리학적 방법론은 문학에서 주도적인 위치를 차지하고 있었을 뿐 아니라, 역사학이나 문화사, 예술학과 언어학에까지 침투해 들어갔다. 심리주의에 대한 고조된 관심이라는 측면에서 안넨스끼는 19세기의 인간이었다. 그렇지만 19세기 말부터 20세기 초반에 걸쳐 러시아에는 새로운 움직임이 일어나고 있었으며, 그것은 안넨스끼를 비롯하여 그보다 나이 어린 동시대인들을 사로잡게 된다. 안넨스끼의 의식 속에서 상징주의, 더 나아가 '모더니즘'은 사회-심리학적 문학에 대한 그의 깊이 있는 이해와 결합되었다. 그리고 이는 마침내 안넨스끼의 시 작품에서 독특한 결실을 맺게 되는 바, 그것은 곧 심리적 상징주의(психологический символизм)라 일컬어질 수 있을 것이다.

안넨스끼의 시에서는 가끔 삶에 대한 신비주의적 태도를 드러내는 표현을 보게 된다.[8] 그러나 모든 진정한 시인이 그러하듯이 안넨스끼 역시 그에게 속하고 그의 시의 구성적 중심이 되는 가장 중요한 것이 존재했던바, 그것은 바로 영혼의 움직임과 외부세계의 현상 간 밀접한 관계였다.

---

8) (원주) 그러나 이와 함께 안넨스끼에게서는 신비주의에 대한 적대적인 발언 역시 존재한다. 예를 들어 그는 다음과 같이 말하기도 했다. "사람들로부터 태양을 차단하고 색채를 앗아가는 신비주의는 우리의 시에 너무 가혹했다. 그것의 검은 명부에는 가장 훌륭한 러시아 이름들까지도 올려져 있다. 주꼽스끼들, 고골들, 똘스또이들 그리고 도스또옙스끼들…"〔"마이꼬프와 그의 시의 교육적 의의," 〈러시아의 학교〉, 1898, 3호("А. Н. Майков и педагогическое значение его поэзии," Русская школа, 1898, NO. 3), 55~56쪽〕.

안넨스끼의 시에서 이러한 상호관계는 그가 똘스또이나 뻬쎔스끼의 작품에 대해 환호하며 읽어내고자 했던 그러한 사회적, 리얼리즘적 해석 속에서 드러나지는 않는 듯 보인다. 안넨스끼의 시와 동시대 심리주의 산문 간의 복잡한 유비적 관계는 하나의 개별적 주제로서 여기서 깊이 다룰 수는 없는 문제다. 안넨스끼와 체호프 작품의 관계를 규명하려는 노력은 이미 이루어지기도 했다.[9]

〈세 편의 장송곡〉(Трилистник траурный) 연작에는 '새로운 시'의 특징들을 보여주면서 동시에 이미 여러 차례 〈이반 일리치의 죽음〉(Смерть Ивана Ильича)의 책장들을 넘긴 흔적을 드러내는 소네트 〈추도식 앞에서〉(Перед панихидой)가 포함되어 있다.

> "아! 죽은 사람이야 뭐 어떤가! 그러나 딸과 미망인은…"
> 말들, 말들, 또 말들…
>
> "Ах! Что мертвец! Но дочь, вдова…"
> Слова, слова, слова…

똘스또이적 갈등은 당연한 것이지만 안넨스끼에게서 전혀 똘스또이적이지 않은 방식으로 해결된다.

"서정시인 발몬뜨"(Бальмонт-лирик)라는 논문에서 안넨스끼는 현대 예술의 방법론에 대해, 그 전체에 대해서는 아니더라도 자신에게 어떤 식으로든 가까운 특성들에 대해 언급한다. 그는 '만프레드나 비극적 나폴레옹에게나' 적당할 듯한 '무거운 낭만주의의 갑옷'은 '세계 전체가 되고자 하며, 그 세계 속에서 용해되고 그 안에서 흘러넘치고자' 하지만 결국은 고독으로 몸부림칠 뿐인, 자연 가운데에서 고통스럽고 무의미하게

9) (원주) 이에 대해서는 이바스크, "안넨스끼와 체호프"(G. Ivask, "Annenskii und Čechov," *Zeitschrift für slavische philologie*, Heidelberg, 1959, B. XXVII)을 보라. 또한 D. S. Mirsky, *Contemporary Russian Literature* (1881~1925), New York, 1926, p. 203을 참조하라.

자신의 존재에 얽혀진 채 살아가는 '나의 형상이 아른거리는' 현대 예술에 있어 적합하지 않음을 주장한다.[10]

인간과 자연의, 더 넓게 말해 인간과 그를 에워싼 세계와의 결합은 안넨스끼 시 체계의 근원이 되는 사상으로서, 그의 시가 보여주는 심리적 상징주의나 대상의 구체성을 낳고 그의 시 체계 속에서 시적 형상들을 구조화한다. 그렇다면 왜 이러한 관계가 고통을 야기하는가? 목적 없이(безцельно)라는 단어가 바로 고통스러운(больно)이라는 단어의 열쇠가 된다.

안넨스끼는 섬세하게 '새로운 시' 속의 개성과 낭만주의적 개성을 구별해낸다. 《고요한 노래》에 부쳐진 미완성 서문에서 그는 "새로운 시에서의 개인주의와 바이런의 서정성 사이에, 낭만주의와 자아지상주의 사이에는 엄청난 간극이 있으며," "새로운 시의 나는 세계가 자신을 이해하지 못한다고 여기고 그러한 세계에 스스로를 대립시키려 했던 그러한 나와는 전혀 다른 것"이라 쓰고 있다.[11] 자신의 고유한 개성의 가치에 대한 무조건적인 확신과 그러한 가치를 가능하게 하는 초인적 가치에 대한 맹신은 낭만주의적 파토스와 낭만주의적 비극성의 근원이었다. 그러나 안넨스끼에 의해 그려지는 현대적 갈등은 이미 스스로의 가치조차 믿지 못하는 의식 속에서 펼쳐진다. 이제 시인 자신에게조차

---

10) (원주) 안넨스끼, 《반영의 책》(И. Ф. Анненский, Книга отражений), 185쪽. 안넨스끼에게 특징적인 인간과 그에 의해 생명을 지니게 되는 생명 없는 자연의 관계에 대해서는 표도로프(А. В. Федоров)가 안넨스끼의 시선집에 붙인 자신의 논문에서 언급하고 있다. 안넨스끼, 《시와 비극. 시인총서》(И. Анненский, Стихотворения и трагедии, Библиотека поэта. Л., 1959), 34~35쪽을 보라. 안넨스끼 시에 나타나는 '고통의 감정을 나누어 가진' 물(物)에 대해서는 불데예프(Булдеев)가 자신의 논문 "시인으로서의 안넨스끼"(И. Ф. Анненский как поэт)〔〈수확〉, 1912, 3권(Жатва, 1912, кн. III), 207쪽〕에서 언급했다.

11) (원주) 안넨스끼의 유고 "시란 무엇인가?," 〈아뽈론〉, 6호("Что такое поэзия?," Аполлон, 1911, NO. 6), 56쪽.

의심스러운 세계의 아름다움을 제어할 수 있는 것은 단지 창작의 열정뿐이다. 그러나 안넨스끼는 자기충족적인 미적 행위에 의해 만족감을 얻기에는 지나치게 러시아 인뗄리겐찌야적인 시인이었다. 그에게는 삶의 의미가 필요했으며, 삶에 대한 도덕적인 변명이 필요했다. 안넨스끼는 1904년 글에서 다음과 같이 말했다. "… 나는 신을 잃었다. 근심에 가득 차서, 그리고 거의 아무런 희망 없이 정의롭고 아름답게 보이는 어떤 것을 위한 변명을 찾으려 한다."[12] 그는 이러한 도덕적 변명을 종교의 외부, 혁명의 외부에서 찾고자 했다. 안넨스끼의 서정시를 관통하는 인간은 발작적인 자유의지와 고도의 반성을 특징으로 하는 '잉여인간'의 후예이자 사회적 투쟁에도 개인의 행복을 얻는 데도 실패한 체호프적 지식인의 동시대인이다. 체호프가 이러한 개인의 형상을 그가 처한 환경 속에서, 그의 직접적인 사회 - 역사적 조건들 속에서 그렸다면, 서정시인 안넨스끼는 그와는 다른 미학적 범주를 통해 이를 사색했다. 그는 동일한 역사적 전제로부터 야기되었으나 그와는 상이한 새로운 시대의 의식을 그 안에 투영했다.

체호프적 인물들의 본질적 특성이라 할 수 있을 불가능한 조화에의 열망은 안넨스끼에게서 전혀 다른 표현 양식을 띠게 된다.

화염의 빛이 자수정의 단면들을
모두 태워버리지 않도록,
촛불의 명멸하는 빛만이
거기서 흐릿하게 불타며 흐르기를.

---

12) (원주) 보로디나(А. Бородина)에게 보낸 편지. 안넨스끼가 보로디나와 무히나(Е. М. Мухина)에게 보낸 편지는 뽀돌스까야(И. И. Подольская)에 의해 〈소연방 과학아카데미 어문학 분과 소식지〉(Известия отделения литературы и языка Академии наук СССР) 1972년 5호와 1973년 1호에 게재되었다. 무히나에게 보낸 편지 중 하나는 체호프에 대한 날카로운 비판을 포함하고 있다. 이와 관련하여 뽀돌스까야는 출판에 부쳐진 서언에서 안넨스끼의 체호프 작품에 대한 부정적인 태도가 체호프의 등장인물들이 (안넨스끼 자신의 해석에 따르자면) '지나치게 그 자신과 비슷했다'는 사실에서 기인한다고 쓰고 있다.

연한 보랏빛으로 부서지면서
빛이 그 곳에서 확언해 주길,
어딘가에 우리의 연결이 아닌
찬란히 빛나는 결합이 존재함을.

〈자수정〉

И чтоб не знойные лучи
Сжигали грани аметиста,
А лишь мерцание свечи
Лилось там жидко и огнисто.

И, лиловея и дробясь,
Чтоб уверяло там сиянье,
Что где - то есть не наша *связь*,
А лучезарное *слиянье* …

"Аметисты"[13]

연결과 연쇄는 존재한다. 그러나 그러한 연결의 의미는 이해되지 않는다. 그것은 무목적적이며 조화(결합)에 대립된다.

안넨스끼에게는 낭만주의로부터 이어받은 진창(грязь)과 꿈(мечта)의 이원성이 존재한다.

나를 내버려 둬. 권태가 나의 침상을 덮는다.
나에게 천국이 무슨 소용이란 말인가. 모든 이들의 꿈인걸.
만일 진창과 저열함이 단지
저 어딘가에서 빛나는 아름다움으로 인한 고통이라면 …

Оставь меня. Мне ложе стелет Скука.
Зачем мне рай, которым грезят все?
А если грязь и низость - только мука
По где - то там сияющей красе …

---

13) (원주) '연결'(связь)과 '결합'(слиянье)이라는 단어는 이 시에서 안넨스끼에 의해 강조되었다. '연쇄'(сцепление)와 '결합'(слиянье) 역시 그의 시 〈환영의 우수〉(тоска миража)에서 대조적으로 사용되었다.

안넨스끼에게는 또한 무서운 세계의 형상이 존재한다. 블로끄의 〈수치를 모르고 각성을 모르며 죄를 짓는다는 것…〉의 몇몇 모티프를 이미 선취한 〈꿀라끄 여자〉(Кулачишка) 에서만 보아도 그러하다. 그러나 그의 시에서 무엇보다 독창적인 것은 무서운 세계와 아름다운 세계 간의 변증법이다. 안넨스끼가 가장 안넨스끼다운 지점은 바로 고통 받는 인간이 그가 소유할 수 없는 아름다운 세계 속에서 고통 받을 때이다.

자신의 비극 〈철학자 멜라니파〉(Меланиппа-философ) 의 서문에서 안넨스끼는 다음과 같이 말한다. "삶은 그것의 아름다움과 힘과 지적인 힘의 모든 체계를, 한 개인의 노력의 결실을, 심지어 천재적인 노력의 결실까지도 엄청나게 능가해 버린다. 그리고 빛나는 영웅적 현상들과 영광스러운 고통 속에 결정화된 이러한 삶만이 비극의 대상이 될 수 있다. 작가는 고대 그리스 로마적인 슈제뜨를 바로 그러한 고대적 틀 속에서 해석해 내었지만 그럼에도 불구하고 그의 극작품에는 현대인의 영혼이 반영되었다."

안넨스끼의 서정시에 그려진 현대인의 영혼은 사실 고대적인 의미의 '빛나는 영웅적 현상들'은 아니었다. 대신 현대인의 영혼에 관한 한 안넨스끼는 고통을 가치 있는 것으로 만드는 영혼의 경험과 마찬가지로 기쁨과 아름다움 역시 비극의 필수 조건이라 확신했다. 행복과 아름다움 역시 파괴될 수 있는 것이다. 안넨스끼는 비극이란 바로 삶의 풍부함이 부여된 고양된 영혼의 파멸이라 이해했다. 가치를 부여받지 못한 삶은 비극의 소재가 될 수 없었다. 그에게 비극이란 주인공에게 있어 가장 소중한 가치를 상실하는 것에 다름 아니었기 때문이다.

안넨스끼에게 세계는 공포와 고통의 근원일 뿐 아니라 아름다움의 근원이기도 했다. 이때의 아름다움이란 좁은 의미의, 심미적 차원의 아름다움을 의미할 뿐 아니라, 보다 넓은 (한계가 없을 정도로 넓은) 의미에서 창작과 자연과, 사랑, 그리고 삶의 감정 자체까지를 모두 아우르며 행복으로 전이되는 그러한 아름다움까지를 포함하는 것이었다. 안넨스끼는 음악을 '인간이 자신에게 가능한 행복을 확신하게 하는 가장

직접적인 보증수표'라 여겼다.[14)]

행복에 대한 약속은 서정적 주체의 현실에 대한 관계를 변화시킨다. 저열한 일상을 마주한 선택된 개인이나, 그에게 무조건적으로 적대적인 무서운 세계 속으로 던져진 인간이 아닌, 그에게 주어지지 않는 세계를 갈망하는 그러한 인간이 된 것이다.

후기 낭만주의에는 구체적인 현실을 묘사하는 것이 낯설지 않았다. 그러나 보통 낭만주의에 있어 이러한 '저열한' 현실은 꿈과 이상에 대치되는 것이었다. 그로테스크가 현실을 묘사하는 수단이 된 것은 바로 이 때문이었다. 유토피아적 사회주의와 관련된 프랑스의 좌파 낭만주의는 이러한 형이상학적 관계에 사회적 의미를 부여했다. 저열한 현실은 사회적 악의 세계였고, 그러한 악의 대척점에 서 있는 것이 바로 조화로운 인간과 정의로운 사회 구조라는 (1848년 무너져 버린) 유토피아였다. 낭만주의로부터 출발한 보들레르는 데카당스의 아버지였을 뿐 아니라 사회적 색채를 지니는 도시주의의 선구자이기도 했다. 형이상학적 악과 (이상에 반하는) 사회적인 악은 그의 시 속에 공존했다. 보들레르의 사상은 19세기 말에서 20세기 초 서정시의 다양한 현상들에 대해 결정적인 역할을 했다. 그러나 안넨스끼의 시세계는 이미 그와는 다른 법칙 위에 존재한다. 그의 서정적 갈등은 낭만주의의 그것과 구별될 뿐 아니라, 이미 어느 정도 무서운 세계와 소외된 인간 사이의 데카당스적인 대립으로부터도 떠나 있다. 지금까지도 감지할 수 있는 안넨스끼의 힘은 바로 이러한 서정적 이원성에 대한 저항 속에, 그리고 이로부터 기인하는 시인 개념 속에 존재한다. 시는 외적인 세계에 의해 자라난다. 세계의 현상들을 받아들이는 것으로부터 시적인 사상의 움직임이 태동한다. "… 때로 나에게 밀려드는 이러한 생각들과 기분들과 욕망들의 퇴적물들이 얼마나 버거운가. 이러한 영혼과 외부세계와의 완전한 일치의 순간이 … ." 안넨스끼

14) (원주) 안넨스끼, 《반영의 책》(И. Ф. Анненский, Книга отражений), 113쪽.

는 이렇게 자신의 창작의 과정을 묘사했다〔볼로디나(A. Болодина)에게 보낸 편지〕. 이러한 창작 과정의 주체로서 시인은 자기 자신을 묘사하지 않는다. 그는 모든 것을 초월해 있지 않으며 모든 것으로부터 외따로 떨어져 있지 않다. 그는 '투명한 열정으로 결단력 있게 모든 것을 위해 살 수 있는 준비가 된 자'다.[15]

안넨스끼에 대해 당시의 사람들은 죽음의 시인이라고 말하곤 했다.[16] 안넨스끼가 죽음과 장례의 문제에 대해 많은 말을 한 것은 사실이다. 그러나 그는 동시에 시인이란 '삶과 사랑에 빠진 사람'이라고 주장한다. 안넨스끼는 서정시인이라면 자신이 쓰는 대상을 사랑하지 않을 수 없다고 여겼던 바, 이것은 인간의 가치를 표현하는 특정한 체계로서의 서정시 자체의 본질에 반하는 것일 수도 있다. 안넨스끼는 논문에서 시인의 삶에 대한 사랑이라는 사상을 (죽음이 비극적인 것 역시 이 때문이다) 피력할 뿐 아니라, 자신의 작품 속에 이를 직접적으로 구현하기도 한다.

벌들의 윙윙거림은 간신히 잦아들었다.
불평하는 모기가 소리를 내며 가까이 다가왔다…
심장이여, 너는 낮이 끝나버린 불안한 공허의
그 많은 기만을 용서하지 않았는가?

---

15) (원주) 안넨스끼, 《두 번째 반영의 책》(И. Ф. Анненский, Вторая книга отражений, СПб., 1909), 10쪽. 안넨스끼는 부단히 이 주제에 천착했다. 1903년의 글 "시란 무엇인가?"에서 그는 다음과 같이 쓰고 있다. "… 새로운 시는 감각을 위한 정확한 상징들을 추구한다. 즉, 삶의 현실적 실체를 찾으려는 것이다. 또한 기분을 표현할 상징을, 즉, 사람들이 개인의 심리 속으로 들어가는 것과 동일한 권리로 군중의 심리 속으로 들어가 그 어떤 것보다 서로의 유사함을 느끼도록 하는 영적 삶의 형식을 찾고자 한다"〔〈아뽈론〉, 1911, 6호(Аполлон, 1911, NO. 6), 56쪽〕. 무히나에게 보낸 1908년의 편지에서 그는 시인을 '자신의 이름으로 세대와 대중의 보이지 않는 일들을 보이게 만드는 사람'이라 부르기도 했다.

16) (원주) 예를 들어 호다쎄비치의 〈안넨스끼에 대해서〉, 선집 《피닉스》, 1권(В. Ходасевич, "Об Анненском", сб. Феникс, т. I, М., 1922)을 보라.

나에게는 땀이 밴 유리 너머에서 힘겹게 타오르는
노란 불 아래 녹은 눈이 필요하다.
한 줌의 머리카락이 나로부터 그렇게 가까이에서,
그렇게 가까이에서 타오르며 떨릴 수 있도록.

나는 저 높은 컴컴해진 곳의 연기 오르는 먹구름이 필요하다.
그 안에 옛것이란 존재하지 않는 반쯤 감긴 눈과 꿈의 음악의
연기 오르는 먹구름의 소용돌이가 필요하다.

아직 언어를 모르는 꿈의 음악…
아, 단 한순간이라도 꿈에서가 아닌, 바로 이 삶 속에서
내가 불꽃이 되게, 아니면 불꽃 속에서 타오를 수 있게 해 주오!

Едва пчелиное гуденье замолчало,
Уж ноющий комар приблизился, звеня…
Каких обманов ты, о сердце, не прощало
Тревожной пустоте оконченного дня?

Мне нужен талый снег под желтизной огня,
Сквозь потное стекло светящего устало,
И чтобы прядь волос так близко от меня,
Так близко от меня, развившись, трепетала.

Мне надо дымных туч с померкшей высоты,
Круженья дымных туч, в которых нет былого,
Полузакрытых глаз и музыки мечты,

И музыки мечты, еще не знавшей слова…
О, дай мне только миг, но в жизни, не во сне,
Чтоб мог я стать огнем или сгореть в огне!

이 시 〈고통스러운 소네트〉(мучительный сонет)는 안넨스끼의 가장 훌륭한 시 중 하나다. 이 시는 20세기 시 경향들을 드러내며 동시에 페뜨의 머리채로부터 아래 인용된 뜌체프의 시를 연상시키는 시의 마지막 부분에 이르기까지 러시아 서정시의 유산들로 가득 채워져 있다.

아, 하늘이여, 단 한 번이라도
이 불길이 의지에 따라 타오를 수 있다면,

괴로워하지 않으면서 더 오랫동안 고통받지 않으면서
환하게 타오르고는 꺼져버릴 수 있다면!

О Небо, если бы хоть раз
Сей пламень развился по воле -
И, не томясь, не мучась доле,
Я просиял бы - и погас! 17)

안넨스끼의 소네트에서 인간은 무섭고 그를 밀쳐내는 세계로 인해 고통 받는 것이 아니라, 아름다운 세계로 인해, 그 세계 속에서 감촉되는 구체적인 부분들이 이루어내는 아름다움으로 인해 고통 받는다. 그의 앞에는 완전히 실제적인 가치들이, 작품과 자연과 사랑이(즉, 타자의 가치들이) 놓여 있다. 인간의 비극은, 그리고 인간의 죄는 바로 이처럼 인간이 스스로를 실현할(불꽃이 될) 방법이 없다는 사실에서 기인한다. 〈삼월에〉(В марте) 라는 시는 바로 이에 대한 것이다. 안넨스끼에게 늘 존재하는 내적인 갈등은 이 시에서 표면화된다.

향기로운 색채의 꾀꼬리는 잊으시오,
사랑의 아침만을 잊지 마오!
그리고 또 소생하지 못한 나뭇잎 속에서 살아난 대지의
찬란한 검은 빛의 가슴만을 기억하오!

눈으로 만든 셔츠의 누더기 조각들 사이에서
대지는 기원했다, 단 한 번이라도,
단 한 번이라도 불꽃과 같은 삼월이 그를 적셔주기를,
포도주보다 더 취하게 하는 삼월이!

단 한 번이라도 우리가 질투심에 가득한 눈길을
물기 가득 머금은 대지로부터 떼어놓지 못하길.
단 한 번이라도 우리가 차가운 손을 엉클어 버리고는
떨면서 황급히 정원으로부터 떠나길 …
단 한 번 … 이번만이라도 …

17) 뜌체프, 〈아, 하늘이여, 단 한 번이라도〉("О Небо, если бы хоть раз…", 1830).

Позабудь соловья на душистых цветах,
Только утро любви не забудь!
Да оживщей земли в неоживших листах
　　Ярко - черную грудь!

Меж лохмотьев рубашки своей снеговой
Только раз и желала она, -
Только раз напоил ее март огневой,
　　Да пьянее вина!

Только раз оторвать от разбухшей земли
Не могли мы завистливых глаз,
Только раз мы холодные руки сплели
И, дрожа, поскорее из сада ушли…
Только раз… в этот раз…

보들레르와 그의 계승자들에게 여전히 살아 있는 낭만주의적 의식 속에서 자연은 저열하고 무서운 세계에 대립되는 것이며, 그가 열정과 분노로부터 도피할 수 있는 공간이다.

Quand chez les débauches l'aube blanche et vermeille
Entre en société de l'idéal rongeur,
Par l'opération d'un mystère vengeur
Dans la brute assoupie un Ange se réveille.

Des Cieux Spirituels l'inaccessible azur,
Pour l'homme terrassé qui rêve encore et souffre,
S'ouvre et s'enfonce avec l'attirance du gouffre…[18]

---

18) (원주) Когда к погрязшим в разврате входит белый и алый рассвет вместе с гложущим идеалом, — совершается мстительное таинство пробуждения ангела в спящем звере. Недоступная лазурь духовного неба открывает свои глубины, манящие, как бездна, поверженному в прах человеку, который еще мечтает и страдает; 희고 붉은 새벽빛이, 마음 들볶는 이상과 함께 난봉꾼들 방에 들어올 때, 한 신비로운 복수자의 작전 덕분에 졸던 짐승 속에서 한 천사가 눈을 뜬다. 아직도 꿈속에서 시달리는 얼빠진 사람을 위해, 영혼의 하늘나라의 근접도 못할 하늘빛이, 심연

보들레르에게서 새벽(рассвет)과 하늘(небо)은 동물적 근원에 대립되며 영원한 것, 저 세계의 것을 상징한다. 그러나 안넨스끼에게서 3월의 대지는 인간에게 대립되지 않는다. 인간은 대지와 결합한다(сцеплен). 대지는 인간처럼 고통 받고 인간처럼 느낀다. 인간은 봄의 대지로부터 배우고, 그것을 경외하며, 그것을 질투한다. 이처럼 그들은 동등한 권리로 존재한다.

안넨스끼가 특히 강하고 그 자체만으로 의미를 지닐 때는 바로 그의 서정시가 서정적 개인과 외부세계의, 적대적이지만 동시에 그와 밀접하게 결합되어 있으며 고통스럽지만 동시에 그것의 사물들의 현현 가운데에서 더할 나위 없이 아름다운 외부세계와의 관계에 대해 이야기할 때다.

안넨스끼는 단 한 번도 시가 삶으로부터 외따로 떨어진 것이라 생각한 적이 없다. 그가 이러한 삶과의 관계를 아리스토텔레스적 범주를 통해, 즉 공포와 연민과의 관계 속에서 사색하는 것은 다른 문제다.

안넨스끼는 다음과 같이 말한다. "투쟁과 고통, 희생, 종교적 규범, 이 모든 예로부터의 비극의 요소들이 그토록 심원하고 그토록 영원한 의미를 지니게 되는 것은 바로 엘라다(Ελλδα, 그리스)의 위대한 비극 작가들이 직접적이든 간접적이든 인간의 삶이 지닌 웅장한 비극의 빛 속에서 살았기 때문이다."[19] 아리스토텔레스의 《시학》을 인용하면서 안넨스끼는 그의 견해 중 특히 한 부분을 염두에 두었다. "연민의 감정은 무고한 이가 고통을 당하는 경우에 생겨나며, 공포의 감정은 그가 우리와 동일한 상황에 처해 있다는 사실로부터 기인한다."[20] 그러나 안넨스끼에게서는 더 이상 신의 의지가 무고한 이들의 고통의 이유가 되지는 못한다.

안넨스끼는 물론 불행이 죽음과 파멸의 운명을 지니는 인간의 본성

의 매력을 갖고 열리면서 깊숙이 가라앉는다〔보들레르, 〈영혼의 새벽〉(L'Aube spirituelle)〕.

19) (원주) 안넨스끼, "고대 비극", 《에우리피데스의 극》, 1권(И. Анненский, "Античная трагедия," Театр Еврипида, т. 1. Пб.), 20쪽.

20) (원주) 아리스토텔레스, 《시학》(Аристотель, Поэтика. Л., 1927), 55쪽.

그 자체에 내재하는 것이라 생각했다. 그러나 그에게 있어서 고통받는 인간의 문제는 이러한 형이상학적 고통의 문제에서 끝나지 않는다. 알렉싼드로프(В. Александров)가 "사회적 불행의 의식이 안넨스끼의 거의 모든 시에, 몇 편 안 되는 정치적 시뿐 아니라 '개인적인' 시에까지도 녹아있다"고 지적한 것은 이러한 의미에서 지극히 합당하다.[21] 때로 안넨스끼는 이러한 불행의 문제에 대해서 직접적으로 언급하고 있지만, 많은 경우 이는 정의롭지 못한 부당한 세계 속의 존재를 에워싸는 위협적인 분위기와 색채를 통해 드러난다. 공포와 연민은 안넨스끼의 시 속에서 매우 모호하지만 그럼에도 분명히 매우 본질적인 나름의 형이상학을, 나름의 사회학을 드러낸다. 그의 정치적인 시가 말하는 것 역시 삶의 과제 앞에서의 무기력함이다. 그의 시 중 이를 가장 잘 표현한 것은 〈늙은 에스또니아 여인들(악몽의 양심의 시에서)〉〔Старые эстонки(Из стихов кошмарной совести)〕이다.

당신의 자식들을 … 나는 그들을 처형하지 않았소 …

나는 오히려 반대로 그들을 동정했다오.
동정하는 신문들을 읽고는
나는 속으로 용감한 사람들을 위해 기도했소.
성자는 하나같이 찬란한 광채로 둘러싸여 있었지.

에스토니아 여인은 고개를 저었다.
"당신은 그들을 동정했다고 했지 … 당신의 동정이 무슨 소용인가,
당신의 가느다란 손가락으로
단 한 번도 그들의 손을 잡은 적 없으면서?

깊이 잠드시오, 잔인한 사형 집행인들이여!
서로서로에게 애정 어린 미소를 지으시오.
당신은 온순하고 온화하고 고요한 사람이니.
그러나 이 세상에 당신보다 더 죄 많은 사람은 없을 거요!"

---

21) (원주) 알렉싼드로프, "인노껜띠 안넨스끼", 〈문학 평론가〉, 1939, 5~6호(В. Александров, "Иннокентий Анненский", Литературный критик, 1939, NO. 5~6). 121쪽.

Сыновей ваших … я ж не казнил их …

Я, напротив, я очень жалел их,
Прочитав в сердобольных газетах,
Про себя я молился за смелых,
И священник был в ярких глазетах.

Затрясли головами эстонки.
"Ты жалел их … На что ж твоя жалость,
Если пальцы руки твоей тонки,
И ни разу она не сжималась?

Спите крепко, палач с палачихой!
Улыбайтесь друг другу любовней!
Ты ж, о нежный, ты кроткий, ты тихий,
В целом мире тебя нет виновней!"

블로끄의 작품이 그러하듯이, 안넨스끼의 작품이 있도록 한 것 역시 두 가지 힘이었다. 하나가 새로운 시라면 다른 하나는 19세기 러시아 시의 전통이었다.[22] 안넨스끼에게는 이 외에 또 하나의 시적 원천이 존재한다. 그것은 19세기 후반 프랑스 시인들, 즉, 파르나스 시인들과 '저주받은 시인들',[23] 상징주의자들이었다. 안넨스끼에게 있어 상징주의라는 개념 자체도 그에게 영향을 준 프랑스 시인들의 이론에 기반을 둔다.

---

22) (원주) 안넨스끼와 러시아 서정시인들의 관계에 대해서는 표도로프가 앞서 언급한 자신의 논문 "인노껜띠 안넨스끼의 시 작품"(36~37, 48쪽)에서 언급하고 있다.

23) (원주) '저주받은 시인들'이란 폴 발레리의 일련의 논문들에 붙여진 제목이다. 이 논문들은 부르주아적인 삶 속에 편입되기를 원치 않았던 시인들, 랭보와 말라르메 등의 작품을 다루고 있는 것으로서 1883년, 1884년에 단행본으로 출간되었다. 이후 이 저주받은 시인들이라는 말은 급속도로 일종의 고유명사처럼 변해갔고 이후 비용, 네르발, 키이츠, 에드가 포, 보들레르, 로트레아몽, 알프레드 자리 등을 아우르는 개념이 되었다. 안넨스끼는 자신의 시집 《고요한 노래》(Тихие песни, 1904)에 "파르나스 시인들과 저주받은 시인들"(Парнасцы и прóклятые)이라는 제목으로 이들 시인들의 시를 번역하여 부록으로 첨부했다.

또한 이들이 창작한 실제 시는 그에게 무엇보다 중요한 의미를 지니는 것이었다. 그럼에도 불구하고 안넨스끼의 시 전반, 가장 넓은 의미의 창작 전반에 있어서 그 무엇보다 중요한 역할을 한 것은 러시아 서정시의 음조, 때로 로망스적인 음률이었다.

낮은 흔적도 없이 가라앉았다. 아직까지 음영 없는
둥근 달은 점점 노랗게 변해가면서 발코니를,
그리고 활짝 열린 창도 별 소용없는,
이미 잘 보이지 않는 우수에 찬 흰 벽을 응시한다.

이제 밤이다. 구름은 그렇게도 검다…
나는 이 저녁의 마지막 순간이 못내 아쉽다:
거기엔 지나가 버린 모든 것들, 욕망과 애수가 있으며
또한 거기엔 앞으로 다가올 우울과 망각이 있다.

이제 저녁은 마치 꿈과 같다. 수줍은 듯 지나가 버린다.
음악도 눈물도 향기도 없는,
갈기갈기 찢기고 먹구름만이 드리운 가슴에게는
저녁은 어딘가 장밋빛 노을과 닮은 듯 느껴진다.

〈지나가 버리는 것에 대한 애상〉

Бесследно канул день. Желтея, на балкон
Глядит туманный диск луны, еще бестенной,
И в безнадежности распахнутых окон,
Уже незрячие, тоскливо - белы стены.

Сейчас наступит ночь. Так черны облака…
Мне жаль последнего вечернего мгновенья:
Там все, что прожито, - желанье и тоска,
Там все, что близится, - уныюсть и забвенье.

Здесь вечер как мечта: и робок и летуч,
Но сердцу, где ни струн, ни слез, ни ароматов,
И где разорвано и слито столько туч…
Он как - то ближе розовых закатов.

"Тоска мимолетности"

이처럼 너무도 익숙한 로망스적 전개와 억양을 직접적으로 수용하는 것은 심지어 비유의 구체성이나 심리적 움직임의 정확성 같은 안넨스끼 시에 매우 특징적인 요소들을 보지 못하게 하기도 한다.

18세기, 심지어 19세기 초반까지도 러시아 시의 구조 자체에 외래어가 영향을 미치는 것이 가능했다. 19세기를 거치면서 러시아 시 문화가 확립되었고, 그 어떤 시인도 이로부터 완전히 벗어날 수 없었다. 이는 심지어 의식적으로 그러한 과업을 스스로에게 부여한 시인들에게조차 그러했다. 프랑스 '새로운 시'의 전통과 매우 깊이 관계를 맺고 있었음에도 불구하고 당시의 상징주의를 거치며 더욱 새롭게 정비된 러시아 서정시의 흐름은 블로끄와 마찬가지로 안넨스끼에게도 역시 막대한 영향력을 행사했다. 어쩌면 블로끄보다 안넨스끼에게 그 힘은 더 거셌다. 시적 세계관의 견지에서 안넨스끼는 상징주의자였다. 그러나 그에게 상징이란 '인식될 수 없는 것'을 인식하는 수단이 아니라, 오히려 인간의 심리적 정황과 그를 둘러싸고 있는 자연적, 물질적 환경 간의 상응을 의미하는 것이었다.

자신의 논문 "서정시인 발몬뜨"에서 안넨스끼는 현대적 나에 대한 시적 묘사의 방법에 대해서 언급한다. "이러한 나의 형상을 전달하기 위해서 보다 피상적인, 너무 상세하지 않은 암시와 여운, 그리고 상징의 언어가 요구된다. 예측되는 모든 것을 다 이해해서도 안 되고 통찰한 모든 것, 자신의 내면에서 열렬하게 느껴지는 모든 것을 다 설명해서도 안 된다. 인간의 언어 속에서는 그것을 설명하기 적합한 어떤 단어도 발견하지 못할 것이다. 따라서 단어의 음악적 잠재력이 요구된다. 메트로놈으로서의 음악이 아닌 독자의 내면에서 작품의 정조가 일깨워지도록 할 수 있는, 그리고 그러한 정조가 독자로 하여금 개인적인 기억을 불러오고 잠자던 우수를 흔들어 깨우며 예기치 못한 비난과 함께 극의 빈 공간을 채워가면서 거기에 보다 내밀하고 주관적인, 그러나 보다 현실적인 의미를 부여할 수 있는 그러한 음악적 잠재력이 요구되는 것이다."[24]

그의 이러한 음악에 대한 정향은 베를렌에게서 온 것이며, 여운에 대한 요구나 독자의 능동성에 대한 견해는 말라르메의 교리였다. 말라르메의 마지막 시기 작품에서는 이러한 교리가 극단적인 의미론적 난해성을 초래하기도 했다. 대부분의 프랑스 시인들에게 있어서 시적 상징이란 신비주의적 내용의 암호가 아닌, 유비이자 상응, 그 유명한 보들레르의 '*correspondance*' 였다.

동일한 제목을 지닌 보들레르의 시뿐 아니라 안넨스끼는 그러한 주제에 대한 그의 이론적인 글들 역시 알아야만 했다. 예를 들어 빅토르 위고에 대한 1861년의 논문에서 그는 다음과 같이 쓰고 있다. "… 형식, 움직임, 숫자, 색, 향기 이 모든 것은 영혼의 세계 속에서, 그리고 자연의 세계 속에서 유의미한 것이며 상호적인 것이고 가역적이며 상응하는 것이다 … 모든 것이 암호와 같다. 상징 역시 때로는 모호하다. 물론 단지 상대적으로, 즉, 자연의 순수함, 선한 의지 혹은 영혼의 원칙주의의 정도에 따라 모호하다. 번역자도 암호 해독자도 아니라면 그렇다면 (가장 넓은 의미에서의) 시인이란 도대체 무엇인가?"[25]

안넨스끼의 정향은 부분적으로 젊은 브류쏘프를 연상시키는 것으로서 벨르이나 뱌체슬라프 이바노프의 상징주의 철학보다 프랑스 상징주의자들의 이론에 더 가깝다. 뱌체슬라프 이바노프가 논문 "안넨스끼의 시에 관하여"(О поэзии И. Ф. Анненского) 에서 다음과 같이 지적한 것

---

24) (원주) 안넨스끼, 《반영의 책》(И. Ф. Анненский, Книга отражений), 185쪽. "현대의 서정성에 관하여"(О современном лиризме) 라는 논문에서 안넨스끼는 "언어의 가장 고귀한 임무란 영롱하게 움직이는 상징의 그물로 '나'와 '나 아닌 것'을 결합하는 것이며, 이때 그것은 겸허히 그리고 당당하게 자신의 매개적 역할을, 이 두 세계 사이의 유일한 매개자로서의 역할을 인식하여야 한다"고 쓰고 있다. 그에 따르면 상징주의자라고 정당하게 불릴 수 있는 시인들은 나의 표현뿐 아니라 나 아닌 것을 표현하는 데 주의를 기울일 수 있는 이들, 그리고 그들 간의 끊임없는 교체의 과정을 살피고 자기화하며 반영할 수 있는 이들이다〔〈아뽈론〉, 1909, 1호(Аполлон, 1909, NO. 1), 23쪽〕.

25) (원주) 보들레르, 《나의 동시대인들에 대한 고찰. 완벽한 걸작들. 낭만주의 예술》(Charles Baudelaire, Réflexions sur quelques-uns de mes contemporains. Oeuvres complètes. L'Art romantique. P., 1925), 305쪽.

은 우연이 아니다. “서정시인으로서 안넨스끼는 연상적 상징주의라 할 수 있는 경향을 따르는 상징주의자다. 이러한 유형의 상징주의자는 물질적 혹은 심리적으로 구체적인 어떤 것을 자신의 작품 전개를 위한 출발점으로 삼는다. 그는 이것을 직접적으로 정의하지 않으며 심지어 자주 그것을 구체적으로 명명하지 않은 채로 그것과 관련된 일련의 연상물만을 묘사한다. 이러한 연상물들을 보여줌으로써 다층적이면서도 분명하게 시인의 심적 체험이 되는 현상에 대한 영적인 의미를 지각할 수 있게 된다. 때로 처음에는 그것이 평범하고 공허한 것으로 보일 수 있지만, 이제는 다층적 의미를 지닌 명칭이 된다.” 뱌체슬라프 이바노프는 이러한 방법론을 ‘a realibus ad realiora’(от реального к реальнейшему)라는 기치 위에 세워진 자신의 상징주의 방법론에 대비시킨다. 그는 사물들을 덮고 있는 외피를 걷어내고 그것의 본질적 실체에 도달하고자 했다. “옛 방법론, 즉, 말라르메와 안넨스끼의 방법론은 우리로 하여금 ‘상응’의 세계를 다 둘러 본 후, 동일한 현상의 은밀하게 굳게 닫힌 신비를 향해 돌아가도록 한다.”[26] 뱌체슬라프 이바노프는 안넨스끼의 시를 극찬했지만, 원칙적으로 그의 ‘지상적 상징주의’는 거부했던 것이다.

안넨스끼는 여운의 시학과 음악적 잠재력을 설파했다. 그렇다면 그의 이러한 견해는 실제 그의 시에서 어느 정도 실현되고 있는가?

세계 문학의 역사는 우리에게 한 작가의 선언이 그의 실제 작품에 반드시 적용되는 것만은 아니라는 사실을 가르친다. 안넨스끼 자신은 비합리적일 정도의 의미론적 불확정성이나 풀어낼 수 없을 정도로 엉켜 있는 의미들의 덩어리, 혹은 온통 작품을 뒤덮는 ‘음악적’ 색채를 보여주는 시인은 아니었다.

사물의 세계와 정신의 세계를 결합하는 안넨스끼의 시세계에서 당연히 단어는 다의적이다. 그렇지만 단어의 다의성과 그것의 애매성을

---

26) (원주) 〈아뽈론〉, 1910, 4호(Аполлон, 1910, NO. 4), 16~18쪽.

혼동해서는 안 된다. 안넨스끼는 또한 지적인 구조의 시인이자 현상들을 정확하게 포착할 줄 아는 시인이기도 했다. 그가 암시나 '끝까지 다 말하지 않는' 기법을 선호한 것은 사실이며, 따라서 자주 시적 논리의 연결고리가 빠져 버리기도 했다. 그러나 빠진 고리는 거의 대부분의 경우 복원된다.

> 내가 겨울을 좋아했더라면,
> 그 무거운 짐…
> 그것으로부터는 심지어 연기조차
> 날아가 구름이 되지 못한다.
>
> 잘려나간 선들,
> 무거운 비상,
> 극빈의 푸른색
> 너무 울어 퉁퉁 부은 얼음.
>
> 〈눈〉

> Полюбил бы я зиму,
> Да обуза тяжка…
> От нее даже дыму
> Не уйти в облака.
>
> Эта резаность линий,
> Этот грузный полет,
> Этот нищенски синий
> И заплаканный лед!
>
> "Снег"

얼마나 정확한 시선이며, 또 얼마나 분명한 묘사인가! 그렇지만 예를 들어 얼음을 극빈의 푸른색(нищенски синий)이라 말한 것은 도대체 왜인가? 그러한 수식어를 가능하게 한 논리는 과연 무엇인가? 이 시에서 겨울은 무거운 것, 짐이며, 힘겨운 어떤 것이다. 얼음은 푸르고 벌거벗겨져 있으며 그 어떤 외피도 가지지 않은 것이다. 또한 모든 것을 잃고 추위에 내맡겨진 자는 빈곤한 자가 된다. 이렇게 해서 얼음의 푸른색은 극빈의 심상과 결합된다. 연상의 고리는 여기서 멈추지 않는다. 가난함은 또한 너무 울어 퉁퉁 부어버린 눈(нищий - заплаканный)으로 그려진다. 그러나 얼음을 울어서 부은 눈으로 묘사한 것은 얼음의 곳곳에 녹아서 스며 나온 물을 나타낸 것일 수도 있다.[27] 힘겨움이나 추위에 알몸을 드러낸 형상은 마침내 시의 두 번째 부분의 아름답고 모든 것을 부드럽게 만드는 눈의 형상과 결합된다.

그러나 구름 저편의
천상의 애무로 부드러워진
때론 눈부시도록 희고
때론 연보랏빛인 눈을 나는 사랑한다.

Но люблю ослабелый
От заоблачных нег -
То сверкающе белый,
То сиреневый снег …

안넨스끼에게서 시적 사색 과정의 생략된 고리는 완전히 없어져 버리는 것이 아니며 오히려 그것은 마치 문맥 속으로 옮겨가는 듯 보인다. 독자는 '다 말하여지지 않은' 부분을 의미론적 톤이 이루는 불분명

---

27) (원주) 1909년 "현대 서정시에 관하여"라는 연작의 세 번째 논문에서 안넨스끼는 뽈릭쎄나 쏠로비요바(Поликсена Соловьева)의 시집 《서리》(Иней)에 대해서 다음과 같이 쓰고 있다. "나는 내가 처음으로 시집 《서리》를 읽었을 때부터 지금까지 내 눈 앞에 그려지는 풍경에 대해서 말하겠다. 이제 막 녹으려 하는 약간 어둡고 단단한 눈에는 물이 막 생기려 하고 이 희고 검은 얼룩들 가운데에는 고집스레 붙어있는 벌거벗은 검은 나뭇가지와 파괴된 갈가마귀 둥지가 보인다 … 공기는 살을 에는 듯 온몸으로 비집고 들어가며 푸른빛이다. 하늘은 아예 존재하지 않는다. 그것은 사실 존재하지만 완전히 얼어붙어 어디론가 몸을 데우러 떠나버린 듯하다. 대신 광활한 대지가 펼쳐져 있다. 무언가 순결하고 완전히 비워진 차가운, 그러면서도 반드시 그곳에 있어야 하는 그런 대지가"[〈아뽈론〉, 1909, 3호(Аполлон, 1909, NO.3), 13쪽]. 여기서 인용된 부분의 연상 고리는 위의 시 〈눈〉의 연상 과정과 유사하다.

한 음악적 통일성을 통해 보충하지 않는다. 오히려 푸른 얼음과 극빈의 헐벗음 사이의, 또한 이러한 형상들이 이루는 복합적인 전체와 겨울의 짐(обуза)이라는 심상 사이의 논리적 상관관계에 의해서 그것을 보충해 낸다.

안넨스끼에게는 로망스적 요소나 페뜨적 특성이 많이 발견된다. 그러나 그럼에도 불구하고 보다 눈에 띄는 점은 그의 서정시가 작가 의식을 표현하는 매개가 된다는 점이다. 이는 곧 서정적 주체의 사색과 감정에 직접적으로 의존하기보다, 오히려 그러한 서정적 주체의 사색과 감정을 최대한 축약된 서사와 극적 장면, 혹은 사물과 등장인물의 묘사를 통해 풀어내는 그러한 서정시를 말한다. 자연 묘사 같은 경우, 기존의 시 전통 속에서는 자연이 지나치게 인간과 하나로 결합되어 있어서 인간의 내면세계와는 다른 독자적인 매개물로 받아들여질 수 없었다.

19세기 중후반의 서정시는 결론적으로 송가나 명상, 비가, 희곡이나 로망스로부터 나왔다. 그러나 그것은 또한 그리 길지 않은 서사시나 발라드에도 그 기원을 두고 있으며, 이때 발라드 같은 경우는 동시대 인간을 그리는 '시형식의 노벨라'로 변형되어 갔다. 또한 이와 함께 시 형식을 띤 서술적 글이 서정시적으로 해석되기도 했다. 이러한 과정은 특히 프랑스 낭만주의에서 두드러졌다. 만일 뮈세(Alfred de Musset)[28]

28) 뮈세(1810~1857)는 프랑스의 대표적인 낭만주의 시인. '프랑스의 바이런'이라고도 한다. 어릴 때부터 시를 짓고, 18세 때 위고의 그룹에 참가하였으며, 재기와 우아함으로 인기를 얻었다. 시집 《에스파냐와 이탈리아 이야기》(1830)로 데뷔했으며, 경쾌하고 우아한 시인으로서 유명해졌다. 희곡 〈베네치아의 밤〉(1830)이 오데옹 극장에서 상연되었다가 실패한 후, 주로 상연을 목적으로 하지 않는 희곡을 창작했으며, 〈안드레 델 살트〉〈마리안느의 변덕〉(1833), 〈사랑은 장난으로 하지 마오〉(1834) 등을 썼다. 이 작품들은 오늘날에 와서 그 가치가 재확인되었다. 1833년 여류작가 조르주 상드와 사랑하게 되어 함께 이탈리아로 떠났으나, 그 사랑도 마침내 파탄을 가져와 다음해에 뮈세만 귀국했다. 이 체험을 바탕으로 이른바 '세기의 질병'에 대한 진단서이기도 한 그의 유일한 장편소설 〈세기아(世紀兒)의 고백〉(1836)과, 〈5월의 밤〉, 〈8월의 밤〉, 〈10월의 밤〉, 〈12월의 밤〉의 4편으로 된 〈밤〉(1835~1837)

의 서정시가 말하자면 바이런적인 특성들과의 교차점을 드러내는 세기 초의 비가로부터 나왔다면, 《송가와 발라드》(Odes et ballades), 《동방시집》(Les Orientales) 등을 쓸 당시의 젊은 위고는[29] 이미 상당 부분 위의 두 기원의 중간태적 형식에 경도되어 있었다. 낭만주의적 역사주의나 동방이나 그 외의 모든 종류의 이국적인 것에 대한 경도가 이와 같은 반(半)발라드적이고 반(半)서정시적 경향을 가능하게 했음은 이해가 가는 일이다.

그 후로 고티에와 파르나스 시인들의[30] 유미주의적 시가 등장했다.

연작시와, 〈비애〉(1840), 〈추억〉(1841) 등의 시를 발표했다. 특히 〈밤〉 연작시는 프랑스 낭만주의 시의 걸작으로 불린다.

29) 빅토르 위고(1802~1885)는 프랑스의 낭만주의 시인이자, 소설가, 극작가다. 1817년 아카데미 프랑세즈의 콩쿠르, 이어 1819년 투르즈의 아카데미 콩쿠르에서 그의 시(詩)가 입상하여 시작을 시작했다. 그 해에 형 아베르와 함께 낭만주의 운동에 공헌한 잡지 *Conservateur Littéraire*를 창간했다. 초기의 위고는 왕당파이자 가톨릭적이었다. 이밖에도 그는 《송가와 발라드》(1826), 《동방시집》(1829), 소설 〈아이슬란드의 한〉(1823), 희곡 〈크롬웰〉(1827) 등을 발표했다. 이 시기 프랑스의 낭만주의자들은 그를 중심으로 하여 모여들기 시작했으며, 그는 사실상 낭만주의자들의 지도자가 되었다. 〈크롬웰〉의 서문은 프랑스 낭만주의 문학의 선언이라 할 수 있으며, 그는 고전주의를 비판하고, 고전극의 '삼일치(三一致)의 법칙'을 비판했다. 1830년 7월 혁명이 일어날 무렵부터 위고는 인도주의와 자유주의로 기울어, 시(詩) 〈가을의 나뭇잎〉(1831), 〈황혼의 노래〉(1835), 〈마음의 소리〉(1837), 〈빛과 그림자〉(1840)와 희곡 〈마리옹 드 로름〉(1831), 〈왕은 웃는다〉(1832), 〈뤼 블라〉(1838) 등을 발표했다. 특히 소설에는 불후의 걸작으로 꼽히는 〈노트르담 드 파리〉(1831)가 있다. 1843년 딸 레오포르딘이 남편과 더불어 센 강에서 익사하자, 비탄에 빠져 그로부터 약 10년간 문필을 중단하고 정치에 관심을 쏟았다. 1848년의 2월 혁명 이후는 공화주의에 기울어, 1851년에 루이 나폴레옹(나폴레옹 3세)이 쿠데타로 제정(帝政)을 수립하려고 하자 이를 반대, 결국 망명의 길에 올라, 19년간에 걸친 망명생활이 시작된다. 그 동안 그는 나폴레옹 3세를 비난하는 작품과 철학적 산문들, 그리고 그의 대표적인 장편소설 〈레 미제라블〉(1862)을 비롯한 사회성 짙은 작품들을 창작했다.

30) 테오필 고티에의 시는 처음에는 낭만주의적 색채가 농후했으나 차츰 감정의 시가에서 벗어나 지적이며 냉철한 파르나스파의 시로 넘어간다. 젊은 시절, 빨

고티에의 시집 《칠보와 옥석》이나 에레디아(Jose-Maria de Heredia)[31]

간 조끼의 시인 고티에는 동창생 네르발과 젊은 화가, 시인들을 규합하여 전투적인 낭만파를 조직, 빅토르 위고의 깃발 아래 고전주의 공격에 앞장섰다. 이후 그는 그림을 버리고 문학, 특히 시에 생을 바치기로 결심했으나 생계를 꾸려가기 위해 신문사에 들어가 예술과 연극 비평가로 기사, 잡문, 논설, 신문 단편 소설 등을 쓰기도 했다. 1830년에 발표한 첫 시집 《포에지》를 비롯하여 《알베르튀스》, 《죽음의 희극》, 《스페인》 등이 있으며, 《칠보와 옥석》은 그의 대표작이다. 또한 그는 유럽의 여러 나라를 여행하며 이를 주제로 한 많은 풍물기와 시들을 썼다. 특히 이베리아 반도의 거칠고 햇빛으로 가득 찬 풍경과 스페인 화가들의 그림을 주제로 한 시들은 아름다운 소품들이다. 그는 원래 화가가 되려다 문학으로 옮긴 만큼 시에서 시각을 중요시한 이미지스트였다. 따라서 그는 시를 이루는 말과 형태를 깎고 다듬어 완성된 조형미를 만들어내는 데 전력을 다했다. 자기의 역작이며 중심 작품의 이름을 《칠보와 옥석》이라고 붙인 것에서도 알 수 있듯이 그는 마치 보석의 세공사와도 같이 작은 형상을 아름답게 갈고 다듬어 완전한 형태를 만들기 위해 노력했다. 문학사에 있어 그의 공적은 낭만주의의 무절제한 감정 토로에서 벗어나 시의 아름다움에 인공미를 더하고 아름다운 형태를 창조하려 한 데 있다. 또한 그는 문학에서 예술 이외의 모든 것 즉 사상이나 정치, 노너, 철학, 그 밖의 모든 유용성을 배격한 예술을 위한 예술의 주창자로서, "아무것에도 쓰일 수 없는 것만이 참으로 아름다운 것이다. 유익한 모든 것은 추하다"라고 선언하기도 했다. 이 주장의 정당성은 차치하고라도 그의 이론과 실천은 의외로 많은 예술가와 문인의 호응을 받았고 또 보들레르, 방빌, 플로베르 등에게 큰 영향을 주었다. 특히 그보다 10살 아래인 보들레르는 이 이론의 열렬한 신봉자였다. 보들레르가 그의 유일한 시집 《악의 꽃》을 고티에에게 바치고 그 헌사에서 그를 '완전무결한 시인', '프랑스 문학의 마술사'라고 부른 것은 이와 같은 이유에서다.

31) 쿠바에서 스페인계 쿠바인 아버지와 프랑스계 어머니 사이에서 태어난 프랑스 시인(1842~1905). 어려서 프랑스로 이주하여 상리스에서 중고등학교를 마치고 파리에 올라와 고문서 대학을 수료했다. 이때부터 파르나스파의 거장 르콩트 드 릴을 스승으로 또 친구로 삼고 그가 주재하는 문학 모임이나 그가 주관하는 잡지의 가장 열렬하고 성실한 지지자이며 협력자가 된다. 1893년 그가 51세 될 때 그의 처음이자 마지막 시집 《전승패》가 출판되었다. 이 시집에는 118편의 소네트가 들어 있다. 그 내용은 고대 그리스, 로마, 동양, 스페인, 브르타뉴 지방 등의 역사와 인물, 풍물들을 주제로 한 것이며, 시인은 이러한 주제들을 거의 완벽한 기교와 회화적인 수법을 동원해 표현한다. 그는 고대와 이국적인 정취를 간결하면서도 생생하게 표현했고 아름답거나 극적인

의 소네트에서 서정적 슈제뜨는 자주 한 명의 (역사적, 혹은 이국적) 등장인물에게, 심지어는 하나의 사물에 집중된다(에레디아의 시에서 선호되는 주제는 바로 고대 예술작품이었다).

낭만주의자들의 후예이자 '새로운 시'의 기틀을 마련한 보들레르 역시 이와 같은 유미주의적이고 이국적인 물의 시학으로부터 독특한 결과물을 만들어내었다. 보들레르의 시에는 일상의 사물들뿐 아니라 이국적인 등장인물들과 정취, 가톨릭 미학의 장식물들, 동방의 정경들이 존재한다. 그러나 진정으로 '보들레르적인 것'은 테오필 고티에와 파르나스의 시인들에 의해 만들어진 '아름다운 것'의 시학에서 발견되지 않는다. 그의 시에서 아름다운 것은 무시무시한 것과 결합되며 이것이야말로 보들레르 시세계의 본질이다. 지나치게 비대해진, 도시적이며 때로는 날카로운 사회적 색채를 띠는 그의 산문성 또한 무시무시한 것이다〔보들레르의 이러한 지향을 잘 보여주는 것이 유명한 〈송장〉(Une Charogne)[32]이다〕. 보들레르에게 나타나는 이와 같은 아름다운 것과 무서운 것의 결합은 이후 그의 후계자들에게 전수되며, 그들은 다양한 방식으로 프랑스의 가장 중요한 시인의 자리에 오르게 된다. 랭보는 산문성의 극단으로 나아갔다. 말라르메는 '아름다운 것'을 복잡한 상징들이 벌이는 유희의 대상으로 전락시켰고, 이러한 유희의 과정 속에서 그것의 물질성은 완전히 용해되어 버렸다.

프랑스 서정시에 있어서 서사적인 것, 혹은 묘사적인 것의 개입은 특징적이다. 역사와 이국적인 것이 상징주의 시인들을 서사적인 것을 향해 나아가게 만들었다면, 파르나스 시인들에게 서사성의 지향은 바로 그들의 유미주의나 예술지상주의, 가공된 정연한 형식 추구, 즉, 시적 사색

장면을 그림과 조각과 같이 완전히 재현했다. 이와 같은 그림과 조각의 시는 풍부한 리듬과 잘 다듬어진 형식과 조화되어, 그의 시집은 비록 단 한 권이지만 프랑스 문학의 빛나는 보석이라는 평가를 받게 된다.

32) 긴즈부르크는 이 작품을 인용하며 "La Charogne"라 쓰고 있지만 작품의 원제목을 반영하여 본문에서는 "Une Charogne"로 하기로 한다.

의 특성과 동일한 것으로서 그들의 상응이론에 의해 생겨난 것이었다.

그러나 19세기 후반의 러시아 낭만주의 시는 다른 방향으로 전개되었다. 1800년에서 1820년 사이 융성했던 러시아 비가 시파는 당시 러시아 서정시에 강한 흔적을 남겼다. 이는 그야말로 '매개되지 않은 서정성'[33]을 특징으로 하는 강한 문화적 흐름이었으며, 이들은 러시아 '사상의 시' 전통과 때로 결합하기도, 또 분리되기도 했다. 이때 러시아 '사상의 시' 전통의 정수를 보여주는 것은 뜌체프의 시와 레르몬또프에 의해 심화된 시민적 시였다. 이국적인 요소들의 개입이나, 역사문화적 슈제뜨, 미학화된 물성 같은 요소들은 한 번도 19세기 러시아 시의 주된 흐름이 되지 못했다. 바로 이러한 이유로 브류쏘프의 시에 나타난 앞서 지적된 것과 같은 특성들은 프랑스 파르나스 시인들과 상징주의 시인들로부터 직접 영향을 받은 것으로 간주되었다.

안넨스끼 역시 프랑스 시인들의 영향을 받았다. 그는 특히 이들로부터 상징적 의미를 지니는 하나의 사물이나 서로 밀접한 연관관계를 맺은 사물들의 복합체 속에 서정적 슈제뜨를 집중시키는 법을 배웠다. 그럼에도 불구하고 안넨스끼는 여전히 러시아 문학전통과 프랑스 문학전통 그 어느 것에도 완전히 속하지 않는 독자성을 보여준다. 사물이 부수적인 시적 장식이 아닌 시의 중심이 되는 안넨스끼의 시에서 사물은 단순히 장식적인 것이 아닌, 전혀 정적이지 않으며, 심지어 동적인 어떤 것이 된다.

---

33) 서정시는 본질적으로 서정적 주체의 감정이 여과 없이 직접적으로 드러나는 것이며 따라서 여기에는 서사성이 개입될 여지가 없다. 이는 서정적 주체가 일정한 감정을 느끼는 순간과 그것을 표출하는 시간이 서정시에서 일치하기 때문이며, 바로 이것이 서정시를 서사와 분리하는 지점이다. 그러나 위의 프랑스 시의 발전과정을 통해 긴즈부르크는 서정시에 침투해가는 서정적 주체와 서정적 주인공들 간의 거리, 그로 인한 지각의 순간과 표현의 순간 사이의 분리를 지적하고 있으며, 이것이 곧 서정시에 서사성이 개입되는 부분이기도 하다. 서사는 기본적으로 시간성을 전제로 하며 서사성의 침투에 의해 서정시는 서정성 고유의 직접성을 상실하고 중간적인, 서사가 개입된 매개적 장르로 변화하게 된다.

바이올린, 손풍금, 자명종, 고장난 시계, 밝게 타고 있는 램프의 심지, 바람이 빠지는 어린이용 공 같은 안넨스끼 시의 사물들은 움직이는 것이며, 따라서 이러한 사물들은 끊임없이 그것이 외부세계와 맺고 있는 관계를, 또한 그것과 조응하는 내면세계, 심리적인 세계와의 관계를 새롭게 한다. 이처럼 사물들이 이루어내는 슈제뜨의 움직임을 통해 인간의 내면에 대한 서정적 성찰이 이루어진다. 또한 이는 일반화된 감정의 공식에 의해서라면 다분히 지나치게 추상화된 진부한 것이 될 위험을 안고 있는 심리묘사에 있어서, 우수나, 공포, 환멸, 창조의 기쁨 같은 각각의 심리적 상태들을 상세하고도 구체적으로 그려내는 것을 가능하게 한다.

안넨스끼의 첫 독창적 시집인 《고요한 노래》는 시인의 앞으로의, 그리고 상당히 뒤늦은 전성기를 예고하는 것일 뿐이었다. 안넨스끼 시작의 최고봉은 그의 시집 《삼나무 함》(Кипарисовый ларец) 이었다. 그의 시의 독창성은 이 시집의 구조 그 자체에 매우 분명하게 드러나 있다.

《삼나무 함》은 그가 죽은 뒤(1910) 그의 아들, 발렌띤 끼르비츠(Валентин Кирвич)에 의해 출판되었다. 자신의 아버지에 대한 회상에서 끼르비츠는 다음과 같이 쓰고 있다. "이 시집에 대한 대략적 구상은 이미 수차례 이루어졌다. 그러나 최종적인 선집의 구성은 결정되지 못하고 계속 미루어졌다. 뻬떼르부르크로부터 좀 일찍 돌아오게 된 어느 날 나는 본격적으로 이 책에 착수하고자 했다. 어떤 시는 아예 다시 써야했다. 또 어떤 것들은 대조하고 확인해야 했으며, 때로 일부를 재배열해야 하기도 했다. 이러한 과정에 대해서 나와 아버지는 많은 이야기를 나누었으며, 따라서 나는 이를 위해 필요한 모든 교시를 가지고 있었다 … 아버지는 막차를 타고 돌아오시기로 되어 있었고, 나는 꼭 이미 그날로 아버지에게 완성된 형태의 책을 보여드리고 아버지의 의견을 물을 수 있을 것만 같았다."[34]

바로 이 1909년 11월의 저녁에 인노껜띠 안넨스끼는 짜르스꼬예 셀로

역 입구에서 갑작스러운 죽음을 맞이한다.

결국 시집 《삼나무 함》은 작가의 마지막 교정 과정을 거치지 못했다. 끼르비츠가 최종적으로 시집 내용을 재배치할 때 그만의 고유한 특성들이 포함되었을 수도 있다. 그러나 분명한 것은 적어도 '삼엽 구조'나 '양면 구조'와 같은 복잡한 체계가 끼르비츠의 것은 아니라는 사실이다.

안넨스끼의 시를 매우 높이 평가하면서 브류쏘프는 자신의 평론에서 이러한 구조에 대해 다음과 같이 쓰고 있다. "안넨스끼의 두 번째 시집이자 그의 유작인 이 작품집은 의도적으로, 심지어 작위적으로 '삼엽 구조'(시가 세 편씩 묶여 있는 구조)나 '양면 성상화'(두 편씩 묶여 있는 구조) 형태로 재배치된 수백 편의 시들을 포함하고 있다."[35] 이 시집은 매우 고의적으로 짜여있다. 25개의 작은 연작시들이 '세 편씩 묶여 있는 구조'를 따른다. 여기에 포함된 시들 사이에는 때로 직접적인 의미 연관성이 존재하기도 한다. 예를 들어 〈기차간에서의 세 편의 시〉(Трилистник вагонный) 혹은 〈우수의 세 편의 시〉(Трилистник тоски) 라는 제목의 연작에는 〈잦아든 뇌우의 우수〉(Тоска отшумевшей грозы), 〈잊히지 않는 기억의 우수〉(Тоска припоминания), 〈흰 돌의 우수〉(Тоска белого камня) 라는 제목의 세 편의 시가 포함되어 있다. 때로 이러한 세 잎 구조를 이루는 시들의 통일성은 연상의 연관성에 의거한다. 예를 들어 〈불꽃의 세 편의 시〉(Трилистник огненный) 에서는 의미론적 연쇄가 첫 작품인 〈자수정〉(Аметисты) 으로부터 두 번째 시인 〈청동의 태양〉(Медное солнце) 으로, 그리고 세 번째 시인 〈태양빛의 크

---

34) (원주) 발렌띤 끼르비츠, "가족의 회상록과 수고본 자료들을 통해 본 인노껜띠 안넨스끼", 〈문학 사상〉, 1925, 3호(Валентин Кирвич, "Иннокентий Анненский по семейным воспоминаниям и рукописным материалам", Литературная мысль, 1925, NO. 3), 208~209쪽.

35) (원주) 브류쏘프, 《먼 것과 가까운 것》(В. Брюсов, Далекие и близкие. М., 1912), 159쪽.

리스탈〉(Солнечные хрустали)로 이어져 있다. 이러한 세 편을 하나로 하는 구조로 이루어진 작품 중에 어떤 경우는 억지를 부리지 않고는 연관관계를 정립하는 것이 불가능한 경우도 있다.

그러나 여기서 중요한 것은 안넨스끼가 (그리고 끼르비츠가) 얼마나 훌륭하게 이 책의 정교한 구조를 완성하고 있는가 하는 문제가 아니다. 우리에게 보다 중요한 것은 다른 것, 즉, 《삼나무 함》 전체 구조에 있어 여전히 그 기저를 이루고 있는 모든 사물과 세계의 현상들 간의 긴밀한 상응과 유비, 상호 연관성의 사상이다. 이러한 개념을 안넨스끼는 모든 시의 외적 관계로서 표현하고자 했다. 이는 당연히 그의 시 구성의 인위성을 낳았다. 브류쏘프의 지적은 옳았다. 그러나 자신의 평론에서 브류쏘프는 《삼나무 함》에 포함된 시들을 연결하는 안넨스끼의 시적 사색의 고유성 역시 언급하고 있다. 브류쏘프는 다음과 같이 말한다. "그는 전혀 이질적인 것으로 보이는 사물들 사이의 관계를 창조해내는 묘한 유비를 통해 자신의 사색을 전개시켜 나간다."

블로끄의 서정시에서 주제나 문체적 톤이 상이한 각각의 흐름은 하나로 흘러들어 거대한 전체를 이룬다. 반면 안넨스끼에게서는 그 규모가 다르다. 그는 《삼나무 함》에서 말 그대로 하나의 문맥을 창조하고자 했다.

비이성적인 것과 무의식적인 것에 대한 관심에도 불구하고 안넨스끼는 지적인 시인이다. 시에서 지성은 슈제뜨 자체에 구현되어 드러나는, 인식하는 사고 활동이다. 이 발현된 사고의 측면에서 안넨스끼는 보들레르에, 또 브류쏘프에 가깝다. 블로끄에게서 인식하는 사고는 일반적으로 작품의 시적 조직 깊숙이 침잠해 있다. 물론 항상 그런 것은 아니다. 이것은 〈얌쁘〉에는, 대체로 마지막 시기의 많은 시에는 관련되지 않는다.

안넨스끼에게서 지적인 성향은 19세기 러시아 시로부터 물려받은 날카로운 로망스적 서정성과 나란히 존재하며, 이러한 서정적 힘을 제어한다.

서정성을 직접적으로 드러내는 작품 속에서 서정적 사건은 마치 작가적 나의 경계를 벗어나 역사적 사건과 개인, 드물지 않게는 하나의 대상의 슈제뜨 구조 속에 닫혀지려는 것처럼 보인다(이것은 하나의 시가 연작

시의 문맥 속에서 하나의 연결고리가 되는 것을 방해하지 않는다). 이러한 경향에 특징적인 것은 (이는 특히 프랑스 시인들에게서 두드러지는 경향인 바) 제목의 풍부함과 그것의 슈제뜨성이다. 가장 순수한 형태의 서정시가 자주 제목을 가지지 않는 것과는 대조적이다. 예를 들어 페뜨의 많은 시에는 제목이 없다. 또한 〈아름다운 여인에 관한 시〉 연작에 속한 대부분의 시 역시 제목을 가지지 않는다.

《삼나무 함》은 끊이지 않는 흐름을 따라 전개되는 서정적 기록들과는 정반대의 구조를 보여준다. 이 책 전체의 공통된 맥락은 각각의 시의 완결된 구조들의 집적으로 이루어진다. 《삼나무 함》에서 제목의 의미론이 중요한 것은 이 때문이다. 각각의 시 제목뿐 아니라, 삼엽 구조나 양면 구조로 이루어진 연작들의 제목 역시 중요한 요소로서 그러한 제목이 붙여진 시들을 이해하는 열쇠가 된다. 이러한 시도가 항상 성공적인 것은 물론 아니다. 때로는 너무 억지스러워 보이는, 그저 제목에 대한 원칙을 고수하고 있다는 사실 외에는 별다른 필요성을 느끼지 못하는 그런 제목도 있다. 또한 동어반복적인 제목 역시 존재한다. 예를 들어 〈우수의 세 편의 시〉 연작을 이루는 세 편의 시는 모두 '우수'라는 단어를 제목에 포함한다. 죽음과 장례에 관한 시들로 이루어진 〈세 편의 장송곡〉(Траурный трилистник) 이나 〔세 편의 시 〈역의 우수〉(Тоска вокзала), 〈열차에서〉(В вагоне), 〈겨울 기차〉(Зимний поезд) 를 포함한〕 〈기차간에서의 세 편의 시〉 역시 마찬가지다. 실제로 작품 이해의 열쇠가 되며, 특정한 의미론적 요소들을 활성화시키는 제목도 있다. 예를 들어 〔세 편의 시 〈자명종〉(Будильник), 〈강철 매미〉(Стальная цикада), 〈검은 실루엣〉(Черный силуэт) 을 포함한〕 〈운명에 관한 세 편의 시〉(Трилистник обреченности) 나 〈양귀비꽃〉(Маки), 〈활과 현〉(Смычок и струны), 〈삼월에〉(В марте) 로 이루어진 〈유혹의 세 편의 시〉(Трилистник соблазни) 가 그러하다. 이 경우 제목은 세 부분으로 이루어진 작은 연작의 각 시 사이에 존재하는 관계를 드러낸다.

제목에 대한 필요는 슈제뜨성과 연관된다. 의미론적 단위의 교체와 상관관계를 슈제뜨라 정의한다면 모든 서정시는 슈제뜨를 갖는다 할 수 있겠지만, 여기서 서정시의 슈제뜨성이라 할 때의 슈제뜨란 서정시에 나타나 있는 서사적 요소 혹은 작품에 등장하는 인물과 사물들의 매개적 의미를 지칭한다.

안넨스끼에게서 서정적 사건은 서사적인 외피를 지니지는 않는다. 그에게서의 슈제뜨성은 외적 세계와 내적 세계 사이의 결합과 분열 속에, 자신 속에 반영된 영혼의 역동성과도 유사한 물 자체의 역동성 속에 존재한다. 안넨스끼의 시에서 이러한 상호관계는 다양한 방식으로 구현된다. 〈활과 현〉, 〈낡은 아코디언〉(Старая шарманка) 같은 시에서 관계는 명백히 상징적이다. 물은 우의적으로 인간을 대체하고 그로 인해 인간적인 특성을 지니게 된다.

"그렇지? 더 이상 우리 헤어지지
않는 거지? 좋지? …"
바이올린은 '그렇다'고 답했다.
그러나 바이올린은 마음이 아팠다.

"Неправда ль, больше никогда
Мы не расстанемся? довольно? …"
И скрипка отвечала "да",
Но сердцу скрипки было больно.[36)]

이러한 특성은 시 〈천천히 떨어지는 물방울의 우수〉(Тоска медленных капель)에서도 찾을 수 있다.

고요한 잠 못 이루는 밤
나는 그것의 금속성 소리를 기다릴 수 없다!
외로운 촛불의 심지는
애수에 잠긴 채, 깜박이면서 타오른다.

36) 이 시는 〈활과 현〉에서 인용된 것이며, 인용된 부분의 화자는 바이올린을 만난 '활'이다. 여기서 활과 바이올린에는 인간적인 감정과 영혼의 움직임이 부여되어 있다.

그리고 어둠 속에서 녹아내리는 두 삶의
절망적인 관계를 알게 된 나는
나 역시 녹아내리면서
이상한 결혼 속에 현존해야만 함을 느낀다.

В недвижно-бессонной ночи
Их лязга не ждать не могу я:
Фитиль одинокой свечи
Мигает и пышет тоскуя.

И мнится, я должен, таясь,
На странном присутствовать браке,
Поняв безнадежную связь
Двух тающих жизней во мраке.

이러한 유형의 시에서 상징성은 때로 이미 단일 의미적 알레고리성을 넘어서려 한다.

이와는 반대로 사물들이 그것에 고유한 물성을 그대로 유지하고 있는 일련의 시 역시 존재한다. 이때 사물들은 영혼의 움직임에 병행하면서 그것의 속성을 표현하는 기능을 한다. 예를 들어 시 〈발라드〉(Баллада)가 그러하다.

뒤로는 단지 폐가만이 …
노랗고 또 미끄럽다 … 발코니에는
캔버스가 걸려 있다. 거기선 아무 쓸모없는 … 그러나 잽싸게
다알리아는 그것을 망가뜨려 버렸다.

"고이 잠들길 …" 그리고는 초췌한 이들은 비틀거렸다.
슬픔의 가면무도회가 그들을 지치게 했다 …
파괴된 폐가의 노란 개는
꼬리로 전나무 가지들을 치면서 짖고 있었다 …

Позади лишь вымершая дача …
Желтая и скользкая … С балкона
Холст повис, ненужный там … но спешно,
Оборвав, сломали георгины.

"Во блаженном…" И качнулись клячи:
Маскарад печалей их измаял…
Желтый пес у разоренной дачи
Бил хвостом по ельнику и лаял…

이 모든 것은 자신의 본래적인 산문적 본질을 가장 깊은 곳으로부터 변화시키는 영혼의 극적 사건을 구체적으로 묘사한다. 그러나 안넨스끼의 시적 사색에 있어서 무엇보다 특징적인 것은 사물과 인간 간의 관계의 세 번째 유형이다. 사물은 인간과 동행하지도, 그를 우의적으로 대신하지도 않는다. 오히려 그것은 그 자체로 남겨진 채로 마치 인간을 그대로 반복하는 것처럼 보인다. 안넨스끼의 가장 독창적인 시들은 바로 이러한 식으로 쓰였다. 〈강철 매미〉는 바로 그러한 예다.

나는 그것이 돌아올 것이라는 걸
그리고 나와 함께 할 것이라는 걸 알았다. 우수가
그것은 달그닥거리며 시계공의 문으로
몸을 감싼다.

강철 심장의 떨림은
날개 비비는 소리를 내면서
그것을 향해 문을 열어주었던 이와
합쳐졌다가는 또다시 멀어진다.

매미는 지칠 줄 모르고
탐욕스럽게 날갯짓 한다.
행복이 가까이 와서 기쁜 것인지,
고통의 끝을 부르는 것인지…

Я знал, что она вернется
И будет со мной-Тоска.
Звякнет и запахнется
С дверью часовщика…

Сердца стального трепет
Со стрекотаньем крыл
Сцепит и вновь расцепит

Тот, кто ей дверь открыл …

Жадным крылом цикады,
Нетерпеливо бьют:
Счастью ль, что близко, рады,
Муки ль конец зовут? …

이것은 도대체 무엇인가? 수리 맡겨놓은 시계의 메커니즘인가, 아니면 인간의 우수에 찬 심장인가? 둘 다다. 이 두 가지는 분신관계를 이룬다.[37)]

〈진자의 우수〉(Тоска маятника)에서 역시 마찬가지이다. 또한 그의 시 〈죽음〉(Умирание, 바람 빠진 어린이용 풍선에 관한 시)에서는 이러한 원칙이 그 어떤 합리적인 정확성과 함께 드러나 있다.

머리 위에 간신히 살아 있는
그 검붉은 풍선이
단단한 바닥 위의
나처럼 될 때까지 버틸 수 있었으면 …

Только б тот, над головой,
Темно-алый, чуть живой,
Подождал пока над ложем
Быть таким со мною схожим …

지나친 도식성은 안넨스끼 시에 나타나는 이러한 사물과 심리의 상응관계를 위협했을 수도 있다. 혹여 도시 문명을 구성하는 사물들과의 강한 결속감이 아니라면. 도시의 시대의 시인에게 이러한 결속감은 그의 선배 시인들이 그토록 가깝게 여겼고 공감하였으며 유사성을 발견하였던 자연과의 관계만큼이나 중요한 것이었다.

---

37) (원주) 안넨스끼가 고티에의 《에나멜과 카메오》(Эмаль и камеи)에 수록된 멈춰버린 시계에 관한 시[〈시계〉(La montre)]를 알고 있었음은 의심의 여지가 없다. 그러나 이러한 동일한 주제에 대해 안넨스끼는 전혀 다른 해석을 보여준다.

19세기 말과 20세기 초의 경계에 선 대부분의 러시아 시인들처럼 안넨스끼는 페뜨에게서 지각의 구체성을 배웠다. 그러나 페뜨에게서 사물의 세부는 자연 자체의 속성이거나, 그것이 아니라면 적어도 자연 속에 비집고 들어간 시골 저택의 삶에 부여된 속성이었다. 도시의 삶, 그리고 그에 관련된 모든 것은 페뜨에게 있어서 이미 추하고 저열한 삶, 시의 영역 너머의 삶을 의미했다.

브류쏘프와 달리, 그리고 블로끄와 유사하게 안넨스끼는 19세기 러시아 서정시의 시골 저택의 (안넨스끼에게서 이것은 이미 자주 교외의 집, 혹은 다차[38] 이다) 삶의 특성들을 여전히 보존한다. 동시에 그는 이미 현대인이란 곧 도시인을 의미한다는 것 역시 알고 있었다. 이 두 가지 근원이 안넨스끼의 시 속에 공존할 수 있는 것은 그의 시 속에서 이미 상당 정도(루소의 사상에 기원을 둔) 자연과 문명 간의, 또는 자연과 (정당하지 않게 구조화된) 사회적 삶 간의 낭만주의적 대립이 사라졌기 때문이었다. 안넨스끼의 시 체계 속에서 (3월의 대지, 달빛 비치는 테라스, 정원의 양귀비꽃이 있는) 시골의 대저택은 도시와 마찬가지로 인간 존재의 구체적 조건일 뿐이었으며, 따라서 이들은 모두가 인간의 영혼의 삶에 대한 상징이 될 수 있는 동등한 자격을 지닌 것이었다.

신화창조와 시는 예로부터 자연에 영혼을 불어넣었고, 그것을 인간과 유사한 것 혹은 닮은 것으로 변화시킴으로써 인간과 결합하려 했다. 이제 이러한 과정이 도시적 삶을 구성하는 사물들로까지 퍼지게 되었다. 그것 역시 영혼의 풍경이, 영혼과 닮은 어떤 것이 되었다. 그러나 완전히 인간에 가까이 다가가기 위해 도시의 세계는 그것의 거대성을 탈각하고 각각의 개별적 사물로 축소되어야만 했다. 안넨스끼의 도시주의(урбанизм)는 따라서 일종의 소(小)도시주의(микроурбанизм)가 된다. 베르하렌의 경우 그의 〈탐욕의 도시〉(Les Villes tentaculaires)[39] 연작을 구성하는 핵심

38) 통나무집에 텃밭이 딸린 주말 별장.

39) 러시아어로 город-спрут(문어와 같은 도시)로 번역되는 이 시집의 원제는 Les Villes tentaculaires(The Tentacular Cities)로서 여기서는 '탐욕의 도

적 시들 각각은 다양한 요소로 이루어진 복잡한 화폭과도 같아 보인다. 연작시 전체는 대도시의 삶을 구성하는 모든 요소를, '도시의 영혼', '성당', '항구', '공장', '거래소'를 아우른다. 이와 동시에 베르하렌에게는 도시의 삶으로부터 도려낸 개별적인 장면 역시 존재한다. 예를 들어 〈산책하는 여인들〉(Les promeneuses) 이나 〈극장〉(Les spectacles) 같은 시에서 그러하다. 도시적 일상의 대상, 개별적인 사물은 베르하렌 시의 주제가 될 수 없었다.

베르하렌의 영향을 받은 브류쏘프는 부분적으로 이미 도시주의적인 디테일 묘사를 향해 나아갔다(길이가 긴 작품들뿐 아니라, 〈파리〉(Париж), 〈창백한 말〉(Конь блед), [40] 〈군중에게 영광을〉(Слава толпе) 등의 작품에서도 이러한 경향이 나타난다).

> 혼자 앉아 있노라면, 방안엔 어두움 내려앉을 때
> 그리고 누군가 등 뒤에서 한참 동안 음계를 연주하고 있을 때면
> 갑자기 가로등이 켜지고, 빛은, 창문을 관통하여
> 벽 위에 두 개의 창틀의 형상을 그려낸다.
>
> Когда сижу один, и в комнате темно,
> И кто-то за стеной играет долго гаммы, —
> Вдруг фонаря зажгут, и свет, пройдя в окно,
> Начертит на стене оконные две раммы…

1898

시'로 옮겼다.

40) 브류쏘프의 시 〈창백한 말〉(Конь блед) 은 요한계시록에 등장하는 네 말 중의 하나로 죽음을 상징한다. 브류쏘프는 요한계시록 6장 8절에서 가져온 제사 И се конь блед и сидящий на нем, имя ему Смерть("내가 보매 청황색 말이 나오는데 그 탄 자의 이름은 사망이니") 로 자신의 이 시를 시작하고 있다. 한국어 성경에서는 '청황색 말'로 번역하나, 본문에서는 영어와 러시아어의 원래 의미에 의거하여 '창백한 말'로 옮겼다. 이 작품은 상징주의자들의 찬사를 받은 작품으로 브류쏘프가 이전의 러시아 시인들이 보여준 느리고 전원적인 시간과는 다른 차원의 시간의 형상을 제시하며 도시 문명과 그 속에서의 새로운 삶의 긴장감을 표현한 것으로 간주된다.

이 시에서 잘게 쪼개어지고 세밀화된 도시의 풍경은 분명 묘사적인 성격과 관련되는 부분이다. 다양한 요소가 겹겹이 쌓여 도시적 삶의 서정적 소우주를 이루어낸다. 안넨스끼 역시 하나의 사물, 혹은 서로 연관된 한 무리의 사물들에 집중한다. 물에게 부여된 명백히 상징적인 개념은 그것의 선택의 폭을 좁히고 제한한다. 안넨스끼는 악기와 시계, 진자가 가지는 본래적 상징성으로부터 완전히 떠날 수 없었고 또 떠나고자 하지 않았다. 그러나 동시에 새롭고 도시적인 시인의 의식은 영원한 상징들을 기계문명 프리즘을 통해 변형시킨다. 물론 이때 안넨스끼 시에서의 기계문명이란 지금 우리의 관점에서뿐 아니라, 20세기 초반 당대적인 척도에서도 역시 매우 초보적인 것일 수 있지만 말이다.

예를 들어 시간을 측정하는 시계라는 영원한 주제는 자명종의 메커니즘으로 구현된다. 자명종의 기술이란 다소 나이브해 보이지만, 바로 그것이 이러한 주제를 안으로부터 새롭게 재구축해낸다. 이는 더 이상 과거와 지나간 것, 시간의 가혹한 흐름에 대해 말하는 것이 아니다. 이것은 오히려 다가오는 미래, 앞으로 도래할 비인간적인 기계화의 시대를 마주한 시인의 공포를 형상화한다.

못에 걸린 채로
온통 연관성 없는 구절들로 이루어진
지루한 이야기는
공연히 그 끝을 찾는다.

누군가의 미납금에 대한
간접화법의 헛소리 …
아직 다가오지 않은 시간의
슬픔의 지루한 중얼거림,

이별의 눈물도
하늘의 싸늘함도 없는 곳,
심장은 고통의 측정기이자
기적의 기계인 곳 …

그리고 무료하게 삼십분을
용수철을 주무르면서,
우습고도 잉여적인 아름다움이
숨어 있는 그 곳에서.

Цепляясь за гвоздочки,
Весь из бессвязных фраз,
Напрасно ищет точки
Томительный рассказ,

О чьем - то недоборе
Косноязычный бред …
Докучный лепет горя
Ненаступивших лет,

Где нет ни слез разлуки,
Ни стылости небес,
Где сердце - счетчик муки,
Машинка для чудес …

И скучно разминая
Пружину полчаса,
Где прячется смешная
И лишняя Краса.

낡은 아코디언 역시 시에서 새로운 사물은 아니다. 그러나 안넨스끼는 이러한 주제에 일종의 기계주의적 색채를 입힌다.

낡은 아코디언만을 차갑게 만들었을 뿐
그녀는 5월 해질녘의 황홀경 속에서
끈적이는 회전축만을 빙빙 돌리고 누르면서도
감히 사악한 무례를 범치는 못한다.

그리고 회전축에 매달린 채로도
그것을, 아무 일도 하지 않는 그것을 이해하지 못한다.
회전의 고통으로부터의 가시들 위에
노년의 괴로움이 자라고 있다는 것 역시도.

Лишь шарманку старую знобит,
И она в закатном мленьи мая
Всё никак не смелет злых обид,
Цепкий вал кружа и нажимая.

И никак, цепляясь, не поймет
Этот вал, что не к чему работа,
Что обида старости растет
На шипах от муки поворота.

기계의 움직임 과정에 대한 묘사는 여기서 고통의 형상을, 그리고 그러한 형상의 계속성과 물질성을 창조해낸다.

매달린 채(цепляясь), 회전축(вал), 가시들(шипы) 같은 단어들은 산문체인가? 이것들은 물론 비문체적인 말, 곧 산문체다. 그러나 안넨스끼의 시 체계 속에서 그것들은 고유의 어휘적 색채를, 그것의 일상어의 흔적들을 잃게 된다.

물론 문학적 주제에 관한 논문에서 안넨스끼는 상징주의적 상용어구들은 널리 사용했다. 그러나 그의 가장 성숙한 시기의 작품들의 방법론을 규정하는 시적 세계지각을 본다면 안넨스끼는 이중적이지 않다. 따라서 그의 시에서, 특히 후기 시에서 산문체는 무언가 이질적인 요소로 지각되지 않는다. 오히려 그것은 미학적 효과를 지니는 필수불가결한 것이다. 안넨스끼에게서 이는 이미 정상적인 시적 질료들이며, 따라서 그다지 두드러지지 않는, 어떤 경우에도 그의 고상한 시적 형상에 대립되지 않는 것들이다.

고통 없이 노래할 수 없다는 것이
과연 계속 돌고 있는 그것의 노래를 멈출 수 있겠는가? …

Разве б петь, кружась, он перестал
Оттого, что петь нельзя, не мучась? …

19세기의 낭만주의적 의식에 있어 그토록 소중했던 낮은 것으로부터 높은 것으로, 높은 것으로부터 낮은 것으로의 급격한 이행 위에서 이루어지는 유희는 이 시의 그 어디에도 존재하지 않는다.

이제 시인에게 있어 사물의 가치를 재는 (동시에 단어의 문체적인 위상을 측정하는) 척도가 되는 것은 그러한 사물들이 인간의 영적인 고통이나 기쁨과 맺고 있는 상징적인 관계이다. 가시(шипы)와 악기의 현(струны)은 모두가 중요한 영혼의 사건의 기호가 되고 있으며, 따라서 전자는 후자보다 낮은 문체의 단어가 되지 않는다. 두 단어 모두 다분히 시적인 단어가 될 수 있다.

안넨스끼가 작가와 기관차의 대화를 서정적인, 심지어 페뜨적인 방식으로 쓸 수 있었던 것은 바로 이러한 전제로부터 기인한다.

우리는 간이역에 있었다,
우리는 이 밤에 의해 잊혀졌다.
숲 속의 초원 위의
이 고요한 달빛의 밤…
꿈인가, 아니면 현실인가?
우리가 간이역에 있다는 것이
그리고 밤에 의해 잊혀졌다는 것이.
지친 기관차여
너는 너무 멀리 왔구나!
나무판은 창백한 황색,
은빛 황색을 띠고,
철로 위의 침목에는
죽은 듯 녹은 서리가 달라붙어 있다.
지친 기관차여
너는 이미 그곳으로 와버린 것인가?
달빛 속의 평온함,
아니면 이것이 모두 몽상인가
이 그림자와, 이
기관차의 숨결이,
그리고 진주와도 같은 달빛 아래
은색으로 물든,
무너진 그림자 위의
필요도 없을 손전등을 든

이 길고 검은
역의 경비원이.
딸랑딸랑딸랑… 그러고는 지나간다.
이 몽상과도 같은 풍경을.
되돌릴 수도 없이,
돌이킬 수도 없이
끝까지 다 부르지 못한
그리고 어디선가 간신히
들릴 듯 말 듯 느껴지는 이 몽상을.

Мы на полустанке,
Мы забыты ночью,
Тихой лунной ночью,
На лесной полянке…
Бред - или воочью
Мы на полустанке
И забыты ночью?
Далеко зашел ты,
Паровик усталый!
Доски бледно - желты,
Серебристо - желты,
И налип на шпалы
Иней мертво - талый.
Уж туда ль зашел ты,
Паровик усталый?
Тишь - то в лунном свете,
Или только греза
Эти тени, эти
Вздохи паровоза
И, осеребренный
Месяцем жемчужным,
Этот длинный, черный
Сторож станционный
С фонарем ненужным
На тени узорной?
Динь - динь - динь - и мимо,
Мимо грезы этой,
Так невозвратимо,
Так непоправимо
До конца не спетой,

И звенящей где - то
Еле ощутимо.

산문체는 여기서 서정적 문맥 속에 녹아든다. '은빛 황색'으로 빛나는 나무판(доски)이나 서리로 덮여 있는 철로 위의 침목은 그것의 상징적 잠재력의 측면에서 숲속의 초원(лесная полянка)이나, 그림자(тени), 달빛(лунный свет)과 동등하다. 소(小) 도시주의는 자연의 섬세한 서정시와 결합하고, '기관차의 숨결'(вздохи паровоза)이라는 표현은 '이것'(эти)이라는 반복되는 대명사와 결합함으로써 바로 페뜨의 다음과 같은 작품을 환기시킨다.

어두워지지 않는 이 아침 노을,
밤의 마을의 이 숨결,
  잠들지 않는 이 밤,
침상의 이 어둠과 열기
이 경쾌한 리듬과 이러한 트릴들,
  이 모든 것이 봄이다.

Эти зори без затменья,
Этот вздох ночной селенья,
  Эта ночь без сна,
Эта мгла и жар постели,
Эта дробь и эти трели,
  Это всё - весна.

19세기 말에서 20세기 초반의 도시주의에 전형적인 철도의 주제를 안넨스끼는 세밀하게 다룬다.

아, 영원한 일상의 전야
권태의 끈적이는 침(針) …
대낮의 뜨거운 폭염 속
역의 소음과 색채 …

반쯤 죽은 파리들은
틀어막은 끼오스끄 안에서,

흘러넘친 석회 속에서
눈멀고, 탐욕스러우며, 또 귀먹었다.

빛바랜 녹색의 깃발,
한 쌍의 백색의 폭발,
그리고 부름에 대답 없는
멀리서 들리는 나팔소리.

또한 이별의 엠블렘은
바람맞은 만남의 약속 안에 존재하며 —
외팔이 차장은
시계 옆에서 기다림에 잠겨 있다…

〈역의 우수〉

О, канун вечных будней,
Скуки липкое жало…
В пыльном зное полудней
Гул и краска вокзала…

Полумертвые мухи
На забитом киоске,
На пролитой известке
Слепы, жадны и глухи.

Флаг линяло - зеленый,
Пара белые взрывы,
И трубы отдаленной
Без отзыва призывы.

И эмблема разлуки
В обманувшем свиданьи -
Кондуктор однорукий
У часов в ожиданьи…

"Тоска вокзала"

베르하렌의 러시아어 번역에 대한 평론에서 블로끄는 어떻게 '우수라는 괴물이 시간표를 따라 포효하는지'에 대해 회고했다. 이때 이것은 철도라는 주제의 대우주이다. 반면 안넨스끼는 이것의 일종의 소우주를 제시한다. 이때 묘사되는 대상의 세세함과 정밀함은 석회 속에 굳어져 버린 파리의 형상에까지 이른다. 그의 시 속 물들의 디테일이 보여주는 날카로움은 놀랍다. 그러나 안넨스끼의 시는 전혀 묘사적이지 않다. 사물 그 자체는 시인의 관심을 끌지 못한다. 그에게 의미 있는 것은 인간과의 관계 속에 놓인 사물이다. 사물은 영혼의 경험의 표시인 바, 심리적 움직임은 마치 인간을 둘러싼 물질적 환경과 동화되는 것처럼 보인다.

틀어막은 끼오스끄 안의 파리를, 또 특히 외팔이 차장을 독자는 현실로 받아들인다. 즉, 그들은 이것을 시인이 생각해 낸 것이 아닌, 그가 본 것으로, 그러나 동시에 비유(подобие)로 본 것으로 간주하는바,

또한 이별의 엠블렘은
바람맞은 만남의 약속 안에 존재한다.

И *эмблема* разлуки
В обманувшем свиданьи …

이제 이것은 바로 실제로 본 것의 상징적 의미에 관한 것이 된다.

여기서 사물들은 움직임 없는 것의 우수(憂愁)를 그리는 기호들이다. 이때의 우수는 노골적일 정도로 구체적이지만 또한 동시에 매우 넓다. 왜냐하면 그것은 '영원한 일상'(вечные будни)의 우수, 어디가 되었든 그것으로부터 빠져나가야 하는, 기계적이고 비인간적이며 영혼이 없는 그런 움직임이라 하더라도 그러한 움직임으로의 출구가 필요한 그런 우수이기 때문이다.

움직이지 않는 점보다
나뭇잎 한 장의 졸음 위로의
한낮의 떨림보다
더 지겨운 것이 있을까 …

그 무엇인가가, 그러나 이것은 아닌 어떤 것이 …
그렇다면 이리로 기어오라. 너는 그래야만 한다.

네가 아무리 뜨겁다 하더라도, 아무리 더럽혀졌다 하더라도
상관없다. 너는 이것이 아니다!

Есть ли что - нибудь нудней,
Чем недвижная точка,
Чем дрожанье полудней
Над дремотой листочка …

Что-нибудь, но не это …
Подползай - ты обязан;
Как ты жарок, измазан,
Всё равно - ты не это!

날카로운 시적 시선은 나뭇잎 위로 흐르는 대낮의 공기의 떨림을 구별해낸다. 이러한 디테일은 매우 많다. 각각의 디테일은 서로 상이하며, 또 갑작스레 서로 교차한다(나뭇잎의 졸음, 더럽혀진 기관차, 또 줄무늬의 소파 커버). 현란한 상응은 다양하게 전개되면서 권태와 일상, 부동성 같은 옛 주제들을 새롭게 한다.

그렇다면 왜 하필 파리는 눈멀고 귀먹은 것인가? 귀먹은 파리는 무엇인가? 형식적으로 눈멂과 귀먹음은 파리와 관련된다. 그러나 시적으로 이는 주어진 맥락 속에서 일상의 부동성에 의해 억눌린 의식을 가리킨다. 기관차는 이러한 모든 것, 즉, 부동성의 고통에 대한 심리적인 반대급부다. 이 모든 고통은 시의 조각나고 걸려 넘어질 듯한 통사 안에 홀로 위치해 있는 대명사 이것(это)으로 수렴된다.

'여운'의 시학, 즉 논리적 단절과 갑작스러운 비유의 시학은 안넨스끼에게서 영혼의 상태에 대한 시적 고찰이라는 목표를 충족시킨다. 시적인 분석은 일련의 사물을 통해 이루어지며, 이때 시인의 의식은 바로 이 사물들을 따라 펼쳐진다. 그리고 그 과정에서 각각의 상응은 심리적 상황의 전개 속에 존재하는 전환의 국면을 나타낸다.

우수는 여기서 역의 우수로 정의된다. 그리고 기다림의 부동성은 끊임없이 기계적인 움직임이 보여주는 영혼의 결핍과 연관된다. 영혼의 본래

적 (그리고 비가적) 상태, 우수와 권태, 일상의 삶의 억압과 정체로부터의 불안은 여기서 현대적 삶의 구체적인 세부들 속에서, 늘 예상을 뛰어넘는 평범하지 않은 시적 상징의 언어로의 전환 속에 구현된다. 권태의 끈적이는 침(針)(Скуки липкое жало)은 반쯤 죽은 파리와 연관되며, 외팔이 차장은 바람맞은 약속을 형상화한다. 일상의 정체는 움직이지 않는 점들이 이루는 기하학적 형상 속에서 어렵지 않게 발견된다. 또한 추상화된 기호로서의 점은 더 지겨운(нудней)이라는 친숙한 단어와 결합함으로써 일상의 영역으로 이행해 간다.

움직이지 않는 점보다
더 지겨운 것이 있을까…

Есть ли что - нибудь нудней,
Чем недвижная точка…

가혹하도록 구체적인 것들의 상징성은 개인적이며 문맥에 의존하는 것임에도 불구하고 안넨스끼의 시적 체계 속에서 그 특유의 로망스적 억양과, 영원한 서정적 주제들, 그리고 달밤의 서정시와 놀랍도록 자유롭고 유기적으로 결합한다. 세밀하게 묘사된 대도시의 세계는 고통과 아름다움 그리고 무력한 손으로부터 미끄러지듯 달아나는 아름다움의 세계, 그러나 동시에 의심의 여지없는 행복의 이 세계를 구성하는 부분들이다.

〈기차간에서의 세 편의 시〉에서 〈역의 우수〉를 시 〈열차에서〉(В вагоне)가 뒤따르는데, 이 시는 안넨스끼의 시적 심리주의의 정수를 보여주는 작품 중 하나다.

이제 일은 됐다. 말도 더 이상 필요 없다,
가만히 미소 짓지 말고 있자,
낮은 구름으로부터 눈이 내리고
산빛은 음울하고도 뿌옇다.

이해할 수 없는 싸움 속에서

검은 버들은 동요한다.
“그럼 안녕. 오늘은 그대와의
계산이 끝났으니.” 나는 그대에게 말한다.

꿈꾸지 않으면서, 애원하지도 않으면서.
설령 한없는 죄인이라 하더라도
나는 솜을 붙여 놓은 유리 너머로
흰 들판을 보고 싶다.

그대여, 아름다움을 자랑하라, 그리고 타올라라…
그대가 용서했다고 말해다오.
주변의 모든 것이 차갑게 식어버린
저 아침노을의 띠처럼 타올라라.

Довольно дел, довольно слов,
Побудем молча, без улыбок,
Снежит из низких облаков,
А горний свет уныл и зыбок.

В непостижимой им борьбе
Мятутся черные ракиты.
“До завтра, - говорю тебе, -
Сегодня мы с тобою квиты”.

Хочу, не грезя, не моля,
Пускай безмерно виноватый,
Глядеть на белые поля
Через стекло с налипшей ватой.

А ты красуйся, ты - гори…
Ты уверяй, что ты простила,
Гори полоской той зари,
Вокруг которой всё застыло.

이 시에서 역시 사물들, 구름과 동요하는 버드나무, 솜 같은 눈이 여기저기 붙어 있는 창문 등은 일반적인 안넨스끼 시 속의 사물들이 그러하듯이 명확성을 띤다. 그러나 이 경우 이들은 장신구와도 같다. 서정적 슈제뜨를 이끌어가는 진정한 주체는 인간이다. 이 시는 놀라운 의미론적 역동성을 보여주는 서정적 노벨라의 전형이다. "그럼 안녕. 오늘은 그대와의 계산이 끝났으니(До завтра, - говорю тебе, - Сегодня мы с тобою квиты)", "설령 한없는 죄인이라 하더라도(Пускай безмерно виноватый)", "그대가 용서했다고 말해다오(Ты уверяй, что ты простила)" 등과 같은 유표적인 구절들은 내일이면 모든 것이 다시 시작될 것을 알면서도 너무 지쳐서 오늘은 아직 그를 용서하겠다는 제안을 원치 않는 사람의 심정을 더욱 강조한다.

안넨스끼 시대의 노벨라는 (우선적으로 체호프의 경우) 감정과 사상의 흐름을 인물들의 대화를 통해 드러낸다. 우리는 매우 짧은 서정적 단편의 인색할 정도로 압축적인 평면도 속에서 이러한 기법을 보아왔다. 이러한 유형의 시는 안넨스끼에게 그다지 많지 않지만, 그럼에도 불구하고 그것은 매우 중요한데, 이는 그러한 시 속에 앞으로의 발전 가능성이 드러나 있기 때문이다.

그의 시에서 미학적으로 동일한 권리를 갖는 것은 일상의 사물뿐이 아니다. 일상적인 대화나 서정적 시인의 독백 속에 삽입된 말에도 그러한 권리가 부여된다. 사랑과 괴로움은 서정적 로망스의 언어뿐 아니라 구어적인 말로도 표현될 수 있다. 심지어 그러한 구어적 언어가 이를 더 잘 표현할 수 있는바, 그것은 바로 이러한 구어적인 지적인 언어야말로 20세기 초반 도시인의 끝까지 말해지지 않은 단절적인 모순에 더 적합한 형식이기 때문이다.

그리고 바로 그것이 막 시를 쓰기 시작한 아흐마또바(Анна Ахматова)를 놀라게 한 것이기도 하다. 그녀는 자신이 처음 문학의 길로 들어설 당시를 회고하며 다음과 같이 말했다. "인노껜띠 안넨스끼의 시집 《삼나무 함》의 최종본을 보여주었을 때 나는 매우 큰 충격을 받았고 만사를 제쳐두고 그것을 읽었다."[41]

---

41) (원주) 안나 아흐마또바, 《시편(1909~1960)》〔Анна Ахматова. Стихотворения(1909~1960), М., 1961〕, 7쪽.

안넨스끼에게는 심지어 싸샤 쵸르느이(Саша Чёрный)의 1908~1910년 사이의 '풍자시(сатирикон)적' 작품들과 유사한 시도까지도 존재한다. 예를 들어 〈신경〉(Нервы)이라는 작품은 어휘나 억양 모두가 완전히 구어적이다. 풍자적인 시에서 일상적 대화체를 사용하는 것은 이미 오래된 전통이었지만, 감성적인 서정시는 그러한 일상적 대화에 대해 폐쇄적이었다. 그러나 안넨스끼는 애정시에 직접화법을 도입한다. 1909년의 시 〈끊어지는 시행들〉(Прерывистые строки)은 특히 과감하게 이러한 경향을 보여주는 작품이다.

홀이다…
나는 뭔가 달콤한 말을 건넸고,
헤어지게 되었다.
벽시계 옆에서…
입술은 딱 붙어 버려서
떨어지지 않았다…
우리는 둘 다 넋이 나간 상태였고
또 둘 다 차가웠다…
우리는…
검은 장갑을 낀 그녀의
손가락 역시 차가웠다…
"그럼, 겨울까지 안녕히,
이번 겨울이나 다음 겨울 말고,
다음 겨울 그 다음도 말고…
그대여, 나는 절대
자유롭지 않답니다…"—
"알고 있습니다, 당신이 고문실에 있다는 거…"

Зал,
Я нежное что-то сказал,
Стали прощаться,
Возле часов у стенки…
Губы не смели разжаться,
Склеены…
Оба мы были рассеянны,
Оба такие холодные…
Мы…

Пальцы ее в черной митенке
Тоже холодные…
"Ну, прощай до зимы,
Только не той, и не другой,
И не еще - после другой,
Я ж, дорогой,
Ведь не свободная…"
"Знаю, что ты - в застенке…"

이러한 구어적 경향은 한편으로는 초기 마야꼽스끼 시로의 이행을 가능하게 했다.

네가 들어왔다,
"앗!"하는 소리만큼이나 날카로운 너는,
사슴가죽 장갑을 괴롭히면서
말했다:
"알아요?
나 결혼해요",

Вошла ты,
резкая, как "нате!",
муча перчатки замш,
сказала:
"Знаете —
я выхожу замуж", — 42)

---

42) (원주) 마야꼽스끼 작품에서의 안넨스끼의 영향에 관해서는 뻬르쪼프(В. Перцов)의 논문 "20세기 초반 러시아 문학 속에서의 리얼리즘과 모더니즘적 경향"〔Реализм и модернистские течения в русской литературе начала XX века, 〈문학의 제 문제〉, 1957, 2호(Вопросы литературы, 1957, NO. 2)〕, 67쪽을 참조하라. 하리줴프(Н. Харижиев)는 다음과 같이 지적한다. "안넨스끼와 마야꼽스끼의 유사성은 특정한 시나 특정 주제 속에서 찾아질 수 없다. 그러나 안넨스끼 시의 몇몇 특성은 의심의 여지없이 시적 형성기의 마야꼽스끼와 매우 유사하다. 마야꼽스끼가 안넨스끼의 시를 알고 있었다는 것은 《삼나무 함》의 저자 이름이 그의 시 〈지겨워!〉(Надоело, 1916)에서 뉴체프, 페뜨와 함께 언급된다는 사실을 통해서도 알 수 있다 〈…〉 특히 안넨스끼의 시 〈이별(끊어지는 시행들)〉은 흥미롭다. 이 시는 전체적으로 리듬의 끊어짐

다른 한편으로는 아흐마또바의 시로 발전해 가게 했다.

숨을 가쁘게 내쉬면서 나는 소리쳤다: "거짓말이야
이 모든 것은 다. 당신이 떠난다면 나는 죽을 거야!"
조용하고도 기분 나쁜 미소를 지으면서
그는 나에게 말했다: "바람의 한가운데 설 거 없소."

Задыхаясь, я крикнула: "Шутка
Всё, что было. Уйдешь, я умру."
Улыбнулся спокойно и жутко
И сказал мне: "Не стой на ветру."

만델슈땀은 "말의 본성에 관하여"(О природе слова) 라는 논문에서 다음과 같이 쓰고 있다. "표현들은 마치 내부의 모든 것을 다 긁어낸 뒤 그 속을 다른 내용으로 채워 놓은 박제와도 같다 … 이것이 바로 상징주의가 초래한 것이다. 지각은 타락했다. 진정한 것, 실제적인 것은 그 어떤 것도 없다. 서로 고개 숙여 인사하며 짝을 이루어 추는 '상응들'의 기이한 춤만이 존재할 뿐이다. 영원한 눈짓들 〈 … 〉 장미는 소녀를 향해, 또 소녀는 장미를 향해 머리를 끄덕인다. 누구도 그 자신 자체이길 원하지 않는다. 러시아 상징주의자들은 〈 … 〉 모든 단어, 모든 표현을 단지 의식(儀式) 만을 목적으로 하는 것으로 만들고는 그것들을 봉인해버렸다. 결국 매우 불편하게 되어버렸다. 지나갈 수도, 설 수도, 앉을 수도 없다.

이나 긴 행들과 한 음절, 심지어 하나의 음운으로 된〔예를 들어 '정신을 잃었을 때처럼, 그리고 …'(Как в забытьи, И …) 에서처럼〕 짧은 행의 극명한 대조 위에 구축되어 있다〔"마야꼽스끼에 대한 짧은 글", 〈문학 유산〉, 65권("Заметки о Маяковском", Литературное наследство, т. 65, М., 1958), 409~410쪽〕. 이는 다음의 책에서도 찾을 수 있다. 하리줴프, 뜨레닌, 《마야꼽스끼의 시 문화》(Н. Харджиев, В. Тренин. Поэтическая культура Маяковского. М., 1970), 199쪽. 마야꼽스끼에 대한 회상에서 꼬르네이 추꼽스끼 역시 마야꼽스끼가 안넨스끼를 비롯한 몇몇 상징주의자들에게 흥미를 갖고 있었음을 지적한다〔꼬르네이 추꼽스끼, 《회상》(Корней Чуковский, Из воспоминаний, М., 1959)〕.

〈…〉 모든 사물들마저 봉기를 일으켰다. 빗자루는 폐업선언을 했고 화로의 그릇은 그 무엇도 끓이려 하지 않는다. 대신 그것은 자신에게도 절대적인 의미를 부여해 주기를 요구한다(마치 뭔가를 끓이는 것은 영원한 사명이 아닌 것처럼)."[43]

이 논문 "말의 본성에 관하여"가 처음 발표된 것은 1922년이다. 그러나 여기에는 상징주의의 지나친 형이상학적 성격을 극복하려 했던 1910년대 시인의 노력이 반영되어 있다. 이때 이러한 탈상징주의의 시(постсимволистическая поэзия)에는 안넨스끼가 필요했다. 안넨스끼의 시는 심리주의를 특징으로 하며 시인의 위상과 투쟁에 대한 새로운 이해를 제시하고, 일상적 경험의 현상이 서정적 움직임의 출발점이 되는 세계를 보여주는 것이었다(그리고 이러한 경향은 20세기 시에 있어, 심지어 현재까지도 가장 중요한 특징이 된다).

안넨스끼의 교훈으로부터 가장 과격한 결론을 도출해 낸 이는 아흐마또바였다. 안넨스끼의 몇 가지 시적 원칙을 수용하면서 그는 안넨스끼 자신보다도 더 멀리 나아갔다.

안넨스끼의 시에서 사물을 지칭하는 단어들은 또 다른 차원을 가진다. 그것들은 언제나 무언가 다른 것을 수반하며, 그것을 대신하고 또 복제한다. 따라서 너무도 당연히 그러한 단어들은 추상어와 공존한다. 때로 시인은 이러한 추상적 어휘들을 그것의 추상성에 대한 의심의 여지가 없도록 대문자로 표기하기도 했다.

> 나를 그냥 내버려 두오. 권태는 내 위에 자리를 폈다.
> . . . .
> 곧 나에게는 우수가 찾아올 것이다.
> . . . .
> 억압과 악의를 먹이기 위해
> 심장과 힘을 남김없이 내어놓는다.

43) (원주) 만델슈땀, 《시에 관하여. 논문집》(О. Мандельштам, О поэзии, Сборник статей, Л., 1928), 41~42쪽.

찬란한 관 뒤의 곱사등이 딸이
우산을 들고 걸어갈 수 있도록.

Оставь меня. Мне ложе стелет Скука.
. . . .
И будет со мной - Тоска.[44]
. . . .
Скормить Помыканьям и Злобам
И сердце, и силы дотла -
Чтоб дочь за глазетовым гробом,
Горбатая, с зонтиком шла.

이러한 관점에서 밤의 열차를 자연주의적인 날카로운 시선으로 묘사한 시 〈겨울 기차〉는 특히 주목할 만하다.

점점 더 많아지는 마치 단어 같지 않은 단어들,
더 역겨워지는 숨결 …
그리고 젖혀진 머리들의
붉은 베개 위의 흔들림.

Тем больше слов, как бы не слов,
Тем отвратительней дыханье,
И запрокинутых голов
В подушках красных колыханье.

다음과 같은 구절 역시 그러하다.

상념과 졸음의 악몽 속에서
깊은 밤은 기차를 따라 지나간다.

Среди кошмара дум и дрем
Проходит Полночь по вагонам.

이 시는 계속해서 다음과 같이 이어진다.

---

44) 권태(Скука), 우수(Тоска)는 대문자로 시작된 단어들이다. 여기에서 그리고 앞으로 대문자로 시작된 단어는 고딕체로 강조하여 표현한다.

그러나 밤은 녹아내린다… 늙고 머리가 세었지만
아직 어제는 가을의 저녁노을이었다.
여명은 고통스러운 그림자의 침상으로부터
서서히 일어난다.

Но тает ночь… И дряхл и сед,
Еще вчера Закат осенний,
Приподнимается Рассвет
С одра его томившей Тени.

첫 자를 대문자로 표기함으로써 (이는 상징주의자들이 즐겨 쓰던 방법이다) 현상은 하나의 표상으로 변화한다. 안넨스끼에게서 이러한 표상은 산문어와 공존할 수 있는데, 이것은 그의 산문어가 상징적이기 때문이다. 아흐마또바의 시에서라면 이것은 불가능했을 것이다. 아흐마또바 시의 예술적 공간은 이러한 결합을 배제한다.

개인적 경험에 관한 것이든 혹은 외적 세계 속의 사건과 사물에 대한 것이든 간에 그러한 서정적 슈제뜨가 전개되는 공간이 될 수 있는 것은 (사회적 의식을 반영한) 시인의 의식과 그의 내적인 경험뿐이다. 이를 구현하는 표상들은 서정적 공간 속에서 자유롭게 움직인다. 그 속에서는 서로 동떨어진 의미 축들이 교차한다. 추상적인 것은 구체적인 것과 만나고, 주관성이 현실성과, 직접적인 의미와 비유적인 의미가 만난다. 이와 같은 서정시의 특수성은 안넨스끼 시에서 감추어진 서정성을 드러내는 외부세계의 사물들이 시적 주인공이 되고 있는 경우에 더 본질적이다.

서사적인 작품은 시간 속에서 펼쳐지는 것일 뿐 아니라, 독자들이 생각해 낼 수 있을 법한 어떤 객관적 공간을 구축하기도 한다. 그 공간 안에서 사물들이 존재하고 사건들이 일어난다. 아흐마또바는 자신의 초기 시에서 마치 산문을 모방하듯이 산문의 구성 원칙에 가까운 방식으로 공간을 창조했다.

모든 것이 이전과 같다. 식당의 창으로
눈보라의 작은 입자들이 몰아친다,

나 역시도 새로워지지 않았다.
내게 한 사람이 왔었다.

… 그러나 그는, 건조한 손을 들어 올려서는
가볍게 꽃을 만졌다.
"말해주시오, 당신에게 어떻게 키스하나요,
말해주시오, 당신은 어떻게 키스하나요."

Все как раньше: в окна столовой
Бьется мелкий метельный снег,
И сама я не стала новой,
А ко мне приходил человек.

… Но, поднявши руку сухую,
Он слегка потрогал цветы:
"Расскажи, как тебя целуют,
Расскажи, как целуешь ты."

아흐마또바의 시적 공간 속에는 대문자로 시작되는 단어를 위한 자리는 존재하지 않는다. 서정시는 그저 서정시일 뿐이다. 서사적으로 정향된 서정적 작품에 대해서 언급하는 헤겔의 지적처럼, 그 속에서 중요한 것은 "사건 그 자체가 아니라, 그러한 사건 속에 반영된 영혼의 상태이다."45)

시 세계의 물질성 강조, 서정시를 구성하는 언어적 질료로 (때로는 장엄한 언어와 결합하여) 지적이고 구어적인 언어를 사용하는 것, 슈제뜨의 노벨라적인 특성, 심리주의적 산문과의 관계, 러시아 고전 서정시의 유산들, 어휘의 정확성, 억양의 절제, 긴장된 간결성 등, 아흐마또바의 초기 시가 보여주는 이와 같은 특성들은 상징주의가 여전히 존재하던 당시의 시적 상황 속에서 매우 새로운 것으로 여겨졌던바, 이에 대해서는 쥐르문스끼〔"상징주의를 극복한 시인들"(Преодолевшие символизм)〕, 에이헨바움〔"안나 아흐마또바"(Анна Ахматова)〕, 비노그라도프〔"안나

45) (원주) 헤겔, 《미학강의》, 《저작》, 14권(Гегель. Лекции по эстетике. Сочинения, т. 14. М., 1958), 294쪽.

아흐마또바의 시에 관하여"(О поэзии А. Ахматовой)〕 등을 비롯한 여러 학자들과 비평가들의 그에 대한 글에서 다루어지고 있다.[46]

초기 아흐마또바에 대한 글들은 하나같이 그의 시의 가장 주된 원칙으로 그것의 구체성을 든다. 아흐마또바 문체의 비은유성도 이로부터 기인한다. 아흐마또바의 시는 비유적 의미의 시가 아니다. 대개의 경우 그의 시에서 단어의 의미는 은유적으로 변질되지 않으며 단지 문맥에 의해, 복잡하고 과감한 선택과 분리에 의해, 예기치 않은 특징들의 상호 연관에 의해 변형된다. 블로끄는 1912년의 편지에서 여자들의 긴 치맛자락이나 '향수냄새가 나는 장갑'(перчатки, пахнущие духами)의 '신비스러운 유행'(астральная мода)에 대해 언급했다. 블로끄는 여기서 이미 비난 섞인 어조로 사물들이 데카당스-악마주의의 여성적 근원으로서의 상징주의적인 속성을 갖게 되는 것을 지적하는 것이다. 아흐마또바에게서의 베일과 장갑, 머프 같은 사물들은 그러나 상징이 아니다. 그렇다고 이것이 그저 사물일 뿐인 것 역시 아니다. 아흐마또바에게서 사물은 그녀의 서정성을 표현하는 매개가 된다. 아흐마또바의 사물을 표현하는 단어들에 대해서 비노그라도프는 다음과 같이 쓰고 있다. "그것들의 의미

46) 상징주의에 대한 위기감과 러시아 서정시의 종말에 대한 예감 속에서 1910년대 형식주의적 성향의 평론가들과 문학연구가들은 새로운 서정시의 형식을 찾아야 한다는 의식이 팽배해 있었다. 쥐르문스끼와 에이헨바움은 특히 그러한 경향을 대표하는 이들로서 이들은 모두 아흐마또바 서정시가 보여주는 산문적인 경향을 주목하였고 그 속에서 새로운 가능성과 의미를 보았다. 위에서 열거한 쥐르문스끼와 에이헨바움, 비노그라도프의 논문 "상징주의를 극복한 시인들"(Преодолевшие символизм), "안나 아흐마또바"(Анна Ахматова), "안나 아흐마또바의 시에 관하여"(О поэзии А. Ахматовой)는 모두 아흐마또바의 시에 대한 분석을 통하여 당시의 러시아 시문단의 문제를 지적하고 그에 대한 대안을 모색하는 글들이다. 그러나 이때 쥐르문스끼는 산문적, 일상어적 시어야말로 지나친 추상주의로 점철된 러시아 시의 새로운 출구라고 여겼고, 반면 에이헨바움은 그러한 징후들을 러시아 서정시의 종말을 보여주는 현상으로 이해했다. 쥐르문스끼는 아끄메이즘의 이론적 후견인이 되었고, 에이헨바움은 새로운 시적 가능성을 보다 미래주의적인 실험성에서 찾게 된다.

론적 속성은 이원화된다. 한편으로 그것은 직접적으로 사물 그 자체를 묘사하기 위한 것이다. 이는 마치 상품에 붙여진 꼬리표와 같다. 그것의 역할은 실제적이고 일상적인 상황의 환상을 창조하는 것인 바, 그것의 기능은 이 경우 순전히 명명적이라 할 수 있을 것이다. 또 다른 하나는 그러한 사물들과 여주인공을 동요하게 하는 감정 사이에 존재하는 개인적이고 상징주의적인 관계일 것이다. 이때 그것의 선택은 여주인공의 감정을 진실하고 적절하게 표현해낼 수 있는 심오한 의미들로 가득한 것처럼 그려진다."47)

안넨스끼에게서 산문성은 그가 자신의 고유한 특성을 잃어가는 과정 속에서 나타난다. 1910년대 아흐마또바에게서 이것은 과정이 아니라 이미 명백히 굳어진 특성이었다. 이미 시집 《염주》(Четки)에서 일상어 속에 불어 넣어진 시적인 힘은 놀랄 정도다. 안넨스끼의 시학이 상징주의적 구체성의 시학이었다면, 아흐마또바는 현실을 비유적 표현으로 변형시키길 거부했다. 1910년대 아흐마또바의 시 창작이 보여주는 뚜렷한 원칙성과 새로움은 바로 이로부터 기인한다. 그러나 아흐마또바의 구체적인 단어들은 맥락에 의해 변형되고 또 더 넓어진다.

저토록 표현할 길 없는 비애가 되어
정원에서 음악이 울렸다.
접시 위 얼음에 잰 굴은
신선하고 또 날카롭게 바다 내음을 풍겼다. 〈저녁에〉

Звенела музыка в саду
Таким невыразимым горем.
Свежо и остро пахли морем
На блюде устрицы во льду.

"Вечером"

47) (원주) 비노그라도프, 《아흐마또바의 시에 관하여(문체론적 스케치)》〔В. Виноградов, О поэзии А. Ахматовой (стилистические наброски). Л., 1925〕, 60~61쪽.

19세기 시 규범에 의거해 볼 때 어휘 '굴'(устрица)은 산문체이다. 〈오네긴의 여행〉(Путешествие Онегина)에서 뿌슈낀 역시 이 단어를 사용했다.[48] 아흐마또바에게서 이 단어는 이미 어휘적 특성으로부터 느껴지는 산문체가 아니다. 그저 다른 여러 사물들 중 하나일 뿐이다. 굴이라는 단어는 여기서 전혀 비유적인 의미를 지니지 않음에도, 그 단어의 의미는 시적으로 매우 넓다. 문맥이 필요한 의미론적 진행을 허락한다. 여기서 굴은 '바다의 사물', 즉, '자유로운 자연력'으로서의 바다의 형상을 지니며, 따라서 그 형상을 도시의 정원 한가운데의 영혼의 고통 속으로 가져다 놓을 수 있는 그러한 사물이다. 시적 언어는 원래의 자신의 구상적 - 논리적 의미를 완전히 보존한 채로 새로운 특성들을 키워낸다. 아흐마또바의 작품에서 이는 곧 뿌슈낀 후기 서정시의 전통이다.

아흐마또바의 작품에 있어서 전통의 문제는 매우 중요하다. 모든 시인에게 전통은 존재하지만 그것의 의미는 각각의 시인의 시 체계에 따라 상이하다. 전통이 드러나지 않도록 숨겨져 있거나, 때로 아예 공공연하게

---

48) (원주) 우리가 짜레그라트 해변에서
기다린 것은 단지 굴뿐이었다.
뭐야, 굴이야? 왔군! 오, 나의 행복!
먹성 좋은 젊음이 난다.
바다 조개껍질 속에서
기름지고 싱싱한, 레몬을 약간 뿌린
은둔의 여승과도 같은 것을 삼킨다.

Мы только устриц ожидали
От цареградских берегов.
Что устрицы? пришли! О, радость!
Летит обжорливая младость
Глотать из раковнин морских
Затворниц жирных и живых,
Слегка обрызгнутых лимоном.

부정되고 있는 시인들도 있다. 뿌슈낀처럼, 그리고 블로끄처럼, 아흐마또바에게서 전통은 그의 서정시 체계 속에 일종의 구성적 요소로서 포함되면서 공공연하게 시의 표면 위로 드러난다. 아흐마또바의 시에 대해 쓰인 글들에서는 시 전통에 대한 많은 언급들을 볼 수 있다. 그것은 러시아 고전(뿌슈낀, 뜌체프, 바라띈스끼, 네끄라쏘프), 러시아의 '새로운 시', 특히 안넨스끼, 민속과 심지어 19세기 러시아 심리 산문에 이르기까지 다양하다.

이미 수차례 지적된 바 있는 아흐마또바 시에서의 모순적인 언어 결합(즉, 모순형용)의 정향 역시 바로 이러한 심리주의 산문의 가르침과 무관하지 않다. 다음은 그러한 모순적 언어결합을 보여주는 예들이다. "나는 이 무상한 삶에 대한, 무상하고도 아름다운 삶에 대한 즐거운 시를 쓴다"(Слагаю я веселые стихи О жизни тленной, *тленной и прекрасной*), "나의 가난한, 잃어버린, 활기찬 영혼에 대해 기도하라"(Помолись о нищей, о *потерянной*, О моей *живой* душе), "밝게 빛나는 사악한 얼굴에서는 근육 하나 움직이지 않았다"(Ни один не двинулся мускул *Просветленно-злого* лица), "이곳은 얼마나 밝은가, 또 얼마나 정처 없는가"(Как *светло* здесь и как *бесприютно*). 인간 영혼의 삶이 보여주는 모순을 탐구하는 것은 심리주의적 방법론에 있어 무엇보다 고유한 특징이다. 아흐마또바의 날카로운 모순형용은 인간 영혼의 변증법에 대한 그 무엇보다 짧은 길이의 서정적 표현이라 할 것이다.

안나 아흐마또바의 작품은 의도적으로 공공연하게 강조되는 전통이란 새로움에 배치되는 것이 아닐뿐더러, 오히려 반대로 그러한 새로움이 더 잘 지각되도록 할 수 있는 것임을 증명한다.

아흐마또바의 초기 시의 여주인공은 1910년대를 산 동시대의 여성으로서 그들의 삶과 영혼의 경험이 서정시에서 구체적으로 묘사된 것은 아흐마또바 시에서가 처음이었다. 이것은 사물이 눈앞에 펼쳐지는 드라마의 소도구와 같은 역할을 하고 지적이며 일상적인 언어가 과감하게 사랑에 관한 서정시의 언어가 되는 새로운 세계의 형상을 보여주는 일종의 시적 발견이었다.

그러나 아흐마또바에 의해 발견된 이러한 영혼의 세계는 그의 서정시에서 시적 속성의 유일한 근원이 되지는 않았다. 시인은 이와 같은 세계를 다른 시적 영역과 결합하였으며, 이로써 이 세계의 의미를 확인할 필요를 느꼈다. 시인은 러시아 자연의 주제와 민중의식의 전통 속에 뿌리 깊이 내재하는 가치들을 통해 현대의 영혼의 경험을 더 넓혔고 또 심화했다.

여주인공의 심리적 드라마는 동시에 두 개의 무대 위에서 펼쳐진다. 그 하나가 일상의 구체성과 뻬떼르부르크의 특징을 지니는 도시라면, 다른 하나는 자연, 전원 속의 삶이다.

아흐마또바의 자연에 대한 서정시는 가장 초기의 작품까지도 분명하게 뿌슈낀과 뜌체프, 그리고 페뜨의 전통의 연장선 위에 있다. 자연을 노래하는 서정시에서 아흐마또바는 이러한 고전적인 유산을 정확하게 묘사된 디테일들이 보여주는 놀라운 독특함과 결합한다.

> 시들지 않는 꽃은 바짝 말랐고 또 분홍빛이다. 구름은
> 청명한 하늘 속에 무례하게 새겨져 있다.
> 이 공원에서 유일한 참나무의
> 잎은 아직까지 무채색이고 여리다.
>
> Бессмертник сух и розов. Облака
> На свежем небе вылеплены грубо.
> Единственного в этом парке дуба
> Листва еще бесцветна и тонка.

이 부분은 러시아 고전시의 숨결로 가득하다. 이미 수세기 동안 시인들은 봄의 여린 잎을 노래해왔다. 그러나 막 돋아난 참나무 잎의 무채색에 대해 말한 것은 아흐마또바가 처음이었다.

여주인공의 정신적 경험은 자연 속에 그대로 복제된다. 마치 도시의 세계가 보여주는 '에고이즘'과 폐쇄성을 벗어나 언제나 변치 않는 아름다운 세계를 경험하게 되는 것과도 같다. 그러나 아흐마또바의 도시의 세계는 노래로부터 러시아 민속으로부터 나온 또 하나의 분신을 갖는

다. 뻬떼르부르크의 드라마 속에는 언제나 그와 병행하는 민속적인 반향이 존재한다.[49)]

> 이 모든 일들이 어떻게 된 것인지 알고 싶은가요? —
> 식당에서 시계가 세 시를 알렸어요.
> 헤어지면서, 마치 난간에 매달린 듯
> 그녀는 힘겹게 말했어요.
>
> "이 모든 것은 … 아니에요, 나는 잊었어요,
> 나는 당신을 사랑해요, 나는 당신을 사랑했어요,
> 그때에도 이미!" —
> "그래요."
>
> Хочешь знать, как все это было? —
> Три в столовой пробило,
> И, прощаясь, держась за перила,
> Она словно с трудом говорила:
>
> "Это все … Ах нет, я забыла,
> Я люблю вас, я вас любила
> Еще тогда!" —
> "Да".

이것은 도시적인 갈등의 풍경이다. 그러나 이는 또한 여기서 노래의 리듬으로 반복된다.

> 나는 떠오르는 태양 앞에서
> 사랑에 관해 노래하네,
> 담장에 꿇어앉아
> 명아주에 물을 주네.

---

49) (원주) 아흐마또바의 시가 "20세기 러시아의 문학적인 부인들 속에서 농부 아낙네의 모습을 짐작하게 하는" 것을 허락했다고 만델슈땀은 1923년 자신의 논문 "질풍과 노도"(Буря и натиск) [〈러시아 예술〉, 1923, 1호(Русское искусство, 1923, NO. 1)]에서 쓰고 있다.

뽑아서 던져버리네.
날 용서하길.
맨발의 소녀가
울타리 앞에서 울고 있는 것을 보네.

재앙의 목소리의
날카로운 통곡 소리가 나는 두렵네.
죽은 명아주의 따스한 내음이
내내 강해지네 …

Я на солнечном восходе
Про любовь пою,
На коленях в огороде
Лебеду полю.

Вырываю и бросаю —
Пусть простит меня.
Вижу, девочка босая
Плачет у плетня.

Страшно мне от звонких воплей
Голоса беды,
Все сильнее запах теплый
Мертвой лебеды …

초기 아흐마또바의 시적 형상의 전반적인 구조 속에서 이처럼 나란히 병행하는 노래부분은 매우 중요하다. 도시적인 삶의 특수성 속에서 흐르는 심리적 추이는 또한 민중적 의식을 그리는 형식, 마치 시원(始原)적이고 전(全)인류적인 듯한 형식 속에서 역시 동시적으로 흐르게 되며, 바로 이와 같은 방식으로 아흐마또바는 자신의 서정시의 대상이 되는 개인적이고 구체적인 것의 의미적 보편성을 확보해낸다.

시어를 외적인 감각이나 지성을 통해 인지될 수 있는 현상들을 재현하는 매체로 이해하는 것은 젊은 빠스떼르나끄(Б. Пастернак)의 고유한 특성이기도 했다. 그러나 그는 자신의 서정적 공간을 구축하는 데 있어 아흐마또바보다는 안넨스끼와 유사한 원칙을 따른다. 이때 그러한 서정적 공간 속에서 훌륭하게 결합되는 구상적, 심리적 현실은 자신의 실제적 의미를 잃지 않은 채로 또한 비유적인 의미를 얻게 된다. 이러한 빠스떼르나끄의 시 세계 속에서는 가장 평범한 단어도 전우주적인 광대한 의미를 얻을 수 있으며, 따라서 그 어떤 위계도 벗어난 채 대문자로 쓰일 수 있다.

그림자가 드리워진 자정이 길 위에 서 있다.
도로 위에 별처럼 뒹굴고 있다.
길을 건너 울타리 너머로는
세계를 짓밟지 않고는 지나갈 수 없다.

〈…〉
초원이 우리를 판단하려면 하라고 밤이 언제는 되고
언제는 안 되는지 결정하려면 하라고 해라. 처음에는
모기의 곡소리가 떠가고, 개미가 기어갔다.
엉겅퀴는 양말을 헤집고 삐져나온 것인가?

〈초원〉

Тенистая полночь стоит у пути,
На шлях навалилась звездами,
И через дорогу за тын перейти
Нельзя, не топча мирозданья.

〈…〉
Пусть степь нас рассудит и ночь разрешит,
Когда, когда не: — в начале
Плыл Плач Комариный, Ползли Мураши,
Волчцы по *Чулкам Торчали*?

"степь"(1917)

세계를 은유적으로 수용하는 것은 빠스떼르나끄의 고유한 특징이다. 이것은 그의 초기 산문에서 특히 눈에 띈다. 초기 산문 속에서 계속해서 생겨나는 은유들을 시어의 속성이라 떠넘길 수만은 없기 때문이다. 빠스떼르나끄에게 은유란 안넨스끼에게서처럼 모든 것을 아우르며 결합해내는 표현이다. 동시에 은유는 본질적으로 작은 부분으로 나누어지는 것을 특성으로 한다. 즉, 은유적인 언어는 개별적인 의미 구조들 위로 분해된다. 이때 빠스떼르나끄에게서 중요한 것은 완결된 시의 맥락이 아니라,

고유의 삶을 살면서 동시에 하나의 거대한 흐름으로, 그의 시 창작 전체의 맥락으로 합류되어지는 바로 이러한 구조들이다.

빠스떼르나끄에게 예술적 형상이란 구체적인 것과 추상적인 것의, 감각적인 것과 초감각적인 것의 결합이 아니다. 이것은 오히려 현상들이 서로 간에 맺고 있는 관계이며, 서로를 마주하고 자신의 의미적 잠재력을 드러내는 사물들 간의 상호적인 해석이다. 따라서 이러한 관계는 곧 인식론적 관계가 된다. 빠스떼르나끄가 이해하는 예술적 형상은 예술가의 방법론이라기보다 인간의 문화 세계가 지니는 객관적 속성이다. 빠스떼르나끄는 자신의 산문집 《안전통행증》(Охранная грамота)[50] 에서 세계를 구성하는 '모든 작은 부분들을 관류하는 공통의 형상 속에 내재하는 결합의 힘'에 대해 지적한다.[51] 이것은 초기 빠스떼르나끄의 의미론의 근간을 이룬다. 이러한 세계 이해에 따르면 모든 것은 모든 것 속에 반영되고 모든 사물은 또한 모든 다른 사물의 반영이자 비유가 되는 바, 이 모든 것들은 서로 서로로 변형될 수 있고, 이때 이와 같은 변형은 그 어떤 제약도 받지 않게 된다.

《안전통행증》에서 빠스떼르나끄는 또한 예술에 대해서도 언급한다. 그에 따르면 "예술은 현실적인데(реалистично), 그것은 예술이 스스로 은유를 고안해 내지 않으며, 오히려 그러한 은유를 자연 속에서 발견해 내고 그것을 신성하게 재현하기 때문이다."[52] 빠스떼르나끄는 여기서 은유적 상동성이 자연의 단일성을, 그것을 구성하는 모든 요소들에 마법과도 같이 스며드는 영혼을 반영한다고 주장하는 독일 낭만주의자

---

50) 이것은 1929년 〈별〉(Звезда) 지에 연재되기 시작하여 1931년 완성된 빠스떼르나끄의 자전적 산문이다. 그는 이 글을 통해 자신의 음악과 철학, 그리고 시에 대한 사랑과 삶과 예술의 분리될 수 없는 관계에 대해 이야기한다. 또한 그는 이 글의 많은 부분에서 자신이 머물렀던 도시 마브룩과 마야꼽스끼를 비롯한 당시의 '젊은 예술'에 대해 이야기하고 있다.

51) (원주) 보리스 빠스떼르나끄, 《안전통행증》(Борис Пастернак. Охранная грамота. Л., 1931), 87쪽.

52) (원주) 위의 책, 60쪽.

들의 개념을 이야기하고 있다. 그러나 이때 빠스떼르나끄는 자연의 낭만주의적 은유화를 모든 것으로, 모든 경험적 현상과 영혼을 지니지 않는 사물들로,[53] 제어할 수 없는 서정적 관성에 의해 형성되는 모든 추상적인 개념들로 확대하고 있으며, 바로 이러한 점에 그의 독창성이 존재한다.

이처럼 단어와 단어를 충돌시키고 그 의미를 변형시키는 힘은 빠스떼르나끄의 의미론에 있어서 결정적인 중요성을 지닌다. 그는 자신의 동시대인인 상징주의자들이나 미래주의자들처럼 새로운 단어를 창조해내는 시인은 아니었다. 대신 그는 널리 사용되는, 혹은 다양한 언어 층위로부터 빌려 온 다양한 단어들 사이의 전례 없는 관계를 창조해낸다. 자신의 자서전 《사람과 상황》(Люди и положения)에서 그는 다음과 같이 쓰고 있다. “일찍 생을 마감한 이들, 안드레이 벨르이나 흘레브니꼬프(В. Хлебников), 그리고 그 밖의 사람들은 죽음 앞에서 새로운 언어를 꿈꾸면서 새로운 표현 수단을 찾아내는 일에 몰두했다. 그들은 이를 위해 언어를 이루는 음절들을, 그것의 자음과 모음들을 더듬고 또 더듬었다. 나는 이러한 탐색의 노력을 이해할 수 없다. 내 생각에 진정으로 놀라운 발견이란 예술가를 채우고 넘쳐나는 내용이 그에게 생각할 시간을 주지 않고 서둘러 그가, 그 언어가 낡은 것인지 새것인지에 대한 생각조차 하지 못한 채, 낡은 언어를 통해 새로운 언어를 말하게 될 때 생겨난다. 〈…〉 스끄랴빈은 바로 이렇게 선조들이 사용한 수단을 거의 그대로 사용하면서 자신의 음악인생의 가장 초기, 아직 그 근간이 마련되지 않은 상황에서 이미 음악의 감각을 새롭게 했다. 〈…〉 모든 것이 현대적이었고, 모든 것이 또한 음악 속에서 가능한 모든 내적이면서도 동시에 그를 둘러싼 외부세계와의, 당시의 사람들이 살고 생각하며 느끼고 여행하고 옷을 입는 그 모든 방식과의 상응

53) (원주) 빠스떼르나끄의 서정시에서 ‘물(物)’의 개념에 대해 뜨냐노프(Ю. Н. Тынянов)는 1924년의 자신의 논문 “막간”(Промежуток)에서 쓰고 있다〔《의고주의자들과 혁신주의자들》(Архаисты и новаторы), 562~568쪽〕.

으로 가득한 것이었다."[54] 이와 같은 서정적인 시간의 부족(цейтнот, 시인에게는 '생각할 시간이 없다'), 바로 이러한 서두름이야말로 빠스떼르나끄의 미학에, 그의 놀라운 변형을 위한 변명에 내재하는 그만의 고유한 특성이라 할 것이다.

빠스떼르나끄가 초기에 미래주의자들〔'원심분리기'(Центрифуга)[55] 그룹의 일원이었던 아쎄예프(Асеев), 쎄르게이 보브로프(Сергей Бобров) 등〕과 가까웠다는 것 역시 중요한 의미를 지닌다. 미래주의는 이론적으로도, 또 더 중요한 실제에 있어서도 실제로 모든 단어를, 단어의 성격을 변화시킬 수 있는 그 어떤 표현 방법도 제한하지 않고 허용했다. 미래주의는 시를 미학적 금기로부터 해방시키는 과정에 있어 가장 최후의 단계였다. 그것은 〈이 시행들에 관하여〉(Про эти стихи)가 탄생할 수 있는 가능성을 준비했다.

나는 인도에서 유리와 태양을
반반 섞어 잘게 부수고,
겨울에 천장을 향해 열어주고
축축한 모퉁이에 읽으라고 내어준다.

다락방은 창틀과 겨울에게 인사하고는
그것을 읽어 내려가기 시작한다.
기행과 불행, 그리고 메모들은
차례로 처마의 횡목을 향해 뛰어오른다.

На тротуарах истолку
С стеклом и солнцем пополам,
Зимой открою потолку
И дам читать сырым углам.

---

54) (원주) 〈신세계〉, 1967, 1호(Новый мир. 1967, NO. 1), 211쪽.

55) '원심분리기'파는 러시아 미래주의의 한 분파로서, 미학적 혁신을 주창하였고 시적 구심력보다는 원심력을 지향했다. 그러나 이들의 미학은 마야꼽스끼로 대표되는 '입체미래주의자(кубо-футурист)'들처럼 과격한 것은 아니었으며, 때로 상징주의의 영향을 드러내었다.

Задекламирует чердак
С поклоном рамам и зиме,
К карнизам прянет чехарда
Чудачеств, бедствий и замет.

그러나 빠스떼르나끄는 실험성에만 머무르지 않는다. 그의 시가 이루는 세계는 자신의 시적 의미가 어디로부터 오는 것인지 알려줄 것을 계속해서 요구한다. 빠스떼르나끄는 《안전통행증》에서 어떻게 그가 처음부터, 즉, 《장애물을 넘어서》(Поверх барьеров)를 쓰던 시기부터 자신의 서정성의 낭만주의적 근원을 서정적 주인공의 형상으로써 극복하는지 말한다.

"내가 지금까지도 스스로에게 금기시하는 낭만주의적 태도 아래에는 하나의 온전한 세계관이 몸을 도사리고 있다. 이것은 삶을 시인의 삶으로서 이해하는 것이다. 그것은 상징주의자들로부터 우리에게로까지 이어졌으며, 상징주의자들은 낭만주의, 특히 독일 낭만주의로부터 그것을 배웠다. 〈…〉 낭만주의적 전설 밖에서 이것은 거짓이다. 이러한 사상에 바탕을 둔 시인이란 그것을 분명하게 보여줄 지도 모르는 시인 아닌 자들 없이는 생각될 수 없다. 〈…〉 이러한 드라마는 스스로를 드러내기 위해 간접성이라는 악을 필요로 한다. 소시민적 근성을 잃게 될 때 자신의 내용의 반을 잃게 되는 낭만주의가 늘 속물성을 필요로 하듯이. 〈…〉 그 혁명의 여름 나에게 새롭게 열려진 전혀 동시대적이지 않은 시의 다른 측면들을 표현한 시집, 《나의 누이, 삶》(Сестра моя жизнь)이 나왔을 때, 나는 이 책을 가능하게 한 힘을 뭐라고 부르든 아무 상관없었다. 그 힘은 나 자신보다, 그리고 나를 둘러싼 시적 개념들보다 훨씬 더 큰 것이었기 때문이다."[56] '시의 동시대적이지 않은 측면'이란, 빠르쩨르나끄의 말을 빌리자면, 바로 혁명이 그에게 알려준 개인이 사회와 맺고 있는 관계를 가리킨다. 바로 이와 같은 이해는 여기서 혁명

56) (원주) 보리스 빠스떼르나끄, 《안전통행증》(Охранная грамота), 112~113쪽.

전 수십 년 동안 시에 부여되었던 개인주의적 개념에 대치되는 것이다.

로만 야콥슨은 빠스떼르나끄의 반낭만주의적 작가로서의 태도를 지적하며, 이와 관련하여 빠스떼르나끄가 자신의 시가 보여주는 짙은 은유적인 성격에도 불구하고 세계이해에 있어서 사실상 인접성을 통한 상사성에 의거하는 환유적인 시인이라 주장한다.[57] "… 주인공을 찾아내는 것은 어렵다. 그는 일련의 요소들과 장식적인 사물들 위에 쪼개져 있다. 객관화된 상황과 그를 둘러싼 생명을 지닌, 혹은 그렇지 못한 일련의 사물들이 이루는 연쇄가 주인공을 대체한다."[58]

나의 누이, 삶 … 인간, 자연, 그리고 사물들, 이 모든 것은 삶의 멈추지 않는 힘에, 자신의 물질성 속에서 아름다움을 드러내는 삶의 중력에 사로잡혀 있다.

헤아릴 수 없는 세계는 메스머리즘(일종의 최면술 — 역자) 속에 씨를 뿌린다.
　삶 속으로 파고 들어와 프리즘 속에서 굴절된,
눈물 속에서 춤추는 것이 마냥 기쁜 이것을
　엮어내는 것은 바람일 뿐이다.

영혼은 폭발하지 않는다. 마치 오래 방치된 초석처럼

---

57) 야콥슨은 은유와 환유의 전통적 개념으로부터 출발하여, 이들 간의 배타적인 이항대립에 기반한 장르론과 세계관을 구축한다. 은유가 유사성과 선택의 원리에 의거한다면 환유는 인접성과 결합을 원칙으로 한다. 이에 의거하여 시는 보다 은유적인 것으로 산문은 보다 환유적인 것으로 이해된다. 그의 의견에 따르면 상징주의는 보다 은유적이며 빠스떼르나끄와 마야꼽스끼의 시는 환유적이다. 다양한 사물들의 파편적인 인접을 통해 구축된 빠스떼르나끄의 시의 환유적 성격에 관한 야콥슨의 논문은 바로 그의 이러한 체계를 반영하고 있는 대표적인 예이다. 또한 아흐마또바의 시를 환유적인 것으로 보는 에이헨바움의 지적 역시 어느 정도는 산문어를 환유적인 것으로 이해하는 야콥슨과 유사한 맥락을 공유한다.

58) (원주) "시인 빠스떼르나끄의 산문에 대한 여백의 노트들"(Notes marginales sur la prose du poète Pasternak, 1935년 논문). Roman Jakobson, *Question de poètique*(《시학의 제 문제》), Paris, 1973, pp. 138~139에서 재인용함.

삽으로 보물을 파내듯 그렇게 파헤친다.
거대한 정원은 방 안으로 삐져나와
삼면거울을 찌른다. 그러나 유리를 치지는 않는다.

Несметный мир семенит в месмеризме,
И только ветру связать,
Что ломится в жизнь и ломается в призме,
И радо играть в слезах.

Души не взорвать, как селитрой залежь,
Не вырыть, как заступом клад.
Огромный сад тормошится в зале
В трюмо — и не бьет стекла.

시적인 어휘인 영혼(душа), 눈물(слезы)과 산문적인 말인 삼면경(селитра)이나 초석(трюмо)은 서정의 흐름 속에서 동등한 권리를 지닌다. 빠스떼르나끄에게서 발견되는 다락방이나 긴 안락의자, 약을 담은 작은 병과 캡슐 등과 같은 단어는 산문체로서는 이미 전혀 지각되지 않는다.[59] 그러한 단어에 준하여 볼 때 이 용어는 아무 의미도 지니지 않는다. 이것은 우리가 그 용어를 '나무, 잎, 구름, 바람' 같은 단어들과, 이 단어들이 구체적이면서 감정적으로 지각되는 현상이라는 전제하에서 견주어 보는 것과 다를 바 없다.

안넨스끼에게서 그러했듯 빠스떼르나끄에게서 역시 인간은 사물들과 결합된다. 그러나 이러한 결합은 병적이지도 고통스럽지도 않다. 빠스

---

59) (원주) 이것이 빠스떼르나끄로 하여금 일상적 단어들의 의미와 그 힘을 이해하는 것을 방해하는 것은 아니다. 그는 자신의 자서전 마지막에 블로끄의 뻬떼르부르크에 대해 다음과 같이 쓰고 있다. "… 그것은 드라마틱함과 불안감으로 시를 살찌우는 일상적인 산문으로 가득하다. 그 거리에서는 흔히 쓰이는 일상적인 언어가 곳곳에서 들리며, 그것이 시의 언어를 새롭게 한다"〔《사람과 상황》(Люди и положения), 214쪽〕. 또한 이에 대해 그와는 다른 어조로 안넨스끼는 볼로쉰에게 보낸 편지에서 다음과 같이 말한다. "…가장 두렵고 강력한 말, 즉, 가장 수수께끼 같은 말은 아마도 일상적인이라는 단어일 것이다"〔〈아뽈론〉, 1910, 4호(Аполлон, 1910, NO. 4), 13쪽〕.

떼르나끄는 이러한 결합에서 의미를 찾을 수 있었기 때문이다(안넨스끼는 그러한 의미를 동경했다). 즉, 그는 인간이 일반적인 삶 속에, 그 자체로 충분히 의미 있는 삶 속에 귀속되어 있다는 생각을 지니고 있었다.

젊은 빠스떼르나끄의 낙관적 서정시에서 사물들은 다음과 같은 확신을 가진 인간과 손잡고 유희를 벌인다.

> 5월, 기차 시간표를
> 기차간에서 갈대줄기의 가지처럼 읽는 것,
> 그것은 성서보다 먼지와 폭풍으로 검게 된
> 긴 안락의자보다 위대하다.
>
> Что в мае, когда поездов расписанье,
> Камышинской веткой читаешь в купе,
> Оно грандиозней святого писанья
> И черных от пыли и бурь канапе.[60]

이것을 구체적인 사물들의 세계의 즐거운 위대함이라 불러도 좋다. 어쨌든 그것을 향한 길을 닦은 것은 바로 다름 아닌 안넨스끼의 '고뇌에 찬' 시편들이었다.

> 파멸하라, 얼굴 없는 이 심연으로
> 마비시키는 소파의 몽롱함 속으로 곧바로,
> 줄무늬 시트 위로
> 깊이 가라앉으면서! …
>
> Уничтожиться, канув
> В этот омут безликий,
> Прямо в одурь диванов,
> В полосатые тики! …

60) (원주) 1957년 빠르떼르나끄가 개작하기 전의 초기 버전에서 인용.

연상(聯想)의 시학

19세기 말에서 20세기 초반의 '새로운 시'는 훨씬 이전에 시작된 규범과 금지로부터의 시의 해방으로부터 과감한 결론을 이끌어 내었다. 1910년대 모였던 시인들은 복잡한 상징주의의 유산을 청산하고 자신들의 고유한 목표를 찾아야 했으며, 이러한 방향 설정에 의거하여 혁명 이후의 시기로 나아가야만 했다. 상징주의에 대해 본격적인 반대를 표명하는 움직임들(미래주의자들과 아끄메이스뜨들)이 나타나기 이전에 이미 이러한 경향은 후기 상징주의를 대표하는 시인들(꾸즈민(M. Кузмин)과 구밀료프(Н. Гумилев)를 비롯한 여러 시인들)의 손에서 다시 태어나고 있었다. 신비주의와 종교 철학을 대신하여 유미적인 특징들과 양식화(стилизация), 이국적 정취에 더 큰 의미가 부여되었고, 이는 초기 브류쏘프적 경향이 일부 다시 나타나게 만들기도 했다. 1910년대 젊은 문학에서 시적 가치의 지상적인 근원에 대한 지향은 매우 특징적이다.

19세기 말에서 20세기 초 시의 실험은 자신의 선배 시인들의 전통과의 관계를 강조하는 아끄메이스뜨들에게서뿐 아니라 그 모든 시적 유산에 대한 거부를 외쳤던 미래주의자들에게서 역시 많은 것을 결정했다. 날카로운 감각과 이를 위해 시작법의 특수한 규율들을 해방시키는 것, 동떨어진 의미축의 병치와 거침없이 증식하는 은유들, 거의 규범으로 승화된 언어의 다의성, 이 모든 특징들은 상징주의를 대체하려 했던 이들에게 다름 아닌 상징주의가 제시한 것들이었으며, 이때 상징주의를 대신하고자 했던 이들은 이와 같은 원칙들의 최대치를 이끌어 내었다.

아마도 상징주의의 유산의 가장 능동적인 요소가 된 것은 시어의 긴장된 연상성이었을 것이다. 상징주의자들의 후예들은 제 2의, '초감각적인' 차원을 폐기했지만, 시 언어의 고도의 암시성,[1] 즉, 말하여지지 않은 표상을 불러일으키고 연상을 통해 빠진 고리들을 채워 넣는 언어의 능력은 여전히 유효한 것으로 남겨지게 되었다.

또마셉스끼는 암시성을 가능한 의미로 정의한다. "… 특정한 서정시적 결합에 대한 우리의 습관은 시인이 일반적인 결합을 파괴함으로써 구조에 속한 전혀 관련 없는 모든 것을 화해시킬 수 있는 가능한 의미의 인상을 창조하도록 허락한다. 이때 이러한 구조 위에 이른바 '암시적 서정시'가 세워질 수 있다."[2]

이러한 '암시적 서정시'의 발전을 가능하게 한 것은 다름 아닌 파편화된 인상의 시학을 특징으로 하는 인상주의와 근본적인 이원성을 지닌 상징주의였다. 러시아 상징주의자들은 서로 상이한 방식으로 상징의 본질을 이해했다. 초기 브류쏘프는 상징 속에서 영혼의 상태에 대한 암호를 발견했다. 벨르이는 상징이 심원하고 신비주의적으로 이해될 수 있는 말의 삶과의 관계를 통해 세계에 복잡한 은유적 변화를 가져다주길 원했다. 뱌체슬라프 이바노프는 반면 상징과 은유의 관계를 부정하면서 삶과 예술의 모든 현상은 잠재적으로 상징적 해석의 대상이 될 수 있음을 역설했다. 만델슈땀이 자신의 1923년 논문에서 '일상성의 신비주의'

1) (원주) 'суггестивный(암시적인)' — 이 단어는 프랑스어 suggestion(제안, 암시, внушение)으로부터 온 것이다. 여기서 고도의 암시성에 대해 말하는 것은 결코 그 자신이 말한 것만을 의미하지 않는 모든 시의 언어는 어느 정도 암시적일 수밖에 없기 때문이다.

2) (원주) 또마셉스끼, 《문학의 이론》(Б. Томашевский. Теория литературы. М.:Л., 1930), 189쪽.

(мистика повседневности)에 대한 아이러니를 드러내며 상징주의를 가리켜 '레스토랑 '프라하'의 양면 거울에 비친 종업원마저 신비주의적 현상으로 이해되는' 시대라 칭한 것은 우연이 아니다.[3)]

그러나 이 모든 다양한 해석들이 있음에도 불구하고 상징에는 말로 표현되지 않은, 미루어 짐작할 수 있는 것이라는 의미가 포함된다. 즉, 그것은 암시적이다. '말로 표현되지 않은' 것이 '저세계성'을 잃게 되었을 때 남겨지는 것은 바로 이와 같은 '연상적 상징주의'인바, 이것은 뱌체슬라프 이바노프가 안넨스끼와 말라르메의 시 속에서 비난한 것이기도 했다. 그에 따르면 이러한 상징주의는 사상으로 하여금 '광범위한 세계를 그려내고는', 결국 그러한 '상징이 가리키는 바로 한 점으로' 축소될 수밖에 없도록 만드는 것이었다.[4)]

말라르메는 시인으로서, 또 비평가로서 독자의 지각능력을 고려해야 한다는 이론을 극단으로 밀고 갔다. "시의 위기"(Кризис стихов)라는 제목의 짧은 논문에서 그는 '문학의 자연적 질료와 그것에 질서를 부여하는—너무 투박하지만—정확한 의미를' 거부하는 문학의 유파들에 대해서 말한다. "그들은 정확한 표현들 간의 관계를 정립하고자 했으며, 이것은 그러한 표현들이 그 자신으로부터 제 3의 의미를, 애매하지만 투명하고 추측할 수 있는 그러한 의미를 분리해내도록 하기 위한 것이었다."[5)]

20세기 초반 러시아 시에서 고도의 연상성은 은유적 형태에서뿐 아니라 비은유적 형태로도 나타났다. 은유의 기저를 이루는 일차적 비유의 변형은 점점 더 파편화되고 모순적이며 다층적인 것이 되어갔다. 이와 동시에 다른 종류의 암시성 역시 존재했던바, 그것은 하나의 은유 속에 용해될 수 없으며 각자 그 자체로 존재해야 하는, 그러면서도 서로

---

3) (원주) 〈붉은 처녀지〉, 1923, 5호(Красная новь, 1923, NO. 5), 399쪽.

4) (원주) 뱌체슬라프 이바노프, 《밭고랑과 밭두렁》(Вячеслав Иванов, Борозды и межи), 157쪽.

5) (원주) 스테판 말라르메, 《전집》(Stéphane Mallarmé. *Oeuvres complètes*, P., 1945), 365쪽.

의 결합 속에서 새로운, 말해지지 않은 의미를 창조해 낼 수 있는 그러한 표현들을 인접시키는 것이었다. 가령 아흐마또바의 경우가 그러했다. 사물들이 서로 맺고 있는 이러한 새로운 관계의 양상은 그의 시 속에 존재하는 19세기 시로부터의 유산을 완전히 새롭게 재구축했다.

안넨스끼는 자신의 '연상적 상징주의'의 규범을 심지어 호메로스에게까지 가져갔다. 미완의 논문 "시란 무엇인가?"(Что такое поэзия?)에서 그는 다음과 같이 말한다. "나는 배의 목록조차도 그것이 암시적인 한 충분히 진정한 시가 될 수 있다고 생각한다. 일리온[6] 해안을 항해하는 전사들의 이름은 지금의 우리에게 아무런 의미를 지니지 않는다. 시의 마지막을 장식하는 카덴차 속에서 장엄하게 울리는, 이제는 더 이상 들리지 않는, 죽어간 이들의 이름 역시도 우리에게는 더더욱 이해되지 않는 것들일 뿐이다. 그러나 이들의 이름은 고대 그리스인들의 의식 속에서 찬란한 전설을 마치 살아있는 듯 계속해서 불러내었다. 물론 이는 오늘날 우리에게서 라이프치히의 푸른 사전[7]의 한 면을 차지하는 퇴색한 소유물일 뿐이다. 그러나 만일 어느 순간엔가 심지어 이러한 이름의 상징들이 시의 음악 아래서 청자들에게 전장의 비명이 영광의 울림과 뒤섞이고 황금 갑옷과 적자색 돛의 광휘가 시커먼 에게 해의 파도소리와 함께 울리던 그 옛날의 감각들과 기억으로 충만한 세계의 형상을 불러일으키는 것이 과연 불가능한 것인가? … 그렇다면 상징이, 즉, 호메로스의 진정한 시가 죽은 것인가? 아니다. 이는 단지 우리가 그 옛날의 시행들 가운데서 새로운 호메로스를 읽는 것일 뿐이다. 이때 '새롭다'는 것은 '영원함'의 다양한 의미 중 하나라 할 것이다."[8]

---

6) 트로이의 옛 이름.

7) 안넨스끼는 여기서 1732~1750년 라이프치히의 서적상 요한 하인리히 체들러(Johann Heinrich Zedler)가 발행한 《완전대백과사전》을 염두에 두고 있는 듯 보인다. 이 사전은 정확성으로 정평이 나 있었으며 인물에 대한 정보와 문헌정보를 수록하고 있었던 것으로 실존 인물에 대한 최초의 백과사전으로 평가되기도 한다. 이 사전은 9명의 편자에 의해 64권으로 제작되었으며 현재 그 중 2명만이 알려져 있다.

안넨스끼는 이 글에서 독자의 텍스트 수용과 '해석'이 중요한 미학적 요인이 되는 의식을 드러낸다. 이때 그는 독자의 지각능력을 순전히 개인적이고 우연한 것이 아닌, 보편적 의미를 지니는 것으로, 고대 그리스에 대한 것인지 현대의 대도시에 대한 것인지 등과 같은 시대를 드러내는 것으로 이해한다.

작품의 연상성과 지각의 연상성은 시의 존재 자체에 이미 내재된 것이다. 그러나 그것의 의미는 맥락을 개인화하는 과정 속에서 부단히 커가게 된다. 확고한 문체를 지닌 시라면 자신의 언어적 질료를 이해하는 의미론적 열쇠를 미리부터 제시한다. 그러나 '새로운 시'는 이러한 기능을 독자에게 떠넘긴다.

이러한 과정은 결국 기저텍스트(подтекст, subtext)라는 개념이 생겨나도록 했으며, 또한 이 개념이 잘못 사용되도록 하는 결과를 초래했다. 텍스트와 기저텍스트 사이의 경계는 규정될 수 없는 것이다. 시어의 모든 특성들—연상성, 배음(背音), 의미론적 단위들 간의 관계, 심지어 의미의 이해를 위해 반드시 요구되는 일상적인 혹은 문화적인 현실, 이 모든 것들이 기저텍스트로 내려가겠다고 위협한다. 그렇다면 그 무엇이 문자 그대로의 텍스트 몫으로 남을 수 있을 것인가? 분명한 것은 더 이상 기저텍스트에 대해서가 아닌 텍스트, 그 실제적 의미 구조 속에서의 텍스트에 대해서, 그리고 시어의 의미를 규정하는 문맥에 대해서 이야기해야 한다는 사실이다.

시어의 의미에 대해서는 다양한 인식과 다양한 해석이 있을 수 있다. 이는 당연한 것이다. 다의성과 끊임없이 진동하는 자질들을 지닌 시어의 속성이 그러하다. 그렇지만 시 텍스트 이해의 가능성이 무한히 열려 있는 것은 절대 아니다. 무한한 것은 오해의 가능성일 뿐이다.

시에서 말로 표현된 것과 미루어 짐작하는 것 사이의, 직접 불러진 것과 우의적으로 암시된 것 사이의 상호 관계는 늘 존재해왔다. 그러나 이

---

8) (원주) 〈아뽈론〉, 1911, 6호(Аполлон, 1911, NO.6), 54쪽.

러한 관계는 각 시대와 각 예술 체계마다 상이하게 나타난다. 19세기 말에서 20세기 초의 '새로운 시'는 이러한 상관관계를 인식했고 첨예화했다. 안넨스끼의 심리주의적이고 '연상적인' 상징주의는 일련의 포스트상징주의 시인들에게 있어 출발점이 되었다.

이러한 관점에서 만델슈땀의 시는 특별한 이론적 관심을 불러일으킨다. 그의 30년간의 시 창작은 상당히 분명하게 다음의 세 시기로 구분될 수 있다. 시집 《돌》(Камень)의 시기, 시집 《비가》(Tristia)[9]와 이 시집에 덧붙여진 1921~1925년 사이의 시들을 아우르는 시기, 그리고 마지막으로 1930년대이다. 당연히 만델슈땀의 각 창작 시기는 다른 모든 작가들과 마찬가지로 상호 연관을 맺는다. 그러나 끊임없이 그의 시의 특징이 되어온 긴장된 연상성은 이 각 시기마다 서로 상이한 방식으로 나타난다.

만델슈땀은 러시아 상징주의의 계승자로서 출발했다. 그러나 그가 시 창작을 시작한 시기는 누가 봐도 상징주의의 몰락이 명백해진 바로 그 때였으며, 불과 얼마 전까지 상징주의를 대표하는 거장이었던 블로끄조차도 이미 당면한 시대의 위협적인 문제들에 대한 다른 답을 모색하고 있었다. 만델슈땀의 첫 시집 《돌》(1913)에 포함된 시들은 이미 '저세계성'을, 상징주의의 모든 긍정적 이데올로기와 철학을 결여한다.

1912년 만델슈땀은 아끄메이즘에 참여한다. 서로 전혀 닮지 않은 이들 상징주의의 후예들을 하나로 결합한 것은 삼차원 세계의 묘사로 다시 되돌아가려는 이들의 지향이었다. 이때 삼차원성이라는 것 역시 아끄메이즘의 주요 시인들은 각자 상이한 방식으로 이해했다. 구밀료프의 신낭만주의와 이국적 정취는 아흐마또바가 보여주는 물과 일상의 세계의 모습과 전혀 유사하지 않았다. 만델슈땀의 경우도 그를 사로잡은 삼차원성이란 다의미적이었던바, 그 의미 중 하나는 축어적인 의미의 삼차원성, 즉, 건축적 조화와 그것의 질료성을 가리키는 것이었다.

---

9) Tristia는 '슬픔', 혹은 '슬픔의 노래'를 뜻하는 라틴어로서 오비디우스의 동명의 시집으로부터 제목을 취했다. 여기서는 '비가'로 번역했다.

만델슈땀의 동시대인의 증언에 따르면 '시인조합'(Цех поэтов)을 결성한 후에도 그는 여전히 상징주의적 이단이길 고집했었다. 그러다 결국 항복했다. 다음의 시는 바로 그의 문학적 참회였다.

아니다. 달이 아니라, 환한 시계의 원형판이
나를 비춘다. 뭐가 잘못이란 말인가?
유약한 별들의 우윳빛을 감촉하는 것이.

나는 바뜌슈꼬프의 오만이 싫다.
여기서 그에게 "몇 시입니까?"라고 물었다.
그러자 그는 흥미로운 대답을 했다. "영원입니다"

Нет, не луна, а светлый циферблат
Сияет мне, и чем я виноват,
Что слабых звезд я осязаю млечность?

И Батюшкова мне противна спесь;
"Который час?" его спросили здесь,
А он ответил любопытным: "вечность."

어느 날 저녁 그들은 함께 짜르스꼬예 셸로 역에서 아흐마또바를 배웅했다. 만델슈땀은 그 때 시계 가게의 환하게 빛나는 원형의 벽시계를 가리키며 이 시를 낭송했다.

이 시 〈아니다, 달이 아니라…〉는 1911~1912년 동안 그가 쓴 일련의 시들로 둘러싸여 있다. 이 시기 시 속에서 그는 자신의 삼차원성에 대한 권리를 위해 투쟁했다. 이 세계 너머의 것에 대한 지향은 그의 작품에 여전히 존재한다. 그러나 그것이 낭만주의적 갈망의 대상이 되는 것은 결코 아니다. 오히려 반대로 만델슈땀은 별들의 '우윳빛'을, 즉, 지금껏 오랫동안 초감각적 세계의 상징이었던 별의 질료성 그 자체를 감각해야 했다. 별이라는 주제는 만델슈땀 서정시의 전 시기에 걸쳐 그 속에 늘 존재한다. 그러나 그의 시 체계 속에서 이러한 전통적 형상은 고유하고 개인적인 의미를, 또한 이를 비롯한 다양한 의미를 갖는다. 1912년 시에서 아직까지 별은 '비밀스러운 천상'을 대표하는 상징주의적인 별이었다. 이 별들은 시인에게 자신들의 이해되지 않는 가혹한 규범을 강요하며, 시인은 또한 증오와 공포, 저항으로 이에 화답한다.

> …저기 저 여자가 진정으로
> 비밀스러운 세계와 연관되어 있소!
> 이 얼마나 가슴이 미어지는 우수란 말인가,
> 도대체 어떤 재앙이 덮친 것인가!
>
> 만일 최신 유행의 상점 위에서
> 늘 반짝이던,
> 별이 나의 가슴으로 긴 핀처럼
> 갑자기 내려온 것이라면 어쩌겠는가?!
>
> …Так вот она, настоящая
> С таинственным миром связь!
> Какая тоска щемящая,
> Какая беда стряслась!
>
> Что, если над модной лавкою
> Мерцающая всегда,
> Мне в сердце длинной булавкою
> Опустится вдруг звезда?[10]

여기서 별빛은 여성용 모자의 핀〔그것은 '유행의 상점'(модные лавки)에서 팔고 있다〕이며, '비밀스러운 세계와의 연결'(С таинственным миром связь)은 고통스러운 그로테스크가 된다. 이어지는 시 속에서는 바로 이러한 세계에 대한 저항이 선언되어 있다.

> 나는 하나같이 똑같은
> 별빛을 증오한다.
> 안녕하신가, 나의 오래된 헛소리여, —
> 첨탑의 높이여!
>
> 돌이여, 레이스가 되어라,

10) (원주) 이 연은 1912년 판본에 따라 인용했다.

거미줄처럼 변하여라.
하늘의 텅 빈 가슴에
가느다란 바늘로 상처를 입혀라! …

Я ненавижу свет
Однообразных звезд.
Здравствуй, мой давний бред, —
Башни стрельчатой рост!

Кружевом, камень, будь
И паутиной стань,
Неба пустую грудь
Тонкой иглою рань! …

이 시의 내용을 이론적으로 피력한 글도 있다. 바로 만델슈땀의 논문 "아끄메이즘의 아침"(Утро акмеизма, 1913)이다. 이 논문의 내용은 1910년대 초반 만델슈땀을 사로잡고 있었으며 따라서 그의 시와 산문들 속에 표현된 그의 사상 전반과 밀접한 연관을 맺는다.

그의 논문 "아끄메이즘의 아침"에서 건축적인 관용어들은 문학적인 차원으로 옮겨진다. " … 뜨개바늘로 어려운 단어를 엮어내는 것 말고는 더 높은 차원의 즐거움을 알지 못하는 미래주의자들의 단어 골라내기 놀이를 경멸하며 그것을 폐기하면서, 우리는 세바스찬 바흐가 음악 속에 고딕양식을 구축해 내었던 것처럼 언어에 대해서도 동일한 시도를 하고자 한다. 질료의 실재성을 믿지 않는다면 어떤 미친 사람이 집을 지으려 하겠는가. 이러한 질료의 저항은 극복되어야 한다. 〈 … 〉 건축은 '삼차원'의 이름으로만 가능하다. 그것이야말로 모든 건축술의 전제조건이기 때문이다. 〈 … 〉 건축가는 집에 틀어박혀 있는 것을 좋아하는 사람임이 분명하다. 상징주의자들은 좋지 못한 건축가였다. 집을 짓는 것은 공허와 싸우는 것이며 공간에 최면을 거는 것이다. 고딕양식 종루의 훌륭한 첨탑은 하늘을 찌르려 하고 그것의 비어있음을 책망하려 하기에 사악하다. 〈 … 〉 우리는 날지 못한다. 단지 우리가 지은 첨탑의 높이까지 올라갈 수 있을 뿐이다."[11] 이처럼 논문 "아끄메이즘의 아침"

은 반상징주의적인 상징들, 돌(камень)과 첨탑(башни), 화살(стрелы), 바늘(иглы), 텅 빈 하늘(пустое небо)을 이해하게 하는 열쇠가 된다.

1910년대 초반 서정시에서 만델슈땀은 상징주의자들의 무기로 상징주의자들에 대항하고 그들을 공격했음에도 불구하고, 분명 그들의 직접적인 계승자였다. '고딕적인 역동성'은 만델슈땀에게 매우 중요한 의미를 지니지만, 그것이 중요했던 것은 (낭만주의자들의 고딕양식에 대한 이해에서와 같은) 무한한 것을 향한 지향 때문이라기보다 오히려 그것이 보여주는 질료에 대한 구조의 승리, 즉, 돌을 레이스나 뾰족한 첨탑으로 변화시킬 수 있는 가능성 때문이었다.[12)]

---

11) (원주) 〈사이렌〉, 1919, 4~5호(Сирена, 1919, NO. 4~5). 만델슈땀은 이후에도 1910~1920년대에 쓴 논문들을 통해 여러 차례 상징주의와의 논쟁으로 다시 돌아온다. "말의 본성에 관하여"(О природе слова), "시에 대한 소고"(Заметки о поэзии), "너구리굴"(Барсучья нора), "러시아 시에 대한 편지"(Письмо о русской поэзии) 등의 논문은 그러한 예이다. 만델슈땀은 안드레이 벨르이의 〈괴짜의 일기〉(Записки чудака)에 대한 평론에서 상징주의의 시대를 회상하며 다음과 같이 말한다. "… 그 올바른 문학가는 5~6일간 정도 '끔찍한 것'을 써놓지 않고는 잠자리에 드는 것조차 부끄러워했다"〔〈붉은 처녀지〉, 1923, 5호(Красная новь, 1923, NO. 5), 399쪽〕.

12) 만델슈땀의 초기 시가 보여주는 상징주의와의 연속성은 이미 여러 차례 연구가들에 의해 지적되었다. 만델슈땀의 초기 시에서 건축가로서의 시인의 형상은 천상적인 것보다 지상의 건축물을 통해 신의 섭리와 세계의 조화를 구현하려는 아끄메이스뜨로서의 그의 시적 지향을 암시하지만, 동시에 이러한 건축물에 구현된 영원히 아름다운 것과 절대적 조화의 이상은 상징이라는 미학적 수단을 통해 천상의 원리에 이르려했던 상징주의자들의 지향과 크게 다르지 않았다. 또한 그의 초기 시에서 상징주의적 세계혼은 물화된 언어로서의 말에 내재하는 새, 곧 성령과도 같은 프시케의 형상을 통해 구현되며, 이러한 의미에서 그의 초기 아끄메이즘적 이상은 상징주의적 천상의 원리를 지상의 물과 일상의 언어 속에 구현하려는 시도로 이해될 수 있다. 긴즈부르크가 '돌을 레이스나 첨탑으로 변화시키는 것'이라 언급할 수 있었던 것은, 만델슈땀에게서 레이스의 정교한 짜임과 첨탑을 통해 천상에 닿는 것을 가능하게 하는 장인의 기술은 곧 시인의 기술과 동일시되고 있기 때문이다. 실제로 만델슈땀의 작품에서 레이스나 첨탑은 자주 등장하는 시적 형상이기도 하다.

"혹시 그의 고딕적 사상이 첨예함을 잃고, 더 이상 하늘을 찌를 듯한 첨탑과도 같은 움직임을 멈춘 것은 아닌가?" 이것은 만델슈땀의 차아다예프(Чаадаев)에 대한 논문(1915)의 일부이다. 이 논문에서 만델슈땀은 차아다예프의 '도덕의 건축적 구조'에 대해서 말한다. 이처럼 초기 만델슈땀에게서 '건축적인 것'이라는 개념은 넓은 의미에서 이해하여야 한다. 그는 현실을 건축물의 구조로서 사유한다. 즉, 그는 현실을 일종의 완결된 구조로 파악했다. 이는 일상적인 현상들로부터 거시적인 문화적 사건에 이르기까지 그러했다.[13] 지상적인 것에서 자신들의 시적 가치의 근원을 찾으려 했던 1910년대의 시인들은 이미 (상징주의자들처럼) 일반론적인 철학적 전제에서 출발하려 하지 않았다. 그들은 각각 자신의 근원을 찾았다. 삶(빠스떼르나끄)이라든지 자연, 사랑, 예술 같은 것들이 그들의 시적 가치의 근원이 되었다. 젊은 마야꼽스끼에게 가치의 근원은 혁명이었다. (이에 대해서는 앞으로 또 살펴볼 것이다.) 젊은 만델슈땀에게는 다양한 역사적 형태 속에서의 문화가 바로 그러한 가치의 근원이 되었다. 그것은 또한 그의 시적 연상을 가능하게 하는 원천이 될 수 있었다.

만델슈땀 작품의 이와 같은 결정적인 특성을 가장 먼저 주목한 것은 쥐르문스끼의 1916년 논문 "상징주의를 극복한 시인들"[14]과 이 논문에

13) (원주) 구조성의 문제는 이후에도 만델슈땀의 관심 대상이 되었다. 1933년 자신의 논문 "단테에 관한 이야기"(Разговор о Данте)에서 그는 다음과 같이 쓰고 있다. "《신곡》의 구조로 더 깊이 들어갈수록, 이 작품은 점점 더 하나로 통일된, 쪼개어질 수 없는 하나의 연으로 되어 있는 느낌을 준다. 더 정확히 말하면 이 작품은 하나의 연이라기보다 마치 하나의 결정으로 이루어진 형상, 곧 몸과 같이 느껴진다. 전 서사시를 관통하며 끊임없이 형상을 만들어내는 힘이 느껴진다. 그것은 그 무엇보다 엄격하게 재단된 입체기하학적인 몸, 끊임없이 주제의 결정을 이루어내는 과정이다. 이러한 괴물과 같은 스스로의 규범을 따라 구축된 '만삼천면체' 도형을 한눈으로 포착하는 것, 이것의 형상을 눈앞에 그려보는 것은 불가능하다"(M., 1967, 19쪽.)
레닌그라트의 예술사 연구소에서의 시에 관한 논의에서(1926년) 만델슈땀은 다음과 같이 언급했다. "시의 공간은 마치 1캐럿의 다이아몬드 안에 갇혀있는 것처럼 그렇게 닫혀져 있다…"

더해진 1921년의 "보론"(Дополнение) 이었다. '이전의 문화적, 예술적 창작물들 속의 삶을 새롭게 다시 쓰는 것'이 만델슈땀 시의 영감의 원천임을 지적하면서, 쥐르문스끼는 만델슈땀 시에서 낡아빠진 베네치아와 독일 낭만주의의 음악정신, 크렘린의 성당들과, 호메로스 등의 일련의 형상들이 '종합적인 재창조'의 대상이 됨을 고찰한다. "시 〈데까브리스뜨〉(Декабрист) 의 독특한 디테일들은 나폴레옹에 대항한 독립전쟁의 분위기를 창조해 낸다… 젊은 몽상주의자의 컵에 담긴 '하늘색' 펀치와 '자유를 사랑하는 기타'라는 표현은 라인 강 원정을 상기시킨다."[15]

쥐르문스끼가 든 예는 만델슈땀의 두 번째 시집 《비가》(Tristia) 로부터 인용된 것이다. 만델슈땀이 말하는 문화의 건축성은 그의 (첫) 시집 《돌》(Камень) 에 포함된 시들에서 한층 더 분명히 드러난다. 그 시들 중 일부는 직접적으로 건축물에 바쳐진 것이기도 하다〔〈소피아 성당〉(Айя-София), 〈노트르담〉(Notre Dame), 〈해군성〉(Адмиралтейство)〕. 그러나 만델슈땀 시에서의 건축가의 작품이란 언제나 어떤 특정한 역사적 문화의 형상이기도 하다. 《돌》에 포함된 예술가에 대한 시들이나〔〈바흐〉(Бах), 〈베토벤〉(Бетховен), 〈오제로프〉(Озеров)〕, 예술작품에 대한 시들〔〈돔비와 아들〉(Домби и сын), 〈페드르〉(Федра)〕, 개인적이고 구체적으로 그려진 가톨릭과 개신교에 대한 시들〔〈수도원장〉(Аббат),

---

14) 쥐르문스끼의 위 논문은 아흐마또바와 만델슈땀의 시에 나타난 새로운 형식적 특성들을 분석하면서 그들의 새로운 시는 곧 기존의 상징주의의 지나치게 모호한 언어에 대한 반발로 생긴 것이며 더 나아가 그것을 극복하기 위한 러시아 시사에서의 새로운 시도라 지적한다. 스스로 아끄메이스뜨들의 시와 근친성을 느꼈던 쥐르문스끼는 에이헨바움이 당대의 아끄메이스뜨들의 산문적인 시작품을 더 이상 모더니즘이 불가능한 시대의 '모더니즘의 마지막 말'로 이해한 것과 달리, 상징주의 시의 문제점을 극복하고 러시아 시의 새 장을 열어줄 수 있는 새로운 시도라 평가하고, 아끄메이즘 시학의 여러 요소들, 즉, 산문성, 언어의 일상성, 극성 같은 요소들을 분석해내고 있다.

15) (원주) 쥐르문스끼, 《문학의 이론의 제 문제》(В. Жирмунский, Вопросы теории литературы, Л., 1928), 328~330쪽.

〈신교도〉(Лютеранин)〕은 모두 그와 같은 원리를 따르며, 일상에 관한 시들조차〔〈테니스〉(Теннис), 〈영화〉(Кинематограф)〕그와 유사한 '다시쓰기'의 원칙을 따라 창작되었다.

상징주의의 위기와 함께 회화와 연극, 문학에는 양식화[16] 기법이 널리 사용되었다. 이때 양식화의 유행의 근원이 된 것은 바로 잡지 〈예술의 세계〉(Мир Искусства)[17]와 그것을 교체하며 등장한 〈아뽈론〉(Аполлон)이었다.[18] 당시의 가장 대표적인 시인들 역시 양식화의 물결로부

---

16) 특정한 시대의 예술적 스타일이나 그 시대의 언어, 혹은 특정 시대의 예술작품에 등장하는 언어적 양식 등을 의도적으로 과장되게 모방하는 기법을 지칭하는 '양식화'는 패러디나 모방, 아류 같은 개념들과는 차이점을 지닌다. 특히 양식화는 원본의 특성을 의도적으로 모방하며 오히려 더 공공연히 드러내고 있다는 점에서 모방과 큰 차이를 지니며, 아이러니나 웃음으로부터 자유롭다는 점은 패러디와의 차이점이기도 하다.
러시아에서 양식화는 특히 '예술세계'의 무대 의상을 그리던 화가들의 그림을 비롯하여 19세기 말 러시아의 화가들과 작가들에게 많은 영향을 미쳤으며, 위에서 지적된 꾸즈민, 레미조프(А. Ремизов), 벨르이 등의 작가들에게서 역시 두드러지게 사용되었다.

17) 19세기 말에서 20세기 초 러시아 문학에서의 새로운 움직임이 상징주의였다면, 회화를 비롯한 조형예술의 분야에는 바로 잡지 〈예술의 세계〉(Мир Искусства)를 중심으로 한 화가와 예술애호가들의 노력이 있었다. 1898년 댜길레프(С. Дягилев)에 의해 창간된 이 잡지는 러시아 회화를 알리고 프랑스 상징주의를 소개했으며, 쏘모프(К. Сомов), 레비딴(Ч. Левитан), 쎄로프(В. Серов), 베누아(А. Бенуа), 브루벨(М. Врубель) 등 화가들의 그림들을 알리는 장이 되었다. 또한 이 잡지는 이후 로자노프(В. Розанов)를 비롯한 문학가들의 참여를 이끌어 내었다. 특히 러시아 상징주의와 이 시기 러시아 예술문화에서의 장르종합적인 성격으로 인해 이 잡지를 중심으로 활동한 화가들과 작가들의 작품은 쉽게 상호 연관을 맺고 서로에게 영향을 준다. 이 그룹에 속한 많은 화가들이 무대의상과 무대장치 등의 장식적 예술에 관심을 기울였으며 이는 20세기 초반 문학에서의 특징이 되기도 했다.

18) 1909년 뻬떼르부르크에서 만들어져서 1917년까지 간행된 잡지다. 이 잡지의 명칭에서 짐작할 수 있듯이 이것은 상징주의 언어의 모호성에 대항하는 새로운 시의 움직임으로서의 아끄메이즘 운동과 무관하지 않다. 물론, 꾸즈민이나 블로끄를 비롯한 많은 상징주의자들이 이 잡지를 통해 활동하기도 하였지만,

터 자유롭지 못했다. 양식화의 주체로서의 브류쏘프는 역사가로서의 브류쏘프와 투쟁하였고, 때로 전자는 후자에 대해 승리를 거두기도 했다. 벨르이나 꾸즈민도 18세기적 양식화에 많은 부분을 빚지고 있었다(회화에서는 쏘모프(Сомов) 나 베누아(Бенуа)[19] 등이 이러한 특징을 보였다).

만델슈땀이 즐겨 사용한 주제였던 고대(그리스나 로마)의 형상이나 러시아에 존재하는 나폴레옹 1세 시대의 건축양식 등도 이 시기에 유행하는 것들이었다. 나폴레옹 1세 시대 건축양식을 따라 지어진 뻬떼르부르크의 전경, 특히 뿌슈낀 시대의 뻬떼르부르크의 형상은 1910년대 판화에서 널리 개작되던 주제였다. 문화양식을 복원하려는 만델슈땀의 시도는 당시 전혀 특이한 것이 아니었다. 오히려 반대로 그것은 당대의 예술을 에워싸고 있던 전반적인 분위기였다. 그러나 젊은 시절의 만델슈땀은 이와 같은 과정을 통해 양식화의 영역을 넘어서 자신이 묘사하는 대상에 대한 역사적 이해로 나아갔으며, 이를 통해 러시아 문학에서의 뿌슈낀과 블로끄의 전통을 향해 가고자 했다.

시를 통한 문화와 예술양식의 복원이라는 과제를 만델슈땀은 연상의 방법을 통해, 또한 그 안에 일련의 역사적 단면들을 내포하고 있는 기호들의 선별과 재배치를 통해 이룰 수 있었다. 그의 시 〈데까브리스뜨〉에서뿐 아니라, 보다 덜 역사적인 주제를 다루고 있는 시들 속에서 만델슈땀은 풍부한 역사적 연상 작용의 징후들을 드러내는 사물들을 찾으려했다. 양식화된 17~18세기의 귀족들의 파노라마를 보여주면서, 만델슈땀은 라신의 극에 대한 시를 창조했다. 그 시 속에서 긴장된 서정성은 세밀한 디테일이 보여주는 고고학적인 특성과 결합되었다.

이 잡지에 발표된 일련의 만델슈땀과 고로데쯔끼 등의 언어의 명확성과 간결한 형식에 관한 논문들은 이 잡지를 흔히 아끄메이즘의 동인지로 간주할 수 있게 하기도 한다. 1917년까지 만델슈땀, 아흐마또바를 비롯한 당대 시인들의 많은 시들이 이 잡지를 통해 발표되었다.

19) 쏘모프와 베누아 등 〈예술의 세계〉를 중심으로 활동하던 화가들의 그림에는 18세기 이탈리아의 코메디아 델 아르테(Commedia dell'arte) 전통의 양식화가 두드러진다.

나는 고풍스러운 여러 층으로 지어진,
그을려진 높은 회랑을 가진 극장에서,
유영하는 촛불들이 내는 빛 속에서
그 유명한 '페드르'를 보지 못할 것이다.
… 나는 각광을 향해 날아가는
이중의 각운으로 깃털 달린 시를 듣지 못할 것이다…

Я не увижу знаменитой Федры
В старинном многоярусном театре,
С прокопченной высокой галереи,
При свете оплывающих свечей.
… Я не услышу обращенный к рампе
Двойною рифмой оперенный стих…

이 시가 의도하는 연상의 고리를 올바르게 따라잡기 위해서 독자는 알렉산드리아 시행에서의 쌍을 이루는 각운에 대해서 알고 있어야 한다. 또한 독자는 고전극에서 배우가 독백을 할 때 자신의 상대역 배우가 아닌 관중을, 즉, 관객석을 향하는〔'각광을 향해'(к рампе)〕 것을 알고 있어야 한다.

브류쏘프의 이집트 시들에서〔〈클레오파트라〉(Клеопатра), 〈만남〉(Встреча)〕 역사는 의도적으로 이국적인 정취나 에로틱한 주제에 의해 배제된다.

천천히 흐르는 나일 강가, 메리다의 호수가 있는 그곳에서,
불길에 휩싸인 라의 왕국에서,
너는 오랫동안 나를 사랑했다. 마치 이지다가 오시리스를 사랑했던 것처럼,
친구여, 여왕이자 누이여!
피라미드는 자신의 그림자를 우리의 저녁 위로 드리웠다.

Близ медлительного Нила, там, где озеро Мерида,
в царстве пламенного Ра,
Ты давно меня любила, как Озириса Изида,
друг, царица и сестра!
И клонила пирамида тень на наши вечера.

1906, 1907

그러나 만델슈땀은 자신의 시 〈이집트인〉(1914)에서 역사적, 사회적 형상을 주조해 낸다. 그것은 일상의 특징들 위에, 이성적인 신비주의와 경험주의, 실용주의가 이루는 날카로운 조화 위에서 구축된다.

만델슈땀이 그리는 뻬떼르부르크의 나폴레옹 1세 시기의 건축물들의 형상에도 역사적인 기억들이 침투해 있다. 게다가 거기에는 뿌슈낀 시대의 시 문화의 역사주의에 의해 이차화되고 굴절된 기억들마저 존재한다. 만델슈땀에 대한 회상에서 아흐마또바는 그에게 있어서 뿌슈낀이 과연 어떠한 존재였었던가를 지적한다. "만델슈땀에게는 뿌슈낀에 대한 유례없는, 그 어떤 엄격한 태도 같은 것이 있었다 …"

〈뻬떼르부르크 시〉(Петербургские строфы)에서도 뿌슈낀이라는 주제는 동시대적인 것 속에 공개적으로 포함되어 있으며 (오네긴이나 〈청동기마상〉의 예브게니), 그와 관련하여 데까브리스뜨 주제 역시 포함된다〔"원로원 광장에는 눈더미의 무도회, 모닥불의 연기와 총검의 서늘함 …"(На площади Сената - бал сугроба, дымок костра и холодок штыка …)〕. 그의 시 〈해군성〉(Адмиралтейство)에서도 뿌슈낀에 대한 회상은 시 구성의 내적인 동인이 된다.

> 공중의 배와 손을 가져다 댈 수 없는 돛대,
> 뾰뜨르의 후예들을 따르는 자로서
> 그는 다음과 같이 가르친다. 아름다움이란
> 반신의 변덕이 아니라 평범한 한 목수의 예리한 눈짐작이라고.
>
> Ладья воздушная и мачта - недотрога,
> Служа линейкою преемникам Петра,
> Он учит: красота - не прихоть полубога,
> А хищный глазомер простого столяра.

이 시에서의 목수는 건축술과 장인의 솜씨에 대한 만델슈땀의 열광의 현현이며 또한 건축구조와 이에 저항하는 질료 사이에서 그가 느끼는 파토스의 체현이기도 하다. 그러나 이때 목수의 형상이 뾰뜨르와 직접 동일시되지는 않는다. 다만 그와의 밀접한 연관관계를 드러낸다. 이때의 뱄뜨르는 "때론 바다의 항해자이자 때론 목수이기도 한"(то мореплаватель, то плотник) 바로 뿌슈낀의 뾰뜨르다. 위 시의 마지막 행인 "전 세계의 바다가 열린다"(И открываются всемирные моря …)는 구절 역시 뿌슈낀의 '유럽을 향한 창'(окно в Европу)을 연상시킨다.

양식화의 특징은 양식의 통일성, 즉, 모든 단어가 하나의 공통된 양식의 흐름을 따르도록 하는 것이다. 특히 이때 중요한 것은 공통된 양식의 흐름이 작가의 말마저도 삼켜버릴 수 있어야 한다는 것이다. 그러나 만델슈땀에게서는 전혀 그렇지 않다. 만델슈땀 시의 작가의 말은 동시대인의 말이며, 단지 다른 문화양식의 기호들을 포함하고 있을 뿐이다. 그 안에서 여러 언어 층위들은 자유롭게 결합되며, 서로 교차한다. 한 편의 시 속에서 엄숙한 분위기의 어휘들은 갑자기 일상적인 대화체의 언어로 전이되기도 하며, 또한 과감한 은유가 갑작스레 전문용어와도 같은 단어들로 대체되기도 한다.

> … 또한 지혜로운 원형의 건축물은
> 여러 민족과 수세기의 시간보다 더 오래 살아남으며,
> 세라핌의 흐느낌의 메아리도
> 검은 도금을 휘게 하지 못할 것이다.
>
> 〈소피아 성당〉

> … И мудрое сферическое зданье
> Народы и века переживет,
> И серафимов гулкое рыданье
> Не покоробит темных позолот.
>
> "Айя-София"

이 시에서 원형의(сферическое)라는 단어와 천사들의(серафимов)라는 단어에서는 음성의 반복이 일어나며, 이로 인해 기술적 어휘와 교회의 어휘로서 각각 서로 다른 두 단어는 가까워지게 된다. 동시에 같은 연에서 엄숙한 천사의 흐느낌이 도금을 휘어지게 만들지 못한다는 내용이 이어진다.

시집 《돌》에서 젊은 만델슈땀을 그의 스승들과 구별 짓게 하는 것은 바로 극명히 드러나는 구조성이다. 만델슈땀에게서 시란 그것의 구성요소들이 단순히 공존하는 것을 넘어서 서로 상호작용하고 때로는 투쟁하기도 하는 하나의 통일체다.

예를 들어 그의 시 〈수도원장〉(Аббат) 이나, 혹은 마치 베를렌을 연상시키는 듯하며 소크라테스와 유사한 상황에 처해 있는 듯한 눈 밑에 상처를 입은 술 취한 노인이 등장하는 그의 시 〈노인〉(старик) 같은 경우에서는 문화-역사적 요소들과 일상의 요소들 간의 투쟁이 드러난다. 때로는 역사적인 것과 동시대적인 것 사이의 대립이 나타나기도 한다. 예를 들어 〈뻬떼르부르크 시〉 같은 경우에서는 역사적인 것과 동시대적인 것은 대등한 균형을 유지하지만, 마지막 연의 자동차 연료의 냄새를 맡는 〈청동기마상〉의 예브게니의 형상 속에서 마침내 둘 간의 접합이 일어난다. 역사와 동시대성의 상호작용은 또한 〈나는 유명한 페드르를 보지 못할 것이다 … 〉(Я не увижу знаменитой Федры …) 나 〈단순무식한 시대에 관하여〉(О временах простых и грубых) 같은 시들에서 드러난다. 예를 들어 〈단순무식한 시대에 관하여〉에서는 '무거운 모피코트를 입은 수위들'(дворяники в тяжелых шубах) 의 형상 속에 오비디우스[20] 시대의 스키타이인의 형상이 겹쳐진다.

시인 자신의 개성이란 만델슈땀의 후기 시세계의 발전에 중요한 것이 된 초기의 시 세계에서 결코 중심 주제가 되지 못했다. 이를 동시대인들은 바로 지적했다. 이후 "시간의 소음"(Шум времени) 에서 만델슈땀은 다음과 같이 쓰고 있다. "나는 나 스스로에 대해 이야기하려 하지 않는다. 오히려 나는 시대의 뒤를 따라가 보려한다. 시간이 내는 소

20) 만델슈땀의 시에서 오비디우스의 형상은 자주 뿌슈낀을 매개로 하여 시인 자신과 동일시된다. 뿌슈낀은 추방당한 자신을 오비디우스와 동일시하였으며, 만델슈땀은 뿌슈낀 시에 나타난 오비디우스의 형상을 통해, 뿌슈낀 시 속에 투영된 오비디우스의 형상을 자신의 시에 도입한다. 위에서 인용된 시 역시 뿌슈낀의 시로부터의 인용을 통해 오비디우스를 묘사한다.

음을, 시간이 만들어 내는 공간을 추적해 보고자 한다. 이때 나의 기억이란 모든 개인적인 것에 대해 적대적이다."

젊은 만델슈땀에게서의 상징주의의 극복이란 상징주의의 '저세계성'의 극복일 뿐 아니라 또한 그들의 지나친 주관주의의 극복이기도 하다. 그의 작품에서 작가가 언제나 역사적 세계, 사물의 세계 뒤에 서 있는 것은 바로 이 때문이며, 또한 그의 시세계가 보여주는 구조적 명료성 역시 이로 인한 것이다. 이처럼 초기 만델슈땀은 예술을 일종의 건축적 구조로, 즉, 삶의 현상들이라는 질료들이 이루는 혼돈을 재료로 예술가가 이루어내는 건축물과도 같은 것으로 간주했다.

1910~1920년대의 《돌》과 《비가》에 대한 평론들을 필두로 만델슈땀의 고전주의에 대해서는 여러 차례 다양한 측면에서 다루어져 왔다. 특히 시인의 문체의 특성에 대한 것이 무엇보다 먼저 이야기되었다. 《돌》의 시학에서는 정확성과 기념비성(монументальность), 상징주의자들이 지향했던 음악적인 유연성에 대비되는 그 어떤 합리주의 등이 지적되었다. 연구자들은 만델슈땀의 시가 보여주는 특정한 주제에 대한 선호와 과거 고전주의의 문체를 연상시킬 수 있도록 복원하는 것을 고전주의로 이해했다. 다양한 고전주의적 문체들, 즉, 그리스 로마적 스타일, 뻬떼르부르크 암피르(Петербургский ампир), 프랑스의 18세기 스타일(가령, 〈나는 유명한 페드르를 보지 못할 것이다 …〉 같은 시에서), 러시아의 18세기 스타일〔〈오제로프에 대한 시〉(Стихи об Озерове)에서〕 역시 고전주의적인 것이었다. 그러나 점차 그의 시에서는 그리스 로마적인 주제 혹은 그리스 로마적인 어휘적 색채가 지배적인 것이 되어갔다. 이러한 과정은 1914년부터 로마의 주제가 점점 집요하게 탐구되는 그의 시집 《돌》을 통해 관찰할 수 있다.

초기 만델슈땀의 작품 속에서 시적 형상을 얻게 되는 모든 역사적, 예술적 문화 가운데에서 가장 중요하게 다루어지는 것은 종합적인 그리스-로마의 문화였다. 만델슈땀은 이를 러시아적 전통의 프리즘을 통해,

즉, 바뜌슈꼬프와 뿌슈낀, 그리고 러시아 건축가들을 통해 받아들였다.

> 건축가는 이탈리아인이 아니었다.
> 로마의 러시아인이었다…
>
> А зодчий не был итальянец,
> Но русский в Риме…

이 시는 까잔 성당을 건축한 보로니힌(Воронихин)에[21] 관한 것이다.

이처럼 만델슈땀의 시가 세계 문화가 걸어온 길을 따르도록 한 것은 그의 양식화에 대한 관심이 아니었으며, 오히려 이러한 문화를 역사적으로 이해하고 그러한 문화를 아우르는 러시아의 문화적 의식 속에 그것을 새롭게 위치지어야 한다는 요구였다. 이러한 개념은 분명 도스또옙스끼가 피력한 러시아의 고유한 민족적 의식으로서의 전세계성, 전 인류성에 대한 사상의 영향 속에서 형성된 듯 보인다. 그러나 만델슈땀은 이러한 문제의식을 언어적 차원으로(만델슈땀은 이것이야말로 시인 스스로에게 있어 가장 본질적인 것이라 확신한다) 옮겨놓는다. 1922년의 논문 "말의 본성에 관하여"에서 그는 다음과 같이 말한다. "… 그리스 문화의 생생한 힘은 〈…〉 러시아어에 헬레니즘적 세계관의 고유한 비밀을, 자유롭게 그 정신을 육화할 수 있는 자신의 비밀을 말하면서 러시아어의 품속을 향해 돌진했다. 이로 인해 러시아어는 말하고 공명하는 몸이 될 수 있었다."[22] 여기서 만델슈땀의 언어학적 이해가 현대의 학문적 성과와 얼마나 일치하고 있는지는 중요하지 않다. 중요한 것은 다른 것, 즉, 그의 이러한 언어학적 이해가 그의 역사문화와 문화양식에 대한 사상의 체계 속에서 어떠한 위치를 차지하는가 하는 점이다.

---

21) 보로니힌(Воронихин, Андрей Никифорович, 1759~1814)은 러시아의 건축가로서 러시아의 암피르의 기반을 닦은 이들 가운데 하나로 꼽힌다. 뻬떼르부르크의 까잔 성당과 광산 대학교를 비롯한 건축물들을 남겼다.

22) (원주) 만델슈땀, 《시에 관하여》(О. Мандельштам, О поэзии. Л., 1928), 31쪽. 이후 본문 중에 페이지만으로 표시한다.

시집 《비가》에서 만델슈땀의 '고전성'은 완성된 형태를 드러낸다. 로마의 주제는 완전히 사라지지 않지만 한 발 뒤로 물러서게 되며, 만델슈땀 고유의 헬레니즘이 지배적인 위치를 차지하게 된다. 그것의 사명 역시 《돌》의 시기와 비교해 볼 때 급격한 변화를 보여주었다. 이때 이러한 변화는 연상들을 결합하는 원칙까지도 변화시켰다. 헬레니즘 양식은 더 이상 특정한 역사적 문화의 형상을 창조하기 위한 도구에 머무르지 않으며, 작가의 문체이자 작가의 말로서 그의 시세계 전체를 아우른다.

만델슈땀의 동시대인들은 그를 복고주의자라 여기지 않았다. 마야꼽스끼와 흘레브니꼬프, 빠스떼르나끄의 시에 매료되었던 1920년대의 젊은 문학도들은 그 어떤 종류의 '유미적 경향'도, '미적인 것'도 참지 못했다. 그러나 특이한 것은 만델슈땀의 '고전주의'에도 불구하고 이러한 죄악들을 그의 것으로 생각하게 되지는 않는다는 점이다. 이러한 구도 속에서 그의 다분히 자의적이고 비학문적인 고전주의는 나름의 고유한 목적을 지니는 것이었음은 분명하다. 당시 수차례 만델슈땀을 심지어 미래주의자들과 나란히 놓을 수 있었던 것은 바로 이 때문이다. 그는 뻬떼르부르크의 미래주의자들 그룹과〔니꼴라이 부를류끄(Николай Бурлюк), 베네딕뜨 립시쯔(Бенедикт Лифшиц)〕 개인적인 친분을 가지고 있었으며, 미래주의 이론과 논쟁하면서도 흘레브니꼬프나 빠스떼르나끄의 작품에 열광했다.

《비가》에서 만델슈땀은, 《돌》에서 그랬던 것처럼 19세기 초반 러시아 고전주의의 시어나 그들의 신화성, 그들만의 관례화된 시적 공식들을 사용하지 않는다. 시 속에서 자신만의 헬레니즘적 '방언'을 창조하려는 지향도 덜해졌다.[23] 만델슈땀의 시어는 여전히 종합적이고 넓었다. 그

---

23) (원주) 고전주의의 가장 기본적인 두 가지 리듬은 만델슈땀에게서 전혀 특징적이지 않다. 옛 고전주의(그리스 로마적인 고전주의 — 역자)의 헥사미터와 새로운 고전주의(17~18세기 유럽, 특히 프랑스의 고전주의를 지칭함 — 역자)의 알렉산드리아 시행이 그것이다. 때로 긴 호흡의 시행이 필요할 경우 그는 5운각 아나뻬스뜨나 암피브라히(약강약의 3음절 운율 — 역자)에 의지

는 자신의 시 속에 웅장한 고어체로부터 가장 일상적인 단어들에 이르는, 또한 책에서의 인용으로부터 구어적인 상용구에 이르는 모든 것을 포함시켰다. 그에게서 고전성을 지적하게 되는 것은 그의 시 속에 존재하는 그리스 로마적인 색채와 강한 역동성을 지니는 언어들 때문이다. 만델슈땀은 이러한 색채와 언어적 특성을 이들을 둘러싼 문맥으로까지 넓힐 수 있었다. 이때 이러한 색채를 부여하는 말을 구사하는 능력을 만델슈땀과 그의 동시대 시인들은 뿌슈낀 시대의 시인들로부터 배웠다.

나는 밤의 맨머리 불평 속에서
이별의 과학을[24] 배웠다.
황소는 우물거리고, 기다림은 길어져간다.
축제전야[25] 도시의 마지막 시간…

Я изучил науку расставанья
В простоволосых жалобах ночных.
Жуют волы, и длится ожиданье,
Последний час вигилий городских…

이 시에 관하여 띄냐노프는 1924년 논문 "막간"에서 다음과 같이 쓰고 있다. "민감한 시 문화에 있어서 이국적인 요소를 약간만 가미하여도, '이별'(расставанье), '맨머리의'(простоволосых), '기다림'(ожиданье) 같은 단어들은 '축제전야'(вигилий) 와 같은 라틴어(латынья)가 되며, '학문'(науки) 과 '바지'(брюки) 라는 단어는 '체부레끼'(чебуреки, 까프

했다. 이것은 우연한 것이 아니다. 규범화된 운율은 특정한 의미론적 체계와 유착되어 있었다. 만델슈땀은 문체에 대해 민감했지만 동시에 고전주의적 시 형식이 자신을 구속하고 은유를 제한할 수 있음을 이해했던 것이다.

24) 이 구절 '이별의 과학'은 오비디우스의 유명한 '사랑의 과학'을 연상시킨다. 아래에서 이야기 될 일상적인 러시아 구어들 속에 존재하는 라틴어 어휘뿐 아니라 이러한 오비디우스로부터의 인용 역시 만델슈땀의 특징인 그리스 라틴적 문화와 러시아적인 것의 공존의 양상을 드러낸다.

25) вигилии는 라틴어 Vigiliae에서 온 것으로 원래는 로마의 밤의 파수꾼을 의미하며 현대 러시아어에서는 축제전야, 특히 성자의 날 전야를 가리킨다.

까스 지방의 고기만두의 일종 — 역자)가 된다"[26] 〔여기서 뒤에 든 예는 〈페오도시아〉(Феодосия)에서 인용한 것이다〕.

《비가》에는 전혀 고대적 특성이 없는 시들 역시 존재한다. 그러나 각각의 시에서와 동일한 현상이 시집 전체에서도 발생한다. 그리스 - 로마적 표현 양식을 따르는, 혹은 고전주의적인 주제가 러시아적인 것과 결합된 시들이 시집 전체의 색채를 규정하게 되며, 이로 인해 만델슈땀의 이 시집은 오비디우스적인 제목을[27] 가질 수 있었다.[28]

만델슈땀에게 헬레니즘은 단지 러시아 문화를 더욱 풍부하게 하는 문화적 배경으로 머물지 않았다. 그의 1910~1920년대 시 체계 속에서 그것은 아름다움의 원천이기도 했다. 이 시기 만델슈땀은 '아름다운 것'으로부터 벗어날 수 없었다.

18~19세기 고전주의 미학은 자주 미적인 것을 예술적인 것과 동일한 자질들로 설명했다. 게다가 이러한 미적인 것은 조화(гармония)나 균

---

26) (원주) 뜨냐노프, 《의고주의자들과 혁신자들》(Ю. Н. Тынянов, Архаисты и новаторы, Л., 1929), 573쪽. 여기서 뜨냐노프는 또한 시 〈내가 너의 손을 잡지 못했기에 … 〉(За то, что я руки твои не сумел удержать …)와 〈언제부터인지 나는 알지 못한다 … 〉(Я не знаю с каких пор …), 〈기대어놓은 사다리를 타고 … 〉(Я по лесенке приставной …)를 분석하면서 만델슈땀에게서 하나의 의미론적 색채가 관류하는 일련의 형상들이 어떻게 생겨나는지를 보여준다.

27) 앞서 지적하였듯이 시집 《비가》의 제목 Tristia는 오비디우스의 시집 제목이기도 하다. 만델슈땀은 오비디우스로부터 시집의 제목을 차용하였을 뿐 아니라 자신과 오비디우스와의 운명적인 동질성을 드러내면서 그의 시집의 주제와 모티프 역시 차용하여 발전시키고 있다. 겨울의 모티프나 배의 움직임, 이별, 유형에 처해진 시인 - 노예의 운명 등은 이들 두 시인에게서 공통으로 발견되는 모티프들이다. 이러한 오비디우스와의 운명적인 동질감은 《비가》 이후의 시들에서도 사라지지 않으며 특히 이는 유형이라는 전기적인 상황 속에서 더욱 강해지는 바, 오비디우스의 비가로부터의 많은 인용과 상호텍스트성 역시 만델슈땀의 후기 시에서 더욱 자주 발견된다.

28) (원주) 안드레이 벨르이의 《유골 항아리》(1909)에도 《비가》(Тристия)의 장이 있다.

형(соразмерность)과 같이 예술적인 것보다 더 좁은 의미로 이해되었던 바, 그것은 특수한 것, 표현적인 것, 추한 것이라는 미적인 카테고리를 포함하는 것으로부터 분리되었다. 그 어떤 경우에도 아름다움에 대한 특수한 체험은 의심의 여지없는 심리적이고 미학적인 사실이다. 역사적으로 형성된 각각의 예술체계는 고유한 자신의 예술 양식의 기호들에 이 놀라운 자질을 부여했다. 고전주의가 그러했고(모든 형태의 고전주의가 그러했다), 물론 다른 방식이었지만 추의 미학을 이론화한 낭만주의조차도 역시 그러했다.

상징주의자들의 미학은 낭만주의 전통에 기대어 있다. 미적인 것에 대한 낭만주의적 이해는 그들에게 있어서 중요한 의미를 지니는 것이었다. 상징주의를 대체하며 등장한 시인들은 이러한 미적인 것에 대한 이해라는 측면에서는 일치하지 않았다. 각각의 시인들은 나름의 방식으로 시적인 것과 미적인 것의 근원을 밝히려 했다. 젊은 만델슈땀은 가장 절대적인 형태의 미를 선택했다. 이것은 바라띈스끼가 말한 바로 그것이었다.

> 그러나 나는 아름다운 균형의 이상을
> 영혼에 품었다 …
>
> Но соразмерностей прекрасных
> В душе носил я идеал …

《돌》에서의 로마적이고 이탈리아적인 모티프들과 《비가》에서의 헬레니즘은 자신이 숭앙하는 성스러운 전통을 향한, 다름 아닌 러시아의 시적 전통을 향한, 아름다움의 영역을 향한 만델슈땀의 호소였다. 그가 바뜌슈꼬프를 그토록 좋아한 것은 우연이 아니다. 바뜌슈꼬프의 시 속에서는 전통으로부터 부여되었고 위대한 시인의 작품을 통해 변형된 미적인 표현들이 끊이지 않고 계속된다.

1910년대 만델슈땀에게 있어서 고대의 미는 삶의 모든 현상 속에 그 흔적을 지닌다. 고상한 시민의식뿐 아니라〔그의 시 〈형제여, 자유의 어스름을 찬미하자 … 〉(Прославим, ратья, сумерки свободы …) 에서처럼〕,

사랑뿐 아니라, 모든 일상의 삶까지도 역시 그러하다. 그러기에 테니스 선수는 "마치 적을 사랑한 아티카의 병사와 같이"(Как аттический солдат, В своего врага влюбленный) 소녀에 맞서 경기를 하며, 또한 소년은 아이스크림 장사의 '떠돌이 냉장고'(бродячий ледник)에 눈을 고정한 채 고전주의적 위대함 속에 참여하게 되는 것이다.

> 신들은 그가 무엇을 택할지 알지 못 한다.
> 금강석과 같은 크림일지 혹은 속을 채운 와플일지.
> 그러나 신의 얼음은 태양 아래 번쩍이며
> 가느다란 틈 아래서 재빨리 사라지리라.
>
> И боги не ведают - что он возьмет:
> Алмазные сливки иль вафлю с начинкой?
> Но быстро исчезнет под тонкой лучинкой,
> Сверкая на солнце, божественный лед.

선언적인 논문 "말의 본성에 관하여"에서 만델슈땀은 러시아 문학 전통이 영웅적인 헬레니즘과 가정적인(домашний) 헬레니즘을 알고 있다고 말하면서 이것의 개념을 다음과 같이 설명한다. "헬레니즘이란 화로용 그릇이며, 부젓가락이고, 우유가 담긴 병이다. 이것은 집안의 잡다한 가재도구들이며, 그릇들, 몸을 둘러싸고 있는 이 모든 것들이다. 〈…〉 헬레니즘적 세계관에 따르면 상징은 이러한 가재도구이며, 그러기에 모든 사물은 인간의 성역으로 끌려와 이러한 가재도구가, 즉, 상징이 될 수 있다. 따라서 과연 러시아 시에서 특별하고 의도된 상징주의가 필요한가, 그것은 인간이 필요로 할 때면 언제든 사용될 수 있는 가재도구와도 같이 시적 형상을 창조해낼 수 있는 우리의 언어적 본성에 반하는 죄악이 아닐까 하는 질문을 하게 된다."(40~41쪽)

이러한 사상은 만델슈땀 자신의 시학과도, 또 부분적으로는 그네디츠가 번역한 《일리아드》의 열렬한 독자로서 그가 정통해 있었던 러시아 문학 전통과도 밀접한 관련을 맺는다. 1810~1820년 사이 그네디츠는 러시아적 '호메로스 문체'[29]를 창조해 내었다. 프랑스 고전주의의 관점에서 고대 그리스 로마적인 것을 이해하는 기존의 관점으로부터의 탈피를 주장했던 이러한 문체의 본질은 바로 웅장한 의고적 문체를 일상 구어와, 삶 속의 사물의 구체성과, 때로는 민속적 성격과 결합하는 데 있었다.

그리고는 방으로부터 헥토르 몸값으로 귀중한 보물들을 내와서는
잘 달리는 노새 마차 위에 쌓았고,
언젠가 미시아 사람들이 프리아모스 왕에게 선물로 보낸
튼튼한 발굽을 지닌 잘 달리는 노새를 거기에 매었다.
그러나 프리아모스 왕의 마차로는 왕이 손수 정성스럽게
잘 닦여진 구유에서 쓰다듬어 주었던 말들을 데려왔고,
선지자와 왕은 머릿속으로 그들의 지혜로운 생각에
주의를 기울이면서 높은 집 앞에서 그들을 마차에 매었다.

После, нося из покоев, на муловый воз легкокатный
Весь уложили за голову Гектора выкуп бесценный,
Мулов в него запрягли возовозных, дебелокопытных,
Некогда в дар подведенных владыке Приаму от мизов.
Но к колеснице Приамовой вывели коней, которых
Сам он с отменной заботой лелеял у тесаных яслей;
Их в колесницу впрягали пред домом высоковершинным
Вестник и царь, обращая в уме их мудрые думы.

그네디츠가 번역한 《일리아드》의 24번째 노래에서 가져온 이 구절은 만델슈땀이 가정적인 헬레니즘의 전통이라 말할 때 무엇을 염두에 두고 있었는지를 이해하게 해 준다. 여기서 중요한 것은 바로 전통이다. 만델슈땀은 보다 더 가까운 곳에서 자신의 전범을 찾았으며 직접적으로 그것

---

29) (원주) 꾸꿀레비치(А. Кукулевич)는 이 문체를 그렇게 부를 것을 제안했다. 그의 글 "그네디츠의 러시아 목가 〈어부들〉", 〈레닌그라트 대학 학술 논문집〉, 1939, 3호("Русская идиллия Н. И. Гнедича", Ученые записки ЛГУ, 1939, вып. 3)를 보라. 또한 호메로스의 번역자로서의 그네디츠의 문체에 관하여서는 예구노프(А. Егунов)의 책 《18~19세기 러시아어 번역에서의 호메로스》(Гомер в русских переводах XVIII~XIX веков, М.:Л., 1964)를 보라.

에 의지하였고, 심지어 그 텍스트를 그대로 가져오기까지 했다. 특히 뱌체슬라프 이바노프가 번역한 고대 작가들의 텍스트는 바로 그러한 전범이 되었다.[30]

마리나 쯔베따예바는 만델슈땀을 회상하며 '뻬떼르부르크인이며 끄림사람'(Петербургжец и Крымец)이라고 말한다.[31] 만델슈땀은 끄림 반도와 바다를 정열적으로 좋아했다. 그리고 이때 그에게 끄림은 일종의 러시아판 고대 그리스 로마와 다르지 않았다. 《비가》에서의 헬레니즘에는 끄림의 모티프들이 깊이 스며있으며, 이는 그것에 더욱 특별한 내밀함을 부여한다. "돌이 많은 따브리다(끄림의 옛 명칭 — 역자)에는 엘라다(그리스의 옛 명칭 — 역자)의 과학이 있다…"라고 만델슈땀은 말한다.

> 그래, 하얀 방에는 고요가 마치 물레처럼 서 있소.
> 지하에서는 식초와 염료, 신선한 포도주의 냄새가 나오.
> 기억하는가, 그리스 집에서의 일을? 모두가 사랑하던 부인,
> 엘레나 아닌 다른 여자가 얼마나 오랫동안 수를 놓고 있었던가?
>
> Ну, а в комнате белой как прялка стоит тишина.
> Пахнет уксусом, краской и свежим вином из подвала.
> Помнишь, в греческом доме: любимая всеми жена, —
> Не Елена, другая, — как долго она вышивала?

이처럼 이 시에는 '가정용 집기들'로서 만델슈땀의 헬레니즘 개념이 구현되어 있을 뿐 아니라 또한 끄림의 모티프와 고대 그리스-로마적

---

30) (원주) 만델슈땀에게서의 고대의 모티프에 대한 연구로는 폴란드의 연구자 리차드 프쉬빌스키(Ричард Пшибыльский)의 논문 "오씨쁘 만델슈땀의 아카디아"(Arcadia Osip Mandelsztam)[〈동슬라브학〉(*Slavia Orientalis*, Warszawa, 1964, NO. 3), 243~262쪽]를 들 수 있다. 프쉬빌스키는 만델슈땀의 문학적 원천을 직접적으로 고대 그리스 로마의 작가들에서 찾으며, 러시아 번역은 간과하고 있다.

31) (원주) "어느 헌사의 역사", 〈아르메니아 문학계〉, 1966, 1호("История одного посвящения", Литературная Армения, 1966, NO. 1), 59쪽을 보라.

모티프들 사이의 경계가 소멸되어 있다.

양떼는 만델슈땀에게 있어서 끄림 지방을 나타내는 의미 있는 특징이다. 1910년대 그의 시에서는 가축 떼, 목동들, 개, 양모와 양의 온기 등과 같은 형상들이 가지를 뻗어가며 시적 체계를 형성한다. 그리고 이러한 일련의 생생한 형상들, 특히 매우 구체적인 물들은 갑작스레 거대한 역사적 층위 속의 로마의 주제로 전환된다. 이어지는 시 속의 양들처럼.

> (양들은) 화가 나서 언덕 위로 올라간다.
> 마치 로마에 불만을 품은 민중들처럼 …
>
> Обиженно уходят на холмы,
> Как Римом недовольные плебеи …

《비가》의 헬레니즘이란 더 이상 역사적 문화의 하나를 발굴해 내는 시도가 아니다. 이것은 이제 서정시의 불변의 주제를 위해 시인이 선택한 하나의 미적 형식이다. 그것은 시 창작에 대해 말하며〔〈나는 내가 말하려던 것을 잊었다 …〉(Я слово позабыл, что я хотел сказать …)〕, 시간의 흐름과 죽음에 대해〔〈무거움과 부드러움은 누이간이다, 당신들은 같은 속성을 지녔다 …〉(Сестры — тяжесть и нежность, одинаковы ваши примеьы …)〕, 그리고 사랑에 대해 말한다. 《비가》에는 사랑에 대한 시가 많다. 그러나 시인은 대개의 경우 이러한 사랑의 주제에 대해 말할 때 전통적 서정시에서와 같은 직접적 표현을 피한다. 사랑의 주제는 감추어진 채로, 더 정확히 말하면 반쯤 감추어진 채로 존재한다.

〈내가 너의 손을 잡지 못했기에 …〉는 사랑에 관한 20세기 러시아의 가장 훌륭한 시들 중 하나다. 이 시에서 시인은 고대 그리스 비극의 한 장면에 속해 있다. 포위된 트로이와 아케아인 남편들, 호명되지 않은 엘레나 — 이 형상들은 그 아래에서 헤집고 요동치는 긴장된 서정성을 가리는 덮개와도 같다. 그러나 단어 하나하나의 색채에까지 민감하고 암시성이 강한 만델슈땀의 시 체계 속에서 이러한 서정성을 살아나게 하기 위해 때로는 단지 이름 하나만으로도 충분하다. 가령, 왜 '엘레나가 아닌 다른 여자'(Не Елена, другая …) 인가? 왜 여기 페넬로페의 이름은 없으며 또 우회적인 방법으로 표현되고 있는가? 그것은 '아름다운 엘레나'의 이름이 갑작스럽게 그 아래 숨겨져 있는 개인적인 주제('기억하는가 …' (Помнишь …) 라는 말에 의해 더욱 강해지는)를 표면으로 끌어내기 때문이다. 이처럼 그러한 서정적 주제들은 완전히 말해지지 않으며, 끝까지 따라잡히지 않는다, 그러나 그것으로부터 흘러나오는 서정적 흐름은 시 전체를 관류하게 된다.

우리가 만델슈땀의 연상성에 대해서, 그의 결합의 시학(поэтика сцеплений)에 대해서 말한다면, 그것은 그의 시 체계 속에서 이러한 보편시학적인 특징이 극도의 긴장성을 띠고 있기 때문이다. 이러한 성격은 쥐르문스끼가 1921년의 평론에서 지적한 '은유적 비상'(метафорические полеты) 이 구현된 그의 시집 《비가》(문체적인 절제를 보여주는 《돌》과는 달리) 의 경우 특히 강하다.[32]

《비가》 속에 그려진 것은 이미 하나의 특수한 역사적 문화적 구조가 아니라, 작가 의식의 단일한 체계이다. 따라서 만델슈땀에게는 다양한 역사적 양식의 기호들이 아닌, '단어들 - 창끝들'(слова - острия, 블로끄) 이, '서정적 자석'(лирические магниты) 과도 같은 말이 (안넨스끼),[33]

---

32) 쥐르문스끼가 만델슈땀의 시에서 지적하는 '은유적 비상'은 전혀 유비 관계를 이룰 수 없는 의미론적으로 거리가 먼 두 사물, 혹은 두 개념을 은유적 결합에 의해 인접시킴으로써 의미론적 확장을 꾀하는 것을 지칭한다. 이는 긴즈부르크가 안넨스끼의 특징으로 지적하는 '결합의 시학'과도 유사한 특성을 드러낸다. 또한 이것은 어떤 의미에서는 포스트상징주의적 경향의 시인들에게서 자주 발견되는 특성으로서 스미르노프는 포스트상징주의의 예술적 의미를 탐구하는 자신의 저서에서 이러한 특성들을 전통적으로 과격한 혹은 불가능한 은유들을 지칭하는 수사학의 용어인 남유(катакреза) 라는 개념에 의거하여 설명한다〔스미르노프, 《예술적 의미와 시체계의 진화》(И. П. Смирнов, Художественный смысл и эволюция поэтических систем, Л., 1977)〕.

33) 여기서 인용된 블로끄와 안넨스끼의 개념은 모두 텍스트 전체의 의미에 영향을 미치는 단어, 텍스트 속에 존재하는 다양한 언어들과 개념들의 의미론적 출발이자 귀착점이 될 수 있는 그러한 언어의 존재를 지칭한다.

즉 텍스트 의미의 관현악법을 위한 도구가 필요했다. 《돌》과 《비가》 사이의 관계는 만델슈땀의 진화가 얼마나 격렬한 것인지를 증명한다. 그러나 이때 진화한 것은 오히려 단일한 창조적 개성인바, 그것은 그의 전 창작의 과정을 거치는 동안 이러한 단일성의 징후들을 드러낸다. 두 시집을 연결해 주는 원칙이 되는 것은 만델슈땀의 세계관이 보여주는 철저한 구조성이며, 이로 인해 그의 시에서 문맥이 갖는 특별한 의미가 생겨난다. 가령 블로끄의 시가 시인 자신이 '강림의 삼부작'이라고 부른 세 권의 시집 전체를 관통하며 단일한 문맥으로 수렴되는 거대한 시 연작들의 경계 밖에서 이해될 수 없으며, 또한 초기 빠스떼르나끄의 경우 각각의 시들이 서로의 경계를 넘어 단일한 서정적 흐름을 이루면서 격렬하게 움직여 간다면, 만델슈땀은 이와는 반대로 매우 제한적인 문맥들을 보여주는(비록 그러한 문맥들이 상호연관을 맺고 있다고 하더라도) 시인이라 할 수 있을 것이다.

만델슈땀의 빽빽한 문맥 속에서 서로 거리가 먼 의미들은 조우하고 교차하며, 때로는 서로 투쟁한다. 주어진 텍스트의 경계 밖에 존재하는 표상들은 연상의 역동성에 의해 텍스트 속으로 편입된다. 베르꼽스끼(Н. Я. Берковский)는 만델슈땀의 (의미론적으로 그의 시와 밀접이 관련된) 산문을 연구하면서 그가 "우리로 하여금 어떤 사물 속에서 그 사물 고유의 것이 아닌, 그 사물이 포함된 복합체로부터 취한 속성들을 느끼도록 강요한다"고 지적한다.[34] 만델슈땀의 시에서는 자주 형식적 문법적으로 사물과 결합되어 있는 설명이 실제로 문맥과 관련된 것임을 볼 수 있다.

> 나는 밤의 맨머리 불평 속에서
> 이별의 과학을 배웠다.
>
> Я изучил науку расставанья
> В простоволосых жалобах ночных

34) (원주) 베르꼽스끼, 《현재의 문학》(Н. Берковский, Текущая литература, М., 1930), 174쪽.

어째서 불평이 맨머리(простоволосный)인가? 그 이유는 8행으로 된 같은 연의 마지막 구절에서 짐작할 수 있다.

> 멀리 울어서 부은 눈이 바라본다.
> 여인의 울음소리는 뮤즈의 노래와 섞인다.
>
> Глядели в даль заплаканные очи,
> И женский плач мешался с пеньем муз.

이것은 남편을 전장으로 떠나보내는 모자를 쓰지 않은 여인의 불평이자 울음소리다.

만델슈땀의 생애 마지막 시집(1928)은 《돌》과 《비가》, 그리고 〈1921~1925년의 시〉, 이렇게 세 부분으로 구성되어 있다. 이때 이 세 번째 부분에 속한 시들은 시집 《비가》와 여러 면에서 연결되어 있음에도 불구하고 고대 그리스 로마 양식의 흔적을 지니지 않으며, 따라서 이 시들 속에는 시적 형상을 축조하는 데 있어서의 만델슈땀 고유의 원칙이 더 분명하게 드러나 있다. 이 세 번째 부분을 여는 첫 번째 시는 1921년 작품인 〈기차역의 콘서트〉(концерт на вокзале)이다〔후에 만델슈땀은 〈시간의 소음〉(шум времени)에서 이 시의 근간이 되는 형상들을 일상의 차원으로 옮겨놓는다〕. 시의 건축구조는 복잡하다. 그 속에서 현재의 시간은 빠블롭스끄 역에서 본 유명한 교향악 연주에 대한 어린 시절의 기억과 조우한다. 이러한 전반적인 대립 구도의 내부에서 또다시 세 개의 세계가 충돌한다. 그 하나는 음악의 세계(мир музыки)다. 만델슈땀에게 있어서 음악은 블로끄에게서와 마찬가지로 단순히 예술일 뿐 아니라 민중의 삶의 역사와 한 개인의 정신적 삶에 대한 가장 높은 상징이다. 두 번째 세계는 기차역 콘서트홀의 유리의 세계(стеклянный мир)이며 마지막 세 번째 세계는 철도와 나란히 지나가는 철의 세계(железный мир), 혹독한 반(反)음악적인 세계이다. 그러나 이러한 형상들을 일의적으로, 알레고리적으로 해석해서는 안 된다. 그것은 만델슈땀의 시 체계에 완전히 반하는 것이다.[35]

역은 아오니드들의 노래에 전율한다.
그리고 다시 기관차의 경적 소리에
찢겨진 바이올린의 대기가 흐른다.

거대한 공원. 기차역의 유리로 된 공.
철의 세계는 다시금 마법에 걸린다.
소리의 세계로, 안개가 드리운 낙원으로
장엄하게 기차는 질주한다.

Дрожит вокзал от пенья аонид,
И снова, паровозными свистками
Разорванный, скрипичный воздух слит.

Огромный парк. Вокзала шар стеклянный.
Железный мир опять заворожен.
На звучный пир, в элизиум туманный
Торжественно уносится вагон.

기차역과 아오니드들(뮤즈들), 기차의 경적 그리고 바이올린의(즉, 바이올린 소리로 가득한) 대기, 이 모든 것이 비좁은 문맥 속에 얽혀있다. 철의 세계는 음악의 세계 속으로 끌려 들어간다. 고전적 성격과 긴 울림을 지닌 장엄하게(торжественно)라는 단어는 기차를 음악적 '낙원'(Элл-изиум)의 속성과 흡사한 것으로 만들기에 충분하다. 기차역은 음악에 〔'아오니드의 노래에'(от пенья аонид)〕 전율한다. 이것은 전통적인 은유다. 그러나 마지막 연에서 그것은 다시금 새롭고도 복잡한 형상을 얻게 된다.

나는 철의 세계가 온통 음악과 거품 속에서
그토록 초라하게 떨고 있는 것처럼 느낀다.

---

35) (원주) 만델슈땀의 의미론에 대한 흥미 있는 관찰이 닐스 닐손(Нильс Нильссон)의 논문 "오씨쁘 만델슈땀과 그의 시"(Osip Mandelštam and his poetry)에 담겨 있다〔〈스칸디나비아 슬라브학〉(*Scando-Slavica*, v. IX, Copenhagen, 1963), 32~52쪽〕. 저자는 그러나 때로 만델슈땀의 시적 형상들을 다소 일면적으로 이해하는 경향을 보인다. 〈기차역의 콘서트〉에 대한 그의 분석의 경우도 그러한 경향을 드러낸다.

И мнится мне, весь в музыке и пене
Железный мир так нищенски дрожит.

이제 떨고 있는 것은 이미 마법에 걸린, 음악에 패배한 철의 세계다. 따라서 철의 세계 전체가 음악 속에 있게 된다. 또한 철의 세계가 거품 속에 있을 수 있는 것은 그것의 떨림이 쫓겨나 땀에 흠뻑 젖은 말의 형상을 의미장 속으로 끌어들이기 때문이다. 음악과 거품의 평범하지 않은 결합은 음악에 물질적 속성을 부여하며 또한 거품이 상징적 의미를 갖게 한다.

만델슈땀의 연상성을 초이성적인 비분절성이나 그와 유사한 어떤 현상들과 혼동해서는 안 된다. 만델슈땀은 그러한 비분절성에 의식적으로 저항했다. 그는 상징주의적인 언어의 '음악'에 시적으로 변모된 말의 의미를, '인식될 수 없는' 기호에 때로 힘겹더라도 반드시 인식될 수 있는 사물들의 지적 결합을 대비시킨다.

논문 "아끄메이즘의 아침"에서 만델슈땀은 미래주의의 자움어에 저항하며 '단어의 의식적인 의미', 즉, 로고스(Логос)를 강조한다. "우리에게 논리적 관계란 참새에 대한 노래가 아니라, 오르간과 성악이 결합된 교향악, 너무도 힘겹고 영감으로 가득 차있어 지휘자는 연주자들이 자신을 따르게 하기 위해 자신의 모든 능력을 팽팽히 긴장시켜야 하는 그러한 교향악이다." 이것이 바로 만델슈땀이 이해하는 시의 의미적인 관현악법이다. 안드레이 벨르이와 흘레브니꼬프의 나이 어린 동시대인이자 쯔베따예바와 동년배로서 만델슈땀은 단어를 음성적으로 인접시키는 것을 수용했다. 그러나 음성적인 형상은 언제나 그에게 있어 새로운 의미의 탄생으로서 중요한 것이었다.

자신의 회고록에서 로쥬데스뜨벤스끼(В. Рождественский)는 1910년대 만델슈땀이 한 말을 기억하며 다음과 같이 전한다. "개념은 늪의 불빛처럼 때로는 여기서, 때로는 저기서 번쩍여야 한다. 그들은 사방에 흩어져 있지만 그것은 그저 그렇게 보일 뿐이다. 모든 것은 이성에, 흔들리지 않는 논리적 규범에 종속되어야 한다. 단지 그것은 어딘가 저 깊은 곳에 존재하기에 단번에 보이지 않을 뿐이다."[36]

빠져 있는 의미론적 고리들을 분석적으로 캐내려 하지 않아도 독자들은 여하간 이러한 내밀하며, '힘겹고 영감으로 가득한' 논리의 작품을 이해할 수 있다. 만델슈땀의 시는 몇몇 예외를 제외하고는 설명이 가능하며, 따라서 이러한 시의 작가는 '축복받은 무의미한' 단어들을[37] 나열하는 시인과는 같지 않다. 이러한 '축복받은 무의미한 말'이 만델슈땀의 창작의 원칙이라 이해될 수는 없다. 그 말이 나온 것은 사랑의 말에 대한 시 〈뻬떼르부르크에서 우리 다시 만납시다…〉(В Петербурге мы сойдемся снова…)에서였다.

시 〈나는 내가 말하려던 것을 잊었다…〉(Я слово позабыл, что я хотел сказать…)는 주제가 되는 대상을 결여한 것으로 간주된다. 그러나 이 작품이 대상으로 하는 것은 창작과 시인을 늘 괴롭히는 침묵에 대한 공포다. 젊은 만델슈땀은 침묵의 매혹에 대해서 썼으며 말이 음악으로 회귀할 것을 요구했었다. 원숙기의 만델슈땀에게 시인에게 있어 육화된 사상은 필수적인 것이며 또한 이것은 시인에게 주어진 가장 상위의 의무다. 아흐마또바가 이야기하길 "그가 세상의 그 무엇보다 두려워한 것은 침묵이었으며, 그는 이것을 질식이라고 불렀다. 그것

---

36) (원주) 프쎄볼로트 로쥬데스뜨벤스끼, 《삶의 페이지들. 문학적 회고로부터》(Всеволод Рождественский, Страницы жизни. Из литературных воспоминаний. М.:Л., 1962), 129~130쪽.

37) 앞서 언급하였듯이 만델슈땀은 《비가》에서 급격한 문체의 변화를 보여준다. 언어는 보다 비이성적으로 변화하며 모호하다. 그럼에도 불구하고 여기에는 이러한 새로운 경향과 함께 기존의 건축적인 엄격함이 균형을 이룬다. 그는 이때 '축복받은 무의미한 말'이라는 이론적 개념을 발전시키는바, 이것은 일차적으로 물질성과 구체성을 결여한 말들을 의미한다. 그러나 그는 언어 이론에 있어서도 여전히 예의 균형을 잃지 않으며 따라서 그의 단어들은 구체성과 물성을 잃었음에도 불구하고 그것에 대한 기억을 간직하게 된다. 그에게 있어서 이러한 '축복받은 무의미한 말'의 극한은 미래주의적인 자움(заум)에 가까이 가지만 그는 결코 여기에까지 이르지 않는다. 오히려 이것은 그의 시의 또 하나의 중요한 창작 원칙인 '앎(узнавание)과 놀라움(удивление)의 시학'으로 이행한다.

이 엄습해 올 때면 그는 고통 속에서 몸부림쳤다."

나는 내가 하려던 말을 잊었다.
눈먼 제비는 그림자들의 궁으로 돌아와
찢겨진 날개를 하고는 투명한 것들과 유희할 것이다…

Я слово позабыл, что я хотел сказать.
Слепая ласточка в чертог теней вернется,
На крыльях срезанных, с прозрачными играть…

눈멀고 날개가 찢겨진 제비는 여기서 말하여지지 않은 말이다.[38] 그것은 죽은 자들의 왕국, 그림자의 왕국으로 떠난다. 그곳에 있는 모든 것은 육체가 없으며, 그래서 투명하고 말이 없으며, 물기가 없다. 육체를 얻지 못한 말은 마치 시인 자신처럼 몸부림치고 고통스러워하며 자신의 삶을 위해 투쟁한다.

그리고는 마치 천막이나 사원처럼 천천히 자라다가는
갑자기 미친 안티고네처럼 버려진다…

И медленно растет, как бы шатер иль храм,
То вдруг прокинется безумной Антигоной…

이어지는 것은 또다시 입을 벌리고 있는 심연, 즉, 공허로부터의 공포에 대한, 또 말을 잃은 시인을 애도하는 뮤즈의 슬픔에 관한 것이다.

그러나 나는 내가 말하고자 하는 것을 잊었다,
육체가 없는 말은 그림자의 왕국으로 돌아올 것이다.

Но я забыл, что я хочу сказать,
И мысль бесплотная в чертог теней вернется.

38) 만델슈땀의 '말하여지지 않은 말'이란 아직까지 자신이 지칭하는 대상을 찾지 못한 말의 영혼으로서의 그의 слово-психея와 유사한 것이다.

역시 1920년에 쓴 '페르세포네의 벌들'(Пчелы Персефоны)[39]에 관한 시〔〈취하라, 기쁘게 나의 손바닥으로부터 …〉(Возьми на радость из моих ладоней …)〕는 이와는 달리 시적 사상의 실현에 관해서 말하는 작품이다. 예의 변함없는 그리스적 형상들의 틀은 그러나 여기서 시와 사랑이라는 주제와 동시에 죽음과 창작의 불멸성, 그리고 시간의 문제를 담는다.

이 시를 이해하기 위해서는 폭넓은 신화적 지식은 전혀 요구되지 않는다. 페르세포네의 신화를 대충만 알면 된다(초기 뿌슈낀과 그 시기 시인들의 작품을 읽을 때 요구되는 신화적 지식만큼도 필요하지 않다). 그보다 오히려 만델슈땀 의미론의 기본적인 원칙을 숙지하고 있어야 한다.

"단테에 관한 이야기"(Разговор о Данте)라는 논문에서 만델슈땀은 세계를 시적으로 변형시키는 것, '도구가 되는 수단들, 즉 쉽게 말해 형상들을 통한' 세계의 시적 변형에 대해 많은 이야기를 한다. 만델슈땀은 은유적이다. 이것은 그의 사상의 본질적인 특성이다. 1933년 만델슈땀은 레닌그라트로 왔다. 몇몇 사람들이(나도 그중의 하나였다) 안나 아흐마또바의 '폰딴까의 집'(фонтанный дом)에 모여 방금 탈고된 그의 "단

---

39) 그리스에서 벌은 시와 사랑, 철학과 종교 및 신화와 관련된 상징이다. 특히 만일 벌이 와서 어린 아이의 입을 건드리면 그는 시인이 된다고 생각했다. 또한 디아나, 데메테르, 그리고 페르세포네 등의 여신은 벌이라고 불리기도 했다. 꿀과 우유가 신의 음식이라 생각한 것도 그러한 이유일 것이다. 이로 인해 벌은 자주 유토피아적인 상징이 되었다. 만델슈땀의 작품에서 '페르세포네의 벌'이라는 구절은 이러한 벌의 상징성과 지하세계로 끌려가 그곳에서 석류를 먹음으로써 결국 일 년의 3분의 1은 지하에서 하데스와 함께 보내야만 하는 페르세포네의 신화를 결합하고 있다. 이러한 두 형상, 즉 벌과 페르세포네의 결합은 죽음과 동시에 창작의 불멸을 말하는 이 시의 전체적인 주제를 효과적으로 형상화한다. 이 시의 마지막 구절인 "죽은 벌로 만든 초라한 바싹 마른 목걸이와 태양이 된 꿀"(Невзрачное сухое ожерелье Из мертвых пчел, мед превративших в солнце)은 바로 이러한 죽음과 죽음 이후에도 빛나는 불멸의 창작이라는 양가적인 형상을 구체화하고 있는 것으로 이해할 수 있을 것이다.

테에 관한 이야기"를 읽는 것을 들었다. 만델슈땀은 이 날 논문과 시를 읽었고 시와 회화에 대한 많은 이야기를 들려주었다. 그 때 우리는 그의 논문과 시와 이야기가 서로 매우 흡사하다는 사실에 놀랐다. 그것은 단일한 의미를 이루는 흐름, 위대한 비유와 화해의 거센 힘이었다. 시적 형상의 질료는 이상할 정도로 분명하게 감지되었고 그 속에서 만델슈땀의 시가 생겨났다.

그의 산문에서(논문도 마찬가지였다) 역시 동일한 의미론적 원칙이 작용했다. 그리고 역설적으로 들리지만 만델슈땀의 산문은 자주 그의 시보다 더 은유적이었다. 적어도 〈이집트 우표〉(Египетская марка)는 그렇다. 은유는 언제나 완전히 새로우면 분리될 수 없는 의미론적 전체를 이루는 표상들의 결합이다. 그러나 만델슈땀의 결합(сцепление)에 있어서 이는 반드시 그런 것은 아니다. 그에게 무엇보다 중요한 것은 단어들이 작품의 문맥 속에 머물고 그 속에서 서로 통사적인 그 어떤 접촉 없이도 상호 작용함으로써 생겨나는 의미의 변화였다.

이와 같은 시의 구조 속에서 특히 중요한 것은 그것의 축이 되는 핵심 단어들이다. 이러한 핵심 단어의 속성을 이해하는 데 있어서 만델슈땀은 심리적이며 동시에 물적인 상징주의를 특징으로 하는 안넨스끼의 시로부터 가장 귀한 가르침을 얻을 수 있었다. 그는 비록 '전문적인 상징주의자'들의 추상성을 참지는 못했지만, 그럼에도 시적 상징 속에서 삶이 굴절되는 것은 받아들일 수 있었다. 프랑수아 비용(François Villon)에 관한 초기 논문에서 만델슈땀은 중세의 알레고리를 승인하면서 그것이 '육체를 지니지 않는 것은 아님'을 지적한다.[40] 동일한 사

40) 만델슈땀의 이러한 지적은 다분히 보들레르의 알레고리론을 연상시키는 것으로서 그에게서 알레고리는 가장 적극적인 형태의 비유들을 지칭한다. 그것은 만델슈땀의 연상이나 결합이 그러했듯 가장 멀리 떨어진 두 사물 간의 인접성과 유비를 지적하기에 때로 무대상적인 것, 실체 혹은 그것이 지적하는 대상을 결여한 것처럼 보이지만 그럼에도 불구하고 그것의 의미론적 중심 자체가 부정될 수는 없으며, 이것이 그와 러시아 상징주의자들을 구별해주는 지점이다. 이때 본래적으로 알레고리는 비가시적인 것을 가시화하는 방법이라 규정

상이 1922년의 "셰니에에 대한 소고"(Заметки о Шенье)에도 나타나 있다. "매우 넓은 알레고리들, 절대로 비가시적인 것이 아닌 이러한 알레고리들은('자유, 평등, 박애'는 바로 이러한 알레고리 중 하나다) 시인과 그의 시대에 있어서 거의 살아 있는 얼굴이자 대담자와 같다. 시인은 그것의 특징들을 파악하며 그것의 숨결을 느낀다."(83~84쪽). 만델슈땀은 이러한 암시와 비유 속에서 사물들의 민감한 온기가 보존될 수 있길 원했다.

만델슈땀의 핵심적인 어휘들은 본질적으로 상징적이다. 그러나 그것은 이미 축적된 상징주의의 어휘목록으로부터 가져온 것은 아니다. 오히려 그것은 고유한 시적 상징의 독특한 체계다. 이때 이와 같은 고유한 시적 체계가 상징주의를 극복한 시인들이 그것의 철학과 절연하게 되었던 1910년대에 이르러 구축되기 시작한 것은 우연이 아니다. 1924년의 논문 "독설"(Вьшад)에서 만델슈땀은 상징주의를 '종족의 시'(родовая поэзия)라고 부르면서 그것이 붕괴한 이후에야 비로소 시적 개별성의 왕궁이 도래하였으며 또한 이제야 "이 각각의 시들이 자신만의 고유한 머리를 드러낸 채 서 있다"고 주장한다. (14쪽)

《비가》와 1920년대 전반기의 시들 속에서 시집 《돌》의 특징이었던 구상성과 슈제뜨성은 쇠퇴하며, 시인의 경험은 더욱더 내적인 것이 된다. 그럼에도 여전히 우리가 보는 것은 서정적인 개성이라기보다 유형화된 어떤 의식이며 그러한 유형 특유의 삶의 태도이다. 이러한 인간은 삶을 그것이 가진 아름다움과 특별함 속에서 사랑한다. 그러나 이러한 이들에게 삶의 고난은 감당하기 어려운 것이다. 그것은 삶이 그에게 보여주는 것은 자신의 혹독한 법칙이기 때문이며 또한 그 스스로가 창작에 반하는, 그러나 동시에 창작에 의해 극복될 수 있는 유약함과 상처입기 쉬

될 수 있는바, 보들레르가 알레고리를 '가장 본원적이고 자연적인 시형식들 중의 하나'로 정의하는 것은 시형식이 현실 속에 부재하는 대상을 구현하는 장이 될 수 있음을 시사하는 것이다. 만델슈땀의 알레고리에 대한 긍정 역시 이러한 관점에서 이해될 수 있을 것이다.

운 속성을 자신의 내부에 지니고 있기 때문이다.

《돌》에서 문화와 역사적 양식의 주제가 지배적이었다면, 《비가》에서는 '영원한 주제들', 즉, 삶과 죽음, 사랑과 창작의 문제가 특히 중요한 것이 된다. 이때 이러한 주제들을 구현하는 주체가 되는 것은 서정적 주인공이 아닌, 바로 그리스적 양식에 의해 보편화된 의식이다. 이 시집에서 모든 시적 주제들 중 가장 개인적인 것인 사랑의 주제마저 때로는 고대 그리스 로마적이고 또 때로는 고대 러시아적인 형상들에 의해 반쯤 가려져 있는 것은 바로 이 때문이다. 시인은 또 다른 심연으로 옮겨가며, 이로써 《비가》의 구조적인 관계들은 연상의 내적인 논리로 화하기 위해 자신의 외적인 구상적이고 서사적인 성격을 잃게 되는 것처럼 보인다.

만델슈땀에게서의 인간의 개념, 그의 강함과 약함은 고유한 상징들을 지니며, 그것은 일련의 파생적인 형상들에 의해 가지를 뻗어간다. 1915년 만델슈땀은 질료의 전환을 선언한다. 그는 다음과 같이 말한다.

불꽃이 불태운다
나의 건조한 삶을,
이제 나는 돌이 아니라
나무를 노래한다.

Уничтожает пламень
Сухую жизнь мою,
И ныне я не камень,
А дерево пою.

그러나 이때까지만 해도 시인은 '사물들이 너무도 가벼운 나무의 천국'(О деревянном рае, где вещи так легки)에 대해서 말하고 있었다. 그러나 이후 '건조함'(сухость)의 주제와 이와 관련된 나무의 주제는 만델슈땀에게 더 큰 의미를 지니게 된다. 건조함은 삶의 불충분함과 상처입기 쉬운 속성에 대한 기호가 된다. 그의 시 〈내가 너의 손을 잡지 못했기에 …〉에서 인간은 나무의 세계(베어놓은 나무들, 톱, 목재들, 도끼, 벽에 붙은 수지, 도시의 나무뼈대, 화살의 나무 비, 호두나무와 같은 화살들 …) 속에 갇혀 있으며, 이것은 인간의 무력함에 대한, 건조함에 대한 응징이다.

내가 너의 손을 잡지 못했기에,
내가 짭조름한 부드러운 입술을 배반했기에,
나는 숲이 울창한 아크로폴에서 여명을 기다려야 한다.
베어놓은 나무의 강렬한 향기를 내가 얼마나 증오하는지!

За то, что я руки твои не сумел удержать,
За то, что я предал соленые нежные губы,
Я должен рассвета в дремучем акрополе ждать.
Как я ненавижу пахучие древние срубы!

시의 또 다른 핵심어가 되는 것은 피(кровь)다. 피는 삶의 힘이다. "그러나 피가 계단을 향해 뿜어져 나왔고 발작에 이르렀다 …"(Но хлынула к лестницам кровь и на приступ пошла …) 그러나 피는 건조함을 위협한다. "피의 건조한 소란은 어떻게 해도 사그라지지 않는다." 이런 식으로 건조함과 피의 평범하지 않은 결합이 정당화된다.

만델슈땀의 시적 형상들이 지니는 의미는 문맥과의 결합 속에서 정의된다. 그러나 그것은 때로 너무도 확고하게 불변하며 하나의 시에서 다른 시로 전이되기도 한다. 건조함은 불운이며 피의 대체물이다. 이러한 의미는 역시 동일한 해인 1920년에 쓰인 시 속에서 분명하게 드러나 있다. 그 시 속에서 사랑의 주제는 그 어떤 고대 그리스 로마적인 외피를 지니지 않는다.

나는 다른 사람들과 같이
너의 종이 되고 싶다.
질투심에 불타 건조한 입술로
주문을 외우고 싶다.
말은 나의 바싹 마른 입술을
적시지 못한다.
네가 없는 나에게
농밀한 대기는 또다시 공허하다 …
… 나는 너를 기쁨이라고도,

사랑이라고도 부르지 않을 것이다.
나의 피는 어느새 슬쩍
야만적이고 낯선 것으로 바뀌었다.

Я наравне с другими
Хочу тебе служить,
От ревности *сухими*
Губами ворожить.
Не утоляет слово
Мне *пересохших* уст,
И без тебя мне снова
Дремучий воздух пуст …
… Тебя не назову я
Ни радость, ни любовь.
На дикую, чужую
Мне подменили *кровь*.

그러나 그의 시 〈효모가 든 빵이 부풀듯이 …〉(Как растет хлебов опара …)에서 건조함이라는 주제는 일종의 역사적 국면에 의해 방향을 전환한다.

시대의 바싹 마른 의붓아들은,
먼저 꺼낸 빵의
말라서 쪼그라든 떨이들은
자신의 자리를 찾는다.

И свое находит место
Черствый пасынок веков —
Усыхающий довесок
Прежде вынутых хлебов.

1922년의 두 편의 시 〈언제부터인지 나는 알지 못한다 …〉와 〈기대어놓은 사다리를 타고 …〉(이 두 시는 하나의 주제의 변주들이다)에는 이미 나무의 건조함이 아닌 건초와 건초더미의 숨이 막힐 듯한 건조함이 나타나 있다. 그리고 이로부터 숨 막히는 짚더미(душный стог), 바스락거리는 소리(шуршание), 회향풀을 담은 자루(мешок с тмином), 건초 부스러기

(труха), 규발병(糾髮炳 plica polonica, колтун), 마지막으로 사소한 다툼(склока) 같은 일련의 이차적인 형상들이 나온다. 여기에 피의 형상이 존재하고 있다는 것은 의미심장하다.41) 시행들은 이처럼 서로서로에게 의미의 열쇠를 제공한다. 그 각각은 자체로 완결성을 가지며 동시에 만델슈땀의 시 전체를 관류하는 상징에 의해 결합된다.

만델슈땀에 대한 문헌들에서는 이미 이러한 작품 전체를 관통하는 형상의 존재에 대해 지적되어왔다. 예를 들어 소금(соль)이나 별(звезда)이 그러한 형상이다. 그러나 만델슈땀에게서 그것들은 그 자체로 존재하지 못하며 특정한 관계 속에서만 의미를 지닌다. "모든 단어들은 하나의 다발이며, 의미는 그로부터 사방으로 머리를 내민다"라고 만델슈땀은 "단테에 관한 이야기"에서 말했다. "단테에 관한 이야기"에서도 역시 그는 소금과 피를 하나의 의미 다발로 묶는다. "이 노래는 그 내부에 대양의 소금을 포함한 인간 피의 성분에 관한 것이다. 여행의 시작은 혈관의 구조 깊은 곳에 내재한다. 피는 우주를, 태양을, 그리고 소금을 머금고 있다." 피가 삶의 힘이라 할 때 만델슈땀에게 소금의 형상은 다양한 의미를 지닌다. 때로 이것은 울분이고, 때로는 그것 역시 지상의 소금으로서 삶의 힘을 의미한다.

별은 시집 《돌》에서 그러했던 것처럼, 그의 1920년대의 시들 속에서 역시 시인에게 불신과 적대감, 공포를 불러일으킨다. 그것은 또한 이제 압도할 만큼 거대한, 도달할 수 없는 우주를 대표한다. 그리고 이러한 우주로부터의 방어는 가정 속에서, 집안의 세간들과 지상의 온기 속에서 찾아져야 한다.

---

41) (원주) 따라놉스끼가 이 두 편의 시의 의미론을 자신의 논문에서 자세히 고찰하고 있다. 따라놉스끼, "시 텍스트에 대한 닫힌, 그리고 열린 해석에 관하여"(К. Ф. Тарановский, "О замкнутой и открытой интерпретации поэтического текста", American contributions to the seventh international congress of slavists. Warsaw, 1973, v. I, *Linguistics and poetics*).

큰곰자리의 국자 속에는 일곱 개의 별.
땅 위에는 다섯 개의 선한 감각들 …

Звезд в ковше Медведицы семь.
Добрых чувств *на земле* пять …

1925년의 시 〈나는 어두운 거리의 병영을 따라 달릴 것이다 …〉(Я буду метаться по табору улицы темной)에서는 '별의 가시 돋친 거짓'(звездная колючая неправда)이라는 형상이 등장한다. 왜 별들은 가시와도 같은가? 그것은 차가우며 인간에게 냉담하다. 그러나 별 모양과 별빛, 별의 날카로운 단면들 같은 형상은 나름의 의미를 지닌다. 별의 날카로운 단면들은 소금의 결정이 이루는 모양과 유비를 이룬다. 소금 역시, 별의 모양과 그 광채, 흩뿌려진 우윳빛 은하수와의 연상 작용 속에서 적대적인 것이 된다. 그러나 여기에는 또 다른 것이, 즉, 그것의 파괴적인 힘이 존재한다. 〈밤에 뜰에서 얼굴을 씻었다 …〉(Умывался ночью на дворе …)라는 시 속의 무례한 별들, 소금, 도끼, 차가운 물, 혹독한 땅, 거친 아마포 등의 모든 형상들은 인간에게 가혹하다. 그것은 인간에게 마지막까지 깨어있기를, 진실하기를 요구하며, 인간이 죽음의 눈을, 소금기 가득한 불행의 눈을 똑바로 응시하길 원한다.

이어지는 시 역시 1920년대 전반기에 쓰인 것이다.

어떤 이에게 겨울은 아라크 술[42]이며 푸른 눈의 펀치이고
어떤 이에게는 계피 냄새 나는 숨 막히는 포도주이며,
어떤 이는 가혹한 별의 소금기 절은 명령을
연기 나는 초가집으로 옮겨야 하는 운명이다.

약간의 온기를 머금은 닭의 배설물과
이해할 수 없는 양의 따뜻함.
나는 삶을 위해 이 모든 것을 내어줄 것이며 — 나는 할 일이 절실하게 필요하다
유황의 성냥은 아마도 나를 녹여 줄 수 있을 것이다.

---

42) 쌀, 야자나무 열매 등으로 만든 술.

Кому зима — арак и пунш голубоглазый,
Кому — душистое с корицею вино,
Кому — жестоких звезд соленые приказы
В избушку дымную перенести дано.

Немного теплого куриного помета
И бестолкового овечьего тепла;
Я все отдам за жизнь — мне так нужна забота —
И спичка серная меня б согреть могла…

이 시에는 만델슈땀의 핵심적 상징어들이 고통스러울 정도의 삶에 대한 욕망과 삶의 따뜻함에 대한 무서울 정도로 직설적이고 적나라한 이야기들과 결합되어 있다. '가혹한 별의 소금기 절은 명령'(жестоких звезд соленые приказы)은 1912년 시에서 등장하는 주제에 대한 새로운 변주다.

하늘에서는 황금이 춤추면서
나에게 노래하라고 명령한다.

А в небе танцует золото,
Приказывает мне петь.

비실제적인 공간의 차가움과 추상성, 가혹함에 대비되는 것은 끄림 지방의 가정의 모습이다. 깨어지기 쉬운 약한 삶을 지탱하는 것은 양의 온기이며 닭의 배설물이고 연기와 양모, 가재도구들이다.

보라. 나의 손에는 점토 항아리 하나뿐이다…
… 조용히 양모를 쓰다듬고 짚단을 뒤적인다…

Взгляни: в моей руке лишь глиняная крынка…
… Тихонько гладить шерсть и ворошить солому…

마지막 연에서는 다시금 가혹한 별의 형상이 소금의 자극적인 맛과, 연기와 장작의 씁쓸함과 결합한다.

끊임없이 반복되는 형상들이 만델슈땀의 시들 여기저기를 떠돌며 따라서 그의 시는 서로서로를 설명한다. 그러나 만델슈땀에게는 의미의 핵이 완전히 시 텍스트 경계 밖에 존재하는 경우도 있다. 또한 때로 그의 시의 전체적인 혹은 특정한 형상 속에서의 의미는 동시대인들의 회상에 의해 설명되기도 한다.

만델슈땀에 대한 회상에서 마리나 쯔베따예바는 1916년에 쓰인 그의 시 세 편이 자신과 관련된 것이라 말한다(물론 그 시들이 구체적인 헌사를 가지고 있지는 않다). 1916년 쯔베따예바는 만델슈땀에게 모스끄바를 보여주었다(그녀의 표현을 따르자면 모스끄바를 선사했다). 우리는 그녀의 '호피무늬 코트'(тигровая шубка)가 크렘린 사원들에 내재하는 러시아적, 이탈리아적 주제와 결합되어 있음을 알게 된다.

다섯 개의 머리를 가진 모스끄바의 사원들은
자신의 이탈리아적이고 러시아적인 영혼과 함께
나에게 서광의 여신의 모습을 떠오르게 한다.
그러나 러시아 이름을 갖고 모피 코트를 입은 그녀를.
〈처녀들의 합창의 불협화음 속에서 …〉

И пятиглавые московские соборы
С их итальянскою и русскою душой
Напоминают мне явление Авроры,
Но с русским именем и в шубке меховой.
"В разноголосице девического хора …"

이 연작의 다음 시는 〈짚단을 깔아놓은 썰매 위에서 …〉(На розвальнях, уложенных соломой …)이다. 이 다층적인 시편에서 우글리치에서 살해된 디미뜨리 왕자의 형상, 또한 거꾸로 디미뜨리 참칭자의 형상은 때로 작가의 형상과 결합되며, 때로 멀어진다. 〈거리를 따라 모자도 쓰지 않은 나를 끌고 간다 …〉(По улицам меня везут без шапки …)와 이어지는 〈왕자를 끌고 다닌다, 몸은 점점 두렵도록 말을 듣지 않는다 …〉(Царевича везут, немеет страшно тело …)는 바로 그 예다. 이 시가 마리나 쯔베따예바에게 바치는 헌사를 가지고 있다고 생각해보자. 그 순간 이 시는 더 이상 이해할 수 없는 수수께끼로 보이지 않는다. 마리나라는 이름은 뿌슈낀의 〈보리스 고두노프〉를 연상하게 하며 이것은 이 시의 숨겨진 사랑의 주제를 드러낸다. 그녀는 마리아인바, 이는 그가 디미뜨리이기 때문이다. 그리고 그는 또한 마리나와 디미뜨리에 대해 쓰고 있는 이가 된다.[43)]

시의 슈제뜨는 때로 역사에 가까이 간다. 가령 "우글리치에서는 아이들이 말굽뼈 따기 놀이를 한다 … "(А в Угличе играют дети в бабки…)와 같은 구절은 역사적 사실에 대한 암시가 된다. 고두노프에 의해 우글리치로 보내진 대귀족들은 왕자가 살해된 것이 아니라 다른 아이들과 칼 던지기 놀이를(말굽뼈 따기 놀이와 유사한) 하다가 불의의 사고로 칼에 찔려 죽었다고 발표했다. 참칭자와 로마의 연관성 역시 교황이 가톨릭교를 러시아 땅에 포교하기 위해 참칭자를 이용하고자 했지만 결국 수포로 돌아갈 수밖에 없었던 역사적인 사건을 반영한다. 그러나 때로 시의 슈제뜨는 역사적인 사건으로부터 거리를 둔다. 가령 참칭자를 묶어서 거리의 여기저기를 끌고 다닌 적은 없다. 그는 그저 궁전 가까운 곳에서 살해되었고 이후 불태워졌다. "붉은 짚에 불을 질렀다"(И рыжую солому подожгли)라는 구절은 이로부터 기인하는 것일 수 있다. 또한 참칭자 디미뜨리의 머리카락은 붉은빛이었다. 이렇게 해서 연상의 고리는 이어진다. 이제 단지 마지막 고리 하나가 부족하게 된다. 그리고 그것은 바로 이러한 슈제뜨를 설명해주는 마리나 쯔베따예바의 이름이다. 이 경우 이러한 마지막 연상의 고리는 텍스트의 경계 너머에 존재하는 것이다.

그녀에게 바쳐진 세 번째 시, 〈일요일의 기적을 믿지 않으며 … 〉(Не веря воскресенья чуду …)에 대해 이야기하면서 쯔베따예바는 다음과

43) (원주) 쯔베따예바는 자신의 시에서 때로 자신을 마리나 므니셰끄(Марина Мнишек : 폴란드 대부호의 딸이자 첫 번째 참칭자 디미뜨리의 부인 — 역자)와 동일시하기도 한다. 예를 들어 그녀의 시 〈마리나〉(Марина) (1921)를 보라.

같이 말한다. "시를 해석하기 위해 그것이 놓여 있던 삶의 차원에 대한 부연 설명이 과연 필요한지 나는 잘 모르겠다··· 시는 일상을 부수고 던져 버렸다."[44] 이것은 맞는 말이지만 늘 그런 것만은 아니다. 작품의 미학적 구조의 경계 너머에 남겨지는 현실이 있지만, 또한 그것에 적합한 형식을 통해 작품 속에서 복원되어야 하는 현실 또한 존재하기 때문이다.

만델슈땀은 분명히 현실이 그에게 미치는 다양한 차원의 영향들에 대해 매우 강하게 반응하는 유형의 시인이었으며 구체적인 인상들을 자신의 시의 출발점으로 삼는 시인이었다. 바로 이러한 자극의 구체성은 특히 독자가 그것을 알지 못하는 경우 그의 시를 이해되지 않는 것으로 만들었다.

귀뚜라미 시계가 노래하는 것,
열병이 사각거리고,
건조한 벽난로가 바스락거리는
이것은 붉은 실크가 타오르는 것이다.

Что поют часы-кузнечик,
Лихорадка шелестит,
И шуршит сухая печка —
Это красный шелк горит.

아흐마또바는 이 시에 대해서 다음과 같은 이야기를 한다. "이것은 우리가 함께 벽난로의 불을 지폈던 것을 쓰고 있다. 그 때 나는 열이 있어서 체온을 쟀었다."

만델슈땀은 실제로도 〈밤에 뜰에서 얼굴을 씻었으며〉(이 시를 그는 뜨빌리시에서 썼다), 세워놓은 사다리를 타고 건초더미에 올라갔다(〈기대어 놓은 사다리를 타고··· 〉). 잠겨진 문과 차가워진 물, 사방으로 헤쳐놓은 건초들은 모두가 실제의 사물들로서 진리와 죽음, 불행, 그리고 전 세계적 공간과 창작에 대한 시적 담론의 요소로 변형된 것이다. 이

44) (원주) "어느 헌사의 역사"(История одного посвящения), 67쪽.

러한 경우 어떤 시적 경험을 야기한 일상의 사건에 대해 아는 것은 작품의 심리적 정황을 이해하기 위해서만이라도 흥미로울 수 있다. 일상은 시에 의해 진정으로 잘게 부수어져 버려지기 때문이다.

그러나 만델슈땀의 시 텍스트 속에는 미학적으로 유의미하며 동시에 시의 이해를 위해 반드시 필요한 현실로부터 가져온 핵심적인 열쇠가 부재한다. 더 정확히 말해 그는 그것을 다른 곳에서, 즉, 자신의 산문이나 논문들 속에서 밝혀낸다. 제비는 만델슈땀이 가장 즐겨 사용하는 시적 형상들 중 하나다. 이때 그것의 의미는 '로마의 전투 군단'(легионы боевые)에 관련된 제비로부터 시어에 대한 상징으로서의 제비에 이르기까지 문맥에 따라 매번 다르게 나타난다. 또한 제비는 고대 그리스 민요에 등장하는 형상 중 하나이기도 하다. 그러나 여기서 문제는 이것만이 아니다. 새의 비유가 지니는 의미는 "단테에 관한 이야기"에서도 설명되고 있다. "깃털은 새의 몸의 일부다. 물들의 기원에 대해 결코 잊는 법이 없었던 단테는 당연히 이것 역시 기억하고 있었다. 펜을 꾹꾹 눌러 글자의 획을 둥글려가며 문자를 그려내는 기술은 새의 무리가 이루는 장식적인 비행의 형상으로 발전해 간다… 옛 이탈리아 문법은 우리의 러시아 문법과 마찬가지로 물결을 이루며 날아가는 새들의 무리와 같다…" 이처럼 새의 상징은 만델슈땀에게 문자와, 또 언어와 관련된다('제비의 장식적 문자'(ласточкин росчерк)라는 표현은 "이집트 우표"에도 등장한다). 후일 보로네쥬에서 만델슈땀은 괴테에 대한 라디오 방송용 에세이를 썼다. 이 글에서 그는 이러한 '문자의 예술'(техника письма)을, 덧붙여 위대한 작가의 서체를 직접적으로 제비의 형상과 연결시키고 있다. "그의 서체는 가장 야생적인 움직임으로, 그와 동시에 조화로 가득하다. 문자들은 낚싯대의 갈고리와 닮아 있으며 대각선으로 기울어져 있다. 마치 그것은 한 무리의 제비 떼가 유연하고도 강하게 비스듬히 종이를 가로질러 날아가는 것처럼 보인다." 제비의 비행은 시인의 필체이며, 문자이고, 문자는 또한 말이다. 연상의 고리들은 눈먼 제비들, 즉, 육체를 찾지 못한 시의 언어를 향해 뻗어있다. 그러나 이러한 연쇄의 고리들은 그가 이후에 쓴 논문들에서는 종적을 감춘다.

만델슈땀에게서 이것은 자연스러운 결과였다. 그는 자신의 단일한 시적 사상에 경도되어 있었으며, 그러한 단일한 사상은 그의 시와 산문, 논문과 다양한 대담들 속에서 하나의 형식으로부터 다른 형식으로 자유롭게 옮겨가면서 구현되었기 때문이다. 시인 자신은 그것의 경계를 알아채지 못했다.

독자의 문제와 예술의 사회적 삶의 문제 역시 만델슈땀에게 가장 중요한 주제들 중 하나였다. 만델슈땀은 시의 지성과 시적 사상의 내적 논리를 설파했다. "단테에 관한 이야기"에서 그는 시인에 의해 작품 속으로 도입된 문화적, 역사적, 정치적, 기술적 개념들에 대한 독자의 지각을 고려하는 것을 '기억을 불러내는 건반'(упоминательная клавиатура)이라고 불렀다. 그러나 그는 때로 소양 있는 독자에게서도 필요한 반응을 불러일으킬 수 없는 그런 건반을 누르곤 했다. 이것은 그의 시의 초이성적 성격이나 무대상성 때문이 아니라 시적 논리의 열쇠가 되는 개념이 '있어야 할 자리에 있지 않았기' 때문이었다.

이것은 만델슈땀의 시 구조의 중요한 특징이 되는 시적 연상의 힘과 문맥의 역동성에 대한 시인의 믿음에 의해 설명될 수 있다(이러한 믿음이 정당화될 수 없을 때 그는 실패할 수밖에 없었다). 그에게 있어 독자의 지각은 다양한 층위에 존재하는 것이었다. 그러나 완전한 이해가 불가능한 경우에도, 즉, 독자가 어떤 사실을 알지 못하고 있으며 또한 그러한 사실과 함께 중요한 시적 연상을 상실한 경우에도 문맥은 그것의 고유한 방향성에 의해 상실된 연상의 고리와 유사한 다른 어떤 것을 독자에게 귀띔해줄 수 있을 것이라 그는 확신했다.

이는 만델슈땀의 어떤 특정한 시적 형상에 대한 것일 뿐 아니라, 때로 하나의 시 전체가 독자로부터 완전히 차단된 슈제뜨 위에 구축된 경우에 관한 것이기도 하다. 예를 들어 〈환영과도 같은 무대가 희미하게 반짝인다 …〉(Чуть мерцает призрачная сцена …)라는 시가 그러하다. 이 시의 마지막 연에는 1920년 밤의 뻬떼르부르크가 묘사되어 있다. 거기에서 "초라한 양피는 연기 냄새가 나고, 거리는 눈 더미로 인해 검다"(Пахнет дымом бедная овчина, От сугроба улица черна⋯). 그러나 그곳의 극장 안에서는 훌륭한 오페라 공연이 펼쳐지고 있다(동일한 주제는 그의 시 〈뻬떼르부르크에서 우리 다시 만납시다⋯〉에도 나타나 있다).[45] 첫 두 연은 옛 뻬떼르부르크에 대한, 과거 극장 공연이 끝나고 사람들이 헤어지는 장면에 대한 회상이다. 이것은 19세기 오페라 무대의 환영과도 같은 형상이다. 세 번째 연은 이 두 층위의 접점에 있는 것처럼 보인다. 개인적이고 서정적인 주제는 가련한 여인 에우리디체의 이름과 함께, 지하의 왕국에서 에우리디체를 되찾았지만 결국 자신의 죄로 인해 그녀를 다시 잃을 수밖에 없었던 오르페우스에 대한 이야기와 함께[46] 그 속으로 편입된다. 시의 사랑과 음악의 주제는 공존하게 된다.

그렇다면 이 시의 마지막 두 행을 어떻게 이해할 것인가?

> 그리고 살아있는 제비가
> 뜨거운 눈 위로 떨어졌다.
>
> И живая ласточка упала
> На горячие снега.

이것은 그저 모호하고 비이성적인 모티프에 불과한 것인가? 아니다. 이것이야말로 앞서 언급된 예의 그 생략된 실제 사실의 고리를 드러내는 것이며, 우리는 그러한 고리를 만델슈땀의 산문 속에서 찾아낼 수

---

45) 이 두 시 〈환영과도 같은 무대가 희미하게 반짝인다⋯〉와 〈뻬떼르부르크에서 우리 다시 만납시다⋯〉는 모두 극장적인 세계가 표상하는 과거의 예술적인 뻬떼르부르크 공간과 현재의 암울한 현실을 대조적으로 설정하고 있으며 상호텍스트적인 관계를 지닌다. 또한 두 시는 리듬이나 행의 구성 등에서도 유사함을 드러낸다. 이때 이 두 시에서 모두 '시'의 공간은 그러한 두 적대적인 공간이 조우하는 장이 되고 있다.

46) (원주) 글루크(Christoph Willibald Gluck)의 오페라 〈오르페우스〉는 만델슈땀이 가장 좋아한 작품이었다. 1911년 골로빈(Головин)에 의해 만들어져 메이에르홀드에 의해 공연된 이 작품은 혁명 이후 개작되어 1919~1920년에 수차례 공연되었다.

있다. “이집트 우표”에서는 두 차례에 걸쳐서 이탈리아 여가수 안졸리나 보지오(Angiolina Bosio)의 죽음에 대한 정황이 이야기되고 있다.[47] 그녀는 1856년부터 뻬떼르부르크에서 노래를 불렀다. 1859년 그녀는 감기에 걸렸고 폐렴으로 인해 죽게 된다. 그녀의 죽음은 뻬떼르부르크 사회에 큰 반향을 불러일으켰다.

네끄라쏘프 역시 자신의 서사시 〈날씨에 관하여〉(О погоде)에서 그녀를 회상하고 있다.

> 사모예드인의 신경과 뼈는
> 모든 한기를 견디겠지만, 당신은,
> 풍부한 목소리를 가진 남방의 손님이여,
> 우리에게서 겨울을 지내는 것이 괜찮은가?
> 보지오가 생각난다. 오만한 뻬뜨로뽈은
> 조금도 그녀를 가엾게 여기지 않았다.
> 너의 꾀꼬리와 같은 목청을
> 담비 목도리로 감싸봐야 소용없다.
> 이탈리아의 딸이여! 한낮의 장미는
> 러시아의 혹한과 화합할 수 없는 것을.
>
> Самоедские нервы и кости
> Стерпят всякую стужу, но вам,
> Голосистые южные гости,
> Хорошо ли у нас по зимам?
> Вспомним — Бозио. Чванный Петрополь
> Не жалел ничего для нее.
> Но напрасно ты кутала в соболь
> Соловьиное горло свое.
> Дочь Италии! С русским морозом
> Трудно ладить полуденным розам.

---

47) (원주) 《이집트 우표》(Египетская марка. Л., 1928), 12~13, 58~59쪽. 이 이야기는 너무도 강하게 만델슈땀을 사로잡았고, 그는 따라서 이후 이 이야기로 다시 돌아가려 했다. 〈별〉의 1929년 마지막 몇 호와 1930년 처음 몇 호에 걸쳐 게재된 1930년에 실리게 될 작품들에 대한 예고편에서는 ‘O. 만델슈땀, 〈보지오의 죽음(중편)〉’(Смерть Бозио. повесть)이라 써진 것을 볼 수 있다. 그는 결국 이 작품을 쓰지 못한 듯하다.

처음 연들에서의 '환영과도 같은 무대'(Призрачная сцена)는 1850년대의 무대다. 만델슈땀은 여기서 네끄라쏘프의 시〔〈모피로 장미를 감싼다〉(Розу кутают в меха)〕를 변주하고 있으며 동시에 그것에 반대하는 것처럼 보인다.

> 에우리디체여, 아무것도 아니다
> 우리의 차가운 겨울 따위는.
>
> Ничего, голубка Эвридика,
> Что у нас студеная зима.

이렇게 해서 시의 슈제뜨는 그 속의 사랑의 주제와 마찬가지로 감추어진다. 그러나 독자들의 이해는 그의 앞에 놓여 있는 수레바퀴의 궤적을 따라 계속해서 앞으로 나아간다. 비록 그것이 눈에 보이지 않는다 하더라도. 독자는 서로 다른 두 층위의 충돌을, 1920년 뻬떼르부르크와 19세기 뻬떼르부르크라는 시간적인 층위의 충돌을, 또한 뻬떼르부르크의 눈 위에 떨어진 제비, 곧 여가수의 형상에 의해 완결되는 러시아적이면서 동시에 이탈리아적인 주제라는 민족적 차원에서의 충돌을 이해하게 되는 것이다.48)

1921~1925년 사이의 만델슈땀의 시는 이미 자신의 그리스적 특성을 완전히 폐기한다. 아예 문체적 외피마저도 이제는 던져버린다. 이렇게 해서 만델슈땀은 시인과 현실 간의 관계를 새롭게 설정하며 이를 통해 새로운 시적 연상의 장이 형성되는 1930년대 시들로 옮겨갈 준비를 한다.

이러한 변화에 있어서 1923~1924년에 쓰인 일군의 시는 매우 중요하다. 이 시들에서 《비가》의 중요한 주제 중 하나이며, 철학의 영역,

---

48) (원주) "이집트 우표" 속의 다음 구절과 비교해 보라. "그러면 근위기병들이 사방에서 Quarenghi(Гваренги 혹은 Кваренги : 18세기 러시아의 건축가로서 러시아 고전주의 양식을 대표함 — 역자) 성당의 장례에 모여들 것이다. 황금빛 작은 새 — 독수리들이 로마 가톨릭의 여가수를 사정없이 쪼아댈 것이다."

'영원한' 서정적 주제들의 영역에 속해 있던 시간의 문제는 역사의 영역으로 이행함으로써 '시대'의 문제로 변화한다. 〈시대〉(Век), 〈편자를 찾은 이〉(Нашедший подкову), 〈석판 위의 송가〉(Грифельная ода), 〈1924년 1월 1일〉(1 января 1924) 등이 바로 그러한 시다.

만델슈땀에게서 그의 정치적 문제의식이 분명하게 드러나 있는 교시를 찾는 것은 헛된 일일 것이다. 그는 10월 혁명과 관련하여 혁명 전의 지식인들이 처음에 그랬던 것과 마찬가지로 심리적 동요와 모순을 드러내고 있지만, 그럼에도 불구하고 그것을 받아들였다. 만델슈땀의 1917~1925년 사이 시들에서는 혁명에 대한 그의 직접적인 견해를 어느 정도 찾을 수 있다. 그러나 혁명에 대한 그의 생각이 더 많이 표출되고 있는 것은 이 시기의 그의 논문을 통해서다. 자신의 논문들 속에서 만델슈땀은 변함없이 혁명을 찬성하는 사람처럼 행동한다〔1922~23년 사이의 논문들인 "1월 9일의 피로 물든 신비극"(Кровавая мистерия 9-го января)이나 "오귀스트 바르비에"(Огюст Барбье)에서는 러시아와 프랑스의 민중혁명에 관한 직접적인 언급이 발견된다〕. 그러나 그의 혁명에 대한 언급들은 사회평론가나 역사가, 혹은 비평가의 것이 아니라, 당면한 역사와 문화, 그리고 동시대의 문제를 자신만의 고유한 언어로, 때로는 모순적으로 풀어내는 시인의 것이다.

《비가》에서 혁명에 대해 가장 직접적인 언급을 하는 시는 〈형제여, 자유의 어스름을 찬미하자 …〉(Прославим, братья, сумерки свободы …)이다[49]〔이 시가 1918년 신문에 실렸을 때의 제목은 〈찬가〉(Гимн) 였다〕.

---

49) (원주) 오를로프는 이 작품의 문맥 속에서 *сумерки*(흔히 '황혼'을 의미하는)라는 단어는 '새벽녘 태양이 뜨기 전의 어스름'을 의미하는 것이라고 지적했다. 오를로프, "두 시대의 경계에서", 〈문학의 제 문제〉, 1966, NO. 10(B. H. Орлов, "На рубеже двух эпох", Вопросы литературы, 1966, NO. 10), 135쪽. '황혼'(сумерки)이라는 단어에 '새벽의 어스름'이라는 뜻이 존재한다는 것은 잘 알려져 있지 않지만 그럼에도 이것은 대부분의 러시아어 사전에 명시되어 있는 엄연한 사전적 의미이다. 게다가 이 시의 첫 연에서는 일출에 대한 직접적인 언급이 등장한다. "그대는 이 막막한 날들 위로 떠오른다. 아,

그럼 한번 해 보자. 이 거대하고, 육중한
삐걱거리는 운전대를 돌려보자.
땅은 헤엄쳐간다. 마음을 굳게 먹어라, 사내들이여
쟁기로 대양을 가르듯.
우리는 레테의 강의 혹한 속에서도 기억할 것이다.
우리에게 지상은 열 개의 하늘의 가치가 있다는 것을.

Ну что ж, попробуем: огромный, неуклюжий,
Скрипучий поворот руля.
Земля плывет. Мужайтесь, мужи,
Как плугом океан деля.
Мы будем помнить и в летейской стуже,
Что десяти небес нам стоила земля.

마지막 두 행은 혁명 앞에서의 열광과 두려움의 모티프가 얽혀 있는 전체 시를 이해하는 열쇠가 된다. 여기서 만델슈땀은 사실상 러시아 지성들의 가장 근원적인 사상 중 하나를 자기 나름의 방식으로 발전시키고 있다. 즉, 옛 인뗄리겐찌야들에게 혁명이 재앙이 된다 하더라도, 이러한 재앙을 최고 심급의 사회적 정의의 이름으로 받아들여야 한다는 것이다. 게르쩬도 이에 대해 〈피안(彼岸)에서〉(С того берега)에서 쓰고 있다. 또한 블로끄는 1918년의 논문 "인뗄리겐찌야와 혁명"(Интеллигенция и революция)에서 "도대체 무슨 생각들을 한 것인가? 혁명이 목가(идиллия)라 생각하는가? 창조의 과정에서 아무것도 파괴되지 않을 것이라 생각했는가? 민중이 그렇게 영리하리라 생각했는가?"라고 질문하고 있다.[50] 이러한 주제는 브류쏘프의 〈다가오는 흉노족〉(Грядущие гунны)과 빠스떼르나끄의 〈높은 병〉(Высокая болезнь)에도 나타나 있다.

이 시 〈형제여, 자유의 어스름을 찬미하자…〉에서 만델슈땀은 그 이

태양이여, 판관이여, 민중이여!"(Восходишь ты в глухие годы, О солнце, судия, народ!).

50) (원주) 알렉싼드르 블로끄, 《전집》, 6권(Александр Блок. Собрание сочинений, т. 6. М.:Л., 1962), 16쪽.

전의 사람들이 숙고해왔던 것에 대해서, 그리고 그의 동시대인들이 생각하는 것에 대해서 쓰고 있다. 이 시 속에 표현된 개념은 이후로도 오랫동안 시인에게 그 힘을 행사하는바, 이는 이후 그의 시 〈시대〉나 〈1924년 1월 1일〉에서, 심지어 늑대 잡는 개로 비유된 시대에 대해 노래한 비극적인 시에서도 계속된다.

만델슈땀은 이 시들 속에서 인뗄리겐찌야와 혁명의 문제를 풀어감에 있어 그가 이전의 〈형제여, 자유의 어스름을 찬미하자…〉에서 이 문제를 해결하던 방식을, 더 나아가 그가 이러한 주제에 접근해 가는 데 있어 언제나 택했던 방식을 그대로 반복하고 있다.

설마 내가 그런 모욕적인 독설 때문에 —
혹한에서는 다시금 사과의 냄새가 난다 —
제 4계급[51] 앞에서 행한 그 놀라운 서약을
눈물이 날 정도로 귀한 그 맹세를 저버리겠는가?

〈1924년 1월 1일〉

Ужели я предам позорному злословью —
Вновь пахнет яблоком мороз —
Присягу чудную четвертому сословью
И клятвы крупные до слез?

"1 января 1924"

그러나 역사의 짐은 무거웠다.

시대. 병든 아들의 피 속의 석회층이
단단해져만 간다…

Век. Известковый слой в крови больного сына
Твердеет…

피 속의 석회질은 《비가》에서의 건조한 피와 비슷하다. 이 시에서 역

51) 제 4의 계급은 프롤레타리아와 도시빈민계급을 가리킨다.

시 그는 현재 역사의 직접적인 압력 아래에 있다. 그리고 이러한 역사적 상황 속에서 그 또한 삶에 대한 확고한 의지를 지니며, 쇠락과 소멸〔"삶의 숨이 약해져 간다 …"(слабеет жизни выдох)〕의 현재로부터 사라지지 않는 삶의 힘의 작렬을 향해 나아가길 원한다.

> 병든 아들의 피 속의 석회층은
> 점점 더 자라난다. 그리고 행복의 웃음이 솟아난다 …
>
> И известковый слой в крови больного сына
> Растает, и блаженный брызнет смех …

그러나 여기서 시대(Век) 역시도 삶을 두려워하면서 또 그것을 갈망하는 그의 분신과 같다. 때로는 심지어 '시대'와 이들 연작시의 서정적 '나' 사이에 경계를 긋는 것이 어려울 정도다. 이 작품에서는 과거의 사멸에 대한, 19세기에 대한, 또 '시대의 파멸을 목도하였고, 운명의 의지에 의해 새로운 역사적 지평으로 던져진 19세기의 자식들에 대한' 이야기가 전개되고 있으며, 이는 만델슈땀의 논문 "19세기"(Девятнадцатый век)의 내용이기도 하다. 여기서 이야기되는 것은 정신적인 19세기, 즉, 반성과 '상대주의'〔〈나의 아름다운 불쌍한 시대〉(мой прекрасный жалкий век)〕의 시대로서의 19세기이며, 동요했지만 결국 혁명을 받아들였던 옛 인텔리겐찌야들의 의식 속에서 20세기에도 여전히 살아 숨쉬는 19세기의 정신이다. 이 모든 것은 시 텍스트로부터 분명히 드러난다. 또한 만델슈땀의 논문들 "말과 문화"(Слово и культура), "너구리 굴", 그리고 특히 1922년도 논문 "19세기" 등은 위의 시에 대한 이러한 해석의 정당성을 이론적으로 뒷받침할 수 있는 근거를 제시한다.

"19세기의 문턱에 있던 데르좌빈은 석판 위에 몇 줄의 시를 새겨 넣었고 그것은 이후 한 세기 동안의 라이트모티프가 될 수 있었다.

시간의 강물은 그 흐름 속에
인간의 모든 것을 가지고 간다.
그리고 망각의 심연 속에
민족들과 왕국들과 황제들을 빠뜨린다.
만일 무언가 리라와 나팔의
소리를 통해 남겨진 것이 있다면
그것은 영원의 입에 의해 삼켜질 것이고
동일한 운명을 비켜가지 않을 것이다.

Река времен в своем течеиьи[52]
Уносит все дела людей
И топит в пропасти забвенья
Народы, царства и царей.
А если что и остается
Чрез звуки лиры и трубы,
То вечности жерлом пожрется
И общей не уйдет судьбы.

여기서는 낡아 버린 시대의 녹슨 언어로 온 힘과 최대한의 날카로움을 가지고 도래할 날들에 감추어진 의미가 이야기되며 그로부터 최고의 교훈이 도출되고 또한 그 기틀이 마련된다. 이때 교훈이란 곧 상대주의, 상대성이다. 만일 무언가 남아 있다면 …"(61~62쪽)

여기서 역시 이해의 열쇠는 다른 곳에 존재한다. 이 논문은 만델슈땀의 가장 어두운 작품 중 하나로 여겨지는 〈석판 위의 송가〉를 설명한다. 만델슈땀은 데르좌빈이 죽기 며칠 전에 석판 위에 쓴 송가 〈무상함에 관하여〉(На тленность)의 첫 연이자 유일한 연을 인용한다〔그 석판은 레닌그라트의 공공 도서관(Публичная библиотека)에 보존되어 있다〕. 〈석판 위의 송가〉 역시 '시간의 강'(река времен)에 관한 것이다. 뿐만 아니라 그것은 험준한 절벽으로부터 흘러내리며 물가의 풀들의 뒤집힌 형상을 반영하고 있는 실제의 강이기도 하다.

---

52) (원주) 데르좌빈의 시에서는 지향(*стремленьи*)이라는 단어가 사용되었다.

마치 얼음 같은 높이로부터 마치 쓰레기처럼,
녹색의 형상들의 뒤집힌 안감처럼,
배고픈 물이 흐른다,
맹수처럼 소용돌이치면서, 또 유희하면서.

Как мусор с ледяных высот —
Изнанка образов зеленых —
Вода голодная течет,
Крутясь, играя, как звереныш.[53)]

산 속의 강은 산 속 마을들로 둘러싸여 있으며, 이것은 또다시 만델슈땀의 까프까스와 끄림의 모티프들을 불러낸다.

가파른 염소의 도시들
규석으로 된 위엄 있는 지층들…
…물은 그들을 가르치고, 시간은 그들을 침식한다…

Крутые козьи города,
Кремней могучее слоенье…
…Вода их учит, точит время…

'흐르는 물의 제자'(ученика воды проточной) 인 규석의 주제는 새로운 의미 '다발'을 이루지만, 또한 동시에 이는 만델슈땀 고유의 건축가와 시인의 재료로서의 돌의 주제를 반복하고 있는 것이기도 하다.

만델슈땀이 가장 좋아한 시인 중 한 명이였던 데르좌빈은, 위대한 창작 행위에 대해 말하는 만델슈땀의 데르좌빈적인 8행시 형식의 작품 속에서 그것을 움직이는 숨겨진 힘으로 존재한다. 창작 행위의 상징이 되는 것은 바로 '납으로 된 막대'(свинцовая палочка), 즉, 석필(грифель)이다.

여기선 공포가 글을 쓴다, 여기선 전위가 글을 쓴다
납으로 된 우윳빛 막대기를 가지고

53) (원주) "말과 문화"에서 만델슈땀은 배고픈 시간에 대해서 말한다.

여기선 흐르는 물의 제자들의
원고가 익어간다 …

… 놀란 절벽 위에서
나는 석필이 긁히는 날카로운 소리를 듣는다.

Здесь пишет страх, здесь пишет сдвиг
Свинцовой палочкой молочной,
Здесь созревает черновик
Учеников воды проточной …

… На изумленной крутизне
Я слышу грифельные визги.

이때 물(вода), 곧 시간과 그러한 시간을 사색하는 작품의 도구로서의 규석(кремень)과 석필(грифель)은 〈석판 위의 송가〉가 보여주는 복잡한 의미론적 편곡 가운데에서 조우한다.

독자는 (만일 만델슈땀의 시 〈석판 위의 송가〉와 논문 "19세기"를 비교해 보지 않았다면) 〈석판 위의 송가〉에 존재하는 데르좌빈적 슈제뜨, 즉, 죽어가는 데르좌빈이 석판 위에 시간의 강에 대한 송가를 쓴 것을 알지 못한다. 그러나 숨겨진 이야기로부터 나온 의미의 흐름은 시를 이루는 모든 고리들을 관통하여 흐르게 된다. 또한 독자는 이 시가 고귀하고 위대한 어떤 것, 천재의 원고에 대한 것임을 안다. 그러나 만델슈땀에게서 시간의 강이란 동시에 산 속을 흐르는 강이기도 하다. 그는 은유가 육체 없는 것이 되지 않기를 원했기 때문이다. 〈석판 위의 송가〉는 시인이 받은 두 인상들의 접점에서 생겨난 듯 보인다. 하나가 공공도서관에서 본 데르좌빈의 반쯤 닳은 서명이 각인된 석판이었다면 다른 하나는 돌들이 깔려 있는 하상을 따라 흐르는 강물의 소음이다.

만델슈땀의 1930년대 시들에는 당혹스러움이, 절망이, 그리고 이와 함께 결코 사라지지 않는 삶에 대한 강한 사랑이 존재한다. 그 속에는 존재의 현상들에 대한 경탄이 자리하며 또한 이는 점점 더 커져간다. 그는 역사와 예술과 삶에 대한 매혹으로 충만한 작품을 창조한다.

만델슈땀의 시 창작 마지막 시기를 여는 작품인 1930년의 〈아르메니아〉 연작 역시 그러했다.

아, 에리반이여, 에리반이여,[54] 새가 너를 그린 것인가
아니면 사자가 마치 아이처럼 색깔 있는 붓으로 너를 칠한 것인가?

Ах, Эривань, Эривань, иль птица тебя рисовала,
Или раскрашивал лев, как дитя, из цветного пенала?

새와 사자는 강렬한 색채로 조야하게 그려진 문장학(紋章學) 상의 동물들이다. 사자는 아름다움과 힘이다. 그러나 여기서 사자는 어린아이다움이기도 하다. 사자는 앞발에 팔레트를 들고 있는 훌륭한 어린 학생이다.

〈바뉴슈꼬프〉(Батюшков) 에서는 시의 승리를 노래한다.

우리의 고통이자 우리의 재산,
눌변의 그는 자신과 함께
시의 소음을, 형제애의 종을
그리고 조화로운 한바탕의 비와 같은 눈물을 가져왔다.

Наше мученье и наше богатство,
Косноязычный, с собой он принес
Шум стихотворства и колокол братства
И гармонический проливень слез.

그의 시 〈인상주의〉(Импрессионизм) 는 그림에 대한 인상을 쓴 것이다. 여기서 그림을 감상하는 데 있어서의 감각의 구체성은 매우 뛰어나서 이는 거의 그림을 직접 보는듯한 환상을 창조해낼 정도에 이른다.

그림자다. 그림자는 점점 더 연보랏빛이 되고
활인지 채찍인지는 마치 성냥처럼 꺼진다.
너는 말할 것이다. 부엌에서 요리사들이
기름진 비둘기를 요리한다고.

---

54) 에리반(Эривань) 은 아르메니아의 수도인 예레반(Ереван) 의 옛 이름이다.

А тень - то, тень все лиловей,
Смычок иль хлыст как спичка тухнет.
Ты скажешь: повара на кухне
Готовят жирных голубей.

만델슈땀의 시는 언제나 삶에 대한 두려움과 삶에 대한 애정이 만나는 지점에서 생겨난다. 이는 그의 가장 마지막 시에 이르기까지 그러했다. 자신의 가장 마지막의 보로네쥬 연작들 중 하나에서 만델슈땀은 지금까지의 그 어느 시에서도 볼 수 없었던 직설법으로 지상적인 삶의 힘을 갖고자 하는, 즉, '지축의 소리를 듣고자'(услышать ось земную) 하는 자신의 열망에 대해 말한다.

나는 그림을 그리지도 노래를 부르지도 않는다.
또한 나는 검은 목소리의 활을 켜지도 않는다.
나는 단지 삶을 들이키고 강하고 약은
땅벌을 질투하길 좋아할 뿐이다.

아, 언젠가 공기의 가시와 여름의 열기가
나로 하여금, 잠과 죽음을 지나,
지축의 소리를, 지축의 소리를
들을 수밖에 없도록 해 줄 수만 있다면.

И не рисую я, и не пою,
И не вожу смычком черноголосым;
Я только в жизнь впиваюсь и люблю
Завидовать могучим, хитрым осам.

О, если б и меня когда - нибудь могло
Заставить, сон и смерть минуя,
Стрекало воздуха и летнее тепло
Услышать ось земную, ось земную.

이 시에서 힘과 영리함의 결합은 역시 고대적인 모티프다. 오디세우스는 강하며 꾀가 있었다.

1930년대 시에서 아름다운 것에 대한 이야기는 《비가》에서보다 더 강하게 울리며, 이것은 아마도 후기 만델슈땀이 비로소 수세기 동안 신성시된 전통의 도움 없이도 아름다움을 찾는 법을 배웠기 때문일 것이다(이것은 쉬운 일이 아니었다). 이것은 이미 1920년대에 시작되었다. 《돌》에서의 장엄한 뻬떼르부르크의 암피르를 대신하여 1925년의 시 속에서는 전혀 다른 도시의 모습, 가정적인(домашний) 도시의 모습이 나타나 있다.

> 백화점(Гостиный двор)에는 방수용 장화가, 사병의 회색 옷들이 돌아다닌다.
> 귤껍질은 저절로 벗겨진다.
>
> 자루에는, 추위로부터 바로 고향으로 돌아온, 볶은 커피,
> 전기 분쇄기로 간 황금빛 모카.
>
> 초콜릿 색, 벽돌로 된, 높지 않은 집들.
> 안녕하신가, 안녕하신가, 뻬떼르부르크의 혹독하지 않은 겨울이여!
>
> … 목욕탕에서 나와, 오페라에서 나와, — 어디로 가도 괜찮다 —
> 영문도 모르는 마지막 전차의 온기!
>
> Ходят боты, ходят серые у Гостиного двора,
> И сама собой сдирается с мандаринов кожура.
>
> И в мешочке кофий жареный, прямо с холоду домой,
> Электрическою мельницей смолот мокко золотой.
>
> Шоколадные, кирпичные, невысокие дома, —
> Здравствуй, здравствуй, петербургская несуровая зима!
>
> … После бани, после оперы, — все равно, куда ни шло, —
> Бестолковое, последнее трамвайное тепло!

이 역시 잡다한 세간들(утварь)이다. 이것은 이미 고대 그리스의 것도 끄림지방의 것도 아니지만, 그럼에도 이 역시 인간에게 기쁨과 온기를 가져다주는 것들이다. 물론 여기서는 이미 양의 온기가 아닌 전차의 온기이다.

새로운 창작시기가 이전의 시기로부터 완전히 단절되지는 않는다. 시

인은 이미 다른 것에 대해 말하고 있지만 동시에 그는 과거에 다 말하지 못한 무언가에 대해 더 말해야 할 필요를 느낀다. 1930년대 만델슈땀의 시는 동질적이지 않다. 마지막까지 그는 《돌》과 《비가》에서의 노선을 계속하며 자신의 이전의 역사적, 문화적 주제를 결론짓는 작품들을 창작했다. 이와 함께 시인의 현재의 경험에 대해 쓰고 있는 전혀 다른 작품들도 있었다. 이러한 시들은 그의 1923~1924년 사이의 시대와 시간에 대한 연작들에 의해 준비된 것들이었다. 즉, 그것을 준비한 것은 만델슈땀 자신의 역사주의였다. 그러나 이제 이러한 역사주의는 현대성에 대한 감각으로 전환된다. 새로운 가치의 척도가 되는 것은 현대인의 운명이었다.

역사와 현대성은 상호 관련된 개념들이며, 하나가 없이는 다른 한쪽도 의미를 지니지 못한다. 따라서 현실성과 시적 상징 사이에도 새로운 유형의 관계가 생겨나게 된다.

쯔베따예바는 시가 일상의 형상을 잘게 부수어 가루로 만든다고 말한다. 그러나 이때 부수는 정도의 차이는 존재한다. 일상뿐 아니라 시의 재료가 되는 모든 삶의 현상들의 경우에도 그러하다. 그 어떠한 시적 형상에도, 심지어 지칭하는 대상이 부재하는 형상의 경우에도 어떤 식으로든 현실은 반영된다. 그러나 이러한 형상은 현실의 물질적 흔적들을 보존할 수 있을 뿐 아니라 그것으로부터 영원히 멀어질 수도 있다. 이와 같은 두 가지 극단적인 형태 사이에는 물론 많은 중간적인 가능성들이 존재한다.

젊은 시절의 만델슈땀은 시인은 반드시 삼차원적인 것을 인식해야만 한다고 주장했었다. 그의 시집 《돌》은 사물들로 넘쳐났다. 그러나 여기서의 사물들은 특별한 것들이었다. 무엇보다 그 사물들은, 그것이 고대 그리스식 사원의 반원형 벽감(壁龕)이건 혹은 디킨스적인 인물의 체크무늬 바지이건, 또 법률가의 코트이건 바흐의 음악 속의 '16분음표들'(шестнадцатые доли)이건 간에 문화적 구조와 역사적인 양식을 나타내는 특수한 기호들이었다.

시집 《비가》와 《비가》에 함께 실린 1920년대 초반의 시에서의 만델슈땀의 세계 역시 감각할 수 있고 인식될 수 있는 삼차원의 세계였다. 그러나 이 시집을 지배하는 '고대 그리스적인' 양식의 틀 속에서 이 세계는 그것의 물성을 잃게 된다. 이제 만델슈땀에게 역사는 현대성이 되었고, 특정한 조건적 양식들은 그것이 더 이상 현재의 삶에 대해, 아직까지 가라앉지 않았고 최종적인 결론이 내려지지 않은, 그리고 아직까지도 이름붙여지지 않은 현상들로 가득한 당면한 삶에 대해 이야기하는 데 적합하지 않았기에 뒤로 물러날 수밖에 없었다. 시의 주제 역시도 이제는 이미 주어져 있지 않은 인상들과 사상이나 회상으로부터, 모든 내적인 경험들로부터 생겨날 수 있었으며, 그것은 일상의 삶으로부터 가져온 단어들, 즉, 동시대의 현실이 보여주는 다양한 현상들의 기호들을 시 속으로 가져올 수 있게 했다. 이러한 기호들은 시인이 자신을 둘러싸고 있는 현실과 직접적으로 접촉하기 위해 요구되는 것들이었다.

이렇게 해서 우리는 또다시 비문체적인 말의 문제를 마주하게 되는바, 이에 대해서는 이 책의 앞선 장들에서 이미 언급했다.

시 속에 포함된 일상의 언어들은 그러나 그 어떤 것보다 복잡한 은유적 구조의 질료가 될 수 있다(마야꼽스끼에게서 언제나 그러했던 것처럼). 이때 언어의 구체성은 상징 속에서 녹아 없어지지 않으며 오히려 그 안에 여전히 존재하게 된다.

안드레이 벨르이의 죽음 이후 마리나 쯔베따예바는 그에 대한 회고록인 "사로잡힌 영"(Пленный дух)을 썼다. 이 글 전체를 특징적으로 보여주는 부분을 인용해 보기로 하자. "… 영원히 함께 하는 프록코트 소맷자락의 춤(양복 상의가 맞을까? — 아니다, 어쨌든 프록코트다!) 속의 고대적이고 세련되며 우아하고 마치 새와 같은 것, 이것은 대가의 기술과 마법사의 속임수가 이중, 삼중, 사중의 춤 속에서 결합된 것이다. 의미와 말과, 프록코트의 제비와도 같은 소맷자락과, 다리가, 오, 아니다! 다리가 아니라 온몸과, 두 번째 영 전체와, 그리고 또 뒤에 등 뒤에 두 개의 날개가 달린, 육체 없는 영들이 이루는 오케스트라의 상승하는 두 개의 사다리가 달린 지휘자의 뒷모습의 독자적인 삶과 결합된 자신의 몸의 영과 결합된 것이다 …"[55]

쯔베따예바는 만델슈땀이 1934년 1월 안드레이 벨르이의 죽음에 붙여 쓴 자신의 시에서 그녀의 생각과 거의 유사한 형상을 창조하고 있음을 알지 못했다.

너에게 왕관을 씌웠다. 바보 광대의 모자를,
비취색의 선생, 박해자, 군주, 그리고 바보!

모스끄바의 눈처럼 오리 떼의 아수라장을 만들었다.
알 듯 모를 듯, 불명료하고 혼란스러우며 가볍다.

공간을 수집하는 자, 시험을 통과한 어린 새,
글쟁이, 꾀꼬리 새끼, 자그마한 대학생, 대학생, 작은 방울

스케이트 선수이자 맏아들, 시대에 의해 내쫓긴 자,
새로운 형태를 띠는 격(格)의 얼음 가루 아래로.

На тебя надевали тиару — юрода колпак.
Бирюзовый учитель, мучитель, властитель, дурак!

Как снежок на Москве, заводил кавардак гоголёк,
Непонятен - понятен, невнятен, запутан, легок.

Собиратель пространства, экзамены сдавший птенец,
Сочинитель, щегленок, студентик, студент, бубенец.

Конькобежец и первенец, веком гонимый взашей
Под морозную пыль образуемых вновь падежей.

이 시에는 만델슈땀에게서 자주 발견되는 한 대상의 특성이 다른 대상으로 옮겨지는 현상〔예를 들어 첫 번째 연의 '비취색'(Бирюзовый)이 지칭하는 것은 비취색 눈을 가진 사람이다〕과 가지를 뻗어가는 은유가 존재한다. '새로운 형태를 갖게 되는 격'(образуемых вновь падежей)이라는 어구는 벨르이의 언어 창조를 지칭한다. 그가 스케이트 선수(Коньк-

55) (원주) 마리나 쯔베따예바, "사로잡힌 영", 〈모스끄바〉, 1967, 4호(Марина Цветаева. "Пленный дух", Москва, 1967, NO. 4), 124쪽.

обежец) 인 것 역시 쯔베따예바가 쓰고 있듯 그가 '의미와 단어 … 소맷자락의'(смыслов, слов … фалд) 춤 가운데 있기에 가능하다. 그가 스케이트 선수이기에 격으로부터는 얼음 가루가 생겨날 수 있는 것 등도 바로 그러한 예다. 그러나 여기서 중요한 것은 은유가 아니라, 단어들의 열거이며, 줄지어 늘어선 단어들이고, 그 자체로는 어떤 특별한 문체적 색깔을 지니지 않는 이러한 단어들의 연쇄 속에서 일어나는 결합이다.

> 글쟁이, 꾀꼬리 새끼, 자그마한 대학생, 대학생, 작은 방울 …
>
> Сочинитель, щегленок, студентик, студент, бубенец …

'은유적 비상'은 그 어떤 시적인 후광도 애초에 지니지 않은 채로 시 속에 도입된 단어들 속에서 역시 가능하다. 그러나 1930년대 만델슈땀의 시에서는 이와 동시에 특정한 문체의 외피로부터의 해방과, 더 나아가 은유적 형상성 자체로부터의 해방이 나타난다.

> 너와 나는 함께 부엌에 앉아있자.
> 하얀 등유에서 달콤한 냄새가 난다.
>
> 날카로운 칼과 큰 둥근 빵을 …
> 원하는가, 석유난로에 공기를 가득 채워라.
>
> 밧줄을 모을 것이 아니라,
> 아침이 밝을 때까지 바구니를 짜라.
>
> 우리를 아무도 찾지 않을
> 역으로 떠나기 위해서.
>
> Мы с тобой на кухне посидим,
> Сладко пахнет белый керосин.
>
> Острый нож да хлеба каравай …
> Хочешь, примус туго накачай,

А не то веревок собери
Завязать корзину до зари,

Чтобы нам уехать на вокзал,
Где бы нас никто не отыскал.

1931년에 쓰인 이 시는 만델슈땀 서정시의 정수를 보여준다. '단어의 공상가'(фантаст слов)이며(쥐르문스끼는 1916년의 자신의 논문에서 만델슈땀을 이렇게 칭했다) 훌륭한 그리스적 색채의 시인이었던 그는 이제 그 어떤 은유도, 그 어떤 전통적으로 시적인 단어도 존재하지 않는 시어를 구사하기에 이른다. 시인에게 더 이상 그것은 필요하지 않았다. 삶의 경험은 더 없이 적나라하고 그 어떤 문학적 연상으로부터도 자유로운 어휘들을 가져왔다.

짚과 양모, 닭의 배설물은[56] 만델슈땀에게 있어 복잡한 은유적 구조 속에 끌려 들어온 온기의 상징이었다. 이제 그것은 도시의 일상을 구성하는 평범한 사물들에 자리를 내어준다. 그것 역시 여전히 '인간의 성스러운 세계 속으로 편입된'(втянутая в священный мир человека) 잡다한 주변의 세간들이었지만, 그럼에도 그것은 더 이상 나무도 점토도 아닌, 그 어떤 이국적인 정취도 지니지 않은 사물들이었다. 등유와 석유난로, 칼과 빵(칼과 빵은 이전의 만델슈땀 시들 속에도 등장하는 사물들이다), 이 모든 것들은 1930년대 초반 도시인들의 삶을 구성하는 가장 평범하고 필수적인 요소들이었다. 등유는 하얗고 달콤한 냄새를 풍긴다. 그것은 또한 아름다운 것인 바, 이는 그것이 삶의 온기를 지탱해주는 것이기 때문이다. 그러나 세 번째 연의 두 행 속에서는 영원한 집 없음의 불안감이 나타난다. 이러한 온기로부터 떠나야만 하는 것이다.

그의 시 〈기대어놓은 사다리를 타고…〉의 건초더미와 〈밤에 뜰에

56) 이는 1920년대 전반기 만델슈땀이 끄림지방을 소재로 쓴 시 속에 등장하는 일상적이며 동시에 복잡한 은유의 구조 속에서 나름의 상징으로 전환되는 사물들의 예로서 이에 대해서는 앞서 이미 자세히 서술되었다.

서 얼굴을 씻었다 … 〉에서의 도끼와 차가운 물은 분명히 실제 존재했으며 또한 시적 사상의 움직임을 촉발했다. 그러나 이러한 시들의 구조 속에서 사물은, 그것이 전혀 저세계성을 드러내는 것이 아니며 시인의 내적인 경험을 표현하는 것이었음에도 불구하고, 상징적 의미를 지니는 기호였다. 3차원적인[57] 상징성을 특징으로 하는 1910~1920년대 만델슈땀에게는 이러한 기호가 추상적이지 않다는 것이, 그것이 '육체가 없는 것이 아니라는 것'이, 그리고 그러한 기호들이 자신의 내부에 감각될 수 있는 질료를 지니고 있다는 것이 중요했다. 그러나 〈너와 나는 함께 부엌에 앉아있자 … 〉와 같은 시 속에서 등유와 빵, 석유난로와 바구니는 전혀 비유적이지 않다. 그것은 다른 어떤 관념을 대신하지 않으며, 오히려 그것을 혼합하여 자신으로부터 일련의 표상들이 전개되어 가도록 만든다. 이러한 수식어를 결여한 명사들은 극도의 의미론적 포용력을 갖는다. 그 어떤 시적 형상도 지니지 않는 시 〈너와 나는 함께 부엌에 앉아있자 … 〉는 순수한 일상적 언어의 문화가 되는바, 후기 만델슈땀은 자주 이와 같은 일상적인 것을 고상하고 추상적인 것과 공존하도록 할 수 있었다.

만델슈땀은 1931년 모스끄바와 관련되어 있으며〔〈모스끄바에서의 한 밤 … 〉(Полночь в Москве …), 〈총주교까진 아직 멀었다 … 〉(Еще далеко мне до патриарха …), 〈더 이상 눈살 찌푸릴 것 없다, 탁자 위의 종이를 집어넣자 … 〉(Довольно кукситься, бумаги в стол засунем…)〕 1923~1924년의 시대와 시간에 대한 시들의 주제를 포괄하는 연작시를 썼다. 이제 이 시들 속의 세계는 그 속의 물들이 비록 새롭고 보다 확장된, 다면적인 의미를 갖게 되더라도 그럼에도 불구하고 물 그 자체로 남겨질 수 있는 그런 세계였다.

1931년의 연작은 시인이 자신이 동시대성에 대해 맺고 있는 관계를 규

---

57) 여기서의 3차원성은 상징주의의 저세계성에 대비되는 지상의 사물과 건축적 아름다움을 시의 대상으로 삼고 어휘의 구상성과 구체성을 강조한 만델슈땀 초기 시의 지향을 의미한다. 이에 대해서는 이 장의 앞부분에서 설명되었다.

명하려는 시도였다. 그 속의 언어는 동시대인들의 일상의 나날 속의 언어였다.

도대체 시간은 왜 이리 거친 것인가,
그런데도 난 그것의 꼬리를 잡는 것을 좋아한다…

… 그만! 요구하지도, 불평하지도 마라, 쉿!
흐느끼지 마라!
그러라고 지식인들을
바싹 말라 갈라진 장화가 짓밟은 것인가?
내가 이제서 그들을 배반하라고?

Уж до чего шероховато время,
А все-таки люблю за хвост его ловить…

… Чур! Не просить, не жаловаться, цыц!
Не хныкать!
Для того ли разночинцы
Рассохлые топтали сапоги,
чтоб я теперь их предал?

만델슈땀은 이 시에서 '아름다운' 혁명적 전통의 '맹세'(присяга чудная)[58] 와 시간의 흐름에 대해서 쓰고 있다. 이제 시대의 차가운 공간 속에는 가정의 따뜻함 대신 모스끄바의 거리와 강변에서의 방황이 자리한다.

이 연작시 속에서 모스끄바는 아름답고 사랑스러운 도시다. 모스끄바는 라파엘과 모차르트를 매혹시키며, 벚꽃으로 가득하다. 또 그것은 "온통… 작은 조각배 위에서 유영한다."(вся … на яликах плывет.) 모스끄바의 박물관과 건축물들, 참새들, 통신원들, 그리고 거리의 사진들은 모두 아름답다.

---

58) 이것은 앞서 인용된 만델슈땀의 시 〈1924년 1월 1일〉로부터 가져온 것이다. 시대의 문제에 대한 만델슈땀의 성찰은 1920년대 시에서 이미 제시되고 있으며, 1930년대 시에서 보다 심화된다.

나는 사랑한다, 삐걱거리는 전차의 움직임을,
아스티[59]의 바구니를 연상시키는
짚으로 짠 멍석으로 덮여 있는
아스팔트 위의 아스트라한산 철갑상어알을,
그리고 짓기 시작한 레닌의 집들의
철근콘크리트의 타조 깃털을.

Люблю разъезды скворчущих трамваев,
И астраханскую икру асфальта,
Накрытого соломенной рогожей,
Напоминающей корзинку асти,
И страусовые перья арматуры
В начале стройки ленинских домов.

하나의 인상과 그 인상에 대한 반응은 끊임없이 이어지며 교체된다. 도시 여기저기를 방황하는 사람은 때로 그의 동시대인들이 자신을 알아봐주기를 요구하며, 때로는 자신이 그들로부터 외떨어져 있음에 고통스러워한다. "당신들 역시 알 때가 되었다. 나 역시 당신들의 동시대인이라는 것을…" 이것이 하나의 극을 이룬다면, 다른 한 극에는 세계와의 환영과도 같은 관계와 진정한 관계 맺음에 대한 열망 사이에서 고통스럽게 꿈틀거리며 요동치는 움직임이 존재한다.

흥분을 가라앉히고 보시오. 그러면 온통
혼란과 실직의 상황만이 보일 것이오.
자, 거기서 담뱃불을 붙이시오!

Перекипишь, а там, гляди, останется
Одна сумятица да безработица:
Пожалуйста, прикуривай у них!

또한 한 극이 다음과 같다면

59) 이탈리아 북부에 위치한 도시 — 역자.

어떻게 세상과 연결되어 있는지 생각해 보면
스스로를 믿지 못할 것이오. 다 무의미한 것들이지 … !

Когда подумаешь, чем связан с миром,
То сам себе не веришь: ерунда … !

다른 한 극에서는 다음과 같은 것을 발견하게 된다.

내가 얼마나 나의 역할을 다하기를 원하는가,
열렬한 이야기를 나누고, 진리를 성토하고자 하는가,
나의 우울을 저 안개에게로, 잡귀들에게로, 악마에게로 보내고 싶어 하는가.
누군가의 손을 잡고 그에게 말하고 싶어 하는가.
"제발 당신과 이 길을 함께 가게 해 주오."

И до чего хочу я разыграться,
Разговориться, выговорить правду,
Послать хандру к туману, к бесу, к ляду,
Взять за руку кого - нибудь: "Будь ласков, —
Сказать ему, — нам по пути с тобой … "

이러한 열병과도 같은 밀고 당김의 교체는 마침내 다음과 같은 하나의 문장으로 수렴된다. "나는 살지 않는다, 그리고 여전히 나는 살아있다." (И не живу, и все - таки живу.)

이 연작은 마침내 다음과 같은 제 4계급에게 바치는 새로운 서약으로 끝을 맺는다.

이 얼마나 아름다운 여름인가! 젊은 노동자들의
따따르인과 같이 빛나는 등판 …
… 안녕하시오, 안녕하시오.
강인한 세례 받지 않은 척추,
그것과 우리는 한 세기, 아니 두 세기, 아니 그 이상을 함께할 것이다 …

Какое лето! Молодых рабочих
Татарские сверкающие спины …
… Здравствуй, здравствуй,

Могучий некрещеньй позвоночник,
С которым проживем не век, не два ···

이것은 독자에게 뿌슈낀의 〈안녕, 내가 알지 못하는 젊은 종족이여! ··· 〉(Здравствуй, племя младое, незнакомое! ···)를 연상시키는 것인 동시에 1922~1924년 만델슈땀의 시에 이미 등장하는 시대와 척추에 대한 옛 모티프의 새로운 국면을 보여주는 것이기도 하다.

《돌》에서 서정성이 구상적이고 서사적인 형식을 입고 있었다면, 《비가》에서 개인적 주제는 그리스 양식을 따르는 시적 형상들의 체계 뒤에 가려져 있었다. 후기 만델슈땀에게서는 그의 시인으로서의 말과 인간으로서의 경험 사이에 더 이상 이러한 문체적 장벽이 존재하지 않는다. 그러나 여전히 만델슈땀은 서정적 주인공의 형상을 시인(поэт)의 형상이 되게 하지 않는다. 1930년대에 있어 서정적 개인의 문제, 즉, 현대의 서정시 속에서 작가적 의식을 표현하는 문제는 서정시의 앞으로의 발전 과정에 있어 실질적이며 중요한 것이었다. 그것은 많은 것을 위협했다. 이에 대한 원숙기 만델슈땀의 입장은 그 누구보다 반낭만주의적이었다. 시 창작을 가장 위대한 삶의 가치이자 힘으로 여기는 자신의 예술관에도 불구하고 그는 '삶을 시인의 삶으로 이해하는 것'과는 거리가 멀었다. 만델슈땀이 말하는 인간이란 모든 이들에게 공통된 규범을 따라 사는 인간을 의미한다. 이미 자신의 시 〈1924년 1월 1일〉에서 그는 다음과 같이 말한다. "나는 평범한 승객이다 ··· "(Я, рядовой седок ···) 이러한 주제는 1931년의 모스끄바 연작 속에서도 전개되고 있다.

나는 모스끄바 봉제공장[60] 시대의 사람이다,
보라, 내 몸 위에서 재킷이 얼마나 뽐내고 있는지 ···
··· 나를 시대로부터 잡아 뜯어내 보라, —
내가 맹세하건대, 당신 턱이 날아갈 것이다!

---

60) '모스끄바 봉제공장'(москвошвей)이라는 단어는 만델슈땀을 비롯하여 마야꼽스끼 등에게서 발견되는 것으로서, 당대의 산업과 유행, 사회적 분위기를 함축하고 있는 시대를 대표하는 기호다.

Я человек эпохи Москвошвея,
Смотрите, как на мне топорщится пиджак…
…Попробуйте меня от века оторвать, —
Ручаюсь вам, себе свернете шею!

시인은 여기서 모스끄바 봉제공장에서 만들어진 재킷을 입은 사람으로서 모든 이들 중 한 사람이며 동시에 그 모든 이들을 대표하여 말할 수 있는 사람이다.

오래전 낭만주의자들에 의해 제기된 '시인과 군중'의 문제에 대한 만델슈땀의 해결책은 나름대로 민주적인 것이었다.

물속의 슈베르트, 새의 지저귐 속의 모차르트,
굽이치는 오솔길 위에서 휘파람을 불고 있는 괴테,
살금살금 걸으며 사색에 잠겼던 햄릿,
이들은 모두 군중의 맥박에 귀 기울였고 그들을 믿었다.

И Шуберт на воде, и Моцарт в птичьем гаме,
И Гете, свищущий на вьющейся тропе,
И Гамлет, мысливший пугливыми шагами,
Считали пульс толпы и верили толпе.

만델슈땀에게(안넨스끼에게와 마찬가지로) 낭만주의로부터 계승한 선택된 인간으로서의 시인이라는 개념이 낯선 것이었다면, 예술의 미적인 오만함이나 그것의 사회적 본성에 대한 몰이해는 더더욱 그와 거리가 먼 것이었다. 만델슈땀은 평생 동안 사회적 실현에 대한 열망에 사로잡혀 있었다. 시에 정통한 이들을 위한 시인의 역할은 그에게 그다지 매력적인 것이 되지 못했다. 아흐마또바가 회상하고 있듯이 "그를 자주 슬프게 만드는 것은 다름 아닌 독자들이었다. 그는 자신의 시를 좋아해야 할 사람들이 아닌 다른 이들이 자신의 시를 좋아한다고 생각했던 것 같다."

자신의 초기 논문인 "말상대에 관하여"(О собеседнике, 1913)에서 만델슈땀은 "인간에게 있어서 그와 아무 상관도 없는 사람보다 무서운 것은 아무것도 없다"고 쓰고 있다. 더 나아가 그는 시의 청자에 관하여 다음과 같이 말한다. "시인이 스스로의 존재에 대해 의심하지 않는다면 자신의 시의 청자들이 존재하고 있다는 것 역시 의심할 수 없다. 단지 현실만이 다른 현실이 존재하게 만들 수 있다."(17, 25쪽)

이것은 이미 명성을 얻은 〈아뽈론〉의 편집자, 젊은 만델슈땀의 말이었다. 그의 가장 마지막 시들 중의 하나에서〔〈이 1월에 나는 어디로 몸을 숨길 수 있겠는가? …〉(Куда мне дется в этом январе? …)〕 시인은 또 다시 이러한 고독 앞에서의 두려움과 독자에 대한 희구를 드러낸다.

> "독자여! 조언자여! 의사여!
> 가시 박힌 계단 위라도 대화가 있다면!"
>
> "Читателя! Советчика! Врача!
> На лестнице колючей разговора б!"

후기 만델슈땀에게 독자란 공통된 인간적 경험을 지닌 자이며, 그러한 경험을 인식하고 형상화하는 것이 시인이다.

1930년대 초반 만델슈땀의 시적 관심은 당시 러시아 시 앞에 놓여 있던 문제들과 직접적인 관련을 맺는다. 후기 만델슈땀은 모든 양식화된 조건적 문체를 초월하여 존재하는 현실과 시적 형상 간의 직접적인 관계를 새로이 정립하고자 했으며, 이를 위한 나름의 해결책을 제시했다. 그가 제시한 이러한 새로운 관계를 당시에는 여러 가지 이름으로 불렀다. 그것은 때로 단순성이기도, 구체성이기도 했으며, 시적 사상의 노골성이기도 했다. 빠스떼르나끄도 자볼로쯔끼도 당시 이를 찾으려 했다. 그러나 이 시기 시인들이 아무리 그러한 과제를 해결하려 했더라도, 흘레브니꼬프의 전통이나 19세기 러시아 시의 유산에 의지하였던 이들 시인들은 자신들의 시에서 점점 더 커져만 가던 개인적 문맥과 긴장된 연상의 시학으로부터 벗어날 수 없었다. 시적 결합의 힘이 작용하는 것은 다른 질료들을 통해서였다.

민담과 제의의 상징체계에 근원을 두고 있는 비체계적인 전통성으로부터 르네상스 시대에 형성되어 17세기 고전주의 속에서 정점에 달한 주도면밀한 미적 규범들에 이르기까지, 근대 서정시의 움직임에 관한 논의는 이 책의 서두에서 이미 이루어졌다.

고전주의는 이데올로기적 가치들의 명확한 위계질서에 기초하며 그에 상응하는 문체들의 위계질서를 계발했다. 규범 덕분에 서정적인 말이 지닌 명백한 시적인 자질과 시적 의미의 보편성, 그리고 시어가 자신에게 축적된 인식적이고 정서적인 내용을 독자에게 즉각적이고 틀림없이 전달하는 능력이 최고조로 활성화될 수 있었다.

전통적인 어휘 사용이 절정에 달했던 시기에 그것은 극도의 미적 효력을 소유했다. 그러나 미적 효력은 항상 미리 준비된 관습적이고 이상적인 형식들에 의해 흡수되는 구체적 경험을 대가로 하여 이루어졌다. 규범미학은 특정한 (이성적이고 규범적인) 세계관과 제휴 관계에 있다. 그리고 규범미학은 특정 세계관과 더불어 새로운 힘들의 압박에 굴복해야 했다. 개인적인 것에 대한 낭만주의의 요구, 특히 새롭고 의식된 사회적 토대 위에서 리얼리즘이 제기한 구체성에 대한 요구는 불가피하게 탈(脫) 규범화를 이끌었다. 이것은 마치 퇴행적인 움직임인 듯 보이지만, 바야흐로 역사상 퇴행적인 움직임이란 있을 수 없다.

서정시에서 탈(脫) 규범화(확고한 문체들로부터 개인적 문맥과 문체적으로 유표화되지 않은 말로의 이동)는 더디고 힘든 과정이다. 시어는 시인을 포로로 삼는다. 이미 확립된 시적 자질로부터 벗어나기는 힘들다. 그러나 새로운 이상들이 아직까지 현존하는 시적 전통 속에 편입되지 않는 전환기마다 시인은 자신의 언어의 시적 자질을 새롭게 확립하고 정당화해야 할, 베셀롭스끼가 말한 것처럼, 연상의 새로운 '신경마디'를 창조해야 할 불가피성에 직면하게 된다.

새로운 러시아 문화의 발전은 (다른 위대한 서구 문화들과 비교할 때) 뒤늦었고, 믿기지 않을 정도로 집약적이었다. 시간상의 도약들이 이루어졌고 상이한 시기의 역사적 층들이 하나로 수렴되었다. 러시아에서 시행(詩行)의 규범은 19세기가 도래할 무렵에야 최종적으로 정립되었다. 그리하여 '조화로운 정확성'의 시파는 고전주의의 역사적 기능을 수행하며, 동시에 이미 다른, 인간의 정신적 삶에 대한 훨씬 더 복잡한 이해를 가져왔다.

이 시파의 두드러진 점은 높은 완성도였다. 이 시파가 창조한 체계는 앞으로도 오랜 기간 러시아 서정시에 있어서 훌륭함의 표준들을, 모방을 위한 본보기들과 동시에 투쟁과 극복의 대상들을, 강렬한 미적 효력을 지닌 규범으로부터의 이탈 가능성을 허락할 것이다. 결국 이러한 과정을 통해 마침내 규범과 규범으로부터의 일탈이 더 이상 감지되지 않게 된다. 그럼에도 불구하고 세기 초의 전통은 이어지는 시적 경험들에 의해 완전히 지워진 것이 아니었다. 실로 바로 그때 러시아 시에서 모든 시대, 모든 체계, 모든 결합과 혼합을 관류하는 '영원한' 주제들을 위한 말들과 형상들이 발견되었다. (풍자와 그로테스크를 제외한) 모든 시적 체계는, 심지어 가장 '산문적인' 체계까지도, 다양한 시적 시도의 축전지를 필요로 했다. 그것들은 변함없이 존재하면서 때로 미적 자질에 있어서 전혀 상이한 말들과 가장 복잡한 관계를 형성하게 된다.

1820년대에 러시아 서정시에서는 규범적 형식들의 급속한 와해가 시작된다. 규범적 형식들에 의해 추상화된 정신적 경험은 이미 실제적인 경험으로 받아들여지지 않았다. 형식들은 아류적인 매끄러움에 이르러 사멸한다. 관습적이고 폐쇄적인 세계 속으로 개인적이고 구체적인 요소들이 침투한다. 1820~1830년대 러시아에서 낭만주의적 개인주의는 부단히 증대되어 가는 구체적 현실에 대한 관심과 교차된다.

러시아 시의 역사에서 1820년대와 (특히 1820년대 후반) 1830년대는 인간과 그의 삶의 가치들(사회적 그리고 심리적 가치들)에 대한 새로운 이해에 기반을 둔 서정시를 창조하고자 한 다양한 노력들이 이루어진 시기다. 이것은 극도로 힘든 일이었다. 일군의 시인들이 보여준 사상이 부재하는 상태에서의 사상에 대한 모방은 결국 타인의 개념들의 기계적 혼합과 단순화로, 그리고 이로부터 문체적 몰취미(베네딕또프쉬나)로 이어졌다. 또 다른 시인들의 경우 그들의 철학적 사고는 독창성이 미흡했으며, 게다가 시적 사고로 변모되기에는 무력했다. 그들은 이미 경직된 문학적 표현들의 포로로 남을 수밖에 없었다.

시대의 위대한 시적 성공이란 항상, 말들에, 때로는 동일한 말들에 새로운 의미를 부여하는 어떤 인식론적 원칙의 발견이다.

서정시에서의 개인화는 주관적인 원칙의 증대를 필수적으로 요구하는 것은 아니다. 예를 들어, 레르몬또프에게서 예술적 일반화는 자아의 형상을 통해 주어졌다. 그러나 이 과정은 관점, 사물들의 양상, 사물들에 대한 시적 인식의 개인화 등과 같이, 인격화된 작가 의식의 외부에서도 가능하다(바라띈스끼, 뜌체프). 뜌체프의 시에는 자신의 세계들의 문맥으로부터 그 문맥을 관류하는 형상 체계를 지닌 개별적인 시들까지를 포괄하는, 자신의 철학적 서정시의 문맥에 대한 새롭게 이해된 단일성이 존재한다.

레르몬또프의 서정적 자아와 뜌체프의 철학적-시적 세계들은 의미 구조 전체를 재구축하는 열쇠다. 바로 그래서 뜌체프도 레르몬또프도 전통적인 시어들을 거부하지 않는다. 그들은 자신들이 전통적인 시어들로부터 옛 정서들의 힘과 자신들에게 필요한 새로운 의미들을 추출할 것임을 알았다. 그와 나란히 1830년대의 뿌슈낀은 서정시 속에서 자신의 리얼리즘으로의 전환을 이루어 간다. 새로운 시적 자질은 인간에 대한 새로운 사회-역사적 정의들로부터, 현실 자체 속에서 드러나는 가치들의 새로운 영역으로부터 자라난다. 그리고 이 원칙은 그에 대한 민주주의적 해석 속에서 네끄라쏘프와 그의 시파의 시의 원칙이 되었다. 1830년대의 뿌슈낀, 후기 뜌체프, 네끄라쏘프, 페뜨 등의 서정시에서 시인은 이미 특수하고 구체적인 사물, 특수한 현상을 통해서, 혹은 특수한 현상으로부터 출발하여 삶을 인식할 수 있었다.[61]

19세기 말에 러시아 시에는 새로운 방법이 형성된다. 이 사조는 훨씬 더 선명한 형식 속에서 낭만주의가 지닌 시초의 모순을 반복했다. 이 사조는 시적 의미의 기원을 한편으로는 자아 속에서, 자아에 대한 극도로 개인주의자적인 해석 속에서, 다른 한편으로는 초감각적이고 초개인적인 것 속에서 인지했다.

조건적인 시적 의미들의, 즉, 추상적이고 (특히 뱌체슬라프 이바노프에게서 그러하듯) '시가 헌사(獻辭)된 자'들까지 고려한 시적 의미들의 새로운 체계가 형성되었다.[62] 위대한 리얼리즘 운동 이후에 바로 리얼리즘 운동과의 논쟁 속에서 태동했고, 특히 러시아에서는 리얼리즘과 나란히 형성된 이 체계는 이미 (19세기 초의 시적 체계와 같이) 폐쇄적이거나 문체적으로 침투 불가능한 어떤 것이 될 수 없었다. 유일하고 구체적인 요소들이, '저급하고' 일상적인 요소들이 그 속으로 침투했다. 그러나 이들은 체계 속으로 침투하며 추상적인 요소와 기묘한 관련을 맺었고, 상징적 의미화를 통해 물질적인 대상의 바로 그 물질성을 제거했다.

시대의 위대한 시인인 블로끄는 세계를 묘사하는 데 있어서 상징주의적 방법을 보존했지만, 사회적 운명 속의 동시대인에 대한 역사적 이해를 통해 시파로서의 상징주의를 극복했다.

---

61) 뿌슈낀의 후기 시 이후로 러시아 서정시는 서정시의 일반적인 특성으로서의 감정의 전달이나 토로와 같은 기능을 넘어선다. 서정시는 인간의 삶과 사물을 비추는 다분히 리얼리즘적인 특성을 포함하게 되며, 따라서 그들의 시 속에 등장하는 모든 일회적이고 특정한 사건과 사물들은 시인의 감정을 표현하는 형상으로서의 기능을 넘어서 인간의 삶의 한 국면을 조명하고 그것을 통해 삶의 본질을 드러내는 다분히 인식론적인 것이 되고 있음을 볼 수 있다.

62) 뱌체슬라프 이바노프를 비롯한 종교적 상징주의에서는 밀교적이고 신비주의적인 경향이 강하게 나타났다. 이들에게 시어는 사물 그 자체보다는 그 위에 숨겨진 내밀한 의미를 지칭하는 상징이 되며 따라서 이러한 상징에 내재하는 종교적이고 신비주의적인 특성은 때로 그들의 시가 자신들만의 내밀하고 특수한 조건성을 지니도록 했다.

1910년경에 이르러 어느 누구도 '상징주의의 위기'를 의심하지 않았다. 새로운 세대의 시인들은 선배 시인들로부터 문체적 절대주의와 말의 강도 높은 연상성을 물려받았지만, 상징주의 이데올로기를, 그리고 그와 더불어 형이상학적 비유들과 '가장 현실적인 현실성'의 모든 체계를 거부했다.[63] 그리하여 이 세대의 시인들은 또다시 자신들의 시적 가치들의 기원들에 관한, 말의 정당화에 관한 질문들에 대한 답을 찾아야 했다.

1910년대는 혁명 이전 러시아 서정시의 역사상 마지막 시대이며, 바로 이 시대는 마야꼽스끼라는 시인을 배출했다. 그가 담당한 역사적 기능을 볼 때, 마야꼽스끼는 이 시대가 아닌 다음 시대의 시인, 즉, 앞으로 도래할 혁명 이후의 시대에 속하는 시인이었다.

마야꼽스끼의 1910년대 서정시의 출발점이 되는 전제는 그것을 이루는 두 부분이 분리될 수 없는 통일성을 이루고 있다. 이것은 반항하는 자아의 형상 속에서 결합되는 바로 자아와 혁명이다. 10월 혁명 이후에 마야꼽스끼는 조직된 집단의 시인이 되었다. 그러나 이미 가장 초기 작품들에서 마야꼽스끼의 서정적 주인공은 봉기한 대중의 형상을, 어떤 공통의 혁명적 의식을 담지하고 있다. 그는 이 공통의 의식이 지닌 힘을 자신의 말에 불어 넣으며, 이 공통의 의식의 이름으로 말한다.

논문 "시를 어떻게 쓸 것인가?"(Как делать стихи?) 에서 마야꼽스끼는 다음과 같이 썼다. "… 혁명은 수백만의 거친 말투들을 거리로 내던졌다. 변두리의 은어가 중심 대로에 흘러넘치기 시작했다 … 이것은 새로운 언어 환경이다. 어떻게 그것을 시적인 것으로 만들 것인가? '몽

63) 이는 아끄메이즘과 미래주의를 비롯한 1910년대 러시아에서의 새로운 시적 움직임을 지칭한다. 이는 상징주의 시인들의 영향을 드러내며 동시에 그것으로부터의 극복을 꾀함으로써, 상징주의의 지나친 형이상학을 배격하고, 동시에 조야한 리얼리즘적 현실묘사나 시의 참여적 성격으로부터도 거리를 두었던 당대의 만델슈땀이나 아흐마또바를 중심으로 한 새로운 시적 움직임으로서의 아끄메이즘에 대한 언급이며, 또한 마찬가지로 상징주의의 신비주의적 천상적 성격을 거부하고 오히려 가장 지상적인 물의 형식을 변형하고 새롭게 함으로써 시의 직접적 질료로 삼았던 미래주의에 대한 지적이기도 하다.

상'(грезы)과, '장미'(розы)와 알렉산드리아 시행을 지닌 옛 규범들은 적합하지 않다. 어떻게 일상 구어를 시에 도입하고 어떻게 이 대화들로부터 시를 이끌어 낼 것인가?" 마야꼽스끼는 시의 언어는 시적이어야 함을 매우 잘 이해했다. 그는 여기에서 혁명과 사회 변혁의 언어가 지닌 미적 자질을 발견할 것을 의식적으로 제안한다.

이때 마야꼽스끼가 자신의 시와 산문에서 자주 그리곤 했던 '몽상, 장미'의 형상이나 사랑(любви)과 종달새(соловьи)가 이루는 시적 풍광을 그야말로 문자 그대로 이해할 필요는 없다. 이것은 논쟁의 기법이다. 마야꼽스끼는 네끄라쏘프나 〈유골〉을 썼을 때의 안드레이 벨르이, 그리고 프랑스의 보들레르나 랭보가 산문체의 측면에서 얼마나 과도한 시도들을 했는지를 이해하고 있었다. 마야꼽스끼의 독창성은 결코 '저급한' 말들의 사용에 있는 것이 아니다. 그의 독창성은 이 말들을 시적인 말들로 변모시키는 방법의 특수성에 있다.

젊은 마야꼽스끼가 자신의 시적 세계를 들어 올리는 지렛대 — 그것은 바로 더 광대해질수록 사회적인 것으로 화하는 인성으로서의 '인간'(Человек)이다.[64] 마찬가지로 19세기 러시아 시사에서 가장 강렬한 자아를 보여준 레르몬또프 역시 자기인식으로부터 세대를 대표하는 자로서의 자신에 대한 인식으로 옮겨가지 않을 수 없었다.

마야꼽스끼의 서정적 자아는 광대하고, 광대함은 그의 문체의 지배적인 특징이 된다. 뜨냐노프는 다음과 같이 썼다. "마야꼽스끼는 데르좌빈의 시대 이래 어딘가에서 분실된 광대한 형상을 부활시켰다. 데르좌빈에게서 그러했던 것처럼 그는 거대한 형상의 비밀이 '고상함'에 있는 것이 아니라, 오히려 하나로 결합되는 서로 다른 두 층위들(고상한 것

64) 여기서 긴즈부르크는 인간을 의미하는 단어 человек의 첫 글자를 의도적으로 대문자로 표기하고 있다. 이처럼 대문자로 표기된 '인간'이라는 단어를 통해 긴즈부르크는 인성이나 개성, 생물학적 인간 개념을 초월하는 역사적이고 사회적인 인성의 집적체로서의 마야꼽스끼적 인간의 형상을, 그러한 인간의 형상에 내재한 이상과 강한 파토스를 암시한다.

과 저급한 것)이 이루는 극단성에 있다는 것을 이해하고 있었다. 또한 18세기 식으로 표현하자면 '고상한 정도가 상이한 두 단어의 근접성'이나, '비교적 거리가 먼 두 가지 생각의 공존' 속에 바로 그러한 위대한 형상이 존재한다는 것을 알았다."[65]

과장, 대조, 확장된 은유 등은 거대한 서정적 자아의 자연스런 표현이다. 광대함은 실현되는 은유들이 원래 지니고 있는 희극적 경향성을 억압했다. 심장의 화재에 소방수들이 달려오고, 불을 끄려고 큰 장화를 신고 심장을 향해 기어오른다. 이 형상이 지닌 고매한 비극성을 유지하기 위해서는 비상한 시적 힘이 필요했다.

마야꼽스끼의 서정적 자아는 개인적인 것과 공통적인 것의 긴장된 변증법 속에서 존재한다. 그는 자신이 구현되어 있는 시행 체계에서까지 철저하게 개인적이다. 마야꼽스끼를 알았고, 들었고, 보았던 동시대인들은 이 체계를 그의 형상, 목소리, 낭독 태도와 결합하여 받아 들였다. 그리고 이후로 이러한 시행 체계는 마야꼽스끼로부터 분리되지 않았다. 쏘비에뜨 시에 대해 마야꼽스끼가 지닌 모든 의의에도 불구하고 그의 특별한 리듬들, 그의 그래픽적 분할[66]은 폭넓게 확산되지 못했다. 우리는 그것들을 접하며 다음과 같이 반응한다. 오네긴 연으로 쓰인 작품이 있듯이, 이것은 바로 마야꼽스끼 시행에 의해 쓰인 시다.

마야꼽스끼는 그가 쓴 시의 그 어떤 조각들 속에서도 분명히 인지된

---

65) (원주) 띄냐노프, 《의고주의자들과 혁신자들》(Юрий Тынянов, Архаисты и новаторы), 553쪽.

66) 마야꼽스끼에게 특징적이었던 짧은 시행이나 '계단형태의 시행'(лестница) 등을 지칭한다. 이러한 짧고 계단형식으로 된 시행은 단어와 문장을 스타카토처럼 끊어주는 리듬을 잘 형상화할 수 있었고 때로는 마야꼽스끼의 선동적인 목소리나 행진의 리듬을 표현하는 데에도 효과적이었다. 그러나 이는 미래주의를 중심으로 한 몇몇 시인들의 시에서 발견되며 이후 쏘비에뜨 시 속에서는 활성화되지 않는다. 이후 그것은 해빙 이후의 시인들의 시 속에서 이전의 마야꼽스끼적 전통을 의도적으로 따르거나, 패러디하기 위한 방법으로 사용되기도 한다.

다. 리듬, 압운, 은유 등 모든 것이 개인적이다. 하지만 동시에 마야꼽스끼의 시행들 속에서는 한 사람이 다수를 위해 말한다. 따라서 그에게는 보편적 의의를 지닌 언어가 필요했다. 초기 마야꼽스끼는 '거리의 언어'가 바로 그런 것이라 생각했다. 이러한 언어는 풍자와 폭로의 목적으로 이용되기도 하고, 때로 극도의 파토스를 달성하기도 했다. 그리고 이때 파토스를 정당화하는 것은 바로 그 사회적 본성(대중의 언어)이다. 그러나 마야꼽스끼에게는 다른 보편적 의미성도, 때때로 '성서(聖書) 풍의 표현들'에 이르기까지 18세기의 전통에 의해 확립된 가장 고상한 말들도 필요했다. 마야꼽스끼에게서 이러한 언어들은 때로는 (18세기의 말처럼) 그로테스크하고 해학적으로, 때로는 시적으로 울린다.

복잡하고 변모된 형태를 띤 고상한 것과 저급한 것의 공존은 상징주의자들에게뿐 아니라 초기 마야꼽스끼의 특성이기도 했다. 마야꼽스끼는 이 범주들을 뒤섞고, 그들을 익숙한 장소로부터 옮긴다. 그러나 그들로부터 벗어나기를 원하지는 않는다. 그러한 요소들은 마야꼽스끼에게 자신이 표현하고자 한 거대한 사회적 대조를 위해 필요한 것이었다. 이 모든 점에 대해서는 마야꼽스끼에게 있어서의 산문체의 문제와 관련하여 '현실의 시'의 장에서 이미 논의되었다.

도덕적인, 그리고 사회적인 가치평가를 드러내는 어휘표현 — 이것은 러시아 고전 문학의 유산이다.

모스끄바 미래주의자들은 이론에 있어 상징주의의 유산뿐 아니라 모든 형태의 전통 일반을 거부했다. 이 점에 있어 미래주의자들의 운명은 역설적이다. 러시아 미래주의의 계열로부터 멀리 벗어난 두 위대한 시인에게 있어 전통의 문제는 가장 중요한 것 중의 하나로 밝혀졌다.

흘레브니꼬프는 19세기와 20세기 시의 관습들의 테두리 밖에서 창작하고자 했다. 그는 이전 시풍(詩風)의 모든 시적인 자질을 폐기하기를 원했다. 그러나 전통은 집요하게 다른 경로들을 통해, 즉 그의 어원학, 민족적 · 역사적 주제들, 민담, 고대의 신화창조에 대한 관심, 그리고 상징주의 언어 이론들에 가까운 '마법적' 언어 개념들 등을 통해 그에게

로 침투했다.[67]

마야꼽스끼는 모든 미래주의적인 혈기와 뿌슈낀을 '현대의 기선으로부터' 버리자는 요구에도 불구하고, 그에게 필요한 것은 옛것의 거부가 아니라 그것의 정련임을 일찍이 이해했다.

이것은 마야꼽스끼를 잉태한 토대가 되었던 가치들 덕분에 가능한 것으로 밝혀졌다. 작가적 나의 중심적인 지위와 과장된 규모에도 불구하고 젊은 마야꼽스끼는 본질적으로 데카당스의 밖에 머문다. 특히 선악의 영역에 있어서 데카당스적인 상대주의와 가치전도의 외부에 머문다. 러시아의 사회적 의식에 있어 매우 결정적이며 전통적인 혁명과 휴머니즘(억압당하고 비참한 사람들에 대한 동정)의 가치들이 마야꼽스끼의 시 세계를 처음부터 지배했다. 마야꼽스끼는 역사적 가치평가들에 내재한 혁명적 잣대를 무조건적으로 적용했다.

이건 갈리페 장군이 또다시 반란군들을
총살하기 위해 오는 거야…

Это опять расстрелять мятежников
Грядет генерал Галифе …[68]

그리고 시인의 영원한 주제인 창작과 위대한 사랑 역시 그 어떤 윤리적

---

67) (원주) 고프만의 논문 "흘레브니꼬프의 언어 혁신"(Языковое новаторство Хлебникова)을 보라. 고프만, 《문학의 언어》(Виктор Гофман, Язык литературы, Л., 1936); 마야꼽스끼와 흘레브니꼬프 등 미래주의자들이 러시아 시 전통의 언어들을 모두 기선 밖으로 집어던지기를 주장했음에도 불구하고 그들의 시는 러시아 시 전통과의 긴밀한 연관성을 드러낸다. 특히 흘레브니꼬프의 언어는 다분히 상징주의적이다. 연구자들은 흘레브니꼬프의 언어적 특성을 분석하면서 그가 다른 어떤 상징주의 시인들보다 더 상징주의적이었음을 지적한다. 또한 흘레브니꼬프의 고대성이나 원시주의에 대한 지향은 러시아 전통의 민담이나 신화적 요소들을 그의 작품 속에서 쉽게 찾아볼 수 있게 했다.

68) 마야꼽스끼, 〈바지를 입은 구름〉의 3장. 갈리페 장군은 1871년 파리 코뮌을 학살한 대표자다.

전도 없이 나란히 자리한다.

그리고 이것이 바로 마야꼽스끼를 모든 것을 종합하는 대시인으로 만들었다.

그의 체계는 고상한 것과 저급한 것 사이의 대조뿐 아니라, 보다 덜 분명하지만 내적으로는 더욱 강렬한, 보편화된 것과 구체적인 것 사이의 대조에도 기초한다. 마야꼽스끼는 확장된 은유의 시인이다.[69] 그러나 그의 비유들을 위한 질료로 기능하는 것은 흔히 일상적인 것이다. 일상적인 사물은 때때로 상징주의자들의 시 속으로도 들어갔다. 이때 그것은 자신들의 구체적인 연관들을 상실하며 다른 종류의 연관관계, 곧 상징적인 연관 관계 속으로 들어선다. 아흐마또바의 서정시에서는 이와 다르다. 아흐마또바의 서정시에서는 심리적 과정들이 사물들 속으로 투사되고, 이때 사물들은 자신들의 실제적인 연관들과 관계들을 보존한다. 마야꼽스끼는 이와 같은 의미에서 중층적이다. 그의 시에서 사물들은 일련의 비상한 은유들로 전이된다. 그러나 그러한 전이는 사물들 고유의 물질적 속성의 테두리 내에서 일어난다.[70]

---

69) 앞서 마야꼽스끼의 은유에 대한 긴즈부르크의 논의에서도 드러나듯이 그의 은유에 경계란 없다. 그의 시의 은유들은 서로 다른 두 층위의 사물들을 동일시하는 강한 시적 주체의 의지에 의해 결합되고 동일시되며, 더 나아가 은유가 또 다른 은유를 파생하고, 은유가 실재로까지 전도되는 과격함을 드러낸다.

70) 쥐르문스끼 역시 지적하고 있듯이 아흐마또바에게서 일상적인 사물들은 시적 화자의 심리를 묘사하는 기능을 한다. 예를 들어 아흐마또바의 시에서 한 손에서 다른 손으로 옮겨 끼워지고 있는 장갑의 형상은 그 자체로서 시적화자의 미묘한 심리적 변화를 암시한다. 그러나 그녀의 시에서 사물들은 그대로 보존되며 그것의 물성을 잃지 않는다. 반대로 상징주의자들에게서의 물(物)은 더 이상 물이 아닌 물의 이념, 혹은 물의 이데아가 된다. 그것은 극도로 추상화되며 물질성을 잃고 물질적 연관성으로부터도 해방된다. 그러나 긴즈부르크가 지적하고 있듯이 마야꼽스끼의 시 속의 사물은 이들 두 경향의 중간적인 위치를 차지한다. 그것은 완전한 추상화된 물도 구체적 연관을 있는 그대로 보존하고 있는 현실의 물도 아니다. 그의 작품 속에서 사물들은 자신의 물성을 잃지 않으면서 동시에 시적 화자의 은유의 논리에 따라 무한히 확장되어 가는 자유로움을 누리게 된다.

아, 과연 목소리가,
더 크게
이 도시보다 더 크게
울려 퍼지는
그런 목소리가 있을까?
누가 이 찢겨져 나가는 거리를 붙잡아 맬 것인가!
누가 얽히고설킨 지하터널의 갱도를 풀어낼 수 있겠는가!
누가 그것을
저 창공의,
비행기가 뿜어대는 검은 그을음의 구멍 뚫린
연기 속에 멈추어 서게 할 수 있겠는가?!

〈인간〉

О, есть ли
глотка,
чтоб громче вгудела
- города громче -
в его гудение.
Кто схватит улиц рвущийся вымах!
Кто может распутать тоннелей подкопы!
Кто их остановит,
по воздуху
в дымах
аэропланами буравящих копоть?!

"Человек"

시인은 자신에게 필요한 모든 것을 현실로부터 취하여 거기에 극도로 고양된 강렬함을 부여할 수 있다. 변형된 의미들의 미증유의 질서 속으로 유입된 대상성 — 마야꼽스끼의 종합성 중 하나는 바로 이것이다. 또한 서정적 자아의 종합성이 그것에 상응한다.

마야꼽스끼의 주인공은 (보편적인 거대한 — 역자) '인간'(Человек)의 규모로까지 일반화되어 있다. 동시에 그는 또한 동시대인으로서의 구체성 역시 구현한다. 마야꼽스끼에게서의 시인이란 레르몬또프적, 블로끄적인 의미에서의 서정적 주인공이다. (물론 당연히 그는 레르몬또프와 블로끄의 주인공들을 전혀 닮지 않다.) 뿌슈낀 시의 특성인 전기적 구체성 역시 그의 고유한 특질이 된다.

여보세요!
누구요?
엄마?
엄마지!
당신의 아들이 너무 아파요!
엄마!
엄마 아들의 가슴에 불이 났어요.
률랴랑 올랴 누이들에게도 전해주세요.
이제 어쩔 도리가 없어요.

〈바지를 입은 구름〉

Allo!
Кто говорит?
Мама?
Мама!
Ваш сын прекрасно болен!
Мама!
У него пожар сердца.
Скажите сестрам, Люле и Оле, -
ему уже некуда деться.

“Облако в штанах”

아마 뿌슈낀의 시대 이래로 러시아 서정시에서는 그토록 직접적인 형태를 띠는, 사랑하는 여인의 이름, 가족들과 친구들〔“비명을 지를 정도로 찢긴 눈을 뚫고 미친 부를류끄가 기어갔다”(сквозь свой до крика разодранный глаз лез, обезумев, Бурлюк)〕의 이름, 은유가 아닌 실제 주소를 지닌 자전적(自傳的) 성격이 존재하지 않았다.

나는 볼샤야 쁘레스냐 거리
36동 24호에 산다.

〈나와 나폴레옹〉

Я живу на Большой Пресне,
36, 24.

“Я и Наполеон”

마야꼽스끼는 로모노쏘프,[71] 데르좌빈, 네끄라쏘프 등과 비교되곤 했다. 종합이란 러시아 문학사의 과정에서 마야꼽스끼가 위치해 있는 바로 그 지점이다. 마야꼽스끼는 1910년대 러시아의 새로운 시의 의욕적인 활동가이자, 쏘비에뜨 시의 창시자다. 그리고 그는 18세기로부터 20세기에 이르기까지 러시아 서정시가 대면했던 과제들을 새롭게 해결한다.

이 책을 통해 시적 과제들의 지속성과 시적 전통들의 견고함에 관한 많은 이야기를 했다. 이 책을 마무리하면서 전통을 침식하는 힘들을 다시 한 번 상기시키고 싶다. 서정시 속의 탈(脫) 규범화는 서정시에 새로운 인간 경험의 영역들이 수용됨을 의미한다. 새로운 삶의 체험은 물려받은 시적 관습들과 다듬어진 형식들의 관성을 힘겹게 뚫고 새로운 상징을 향해 나아간다. 서정시에서 시인들이 수세기에 걸쳐 쓰는 것은 아직 결코 말해진 바 없는 것과 교차한다.

71) 여기서 마야꼽스끼가 로모노쏘프와 비교될 수 있는 것은 바로 그의 창조자로서의 입지, 기존의 전통들을 종합하고 새로운 규범을 정립했다는 데에 있다. 로모노쏘프는 18세기에 당시 혼란스러웠던 러시아 시 이론을 정립하였으며 그것은 이후 뿌슈낀의 시대에 이르기까지 러시아 시의 규범으로서 끊임없이 변화와 개작을 거듭하며 지속되었다.

리디야 긴즈부르크와 《서정시에 관하여》

자신의 역사적 콘텍스트로부터 떨어져 나와, 그와는 다른, 타인의 극장에서 완전히 낯선 사람들을 위해 훌륭한, 그러나 의미 없는 모노드라마를 연기하는 사람들에 관한 책…

книга о людях, вышавших из своего исторического контекста и сыгравших блистательные и бессмысленные моноспектакли в других, чужих театрах, для совершенно иной публики…

Д. К. Хотов [1]

리디야 긴즈부르크(Л. Я. Гинзбург: 1902~1990)는 20세기 러시아가 낳은 저명한 문학연구가 중의 한 명이며, 또한 산문작가이자 에세이스트다. 저자는 많은 연구 논문뿐 아니라, 이 책 《서정시에 관하여》(О лирике, Л., 1964: 초판출판연도, 이하 연도는 초판출판연도임)를 필두로, 《심리 산문에 관하여》(О психологической прозе, Л., 1971), 《문학의 주

1) 꼬브린, "20년대의 인간. 리디야 긴즈부르크의 경우"[К. Кобрин, ""Человек 20-х годов", Случай Лидии Гинзбург (к постановке проблемы)", *НЛО* 2006, 78권으로부터 재인용].

인공에 관하여》(О литературном герое, Л., 1979), 《옛것과 새것에 관하여》(О старом и новом: Статьи и очерки, Л., 1982), 《문학, 현실성을 추구하다》(Литература в поисках реальности: Статьи, эссе, заметки, Л., 1987), 《책상 앞에 앉은 인간》(Человек за письменным столом: Эссе. Из воспоминаний. Четыре повествования, Л., 1989) 등의 저서를 잇달아 상자했다.

《서정시에 관하여》, 《심리 산문에 관하여》, 《문학의 주인공에 관하여》 등의 학술적 저작들은 20세기 러시아 문예학의 고전적인 필독서가 되었고, 저자에게 학자로서의 명성을 안겨 주었다. 이와 더불어 1989년에 출간된 '비(非) 학술적인' 산문집 《책상 앞에 앉은 인간》은 저자를 20세기의 가장 뛰어난 산문작가 중의 한 명으로 자리매김했다.

저자가 자신의 긴 생애를 통해 20세기 전체를 살아냈다는 점과, 또한 그의 주요 저작들이 노년에 이르러서야 빛을 보게 되었다는 사실은 남다른 문화사적 의미를 지닌다. 저자의 삶의 운명은 '은세기' 의 문화적 토양에서 성장한 20세기 러시아 인문학 전통이 겪어야 했던 역사적 부침과 간단치 않았던 지식인의 삶을 대변하는 뚜렷한 상징들 중의 하나다.

긴즈부르크는 자신에게 주어진 긴 삶의 여정 위에서 러시아 은세기의 희망, 러시아 혁명에 대한 기대와 좌절, 봉쇄된 레닌그라트의 바리케이드 앞에서의 삶, 스딸린의 대테러 기간 동안의 억압과 검열을 몸소 살아내야 했다. 노년의 긴즈부르크는 과거 마야꼽스끼, 만델슈땀, 구밀료프, 올레이니꼬프(Н. Олейников) 등의 지인이자 아흐마또바의 친구로서, 즉, 세기 초 러시아 문화 전통의 대변자로서의 실제적 · 상징적 위상을 지니는 살아있는 기념비였다. 그는 '20년대인들의 살아있는 동시대인'이었다. 그러기에 1990년 긴즈부르크의 죽음은 은세기 러시아 문화로부터 면면이 이어져온 20세기 러시아 인문 전통의 종언을 상징하는 사건이 될 수 있었다.

한편 1920년대인들의 동시대인 긴즈부르크가 자신의 첫 저작 《서정시에 관하여》를 발표한 것은 1960년대였다. 이 시기는 1920년대의 부활이라는 환상, 그에 대한 예감과 기대가 그에 대한 환멸과 공존하던 시기, 낭만주의적 이상이 곧 도래한 서정 시대의 종말에 대한 예감과 공존하던 시기였다. 이때에 긴즈부르크가 19세기로부터 20세기 초반, 즉 1920년대까지의 러시아 시의 문제를 다루는 저서를 출간한 것은 의미심장하다.

말년에 아흐마또바는 자신의 기존의 시들과는 다소 상이하게 보이는 〈주인공 없는 서사시〉(Поэма без героя)를 썼다. 이 서사시 속에서 부재하는 주인공의 형상을 대체하는 것은 시였고, 1920년대 뻬떼르부르크의 문학가들의 삶이자 그들에 대한 아흐마또바의 기억들이었다. 따라서 이것은 자신의 '흐려져 가는' 기억들을 시의 공간 속에 되살려 놓으려는 존재론적인 시도가 될 수 있었다. 1920년대 아끄메이즘이 세계 문화라는 아직 완결되지 않는 메가 문화, 고대 그리스로부터 현재에 이르는 서유럽 문화의 흐름 속에 스스로를 포함시키려는 문화적 열망을 지니고 있었다면, 이제 아흐마또바가 목도하는 것은 바로 그러한 문화적 이상향, 황금시대의 종말이었다.

1950~1960년대의 아흐마또바는 이러한 사라져 가는 1920년대에 대한 문학적 기념비를 세운다. 만델슈땀이 1930년대 이후의 시 속에서 뻬떼르부르크의 형상을 그리며 그것의 문화적 잠재력을 계속해서 상기시키는 것 역시 그러한 시도와 다르지 않았다. 즉, 만델슈땀이나 아흐마또바와 같은 아끄메이스뜨들의 후기 작품은 모더니즘의 문화적 위기에 대한 자각과 이전의 문화적 황금기에 대한 향수를 그리는, 더 이상 그 어떤 이상도 부재하는 현실 속에서 유일한 가능성이 될 수 있는 모

더니즘에 대한 기억을 그리는 '모더니즘의 마지막 말'[2] 이었으며, 또한 그것에 세워진 기념비였다.

기념비는 본질적으로 역설이다. 기념비는 그것이 재현하는 대상의 영원한 현존을 지향하지만, 사실상 다른 어떤 것보다 분명히 그것의 부재를 증명한다. 더 이상 존재하지 않는 것을 기억하게 하기 위한 기호로서 그것은 죽음의 상황에도 불구하고 영원을, 서정적 이상의 부재에도 불구하고 시의 영원성을 지향하는 시 쓰기에 대한 은유가 된다. 생명이 아닌 물(物) 로서의 기념비만이 그에게 남겨진 유일한 기억을 위한 가능성임을 자각하는 시인에게서 '기념비'는 굳어져 있는 부재의 상징임에도 불구하고 여전히 끝 이후의 세계에서의 대안으로서 가치를 갖는다. 곧 '기념비'라는 상징에는 시인의 기억 속에 굳어져 있는 문학전통 단면들의 기호라는 의미가 포함된다. 따라서 자신의 작품 속에 이러한 문학적, 문화적 전통의 단면들을 되살리는 이들 시인들의 지향은 곧 죽음에서 삶으로 시간을 역전시키려는 기획이며, 부재하는 과거를 반복을 통해 현재 속에 재현해 내려는 존재론적 시도에 다름 아니다.

긴즈부르크 역시 만델슈땀과 아흐마또바의 동시대인이었으며, 따라서 당시 '60년대 사람들'(шестидесятники) 이라 일컬어지던 젊은 낭만주의 시인들에게 그는 살아 있는 은세기 문학의 화석과도 같았다. 아흐마또바나 만델슈땀과 마찬가지로 그 역시 20년대인이었다. 그러나 그는 1920년대 시인이 아닌, 1920년대 평론가였다. 이는 그가 과거의 문학적 전통에 대해 갖는 거리를 암시한다. 즉, 그는 스스로 20년대인이었지만 그럼에도 언제나 문학 텍스트의 외부에 존재하고 있었다. 그의 저작 《서정시에 관하여》는 화석과도 같은 과거의 전통의 문제를 계

2) 에이헨바움, "안나 아흐마또바", 《산문에 관하여. 시에 관하여》(Б. Эйхенбаум, "Анна Ахматова. Опыт анализа", О прозе. О поэзии: сб. ст., Л., 1986), 374~376쪽.

속해서 이야기하지만, 그와 동시에 그러한 전통이 당대라는 공간 속에서 재의미화되는 과정을 주목하였다. 즉, 아흐마또바와 만델슈땀의 시 공간이 탈시간적인 공간으로서의 신화성을 지닌다면, 긴즈부르크의 공간은 언제나 역사적이고 또 당대적이었다. 따라서 그는 다른 20년대인들과 달리 20년대인이자 동시에 60년대인이 될 수 있었다.

띄냐노프가 지적하듯 "20년대 사람들은 힘겨운 죽음을 맞이했다. 이는 시대가 그들보다 먼저 죽었기 때문이었다"(Людям двадцатых годов досталась тяжелая смерть, потому что век умер раньше их). 물론 20년대인들은 시대의 죽음 이후에도 살아남았다. 그러나 그들의 문학적 삶은 시대의 종말과 함께 끝이 났다. 억압과 암흑의 시기를 지나 새롭게 도래한 해빙기는 그들의 끝나버린 삶을 다시금 불러낼 수 있는 가능성을 보여주었다. 긴즈부르크의 저작이 시작되는 지점은 바로 이곳이다.

긴즈부르크는 죽어버린 물들을, 기억을 모아두는 박물관을 만들려는 20년대인들의 지향과는 달리 그러한 죽어버린 물들이 현재적인 관점에서 새롭게 부활하는 과정을 주목한다. 평론뿐 아니라 그의 산문 역시 모더니즘 시기의 메타문학적 전통을 드러내는 일련의 인문학적 소설의 계보를 잇고 있는 것 역시 우연이 아니다. 그것은 단순히 슈끌롭스끼나 띄냐노프의 전통 때문만은 아니다. 그것은 긴즈부르크의 문학외적 위치라는 문학적 입장을 보여주는 증거가 된다.

1960년대에 이르러 러시아에서는 다시금 시 장르가 부활하였고, 이전의 사회주의 리얼리즘 문학과는 다른 어떤 것으로서의 '새로운 문학'이 태동하기 시작한다. 이는 러시아 시의 제 3의 부활로서 '동(銅) 세기'라 불리기도 한다. 동세기 문학은 분명 혁명을 체험한 은세기 문학과 많은 유사점을 지닌다. 그러나 그들에게 1920년대 러시아 시, 더 나아가 19세기 러시아 시의 전통이란 다분히 양가적인 의미를 지닌다. 그것은 자신들을 잉태한 근원이었지만 동시에 자신들에 의해 극복되어야 하는 어떤 것이었다. 또한 그것은 쏘비에뜨의 '비정상적인' 문학적 강요에 의해 억눌린 진정으로 '정상적인' 문학인 동시에, 더 이상 존재하기를 바랄 수 없는 모더니즘의 기형적인 이상주의의 유물이었다. 이에 대해 긴즈부르크는 자신의 저작이 지닌 '현재성'으로, 러시아 서정시의 전통과 이와 결부된 이론적 문제들이 동시대 문학에 대해 지닌 의의로서 답한다(О лирике, 재판본, 1974, 5쪽).[3] 1960년대 중반에 이르러 출간된 긴즈부르크의 저작은 '60년대 정신'의 양면을 체험한 20년대인이 쓴 러시아 시의 역사에 대한 살아 있는 증언으로서의 문화사적 의의 또한 지니는 것이다. 그러한 의미에서 이 책은 단순히 러시아 시에 관한 연구서일 뿐 아니라 1960년대 러시아라는 특수한 사회문화적 콘텍스트에 투사된 '20년대 정신'의 산물이기도 하다.

긴즈부르크는 오데싸에서 출생했지만 대학 수학기인 1920년대부터 작고할 때까지 대부분의 시기를 레닌그라트에서 살며 창작과 연구 활동에 종사했다. 긴즈부르크는 1922~1930년에 이르는 시기 동안 띄냐노프, 에이헨바움, 슈끌롭스끼, 쥐르문스끼 등 1세대 형식주의자들의 문하에서 수학하며 동료 학자로서 성장했다. 학자 긴즈부르크의 초기 논문들은 에이헨바움과 띄냐노프가 주도한 세미나(Семинар по литературному быту)에 참가하는 가운데 발표되었다. 이때 가장 중요한 학문적 스승으로서의 의미를 지닌 이는, 저자 스스로 고백한 바와 같이(О старом и новом. 55쪽), 띄냐노프였다.

이와 같이 20세기 러시아 인문학 계보상 긴즈부르크는 1930~1931년 비극적인 재앙을 맞은 2세대 형식주의 학파에 속한다. 바로 이와

3) 원서상의 페이지임.

같은 상황이 저자의 연구 활동에 있어서의 주요 관심사와 업적에 결정적인 요소가 되었을 뿐 아니라 학자로서의 이력에 운명적인 역할을 담당한다. 긴즈부르크는 쏘비에뜨의 주류 학계로부터 배척당한 채, (뻬뜨로자봇스끄에서의 짧은 시기를 제외한) 평생 동안 대학 강단에 서지 못했고 당연히 학문적 계승자를 양성하지 못했다.

러시아 형식주의의 인문학 전통은 작가 긴즈부르크와 학자 긴즈부르크의 모순 없는 이중성의 통일 속에 뚜렷한 족적을 남겼다. 저자는 형식주의자들의 분석 정신은 이어받았지만, 그들의 선언 자체를 뒤따르지는 않았다. 긴즈부르크는 자신의 '학술적', '비(非)학술적' 저작들 속에서 형식주의 방법론을 '자신과 타인의 정신적 체험들을 분석하는 수단'으로 받아들였다. 저자에게 내적이고 외적인 삶의 상황들은 '순문학적 세태'가 아니라 '행위의 역사적 무대'다. '역사적 상황 속의 인간의 자아와 내면 심리가 지닌 특정한 양상을 분석'(О психологической прозе, 52쪽) 하고자 하는 관심은 스스로 '중간적 장르'로 규정한 산문의 작가로서의 긴즈부르크와 학자 긴즈부르크를 유기적으로 통일한다. 긴즈부르크의 학문과 창작의 기초에는 '시대의 사회·문화적 언어 속에 표현된 역사적 자아'에 대한 관심이 공통적으로 자리한다.

육순을 넘긴 나이에 출간된 긴즈부르크의 최초의 저서 《서정시에 관하여》는 러시아 시와 관련된 이전 시기의 주요 연구[4]의 집대성이다.

---

4) "베네딕또프의 창작사로부터"〔Из литературной истории Бенедиктова: (Белинский и Бенедиктов), 1927〕; "철학적 서정시의 경험"〔Опыт философской лирики: (Веневитинов), 1929〕; "뿌슈낀과 베네딕또프"(Пушкин и Бенедиктов, 1936); "뿌슈낀 문학에 있어 리얼리즘 문제의 정초를 위하여"(К постановке проблемы реализма в пушкинской литературе, 1936); "뿌슈낀의 후기 서정시"(Поздняя лирика Пушкина, 1936); "레르몬또프의 서정시"(Лирика Лермонтова, 1941); "낭만주의적 이상주의와의 투쟁 속의 벨린스끼"(Белинский в борьбе с романтическим идеали-

저자는 이 책에서 19세기 초반부터 1910년대에 이르기까지 한 세기에 이르는 러시아 서정시사의 중요한 시인들인 뿌슈낀, 레르몬또프, 바라띤스끼, 뜌체프, 블로끄, 안넨스끼, 만델슈땀 등의 서정시를 특정한 이론적 주제들과 관련하여 조명한다. 저자의 문제의식은 서정시 장르의 특수성, 시인의 의식이 표현되는 방법들, 시어와 서정시 문체의 특수성, 시어와 문체에 있어서의 전통과 새로운 발견 사이의 상호관계 등의 범주를 아우른다.

긴즈부르크가 지향한 형식주의적인 분석 정신과 역사주의적 지평의 수렴은 저자의 서정시 연구를 변함없이 관류한다. 저자가 책의 서두에서 밝히고 있듯이(5쪽), 이 책은 서정시에 관한 순수한 이론서도, 러시아 현대시에 관한 단순한 연대기적 고찰도 아니다. 저자는 자신의 저서의 방법론적 원칙이 '제 이론적 문제를 역사적 조망 속에서 조명'하는 것에 있음을 밝힌다(5쪽). 즉, 저자는 러시아 서정시의 역사 서술에 있어 자신이 띄냐노프의 올곧은 제자임을 말한다. 이 책의 각 장은 근대 러시아 서정시사 상의 구체적 시기를, 시파 전체나 그 시파를 대표

змом, 1948); "데까브리스뜨 시에 있어서의 민중성과 자아의 문제에 관하여"(О проблеме народности и личности в поэзии декабристов, 1960); "뿌슈낀과 서정시에 있어서의 리얼리즘 창작 방법"(Пушкин и реалистический метод в лирике, 1962); "뿌슈낀과 러시아 낭만주의의 서정적 주인공"(Пушкин и лирический герой русского романтизма, 1962); "게르첸과 그의 시대의 미학의 제 문제"〔Герцен и вопросы эстетики его времени: (Статья «Дилетанты-романтики»), 1963〕; "바라띤스끼의 서정시"(Лирика Баратынского, 1964); "서정시에 있어서의 어휘 사용의 전통성과 비전통성에 관하여"(О традиционном и нетрадиционном словоупотреблении в лирике, 1964); "블로끄의 서정시에 나타난 산문체에 관하여"(О прозаизмах в лирике Блока, 1964); "오씨쁘 만델슈땀의 시학"(Поэтика Осипа Мандельштама, 1972) 등. 1964년 초판본 간행 이후의 주요 연구성과들은 1974년 재판본에 반영되었다.

하는 시인들의 시학 원칙을 조명하고 있지만, 이 개별적인 탐구를 통일하는 단일한 관점은 다름 아닌 문학의 진화의 기초가 되는 전통적인 형식의 탈규범화(탈자동화)에 대한 생각이다. 그래서 이 책은 전통의 극복과 연관된 문제들에 관한 책이라 할 수 있다. 전통의 계승과 혁신의 이상이 책 전체를 관류한다. 모든 문학현상이 이 이상과의 상호관계 속에서 연구되며, 규범과 변별적 자질의 병치가 각 장의 중심에 자리한다.

그러나 동시에 긴즈부르크에게 '자동화와 탈자동화'는 '순문학적 사실'을 넘어 사회 · 문화사적 지평과 접맥된다. 이 점에서 '일류' 시인들 못지않게 중요한 것이 '이류' 시인들이다. 저자는 베네딕또프, 셰비료프, 호먀꼬프 등 지금은 잊혔지만 당대에 선풍을 일으켰던 시인들의 창작이 시파와 사조의 이론적 정초와 시사에서 지닌 역할에 '일류'시인에 대한 조명에 버금가는 관심을 할애한다. 당대에 베네딕또프가 누린 일시적인 영예와 같은 '역사적 우발성'의 기저에는 시대의 사회 · 문화적 요구에 부합했던 '역사적 합법칙성'이 자리하고 있기 때문이다. 다른 한편으로 저자는 당대에 주목받지 못한 '일류' 시인의 문제(예를 들어, 뜌체프) 역시 역사적으로 동기화하고 있다. 시인에 대한 동시대인들의 관심과 무관심 모두에서 저자는 '탈자동화'의 문제와 관련된 본질적인 사회 · 문화적 맥락의 발현을 보고 있다. 저자는 '이론적으로 가치 있는 사실들을 구체적인 역사적 과정들 속에서 살펴보고자' 하며, 이를 통해 '역사적 연구를 구조적 연구와 결합'(16쪽) 하고자 한다.

즉, 저자는 서정시 이론의 제 문제를 탈(脫)역사적인 순수 이론적 관점이 아닌 특정한 역사적 맥락과 관련하여 제기함과 동시에, 19세기에서 20세기 초에 이르는 한 세기 동안의 러시아 서정시의 역사를 서정시 이론의 범주들과의 관련성 속에서 서술해 나간다. 분석 정신과 역사적 지평의 분리될 수 없는 결합은 이처럼 이 책의 방법론적 토대를 이룬다.

저자가 고찰하는 서정시 이론의 제 문제에는 앞서 언급한 굵직한 문학 현상뿐 아니라, 보다 협소한 문제들도 포함된다. 시적 문맥과 서정시 속의 산문체(прозаизм)의 기능에 관한 질문 등이 그 대표적인 예다. 이러한 협소한 문제들 역시 고립된 채 해결되는 것이 아니라, 문학사와 사회문화사의 유기적인 구성요소로서 해결된다. 이 점에 또한 이 책의 주된 방법론적 특성이 자리하고 있다. 곧 역사적 지평과 결부된 이론적 문제에 대한 고찰은 이 책을 단일한 구조적 총체로서 조직함과 동시에 이론의 구조 자체에 역동성을 부여한다. 예를 들어, 시적 산문체의 문제와 관련하여 긴즈부르크는 그 역사를 조망하고, 일반적인 미적 의의와 상이한 예술 체계에서의 기능을 논구하는 한편, 궁극적으로 이 문제를 각 시대에 의해 창조되는 새로운 삶의 가치의 시적 반영의 문제로 수렴시킨다. 그리하여 시적 산문체의 문제는 뿌슈낀, 블로끄, 네끄라쏘프, 브류쏘프, 안넨스끼, 빠스떼르나끄 등의 시학에 대한 논의를 관류한다.

서정시 이론의 제 범주에 결부된 역사적 맥락은 삶의 '가치 있는' 예술적 전유로서의 서정시가 지닌 고유한 가능성과 맞닿아 있다. 서정시는 '보편적인 것으로서의 정신적 삶의 묘사를 지향'하며, 서정시가 창조하는 성격은 '시대적이고 역사적인 성격, 즉 문화의 큰 움직임이 만들어내는 동시대인의 전형적 형상'(8쪽)이 된다. 시대적 개성의 탐색, 심리의 역사성에 대한 저자의 일관된 관심 속에서 서정시는 우선적인 의미를 지닌다. 서정시의 역사는 다름 아닌 각 시대에 고유하고 또 그 시대 전체에 대해 보편적인 의미를 지니는 의식의 표현의 역사다. 서정시 이론의 제 범주는 이 시대적 의식의 구현사에 상응하여 러시아 서정시사의 고유한 역사적 맥락들 속에서 탐구된다.

저자는 이처럼 서정시 이론의 각 범주를 정치한 분석적 방법론을 통해 다루며, 동시에 서정시에 투사된 작가 개인의, 더 나아가 그가 속한 시대의 의식까지를 짚어낸다. 긴즈부르크의 《서정시에 관하여》는 순수하게 인문학적인 관점에서 서술된 서정시의 시학에 관한 책이자 동시에 러시아 시의 역사에 관한, 더 나아가 시대적 의식의 구현으로서의 서정시를 통해 읽는 러시아 정신사에 관한 책이라 할 수 있을 것이다.

긴즈부르크의 《서정시에 관하여》는 러시아 산문 연구에서 바흐찐(M. Бахтин)의 저작 《도스또옙스끼 시학의 제 문제》(Проблемы Поэтики Достоевского, 1963)가 지닌 의의에 비견되기도 한다. '오뽀야즈'에서 시작된 러시아 형식주의의 전통이 발전해 나간 하나의 방향이, 1960년대 이르러 바흐찐의 《도스또옙스끼 시학의 제 문제》를 통해 산문 연구의 새로운 국면으로 접어들었듯, 긴즈부르크의 《서정시에 관하여》는 형식주의의 분석정신과 역사적 지평의 결합을 통해 러시아 서정시사에 관한 새로운 이해의 지평을 연다.

《서정시에 관하여》는 각 시대가 지니는 특수한 역사 · 문화적 콘텍스트 속에서 지속적으로 존재해 온 서정시의 '서정성'에 관한 고찰이며, 이를 통해 러시아 시와 그 역사를 재구하고 보존하려는 의지의 산물이다. 이와 같은 의미에서 이 책은 러시아 시에 관한 가장 순수하게 인문학적인, 비정치적인 관점을 견지하는 형식주의의 계승이었지만, 동시에 그 어떤 반정치성도 드러내려 하지 않는 의식적인 비정치성을 통한 반정치적 문학행위가 되기도 하였다.

저자는 당대의 저항적 지식인들에게서 발견되는 '출판되지 않는 문학이기를 원하는 열망'으로부터도, 훌륭한 문학인에게 주어지는 쏘비에뜨 정부의 '훈장'으로부터도 거리를 둔다. 그러나 역설적이게도 저자가 이 책을 통해 다루는 것은 다름 아닌 서정시가 서정시 이상일 수 있었던 시대다. 서정시가 단순히 서정적 주체의 의식을 여과 없이 드러내는 감상성을 넘어서서 시대의 미학적 · 문화적 의식, 더 나아가 정치적 의식을 구현하는 장이 될 수 있었던 시대를 다룬다. 그러한 의미에서 "서정시에서 시대를 관류하며 계속해서 이야기되는 내용은 결코 아직 이야기된 적 없는 내용과 교차한다"(406쪽)라는 저자의 마지막 말은 바로 그가 자신의 저작을 통해 암시하고자 했던, 미학적 의식의 구현과 사유의 과정으로서의 서정시에 내재하는 정치적, 사회적 권력에 대한 확신이었다.

■ ■ ■

최근 러시아 문학에 관한 연구들이 점차 그 넓이와 깊이를 더해간다. 많은 저서와 논문들, 번역들이 출판된다. 그러나 이러한 상황에서도 아직까지 러시아 시 혹은 러시아 시 이론을 다루는 번역서를 찾는 것은 쉽지 않다. 일부 번역된 경우에도 러시아어가 아닌 영어 등으로부터의 중역인지라 섬세한 어휘의 문제를 다루는 시 이론서의 번역으로서는 큰 결점이 된다.

사실 러시아 근대문학의 형성 과정과 '황금세기'와 '은세기'로 지칭되는 러시아 문화의 부흥기, 그리고 중요한 사회·정치적·문화적 변혁기에 러시아 서정시는 어김없이 가장 중요한 일차적인 의의를 지니고 있었다. 그럼에도 국내에서의 러시아 문학 연구와 수용은 흔히 도스또옙스끼와 똘스또이 등의 이름으로 대변되는 리얼리즘 산문에 편중되어 왔다. 최근 신진 학자들에 의해 이러한 편향성을 바로잡고자 하는 시도들이 지속되고 있지만, 아직은 그 움직임이 미약하다. 일반 독자층의 러시아 문학 수용과 관련하여서는 그 문제성이 보다 심각하다. 우리 독자들은 러시아 서정시에 대해 거의 알지 못한다. 이에 《서정시에 관하여》의 번역·출간은 러시아 시문학 연구 후속 세대를 양성하고 일반 독서계층에 러시아 시에 대한 관심을 환기하는 출발점이 될 수 있을 것이다.

비단 긴즈부르크의 저서뿐 아니라, 20세기 러시아의 1세대 시 연구자들인 띄냐노프, 에이헨바움, 쥐르문스끼 등을 비롯, 고프만, 구꼽스끼, 꼬르만(Б. Корман), 가스빠로프(М. Гаспаров), 에뜨낀트(Е. Эткинд) 등의 저작, 그리고 동시대 연구자인 브로이뜨만(С. Бройтман)의 저서에 이르기까지, 러시아 시에 관한 많은 명저가 번역의 손길을 기다린다. 이미 번역된 바 있는 로뜨만(Ю. Лотман)의 《시 텍스트의 분석》(Анализ поэтического текста, 1972) 역시 영역본으로부터의 중역 등 여러 가지 이유로 새로운 번역이 요구된다.

이러한 많은 저서 중 긴즈부르크의 저작을 일차적인 번역 대상으로 선정한 것은 저자의 관점과 연구 시야가 학술적 가치와 대중적 가치를 겸비한다는 점 때문이다. 저자의 연구 범위는 19세기 황금시대와 20세기 은세기의 주요 시인들의 서정시를 아우른다. 이와 같은 러시아 고전시의 세계는 국내의 러시아 문학자들은 물론 시에 관심을 지닌 일반 독자들에게도 어느 정도 익숙한 대상이다. 그럼에도 러시아 고전시에 대한 국내의 이해는 그다지 깊지 못하다. 긴즈부르크의 저서는 러시아 시의 황금세기와 은세기의 역사에 관한 가장 뛰어난 저작들 중의 하나며, 러시아 문학사와 시의 이해에 관한 필독서다. 이 저서의 출간은 19세기 초 러시아 비가 시문학으로부터 뿌슈낀, 레르몬또프, 뜌체프 등을 거쳐 블로끄와 만델슈땀 등에 이르기까지 특정 시대와 개별적인 시인들에 대한 연구에 획기적인 전환점을 마련해 주었고, 그 의의는 지금도 지속되기 때문이다.

따라서 이 책의 번역 · 출간은 러시아 고전시에 대한 이해와 연구를 심화하는 초석이 될 것이다. 나아가 이 책은 러시아 고전시에 대한 심화된 이해와 더불어 러시아 서정시사의 역사적 단계 속에서 드러나는 근대 러시아 정신사에 대한 깊이 있는 탐색을 가능하게 해 줄 수 있다. 저자에게 서정시가 시대적 의식의 구현으로서, 내면 심리에 각인된 시대 흔적의 탐색으로서 가치를 지닌 것이듯, 독자에게 이 저서는 19세기 초 낭만주의 운동을 전후한 시기의 시대정신으로부터 20세기 초 러시아인의 정신적 삶의 내용에 이르기까지 근대 러시아 정신사에 관한 훌륭한 교양서로서의 의의 역시 지닐 수 있을 것이다.

또한 이 책의 번역 필요성은 비단 러시아 문학 연구와 향수 계층에만 국한되지 않는 이 책의 가치로부터도 제기된다. 긴즈부르크의 저서는 훌륭한 서정시의 이론서로서의 가치도 지닌다. 이 점에서 이 책은 근·현대 영미시와 서구시의 역사적 경험들을 기반으로 한 시 이론들을 시 연구를 위한 자양분으로 공급받았던 한국 시 연구계에 또 다른 준거를 제시해 줄 수 있을 것이다. 그 동안 러시아 형식주의와 구조주의 기호학의 시 이론 저작들이 일부 번역·소개되어, 국내 시 연구에 일정 부분 기여한 것은 사실이나, 러시아 서정시의 이론이 국내 시 연구에서 지닌 지분은 여전히 미미하다 할 것이다. 특히 이 책은 서정시에 관한 순수 이론서라기보다, 서정시의 장르의 문제, 시적 사색의 특수성, 특정한 문화적 지향과 결부된 서정적 주관의 구현방식으로서의 서정적 주인공, 시적 리얼리즘, 시적 상징과 다문체성 등의 이론적 문제들을 러시아 시의 특정한 역사적·문화적 맥락에서 고찰한 저서이며, 따라서 이는 우리가 다양한 역사적·문화적 상황의 유비를 통해 많은 생산적인 사유를 이끌어 낼 수 있도록 해 줄 것으로 생각된다.

찾아보기

(용어 · 작품)

ㄱ

ㄴ

ㅁ

ㅂ

ㅅ

ㅇ

ㅈ

ㅋ ~ ㅍ

ㅎ

기타

찾아보기

(인 명)

ㄱ

ㄴ～ㄷ

ㄹ

ㅁ

ㅂ

ㅅ

ㅇ

ㅈ~ㅎ

리디야 긴즈부르크(Л. Я. Гинзбург, 1902~1990)

20세기 러시아가 낳은 저명한 문학연구가 중 한 명이며, 또한 산문작가이자 에세이스트다. 지은이는 많은 연구 논문과 더불어 이 책 《서정시에 관하여》(О лирике. Л., 1964)를 필두로, 《심리 산문에 관하여》(О психологической прозе. Л., 1971), 《문학의 주인공에 관하여》(О литературном герое. Л., 1979), 《옛것과 새것에 관하여》(О старом и новом: Статьи и очерки. Л., 1982), 《문학, 현실성을 추구하다》(Литература в поисках реальности: Статьи, эссе, заметки. Л., 1987), 《책상 앞에 앉은 인간》(Человек за письменным столом: Эссе. Из воспоминаний. Четыре повествования. Л., 1989) 등의 저서를 잇달아 상자했다.

긴즈부르크는 오데싸에서 출생했지만 대학 수학기인 1920년대부터 작고할 때까지 대부분의 시기를 레닌그라트에서 살며 창작과 연구 활동에 종사했다. 1922~1930년에 이르는 시기 동안 띄냐노프(Ю. Тынянов)를 비롯한 1세대 러시아 형식주의자들의 문하에서 수학한 긴즈부르크는 20세기 러시아 인문학 계보상 1930~1931년 비극적인 재앙을 맞은 2세대 형식주의 학파에 속한다. 이와 같은 상황은 저자의 주요 연구 관심사와 업적에 결정적인 요소가 되었을 뿐 아니라 학자로서의 이력에 운명적인 역할을 담당한다. 긴즈부르크는 쏘비에뜨의 주류 학계로부터 배척당한 채, (뻬뜨로자봇스끄에서의 짧은 시기를 제외한) 평생 동안 대학 강단에 서지 못했고 당연히 학문적 계승자를 양성하지 못했다.

최종술

서울대학교 노어노문학과를 졸업하고, 동 대학원에서 러시아 상징주의 시인 알렉싼드르 블로끄(А. Блок)의 연작 〈무서운 세계〉(Страшный мир)에 대한 연구로 석사학위를 받았다. 동 대학원 박사과정 수료 후 블로끄가 마지막 시를 헌정했던 '뿌슈낀스끼 돔'(러시아 학술원 러시아문학연구소)에서 수학하며, 러시아 시와 정신문화 전반으로 지적 관심의 지평을 넓혀나갔다. 그 작은 결실이 박사학위 논문 "알렉싼드르 블로끄와 19세기 러시아 낭만주의 시인들 사이의 시적 영향과 대화적 관계에 관한 연구"(Русские поэты-романтики XIX-го века в восприятии А. Блока - Семантика реминисценций и аллюзий, СПб., 2001)다.

현재 상명대학교 러시아어문학과 교수로 재직 중이다. 주요 논문으로 "포스트낭만주의 시대의 낭만주의적 의식과 상징주의 시인의 자아 인식", "파우스트적 세계 지각과 반(反)휴머니즘", "'황홀경'과 낭만주의적 혁명의 구조" 등이 있으며, 역서로 《블로끄 시선》과 《러시아 이념: 그 사유의 역사 1》이 있다.

이지연

서울대학교 노어노문학과를 졸업하고, 동 대학원에서 노벨상을 수상한 러시아 망명시인 이오시프 브롯스끼(И. Бродский)에 관한 논문으로 석사학위를 받았다. 이어 그는 동 대학원 박사과정 수료 후 러시아 학술원 러시아문학연구소에서 수학하였고, 20세기 러시아 문학사 전반에 대한 이해를 바탕으로 이오시프 브롯스끼를 비롯한 러시아 현대 시인들의 작품 속에 반영된 시적 전통과 영향관계를 고찰하는 논문 "이오시프 브롯스끼의 작품 세계: 모더니즘 전통과 포스트모더니즘적 전망"(Творчество Иосифа Бродского: традиции модернизма и постмодернистская перспектива, СПб., 2003)으로 박사학위를 받았다.

현재 한양대학교 아태지역연구센터 HK연구교수로 재직 중이다. 주요 논문으로는 "브롯스끼의 포스트모더니즘: 서사시 〈공연〉을 중심으로", "글쓰기와 사건: 다닐 하름스의 0의 기획과 〈우연한 사건들〉", "해체와 노스탤지어: 소츠-아트와 쏘비에뜨 문화", "재현에 관하여: 20세기 러시아 문학과 회화를 중심으로", "기념비와 스딸린 신화: 권력의 재현적 공간으로서의 쏘비에뜨 예술과 삶" 등이 있다.